시대를 읽고 이끌어가는 그리스도의 사람들의 목소리

김 영 욱 박사 (아세아연합신학대학교 전 총장)

아세아연합신학대학교가 그리스도 안에서 시대를 읽는 통찰력을 가진 자들을 키우고 있습니다. 시대를 읽는 통찰력을 가진 자는 힘이 있습니다. 우리 학교에 한반도를 읽는 그리스도의 사람들을 키워내는 곳이 있습니다. 선교대학원의 북한선교학과입니다. 이 과의 정종기 교수님이 학생들, 북한선교단체 그리고 교회를 위해 목소리를 내었습니다.

그동안 북한선교 관련 연구서가 몇 권 나오기는 했지만 전체를 아우르는 개론서는 나오지 않았습니다. 북한선교를 공부하는 학생들과 목회자들이 부족했던 것이 북한선교에 대한 전반적인 이해였습니다. 이러한 전반적인 이해가 많이 부족했던 차에 이 책이 나오게 되었습니다. 이 책은 북한선교를 위해 공부하는 학생들과 북한선교를 하는 단체들과 북한선교를 하기 원하는 교회가 북한선교와 북한에 대한 기본적인 지식을 습득할 수 있도록 한 책입니다.

따라서 이 책은 한국교회와 북한을 연구하는 학생들에게 좋은 지침서와 교과서가 될 것입니다. 북한선교를 조금이나마 알기 원하는 분들은 이 책을 읽어 보기를 권유합니다. 이 책이 북한선교를 위한 도구가 되고, 한반도에 하나님 나라를 세우는 데 크게 기여할 것으로 생각하며 이 책을 추천합니다.

가치있는 북한개론서

정 흥 호 박사 (아세아연합신학대학교 총장)

한반도에서 북한과 관련된 문제들이 모두 화두가 되고 있습니다. ACTS는 일찍이 선교차원에서 북한을 연구하였습니다. 이 책은 북한과 관련된 이슈들을 상세히 성경적 관점에서 풀어가고 있어서 북한을 이해하는 개론서로서 충분한 가치가 있습니다.

북한선교교육의 격을 높일 것을 기대하며

유 관 지 박사 (북한교회연구원 원장)

　이 책은 잘 짜여진 구성과 빈틈없는 체계를 갖추고 있습니다. 무엇보다도 성경을 기초로 하고 있으며, 최근의 자료들을 활용하고, 현재의 일들까지 다루고 있습니다. 북한의 종교 관련 서적들 가운데 김정은의 종교관까지 언급한 책은 없을 것입니다. 또한 넓으면서도 치밀합니다. 이것들만 가지고도 이 책이 한국교회의 통일선교운동에 기여하는 바가 클 것으로 확신합니다. 이것들과 함께, 논리와 현장이 균형을 이루고 있다는 점이 이 책의 최대 장점이며 또 강점입니다.

　현장 활동가들은 논리에 약하고, 논리에 능한 분들은 실제 활동이 빈약한 것이 한국교회 통일선교 활동의 모습이라는 말을 많이 듣습니다. 사람의 몸에 비유해서 말하자면 한쪽은 살이 많은데 뼈는 약한 모습이고, 한쪽은 뼈에 비해 살이 너무 없는 모습이라고 할 수 있습니다.

　통일선교의 현장활동가들은 놀라울 정도로 뜨거운 열정을 가지고 헌신적으로 일하고 있습니다. 그러나 논리의 무장이 약하기 때문에 길을 잃고 헤메이기도 합니다. 그러다가 지치고, 끝내는 좌절해서 현장을 떠나는 분들도 생깁니다. 그런 분들에게 이 책은 지도와 내비게이션의 역할을 해서 새로운 활력을 가지고 힘있게 출발할 수 있는 힘을 줄 것입니다.

　논리에 강한 분들이 즐겨 하는 것은 성명서를 발표하는 일입니다. 실제의 수고가 뒷받침하지 못하는 성명서는 호소 효과가 높지 않습니다. 이 책은 논리가 현장에서 잘 적용되고 활용되도록 하는 역할도 할 것으로 기대됩니다.

　『북한선교개론』은 한국교회 통일선교운동에서 꼭 보완되어야 할 부분을 보완할 것이 기대되는 책으로, 꼭 필요한 책이고 좀 더 일찍 나왔어야 할 책입니다.

　정종기 교수께서 이런 큰 작업을 할 수 있었던 것은 현장체험이 풍부한 선교사 출신이고, 역량이 뛰어난 학자이며, 통일과 북한복음화에 대해 누구보다도 뜨거운 가슴을 가지고 일선에서 사역하고 있는 일꾼이기 때문입니다.

　저는 기독교통일포럼 일로 정종기 교수님을 자주 대하면서 그의 순수한 열심과 탁월한 능력에 대해 깊은 경의를 표하고 있는데 이 책의 초고를 읽으면서 그런 마음이 더욱 깊어졌습니다.

　이 책은 ACTS를 모판으로 하고 탄생했습니다. ACTS는 일찍부터 통일선교를 위해 북한선교학과를 힘써 운영하면서 많은 일꾼들을 길러내고 있습니다. 저는 어느 자리에서인가 "우리나라 통선판은 ACTS판"이라는 소리를 하여 사람들을 웃긴 일이 있는데 우스개 소리였지만 사실입니다. ACTS에 대해서 깊은 감사를 드립니다.

이 책이 각 신학교육기관의 북한선교학 관련 과목에서 필수 기본교재로 쓰이고, 요즘 날로 늘어나고 있는 북한선교학교들에서도 잘 활용되었으면 합니다. 그렇게 되어 한국교회 통일선교교육의 내실화를 이루고, 격을 높아지기를 바라는 열망을 담아 삼가 추천의 말을 적습니다.

북한선교의 길라잡이가 되기를 소원하며

조 기 연 원장(아세아연합신학대학교 북한연구원)

금년은 믿음의 선조들이 기독교 신앙에 기초하여 비폭력만세운동으로 세계를 향하여 대한민국의 독립을 선포한 지 100주년이 되는 특별한 해입니다. 100년 전 우리 민족은 삼천리 곳곳 온 겨레가 같은 마음으로 하나의 통일을 이루었던 것입니다. 그러나 작금의 현실은 여전히 71년 대립과 분단의 벽을 뛰어넘지 못하고 있습니다.

최근 2018년 북한신년사를 시작으로 시작된 남북화해의 무드로 3차례의 남북회담을 통한 '판문점선언'과 '평양선언'은 통일의 가능성을 시사해 주었고 2차례의 북미정상회담은 남북통일의 구체적인 준비의 필요성에 대한 신호탄이 되고 있습니다.

이에 정부와 대북 관련 민간단체들, 각 종교단체들이 남북교류의 활성화를 기대하며 구체적인 준비에 박차를 가하고 있습니다. 특별히 기독교 NGO를 통한 대북지원과 북한선교활동을 통하여 북한복음화를 준비해왔던 한국교회는 이제 좀 더 구체적인 북한선교전략이 요구되고 있습니다.

이와 같이 남북관계와 북한선교, 통일준비 등에 대하여 중요한 시점을 맞이하고 있는 한국교회 앞에 정종기 교수의 『북한선교개론』은 복음통일과 북한선교에 대한 성경적 이해와 선교적 관점에서의 북한이해를 돕기에 탁월한 교재라고 할 수 있습니다.

특별히 북한선교를 공부하고자 입문하는 학생들에게는 복음통일과 북한선교에 대한 다양한 시각과 접근방식들에 대하여 충분한 이해를 제공하리라고 생각합니다. 또한 미래 통일코리아의 모습까지 담아냄으로써 복음통일과 북한선교의 미래적 소망에 대한 내용도 제시하고 있습니다.

아무쪼록 정종기 교수의 귀한 연구내용의 출판을 북한선교 연구자의 한 사람으로서 진심으로 환영하고 축하드리며 많은 북한선교 연구자들에게 좋은 길라잡이가 되리라 확신합니다.

북한선교개론

북한선교개론 An Introduction to North Korea Missiology

2019년 4월 30일 초판 발행

| 지은이 | 정종기
| 발행인 | 정흥호

| 발행처 | 아세아연합신학대학교출판부(등록1990.11.22 제990-000001호)
경기도 양평군 옥천면 아신리 산151-1
031) 770-7700(대표)
www.acts.ac.kr
press@acts.ac.kr

| 편집·인쇄 | 사) 기독교문서선교회
서울시 서초구 방배동 983-2
02) 583-8761~3
www.clcbook.com
clckor@gmail.com

| 총판 | CLC 영업부 031) 923-8762-3

| 가격 | 35,000원
| ISBN | 978-89-92193-33-7(93230)

북한선교개론

정종기 지음

목차

추천사　김 영 욱 박사 (아세아연합신학대학교 전 총장)　　　1
　　　　정 흥 호 박사 (아세아연합신학대학교 총장)　　　　1
　　　　유 관 지 박사 (북한교회연구원 원장)　　　　　　　2
　　　　조 기 연 원장 (아세아연합신학대학교 북한연구원)　3
서문　　　　　　　　　　　　　　　　　　　　　　　　10

제1부 성경적 이해　17

제1장 선교의 진정한 의미　　　　　　　　　　　　　　18
제2장 북한선교의 성경적 이해　　　　　　　　　　　　54
제3장 사도 바울의 통일목회 패러다임　　　　　　　　 90

제2부 역사적 이해　116

제4장 북한선교 역사이해　　　　　　　　　　　　　　117
제5장 북한교회사　　　　　　　　　　　　　　　　　144

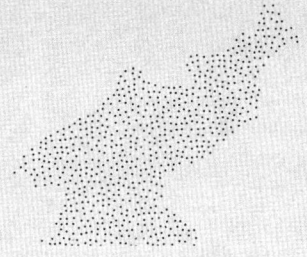

제3부 북한이해 167

제6장 북한의 지리   168
제7장 북한의 정치체제를 통한 북한이해   189
제8장 주체사상과 북한선교   220
제9장 북한문화와 북한선교   256
제10장 북한사회와 북한선교   296
제11장 북한교육이해(역사적 접근)와 북한선교   350
제12장 북한종교정책(기독교 중심)   378
제13장 북한의 장마당 문화와 북한선교   412
제14장 탈북민과 북한선교   436

제4부 전략적 이해 471

제15장 북한선교전략   472
제16장 북한선교를 위한 지역교회와 선교동원   488
제17장 북한인권과 북한선교   521
제18장 탈북민 통일교육 방안(하나님 나라 가치의 사회통합교육)   557
제19장 통일코리아와 기독교   587

부록   613

서문

　북미정상회담 이후 종전선언이 되고, 평화협정이 이루어지면 통일이 한 걸음 가까워지고 나아가 북한복음화가 더 빨리 진행되리라 생각하지만, 시간이 지날수록 통일은 멀어져만 가는 느낌이다. 북한은 연구할수록 이해하기 어려운 나라이다. 독재인 전체주의 국가이면서 21세기 유일한 봉건주의 국가이며, 유일한 3대 세습 국가이다.

　1990년대 중반에 약 3백만 명의 아사자가 생겨도 민중봉기가 일어나지 않았고, 철저한 정보의 차단과 공포정치로 인해 국민 전체가 떨고 있는 국가이며, 수령에 의해 철저히 통제되는 나라이다. 빈곤 국가이면서 핵을 완성하여 전 세계를 의아스럽게 만들고 패권 국가인 미국과 중국을 움직이게 하는 나라이기도 하다.

　독재와 공포정치치로 '악의 화신'으로만 여겨지던 김정은은 2018년 4월 판문점 남북정상회담과 6월 싱가폴 북미정상회담 이후 그에 대한 인식이 많이 바뀌었다.

　북한은 항상 우리에게 있어서 부담스러운 존재였으나 정상회담 이후 그리 나쁜 존재가 아니라 우리와 대화할 수 있는 존재라고 인식이 변하였다.

　KPI(한반도평화연구소)에서 2016년 '개신교 목회자들의 북한에 대한 인식변화에 관한 연구조사'에서 목회자들은 북한에 대해 이중적 인식을 가진 것으로 조사되었다. 북한선교를 하는 입장에서는 다행스런 변화라고 볼 수 있다.

　북한을 학문적으로 접근하게 된 것은 냉전 시대가 끝난 후이다. 냉전 시대에는 한국의 특수한 상황으로 연구가 금기되었기 때문이다. 연구 환경은 열악하지만, 보편적 이론을 가지고 객관적으로 접근하려는 노력은 1970년대 접어들어서이다. 물론 정부에서는 1969년 3월에 국토통일원을 세우면서 북한연구를 본격적으로 시작하였고, 1972년 7.4공동성명로 인해 남북관계를 새롭게 볼 수 있는 계기를 만들었다. 북한을 대상으로 한 박사학위 논문이 1970년 2월에야 최초로 쓰였다.

그 이후 1994년에 동국대학교 학부 과정에 북한학과가 생겼고, 국토통일원은 각 대학에 연구할 수 있도록 용역을 주어, 그 이후 여러 대학과 대학원에 북한관련 학과가 생기게 되었다. 대부분 학교에서는 북한을 정치, 경제, 외교, 안보, 통일의 주제로 연구하였다면 아세아연합신학대학교 선교대학원에서는 북한을 선교관점으로 연구하여 복음통일을 위해 지역학으로 북한선교학과를 1998년에 세우게 된다.

ACTS 북한선교학과에서는 북한선교학총론, 북한문화와 선교, 주체사상과 선교, 북한사회와 선교, 북한교육과 선교, 북한선교전략, 북한선교신학, 북한예술과 선교, 북한경제, 군사, 외교와 선교, 북한정치와 선교, 탈북동포지원 및 통일교육 등으로 다양한 과목을 개설하고 강의하였다.

북한을 연구하는 관점은 크게 세 가지로 나뉜다.

첫째, 외재적 접근 방법이다.

이것은 내재적 접근법의 제한성을 극복할 방법으로서 전통적이고 광범위한 일반적인 방법이다. 이 방법은 일반적 세계질서의 틀 안에서 해석하고 인식하고자 하는 방법이다. 여타 사회주의 국가와 북한을 비교하는 비교분석의 방법과 북한의 정책과 수뇌부의 행태들, 그리고 총체적으로 북한을 논한다. 외재적 접근 방법은 남한 국민에게 북한은 나쁜 나라로 인식하게 했다. 그 이유는 관찰자가 민주주의, 자본주의 등 북한의 공산주의 주체사상과는 상반되는 관점을 가지고 있기 때문이다. 외재적 접근 관점으로 본 북한은 폐쇄적이고 일방적이며 위험한 국가였다.

둘째, 내재적 접근 방법이다.

북한을 북한 사람의 눈으로 바라보는 관점이다. 그렇게 하는 이유는 냉전 시기 북한연구의 왜곡 현상을 허물기 위해서 이다. 재독 한국인 송두율 교수[1]에 의해 한국에 소개된 방법이다. 북한은 우리와 다른 공산주의 사회이다. 북한의 모든 상품과 자본은 우리가 생각하고 있는 것과 매우 다르다. 주체사상 배경의 사회를 민주주의 배경으로 이해하기는 어렵다. 이 방법은 북한사회, 북한체제의 문제점을 그대로 인정하고 북한사회 내부와 그 구성원리 그리고 작용이론을 토대로 북한의 시각에서 분석하고 인식함으로 북한을 이해하는 데 도움을 준다. 그러나 소수의 사람이 너무 한 쪽으로 해석하는 경향이 있다.

한 예를 들면 민노총 통일 교과서[2]에 "탈북자 북송, 북 입장 이해해야, 정치 문화로 이용 안 돼"라는 것과 북한의 핵 개발은 미국에 봉쇄당한 북한이 사회주의를 지키기 위한 선택으로 해석하고, 6.25는 분단을 해소할 내전인데 미국이 개입해 전면전으로 갔다고 기술한다. 이 방법 역시 북한을 이해하는 온전한 해법은 될 수 없다.

셋째, 내재적 비판적 접근 방법(내과적 접근 방법)이다.

이 방법은 내재적 시각의 관점을 가지면서 평가는 보편적인 가치로 평가하는 것이다. 사람을 죽인 사람이 아무리 이유가 타당하다고 해도 죄는 인정된다. 이처럼 그 이유가 타당하여, 내부적인 원리를 이해한다 하더라

---

[1] 재독 사회학자 송두율 뮌스터대학 교수는 1944년 일본 도쿄(東京) 출생으로 광주에서 중학교를, 서울에서 고교를 다녔다. 67년 서울대 철학과를 졸업하고 이듬해 독일로 유학을 떠나 하이델베르크대학과 프랑크푸르트 대학에서 철학, 사회학, 경제사를 전공 했다. 72년 위르겐 하버마스의 지도로 '헤겔, 마르크스 그리고 막스 베버에 있어서 동양세계의 의미'로 철학박사 학위를 받았으며 82년 뮌스터대학에서 사회학 강의를 한다. 72년 유신헌법이 선포되고 민청학련사건으로 지식인들이 탄압을 받자 독일에서 '민주사회건설협의회'를 발족시켜 유신정권과 갈등을 빚었다. 이 일을 계기로 '반체제 인물'로 분류돼 한국 입국이 금지됐고 91년 북한사회과학원 초청으로 방북한 이후 '친북인사'로 분류됐다.

[2] '노동자 통일 교과서-노동자, 통일을 부탁해'에는 김영훈 민노총 위원장의 발간사만 있을 뿐 필자가 누구인지는 적혀 있지 않다. 집잔 저작일 가능성이 있다. 문제가 될 만한 부분은 거의 국내외 좌파 학자들의 주장이나 북한 노동신문 등의 내용을 인용했다.

도 평가는 세계의 보편적인 자유, 평등, 인권 등의 자유민주주의의 관점과 패러다임으로 해야 한다.

북한을 이해하는 데 이 관점은 많은 긍정적인 측면을 가지고 있다. 북한의 사회목적과 이상향, 원동력을 살펴보면 모든 인민의 사회주의화로의 도약이 목표인 이들의 행동, 모습은 바람직하다고도 생각하지만, 평가는 부정적이다. 북한은 인권도 없고 자유도 없으며 평등 또한 인민들의 행복을 추구하는 질 높은 평등이 없다. 물론 이 관점의 접근을 모호한 접근이라 평하는 사람도 있다. 보편적인 가치의 기준이 어떤 기준에서 보면 모호하기 때문이다.

아세아연합신학대학교 선교대학원 북한선교학과에서는 선교관점과 함께 내재적, 외재적, 비판적 그리고 경험적 접근 방법을 사용하여 북한을 이해하고 해석한다. 물론 선교관점으로 해석할 때는 항상 복음주의적이고 신본주의가 배경이 된다.

한 가지 예를 들면 한반도의 통일은 오는가?

이러한 질문에 하나님이 개입하시지 않으면 '영구분단'으로 갈 가능성이 크다고 답을 한다. 또 하나, 북한선교를 하는 데 있어서 빼놓지 않아야 하는 질문이 있다. 세계 2차 대전 이후 전쟁의 책임을 물은 연합군은 유럽에서 전쟁의 책임자인 독일을 동독과 서독으로 분리했다.

이런 논리라면 동양에서는 전쟁의 책임을 질 일본을 두 나라로 분리하는 것이 당연하나 전쟁의 피해자인 한반도가 두 나라로 분단된다.

그 이유가 무엇인가?

물론 외교적으로 냉전의 시대의 산물이라고 설명할 수 있으나 논리적으로 맞지 않는다. 이것을 설명할 수 있는 것은 정치와 외교가 아니라 하나님의 뜻이다. 즉 한반도에 관한 해석은 하나님의 눈으로 보는 것이다. 이것이 한반도에 복음통일을 이루기 위한 북한선교학과의 관점이다.

북한을 이해하고 연구할 때, 선교적 관점이 아니면 북한은 악의 근원이 된다. 악은 하나님의 심판 대상이므로 가나안이 될 뿐 니느웨가 될 수 없다.

하나님은 출애굽한 이스라엘 백성들에게 가나안 백성들과 함께 살라고 하지 않았다. 하나님은 가나안은 선교의 대상으로 본 것이 아니라 심판의 대상으로 보았기 때문이다. 만약 가나안을 선교적 관점으로 보았다면 이스라엘 백성들은 당연히 열방의 제사장 직분으로 복음을 전해야 했다. 물론 성경은 가나안이 멸망 받아야 하는 이유에 대해 두 가지로 말씀하였다. 하나는 '죄가 가득 찼기'때문이고, 다른 하나는 이스라엘이 그들의 문화에 젖어 하나님을 떠나는 것에 대한 경고였다.

하나님은 가나안을 징계하시기 위해 이스라엘 민족을 징계의 도구로 삼으셨다. 하나님은 유기된 자들을 향해서는 스스로 죄를 짓도록 내버려 두시고 결국 멸망의 길로 가게 하신다. 이런 이들에게는 복음은 하등 가치가 없다.

북한을 가나안처럼 멸망의 대상으로 보아야 하는가?

아니다. 우리는 선교적 관점에서 북한을 니느웨처럼 보아야 한다. 니느웨는 하나님의 징계 직전에 있었다. 하나님은 요나를 보내어 회개케 하여 그들이 하나님의 징계를 벗어나게 하신 것이다.

그동안 북한선교의 개론에 해당하는 책은 김영욱 교수의 『복음주의 입장에서 본 북한선교』, 박영환 교수의 『북한선교의 이해와 사역』, 오성훈 교수의 『하나님의 눈으로 북한 바라보기』가 있으나 북한선교학의 전체를 아우르는 개론서는 아니다.

1998년에 세워진 ACTS 북한선교학과는 2014년도에 북한선교학 개론서를 저술하기로 계획하였으나 여러 가지 이유로 내어놓지 못하다가 학교의 교재개발 지원으로 집필하게 되었다. 이 책은 랄프 윈터의 『미션퍼스펙티브스』의 구성을 따라 엮었다. 랄프 윈터의 미션퍼스펙티브스의 구성은 4부로 나뉜다.

제1부는 '성경적 관점'으로 성경은 몇몇 구절이 아닌 성경 전체가 선교에 대해 이야기를 한다. 따라서 성경 전체를 펼쳐 볼 때, 선교의 하나님을 가장 잘 이해할 수 있다.

제2부는 역사적 관점으로 성경에 나타난 하나님의 선교가 지금도 역사 안에서 하나님이 계획하신 목적을 향해 나아가고 있음을 볼 수 있다. 하나님은 선교를 위해 역사를 주관하고 완성하신다.

제3부는 문화적 관점으로 우리와 복음을 전해야 하는 잃어버린 종족들 사이에 예수님의 성육신적인 삶이 나타날 때 비로소 진정한 만남과 복음 전파가 일어난다.

제4부는 전략적 관점으로 선교가 구체적인 전략과 대안을 통해 효율적으로 이루어질 때, 각 종족 가운데 스스로 복음을 전할 수 있는 자생적 교회들이 세워지는 비전이 성취된다.

이러한 구성을 빌려 제1부로 '성경적 이해'로 성경에서 이야기하는 선교가 무엇인지, 선교에 대한 정의를 내리고, 북한선교에 대한 성경적 배경에 관해 서술한다. 북한선교는 한반도 통일과 밀접한 관련이 있다. 통일이라는 단어는 성경 개역개정판에는 두 번 나온다. 두 번 나오는 통일에 대한 성경적 이해와 일반적 이해는 많이 다름을 알 수 있다.

북한선교학은 일반적 이해가 아닌 성경적 배경을 다루므로 성경으로 본 북한선교를 알고 이해해야 한다.

제2부는 '역사적 이해'로서 북한선교의 역사뿐 아니라 북한교회의 역사도 다루게 된다.

제3부는 '북한에 대한 전반적인 이해'로 북한지리, 북한정치, 북한문화, 북한사회, 북한종교, 장마당, 탈북민, 주체사상을 연구하여 북한선교에 이해를 도왔고 복음통일을 이루는 데 이론적 바탕을 마련했다.

제4부는 '전략적 이해'로서 북한선교전략연구, 북한선교 동원전략, 북한인권문제, 탈북민교육문제, 통일이 된 후에 한반도가 어떤 국가가 되어

야 하는지에 대한 연구를 담았다. 그리고 부록에는 ACTS의 북한선교신학을 담아 우리 학교가 추구하고 나가는 북한선교의 방향을 제시하였다.

   이 책은 북한선교학 개론서로 교과서에 해당한다. 그래서 가능한 많은 정보를 제공하려 하였고, 또 깊이 있는 연구보다는 개론에 해당하는 것을 제시하려 하였다. 만약 깊은 연구서로 쓰였다면 15권 정도의 책으로 나와야 할 것이다. 그리고 최근의 정보를 가지고 현재의 북한선교에 도움이 될 수 있는 것으로 연구하여 제안하고 또 북한을 이해하려고 하였으며, 나아가 북한선교에 조금이나마 도움이 되려고 하였다. 이 개론서는 북한선교학을 연구하는 학생들뿐 아니라 여러 북한선교학관련 학교에서 교재로 사용되고, 한국교회 목회자들의 북한선교 지침서가 되길 소망한다.

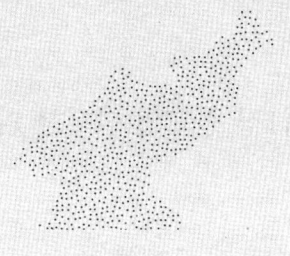

제1부

성경적 이해

선교는 성경의 주제이며, 교회의 사명이요 그리스도인의 소명이다. 복음 전파 없는 교회와 그리스도인은 상상도 할 수 없다. 즉 선교 없는 교회와 그리스도인들은 자신의 정체성이 없는 것과 같다. 선교는 하나님의 마음이요, 택한 하나님의 사람을 부르시는 행위이다. 선교는 복음을 동반한다. 복음 없는 선교는 구제로 인간 세상을 확장하는 것에 불과하다. 선교는 하나님 나라를 세우는 것이다. 결국, 복음을 예루살렘에서부터 땅끝까지 전하는 것이 우리의 사명이다. 이러한 사명은 선교사들에게만 준 것이 아니라 그리스도인 모두에게 주신 것이다.

한반도에 사는 우리에게도 하나님은 선교의 사명을 주셨다. 한반도를 에덴동산으로 그리고 하나님 나라로 세워야 하며, 특히 북한을 회개케 하여 하나님께 영광 돌리는 자들로 만들어야 한다. 이것은 동방의 예루살렘 회복이며, 그리스도 안에서 하나가 되게 하는 사명이다. 물론 이것을 우리는 통일이라고 한다. 그러나 성경에서 말하는 통일과 정치에서 말하는 통일은 다르다. 그리스도인들은 성경에서 말하는 통일을 이루는 자들이다. "하늘에 있는 것이나 땅에 있는 것이나 다 그리스도 안에서 통일되게 하려 하심이라"는 것을 알고 실천하는 것이다.

하나님은 우리를 한반도에서 태어나게 하시고, 한반도에서 신앙 생활하게 하신 이유는 하나님이 한반도를 우리에게 맡기셨다는 뜻이다. 사도 바울을 통해 잘 알 수 있다. 예수님은 사도 바울을 이방인뿐만 아니라 이스라엘 동족을 위한 사도로 부르셨다. 이와 같이 오늘 한반도에 사는 우리에게 세계선교와 북한선교를 맡기셨다는 메시지이다.

제1장 선교의 진정한 의미

1. 들어가면서

선교는 아주 당연한 기독교인의 사명이요 교회의 사명이지만 한국교회는 선교를 교회성장의 도구로 사용하고 있었다. 이것을 김명혁 박사는 실용주의적 신앙이라고 비판한다.[1] 그래서 김 박사는 왜 선교해야 하는지에 대해 "하나님이 마음과 심정이 흑암에서 죽어가는 잃어버린 영혼 하나하나를 천하보다 귀하에 여기시는 사실을 우리가 성경을 통해 보기 때문이며, 우리를 택하시고 축복하시는 궁극적인 목적도 바로 천하 만민 중 잃어버린 자들을 찾아 구원하는 데 있을 성경을 통해 밝히 보기 때문"이라고 하였다.[2]

선교는 성경의 전체 그림과 같다.[3] 그래서 선교를 성경에서 찾아 정의를 내리는 것이다. 헐버트 케인은 "기독교 선교는 성경에 뿌리를 박고 있다. 오직 성경만이 사람으로 '구원에 이르는 지혜'가 있게 할 수 있다. 성경에서 우리는 선교의 메시지와 명령과 동기와 방법론을 끌어낸다. 말씀을 떠

---

1 김명혁, "선교는 왜, 무엇을 어떻게?," 김명혁 편역, 『선교의 성서적 기초』 (서울: 성광문화사, 1985), 271.
2 김명혁, "선교는 왜, 무엇을 어떻게?" 286.
3 이재환, 『미션 파서블』 (서울: 두란노서원, 2003), 179.

난 선교운동은 전혀 의미가 없다"[4]고 하였다.

선교의 출발점은 '죄'이다. 즉 인간의 죄가 없었다면 선교는 없어도 된다. 죄로부터 출발한 선교는 구원론과 관련하여 설명한다. 피터 구매자 하우스는 1982년 9월 합동신학원강의에서 선교를 정리했는데, 선교의 기초로서 부활, 선교의 내용으로서 구속, 선교의 수행으로서 성령 그리고 선교의 목적으로서 종말을 강의함으로 구원론을 선교의 내용으로 설명하였다.[5]

선교란 단어는 성경에 나타나지 않는다. 이런 경우와 유사한 것은 '삼위일체'이다. 삼위일체란 '성부, 성자 그리고 성령이 한 하나님이시다'는 개념인데, 그 개념은 성경에 나타나나 '삼위일체'라는 단어는 존재하지 않는다. 존재하지 않는 단어라고 해서 이것을 사용할 수 없는 것은 아니다. 광범위하고 깊이 있는 신론을 잘 정의 내려 주는 것이 삼위일체라면 '선교' 역시 그러하다. 선교는 성경에 직접으로 나타난 용어는 아니지만, 인간에 대한 하나님의 마음을 가장 잘 전하는 단어이다.

전통적으로 보아온 '복음 전도'라는 선교 개념[6]을 우리는 성경적으로 이해하고 이 바탕 위에서 자신의 선교관을 정립해야 한다. 왜냐하면, 오직 성경만이 오늘의 선교 이론과 제 문제들의 해답을 줄 수 있기 때문이다.[7]

---

[4] 헐버트 케인, "선교의 성서적 기초," 김명혁 편역, 『선교의 성서적 기초』(서울: 성광문화사, 1985), 41.
[5] 피터. 구매자 하우스, "선교의 성서적 기초," 김명혁 편역, 『선교의 성서적 기초』, 209.
[6] 존 스토트, "성경적 선교관," 김의환 편저. 『복음주의 선교신학의 동향』(서울: 생명의 말씀사, 1992), 157.
[7] J. H. Bavinck, *An Introduction to the Science of Missions* (Phillipsburg: Presbyterian and Reformed Publishing Co,. 1960), ⅹⅴ ; 김성욱, 『개혁주의 선교신학』(서울: 이머징북수, 2014), 126.재인용-.

2. 선교 용어

선교라는 단어는 라틴어로 미토(*mitto*)의 '보낸다'와 미씨오(*missio*)의 '보냄'이란 단어에서 유래했다.[8] 미토와 미씨오는 헬라어 πέμπω(펨포)와 ἐξαποστέλλω(엑사포텔로)로 '파송'이라는 개념이다. πέμπω는 헬라어 동사형으로 'to send'의 의미가 있다.[9] ἐξαποστέλλω는 'I send forth'의 뜻이 있다.[10] 이 두 단어는 하나님이 천사들을 보내시고, 예언자들을 보내시고, 성자를 보내셨다는 의미의 유사성을 가지고 있다. 그래서 선교는 일반적으로 교회에 의해 파송되고 복음을 들어보지 못한 이들에게 복음을 전하고 교회를 세우는 이들을 위해 사용된 것이다. 결국, missio의 단어 자체의 의미는 "정당하고 합법적인 권한을 가진 이로부터 어떤 특정한 사람에게 부여된 과제나 임무를 위임받아 수행한다"는 뜻이다.[11]

선교라는 말은 1544년 예수회 이그나시우스 로욜라[12]와 제이콥 로이너

---

8 크레익 오트, 스테판 J. 스트라우스, 티모시 C. 테넌트, 『선교신학』, 홍용표 역 (경기 : 존스북, 2012), 서론 xxxiii.

9 Strong's Concordance 3992: πέμπω; future πέμψω; 1 aorist ἔπεμψα (on its epistolary use (for the present or the perfect) see Winers Grammar, 278 (261); Buttmann, 198 (172); Lightfoot on Philippians 2:(25),28; Philemon 1:11); passive, present πέμπομαι; 1 aorist ἐπέμφθην (Luke 7:10); from Homer down; the Sept. for שָׁלַח: to send: τινα, absolutely, one to do something, Matthew 22:7; Luke 7:19; Luke 16:24; John 1:22; John 7:18; John 13:16, 20; John 20:21 (Treg. marginal reading ἀποστέλλω); 2 Corinthians 9:3;

10 Strong's Concordance 1821 eksapostéllō (from 1537 /ek, "out from" intensifying 649 / apostéllō, "commission, send forth") – properly, send forth ("sent out from").

11 "선교의 용어와 개념" http://seryu.or.kr/gnuboard4/bbs/board.php?bo_table=common_sense&wr_id=2971 (2018.3.4).

12 예수회는 종교개혁(1517년)으로 가톨릭의 교세가 위축되던 시기인 1540년 파리에서 가톨릭 교도인 이그나시우스 로욜라와 프란시스코 사비에르가 세웠다. 인격완성과 이웃봉사를 목적으로 설립되었고 기도, 고행, 봉사활동, 교육사업에 힘썼다. 1556년 로욜라가 죽을때 회원이 1,000여 명이었고 4대륙에 사도들이 파견되었다.

그들은 Jesuit교단이라 불렸고 한국에서는 중국식으로 야소회라고 불렀다. 1542년에 프란시스코 사비에르가 선교를 위해 인도를 거쳐 일본에 왔고(그 후 임진왜란때 가톨릭 신부들이 일본군을 따라 조선침략에 따라와 살생의 죄를 사하여주는 역할을 했다고 하는데

가 기독교 신앙의 확장을 묘사하기 위하여 처음 사용하였다. 로욜라는 "내가 말하는 선교라는 낱말의 뜻은 하나님의 말씀을 위해 이 성읍에서 저 성읍으로 움직이는 여행과 수행하는 과업을 의미한다"라고 하였다. 그리고 선교라는 단어를 사용하기 이전에는 '사도직' 또는 '사도적 임무'라는 말을 사용했다.[13]

1950년대까지 영어로 Mission(단수)과 Missions(복수)를 구분하지 않고 '소명을 받은 자들이 교회를 통해 미전도종족들에게 교회를 세우는 것'으로 이해했다. 1960년 이후 단수형태의 Mission이 전통적인 선교의 의미를 설명하는 것으로 하고, Missions는 세상에서 선교의 과업을 수행하는 교회의 당연한 구체적인 노력을 묘사하는 좁은 의미로 사용되기 시작했다. 보쉬(David J. Bosch)는 Mission과 Missions를 구분하여 정의하였는데, Mission은 '하나님의 선교, 즉 세상을 사랑하시는 자인 하나님의 자기 계시, 세상에서 또 세상과 더불어 동행하시는 하나님의 참여, 교회가 세상에 참여할 특권을 갖는 것이다'이고, Missions는 '하나님 선교의 구체적인 시기들, 장소들, 욕구들, 참여 등이다'라고 하였다.[14]

최근의 교회들은 선교 후원에서 직접 선교하는 교회로 전향하다가 목회 자체를 선교적 교회로 전환한다. 하지만 선교적이란 단어가 정확하게 이해되어지지 않아 교회의 모든 시스템과 목회전부를 선교에만 올인하는 경우가 발생하여 교회 안에 구성원끼리 충돌이 일어나 교회가 분리되거나 목회자가 쫓겨나는 일이 생겨나기도 한다. 한때 이 단어는 여러 의미를 담

임진왜란 후 일본 내 가톨릭 세력 박해가 시작되었다), 1582는 마테오리치가 중국에 왔는데 원활한 선교를 위해 공자와 제사를 인정하고 청황제 및 신하들과 좋은 관계를 유지했으나 로마교황청에서 그런 식의 정체성을 훼손한 선교를 금지했고 청나라는 신부들을 추방하기에 이른다. 한국에는 1954년 이 수도회가 들어왔고 1960년 서강대, 1962년 광주가톨릭대를 설립했고 활동 중이다.

13 크레익 오트, 스테판 J. 스트라우스, 티모시 C. 테넌트, 『선교신학』, xxxiii.
14 크레익 오트, 스테판 J. 스트라우스, 티모시 C. 테넌트, 『선교신학』, xxxiv-vi.

고 있기에 쓸모없다고 생각하기도 했다.¹⁵

크리스토퍼 라이트는 선교적이란 단어를 정리하기를 "선교적이라는 말은 선교와 관련되거나 선교에 의해 규정되는, 혹은 선교의 특성, 속성, 혹은 역할을 가진 어떤 것을 나타내는 형용사이다"라고 하였다. 홍용표는 선교적 교회를 "교회가 단순히 선교사를 파송하고 후원과 기도만 하는 것이 아니라 교회 그 자체가 선교의 사명을 갖고 하나님에 의해 파송된 것을 강조한다. 즉 교회는 어디 있든 간에 선교를 하고 있는 것을 의미한다"¹⁶고 정의했다.

3. 구약과 선교

구약에서는 일반적으로 선교의 개념을 찾아보기 어렵다고 한다. 그것은 이스라엘과 하나님과의 일반적인 관계로 해석하고 있기 때문이며, 하나님의 통치와 다스림이 이스라엘로 한정했다고 보고 있기 때문이다. 그리고 선교를 정치 문화의 경계선을 넘어 참 하나님을 전하는 것으로 이해한다면 구약에서는 요나의 경우를 제외하고는 선교에 대해 별로 찾을 것이 없을 것이다.¹⁷

크레익 오트, 스테판 J. 스트라우스, 티모시 C. 테넌트의 책 『선교신학』에서는 구약성경에서 선교 주제는 하나님이 이스라엘을 선택한 것과 구원사의 계시에 있어서 일관된 동기로 남아 있으면서 종종 중요한 부분에서

---

[15] Ed Stetzer. "Monday is for Missiology: What is the Missional Church?" http://www.christianitytoday.com/edstetzer/2015/october/missional-church-and-its-manifesto.html (2018.3.2).
[16] 크레익 오트, 스테판 J. 스트라우스, 티모시 C. 테넌트. 『선교신학』, ⅹⅹⅹⅶ.
[17] 헐버트 케인, "선교의 성서적 기초," 43.

나타난다고 하였다.[18] 화란의 선교학자 블라우와 독일의 신학자 겐시헨과 한은 구약에는 선교명령이 없다고 하였다. 왜냐하면, 이들은 구약의 선교사상을 보편주의로 해석했기 때문이다. 즉 하나님은 이스라엘의 하나님만이 아니라 전 세계의 하나님으로 나타나지만, 선교적인 하나님은 성경에서 찾을 수 없다고 하였다.[19] 그러나 구약을 교회의 선교적 과업에 대한 불가피하고 대치시킬 수 없는 근거로 간주하는 저서들이 20세기에 쏟아져 나왔다.[20] 요하네스 베르쿠일은 왜 구약이 선교의 책인지를 구약에 나타난 네 가지 동기로 설명한다.[21]

첫째, 우주적 동기(The Universal Motif)로 하나님은 온 세계의 하나님이다.

둘째, 구원과 해방의 동기(The Motif of Rescue and Liberation)로 이사야 2장, 46장, 60장을 통해 설명한다.

셋째, 선교적 동기로서 구약은 전적으로 수동적 선교성격을 가졌다고 한다.

넷째, 적대적 동기(The Motif of Antagonism)로 하나님의 권위를 적대하는 능력들 및 세력들과 대항해서 싸우시는 하나님이 선교의 중요한 동기로 설명하였다.

로울리(H. H Rowley)는 구약에서 선교의 개념을 발견하고 모세를 최초의 선교사라고 하였다.[22] 헐버트 케인은 '구약은 선교의 책'이라고 못을 박았다. 왜냐하면, 여호와는 선교적 하나님이시기 때문이다.[23] 헤드룬드는

---

18 크레익 오트, 스테판 J. 스트라우스, 티모시 C. 테넌트.『선교신학』, 5.
19 Johannees Blauw, Missionary Nature of the Church (New York: McGrow Hill Book, 1962) 28. 전호진,『선교학』(서울: 개혁주의신행협회, 1985), 38.재인용.
20 요하네스 베르쿠일 "선교의 성서적 기초," 김명혁 편력,『선교의 성서적 기초』(서울: 성광문화사, 1985), 170.
21 요하네스 베르쿠일 "선교의 성서적 기초," 170-180.
22 헐버트 케인 "선교의 성서적 기초," 43.
23 헐버트 케인 "선교의 성서적 기초," 44.

"구약성경은 기독교 선교를 이해하는 데 있어서 중요하다. 신약성경에서 시작된 기독교 선교는 예수 그리스도의 성육신이 있기 오래전에 하나님이 활동하셨던 구약성경에 그 뿌리를 두고 있다"라고 하였다.[24]

구약은 하나님이 선교를 준비하시고, 계획하신 것을 이스라엘을 통해 보여 주시는 사건들로 연결되어 있음을 본다. 케인은 구약에서 선교를 이해하기 위해 포로 시대 이전의 이스라엘과 포로 시대의 이스라엘로 나누고 포로 시대 이전은 구심력의 선교[25]이고, 포로 시대의 선교는 원심력의 선교[26]로 설명한다. 그리고 케인은 구약에서 하나님의 역할은 선교적이라고 하면서 네 가지의 이유로 설명하고 있다.

첫째, 하나님은 물리적 우주의 창조자이시며 동시에 보존자이시다.
둘째, 하나님은 도덕적 우주의 통치자이시며 재판관이시다.
셋째, 하나님은 이방 나라의 왕이시며 통치자이시다.
넷째, 하나님은 이스라엘의 아버지와 구속자이시다.[27]

1) 구약에서 말하는 열방에 대한 의미

요하네스 바빙크는 구약에서 선교를 찾아보기는 어렵게 보인다고 전제하면서 실제로는 열방의 장래가 최대의 관심사로 등장하고 있다고 하였다.[28] 요하네스 바빙크의 구약에서의 선교 개념의 출발점은 '열방'이다.[29] 그가 이렇게 생각한 배경은 이방 열국들도 장차 구원을 얻으리라는 주제

---

[24] 로저 F. 헤드룬드. 『성경적 선교신학』, 송용조 역 (서울: 서울성경학교출판부, 1991), 20.
[25] 헐버트 케인, "선교의 성서적 기초," 57. 선교를 구심력과 원심력으로 설명한 최초의 선교사는 순드클러(Benkt Sundkler)이다. 전호진, 『선교학』, 38.
[26] 헐버트 케인, "선교의 성서적 기초," 64.
[27] 헐버트 케인, "선교의 성서적 기초," 44-51.
[28] 요하네스 바빙크, "선교의 성서적 기초," 『선교의 성서적 기초』 김명혁 편역 (서울: 성광문화사, 1985), 10.
[29] 요하네스 바빙크, "선교의 성서적 기초," 9.

가 구약 첫 페이지부터 마지막 페이지까지 펼쳐져 있다고 본 것이다. 이것은 열국을 향한 하나님의 구원계획이다. 전 세계가 하나님의 피조물이다. 하나님의 피조물은 하나님의 창조물이다. 즉 하나님은 창조물의 주권자이며, 나아가 통치자이다. 통치자이신 하나님이 전 인류를 이끄시기 위해서 이스라엘을 택하셨다. 이러한 택하심의 배경에는 이스라엘만 구원하시겠다는 의미가 아니라 이스라엘을 제사장 나라로 택하여서(출 19:5-6), 전 인류를 구원하시고자 하는 하나님의 계획인 것이다.

요하네스 베르쿠일 역시 하나님의 이스라엘 선택이 열방에 대한 관심과 함께 이루어진 것으로 설명한다.[30] 그는 창세기 12장의 아브라함을 부르신 사건은 아브라함의 후손은 잠시 세상과 구별된 이스라엘로서 온 세계를 구원하기 위한 하나님의 구원 계획 성취를 위한 하나의 방편이었다고 하였다. 바빙크는 열방을 향한 하나님의 구원 계획을 시편 99:1인 "여호와께서 통치하시니 만민이 떨 것이요"를 배경으로 하고 있다.

2) 구약에 나오는 선교 사건들

(1) 아브라함을 부르신 사건(창 12:1-3)

구약에서 선교의 시작은 바로 아브라함을 부르신 사건에서 나타난다. 아브라함을 부르신 사건의 핵심 구절은 창세기 12:3이다. "너를 인하여 땅의 모든 족속이 복을 얻을 것이다"라는 말씀은 하나님의 자비와 은혜가 땅의 모든 사람에게 임하게 되는 데, 그것은 바로 선택하고 소명 받은 아브라함을 통해 될 것이라는 선언이었다. 왜 하나님이 아브라함을 부르셨는지는 확실히 알 길은 없다. 단지 그를 부르시고 명령하셨을 때, 그는 놀랍게도 순종했다. 순종하는 아브라함에게 하나님은 세 가지 약속을 하셨다.

---

30 요하네스 베르쿠일, "선교의 성서적 기초," 171.

① '내가 너로 큰 민족을 이루고'
② '내가 네게 복을 주어'
③ '내가 네 이름을 창대케 하리라'

이 세 가지의 약속은 아브라함 이전에 살던 사람들이 그렇게 갖고자 노력했던 것들이다. 특히 창세기 11장의 바벨탑 사건에서 보듯이 그들은 '자기 이름을 하늘 끝까지 내려고' 노력했다. 그런 노력은 다 물거품이 되어 버렸지만 이름의 창대는 '순종'하는 한 사람에게는 거저 주시는 듯하다.

(2) 시내산 도착 사건(출 19:4-6)

출애굽과 더불어 이스라엘은 새로운 시대를 맞이한다. 광야교회의 시작이며, 나아가 모세가 하나님으로부터 이스라엘의 사명에 대한 말씀을 듣게 된다.

> 세계가 다 내게 속하였나니 너희가 내 말을 잘 듣고 내 언약을 지키면 너희는 모든 민족 중에서 내 소유가 되겠고 너희가 내게 대하여 제사장 나라가 되며 거룩한 백성이 되리라 너희는 이 말을 이스라엘 자손에게 전할 것이니라(출 19:5-6).

이 말씀은 이스라엘과 하나님은 언약관계가 되며, 이 언약은 하나님의 선교목적을 담고 있는 것으로 이스라엘이 제사장을 담고 있는 나라가 아니라, 이스라엘이 제사장 나라가 되는 것이다. 제사장의 역할은 중보의 역할이다. 이스라엘은 하나님과 열방과의 중보 역할을 하게 된다. 월터 카이저는 이 본문을 '이스라엘의 선교 소명'이라고 불렀다.[31] 이스라엘의 제

---

31 크레익 오트, 스테판 J. 스트라우스, 티모시 C. 테넌트, 『선교신학』, 13.

사장 나라는 거룩한 나라와 밀접한 관계가 있다. 거룩함은 열방을 주께로 돌아오게 하는 제사장으로서는 필수적인 것이기 때문이다.[32]

(3) 시편 67편

시편 67편에서 하나님은 열방에 복을 전달하기 위해 의도를 가지고 이스라엘을 부르셨다. 즉 이스라엘은 나라(열방)들에게 복을 주시기 위한 수단이 된다.[33] 전호진 박사는 시편 67:3-5을 선교의 궁극적인 목적으로 보았다. 왜냐하면, 민족들로 주를 찬송케 하라는 말씀은 하나님을 위한 것이고 사람을 위한 것이 아니기 때문이다.[34]

(4) 요나의 사건

요나는 여로보암 2세(BC 793-753) 치하에 활동한 선지자이다.

구약의 선교론에서 미해결의 이슈는 "요나가 니느웨로 가라는 명령을 받은 것이 선교인가?" 하는 것이다.

일부 구약학자들은 요나서의 역사성을 부정하면서도, 세계주의가 가장 뚜렷하게 나타난 곳이 요나서라고 하였다. 그러면서 요나서는 선교활동은 없으나 선교사상은 있다고 동의한다.[35] 보쉬는 "요나는 선교정신이 없는 선교사"[36]로 보았지만 많은 선교학자가 요나는 구약 중에서 가장 위대

---

32 신 26:18-19. "여호와께서도 네게 말씀하신 대로 오늘 너를 그의 보배로운 백성이 되게 하시고 그의 모든 명령을 지키라 확언하셨느니라 그런즉 여호와께서 너를 그 지으신 모든 민족 위에 뛰어나게 하사 찬송과 명예와 영광을 삼으시고 그가 말씀하신 대로 너를 네 하나님 여호와의 성민이 되게 하시리라"
33 크레익 오트, 스테판 J. 스트라우스, 티모시 C. 테넌트, 『선교신학』, 16.
34 전호진, 『선교학』, 46.
35 전호진, 『선교학』, 51.
36 David Boach, *Witniss to the World* (Great Britain: John Knox Press, 1980) 53. 전호진, 『선교학』, 52 재인용.

한 선교사로 간주한다.[37]

왜냐하면, 그는 마지못해 선교지로 갔지만, 그가 간 선교지는 이스라엘의 원수의 나라 앗수르의 수도인 니느웨였기 때문이다. 베르쿠일은 요나의 사건을 선교의 성서적 근거로 이해하는 데 매우 의미가 깊다고 한다.[38] 그것은 이방 백성에 관해 자기 백성에게 주신 하나님의 명령을 취급하는 데 신약의 선교적 명령에 대한 준비적 단계의 역할을 하고 있기 때문이다. 사실 요나의 선교가 매우 큰 역할을 하는 이유이다.

첫째, 적대적 관계에 선교적 보냄을 받았기 때문이다.

둘째, 니느웨의 용서를 넘어 요나 자신이 하나님을 만나는 절정을 보게 된 것이다.

선교는 이방인에게 복음을 전하는 것 너머 자기 자신이 가장 먼저 하나님을 깊이 만나는 사건이다.

어쩌면 요나서를 통한 하나님의 선교 교육은 '요나처럼 될 것인가?'

아니면 '하나님처럼 될 것인가?'

이러한 질문을 통해 답을 해보라고 하신 것일 것이다.

3) 이사야의 선교 비전

이사야서는 구약성경 가운데 이방 나라들에 관하여 가장 놀랄만한 진술로 구성되어 있다.[39]

> 만방이 여호와의 전의 산으로 모여들 것이다(사 2:2).
> 이사야 19장에 그 날에 이스라엘이 애굽 및 앗수르와 더불어 셋이 세계

---

37 크레익 오트, 스테판 J. 스트라우스, 티모시 C. 테넌트, 『선교신학』, 29.
38 요하네스 베르쿠일 "선교의 성서적 기초," 180.
39 크레익 오트, 스테판 J. 스트라우스, 티모시 C. 테넌트, 『선교신학』, 21.

중에 복이 되리니 이는 만군의 여호와께서 복 주시며 이르시되 내 백성 애굽이여, 내 손으로 지은 앗수르여, 나의 기업 이스라엘이여, 복이 있을 지어다 하실 것임이라(사 19:24-25).

어느 날이 되면 애굽과 앗수르는 주께로 돌아오게 되고 그들은 하나님의 백성으로서 그의 복 속에 이스라엘과 함께 포함될 것이다.

나 여호와가 의로 너를 불렀은즉 내가 네 손을 잡아 너를 보호하며 너를 세워 백성의 언약과 이방의 빛이 되게 하리니 네가 눈먼 자들의 눈을 밝히며 갇힌 자를 감옥에서 이끌어 내며 흑암에 앉은 자를 감방에서 나오게 하리라(사 43:6-7).

이사야 56장은 주께 합류하는 '다른 이들' 즉 타국인들의 비전과 성소에서 주를 예배하고 섬기는 것과 주를 섬기고 사랑하는 비전을 표현한다. 다른 족속들은 주의 거룩한 산인 시온으로 모인다(사 56:3, 6-8). 그리고 이사야의 선교 비전은 그 책의 마지막 장인 66장에서 절정을 이룬다.

내가 그들의 행위와 사상을 아노라 때가 이르면 뭇 나라와 언어가 다른 민족들을 모으리니 그들이 와서 나의 영광을 볼 것이며 내가 그들 가운데에서 징조를 세워서 그들 가운데에서 도피한 자를 여러 나라 곧 다시스와 뿔과 활을 당기는 룻과 및 두발과 야완과 또 나의 명성을 듣지도 못하고 나의 영광을 보지도 못한 먼 섬들로 보내리니 그들이 나의 영광을 뭇 나라에 전파하리라 나 여호와가 말하노라 이스라엘 자손이 예물을 깨끗한 그릇에 담아 여호와의 집에 드림 같이 그들이 너희 모든 형제를 뭇 나라에서 나의 성산 예루살렘으로 말과 수레와 교자와 노새와 낙타에 태워다가 여호와께 예물로 드릴 것이요 나는 그 가운데에서 택하여 제사장과 레위인을 삼으리라 여호와의 말이니라(사 66:18-21).

하나님의 선교 비전은 이사야를 통해서 보여 준 것은 어떤 나라이든지, 어떤 방언과 족속이든지 제외되지 않는다는 것이다. 이런 의미에서 기독교 박해 1위를 7년 이상이나 지속한 북한이라도 하나님의 선교 비전에는 제외되지 않을 것이다. 이사야 66장의 예언 중에 가장 놀라운 것은 이방인들이 주께 나오는 특권을 가지게 될 것이며 나아가 이들 중에서 제사장과 레위인이 될 것이다.

4) 중간 시대

중간 시대란 구약에서 신약으로 넘어가는 약 400년간의 시대를 말한다. 선교학에서 이 시대를 매우 중요하게 생각하는 이유를 전호진은 세 가지로 보았다.[40]

첫째 디아스포라이다.

유대인들이 흩어져 살던 디아스포라 기간에 유대인들이 이방 사람들을 개종시키려고 했던 흔적을 살펴볼 수 있다. 독일의 신학자 하르낙은 기독교는 유대교에 여러 가지 빚을 졌다고 한다. 유대인들의 전 세계확산, 유대인의 회당이 어디든지 존재, 구약에 대한 예비지식이 될 수 있는 자료를 제공, 정규 예배 습관과 엄격한 생활, 유일신 변호를 의무로 생각하는 사상이다.[41]

그뿐만 아니라 리더는 디아스포라가 기독교에 끼친 점을 다음과 같이 말했다.

---

[40] 전호진, 『선교학』, 53.
[41] Adolf Harnack, *The Mission and Expansion of Christianity in the Frist three centuries* (New York : Harper and Bros, 1961), 15. 전호진, 『선교학』, 55. 재인용.

전 세계에 믿는 공동체의 현존은 진리에 대한 충성을 가져 왔으며, 성경을 번역하였고, 회당에서 성경을 해석하였으며, 회당의 예배를 단순하게 하였다. 변증과 교훈을 위한 문학적 유산을 소유하였으며, 예루살렘과 연결되어 유대인과 이방인 개종자들의 눈과 마음이 하나님의 도성을 향하게 하였고, 사자를 통한 행정의 체계를 유지하였다. 이들은 소수지만 그러나 기독교는 여기에서 유익을 얻었다.[42]

둘째, 회당이다.
셋째, 70인역이다.

구약을 희랍어로 번역한 70인역은 당시 문명 세계 전역에 보급되었고 유대인 회당서 설명되었다. 이것은 초대교회에 많은 영향을 주었다. 초대교회 당시 그리스도인으로 개종이나 회심한 자 중에 성경에서 '하나님을 경외하는 자들'이란 단어가 무척 많이 보였기 때문이다. 이들은 바로 회당에서 예배하던 유대주의자들이었다. 물론 유대주의자들의 메시지는 기독교인의 메시아와 다른 메시지였지만 이방인들에게 보인 유일신 사상은 탁월하게 보였다.

4. 신약과 선교

요하네스 베르쿠일은 "신약은 처음부터 끝까지 선교의 책이다"[43]라고 하였고 전호진은 "신약은 구원의 복음을 온 세상에 알리는 선교의 책"[44]이

---

42 De Ridder, *Discipling the Nations* (Grand Rpides : Baker Book House, 1971), 127. 전호진, 『선교학』, 55. 재인용.
43 요하네스 베르쿠일 "선교의 성서적 기초," 184.
44 전호진, 『선교학』, 59.

라고 하였다. 복음서의 선교적 메시지의 생생한 기록과 서신들의 선교적 변증, 그리고 선교사역의 실제 등은 선교 그 자체를 가르치는 책이다.

1) 신약에 나오는 선교에 관련된 단어들

(1) 이방인

신약에서 이방인에 대한 심판은 매우 심각하게 다루고 있다. 에베소서에서는 이방인을 향해 소망도 없고 하나님도 없는 자(엡 2:11-12)이고 어두움에 속한 자(엡 5:8)라고 하였고, 로마서에서는 공중의 권세 잡은 자 사탄에 조정을 받으려 총명이 어두워지고(롬 1:31), 색욕에 자신을 던진 자들이다(롬 1:24)라고 하였다. 이렇게 이방인들은 사탄이 휘두르는 치명적 악영향하에 속해 있는 자들이다.[45] 그럼에도 불구하고 사도 바울은 이방인들에 대한 하나님의 일반계시를 간과하지 않는다.

> 율법 없는 이방인이 본성으로 율법의 일을 행할 때는 이 사람은 율법이 없어도 자기가 자기에게 율법이 되나니 이런 이들은 그 양심이 증거가 되어 그 생각들이 서로 혹은 송사하며 혹은 변명하여 그 마음에 새긴 율법 행위를 나타내느니라(롬 2:14-15).

이방인들이 하나님을 찾을 수 있다고 보았다. 하지만 이방인이 스스로 하나님을 찾기는 매우 어렵다. 구원은 내가 하나님을 찾아서 된 것이 아니라 하나님이 나를 부르셔서 된 것이기 때문이다(행 16:10).

---

[45] 요하네스 바빙크. "선교의 성서적 기초," 39.

(2) 성육신

케인은 신약에 나오는 성육신은 삼중 목적을 가지고 있다고 한다.

① 성부 하나님을 계시하는 것(요 1:14,18)
② 마귀를 멸망시키는 것(롬 7:14-20)
③ 유대 민족뿐만 아니라 세상을 구원하시는 것(요 3:16; 요일 4:14)[46]

(3) 세상(kosmos)

요한복음에서 예수님은 세상이란 단어를 77회 사용하셨다. 이것은 그의 사명의 범위가 세상이라는 것을 나타낸다. 요한복음은 처음부터 세상에 대해 말씀하고 있다.

> 그가 세상에 계셨으며 세상은 그로 말미암아 지은 바 되었으되 세상이 그를 알지 못하였고(요 1:10).

세상은 하나님이 창조하신 곳이지만 창조된 세상은 창조주를 받아 주지 않으므로 창조주로부터 다시 교육을 받아야 하는 상황이 되어졌다. 세례 요한이 예수님을 향해 '세상 죄를 지고 가는 하나님의 어린양'(요 1:29)이라 칭한 것은 예수님이 세상을 사역의 대상으로 삼은 것을 가리키는 말이었다. 나아가 세상은 심판의 대상(요 3:17)이나 하나님의 사랑(요 3:16)이었고 또 세상은 구원의 대상(요 6:51)이며 나아가 유일하신 참 하나님을 알아야 하는 당위성(요 17:21-23)이 있다.

---

[46] 헐버트 케인, "선교의 성서적 기초," 71-72.

(4) 하나님의 나라

예수님의 가르침은 처음부터 끝까지 하나님의 나라에 관한 것이었다. "회개하라 천국이 가까워 왔느니라"(마 4:23)에서 승천하시기 전에 "하나님 나라에 관해 가르치시더라"(행 1:3)까지 이다. 예수님께서 정의하신 나라에 대해 케인은 "내면적이고 영적인 나라로서 사실상 세상적으로 지혜가 있고 부유한 자들에겐 닫혀있고, 온유하고 가난한 자들에게 널리 열려있고, 세리들과 창녀들도 회개하면 하나님 나라 소유할 수 있다.

하나님 나라의 성격은 영적이며 그 범위가 보편적이며, 그 구성은 범세계적이다. 기간은 영원하며 권세가 기초가 아닌 정의와 진리가 기초이며, 율법이 아니라 사랑이 지배하고, 전쟁이 아니라 평화에 호소하며, 통치자들은 주인이 아니며 종들이고 시민들은 온유하고 자비롭고 순결하며 화평하며 용서하는 자들이고 무엇보다도 서기관들이나 바리새인들보다 더 큰 의를 소유해야 하는 곳이다"라고 설명한다.[47]

여기서 우리는 하나님 나라가 영적인 것인가 아니면 육적인 것인가에 대해 구별해야 한다. 바리새인들이 예수님에게 언제 하나님 나라가 임하는지에 대한 질문이 있었다. 그때 예수님이 답하신 내용이다.

> 바리새인들이 하나님의 나라가 어느 때에 임하나이까 묻거늘 예수께서 대답하여 이르시되 하나님의 나라는 볼 수 있게 임하는 것이 아니요 (눅 17:20).

즉 하나님 나라는 육신이 만질 수 있는 육적인 것이 아니라 영적인 것임을 말씀하고 있다. 예수님은 "하나님의 나라는 먹는 것과 마시는 것이 아니요 오직 성령 안에서 의와 평강과 희락이라"(롬 14:17)고 하셨다. 즉

---

[47] 헐버트 케인, "선교의 성서적 기초," 80.

하나님 나라는 하나님이 통치하시는 영과 육의 모든 영역, 범위를 가지고 있다는 것을 의미한다. 이것은 왕의 통치를 의미한다.

(5) 유대인

유대인을 향해 선교하여야 하나, 하지 않아도 되는가?

유대인은 저절로 구원 얻나 그렇지 않나?

저절로 구원을 얻는 것이 아니라면 그들을 향하여 선교해야 하지 않은가?

성경에서 유대인 선교의 가장 유력한 근거는 마태복음 23:15이다.

> 화 있을진저 외식하는 서기관들과 바리새인들이여 너희는 교인 한 사람을 얻기 위하여 바다와 육지를 두루 다니다가 생기면 너희보다 배나 더 지옥 자식이 되게 하는도다(마 23:15).

사도행전에서 유대인으로서 기독교로 개종하는 자들은 두 부류가 있었다.

첫째는 '하나님을 경외하는 자'이다.

둘째는 다른 한 부류 '개종자'였다.

2) 대위임령

마태복음 28:18-20을 보통 '선교 대위임령'이라 부른다. 요하네스 베르쿠일은 이 본문을 세 가지 내용으로 구성되었다고 보았다.

첫째, 예수님의 권위

둘째, 선교 수행령

셋째, 예수님의 약속

피터 바이어하우스는 선교 수행령을 '제자 만드는 방법론'으로 이해했다.[48] 여기서 마태복음 28:19을 좀 자세히 보면 다음과 같다. 이 내용은 십자가에서 못 박혔다가 부활하신 예수님이 하신 말씀이다. 부활하신 주님의 위치는 왕의 자리이다.[49] 왕이신 주님이 제자들인 사도들에게 명령하시는 장면이다.

제일 처음의 명령은 '너희는 가라'이다. 여기서 '가라'는 '출발하다, 떠나다. 경계를 넘다'라는 의미로 사회적인 경계, 인종적, 문화적 그리고 지리적 경계를 넘어가라는 뜻이다. 그리스도의 대사가 된 우리는 복음을 들고 가야 할 곳이 지리적인 국가를 넘어 민족, 인종, 언어, 문화의 각각의 영역으로 가야 하는 것을 의미한다.

'가서' 해야 할 일을 왕이신 예수님이 세 가지로 명령하셨다.

첫째, '모든 족속으로 제자 삼으라'고 명하셨다.

제자가 된다는 것은 그의 죽음과 부활에 참여하는 것을 의미하며 하나님 나라에 참여하는 것이다. 여기서 '모든 족속' 역시 '전 인류'를 말하며 나아가 민족, 인종, 언어, 문화, 그리고 모든 국가를 의미한다.

둘째, '아버지와 아들과 성령의 이름으로 세례를 주라'는 명령이다.

이것은 지위의 변화를 의미한다. 노예가 개종하여 세례를 받음으로 자유인이 된다는 의미이다. 삼위 하나님의 이름으로 세례를 받음으로 죄와 죽음의 사망의 영역에서 벗어나는 것이다.

셋째, '내가 너희에게 분부한 모든 것을 가르쳐 지키게 하라'고 명하셨다.

여기서 가르칠 대상은 누구인가?

마태는 '내가 분부한 것을 가르칠' 대상은 세례받은 자로 이해했다. 세

---

[48] 피터 바이어하우스, "선교의 성서적 기초," 김명혁 편역 『선교의 성서적 기초』 (서울: 성광문화사, 1985), 226.
[49] 요하네스 베르쿠일, "선교의 성서적 기초," 194.

례받은 자들에게 돕고 훈련 시키기 위해 가르쳐야 할 것을 주문한 것이다. 가르친다는 것은 단순한 지식의 전달 이상의 것을 가지고 있다. 그것은 예수님의 부활에 참여하는 것이고, 그의 십자가의 길을 함께 걸어가는 것을 포함한다.

이러한 선교 명령의 배경으로 우리가 이해해야 할 것이 있다. 하나님은 창조물을 통해 '영광' 받으시기 원한다.

> 내 이름으로 불려지는 모든 자 곧 내가 내 영광을 위하여 창조한 자를 오게 하라 그를 내가 지었고 그를 내가 만들었느니라(사 43:7).

여기서 '내 이름으로 불려지는 모든 자'는 모든 인종, 국가, 언어, 민족, 나라들이다. 즉 선교의 대상자들이다. 그런데 이런 선교의 대상자들에게 하나님이 소집령을 내리시는 이유는 '자신의 영광' 때문이다. 하나님은 인간을 창조하신 이후 인간들로 영광을 받으시기 위하여 영광을 돌릴 방법을 가르쳐 주셨다. 이것이 인간들에게 행하신 첫 번째 명령이었다. 창세기 1:28은 하나님이 인간에게 명령하신 세 가지 명령을 보여 준다.

> 하나님이 그들에게 복을 주시며 하나님이 그들에게 이르시되 생육하고 번성하여 땅에 충만하라, 땅을 정복하라, 바다의 물고기와 하늘의 새와 땅에 움직이는 모든 생물을 다스리라 하시니라(창 1:28).

이러한 명령을 인간들이 제대로 수행하지 못하게 되자 예수님이 본을 보여 주셨다. 그리고 예수님은 인간이 하나님께 영광 돌릴 수 있도록 심지어 자신의 영광을 우리에게 나누어 주셨다. 그리고는 다시 인간들로부터 영광을 받으시기 위해 그 방법을 가르쳐 주신 것이 바로 마태복음 28:19이다. 그렇다면 창세기 1:28과 마태복음 28:19은 유사성이 있다.

첫째, 예수님의 명령 '모든 족속으로 제자 삼아라'는 것은 창세기의 '충만하라'는 명령의 방법으로 여겨진다.

즉 세상을 무엇으로 충만하게 해야 하는지에 대해 말씀하신 것이다. 세상을 충만하게 하는 것은 제자들로 충만하게 하는 것이다. 제자들로 충만하게 하는 것이 선교이며, 하나님께 영광이 되는 것이다.

둘째, '삼위 하나님의 이름으로 세례를 주라'는 것은 '정복하라'는 명령의 방법으로 여겨진다. 즉 세례는 세상을 사는 우리들이 하나님 나라의 백성으로 사는 것을 의미한다. 죽음의 세계에서 생명의 세계로 옮겨지는 것을 가리키는 것이다.[50] 나아가 그리스도의 부활에 동참하는 것이며, 또 십자가의 삶을 사는 것이다. 이것은 세상을 정복하고 세상의 밭을 경작하는 의미이다.

셋째, '내가 너희에게 분부한 모든 것을 가르치고 지키게 하라'는 것은 내 생애 전부를 주의 말씀에 순복하고 따르고 사는 것을 의미한다.

이것은 나의 전 영역에서 말씀의 지배를 받는 것이다. 이것은 곧 새로운 사회의 건설이기도 하다. 곧 창세기의 '다스리라'는 명령이다. 창세기의 다스리다는 의미는 영어로 Control로 조정과 조절의 의미를 담고 있다. 곧 세상에서 하나님 나라의 백성으로 사는 자의 삶의 조정과 조절이다. 즉 세상의 방법으로 사는 삶이 아니라 새 생활의 삶을 의미한다.

3) 복음서

신약에서 예수님은 선교에 대해 오해하기 쉬운 말씀을 하셨다. 사마리아 여인에게 "구원은 유대인에게만 속했다"(요4:22)고 한 것과 가나안 여인에게 '이스라엘의 잃어버린 양들에게만'(마 15:24) 그가 보내심을 받았다

---

50 피터 바이어하우스, "선교의 성서적 기초," 226.

고 하신 것, 그리고 전도하는 제자들에게 이방인들에게나 사마리아인들의 어떤 마을에 가지 못하도록 하신 것(마 10:5)은 선교에 대한 예수님의 생각이 오해받을만 하다.

그렇다면 예수님은 이스라엘의 구원만을 위해 오신 것일까?

이것을 이해하기 위해 우리는 가나의 혼인 잔치에서 하신 예수님의 말씀을 보아야 한다. 예수님은 가나의 혼인 잔치에서 '때가 아직 이르지 않았다'고 하셨다. 다시 말해 인류를 구원하시기 위한 때가 아직 이르지 않았다고 하셨다. 즉 사마리아 여인, 가나안 여인, 그리고 전도 대원에게 하신 말씀은 때에 관한 말씀이다.

이러한 선교 개념은 십자가 사건 이후 달라진다.

> 너희는 가서 모든 족속으로 제자 삼고 아버지와 아들과 성령의 이름으로 세례를 주고 내가 너희들에게 분부한 것을 지키게 하라(마 28:18-19).

그리고 "성령이 너희에게 임하시면 너희는 권능을 받고 예루살렘과 온 유대와 사마리아와 땅끝까지 이르러 내 증인이 되라"(행 1:8)고 하셨다. 이렇게 볼 때 선교의 개념이 복음의 초기에는 명백하게 나타난 것이 아니다.[51] 예수님의 십자가 사건 이후 선교에 대해 아주 명백하게 말씀하셨다. 부활하신 당일에 예수님은 "죄사함을 얻게 하는 회개가 예루살렘으로부터 시작하여 모든 족속에게 전파될 것이 기록되었다"(눅 24:47)고 하셨다.

예수님은 십자가 이전에는 이방인에 관한 선교사역에 달음박질 하지 않았다(눅 24:47).[52] 십자가에 달리기 전까지 예수님은 그의 사명이 이스라엘의 잃어버린 양들에게 국한된 것으로 이해할 수 있다.[53] 예수님의 사역

---

[51] 요하네스 바빙크, "선교의 성서적 기초," 26.
[52] 헐버트 케인 "선교의 성서적 기초," 81.
[53] Karl Barth. "An Exegetical Study of Matthew 28:16-20," The theology of christian Mission,

에 있어서 중요한 전환점은 십자가상의 죽음과 부활이다.

그렇다고 십자가 사건 이전에 선교에 대해 언급한 것이 없는 것은 아니다. "이 천국 복음이 모든 민족에게 증언되기 위하여 온 세상에 전파되리니 그제야 끝이 오리라"(마 24:14). 그리고 "내가 진실로 너희에게 이르노니 온 천하에 어디서든지 이 복음이 전파되는 곳에서는 이 여자가 행한 일도 말하여 그를 기억하리라"(마 26:13)고 발에 기름부은 여인에게 하신 말씀 역시 복음은 전 세계에 퍼질 것을 말씀하신 것이다.

바빙크는 복음서의 선교관을 "예수 그리스도의 교훈에 있어서 선교사상이라는 것은 메시아적 구원 기대로부터 조심스럽게 그리고 점진적으로 유래되고 있음을 본다. 구약의 예언은 메시아 구원을 이스라엘의 영적인 부흥과 영광, 그리고 이방인의 자발적인 접근과 세계질서의 근본적 변화와 관계된 것으로 본다. 이러한 메시아 구원은 예수 그리스도께서 오심으로 원칙적으로 도달되었다"[54]고 정의한다.

복음서에 나타난 중요한 선교의 구절이 있다.

> 너희는 온 천하게 다니며 만민에게 복음을 전파하라(막 16:15).
> 너희는 가서 모든 족속으로 제자삼고 아버지와 아들과 성령의 이름으로 세례를 주고 너희에게 분부한 것을 가르쳐 지키게 하라(마 28:19).
> 아버지께서 나를 보내신 것 같이 나도 너희를 보내노라(요 20:21).

Gerald H. Anderson (Nashville: Abingdon, 1961), 65. 헐버트 케인, "선교의 성서적 기초," 82. 재인용.

[54] 요하네스 바빙크, "선교의 성서적 기초," 27.

4) 사도행전

사도행전은 최고의 선교기록이다.[55] 사도행전은 신약성경에서 전략적인 위치를 지키고 있다.[56] 복음서에서 사도행전을 연결하는 고리가 있는데, 요한복음 20:21의 "아버지께서 나를 보내신 것 같이 나도 너희를 보내노라"이다. 이것은 사도행전의 핵심 구절인 사도행전 1:8 "오직 성령이 너희에게 임하시면 너희는 권능을 받고 예루살렘과 온 유대와 사마리아와 땅끝까지 내 증인이 되리라"(행 1:8)는 것과 연결된다.

그렇다면 사도행전에서 선교는 두 단어로 요약할 수 있다. '능력'과 '증인'이다. 부활은 제자들을 증인으로 만들었고 오순절 사건은 효과적으로 증거할 수 있는 능력을 부여했다. 그래서 사도행전에서 선교의 일꾼들은 제자들을 사도로 변화된 모습으로 나타낸다.

사도행전 1:8은 선교의 영역으로 세계 전역을 포함했다. 예루살렘의 유대인뿐만 아니라 지구 곳곳 백성들을 포함하고 있다. 이 본문에는 '내 증인'이라는 말은 제자들에게 특수한 하나의 메시지를 전달하도록 요청한 것이다. 그런데 '예루살렘, 온 유대, 사마리아와 땅끝까지'라는 것에는 해석이 학자마다 달라진다.

요하네스 베르쿠일은 이 부분을 '선교의 구체적인 순서'로 보았다. "그들은 예루살렘에서 시작해서 유대와 사마리아로 가고 전세계에까지 가게 되어 있었다"고 하였다.[57]

존 스토트는 이 구절을 '일종의 책의 목차'라고 한다.[58] 왜냐하면, 1-7장은 예루살렘에서 일어난 일을 묘사하고, 8장은 유대와 사마리아 지방으

---

[55] 요하네스 바빙크, "선교의 성서적 기초," 28.
[56] 헐버트 케인, "선교의 성서적 기초," 93.
[57] 요하네스 베르쿠일, "선교의 성서적 기초," 202.
[58] 존 스토트,『사도행전 강해』, 정옥배 역 (서울: 한국기독학생회출판부, 1992), 42.

로 가서 선교하였으며, 9장부터 나타난 바울이 로마까지 가서 선교한 여정을 담고 있기 때문이다. 또 다른 해석은 사도행전 1:8은 선교를 가야 할 순서가 시간의 진행이 아니라 동시적이라는 것이다. 헬라어 원문을 그대로 직역하면 "그러나 성령께서 너의 위에 닥치면 너희가 능력을 받을 것이다. 그리고 너희가 예루살렘에서 그리고 온 유대에서 그리고 사마리아에서 그리고 땅의 끝까지 나의 증인들이 될 것이다"라고 할 수 있다.[59] 즉 성령이 임하시면 너희 중 어느 누구는 예루살렘으로 다른 누구는 사마리아로 또 다른 누구는 땅끝으로 가라는 의미이다.

5) 로마서

로마서는 보통 교리서로 이해하여 '이신칭의'를 주제로 이해하였다.[60] 그러나 바울이 에베소서 3:1에서부터 말하고 있는 선교의 비밀이 로마서에 담겨 있다.[61] 로마서는 선교의 부름, 선교의 목적, 선교의 방법이 나오는 선교백과사전이며 선교대전이다. 다시 말해 로마서는 선교를 통한 하나님 나라 실현을 분명하게 제시해 준다.[62]

바울이 로마서를 기록한 배경이 무엇인가?

로마교회를 향해 교리를 설명한 것은 무엇 때문인가?

교리서를 만들어서 배부하고자 한 것은 결코 아닐 것이다. 그는 로마서 15:23에 자신이 로마를 거쳐 스바냐로 가기로 작정하고 쓴 책임을 밝혔다. 이어서 그는 로마서 1:8과 10:13을 통해 누구에게나 복음이 전해지면 구원을 얻는 선교의 목적을 밝혔다. 로마서 10장은 선교의 방법을 제시하

---

[59] 『카리스 종합주석 사도행전 1-9장』(서울: 카리스, 2003), 75.
[60] 조지연, 『바울의 행전』(인천: 도서출판 바울, 2006), 213.
[61] 이재환, 『미션 파서블』, 260.
[62] 이재환, 『미션 파서블』, 261.

였고, 나아가 로마서 1장에서 8장까지는 선교의 부름에 관한 확인과 점검이다.

로마서 15:20에는 선교의 전략으로 복음이 이미 들어간 곳에는 일하지 않기로 작정함을 보여 주고 있다. 로마서 1:14은 헬라인이나 야만인이나 지혜 있는 자나 어리석은 자에게 다 내가 빚진 자라는 말을 함으로써 선교의 동기를 나타내 보였다. 로마서 12장에서 14장은 말씀의 적용인데, 이것은 선교사를 향한 교육의 내용이며, 특히 로마서 16장은 선교의 소식으로 드러난 바울의 선교보고인 것이다.

로마서의 배경은 사도행전 19:21-22에 잘 나타난다. 바울은 마게도냐, 아가야를 거쳐 예루살렘으로 가겠다는 계획을 세운다. 예루살렘으로 가려는 이유는 바로 로마 때문이다. 그는 로마에 눈을 뜨기 시작했다. 그 이유는 로마가 세계의 중심지였기 때문이다. 하지만 바울이 로마가 세계의 중심지여서보다 더 중요하게 생각한 것은 '로마까지 보아야 하리라'에서 나타난다.

바울이 로마까지 보아야 하리라는 것은 무엇을 뜻하는가?

로마라는 세계의 중심지라는 장소가 중요한 것이 아니라 그곳을 거쳐 스바냐까지 가야 하기 때문이다.[63] 그래서 바울이 로마에 보낸 서신은 교리서이기보다는 선교의 관점으로 보아야 하는 선교 교과서이다.

6) 서신서

서신서 중에 로마서 9-11장이 선교의 논쟁이 된다. 이 본문은 사도 바울이 이스라엘의 구원문제를 깊이 다루고 있다. 여기서 이스라엘의 구원을 약속한 하나님의 약속이 폐하여지지 않았다고 주장한다(롬 9:6). 그러나

---

[63] 하용조, 『세상을 바꾼 사람들』(서울: 두란노, 1999). 225.

바빙크는 이 해석을 로마서 10:12과 13절[64]을 예를 들어 이방 백성들도 이스라엘의 자손 중에 포함된다고 보았다.

서신서에서 사도 바울 외에 베드로는 선교와 관련된 엄청난 이야기를 한다. 베드로는 출애굽기 19:5-6, 이사야 43:21, 호세아 1:9, 2:23을 인용하여 교회를 설명하고 새로운 하나님 백성의 소명과 선교에 대해 더 명확하게 기술한다. 교회의 소명과 선교는 출애굽기 19:5-6에 있는 이스라엘의 제사장적 소명과 연속 선상에 있지만, 베드로는 더 영광스러운 방식으로 실현된다고 표현한다.

> 그러나 너희는 택하신 족속이요 왕 같은 제사장들이요 거룩한 나라요 그의 소유가 된 백성이니 이는 너희를 어두운 데서 불러 내어 그의 기이한 빛에 들어가게 하신 이의 아름다운 덕을 선포하게 하려 하심이라 너희가 전에는 백성이 아니더니 이제는 하나님의 백성이요 전에는 긍휼을 얻지 못하였더니 이제는 긍휼을 얻은 자니라(벧전 2:9-10).

이스라엘의 부르심이나 교회의 부르심은 그 부르심 자체가 목적이 아니다. 그것은 다른 사람들에게 하나님의 복의 통로가 되는 특권으로의 부르심이다. 이것은 궁극적으로 하나님의 영광이 된다. 이것은 또한 열방이 복이 되기 위한 아브라함의 복과 일치하는 것이다. 하나님의 부르심의 은혜가 선교의 기초가 된다.[65]

---

64 유대인이나 헬라인이나 차별이 없음이라 한 주께서 모든 사람의 주가 되사 저를 부르는 모든 사람에게 부요하시도다 누구든지 주의 이름을 부르는 자는 구원을 얻으리라(롬 10:12-14).
65 크레익 오트, 스테판 J. 스트라우스, 티모시 C. 테넌트, 『선교신학』, 79.

5. 선교의 정의

선교사나 선교학 교수들은 나름대로 선교에 대한 다양한 정의를 내린다. 파송, 신 존재 증명, 예배회복, 순종, 목회적 관점, 복음전파, 제자화, 교회의 봉사활동 그리고 교회세움. 그중에 '파송'의 개념으로 정리한 신학자가 존 스토트, 락킨, 요시모토이다.

존 스토트는 "선교는 엄밀히 말하면 포괄적 용어이다. 선교는 하나님께서 그 백성을 세상에서 일하도록 보내는 모든 것을 포함한다."[66]고 하였으며, 락킨은 "선교는 하나님의 심판이나 구속의 목적을 촉진 시키기 위해 하나님의 뜻을 말과 행동을 통해 전하도록 초자연적 중개자나 인간 중개자를 파송하는 신적인 활동이다"[67]고 하였고, 요시모토는 "선교는 인간과 세상을 위하여 삼위일체 하나님이 자신을 파송하는 창조적이고 구속적인 행동이다. 선교의 궁극적 목표는 천국의 완성과 하나님 백성의 구원이다."[68]고 정의했다.

이와 달리 룩스부르흐는 '신 존재 증명'으로 선교를 정의한다.

"선교는 하나님의 백성이 천국의 징표이며 맛보기며 현존인 교회를 통하여 하나님의 실재를 증거하는 것이다."[69]

존 파이퍼는 예배회복으로 선교를 정의한다. 그는 "교회의 궁극적인 목표는 선교가 아니라 예배이다. 선교가 존재하는 이유는 예배가 존재하지 않기 때문이다"라고 하였다.[70]

요하네스 바빙크는 선교를 순종으로 정의한다.

---

[66] 크레익 오트, 스테판 J. 스트라우스, 티모시 C. 테넌트, 『선교신학』, ⅩⅩⅩⅤ.
[67] 크레익 오트, 스테판 J. 스트라우스, 티모시 C. 테넌트, 『선교신학』.
[68] 크레익 오트, 스테판 J. 스트라우스, 티모시 C. 테넌트, 『선교신학』, 79.
[69] 크레익 오트, 스테판 J. 스트라우스, 티모시 C. 테넌트, 『선교신학』, 79.
[70] 존 파이퍼, "열방이 기뻐하게 하라," 랄프 윈터, 스티브 호돈, 『미션 퍼스펙티브』, 정옥배 역 (서울: 예수전도단, 2002) 66.

"선교는 하나님의 초대에 대한 응답이 아니라 그리스도의 명령에 대한 순종이다."

김명혁 박사는 "선교는 그리스도의 십자가와 부활을 통하여 영혼을 구원하되 섬기는 자로서 피선교자의 전인격을 존중하며 하나님의 형상대로 지음 받은 그들이 회개하고 돌아올 때까지 끝까지 참고 사랑하며 돌보는 것이다"[71]고 '목회적 관점'으로 정의했다.

이런 정의 가운데 가장 고전적이고 복음적인 정의는 맥가브란 박사가 한다. 맥가브란(Donald A. McGavran)의 선교 정의는 '복음전파요 제자화'이다. 그는 "선교란 예수 그리스도에게 전혀 충성을 바치지 않고 있는 자들에게 문화적 장벽을 넘어 복음을 전하는 것이며, 그들을 일깨워 그리스도를 그들의 주와 구주로 받아들여 그의 교회의 책임 있는 구성원이 되게 하는 것이다. 그리고 성령의 인도하심에 따라 복음 전도와 정의실현을 위해 일하며, 하나님의 뜻이 하늘에서 이룬 것처럼 땅 위에서도 이루어지도록 일하는 것이다"고 하였다. 조귀삼 교수 역시 "선교는 지리적, 정치적, 문화적 경계를 넘어서 하나님을 알지 못하는 사람들에게 주 예수 그리스도의 복음을 선포하여 제자화하는 것이다"라고 정의하였다.[72] 전호진 박사는 특이하게도 선교를 '교회의 봉사활동'으로 정의한다. 그는 "선교는 타문화권에서 복음 전도를 위한 교회의 모든 활동, 즉 교육사업, 의료사업, 개발사업, 구제사업 등 모든 교회의 봉사활동을 선교로 간주한다"라고 하였다.[73] 정성구 교수는 "선교는 구원받은 자를 함께 모아 그리스도의 몸 된 교회를 이루는 것"[74]으로 이해하며 '교회 세움'을 선교로 정의하였다.

이러한 선교 정의에서 가장 필자가 선호하는 것은 파이퍼의 '예배회복'

---

[71] 김명혁, "선교는 왜, 무엇을 어떻게?" 310.
[72] 조귀삼, 『복음주의 선교신학』(경기: 세계로 미디어, 2014), 13.
[73] 전호진, 『선교학』(서울: 개혁주의 신행협회, 1985), 23.
[74] 박삼수, 『선교는 그리스도의 지상명령』(서울: 기독교문화사, 1987), 21.

이다. 이런 예배가 회복되려면 먼저 복음이 전파되어야 하고, 복음이 전해진 곳에서 복음에 응답한 그들을 제자화해야 하며, 그런 다음 교회를 이루어 땅끝까지 하나님 나라를 세우는 것이다. 이런 의미에서 에베소서를 배경으로 하여 선교를 정의하면 "선교는 하나님의 부르심을 받은 모든 성도가 복음으로 만유를 통일시키는 것을 의미한다." 여기서 '통일'이란 정치적 용어의 한반도 통일을 의미하는 것이 아니다. 에베소서에 나오는 통일은 '머리'라는 뜻으로 그리스도를 머리로 한 교회를 의미한다. 즉 통일은 교회 세움이다.

6. 결론

이 글을 읽는 분들은 어느 선교의 정의가 가장 성경적이라고 생각하는가?

즉 성경적인 선교 이해를 가장 정확하게 반영한 것이 무엇인가?

존 파이퍼는 예배의 회복을 열방에서 일어나야 하는 것에 초점을 두었다. 그런데 우리가 좀 더 광의적으로 선교를 해석해야 하는데 그것을 맥가브란이 정의하였다. 맥가브란의 정의는 복음선교와 제자화이다. 선교를 멀리 가는 것으로 이해한다. 즉 타문화권에 복음을 전하는 것으로 여긴다. 이 정의가 틀렸다고 할 수 없으나 우리가 먼저 생각할 것은 선교의 영역이 아무리 지역이라 하더라도 나로부터 시작되는 것이 선교이다. 내 영역이 선교가 안 되면 타 지역 선교는 먼 산일뿐이다. 선교는 '나'로부터 시작하여 '땅끝'까지 가는 것이다. 한반도에 사는 우리들은 꼭 거쳐가야 하는 곳이 북한이다.

지금까지 본 선교 정의를 북한에 적용해 북한선교의 정의를 내려 보자. 우리는 북한을 선교지라 여기고 북한 주민을 선교대상자로 본다. 물론 여기에는 반대하는 목소리도 있다. 북한복음화는 북한 주민들 스스로 하게 두라고 한다. 한국이 나서게 되면 한국처럼 북한교회가 타락하기 때문이라고 한다. 그러나 여기에는 먼저 기독교 배경이 있다는 선제 의식이 있어야 한다. 혹자는 '북한선교는 김정은을 통해서 하도록 놓아두어야 한다'고 하였다.

그렇다면 먼저 김정은을 통한 하나님의 특별한 역사를 기대해야 한다. 그리고 지하교회의 성도들의 선교와 전도를 기대해야 한다. 하지만 현실은 그렇지 않다. 북한선교를 하는 한국기독교가 다 부패하거나 타락했다고 한다면 그것은 오만이고, 교만이다. 선교는 하나님이 교회를 통해서 하시는 구원의 일이다. 그래서 한국교회는 이 일을 해야 한다.

북한선교의 정의는 '복음통일'이다. 그럼 복음통일이 무엇인가?

'한반도는 통일이 되어야 하나?'

이 말은 우리가 통일이라는 말을 많이 하지만, 실제로는 통일이 쉽지 않다는 것이다. 국가가 생각하는 통일의 방법은 크게 두 가지로 나누어서 생각하면 된다.

첫째, 급진적 통일 방안과,

둘째, 점진적 통일 방안이다.

급진적 통일 방안은 전쟁이나 북한 내부의 쿠테타 등의 돌발사태가 났을 때 일어날 방법이다.

첫 번째 방법은 우리가 전쟁에서 승리한다는 전제가 붙는다. 하지만 대다수 연구자는 이 방법이 적당하지 않다고 한다. 왜냐하면, 흡수통일의 비용이 너무 많이 들기 때문이다. 현재 우리나라 경제 규모로는 북한을 끌어안을 만한 능력이 안 된다. 그래서 다음으로 생각한 것이 점진적 통일 방안이다. 이 방안은 시간이 걸리는 방법이다. 북한을 어느 정도 경제 성장을 시킨 후의 연합이든지 연방의 방법으로 통일해야 하기 때문이다.

어떤 방법으로든 통일이 전제된 생각이다. 하지만 통일을 생각하기 전에 먼저 생각해 보아야 할 것이 있다. 그것은 '분단'이다. 즉 '통일'을 하자고 하는 것은 '분단'되었기 때문이다.

"분단 없는 통일은 없다."

분단문제를 해결해야 통일을 이룰 수 있다는 것이다.

한반도의 분단은 세 가지의 분단이 있다.

첫 번째 분단은 '영토의 분단'이다.

1945년 한반도는 일제 36년간의 치하에서 벗어나는 해방을 맞이하게 된다. 하지만 이 기쁨도 잠시, 38 도선을 그어 한반도는 남과 북으로 나뉘게 된다. 물론 적당한 시간이 지나면 38 도선을 거둔다는 전제는 있지만, 해방과 동시에 한반도는 분단의 역사가 시작된다. 우리가 통일을 가장 쉽게 생각할 수 있는 것은 휴전선 철책을 거두어 내면 되는 것으로 여긴다. 물론 역사적 교훈은 있다.

1961년 동독은 서베를린으로 통하는 모든 통로를 막기 위해 베를린 장벽을 세웠다. 그 후 1989년 11월 9일 베를린 장벽이 들어선 지 28년 만에 무너져 버린다. 이것이 통일 독일을 만들게 되었다. 하지만 한반도는 독일의 경우와 다르다. 38선을 제거해도 통일 한국을 세우기 어렵다.

왜냐하면, 다른 한반도 분단이 또 있기 때문이다.

두 번째 분단은 '법적 분단'이다.

1948년 8월 15일에 남한은 이승만을 대통령으로 하는 대한민국 정부를 수립한다. 이에 대응하여 북한은 1947년 2월에 정부의 역할을 하는 북조선인민위원회를 구성한다. 그리고 미국의 남한 단독정부 수립정책이 제기되면서부터 북한 역시 단독 정부수립을 위해 1948년 2월에 임시헌법 공포하고, 8월 25일 조선민주주의인민공화국 대의원선거를 시행한 후 1948년 9월 9일에 김일성을 수상으로 한 조선민주주의인민공화국을 수립하게 된다.

이로써 한반도는 두 개의 정부가 세워진 두 개의 나라가 서게 된 것이다. 통일한다고 하면 두 개의 세워진 법적 분단을 하나로 만들어야 한다. 이것을 해결하기 위해 북에서는 '낮은 단계 고려연방제'라는 것을 내세웠고, 남은 '연합제'를 내세워 하나의 정부를 세워보려 하지만 지금까지 해결되지 않은 숙제로 남아 있다.

세 번째의 분단은 '심리적 분단'이다.

이것은 한반도에서 일어났던 6·25전쟁의 결과이다. 전쟁의 원인을 차치하더라도 결과는 지금까지 우리의 상처로 남아 있다. 1950년 당시 한반도의 인구가 정확하지는 않지만 약 2,500만 정도였다. 그중 북한의 인구가 약 960만이었다고 한다. 나머지가 남한 인구이니 남북 인구 차이가 크게 났다. 전쟁 이후 사상자와 실종자의 숫자를 비교해보면 북한이 남한의 1.5배나 된다. 즉 전쟁 이후 남한보다 북한의 상처가 더 깊다는 뜻이 된다. 물론 전쟁을 일으킨 대가라고 생각할 수 있지만, 남한만 아니라 북한도 상처가 있다는 것을 이해해야 한다.

이런 의미로 본다면 남한은 남한대로 북한은 북한대로 서로 용서하기 어려운 심리적 상처가 있다. 전쟁은 그러한 상처 외에도 경제적 피폐와 이념의 골이 더 깊어지고 분단이 완전히 굳어지는 결과를 낳게 되었다. 한국교회가 한반도에서 통일을 생각하려면 먼저 분단이라는 거대한 괴물을 해결해야 한다. 사회나 국가, 그리고 제도와 외교는 해결할 수 없다. 그러나 교회는 해결 할 수 있다. 한국교회는 한반도의 통일을 위해 끝이 잘 보이지 않는 길을 함께 걸어가야 한다.

한반도 통일이 쉽지 않다는 것을 분단의 상황으로 설명했지만, 그 외 두 가지가 더 있다. 하나는 외교 상황이다. 우리가 잘 알고 있듯이 외교는 한반도 주변의 4개국과의 관계를 의미한다. 미국, 중국, 러시아 그리고 일본이다. 이들은 자국의 이익을 추구하기 때문에 자국에 손해 가는 한반도 통일은 지지하지 않을뿐더러 북한의 체제가 붕괴하기를 원하지 않는다.

한반도는 한반도 전쟁 이후 가장 어려운 시기를 맞이하게 되었다. 그런 가운데서 한반도를 인질로 삼고 웃고 있는 두 나라가 있다. 하나는 일본이다. 북한의 핵실험이 일본의 아베 정권을 공고히 하고 있다. 다른 한 나라는 미국이다. 그들은 그동안 사그라지고 있던 군수공장이 활기를 찾았다. 즉 자국의 이익을 중심으로 움직이는 우리의 우방이 과연 한반도 통일을 위해 한국 정부와 함께 일할 것인가 하는 것에는 물음표를 던져본다.

한반도 통일이 쉽지 않다는 것에 또 다른 이유는 한국 국민의 인식문제이다. '우리의 소원은 통일'이라는 노래가 언제 들렸던 것인지 기억이 잘 나지 않는다. 이제 이 노래를 부르는 한국민은 거의 없다. 젊은이들은 통일보다는 '평화'를 어젠다로 삼아야 한다고 주장한다. 물론 통일을 연구하는 학자들은 이미 이 주제로 연구결과를 내어놓고 있다. 앞으로 정부는 한반도 통일보다는 평화에 초점을 맞추어 나갈 것이다. 이리 보아도 저리 보아도 한반도 통일은 쉽지 않다. 하지만 한반도 통일에 한 가지 방법이 남아 있다. 복음통일이다. 이것은 한국교회가 해야 할 사명이다.

복음통일이란 말은 누구나 사용하는 말이지만 이해하기 쉬운 말은 아니다. 왜냐하면, 아직 정확한 정의가 내려지지 않았기 때문이다. 간단하게 이야기하자면 '복음통일'은 물리적인 통일이나, 외교적 통일이 아니라 그리스도의 말씀으로 통일하자는 것이다. 그리스도의 말씀은 곧 복음이다. 복음은 휴전선이 그어있어도 상관없다. 북한이 문을 닫고 개방을 하지 않아도 된다. 주체사상으로 수령중심제의 독재라도 문제가 되지 않는다. 단지 복음을 자유롭게 전하지 못할 뿐이지, 복음이 전해지지 않는다는 의미가 아니기 때문이다.

지금 북한은 대한민국 여권이나 미국 여권으로는 들어갈 수 없다. 북한이 받아 주지 않는다는 의미가 아니라 두 나라가 가는 것을 허락지 않는다. 이러한 배경에는 정치적인 의미와 함께 외교적인 관계가 있다. 복음은 정치와 외교를 뛰어넘는다. 복음은 어떠한 상황이나 형편이라도 갈 수 있다. 단지 복음은 들고 가는 발걸음만 있으면 된다. 이러한 발걸음에 한국교회가 함께 움직여 주어야 한다.

하지만 교회가 이러한 사실을 모르는 것은 아니다. 많은 분이 복음통일이야말로 한국교회가 해야 할 사명이라고 말한다. 이때 몇몇 사람들이 이렇게 묻는다.

"어떻게 해야 하지요?"

한국교회가 북한을 통일하는 데 복음으로 해야 한다는 것으로 이해하였고, 그렇게 해야 한다고 마음을 가졌다. 이제는 다음 단계로 어떻게 해야 하는지에 관해 묻는다. 그 방법에 대해 말씀드린다. 북한을 선교하는 데 있어서 방법을 보통 '문'(門)으로 설명한다.

앞문선교, 뒷문선교, 윗문선교, 옆문선교, 그리고 영문선교이다. 복음통일은 다섯 가지 '문'을 다 사용할 수 있다. 그중에 한국교회가 손쉽게 접근할 수 있는 것이 영문선교이다. '영문선교'는 '북한을 위해 기도'하는 것이다. 기도할 때 '북한이 망해야 한다'는 것이나, '김정은이가 죽어야 한다'는 기도보다는 '북한이 복음화되길' 기도해야 한다. 북한의 지하교회 성도들이 순교적 각오로 지금의 역경을 잘 이기길 기도해야 한다. 복음을 들고 북한 내지로 들어가 선교하는 분들이 발각되지 않기를 기도해야 한다.

성경이 북한 내지로 전달되고, 조선족이나 북한인들이 복음을 듣고 북한 내지로 들어간 이들을 통해 복음이 전해지기를 기도해야 한다. 북한에 신앙의 후손들이 받은 이들이 복음을 잘 간직하고 그 신앙을 유지하기를 기도해야 한다. 우리는 이러한 분들을 '그루터기 신앙인'이라고 부른다. 물론 이들이 우리가 알 수 있을 정도로 많이 남아 있지는 않다. 가뭄에 콩 나듯 있는 것은 확실하나 이들을 위해 기도해야 하는 것은 잊지 말아야 한다.

참고문헌

김명혁 편역. 『선교의 성서적 기초』. 서울: 성광문화사, 1985.
김성욱. 『개혁주의 선교신학』. 서울: 이머징북수, 2013.
김의환 편저. 『복음주의 선교신학의 동향』. 서울: 생명의 말씀사, 1992.
랄프 윈터, 스티브 호돈. 『미션 퍼스펙티브』. 정옥배 역. 서울: 예수전도단, 2002.
로저 F. 헤드룬드. 『성경적 선교신학』. 송용조 역. 서울: 서울성경학교출판부, 1991.
박삼수. 『선교는 그리스도의 지상명령』. 서울: 기독교문화사, 1987.
이재환. 『미션 파서블』. 서울: 두란노서원, 2003.
전호진. 『선교학』. 서울: 개혁주의신행협회, 1985.
조귀삼. 『복음주의 선교신학』. 경기: 세계로 미디어, 2013.
조지연. 『바울의 행전』. 인천: 도서출판 바울, 2006.
크레익 오트, 스테판 J. 스트라우스, 티모시 C. 테넌트. 『선교신학』. 홍용표 역. 경기: 존스 북, 2012.
하용조. 『세상을 바꾼 사람들』. 서울: 두란노, 1999.
Ed Stetzer. *Monday is for Missiology: What is the Missional Church?*

제2장 북한선교의 성경적 이해

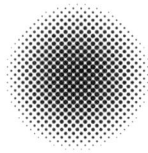

1. 들어가면서

북한선교를 이해할 때 몇 가지 질문을 해야 한다.
첫째, 북한이 선교지인가?
둘째, 북한은 니느웨인가 아니면 가나안인가?
이것에 대한 답은 성경에 있다.
북한이 선교지인가 아니면 원래 있었던 교회의 회복인가?
현재 북한에는 그루터기 성도들과 지하교회 그리고 관제교회(봉수교회, 칠골교회)가 있다. 북한에 이미 교회가 있기 때문에 '북한은 김정은에게 북한선교를 맡기고, 남한교회는 북한선교를 한다고 자만하지 말아야 한다'[1]고 말하는 이도 있다. 이 말의 의미는 하나님이 악한 바로를 들어 일하신 것처럼 김정은을 들어서 복음의 도구로 사용할 것이라는 기대감 때문이다. 그리고 하나님의 특별한 계획에 의해 로마의 콘스탄틴 대제의 갑작스런 개종처럼 김정은의 개종과 북한 성도들이 북한이 복음화하도록 남한교회는 도움을 주자는 뜻이다. 서울신대 박영환 교수도 "남한교회의 북한선교도 북한교회 중심으로 전개되어야 한다"고 하였다.[2]

---

[1] 2018년 3월 기독교통일포럼 정기모임에서 발제자로 나선 허문영 박사가 질의응답시간에 남한교회가 해야 할 북한선교전략을 말해달라는 것에 대한 답 가운데 나온 말이다.
[2] 박영환, "북한선교와 통일에서 교회의 역할," 5.

그러나 북한은 선교가 필요한 지역이다. 그리스도의 지상명령인 선교는 대상이 누구이든, 어떠한 지역이든 상관없이 복음이 필요한 곳은 어느 곳이나 전해야 한다(마 28:19-20; 행 1:8). 북한은 여전히 하나님의 잃은 버린 양들이 있는 곳이며, 탕자가 있는 곳이다. 그래서 아버지인 하나님은 그들이 돌아오길 기다리고 계신다(눅 15:11-32). 선교지를 향해 복음을 들고 가는 모델을 예수님이 친히 보여 주셨다(마 9:35-38).

예수님은 천국 복음을 전파하시고, 모든 병과 모든 약한 것을 고쳐주시기 위해 하나님으로부터 보냄을 받으셨다. 이사야는 오실 메시아의 역할에 대해 진술하기를 "복음을 전하고, 자유를 전파하며, 눈먼 자의 눈을 뜨게 하고, 억눌린 자를 자유롭게 한다"고 하였다(사 61:1). 이러한 예언의 말씀처럼 예수님은 그가 사역하는 곳에서 이러한 것을 행하셨다. 예수님은 오늘날 선교지를 향해 '목자 없는 양같이'(마 9:36)라고 말씀하신다.

북한이 바로 그런 곳이다. 북한은 목자를 잃어버린 양들이다. 북한은 예수님이 사역하셨던 도시와 마을이고 회당이다. 바로 그곳으로 선교명령을 받은 우리는 가야 한다. 한국교회는 이사야의 음성에 귀를 기우려야 한다. 이사야는 "내가 또 주의 목소리를 들으니 주께서 이르시되 내가 누구를 보내며 누가 우리를 위하여 갈꼬 하시니 그 때에 내가 이르되 내가 여기 있나이다 나를 보내소서"(사 6:8)라고 하였다. 이 장은 성경을 통해 북한선교의 전반적인 이해를 하고자 한다.

2. 구약을 통한 북한선교이해

1) 에덴동산이냐 바벨론이냐

북한은 1998년 8월 22일「로동신문」'정론'을 통해 강성대국론을 피력하고 경제건설의 필요성을 강조하였다. 이어 2012년 '태양절 100주년'을 계기로 강성국가의 비전 제시하고, 2015년 신년사에 6대 강국을 정리 발표하였다. 2018년 신년사에서는 핵 노선을 버리고 경제 대국을 이루겠다고 선언하기까지 이르렀다.

북한이 이렇게 하는 이유는 사회주의 유토피아를 건설하고자 하는 열망 때문이다. 그들이 원하는 유토피아는 어찌 보면 성경의 에덴동산과 같다. 에덴동산은 인간이 살기에는 하나님이 창조하신 것 중 최고였다. 에덴동산은 풍족한 음식, 입지 않아도 되는 환경, 늘 봄(ever spring)으로 인간이 살기에는 최적 온도로서 현 북한이 가지고 있는 인간의 가장 기본요구인 '의, 식, 주'[3]를 완벽하게 해결한 곳이었다.

인간이 타락한 이후 이러한 환경은 파괴되고, 인간은 땀을 흘려 '식'을 해결해야 하고, 옷을 지어 입음으로 '의'를 해결하고 파괴된 환경으로부터 보호받으며 살아야 하는 '주' 문제에 당면하게 되었다. 이러한 문제는 시대를 지날수록 가진 자와 가지지 못한 자로 구분되기 시작했고, 결국 인간 사회에 불평등구조가 생겨나 갈등하게 되었다. 인간은 누구나 동등하게 살 권리를 가지고 태어났지만, 세상은 그것을 허락하지 않았다. 이런 구조적인 문제를 해결하기 위해 '유토피아'를 꿈꾸기 시작했고 나아가 인간이 누구나 평등하게 '의식주'의 문제를 해결하게끔 공산주의가 등장하게 된다.

북한은 누구나 동등하게 의식주의 문제를 해결하고 에덴동산과 같은 유토피아를 꿈꾼다. 이것을 위해 삼대째 수령을 이어 내려오면서 항상 인민들에게 꿈을 주었던 것이 '이밥에 고깃국 먹게 해 준다'는 것이었다.

에덴동산은 지금 어느 누구도 들어갈 수 없다. 하나님이 불 칼을 든 천사들로 그 입구를 봉해놓았기 때문이다. 예수님은 이런 봉해진 에덴동산과 비슷한 곳을 제시하셨다.

---

[3] 의식주란 관용어는 북한은 남한과 다른 순서로 사용한다. 북한은 '식의주'로 먹는 문제를 앞세우고 있다.

여러 통일신학자들은 북한이 이 땅에 도래한 '하나님 나라'가 되길 바란다. 과연 북한선교의 결과가 '이미 도래한 하나님 나라'인지 아니면 여전히 바벨론 인지를 판단해야 할 것이다. 우리가 하나님을 알 수 있는 방법은 하나님이 만드신 세상에 있다.

> 창세로부터 그의 보이지 아니하는 것들 곧 그의 영원하신 능력과 신성이 그가 만드신 만물에 분명히 보여 알려졌나니 그러므로 그들이 핑계하지 못할지니라(롬 1:20).

우주와 그 안에 있는 만물은 하나님을 상징한다.[4] 한반도는 하나님을 나타내는 도구이다. 한반도가 통일이 되어야 하는 이유가 여기에 있다. 통일이 되어 남과 북이 하나임을 드러내야 한다.

2) 가나안이냐 니느웨냐

북한선교에서 북한을 바라보는 관점 중의 하나가 북한을 '가나안'으로 보는 관점과 '니느웨'로 보는 관점이 있다. 간략하게 말하자면 하나님은 가나안 정복을 이스라엘에 명령하시면서 그 곳에 있는 사람들 즉 어린아이로부터 어른에 이르기까지 다 죽이라고 한 반면에 니느웨는 이스라엘의 원수의 나라 수도임에도 불구하고 선교사를 보내 그 민족에게 복음을 전해 회개케 하였다.

그렇다면 북한은 가나안인가
아니면 니느웨인가?
가나안이라면 북한은 전멸시켜야 하는 대상으로 멸공을 위해 기도해야

---

4 제임스 B. 조르단, 『성경적 세계관』, 이동수, 정연해 역 (서울: 도서출판 로고스, 2003), 43.

하지만 니느웨라면 원수 같은 사이임에도 불구하고 그들을 위해 끊임없이 선교사를 보내야 한다.

(1) 가나안이 무엇인가?

가나안은 이스라엘의 조상 아브라함에게 하나님이 약속한 땅으로 아브라함이 살았던 땅이다(창 13:12). 아브라함의 후손들은 애굽에서 살았다(창 46:31). 모세의 시대 때 하나님은 이스라엘 백성들을 가나안으로 가라고 명령하신다. 왜냐하면, 그곳은 아브라함에게 약속하신 땅이고(출 13:3), 나아가 젖과 꿀이 흐르는 땅이었기 때문이다(출 3:17).

하나님은 이스라엘 백성들에게 가나안을 정복할 때 요구하신 것이 있었다.

> 곧 헷 족속과 아모리 족속과 가나안 족속과 브리스 족속과 히위 족속과 여부스 족속을 네가 진멸하되 네 하나님 여호와께서 네게 명령하신 대로 하라(신 20:17).

하나님은 가나안 족속을 진멸하되, 하나도 남기지 말라고 하셨다. 심지어 하나님은 모압평지에서 모세에게 이르기를 "그 땅의 원주민을 너희 앞에서 다 몰아내라"(민 33:53)고 하셨고 "그 땅을 점령하여 거기 거주하라고 하셨다"(민 33:55). 하나님이 바라보신 가나안은 심판의 대상이었다. 그들을 멸하고 새로운 이스라엘로 채우시는 하나님이시다.

이렇게 한 이유가 무엇인가?

첫째, 이스라엘 백성들이 가나안 우상의 악영향으로 하나님을 떠날까 하는 우려 때문이었다.[5] 결국, 가나안을 멸하시려는 하나님의 계획은 가나

---

5   "이는 그들이 그 신들에게 행하는 모든 가증한 일을 너희에게 가르쳐 본받게 하여 너희가 너희의 하나님 여호와께 범죄하게 할까 함이니라"(출23:33; 신20:18).

안의 문화에 물들지 않기를 바라는 자기 백성 때문이었다.

둘째, '가나안의 죄' 때문이었다. 하나님은 아브라함에게 후손들이 이방에서 객이 되어 사대 만에 가나안으로 돌아갈 것인데 지금은 아닌 이유에 대해 "아모리 족속의 죄악이 가득차지 않아서"(창 15:16)라고 말씀하셨다. 즉 가나안은 하나님의 심판 대상이었지, 선교의 대상이 아니었다. 선교의 대상은 회개할 기회가 주어진 자들에게 주어지는 하나님의 은혜이다.

그럼 북한은 가나안이 아닌가?

(2) 니느웨가 무엇인가?

니느웨에 대한 성경사전을 찾아보면 다음과 같다.

> 니느웨(니네베, Nineveh)가 성경에 처음 소개된 것은 창세기이다. 니느웨는 오늘날 이라크 북부 모술 지역이며 이라크 전쟁으로 일반인은 출입이 거의 불가능하다. 모술에서 곧바로 티그리스 강을 건너면 니느웨이다. 니느웨는 인류의 역사와 함께 세워진 옛 도시이다. 약 13Km에 이르는 정방형의 성벽이 에워싸고 있다. 니느웨 성벽의 높이는 30m에 달하며 성벽 위에는 6대의 쌍두마차가 동시에 달릴 수 있는 넓은 길이 있었다. 그리고 성은 매우 깊은 해자로 둘러싸여 있었고 성 내부에는 병영과 무기고, 군량창고 등이 자리하고 있었다. 면적은 니느웨성을 한 번 도는데 3일이 걸린다고 요나서 3:2에 기록돼 있을 만큼 매우 넓어서 220만 평에 달한다. 니느웨성은 상업이 번창하여 생활이 윤택해지자 범죄가 극심해져 하나님의 심판 대상이 되었다. 그래서 하나님은 요나를 보내 하나님의 말씀을 선포하게 했으나 요나는 이방인의 구원을 달갑지 않게 여겨 욥바로 내려가 배를 타고 다시스로 도망치게 된다. 이에 하나님이 풍랑을 일으켜 결국 요나는 물고기 뱃속에서 3일을 지내며 회개한 후 니느웨로 가 멸망을 경고한다. 왕 이하 온 국민이 회개함으로써 멸망이 보류

되었다(욘 3:4-10). 그후 BC 606년에 바벨론에 멸망되었는데 이것은 선지자 나훔과 스바냐의 예언이 이루어진 것이다(나 3:7; 습 2:14).[6]

니느웨의 앗수르인들은 성정이 사납고 잔인하여 전쟁에서 사로잡은 사람들을 잔혹한 방법으로 죽였다. 앗수르는 이스라엘을 오랜 세월 동안 억압하고 지배한 나라였다. 이런 니느웨를 하나님은 요나 선지자를 통해 회개를 선포케 하셨다. 니느웨는 하나님의 진노를 피하다가 BC 722년에 북왕국 이스라엘을 침공하여 무너뜨린다. 아마 이런 상황을 요나가 보았다면 그는 피를 토하며 하나님께 외쳤을 것이다.

"이렇게 하시려고 그들에게 회개의 메시지를 전하라 하셨습니까?"

즉 그때 멸망시켜야 하는 것이 아니었냐는 외침일 것이다. 물론 요나의 사역 이후 1세기가 지나자 하나님은 나훔 선지자를 통해서 니느웨의 멸망을 선포하였다(나 3:7).

하나님은 요나를 통해서 니느웨의 회개를 요청하신 이유가 무엇인가?

하나님은 요나에게 말씀하셨다.

하물며 이 큰 성읍 니느웨에는 좌우를 분변하지 못하는 자가 십이만여 명이요 가축도 많이 있나니 내가 어찌 아끼지 아니하겠느냐(욘 4:11).

이스라엘의 적국의 수도요, 죄악이 관영한 니느웨를 하나님은 회개의 장으로 삼으신 이유는 하나님이 아끼는 자 12만 명 때문이었다.

북한은 어떠한 곳인가?

진노의 불이 임해야 하는 곳인가?

---

6 "니느웨-현재의 모슬지방," http://ydch.or.kr/index.php?mid=bible&document_srl=441 (2018.3.14).

아니면 하나님이 아끼시는 남겨진 자들이 있는 곳인가?

그곳에 그루터기 신자들이 있고, 지하교인들이 신앙을 지키고 있고, 나아가 창세 전에 구원을 약속받은 자(엡 1:4)가 있다면 그들은 분명 하나님이 아끼시는 자들이다.

결국, 가나안과 니느웨의 차이이다.

첫째, 하나님은 가나안을 문화의 관점으로 보았고, 니느웨는 사람의 관점으로 본 것이다. 물론 문화도 하나님의 통치 영역이나, 가나안 문화는 선교의 대상이 아니라 심판과 징계의 대상이었다. 그러나 니느웨 사람은 회개의 대상이므로 하나님은 요나를 보내어 복음을 선포하게 한 것이다.

둘째, 가나안과 니느웨를 바라보는 또 다른 관점은 가나안은 구속사의 개념으로 바라보아야 하고, 니느웨는 선교적 관점으로 바라보는 것이다. 북한은 선교지이다.

3) 하나 됨

그리스도는 우리의 화평이 되셨다(엡 1:14). 그리스도는 하나님과 죄인 된 인간 사이에 막힌 담을 허무셨고, 이방인과 유대인 사이에 막힌 담도 허물어뜨리셨다(행 10:28). 그리스도는 서로 다른 관계의 두 부류를 하나가 되게 하여 '하나님의 권속'이 되게 하셨다(엡 2:19).

성경에 통일의 개념을 가장 잘 표현한 것은 '하나 됨'이다.[7] 하나 됨의 출발은 창세기 2:24[8]의 '한 몸'이다. 이 말씀은 예수님도 인용하신 구절이다(마 19:5). 하나님은 하와를 아담의 갈비뼈를 분리함으로 만들었다. 창조 세계의 첫 번째 분리이다. 한 남자와 한 여자를 창조하신 것이다. 하나님

---

[7] 정종기, 『통일목회를 위한 디딤돌』 (서울: 청미디어, 2016), 148-150요약.

[8] "이러므로 남자가 부모를 떠나 그의 아내와 합하여 둘이 한 몸을 이룰지로다"

은 아담과 하와를 한 몸으로 만드셨다. '한 몸'에 대해 로마서 12:4-5은 다음과 같이 말씀한다.

> 우리가 한 몸에 많은 지체를 가졌으나 모든 지체가 같은 기능을 가진 것이 아니니 이처럼 우리 많은 사람이 그리스도 안에서 한 몸이 되어 서로 지체가 되었느니라(롬 12:4-5).

모든 것이 주 안에서 하나가 되는 것이 바로 하나님의 뜻이다. 사도 바울은 하나 됨에 대해 "그리스도가 아니면 안 된다"고 말씀하였다.

> 너희가 다 믿음으로 말미암아 그리스도 예수 안에서 하나님의 아들이 되었으니 누구든지 그리스도와 합하여 세례를 받은 자는 그리스도로 옷 입었느니라(갈 3:27-28).
> 너희는 유대인이나 헬라인이나 종이나 자주자나 남자나 여자 없이 다 그리스도 예수 안에서 하나이니라(골 3:11).

성도들은 누구나 그리스도 안에서 분별이 없고 하나가 된다. '하나 됨'에 대해서 성경은 좋은 예를 보여준다. 하나님의 말씀이 에스겔 선지자에게 다음과 같이 임하였다.

> 인자야 너는 막대기 하나를 가져다가 그 위에 유다와 그 짝 이스라엘 자손이라 쓰고 또 다른 막대기 하나를 가지고 그 위에 에브라임의 막대기 곧 요셉과 그 짝 이스라엘 온 족속이라 쓰고 그 막대기들을 서로 합하여 하나가 되게 하라 네 손에서 둘이 하나가 되리라(겔 37:16-17).

하나님은 분열되고 멸망하여 흩어진 이스라엘을 향해 이스라엘 자손이 잡혀 간 여러 나라에서 인도하며 그 사방에서 모아서 그 고국 땅으로 돌아가게 하고 그 땅 이스라엘 모든 산에서 그들이 한 나라를 이루어서 한 임금이 모두 다스리게 하고 그들이 다시는 두 민족이 되지 아니하며 두 나라로 나누이지 아니할 것이라고 하신 것이다.

이 말씀은 한반도에 살고 있는 한국교회에 위로의 말씀으로 들려진다. 남과 북이 한 임금인 그리스도의 통치와 다스림을 받고, 나아가 남북이 나누이지 않고 한 민족으로 살게 하신다는 하나님의 계시의 말씀으로 들리기 때문이다. 이렇듯 하나 됨은 우리 민족과 한국교회의 절실한 주제이다.

4) 남은 자(그루터기와 북한선교)

이사야 6장은 하나님이 이사야를 부르시고 그에게 자신이 누구인지를 알게 하신다. 이사야는 자신을 향해 "나는 입술이 부정한 자라"(사 6:5)고 하였다. 이사야는 자신이 정결하지 못함을 자각하고 있을 때, 천사가 제단에 있던 핀 숯을 가져다가 그의 입에 댐으로 그를 정결케 한다. 그리고서 하나님은 이사야에게 묻는다.

> 내가 누구를 보내며 누가 우리를 위하여 갈꼬(사 6:8).

이때 이사야는 자신의 정결 후 가감 없이 답을 한다.

> 내가 여기있나이다. 나를 보내소서(사 6:8).

이사야는 유대 백성을 향한 하나님의 말씀을 전달하는 자로서 그 역할을 다하게 되는데, 이스라엘에 대한 하나님의 심판과 회복 그리고 희망의 약속을 전하게 된다. 하지만 이사야는 자신이 전해야 할 대상이 듣지 못하고, 깨닫지 못하고 보지 못하고, 둔한 백성들이라 누구에게 전해야 할지 고민한다.

이사야는 세상에 대한 그러한 선포 사역이 얼마나 오래 지속하여야 하는지를 알려고 하였다. 이에 대해 하나님의 답변은 시원하지 않았다. 이사야의 선포는 이스라엘에 대한 심판의 날까지 계속될 것이기 때문이다. 그러나 그것이 이사야가 실패자가 되리라는 것을 뜻하는 것은 아니다. 이사야는 남은 자들을 보존할 도구가 되기 때문이다. 남은 자들은 심판 아래 있는 세상에서 일어난 거룩한 씨들로 하나님의 백성이 될 자들이다(사 6:14).[9]

하나님은 상수리나무가 베임을 당하여도 그루터기는 남아 있는 것같이 거룩한 씨가 있다(사 61:3)고 하신다. 바로 여기서 말하는 거룩한 씨가 '그루터기'이다.

이사야는 그들의 여호와를 버리고 이스라엘의 거룩한 이를 만홀히 여겨 멀리한 백성들을 향해 '행악의 종자'(사 1:4)라고 하였다. 멸망의 때가 왔어도 하나님은 행악의 종자 대신에 거룩한 씨가 살아남을 것이라고 예언한다. 그리고 이사야 6:3의 '거룩'과 창세기 3:15; 22:18, 갈라디아서 3:16에서 반복되는 씨의 승리에 관한 약속에 비추어 볼 때, 이것은 무한한 약속의 표현이다.[10] 이들은 결코 혈육의 아브라함의 자손을 말하는 것이 아니다.

신약은 유대인 중의 유대인이요 히브리인 중의 히브리인인 사도 바울의 입을 통해 '누가 참된 아브라함의 자손인가?'

이러한 질문을 하게 한다. '아브라함의 자손은 믿음으로 난 자'(갈 3:7)들이다. 영적 이스라엘은 유대인들 가운데 그루터기였다. 이들이 바로 '남은 자'이다. 사도 바울은 로마서에서 "이스라엘에게서 난 그들이 다 이스라엘이 아니요 또한 아브라함의 씨가 다 그의 자녀가 아니라, 은혜로 택하심을 따라 남은 자가 있다"(롬 9:6-7; 11:5)고 말씀하였다.

---

[9] 잭 스코드, 『당신의 선교에 대한 개념은 전통적인가 성경적인가』, 김유리 역 (서울 : 나침판, 1992), 38.
[10] G.J 웬함, J.A 모티어 외, 『IVP 성경주석 구약』(서울: 한국기독학생회출판부, 2004), 877.

남은 자란 이스라엘 백성들을 향해 끊임없이 회개를 촉구하였지만, 하나님을 버리고 도망가 버린 이스라엘 백성 가운데 끝까지 신앙을 지킨 자를 말한다. 어찌 보면 이 남은 자들은 선민사상에 사로 잡힌 혈육을 따라 아브라함의 자손이 된 그들을 향해 그것이 아니라고 선언하는 영적인 사람들의 무리일 것이다. 엘리야 선지자의 한탄(왕상 19:10)은 이스라엘의 왕 아합의 때가 하나님 앞에서 얼마나 악하였는지 알게 한다.

엘리야는 "이는 이스라엘 자손이 주의 언약을 버리고 주의 제단을 헐며 칼로 주의 선지자들을 죽였음이오며 오직 나만 남았거늘 그들이 내 생명을 찾아 빼앗으려 하나이다"라고 절규했다. 이러한 시대에 바알에게 무릎 꿇지 아니한 백성이 없을 때, 하나님은 7천 명을 남겨 두셨다(왕상 19:18). 결국, 남은 자들은 어떠한 상황과 환경 속에서도 끝까지 신앙을 지킨 자들을 말한다. 남은 자들은 자신의 신앙을 자랑하는 자들이 아니다. 이사야 1:7-9에서 나타난 것처럼 하나님이 생존자를 조금 남겨 두신 것이다.

> 너희의 땅은 황폐하였고 너희의 성읍들은 불에 탔고 너희의 토지는 너희 목전에서 이방인에게 삼켜졌으며 이방인에게 파괴됨 같이 황폐하였고 딸 시온은 포도원의 망대 같이, 참외밭의 원두막 같이, 에워 싸인 성읍 같이 겨우 남았도다 만군의 여호와께서 우리를 위하여 생존자를 조금 남겨 두지 아니하셨더면 우리가 소돔 같고 고모라 같았으리로다(사 1:7-9).

즉 남은 자 사상은 하나님이 앞으로 일하시기 위해서 하나님의 사람들을 그 지역을 위해 남겨 두신 것을 말한다. 이것이 하나님이 역사 속에서 하시는 한 가지 일이신 것이다. 이사야서를 통해서 우리가 볼 수 있는 것은 하나님은 몇몇을 남겨 두시어서 그들을 통하여 '여호와의 열방의 기호'로 삼으실(사 11:11-12) 것이다.

하나님은 조선 민족을 자기의 백성으로 삼기 위해 북한을 도구로 사용하셨다. 북한은 첫 성경을 받았다. 그리고 황해도 소래에 첫 교회당을 세웠다. 동방의 예루살렘이 북한이었다는 것은 그곳에 하나님이 임재하셨고, 그곳을 통하여 하나님 나라가 세워졌다. 이사야에서 말씀하는 그루터기는 하나님이 남기신 자들로 북한에 하나님을 경배하는 자 몇 명을 남겨 놓으셨다고 이해할 수 있다. 이 '남은 자'를 통하여 북방선교(중국, 몽골, 러시아 등)뿐 아니라 땅끝까지 선교를 완성할 것을 확신한다.

1945년 분단 당시부터 기독교 신앙을 가진 북한 주민 중에 탈북한 70-80대 어른들이 있었다. 그들은 비밀스럽게 혼자 신앙생활을 해 왔지만, 자녀들에게 자신의 종교를 알려주거나 자녀들과 함께 신앙생활을 하자고 말할 수는 없었다. 이러한 사실을 실수로 이웃에게 발설한다면 그 즉시로 자신과 자녀들의 생명은 장담할 수 없었기 때문이다.[11] 그런 가운데 북한에 그루터기가 남아 있었다. 서울 USA에서 에릭폴리 목사는 배씨 부부의 증언에 의거하여 기독교에 가장 적대적인 국가인 북한에 살고 있던 한 가족이 어떻게 50년 이상 믿음의 임무를 수행했는지에 대해 글로 옮긴 것이 『믿음의 후손들: 북한 지하교인의 후손들』[12]이란 책이다.

북한의 남은 자들은 마지막 때에 하나님의 선교의 큰 도구가 될 것이다. 이사야 2:2처럼 "남은 자가 돌아올 것이며, 야곱이 남은 자가 전능하신 하나님께로 돌아올 것이다." 이 영적인 소수의 무리를 통해 하나님은 그의 선교를 수행하실 것이다.[13]

5) 하나님의 능력(Spirit Power) : 북한 사역의 동력

허문영 박사는 스가랴 4:6을 해석하기를 스마트 파워(하드파워 + 소프트 파

---

[11] 윤여상, 정재호, 안현민, 「2014 북한종교자유백서」 (서울: 북한인권정보센터, 2014), 147.
[12] 에릭 폴리, 『믿음의 후손들: 북한지하교인의 후손들』 (서울: 서울유에스에이출판사, 2014
[13] Roger E. Hedlund, 『성경적선교신학』, 송용조 역 (서울: 서울성경학교출판부, 1991), 175.

워)와 스피릿파워가 합쳐져야 진정한 의미의 북한선교가 된다고 보았다.[14]

> 그가 내게 대답하여 이르되 여호와께서 스룹바벨에게 하신 말씀이 이러하니라 만군의 여호와께서 말씀하시되 이는 힘으로 되지 아니하며 능력으로 되지 아니하고 오직 나의 영으로 되느니라(슥 4:6).

이 말씀은 스가랴가 본 여덟 환상 가운데 순금 등잔대와 두 감람나무에 대한 다섯 번째 환상 중에 나온 말씀이다. 앞서 네 가지 환상은 무너진 성전을 재건하는 일의 구심점 역할을 하는 대제사장 여호수아(3:1-10)에게 초점을 맞추었다. 4장에 들어와서는 정치 지도자인 스룹바벨에게 초점을 맞추어 성전이 재건될 것을 예언한다.

스룹바벨은 바사의 고레스 왕이 포로 해방령을 선포하고 귀환을 허락했을 때, 제1차로 이스라엘 백성들을 이끌고 예루살렘으로 귀환한 지도자이다. 당시 여호수아는 종교적 지도자로서, 스룹바벨은 정치적 지도자로서 귀환한 백성들을 이끌고 성전재건을 하였다.

본 절은 스룹바벨에게 보여 준 환상에 대한 질문이 이어지고, 그리고 천사가 스룹바벨에게 답을 하고 있다. 하나님은 스룹바벨에게 자신을 '만군의 여호와'로 소개한다. 이 말은 '거룩한 전쟁을 수행하시는 하나님'을 의미한다.

하늘과 땅의 모든 권세를 가지신 이의 이름이다. 역사를 주관하시고, 전쟁을 주관하시는 하나님의 다른 이름이다. 그분이 역사의 전쟁과 모든 일에 대해 정의를 내렸는데, 힘, 능력이 아닌 하나님의 영으로 된다고 하였다. 물론 이 말씀은 당시 성전재건 때를 배경으로 하는 말씀이 분명하다. 그러나 북한선교를 하는 우리로서는 성전재건과 같은 거대한 일을 앞두고서 이 말씀은 우리에게 주시는 전략이 된다.

---

[14] 2018년 3월 기독교통일포럼 정기발표에서 발표한 내용이다.

여기서 '힘'은 '하일'(*bail*)로서 일반적인 군사력을 의미하고, '능력'은 '코아흐'(*koah*)로서 인간적인 능력이나 재능을 의미한다. 허문영 박사는 힘을 하드파워로, 능력을 소프트파워로 보았는데, 이것으로는 북한선교를 이룰 수 없다고 보았다. 여기에 더할 것이 바로 '나의 영'이다. 여기서 나의 영은 제 삼위이신 성령 하나님을 의미한다.[15]

성령의 권능은 성부의 권능과 동일하기 때문에 '만군의 여호와'가 된다. 즉 북한선교는 성령의 능력 없이 이룰 수 없다는 것을 의미한다. 이 말씀과 유사한 말씀을 호세아 시대 때 하나님이 하셨다.

> 내가 이스라엘 족속을 긍휼히 여겨서 용서하지 않을 것이다. 그러나 내가 유다 족속을 긍휼히 여겨 그들의 하나님 여호와로 구원하겠고 활과 칼이나 전쟁이나 말과 마병으로 구원하지 아니하리라(호 1:6-7).

아모스의 아들 이사야 선지자가 유다와 예루살렘에 대해 받은 말씀을 하였다.

> 그가 열방 사이에 판단하시며 많은 백성을 판결하시리니 무리가 그들의 칼을 쳐서 보습을 만들고 그들의 창을 쳐서 낫을 만들 것이며 이 나라와 저 나라가 다시는 칼을 들고 서로 치지 아니하며 다시는 전쟁을 연습하지 아니하리라(사 2:4).

하나님은 칼과 창이 아니라 그의 능력으로 세상을 다스릴 것을 말씀하신 것이다.

---

[15] 『카리스 주석. 스가랴 1-14장』, 188..

6) 다니엘서 9장과 한반도 분단 70년[16]

다니엘은 예레미야 선지자의 글을 읽다가 '예루살렘의 황폐함이 70년 만에 그친다'는 말씀인 예레미야 25:11-12과 29:10을 이해하게 된다. 다니엘은 이스라엘이 포로가 된 지 70년이 되기 전[17]에 예언의 말씀을 깨닫게 되고, 그는 기도한다.

> 내가 금식하며 베옷을 입고 재를 덮어쓰고 주 하나님께 기도하며 간구하기를 결심하고 내 하나님 여호와께 기도하며 자복하여 이르기를(단 9:3-4).

다니엘은 선지자의 예언이 자동적으로 성취될 것을 기대하며 방관하기보다는 이 예언이 성취되기를 기도로 준비한 것이다. 지금 한국도 다니엘처럼 기도로 통일을 바라보며 기도하고 있다. 한국교회는 '하나님이 알아서 남북통일을 해 주시겠지'라고 하는 것이 아니라 '통일을 이루어 주실 것을 믿고 기도하는 것'이다. 특히 쥬빌리통일구국기도회, 에스더기도본부, PN4N, NKB(새코리아를 세우는 사람들) 등에서 같은 마음을 품고 기도한다. 이제 개 교회가 이 일에 동참할 때가 되었다. 어찌 보면 하나님은 기도의 분량이 차기까지 한반도의 통일을 기다리고 계신지 모르겠다.

---

16 정종기. "다니엘서 9장을 통하여 본 분단 70년," 통일선교정책서 발간위원회 편, 『주여 70년이 찼나이다』(서울: 포앤북스, 2015) 31-36을 전문을 옮겨 놓았다.

17 포로70년의 해석을 여러 가지로 할 수 있다. 첫째는 BC 605년 바벨론 1차 포로부터 BC 535년 바사 고레스의 귀환명령까지로 70년이고, 다른 하나는 BC 586년에 예루살렘이 완전히 멸망한 것으로부터 BC 516년 스룹바벨의 귀환까지 70년이다. 셋째는 상징적 숫자로 본다. 왜냐하면 역대하 36:20-22에 70년이 586년에 시작된 것으로 보았으며, 538년에 끝난 것으로 해석했다. 그렇다면 실제의 숫자가 40년에 불과하다. 그리고 스가랴 선지자 역시 70년에 대하여 언급한다. 천사가 하나님께 묻기를 '언제 70년의 심판이 끝납니까?' 그런데 질문하는 시기가 519년이다. 그렇다면 이미 70을 넘긴 숫자이다. 역대기나 스가랴는 70을 상징적으로 본 것이다.

분단 70년을 넘긴 한국교회은 어떤 내용을 기도해야 할 것인가?

교회가 기도할 때, 다니엘의 기도를 참고하여야 한다. 포로 70년의 회복의 약속이 이루어지길 기도하는 그는 다음과 같은 내용을 가지고 기도했다.

첫째, 회개의 기도이다.

다니엘은 자신들이 지은 죄를 돌이켜 본다. 한 가지 우리가 다니엘에 대해 생각해야 할 것은 다니엘은 죄인이 아니라는 것이다.

다니엘의 시대에 포로로 잡혀 온 사람 중에 다니엘보다 더 순수하고 의로운 사람이 있었을까?

다니엘은 그런 가운데서 철저히 '우리'라는 죄인들의 테두리 속에 자신을 포함하고 있다는 것이다.

둘째, 자신들의 포로 됨은 하나님과의 언약파괴 때문임을 시인하는 기도이다.

다니엘은 회개기도 이후 노골적으로 이스라엘이 당하고 있는 어려움은 하나님과의 관계가 끊어졌기 때문이라고 한다. 다니엘의 기도는 하나님은 전적으로 의로우시며, 그의 백성 이스라엘은 전적으로 잘못했다는 것이다. 기도의 중심은 하나님과 우리와의 관계를 기도하는 것이다. 한국교회는 그 동안 교회성장과 성공을 위해 기도해 왔다. 하나님과의 관계에 대해, 하나님의 통치에 대해, 그리고 하나님의 언약에 대해 무관심했다.

셋째, 하나님의 은혜를 호소하는 기도이다.

다니엘은 모든 것이 이스라엘 백성들의 잘못이기 때문에, 이스라엘이 회복될 수 있는 길은 하나님이 이스라엘에게 은혜를 주시는 것뿐이라고 생각하였다. 그래서 다니엘은 하나님께서 과거에 자신들에게 하셨던 일을 회상하면서 하나님께 다시 한번 이 백성을 불쌍히 여기시고 자비를 베풀어 주실 것을 간구하였다.

다니엘은 하나님의 은혜를 호소하는 기도 가운데 "예루살렘에서 하나님의 분노가 떠나가게" 해 달라고 간구하였다. 하나님의 진노가 예루살렘을 떠나지 않는 한, 회복은 오지 않은 것이라는 것을 알고 있었다. 교회가 기도해야 할 제목이다. 동방의 예루살렘이라던 평양에 하나님의 진노가 떠나기를 기도하는 것이다. 하나님의 진노가 북한에서 떠나지 않는 한, 우리의 통일은 멀어질 것이다.

어찌 북한만 그러하겠는가?

오늘날 소돔과 고모라가 서울이라고 누가 말하지 않던가?

우리가 무엇을 기도해야 할지 잘 알고 있을 것이다.

3. 신약을 통한 북한선교이해

1) 원수 그리고 형제

이 글에서 다루는 '원수'는 하나님에 대한 원수가 아니라 인간에 대한 원수이다.

성경에서 말하는 원수(enemy)란 구체적으로 어떤 사람들을 일컫는 것일까?

구약성경에서 말하는 원수란 우선 하나님의 선민인 이스라엘 백성을 적대시하는 이방 민족이었다. 모세 시대에는 애굽이 원수였으며, 이스라엘 왕국 시대에는 앗시리아, 바벨로니아, 파사, 헬라였다.

또한, 주변의 이스마엘 족속, 에돔 족속, 암몬 족속, 모압 족속 등이 원수에 해당되는 종족들이었다. 물론 나아가 집안의 원수도 있고, 예수님에 대해 반대하는 바리새인들이 원수가 되기도 하였다.

예수님은 "네 이웃을 사랑하고 네 원수를 미워하라"(마 5:43)고 한 것을 들은 적이 있지 않으냐고 물으신다.[18] 이웃사랑은 예수님의 가르침의 진수

---

18 '네 원수를 미워하라'는 말씀은 율법이나 랍비 문헌에서 기록을 찾아볼 수 없다. 이것은

이다. 그 당시 이웃에 대한 범위가 유대인들과 유대교 개종자에 해당되었다. 그런데 예수님은 '선한 사마리아 사람의 비유'(눅 10:25-37)를 들어서 '이웃'의 범위를 사마리아인들에게까지 확대하였다.

예수님은 산상수훈에서 원수에 대한 반전을 일으키셨다.

> 나는 너희에게 이르노니 너희 원수를 사랑하고 너희를 박해하는 자를 위하여 기도하라(마 5:44).

여기서 '사랑하라'의 사랑은 아가페(agape)의 사랑이다. 인간을 향한 하나님의 사랑이다. 이것이 인간에게 적용될 때는 헌신과 봉사를 전제로 한다. 원수를 사랑한다는 것은 자신에게 정신적 물질적 피해를 안기는 자들에게 오히려 선을 베푸는 것이다(눅 6:32-33). 그리고 그들에게 기도하는 행동으로 나타나는 것이다(마 5:44). 여기서 '사랑하라'의 아가파오(*agapao*)는 구체적이고 실천적인 행위뿐만 아니라 감정까지도 포괄하고 있다고 생각할 수 있다.[19] 그리고 원수를 사랑하라고 하신 말씀에는 원수를 '너와 나의 우리' 속에 넣게 될 때 이룰 수 있다는 말씀이다. 원수는 늘 제 삼의 '그것'이 아니라 '우리'이다.

2) 사마리아와 땅끝

북한을 사마리아라고도 하고, 땅끝이라고도 한다. 사마리아라고 하는 이유는 같은 민족이지만 원수와 같은 곳이라서 북한과 같다고 할 수 있고, 땅끝이란 것은 복음이 전해지지 않은 마지막 곳이라는 뜻이다.

쿰란 공동체를 통해 알려진 말씀을 인용한 것으로 이해한다. 『카리스 주석. 마 1-9장』. 549.
[19] 『카리스 주석 마태복음 1-9장』. 550.

주의 복음이 예루살렘에서 시작하여 소아시아를 거쳐 유럽 그리고 북미를 거쳐 한반도에 이르게 되었다. 이러한 선교적 행보는 사도행전 1:8의 말씀처럼 예루살렘에서도, 사마리아에서도, 땅끝에 전해진 결과이다.

한반도에 전해진 복음이 어디까지 가야 끝이 나는가?

이러한 질문은 우리에게 매우 중요한 질문이다. 만약 한반도가 땅끝이라면 더 이상 선교를 하기 위해 외국으로 가지 않아도 된다. 그러나 현재 한국의 선교사가 약 27,500여 명이 된다면 땅끝은 한국이 아니라는 생각을 하고 있다는 것이다. 그렇다고 한국이 예루살렘 또한 아니다. 예루살렘이 복음이 시작된 지점이라면 한국이 복음이 시작된 곳이라 보기 어렵다.

그러나 약간 생각을 달리한다면 선교의 시작점이 달라진다. 내가 예수를 영접한 후 나에게서부터 복음이 나가야 한다면 결국 내가 출발점이 되는 것이다. 만약 내가 출발점이 된다면 북한은 이스라엘의 사마리아가 된다.

북한이 사마리아인가 아니면 땅끝인가?

이에 대한 질문이 북한선교와 무슨 상관이 있는가?

이런 질문을 한다면 선교전략에 차이가 있다고 답할 수 있다. 사마리아라고 생각한다면 '동질문화권'으로 선교전략을 준비해야 하나, 땅끝이라고 한다면 '타문화권 전략'을 세워야 한다.

땅끝이 어디인가를 살펴보자.

첫째, 지리적 땅끝이다. 내가 서 있는 바로 뒤가 땅끝이다. 왜냐하면, 지구는 둥글기 때문이다. 그래서 지리적으로 땅끝에 대한 논의는 그리 어렵지 않다고 생각한다.

둘째, 문화적 땅끝이다. 문화적 땅끝은 내가 경험해 보지 못한 문화가 있는 곳이 땅끝이다.

셋째, 민족적 땅끝이다. 민족적 땅끝 역시 세상에 알려지지 않은 종족과 민족이 마지막 드러나는 곳일 것이다. 어쩌면 파푸아 뉴기니아, 아프리카 오지, 아니면 히말라야 어느 산속, 그렇지 않으면 아마존 강의 어느 한

민족 혹은 부족일 것이다. 그런데 이것들을 정하는 기준이 모두 '나' 중심이다. 복음이 시작된 것을 기준으로 삼는다면 땅끝은 유대민족인 예루살렘이 될 것이다.[20]

이강천 교수는 그 이유를 두 가지로 해석한다.

첫째, 상식적으로 복음운동이 예루살렘에서 시작되어 서쪽으로 진행되다가 결국 지구가 둥그니까 예루살렘에 이르게 될 것이니 그곳이 땅끝이라는 것이다.

둘째, 성경적인 분석을 해놓았다. 성경에서 하나님은 당분간 유대민족을 버리시지만, 영원히 버리시지 아니하시면 맨 나중에라도 구원하신다는 바울의 말씀을 인용한다. 바울은 유대인의 넘어짐으로 구원이 이방인들에게 임하지만, 그것은 이스라엘로 시기하게 하여 이스라엘을 구원하게 하시는 과정이라는 것이다(롬 11:11). 나아가 이방인의 충만한 수가 찰 때 기다려야 하지만 이스라엘이 구원 얻는 것은 확실하다(롬 11:25-26)고 보았다.

르우벤 버거[21]는 로마서 11장을 통해 하나님은 온 세계를 통합하게 하시고 연합시키기 위해 이스라엘을 사용하셨다[22]고 한다. 이스라엘 신학포럼 대표회장인 김진섭 교수는 혈통적 유대인의 특권과 지위(롬 3:1-2; 9:4-5; 엡 2:11-12)를 전제하며, 혈통적 이방인이 예수님 안에서 누리는 복과 특권(벧전 2:9; 고후 6:16; 계 20:6; 21:3) 역시 어디까지나 참감람나무에 접붙인 돌감람 나무(롬 11:17) 격이며, 이방인의 충만한 수가 들어오기까지 이스라엘의 더러는 우둔하게 된 것이라 그리하여 온 이스라엘이 구원을 받으리라(롬 11:25-26)는 '한 새 사람'(One New Man, 엡 2:15; 갈 3:28)을 완성하는

---

20 이강천, 『마지막 세기, 마지막 주자』(서울: 두란노, 1995), 43.
21 이스라엘 시온산어린양커뮤니티교회 담임목사, 베다니, 로쉬피나, 갈릴리 지역에서 아랍인, 유대인 사역하는 사역자.
22 Reuven Berger. "The Kingdom of God and thr Role of the Church as God's Bride" 2018.1.24. 쥬빌리통일컨퍼런스.

과정이요, "네(이방인)가 원 돌감람 나무에서 찍힘을 받고 본성을 거슬러 좋은 감람나무에 접붙임을 받았으니, 원 가지인 이 사람들(유대인)이야 얼마나 더 자기 감람나무에 접붙이심을 받으랴"(롬11:24)를 향해 진행되고 있다[23]고 말함으로 땅끝을 이스라엘로 여기고 있다.

사도행전 1:8의 명령은 사마리아가 포함되어 있다. 사마리아는 유대인의 혈통이지만 혼혈이 되었고, 그것으로 인해 버림받았다. 북한은 남한과의 관계에서 적으로 여기며 버림받은 사마리아와 같이 취급된다. 사도행전 8:5에 보면 빌립이 사마리아로 갔다. 사도행전 1:8의 명령을 이행하는 과정으로 보인다. 사마리아로 간 빌립과 그 일행 그리고 베드로와 요한의 행보는 북한으로 가야 하는 남한의 성도들의 당위성으로 보인다.

예수님 역시 사마리아를 거치셨다. 그 이유는 구속과 구원에 관한 행보였기 때문이다. 그리고 사마리아는 이스라엘의 버림받은 땅으로 여겨졌지만, 그곳에 오순절에 임한 동일한 성령이 임했다(행 8:17). 사도행전 2장에 나타나는 오순절 성령의 임재가 이제 버림받은 땅인 사마리아에도 임한 것이었다. 성령의 임재는 교회의 시작이다. 사마리아에 성령이 임재하게 되자 교회가 세워지고 그 역사가 시작되었다. 북한도 성령의 임재가 있기를 바란다면 먼저 빌립처럼 복음전하고, 그것을 듣게 하여 성령의 임재를 경험하게 해야 한다.

3) 화해와 용서[24]

예수님은 용서에 대해 "너희가 각각 마음으로부터 형제를 용서하지 아

---

[23] 김진섭, "이스라엘의 회복의 예언과 성취: 현대사에 나타난 이스라엘 -교회의 7대신비," 제5회 이스라엘신학포럼:이스라엘 독립 70주년 기념포럼. 예루살렘 히브리대학교. (2018.1.31).

[24] 정종기, "통일목회의 성서적 근거," 송원근 외 3인, 『목회 정말원하십니까?』(서울: 청미디어, 2017), 282-294의 내용을 대부분 사용하고 일부 수정 보완하였다.

니하면 나의 하늘 아버지께서도 너희에게 이와 같이 하시리라"(마 18:35)고 하셨다. 성경에서 통일의 개념 중에 '화해'를 기초로 삼는 이유는 하나님과 화해 없이는 인간의 구원이 없다는 것에서 출발한다. 그리고 화해라는 단어의 의미 중에는 일방적으로 해결하는 용서와는 다르다. 즉 화해는 쌍방 간의 용서이다. 그렇기에 화해가 전제된 남북통일은 '흡수통일'이 아닌 '쌍방 간의 이해가 되는 용서의 통일'이다.

십자가의 사건이 그 전거임을 우리는 잘 안다. 십자가로 말미암아 예수 그리스도는 하나님과 인간의 막힌 담을 허물어트리셨다. 십자가는 화해와 용서의 시작이다. 그래서 통일신학자들은 십자가의 신학을 통일신학의 주제로 삼는다. 화해와 용서는 진보와 보수의 공통된 주제이다.

우선 '화해'의 뜻부터 살펴보면 다음과 같다. 이 말은 주로 '선물을 제공함으로써 진노를 거둠'이라는 뜻이 있다. 죄에 대한 하나님의 진노 또는 강력한 분노는 구약에서 분명히 강조하는 내용으로서 보통 회개하는 자를 용서해 주시는 하나님의 의와 병행되어 기록되어 있다(민 14:8; 시 7:11). 용서는 하나님의 은혜 선물이다. 비록 희생 제사가 드려진다 하더라도 이 같은 속죄의 방식은 완전히 하나님이 주신 것이다(레 17:11).

신약은 '진노'라는 말이 사용되었든 사용되지 않았든 하나님이 철저하게 죄를 대적하신다는 사실을 보여준다(롬 1:18). 바울은 예수 그리스도의 사역을 진노의 원인을 소멸시키는 것으로 보았다. 하나님의 심판은 모든 세상에 임하지만, 그리스도의 구속 사역은 세상의 구원을 포함한다. 이러한 화해의 개념은 로마서 3:21 이하에 잘 나타나 있고, 요한일서 2:2에서 예수님은 우리의 화목 제물로 묘사되고 있고 특별히 1절에서는 우리의 '대언자'로 설명되어 있다.

대언자를 필요로 하는 사람은 모두 긴박한 위험에 처해 있고 화해는 이러한 절박감을 제거한다. 신약은 하나님이 죄를 철저하게 싫어하시고, 그의 진노는 예수님의 속죄의 죽음을 통해서만 가신다고 역설한다.

화해는 하나님과 이웃과 자연과 더불어 평화롭게 산다는 샬롬과 같은 의미로 해석할 수 있으나 화해의 개념이 샬롬보다는 더 폭넓고, 포괄적이다. 성경에서 나타난 화해의 개념은 우정, 이해, 선의의 마음과 행동이 그리스도의 정신으로 이루어지는 것을 뜻한다.[25] 특히 구약에서 화해라는 단어가 직접 나타나지 않은 대신, 화목, 화목제, 화친, 화평 등의 유사한 단어들로 '카파르'라는 히브리어 단어에서 유추한다. 신약에서는 예수님의 화해와 사도 바울의 화해, 그리고 화해의 근거로 빌립보서 2:6-8을 통한 성육신[26]에서 찾을 수 있다.

> 그는 근본 하나님의 본체시나 하나님과 동등됨을 취할 것으로 여기지 아니하시고 오히려 자기를 비워 종의 형체를 가지사 사람들과 같이 되셨고 사람의 모양으로 나타나사 자기를 낮추시고 죽기까지 복종하셨으니 곧 십자가에 죽으심이라(빌 2:6-8).

예수 그리스도를 통한 구속의 역사는 죄인 된 인간이 하나님과 화해하는 사건이다. 사도 바울은 골로새서 1:20-22을 통해 십자가를 통해서만 죄인이 하나님과 화목 될 수 있으며 만물이 그 안에서 화목을 이룰 수가 있다고 하였다.

한국교회는 한반도의 문제 해결은 물리적인 힘으로 되지 않음을 너무나 잘 알고 있다. 오직 성경적 방법인 '화해와 용서'가 아니고서는 해결하지 못한다는 것 역시 잘 알고 있다. 성경은 인간의 타락으로 말미암아 시작된 분열은 용서 없이 하나가 될 수 없고, 인간들 역시 화해 없이는 다시 하나로 합칠 수 없는 것이다. 그래서 하나님은 그리스도의 십자가로 말미

---

25 김영욱, 『복음주의 입장에서 본 북한선교』(경기: 아세아연합신학대학교출판부, 2012), 171.
26 김영욱, 『복음주의 입장에서 본 북한선교』, 226.

암아 용서하시고, 하나님과 인간들 사이에 막힌 담을 허물어 버리심으로 화해하셨다.

요셉은 형제들에게 버림을 받아 애굽의 종이 되었고, 하나님의 간섭으로 인해 애굽의 총리가 되었다. 요셉과 그 형제들이 사는 지역에 7년의 기근으로 인해 식량이 없게 되자, 요셉의 형들은 식량을 얻기 위해 노력한 끝에 애굽의 총리가 된 요셉을 만나게 된다.

요셉이 자신을 신분을 형들에게 밝히자 형들은 모두 기쁨보다는 죽음을 예감하게 된다. 목숨을 구걸하게 된 형들에게 요셉은 "당신들이 나를 이곳에 팔았다고 해서 근심하지 마소서 한탄하지 마소서 하나님이 생명을 구원하시려고 나를 당신들보다 먼저 보내셨나이다"(창 45:5)고 하였다.

요셉과 형들과 만남에서 화해와 용서는 '하나님의 역사'를 인정함에서 출발한다. 북한이 우리의 피를 나눈 형제임을 우리는 안다. 그들이 6.25 전쟁으로 우리의 원수가 된 것도 안다. 이런 북한과 화해가 되려면 한국교회가 요셉처럼 먼저 용서를 해야 한다. 이런 용서의 출발점은 하나님의 역사를 인정하는 것이다. 민족분단도 민족 전쟁도 모두 하나님의 역사와 주권 속에 있음을 우리는 인정하는 것이다. 이제 우리가 보아야 할 것은 북한 너머에 계신 하나님의 뜻을 보는 것이다.

사도 바울은 유대인 형제에 대해 고민을 많이 토로했다.

> 나에게 큰 근심이 있는 것과 마음에 그치지 않는 고통이 있다(롬 9:2).

바울은 동족으로부터 천대, 멸시, 조롱, 핍박, 오해를 받았고, 자신을 죽이려고 작정한 이가 40명이었다. 동족으로부터 이러한 것을 당했음에도 불구하고 그는 동족을 살리기 위해 고민하였다. 심지어 바울은 자신이 저주를 받아 지옥에 떨어질지언정 내 백성이 예수 믿고 구원받기를 원했다.

이러한 사도 바울의 마음은 민족을 위한 복음의 열정 때문이었다. 그래서인지 사도행전 28:17에 보면 바울이 로마에 도착하여 그곳에서 유대인을 향해 전도하는 것을 보게 된다. 우리는 사도 바울이 유대인을 향해 복음의 열정을 가진 것에 대해 두 가지를 생각해 보아야 한다.

첫째, 그는 유대인이 아닌 이방인을 위한 사도로 부르심을 받은 자였다.
둘째, 유대인은 자신을 죽이려고 한 원수였다.

고린도후서 11:23-27을 보면 그가 동족으로부터 고통받았던 것을 일부 기록해 놓은 것을 알 수 있다.

동족으로부터 당한 고통은 실로 엄청난 것임에도 불구하고 로마에까지 가서 동족을 찾는 이유가 무엇인가?

이것이 바로 오늘 한국교회가 북한을 바라보게 하는 시선이다. 사도 바울이 외친 "나의 형제 곧 골육의 친척을 위하여 내 자신이 저주를 받아 그리스도에게서 끊어질지라도 원하는 바로다"(롬 9:3)는 외침을 들어보라. 한국교회는 바울의 마음을 이어받을 때다. 한국교회는 민족을 위해 처음부터 힘쓴 교회였다.

한국교회가 오늘날 가져야 할 고민은 분단국가로서의 교회이다. 민족 통일은 우리 민족의 꿈이고, 우리 신앙 선배들의 기도 제목이었고, 남한교회의 몫이기 때문이다.

4) 하나님 나라[27]

북한선교는 삼위 하나님의 사역이며, 나아가 교회의 사명이다. 이것들은 이 땅에 이미 도래한 하나님 나라를 완성하는 것이므로 북한선교는 한국교회가 꼭 해야 한다. 물론 목회의 관점에서도 한반도에서 교회를 이끌

---

[27] 정종기, "통일목회의 성서적 근거" 송원근 외 3인. 『목회 정말원하십니까?』 (서울: 청미디어, 2017), 294-300의 내용을 대부분 사용하고 일부 수정 보완하였다.

어가는 한국교회의 목회자들은 북한을 포함한 통일목회를 해야만 한다. 즉 하나님 나라가 이 땅에 도래하여 완성해 나간다 하면 북한을 소외시켜서는 안 된다. 다음은 개혁주의 시각[28]으로 보는 하나님 나라이다.

첫째, 이스라엘 국가라는 특정 민족을 중심으로 한 것이 아닌 전 세계적이다.

둘째, 메시아의 도래와 함께 바로 완성되는 것이 아니라 경과기간이 있어 메시아의 재림과 함께 완성된다고 본다.

셋째, 외부적인 규제가 아닌 하나님의 말씀과 성령을 통한 영혼의 다스림이다.

넷째, 그런데도 사람의 정신 속에서만 머무는 것이 아니라 외부적 실증을 드러내는 현실적인 통치권으로 이해한다.

이런 하나님 나라의 완성된 모습을 이사야가 선언한다. 이사야 11:1-9은 완성될 하나님의 나라의 모습을 보여 준다.

> 이새의 줄기에서 한 싹이 나며 그 뿌리에서 한 가지가 나서 결실할 것이요 그의 위에 여호와의 영 곧 지혜와 총명의 영이요 모략과 재능의 영이요 지식과 여호와를 경외하는 영이 강림하시리니 그가 여호와를 경외함으로 즐거움을 삼을 것이며 그의 눈에 보이는 대로 심판하지 아니하며 그의 귀에 들리는 대로 판단하지 아니하며 공의로 가난한 자를 심판하며 정직으로 세상의 겸손한 자를 판단할 것이며 그의 입의 막대기로 세상을 치며 그의 입술의 기운으로 악인을 죽일 것이며 공의로 그의 허리띠를 삼으며 성실로 그의 몸의 띠를 삼으리라 그 때에 이리가 어린 양과 함께 살며 표범이 어린 염소와 함께 누우며 송아지와 어린 사자와 살진 짐승이 함께 있어 어린 아이에게 끌리며 암소와 곰이 함께 먹으며 그것들의 새끼가 함께 엎드리며 사자가 소처럼 풀을 먹을 것이며 젖 먹는 아이가 독사의 구멍에서 장난하며 젖 뗀 어린 아이가 독사의 굴에 손을 넣을 것이라 내 거룩한 산

---

[28] "개혁주의 하나님의 나라" http://cafe.daum.net/testimonys/QvLL/5?q. (2017.5.18).

모든 곳에서 해 됨도 없고 상함도 없을 것이니 이는 물이 바다를 덮음 같이 여호와를 아는 지식이 세상에 충만할 것임이니라(사 11:1-9).

사실 하나님 나라는 본질적으로 영역의 의미보다는 통치 주권이라는 의미로 예수 그리스도의 인격 가운데 이미 도래되었으며 아직 완성되지 않은 미래이다. 이 땅에서는 아직 완성되지 않는다 해도 삼위 하나님과 교회는 하나님 나라를 위한 사역을 놓지 않았고, 또 그 일을 위해 일하고 있다.

모든 사역은 삼위 하나님의 사역이다. 이 말의 의미는 인간이 수행하는 모든 사역은 성부 하나님의 뜻을 행하는 사역이라는 말이다.[29] 북한선교는 선교의 출발점을 자신에게 두는 것이 아니라 삼위 하나님에게 둔다. 이런 의미에서 북한선교의 결과는 삼위 하나님께 영광 돌리는 것이다. '하나님께 영광'은 그리스도의 재림까지 우리가 이 땅에서 만들어가야 할 하나님 나라의 완성으로 나타난다. 물론 그리스도의 재림 전에 하나님 나라의 완성은 이루어지지 않으나, 이미 도래한 하나님 나라를 살아가는 데 충분한 성도로 만들어간다는 의미가 될 것이다.

우리가 고민되는 것은 한반도에 하나님 나라를 만드는 시점이다. 즉 현재 해야 하느냐 아니면 주의 재림 때 이루어지게 해야 하는 가이다. 이 문제는 북한선교의 방법론에 중대한 영향을 미친다. 하나님 나라의 현재를 한반도에 이루어야 한다는 주장은 그리스도의 말씀 때문이다.

> 바리새인들이 하나님의 나라가 어느 때에 임하나이까 묻거늘 예수께서 대답하여 이르시되 하나님의 나라는 볼 수 있게 임하는 것이 아니요 또 여기 있다 저기 있다고도 못하리니 하나님의 나라는 너희 안에 있느니라 (눅 17:20-21).

---

[29] 황성철, 『개혁주의목회신학』(서울: 총신대출판부, 2004), 37.

그리스도는 이미 하나님의 나라가 실현되었다고 선언했기 때문이다. 박순경은 "하나님의 나라는 사후에 들어갈 어떤 극락세계와 같은 관념적 환상이 아니라 땅 위에 즉 세계 역사에 도래할 새 하늘, 새 땅, 새 인간의 탄생을 암시한다"고 하였다.[30]

그러나 그리스도는 또 다른 말씀을 하셨다.

> 예수께서 대답하시되 내 나라는 이 세상에 속한 것이 아니니라 만일 내 나라가 이 세상에 속한 것이었더라면 내 종들이 싸워 나로 유대인들에게 넘겨지지 않게 하였으리라 이제 내 나라는 여기에 속한 것이 아니니라(요 18:26).

예수님은 "내 나라는 여기에 속한 것이 아니다"라고 말씀하신다. 개혁신학자인 데이비드 반더루렌은 "지금 이 땅에 하늘나라가 완성된다면 '하늘의 시민권'(빌 3:20)과 '나그네'라는 사상을 어떻게 해석할 것인가"를 묻는다.

반더루렌은 "신약성경은 지금 존재하는 자연 질서가 철저히 종결되고 인간 문화의 산물이 그 질서와 함께 사라질 것이라고 가르친다. 예수님은 장차 올 세상에 이미 들어가셨으며 지금은 우리가 자신과 함께 있도록 하기 위해 그 세상을 준비하시는 중이다(요 14:3). 마지막 날에 '처음 하늘과 처음 땅'이 없어진 후에, 우리는 거룩한 성 새 예루살렘이 하나님께로부터 하늘에서 내려 올 때, 새 하늘과 새 땅을 볼 것이다(계 21:1-2). 장차 올 세상은 이 세상이 파괴되는 가운데서 모습을 드러낼 것이다"[31]라고 함으로 이 땅에서 하나님 나라의 완성을 말하지 않는다.[32]

하나님의 나라는 현재에도 미래에도 존재한다. 다만 다른 의미로 현재

---

30 박순경, 『통일신학의 여정』, 92.
31 데이비드 반더루렌, 『하나님이 두 나라 국민으로 살아가기』, 84.
32 정종기, "통일목회의 성서적 근거," 송원근 외3인, 『목회 정말원하십니까?』, 208.

와 미래이다. 그리스도의 하나님 나라는 하나님의 통치이다.[33] 하나님 나라의 현재란 '회개하라 천국이 가까웠느니라'는 선포로 그리스도가 계심으로 하나님 나라가 이루어졌음을 의미하며, 그것은 예수님의 초림 때부터 존재해 왔고 현재도 존재한다(눅 17:20-21).

하나님 나라는 가시적인 장소 설정이 불가능하다.[34] 예수님은 자신의 나라는 용서, 화해, 회복을 목적으로 한다고 하셨다. 마태복음의 산상수훈이 이것을 뒷받침한다. 당신이 오른뺨을 맞으면, 그리고 당신이 박해를 받는다면 어떻게 해야 할 것인가에 대한 답이다. 이것은 화해, 용서, 회복을 말씀하신 것이다. 그렇다면 진보와 보수는 이 말씀을 중심으로 서로 소통할 수 있을 것이다. 물론 하나님의 나라가 어디에 임하느냐는 대해서는 서로 다른 주장을 하지만 하나님 나라의 내용에 대해서는 일치를 본다.

북한은 하나님의 나라가 될 수 있는 것이 아니다. 평화가 있고, 자유가 있고, 빈곤이 사라진다고 하나님의 나라가 아니다. 하나님의 나라는 하나님의 왕권과 지배, 그리고 하나님의 주권이 행해지는 곳이다. 하나님 나라는 인간의 지배나 인간의 지상의 왕권이 아니라 분명히 하나님의 다스림이라고 말한다.[35] 이런 의미에서 북한선교는 '하나님의 바른 통치가 세워지게 하는 것'이다. 북한 주민들에게 하나님의 나라가 오게 하는 것은 그 땅이 아니라 다가올 새 예루살렘이다.

5) 이웃사랑

이웃사랑의 관점에서 제일 먼저 생각할 것은 가난에 관한 것이다. 가난은 임금도 해결할 수 없다고 한다.

---

[33] 김연진, 『선교신학총론』(서울: 성광문화사, 1995) 50.
[34] 목회와 신학편집부, 두란노 HOW주석 시리즈 『누가복음』(서울: 두란노서원, 2007), 348.
[35] 윤춘식, 『북한사회주의 교육과 선교』(서울: 예영커뮤니케이션, 2005), 232.

그러한 것을 우리가 어떻게 해결할 수 있나?

우리가 해결할 수 없다는 것은 확실하다. 하지만 지금 우리의 북한의 형제들은 배고파하고 있다. 배고파서 형제와 부모 그리고 고향을 등져야 했다. 그뿐만 아니라 약 3백만이나 굶어 죽어야하는 아픔을 가졌다. 이들을 향해 우리는 어떤 각오로 그들을 만나야 할 것인지는 진지하게 생각해 보아야 할 것이다. 만약 그리스도인들이 이 문제를 회피한다면 「타임지」에 나온 풍자의 글이 의미가 있다.

> 내 형제에게는 이미 그를 지키는 자가 있는데, 그는 총을 가졌고 내가 내 형제에게 보내는 식량을 그 형제가 받을 수 있는지 없는지를 결정하는 권한을 가졌습니다. 이런 상황에서 내가 무슨 일을 하겠습니까?[36]

그래서 우리가 필요한 안전장치를 해서 원조를 보내라고 정부에 건의한다. 그리고 자선단체에 기부한다. 북한선교단체는 각자의 방법을 동원해서 돕는다. 원조의 성과에 대해서 아주 미약하다 할지라도, 우리의 풍족한 식문화와 굶어 죽는 어린 북한 아이들의 모습을 비교 무시해 버리기에는 너무나 큰 것이기 때문이다.

그럼 우리는 북한뿐만 아니라 기근에 시달리는 곳마다 가서 우리가 도와야 하는가? 하는 물음이 계속되어야 한다. 그렇다면 하나님은 이 문제에 대해서 무엇이라고 말씀하시는지 살펴보자. 예수님은 "내가 무리를 불쌍히 여기노라 저희가 나와 함께 있은 지 이미 사흘이매 먹을 것이 없도다. 길에서 기진할까 하여 굶겨 보내지 못하겠노라"(마 15:32)고 하셨다. 그리고는 다 배불리 먹이셨다(마 15:37).

---

[36] 마빈 올라스키외 3인, 『가난한자 억압받는 자를 우리는 어떻게 해야하는가』, 임송현 역 (서울:나침반, 1992), 12. 이 말은 성경 창세기 4:9의 "내가 아우를 지키는 자니이까"라는 가인의 질문을 풍자한 것이다.

우리는 우리의 작은 도움으로 이러한 기적이 북한에 일어나기를 기대하는 것은 아니다. 단지 우리가 해야 할 부분은 하자는 것이다. 예수님은 자신을 향하여 '생명의 떡'(요 6:35)이라고 하셨다. '목마르지 아니하는 생수'(요 4:14)라고 하셨다. 먹을 것이 없는 그들에게 생명의 떡을 전해야 한다. 목말라하는 그들에게 목마르지 아니하는 생수를 전해야 하는 사명이 우리에게 있다.

6) 평화

평화를 원하시는 하나님이시기에 북한선교를 해야 한다. 북한을 선교하기 위해서 평화적이어야 한다는 것이 아니라, '평화하라'는 그 하나님의 그 명령을 수행하기 위해서 우리는 북한선교를 해야 한다. 그래서 북한을 선교한다는 것은 북한과 남한이 평화롭게 사는 것과 같다. 이것은 우리가 주체가 아니라 하나님이 주체가 되시어서 평화가 진행되는 것이다. 다시 말하면 복음으로 남북이 함께 평화가 이루어지는 것을 북한선교라 할 수 있다.

성경에서 평화로 옮긴 히브리 낱말 '샬롬'은 그 뜻의 폭이 매우 넓다. 무사함, 안전함(삿 19:20), 번영, 온전함(시 73:3), 안팎의 안녕 및 질서(왕상 4:24-25 참조)이다. 한마디로 포괄적인 구원이 '샬롬'이다. 성경에서 이해할 수 있는 바에 따르면 개인적인 영역과 사람 사이의 평화는 하나님에 대한 관계에 달려있다(사 48:22).

신약성경에서 평화는 무엇보다도 죄 때문에 깨진 하나님에 대한 관계의 회복과 또 거기서 비롯되는 포괄적인 구원을 뜻한다(눅 1:79). 예수 그리스도께서 '우리의 평화'이신 것은(엡 2:14) 하나님과 사람의 깨뜨려진 관계가 그의 죽으심으로써 다시 회복되었기 때문이다.[37]

---

[37] 개역성경 독일성서공회판 해설.

4. 결론

성경은 참으로 많은 북한선교의 배경이 되는 말씀이 있다. 우리가 가끔 착각하는 것은 북한선교의 배경은 '선교'뿐이라고 생각하는 것이다. 북한 선교는 하나의 동기일 뿐이다. 북한선교에 관한 마음을 요한복음 9:1-3을 통해 살펴본다. 1절부터 예수님과 제자들 간에 심각한 대화가 나온다. 어느 날 예수님과 제자들이 함께 길을 가다가 '나면서 소경 된 사람'을 만난다. 불행의 아이콘이라 할 수 있는 '나면서 소경된 사람'을 보고 제자들이 예수님께 질문했다.

"예수님, 소경으로 태어난 것은 뉘 죄 때문입니까?"(요 9:2)

왜 이 사람은 이렇게 살아가야 합니까?

그 원인이 무엇입니까?

죄 때문이라면 뉘 죄 때문입니까?

부모입니까?

본인입니까?"

예수님은 이것에 대한 답을 이렇게 하셨다.

"하나님이 하시는 일을 나타내고자 하심이라"(요 9:3).

우리는 이 대화 속에서 세 가지를 생각하게 된다.

첫째, '뉘 죄 때문입니까?' 이렇게 하는 질문은 도덕적인 질문이다. 제자들은 맹인이 된 원인을 태어난 아이의 치명적 도덕적 결함 아니면 부모의 결함 때문이냐고 묻고 있다. 이에 대하여 예수님은 "아니다, 하나님의 뜻이 이 땅에 이루어지기 위하여 하나님이 하셨다"고 하셨다. 북한선교는 '죄'로 인한 출발로 우리는 이해한다. 분단이 죄이기 때문이다. 요한복음 9:1을 통해 예수님의 답변에 우리는 다시 생각해야 한다. 죄 때문이 아니라 하나님의 뜻에 의해 분단 되었고, 지금의 상황에 직면해 있음을 이해해야 한다.

그럼 한반도를 향한 하나님의 뜻이 무엇인가?

이것은 한반도에 살고 있는 우리에게 성경에 나타난 하늘나라의 계명을 지키는지를 보시는 것이다.

둘째, '뉘 죄 때문입니까?' 이러한 질문에 숨겨져 있는 것은 죄의 원인을 과거에 두고 말하고 있다. 맹인이 된 것은 과거에 지은 죄 때문이고, 혹은 아이가 맹인이 되어 태어난 것은 과거 부모의 죄 때문이 아니냐는 질문이다. 이런 제자들과는 달리 예수님의 말씀은 "하나님께서 하시고자 하시는 일, 즉 미래에 두었다. 과거가 원인이 아니고 원인이 미래에 있다는 것이다. 이 사람을 통해서 현재와 미래에 큰일을 하기 위하여 놀라운 역사를 이루기 위해서 잠깐 눈이 어둡고 괴로운 시간을 가졌다는 것이다. 이것이 예수님의 답변이다.

셋째, 제자들이 맹인의 죄를 다루는 사건은 순전히 인간적 차원에서 다루어 사람이 죄를 지어서 맹인이 되었다고 본 것이다. 하지만 하나님의 생각은 달랐다. 그에게 일어난 것은 하나님의 현실이고 미래였다. 하나님의 일을 이루시고, 하나님의 영광을 위해 사용하시기 위한 현재와 미래였다. 즉 하나님의 중심적 사고가 필요한 대화였다.

여기서 우리는 오늘의 한반도를 바라본다. 오늘의 북한은 소경 즉 맹인의 모습과 같다. 그렇지만 이들의 모습이 과거의 죄도 아니고 이웃의 죄도 아니라 하나님의 뜻을 이루기 위한 지금이다. 이들이 당하는 고난은 하나님의 뜻을 이루기 위함이다. 그리고 남한교회를 향한 하나님의 메시지이다. 그곳에 그냥 서 있지 말고 북한을 바라보라는 의미이다. 한국교회는 하나님 영광의 도구로 쓰임을 받으라는 명령이다. 북한을 바라보는 한국교회가 가져야 할 미션마이드(Mission mind)이다. 한국교회는 하나님의 뜻이 이 땅에 이루어지게 하기 위한 하나님의 그릇이다.

참고문헌

김연진.『선교신학총론』. 서울: 성광문화사, 1995.
김영욱.『복음주의 입장에서 본 북한선교』. 경기: 아세아연합신학대학교출판부, 2012.
노정선.『통일신학을 향하여』. 서울: 도서출판 한울, 1988.
더글러스 무.『NIV적용주석 시리즈-로마서』. 채천석 역. 서울: 도서출판 솔로몬, 2011
데이비드 반더루렌.『하나님의 두 나라 국민으로 살아가기』. 서울: 부흥과 개혁사, 2012.
마빈 올라스키외 3인,『가난한자 억압받는 자를 우리는 어떻게 해야하는가』. 임송현역. 서울: 나침반, 1992.
마이클 그린.『마태복음강해』. 김장복 역. 서울: 한국기독학생회출판부, 2005
목회와 신학편집부. 두란노 HOW주석 시리즈『누가복음』. 서울: 두란노서원, 200
문익환, 김남식.『통일시대를 열어나가는 아홉가지 이야기』. 서울: 통일맞이, 1995.
미로슬라브 볼프.『기억의 종말』. 홍종락 역. 성루: IVP, 2016.
박순경.『통일신학의 여정』. 서울: 한울, 1992.
박영환.『북한선교의 이해와 사역』. 경기: 올리브나무, 2018.
박정수.『성서로 본 통일신학』. 서울: 도서출판 한국성서학, 2010.
박태상.『북한의 문화와 예술』. 서울: 깊은 샘, 2004.
백충현.『삼위일체적 평화통일신학의 모색』. 서울: 나눔사, 2012.
브라이언트 11) 마이어스,『가난한 자와 함께하는 선교』. 장훈태역. 서울: 기독교문서선교회, 2000.
서부연회 엮음.『평화통일과 북한선교』. 서울: 서부연회 출판부, 1998.
송원근 외3인.『목회 정말원하십니까?』. 서울: 청미디어, 2017.
안병무.『민중신학이야기』. 서울: 한국신학연구소, 1987.
에릭 폴리.『믿음의 후손들: 북한지하교인의 후손들』. 서울: 서울유에스에이출판사, 2013.
윤기덕,『수령형상문학』. 서울: 문예출판사, 1991.
윤여상, 정재호, 안현민.「2014 북한종교자유백서」. 서울: 북한인권정보센터, 2014.
윤춘식.『북한사회주의 교육과 선교』. 서울: 예영커뮤니케이션, 2005.

이강천. 『마지막 세기, 마지막 주자』. 서울: 두란노, 1995.
정종기. 『통일목회를 위한 디딤돌』. 서울: 청미디어, 2016.
존 칼빈. 『신약성경주석7: 로마서 빌립보서』. 칼빈성경주석출판위원회. 서울: 신교출판사, 1978
제임스 B. 조르단. 『성경적 세계관』. 이동수, 정연해 역. 서울: 도서출판 로고스, 2003.
잭 스코드. 『당신의 선교에 대한 개념은 전통적인가 성경적인가』. 김유리 역. 서울 : 나침판, 1992.
통일선교정책서 발간위원회 편. 『주여 70년이 찼나이다』. 서울: 포앤북스, 2015.
황성철. 『개혁주의목회신학』. 서울: 총신대출판부, 2004.
홍근수. 『지금은 통일할 때: 통일, 이데올로기, 종교』. 서울: 한울, 1990.
J. 리처더 미들턴. 『해방의 형상』. 성기문 역. 서울: 일립인쇄, 2010.
Roger E. Hedlund. 『성경적 선교신학』. 송용조 역. 서울: 서울성경학교출판부, 1991.
『옥스퍼드 원어성경대전 갈라디아서, 에베소서 』. 서울: 제자원, 2004
『옥스퍼드 원어성경대전 사도행전 15-21장』. 서울: 제자원, 2004
김병로. "통일전망과 북한선교의 과제." 2015년 강의안
렌달 C. 글리슨. "칼빈의 죄 죽임교리." 김남준 역. 강의안.
정낙근. "새로운 통일론으로서 공진화 신통일." 「통일코리아 통권」제5호 (2015. 제2권)
Reuven Berger. "The Kingdom of God and thr Role of the Church as God's Bride." 2018.1.24. 쥬빌리통일컨퍼런스.
김진섭. "이스라엘의 회복의 예언과 성취: 현대사에 나타난 이스라엘-교회의 7대신비." 제5회 이스라엘신학포럼:이스라엘 독립 70주년 기념포럼. 예루살렘 히브리대학교.
이종록. "한국교회개신교단 및 기관의 북한선교정책에서의 성경적 근거 제시방식에 대한 비판." 한민족선교정책연구소. 「한국교회북한선교정책」. 서울: 한민족과 선교, 2002.
전우택. "치유의 마지막 여정, 용서와 화해." KPI평화포럼.

제3장 사도 바울의 통일목회 패러다임

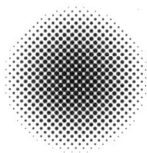

1. 들어가면서

교회성장[1]을 지속 하던 한국교회가 성장이 멈춘 것뿐 아니라 세상을 향한 영향력까지 잃어버렸다. 한국교회가 세상으로부터 비난받는 일은 어제 오늘의 일은 아니나 최근 반(反) 기독교 정서는 도를 넘어섰다. 이미 1990년대 초반부터 전도가 힘들어지고[2] 공공연하게 기독교를 개독교라 비난하고 있다.

한국교회의 위기를 살펴보자.

첫째, 내면적 성도의 수가 줄어든 마이너스 성장이라 할 수 있고(내적 요인의 심각, 개척교회의 실종, 고령화 급속),

---

[1] 피터 와그너, 『교회성장원리』, 권달진 역(서울: 생명의 말씀사, 1990), 9. 교회성장이란 단어는 1972년 가을경에 북미로부터 들어 온 개념이다. 교회성장에 대한 연구의 뿌리는 도날드 맥가브란이 30년 동안에 걸쳐 인도에서 3대째 선교사로 봉직하던 때로 거슬러 올라간다. 그는 1995년 The Bridges of God란 책과 1959년 How churches Grow란 책이 나오면서부터 교회성장에 관한 관심이 고조 되었다. 결국 교회성장이란 용어는 맥가브란의 사상에서 나온 용어이다. 맥가브란이 사용한 교회성장의 진정한 의미는 예수 그리스도와 아직 아무런 개인적인 관계를 가지고 있지 않은 사람들로 하여금 그와 더불어 교제를 가지도록 해주며, 책임있는 교인이 되도록 만들어 주는데 관련된 모든 사항을 의미한다(피터 와그너, 10). 그럼에도 불구하고 한국교회는 전인격적인 교회의 목회보다는 교회의 외형적 성장에 초점을 가졌고, 그 이후 성장의 결과를 가져왔으나, 전인적인 성장이 아니어서 한국교회가 위기를 초래하게 되었다.

[2] 송인규, 『분별력 2』(서울: 부흥과 개혁사, 2014), 316.

둘째, 한국사회에서의 기독교 영향력의 감소로 안티크리스천들이 교회를 공격하게 된 것이며(기독교윤리문화의 퇴보, 기독인재의 빈곤, 주류위치 상실 위기),

셋째, 한국교회의 차세대가 사라졌고(목회지원자 감소, 신학교의 경영난 심각, 사모 헌신자의 감소),

넷째, 지상명령인 선교사명을 감당할 동력이 떨어지고 있으며(선교사 철수 현상, 선교지의 활동 위축, 선교지원자의 감소와 고령화),[3]

다섯째, 가나안 교인이 급속히 증가한 것이다.[4]

기독교인의 세계관에 대해 깊은 관심을 가지고 강의해 온 송인규 교수는 기독교의 위기의 원인을 비기독교인과 한국사회 전반에 한국교회가 부정적 영향을 끼쳤기 때문이라고 분석했다.[5] 이러한 위기 현상에 대해 한국교회 목회자들은 모른척 할 수 있을 때가 아니다. 본 논고는 이 현상에 대해 적절한 답을 내어놓으려 한다. 한국교회의 위기의 중심에 서있는 이는 목회자이다. 목회자가 변하지 않으면 한국교회는 희망이 없다. 그래서 한국교회의 위기를 극복할 수 있는 대안을 한국교회의 목회 패러다임 전환으로 생각한 것이다. 즉 목회자의 목회 패러다임의 전환 없이는 한국교회는 희망이 없다.[6]

---

[3] 신민범, "통일목회가 답이다," 한선통일목회연구소, 「통큰 목회, 통일목회」, 2018 통일목회 전국세미나 자료집, 10-13.

[4] 김상만, "한국교회의 목회 패러다임과 통일목회," 한선통일목회연구소, 「통큰 목회, 통일목회」, 2018 통일목회 전국세미나 자료집. 16-17.

[5] 송인규, 『분별력2』, 317. 송 교수는 한국교회가 끼친 부정적 요소를 다섯가지로 분석했는 데, 첫째는 그리스도인들과 교회로부터 한국사회가 피해를 보았다고 한다. 그 중에 교회당 건축으로 인한 갈등이 큰 것은 사실이다. 둘째는 일상생활에 있어서 미성숙한 행동이 있었고, 셋째는 한국기독교인들의 사회적 비리이며, 넷째는 기독교 지도자들이 존경을 잃었고, 다섯째는 교회 공동체가 분열과 싸움, 법정투쟁 등으로 인해 실망스런 모습을 보인 것으로 보았다.

[6] 한국교회의 목회 패러다임 전환이란 "동족을 품고 분열된 이 땅과 한국교회를 하나로 묶어 땅끝까지 교회를 세워 나가는 진정한 통일을 이루는 목회"를 말한다. 한선통일목회연구소에서는 '통일목회'에 대한 정의를 '삼위일체 하나님의 부르신 자들이 만유를 하나되

2. 지나온 한국교회의 목회 패러다임

1) 목회이해

한국교회의 목회 개념은 각 교파나 전통에 따라 강조하는 것이 다르다. 루터파는 교회를 신앙문답서에 의하여 바르게 가르치고 신앙의 지식을 습득하도록 지도하는 반면 개혁파는 평신도를 교회의 구성원으로서 훈련하고 교회의 생활을 올바르게 지도하는 데 중점을 두고, 경건주의파는 개인의 영혼을 각성시키고 성화로 인도하는 데 중점을 두었으나 18, 19세기 어간에 인간의 영혼 구원보다는 교회의 순결성에 관심을 두었다. 로마 가톨릭은 고백의 제도에 의하여 성도들로부터 생활상의 비밀 고백을 통하여 영혼을 돌보는 사역을 한다.[7]

18세기 리처드 박스터에 의해 가정심방이 목회에 들어오고, 1970년대에는 아담스, 크라브, 콜린스, 맥, 나라모어, 라이토 등에 의해 '목회상담학'의 비중이 높아졌다. 그리고 하워드 클라인 벨, 웨인 오프 등에 의해 종교심리학이 목회에 반영되기 시작하였다.

한국교회의 목회자들이 가장 먼저 접한 정의가 선교사인 곽안련 목사의 정의일 것이다. 곽안련 목사는 "목회학이란 교역자가 복음의 진리를 신자의 생활에 실제로 적용하는 일을 도와주는 학문이다. 신학의 다른 분과의 학문은 진리를 발견하여 그 발견한 진리를 옹호하는 것을 목적으로 하나, 목회학은 그 발견한 진리를 실천 실행하는 데 치중한다"[8]고 하였다.

게 하는 목회'라고 했다.
[7] 이주영, 『현대목회학』(서울: 성광문화사, 2003), 14.
[8] 곽안련, 『목회학』(서울: 대한기독교서회, 1982), 1. 이 책은 1920년 8월 30일에 초판되어 지금까지 재판되어 읽히고 있는 책이다. 필자가 가지고 있는 책은 1982년의 16판을 가지고 있다.

곽안련 목사의 영향으로 한국교회는 심방목회가 주를 이루게 되었다.

그리고 한국의 여러 학자의 목회에 관한 정의를 보면 이주영 교수는 "목회는 교역이라고도 번역 될 수 있는데, 목회는 교회에서 봉사하는 일로서 목사가 실행하는 모든 행위와 사역을 지칭하는데 이에는 설교, 성례전, 교회의 관리 및 운영, 평신도 지도, 훈련, 교육 등의 제반활동을 망라하고 있다"[9]고 정의한다. 전 고신대학장이었던 김병원 박사는 "목회학은 목회자가 하나님의 진리의 말씀을 신자의 생활에 실제로 적용하여 바른 생활을 할 수 있도록 도와주는 학문이다"[10]고 정의한다. 김 박사의 목회관이다.

첫째, 목사가 자신이 섬기고 있는 교회를 위한 활동을 뜻하고,

둘째, 교회관리, 즉 집단적이고 개인적인 신자들의 지도를 뜻하며,

셋째, 영혼을 배려하고 마음의 상처를 치료하는 것을 뜻한다.[11]

성경은 우리에게 목회에 대한 많은 말씀을 하고 있다.

마태복음 9:35-38, 요한복음 10:1-2; 10:9; 21:15-17, 사도행전 20:28, 베드로전서 5:2-3 등 이다. 이 말씀의 대부분은 목회를 목자와 양의 비유로 말씀하고 있는 것을 발견한다. 이런 관점에서 목회를 정의한다면 말씀선포와 양떼 돌봄이라 할 수 있다.

2) 한국교회의 5대 목회 패러다임

이러한 두 가지의 목회 정의를 가지고 한국교회는 다섯 가지 목회 패러다임을 거쳐왔다.

첫째, 1950년대와 60년대에는 주로 교회개척의 시기로 개척 목회 패러

---

9 이주영, 『현대목회학』, 13.
10 김병원, 『목회학』 (서울: 개혁주의신행협회, 2006), 18.
11 김병원, 『목회학』, 17.

다임이었다.

둘째, 1970년대에 케리그마 목회 패러다임으로 목회의 중심이 설교였으며 강한 리더십이었다.

셋째, 1980년대는 디다케 목회 패러다임으로 성경공부, 말씀공부가 주가 되어, 교회마다 성경공부반이 넘쳐나는 시기였다.

한국교회는 성장해 갈 때 빠질 수 없는 목회는 '가르침'이었다. 이러한 '가르치는 목회'는 성도들을 영적으로 깨우는 일에 일조했다. 그러나 한국교회 목회에 부정적인 역할이 있는데, '머리 신자'를 만드는 일이었다.[12]

넷째, 1990년대로 선교 중심의 목회 패러다임이었다.

선교 중심의 목회는 선교적 교회(Missional Church)와는 다르다. 이것을 살펴보면 한국교회는 개척을 시작하자마자 주님의 지상명령인 '땅끝 선교'를 수행한다. 주위를 돌아보면 이러한 사실을 실감하게 될 것이다. 개척을 한 교회를 보면 목회자의 생활비가 없어서 주변으로부터 도움을 얻지만, 그들은 선교사와 선교지를 돕는 일은 빠지지 않고 있다. 그들이 생각하는 선교적 교회가 주님이 원하시는 바른 교회라는 인식을 가지고 있기 때문이다. 목회자들은 누구나 "너희는 가서 모든 족속으로 제자를 삼고"라는 말씀과 "오직 성령이 너희에게 임하시면 너희는 권능을 받고 예루살렘과 온 유대와 사마리아와 땅끝까지 내 증인이 되라"는 말씀에 반응하고 있다.

이러한 선교하는 교회를 '선교적 교회'[13]라고 이해하고 있고, 이런 선교

---

[12] 김상만, "한국교회의 목회 패러다임의 전환." 『목회 정말원하십니까』 (서울: 청미디어, 2017), 37-47.

[13] 크레익 오트 외 4인, 『선교신학』, 홍용표 외 9명 역(경기: 도서출판 존스북, 2012) 16. 선교적 교회는 20세기에 들어와서 레슬리 뉴비긴과 기타 선교학자들의 작품에 기초한 것으로 선교학의 한 장르를 차지하고 있다. 어떤 이들은 이것을 다음과 같이 비판한다. "'선교적 교회'(Missional Church)란 용어가 새로운 교회의 모습으로 기독교인들 사이에서 유행처럼 사용되고 있다. 예전에 미국에서 유행했던 '구도자 예배'(Seeker Service)와 '이머징처치'(Emerging Church)가 유행했던 것과 비슷하다. 그러나, '구도자 예배'와 '이머

적 교회가 사도행전에서 나오는 초대교회의 모습이고, 결국 선교적 교회가 초대교회로 돌아가고자 하는 개척교회의 야망을 채우는 한 목회의 형태가 되어 버린 것이다. 그런데 이러한 선교적 교회의 배경에는 부정적인 면이 있다. 개척교회가 선교적 교회를 만들고자 하는 데에는 교회성장에 도움이 된다는 생각을 가지고 있음을 보게 된다. 즉 선교가 교회성장의 도구가 되어버렸다. 그리하여 개척교회부터 선교를 지상과제로 삼고, 목회의 제일 첫 번에 놓았다.

다섯째, 디아코니아와 코이노니아 목회 패러다임이다.

성경에서 디아코니아라는 용어는 봉사, 섬김이라는 뜻으로 사용된다. 그리스도가 세상에 오신 목적은 섬김을 받는 것이 아니라 섬기는 것이었으며 섬김을 통하여 하나님 나라의 통치를 보이시는 것이었다(막 1:45). 그러므로 디아코니아는 하나님의 백성인 교회가 이 세상에서 감당해야 할 책임이요 사명이다.

성도는 교회의 유익을 위하여 성령이 주시는 은사와 직분에 따라 봉사해야 한다(고전 12:7, 11; 벧전 4:10). 성도는 하나님의 영광을 위하여 세상에서 빛과 소금으로서 봉사해야 한다(롬 5:8-10; 갈 6:10; 약 1:27; 벧전 2:9). 하지만 디아코니아 목회를 하는 이들은 디아코니아가 목회의 일부분이거나 말씀사역의 일부분으로 여기지 않는다. 디아코니아는 교회의 수평적 회복으로 여기고 '디아코니아 목회'를 해야 한다.[14] 그래서 한국교회 목회자들은 이 시기에 상담학 공부 및 사회복지학 공부를 하고 그중 많은 이들이

징처치'는 전통교회의 시스템을 변형시키는 방식으로 전통교회가 가진 한계를 극복하고자 했던 노력이었다" "Church planting 7 (선교적 교회)" http://blog.naver.com/PostView.nhn?blogId=bonghanlim&logNo=220718610787 (2018.2.23).

14 2014년 11월 17일 한국교회백주년기념관에서 '디아코니아 목회와 교회성숙'이란 세미나에서 거룩한 춘천동부교회의 김한호 목사의 강의 내용이다. "당회 열기 전 함께 봉사를 해 본다면," http://blog.naver.com/PostView.nhn?blogId=nanumcafe&logNo=220185472994 (2018. 2.23).

사회복지사 자격증을 가지게 되었고, 아예 사회복지사로 전업하기도 하고, 나아가 목회보다는 요양원 등의 사역에 집중하는 현상이 일어났다.

3. 한국교회의 목회 패러다임의 결과와 그 전환의 때

1) 한국교회의 목회 패러다임의 위기

한국교회의 목회 패러다임은 시대마다 그 역할을 다 했지만, 오늘 한국교회가 위기가 온 것에는 뭔가 원인이 있을 것이다. 여러 가지 원인 중에 다섯 가지만 살펴보려 한다.

첫째, 목회를 교회의 외형적 성장만을 목표로 삼았다.

외형적 성장이 긍정적 요소는 있지만, 교회보다는 교회당에 집중하고, 성도보다는 교인의 숫자에 민감하게 되었다. 한때 대다수 교회의 주보에는 회집한 숫자를 기록하게 되었고, 교회당 건축이 목회의 전부가 되었으며, 교회당 건축 이후에는 교육관 건설과 나아가 개교회 소속의 기도원을 갖는 것이 한국교회의 자랑이었다. 이러한 외형적 성장은 세계교회를 향해 자랑하게 된다. 그리하여 세계교회는 한국교회의 성장에 주목하게 되고 나아가 교회성장학계의 연구 중심지가 되었다. 대신 이러한 성장 이면에는 한국교회 대다수가 패배의식을 갖게 되었고, 나아가 성공한 교회의 목회자는 제왕적 구조를 가져 교회 왕국을 건설하게 되었다. 이것은 하나님 나라를 빙자한 세상의 목회자 중심의 교회 왕국을 가져오게 된 것이다.

이러한 한국교회는 교회답지 못한 교회가 되어 결국 쇠퇴의 길을 들어서게 되고, 위기에 봉착한 것이다. 이런 배후에는 교회성장 중심주의가 있다. 이것은 선교학에서 시작된 교회성장학이 한국교회를 강타함으로 '성장하지 않으면 교회가 아니다'라는 논리를 우리는 아주 당연하게 받아들였고 그것을 목회의 방향으로 삼고 교회를 성장시켜 왔다.

이것이 한국교회의 대형화의 방향으로 나아가게 되었고, 결국은 세계 최고의 대형교회를 한국교회가 갖게 되었다. 하지만 이로 인해 대다수 목회자는 성장하지 않으면 실패라는 관념 속에 빠짐으로 목회는 성도들에게 있지 않고 '성장'에 있게 되었고 목회자는 교인들과는 점점 멀어져 갈 수밖에 없는 괴리의 현상을 낳게 되었다.

둘째, 한국교회의 위기에는 '분열'이 있다.

개신교의 중심이 되는 단체가 어디인가하는 질문에 답하기가 무척 어렵다. 한기총(한국기독교총연합회), 한장총(한국장로회총연합), 한교연(한국교회연합), NCCK(한국기독교교회협의회). 이 중 어느 한 곳이 한국교회의 대표라고 하기가 어렵다. 그뿐만 아니라 장로교는 기장, 예장으로, 성결교도 기성, 예성으로, 순복음도 나뉘고, 감리교도 나뉘어 있다. 특히 분열이 심한 곳은 장로교단으로 교파가 300개가 넘는다고 한다. 나아가 교회마다 개교회 중심주의가 뿌리 깊게 자리잡고 있어서 같은 교단과 시찰회라 하더라도, 내 교회 외에는 그리 관심이 없을 뿐 아니라 심지어 교인 쟁탈전까지 벌리게 되었다.

이렇게 한국교회가 분열로 위기를 맞이하게 된 원인 중 네비우스의 삼자원칙의 잘못된 이해로 시작되었다고 주장하기도 한다.[15] 네비우스의 삼자전략이 한국교회의 성장에 기여했다는 것에는 아무도 이의를 제기할 수 없다.[16]

네비우스 정책을 요약하면 10가지이다.

---

[15] 김상만, "한국교회의 목회 패러다임의 전환," 『목회 정말원하십니까』 (서울: 청미디어, 2017), 40.

[16] 곽안련, 『한국교회와 네비우스 선교정책』, 박용규, 김춘섭 역 (서울; 기독교서회, 1994), 317.

① 선교사가 개인적으로 널리 순회하며 전도함
② 사역의 모든 분야에서 성경이 중심이 됨
③ 자전
④ 자치
⑤ 자립
⑥ 모든 신자를 영수와 조사 아래서 조직적인 성경공부
⑦ 엄격한 징계
⑧ 다른 선교단체와 협력하고 연합
⑨ 법정 소고 사건에 간섭하지 않는다
⑩ 민중의 경제문제에는 가능한 일반적인 도움을 준다.[17]

이러한 것 중에 한국교회가 집중적으로 선택한 것은 자전, 자치, 자립으로 스스로 책임지는 일이었다. 하지만 여덟 번째의 협력과 연합의 문제는 지나침으로 한국교회는 자립, 자치, 자전은 성공하였지만, 협력과 연합은 실패하고 말았다.

셋째, 한국교회의 목회 위기는 '교회 내의 이념논쟁'이다.

이데올로기가 한국교회로 들어와 진보와 보수의 갈등과 대립이 있다. 한국교회는 한국전쟁의 결과로 반공 신앙을 가질 수밖에 없었다. 이것은 곧 원수를 죄인으로 만들어 협상과 협력의 대상으로 끌어오지 못하고 멸절시켜야 하는 사탄의 무리로 보게했다.

이로 인해 교회 안에서 서로 다른 의견의 대립을 죄의 결과로 보게 되어 끝없는 저주와 분열로 나가게 되었다. 나아가 강단에서 뜻하지 않게 진보나 보수의 편을 들게 되고, 그 반대는 저주의 대상이 되어 버려 자라나는 차세대를 교회에서 쫓아내는 결과를 가져왔다.

---

17 곽안련, 『목회학』, 44-45.

넷째, 한국교회의 목회 위기는 개교회 중심의 목회이다.

이것은 '내 교회' '우리 교회' 중심의 패러다임을 말한다. 이런 현상은 교단 중심의 편 가르기보다는 교단과 상관없이 내 교회 우선주의가 팽배하고 있다는 의미이다. 이 내 교회 우선주의는 한국교회의 성장에는 큰 밑거름이 되었지만, 부정적으로 한국교회의 분열과 이기주의를 낳았다.

다섯째, '방향 없는 선교 지향적 목회'를 들 수 있다.[18]

한국교회가 갖는 선교에 관한 관심은 남다르다. 이것은 사명을 넘어 명령으로 받아들였기 때문이다. 사실 한국교회는 1970년대 말까지 선교운동은 거의 움직임이 없었다고 본다.[19] 그러다가 2017년 말에 27,205명의 선교사가 172개 국가에서 사역하고 있다. 선교사의 증가가 매년 1,000명을 유지하다가 2014년부터 932명, 2015년에 528명으로 점차 감소했고, 2016년에는 전년도 대비 사역 국가는 1개국 증가했지만, 선교사 수는 1명도 늘지 않았다. 물론 이 수치에는 개교회와 노회에서 파송한 선교사는 제외되었지만 2016년에 와서는 한국선교는 양적으로 성장이 멈추었다고 보고 있다.[20]

이것은 한국교회가 선교 지향적 목회를 해 왔지만 2016부터는 거의 멈추었다는 것을 보여준다. 이렇게 된 원인은 사역적 측면과 구조적 측면 등에서 찾아볼 수 있겠지만 두 가지로 분석할 수 있다.

첫째, 한국교회가 선교를 성장의 도구로 사용했다. 교회성장의 논리 측면에서 선교는 교회를 성장시키는 데에 큰 역할을 해왔지만, 선교는 교회 성장의 도구가 아니다.

---

[18] 선교 지향적 실패란 2017년 8월에 하와이 코나 열방 대학에서 열린 KWMA의 선교사모임에서 나온 주장이다.
[19] 조용중, "KWMA가 바라본 한국선교의 과거 현재 미래,"「한국선교 KMQ」 vol 17 (2017, 겨울호), 8.
[20] 조용중, "KWMA가 바라본 한국선교의 과거 현재 미래," 9.

둘째, KWMA의 하와이 코나대회에서 나온 지적이다. 하와이 코나대회에서 한국선교의 하강 구도에 대한 자성의 목소리가 나왔는데, 그것은 "한국교회가 땅끝 선교를 해왔지만. 한반도 선교 즉 북한을 제외하고 선교를 해왔다"고 분석한 것이다.

2) 한국교회의 새로운 목회 패러다임으로의 전환(예수님의 통큰 목회)

예수님은 목회자로서 그 시대에 새로운 목회 패러다임을 제시하였다.

(1) 예수님 시대의 목회 패러다임

예수님 시대의 목회 패러다임은 유대인들의 목회 패러다임이었다. 유대인의 목회 패러다임은 '율법 목회'이다. 율법 목회는 하나님이 주신 언약이었지만 예수님과는 부딪친다.

예수님과 부딪친다는 것은 무엇인가?

예수님의 목회 패러다임은 그 시대 새로운 것이었다. 물론 율법과 다른 것이 아니라 율법의 틀 안에서 새롭게 제시한 것이다. 이것은 파격적이기도 하고, 유대인들이 받아들일 수 없는 예수님의 목회를 새로운 목회 패러다임으로 '통큰 목회'라고 한다. 이것은 사복음서 전반에 걸쳐 나타난다.

오리를 가고자 하는 자에게 십리를 가라.

겉 옷을 달라는 이에게 속옷도 주라.

오른뺨을 때리는 자에게 왼뺨을 돌려대라.

원수를 사랑하라.

너를 핍박하는 이를 위해 기도하라.

일흔 번에 일곱 번이라도 용서하라.

나아가 율법 목회와 가장 많이 부딪친 것은 안식일에 일하는 개념이다. 예수님은 안식일에 아버지가 일하시니 나도 일하신다며 병자를 고치신 목회였다. 이것들은 그 당시 유대인들의 목회에서는 찾아볼 수 없는 패러다임의 전환이었다.

(2) 예수님의 목회 패러다임(하나 됨)

여기서 예수님의 목회의 핵심 내용이 무엇인지 살펴보자. 예수님의 목회의 행동지침은 윤리적이고 도덕적인 것을 뛰어넘은 새로운 시대를 맞이하여 새롭게 살아야 할 행동지침이었다. 이러한 행동지침에는 하나의 맥이 있었다. 그 맥은 요한복음 17장에 잘 나타난다. 요한복음 17장은 십자가에 달리시기 전의 예수님의 마지막 기도이다. 즉 목회사역을 다 마치신 예수님의 마지막 목회 기도라고 볼 수 있다.

예수님의 마지막 목회 기도의 가장 중심된 키워드는 '하나 됨'이다. 그 예수님이 말씀하신 하나 됨은 어떤 의미를 담고 있는지 살펴보자.[21]

그리스도는 우리의 화평이 되셨다(엡 1:14). 하나님과 죄인 된 인간 사이에 막힌 담을 허무심으로 하나가 되게 하셨다. 그리고 이방인과 유대인 사이에 막힌 담도 역시 허물어뜨리셨다. 예수님 당시 유대인은 이방인과 서로 교제하며 가까이 하는 것을 불법으로 여겼다(행 10:28). 이러한 관계의 두 부류를 그리스도는 '한 몸'으로 하나가 되게 하여 '하나님의 권속'이 되게 하셨다(엡 2:19).

하나 됨의 출발은 창세기 2:24의 '한 몸'이다. 이 말씀을 예수님도 인용하셨다(마 19:5). 하나님은 하와를 아담의 갈비뼈를 분리함으로 만들었다. 창조세계의 첫 번째 분리이다. 이 본문에서는 비록 두 사람이 있다고는 표현하지는 않지만 한 남자와 한 여자임을 우리는 잘 알고 있다. 하나님은 곧 아담과 하와를 한 몸으로 만드심으로 연합을 이루게 한다. '한 몸'에 대하여 로마서 12:4-5은 다음과 같이 말씀하고 있다.

---

[21] 정종기, 『통일목회를 위한 디딤돌』 (서울: 청미디어, 2016), 148-150 요약.

> 우리가 한 몸에 많은 지체를 가졌으나 모든 지체가 같은 기능을 가진 것
> 이 아니니 이처럼 우리 많은 사람이 그리스도 안에서 한 몸이 되어 서로
> 지체가 되었느니라(롬 12:4-5).

결국 아담과 하와가 다른 개체를 이루다가 '한 몸'의 연합을 이루는 것처럼, 모든 것이 주 안에서 하나가 되는 것이 바로 하나님의 뜻이다. 사도 바울은 하나 됨은 그리스도로 말미암아 이루어지는 것임을 말씀하고 있다.

> 너희가 다 믿음으로 말미암아 그리스도 예수 안에서 하나님의 아들이 되
> 었으니 누구든지 그리스도와 합하여 세례를 받은 자는 그리스도로 옷입
> 었느니라. 너희는 유대인이나 헬라인이나 종이나 자주자나 남자나 여자
> 없이 다 그리스도 예수 안에서 하나이니라(갈 3:26-28).

골로새서 3:11에서 이 말씀과 같은 말을 한다.

> 거기에는 헬라인이나 유대인이나 할례파나 무할례파나 야만인이나 스구
> 디아인이나 종이나 자유인이 차별이 있을 수 없나니 오직 그리스도는 만
> 유시요 만유 안에 계시니라(골 3:11).

성도들은 누구나 그리스도 안에서 분별이 없고 오직 하나가 되는 것이다. 성경은 하나 됨을 지키라고 말씀한다(엡 4:3). 예수님의 겟세마네 동산의 기도는 제자들로 하여금 '하나가 되게 해달라'(요 17:11)고 하고, 삼위 하나님이 하나가 된 것같이 제자들도 '하나가 되게 하고'(요 17:21), 나아가 제자들을 하나가 되게 하시는 이유가 삼위 하나님과 하나가 되게 하기 위함(요 17:23)이라고 하였다.

예수님이 말씀하신 '하나 됨'은 삼위 하나님과 함께 한다(요 17:2; 엡 4:4-6). 삼위 하나님은 삼위 하나님과 인류와 하나 되게 하시기 위해 교회를 세우셨다(엡 4:11-12). 교회의 머리는 예수님이 되고, 우리는 지체가 되어 교회로 하나가 되게 하신 것이다. 이것은 머리 따로 가고, 팔 따로 가고, 다리 따로 가는 것이 아니라, 하나로 가는 것을 말한다.

예수님의 '하나 됨'은 통일성을 유지한다(요 17:21; 엡 4:3, 16). 칼빈은 요한복음 17:21의 '저희로 다 하나가 되어'를 주석하기를 "인류의 회복은 한 몸으로 올바르게 연합하는 데 달려있다"고 하였다.[22]

이것은 바울이 에베소서 4:3, 16에서 교회의 완성이 신자들이 한 영 안에서 연합하는 데 있음을 간파하고 사도들, 선지자들, 복음 전하는 자들과 목사들에게 그리스도의 몸이 신앙의 통일을 가져올 때까지 그것을 회복하고 재건할 책임이 주어져 있다고 말씀한 것을 배경으로 한다. 그래서 성도들은 그리스도의 분량까지 증가해야 한다. 그리스도는 교회의 머리이다. 즉 온몸의 머리이기에 성도들은 맡은 바 임무에 따라 하나로 연합되고, 또 위로부터 공급받아 성장하는 것이다.

하나 됨에는 영적으로 하나가 되는 것을 중요시하고 있다.

> 평안의 매는 줄로 성령이 하나 되게 하신 것을 힘써 지키라 몸이 하나요 성령도 한 분이시니 이와 같이 너희가 부르심의 한 소망 안에서 부르심을 받았느니라 주도 한 분이시요 믿음도 하나요 세례도 하나요 하나님도 한 분이시니 곧 만유의 아버지시라 만유 위에 계시고 만유를 통일하시고 만유 가운데 계시도다(엡 4:3-6).

다시 말하면 성도들은 모두 영적으로 하나가 된다. 사도 바울은 교회가

---

22 존 칼빈, 『요한복음Ⅱ』, 73.

하나 되는 것을 말씀한다. 고린도교회를 향해 이렇게 외친다.

> 몸은 하나인데 많은 지체가 있고 몸의 지체가 많으나 한 몸임과 같이 그리스도도 그러하니라(고전 12:12).
> 몸 가운데서 분쟁이 없고 오직 여러 지체가 서로 같이 돌보게 하셨느니라 만일 한 지체가 고통을 받으면 모든 지체가 함께 고통을 받고 한 지체가 영광을 얻으면 모든 지체가 함께 즐거워하느니라 너희는 그리스도의 몸이요 지체의 각 부분이라(고전 12:25-27).

사도 바울은 교회를 한 몸으로 해석하고 성도를 그리스도의 한 몸으로 이해한다. 한 몸이기 때문에 성도 중 한 명이라도 고통을 받으면 교회 전체가 고통에 동참하게 되고, 나아가 그리스도 역시 그 고통에 함께 선다. 예수님의 제자 요한은 "또 이 우리에 들지 아니한 다른 양들이 내게 있어 내가 인도하여야 할 터이니 그들도 내 음성을 듣고 한 무리가 되어 한 목자에게 있으리라"(요 10:16). 교회를 목자와 양으로 비유하여 목자의 음성을 듣는 한 무리의 성도가 한 목자에게 있음을 말하고 있다. 이렇듯 하나 됨은 교회의 중요한 표지가 된다.

초대교회로 가보면 성령의 임재로 인해 흩어졌던 언어가 하나가 되는 일이 일어났다. 오순절 성령강림으로 인해 방언을 통해 하나의 언어를 보여 주셨다. 베드로를 통한 설교가 각기 다른 언어를 가진 이들이 한 목소리로 통역 없이 설교를 들었기 때문이다(행 2:11).

초대교회를 통해서 성령은 언어로 하나 됨을 보여 주었고, 성령의 은혜를 체험한 초대교회 성도들은 서로 자신의 것을 내 것이라 여기지 아니하고 성도들을 위해 자신의 물질을 내어놓게 된다. 특히 날마다 마음을 같이 하여 성전에 모이기를 힘쓰고 애찬을 함께 나누고 예배공동체를 형성한 것(행 2:43-47)은 하나 됨의 모델을 보여 준 것이다.

통일목회의 방향은 하나 됨이다. 하나 됨은 성경 전반에 나타난 통일의 의미이고 이것은 통일목회의 가장 주요한 방향이 된다. 왜냐하면, 에베소서에서 사도 바울은 몸, 성령, 소망, 주, 믿음, 세례, 하나님이 각기 하나라고 선언하고 있다. 하나 됨에 관한 것은 구약과 신약에 빠짐없이 등장한다.

이것은 이스라엘을 위한 작정으로 나타나고, 그리스도의 사역으로 나타난다. 성경에서 하나 됨을 한반도의 상황에 맞추어서 해석한다면 로마서 15:6을 기억해야 한다.

> 한 마음과 한 입으로 하나님 곧 우리 주 예수 그리스도의 아버지께 영광을 돌리게 하려 하노라(롬 15:6).
> ινα ομοθυμαδον εν ενι στοματι δοξαζητε τον θεον και πατερα του κυριου ημων ιησου χριστου.

'한 마음 한 뜻'으로 번역되는 헬라어 ὁμοθυμαδον[homothumadon; 호모쑤마돈]은 '같은 이'라는 뜻의 접두어 ὁμος[homos; 호모스]와 '호흡,' '마음'이라는 뜻의 θυμος[thumos; 쑤모스]가 합성된 단어이다. 이 '쑤모스'는 특히 '거친 호흡,' '열정,' '분을 냄' 등의 뜻도 있다. 따라서 호모쑤마돈은 '같은 생각과 같은 의지와 같은 목적으로'라는 뜻이 된다.

칼빈은 이 구절을 주석하기를 "모든 신자들이 마음이 하나가 되어 당신을 찬양하고 그들의 혀 역시 하나로 합하기 전에는 우리가 참으로 하나님을 영화롭게 하는 것으로 볼 수 없다"[23]라고 하였다. 다시 말하면 불화와 갈등 속에서는 하나님의 영광에 흠이 간다고 말씀하고 있다. 즉 그리스도

---

23 존 칼빈, 『신약성경주석 7, 로마서 빌립보서』, 칼빈성경주석출판위원회 (서울: 신교출판사, 1978), 438.

인들의 연합을 소중히 여기시는 하나님의 마음을 보게 된다. 북한선교나 통일의 문제는 한반도의 교회와 성도들이 같은 생각과 같은 의지와 같은 목적으로 해야 함을 '하나 됨'이란 단어에서 찾아보게 된다. 이러한 예수님이 말씀하신 하나 됨을 사도 바울은 '통일'로 해석한 것이다.

4. 한국교회의 새로운 목회 패러다임

한국교회는 목회 패러다임을 바꾸어야 할 시기가 왔다. 한반도의 상황이 이전과 다르기 때문이다. 이제는 더 이상 반공의 패러다임 목회도 아니고, 나아가 진보와 보수의 대결 장이 교회가 될 수도 없다. 또한, 한반도의 변화된 상황에서 이제는 남한만 바라볼 것이 아니라 북한도 바라보아야 하는 시대가 온 것이다. 이러한 때, 예수님의 통 큰 목회의 패러다임 전환을 가장 잘 이해한 성경의 인물이 사도 바울이다. 그는 에베소서 1:10을 통해 예수님의 목회의 키워드인 '하나 됨'을 '통일'로 해석하였다.

1) 사도 바울의 통일목회 개념

개혁개정판 한글성경에 '통일'을 치면 에베소서1:10과 에베소서4:6 두 군데 나온다. 이 단어는 사도 바울만 사용하고 있다. 사도 바울이 이해한 통일을 살펴보면 다음과 같다. 에베소서 1:10은 "하늘에 있는 것이나 땅에 있는 것이다 그리스도 안에서 통일되게 하려 하심이라"이고, 헬라어 원문을 보면 "εἰς οἰκονομίαν τοῦ πληρώματος τῶν καιρῶν, ἀνακεφαλαιώσασθαι τὰ πάντα ἐν τῷ Χριστῷ, τὰ ἐπὶ τοῖς οὐρανοῖς καὶ τὰ ἐπὶ τῆς γῆς ἐν αὐτῷ"인데, 여기서 '통일'에 해당이 되는 단어는 'ἀνακεφαλαιώσασθαι'(아나케팔라이오사스다이)이다. 이 단어는 '머리'라는 뜻이 있다.

이 단어는 명사 'κεφαλή'(케팔레)에서 유래한 것으로 '그리스도 안에서 만물을 지배하려 하심이라'는 의미라고 이해하기도 한다. 그것은 '그분은 머리시니 곧 그리스도시니라'(엡 4:15)(ὅς ἐστιν ἡ κεφαλή, Χριστός; 호스 에스틴 헤 켑할레, 크리스토스)는 말씀과 함께 그리스도가 진정한 교회의 머리이며 그가 바로 근본이시다(골 1:18). 머리는 오직 그리스도밖에는 없기에 '우리의 머리가 그리스도가 되는 상태'라는 의미에서의 '통일을 시키다'라는 뜻으로 이해할 수 있다. 그러므로 "통일은 다시 머리가 생긴다"는 의미로 이해된다.

그렇다면 사도 바울의 목회 패러다임은 무엇인가?

그가 말하고자 하는 통일을 이루려는 목회는 무엇인가?

그것은 하늘에 있는 것이나 땅에 있는 모든 것이 그리스도 안에서 교회를 세우는 것이다. 바울은 교회를 예루살렘과 온 유대와 사마리아와 땅끝까지 세우려 했다.

2) 사도 바울의 목회 패러다임(동족을 품은 목회)

(1) 사도 바울과 이방인의 사도

사도 바울은 자신을 소개할 때, 이방인의 사도로 소개한다(롬 1:14; 갈 2:8; 엡 3:1). 그래서 우리가 흔히 사도 바울에 대해 이해하는 것은 이방인을 향한 선교 사명으로만 이해한다. 이러한 이해로 말미암아 한국교회가 선교를 가르치고 이해할 때, 사도 바울을 항상 땅끝 선교사로서 이해하고 동족을 향한 선교를 빼놓은 것이 사실이다.

그러나 이방인의 사도였던 바울은 여러 사람에게 여러 모습으로 보였다(고전 9:22).

다시 말하면 바울이 유대인에게는 유대인의 모습으로 이방인에게는 이방인의 모습으로 행동한 것은 모순이 있는 것 같으나 이렇게 한 것은 이방인과 유대인을 얻기 위하여 한 행동이었다. 바울은 로마서를 쓰면서 유대인을 향한 자신의 마음을 이렇게 밝혔다.

> 내가 그리스도 안에서 참말을 하고 거짓말을 아니하노라 나에게 큰 근심이 있는 것과 마음에 그치지 않는 고통이 있는 것을 내 양심이 성령 안에서 나와 더불어 증언하노니 나의 형제 곧 골육의 친척을 위하여 내 자신이 저주를 받아 그리스도에게서 끊어질지라도 원하는 바로라(롬 9:1-3).

이 말씀에 따르면 사도 바울에게 있어서 유대인은 형제였고, 골육의 친척이었다. 그는 형제들과 골육의 친척들이 복음을 받아들이지 않은 것에 대해 큰 근심을 가졌고, 마음에 그치지 않은 고통을 가졌다.

바울은 더 격한 표현을 본문에서 한다. "내 자신이 저주를 받아 그리스도에게서 끊어질지라도 원하는 바로다"고 말하는 바울은 유대인들이 하나님의 구속 계획의 성취로 예수를 메시아로 인정하지 않음에 대해 비통을 넘어 격분으로 나가 자신을 버리기까지 생각한 것이다. '저주를 받는다'라는 단어는 '하나님의 백성에서 배제되고 정죄의 형을 받은 사람'을 가리킨다(고전 12:3; 16:22; 갈 1:8-7). 바울이 이런 기도를 했다는 것은 읽는 이들로 하여금 혼란스럽게 만들지만 바울은 자신의 구원보다는 형제들이 복음을 받아들이는 것이 더 중요했다.

바울은 로마서 9-11장을 기록한 것은 땅끝까지 선교하기 위해서 그는 형제와 혈육을 품고 가야 함을 선언한 것이다. 그러나 유대인은 선교사인 바울에게 '적'이요 '원수'였다. 바울이 당한 일을 보면 유대인은 결코 형제가 아니었음을 알 수 있다.

> 그들이 그리스도의 일꾼이냐 정신 없는 말을 하거니와 나는 더욱 그러하

도다 내가 수고를 넘치도록 하고 옥에 갇히기도 더 많이 하고 매도 수없이 맞고 여러 번 죽을 뻔하였으니 유대인들에게 사십에서 하나 감한 매를 다섯 번 맞았으며 세 번 태장으로 맞고 한 번 돌로 맞고 세 번 파선하고 일 주야를 깊은 바다에서 지냈으며 여러 번 여행하면서 강의 위험과 강도의 위험과 동족의 위험과 이방인의 위험과 시내의 위험과 광야의 위험과 바다의 위험과 거짓 형제 중의 위험을 당하고 또 수고하며 애쓰고 여러 번 자지 못하고 주리며 목마르고 여러 번 굶고 춥고 헐벗었노라 (고후 11:23-27).

바울은 유대인으로부터 받은 고통과 고난을 사도행전에도 기록하고 있다.

거기 석 달 동안 있다가 배 타고 수리아로 가고자 할 그 때에 유대인들이 자기를 해하려고 공모하므로 마게도냐를 거쳐 돌아가기로 작정하니 (행 20:3).

바울이 3차 전도여행 중 에베소를 거쳐 수리아로 가고자 할 때, 유대인들이 바울을 해치려고 한 것을 볼 수 있다. 바울은 선교지에서 일어난 수많은 어려움과 죽음의 고통을 말하면서 특이하게도 '유대인에게서'라는 말과 '동족'이라는 말을 사용하고 있다.

선교사로서의 수많은 어려움에서 동족으로부터 받은 고통은 잊기 어려운 고통이었기에 강조하며 쓴 것은 아닌가 생각한다. 더욱이 바울은 밀레도에서 에베소 장로들을 청하여 오라 한 후 그들에게 유대인들에게 간계로 말미암아 당한 시험을 참았다고 하였다(행 20:17).

유대인들은 바울과 그 일행이 가는 곳마다 괴롭혔다(행 13:45; 14:2; 17:5; 17:13; 18:12). 또한 사도행전 19:9, 13, 33, 34을 보면 유대인들이 바울을 향해 나타낸 적개심이 얼마나 혹독했는가를 알 수 있다. 심지어 바울은 유대인들이 자신을 성전에서 잡아 죽이려고 한 것까지 알고 있었다.

성경은 "날이 새매 유대인들이 당을 지어 맹세하되 바울을 죽이기 전에는 먹지도 아니하고 마시지도 아니하겠다 하고"라고 말하고 있다. 사도행전 외에 다른 서신서를 보면 그가 살 소망까지 끊어질 정도로 많은 시련을 겪었음을 알 수 있다(고전 15:30-32; 16:6; 고후 1:4-10; 11:23 등). 그렇다면 유대인은 바울의 선교에 있어서 돕는 동역자가 아닌 방해꾼이었고, 심지어 목숨을 위협하는 '적'이요 '원수'였다.

그는 유대인으로부터 39대의 매를 다섯 번이나 맞은 것은 자신의 생명을 내어놓은 것과 같다. 하지만 그는 이런 매를 맞지 않아도 될 로마 시민권을 가지고 있으면서 이렇게 매를 맞은 것은 유대인에게 복음을 전하기 위함이었다(고전 9:18). 바울은 로마의 시민권을 가진 로마 시민권자이다. 동족들로부터 매를 맞을 이유가 없다. 정식재판을 하여 매를 피할 수 있었건만 그가 로마 시민권자임을 포기하고 도리어 매를 선택한 이유는 동족을 향한 복음 때문이었다. 그가 항상 로마 시민권자임을 숨긴 것은 아니었다. 제3차 선교여행을 마친 후 예루살렘을 방문한다. 그가 그곳에서 유대인들에 의해 매를 맞고 죽음에 이르게 되었을 때, 로마의 천부장이 그를 구출한다. 그리고 영내로 들어가 백부장에게 매를 맞고 고문 당하게 되었을 때, 바울은 자신이 로마 시민권자임을 밝힌다(행 22:25). 바울이 로마 시민권자임을 밝힐 때는 대상이 유대인이 아니었다. 유대인들은 바울의 원수와 같은 존재였지만 그들을 향한 복음의 열정으로 '형제'요 '동족'이라 하였다.

(2) 사도 바울의 소명

바울이 유대인을 향해 형제요 동족이라고 하며 그들을 향한 복음의 열정을 가진 이유는 예수님이 그를 부르신 소명에서 나타난다. 사도행전 9:15에는 장차 사울이 복음을 전하여야 할 대상들이 구체적으로 소개되고 있다. 그것은 주께서 이미 사울이라는 자를 택하여서 주의 사역을 할 자로 계획하신 것이다.

사도행전 9:15을 보자.

> 주께서 가라사대 가라 이 사람은 내 이름을 위하여 이방인과 임금들과 이스라엘 자손들 앞에 전하기 위하여 택한 나의 그릇이라(행 9:15).

이 말씀의 배경은 직가라는 거리에 있는 아나니아에게 눈이 먼 사울을 위해 기도하라는 명령 가운데 나타난 대화이다(행 9:10-15). 이 본문에서 예수님은 사도 바울을 택한 이유에 대해 아나니아에게 설명하였는데, 이방인, 임금들, 이스라엘 자손이라는 대상을 위해 선택한 나의 그릇이라고 하였다.

여기서 사도 바울은 이방인에게만 복음을 전하는 자로 부름을 받은 것이 아님을 알 수 있다. 이방인들과 왕들과 이스라엘이다. 그래서 그는 유대 왕 아그립바와 로마 황제 가이사, 유대 총독인 벨릭스와 베스도에게도 복음을 전하였다. 그리고 동족인 유대인에게도 복음을 전하는 것이다(행 22:1-11; 롬 9:3).

바울에게 주어진 이 소명은 아나니아에게만 알고 있었던 것이 아니다. 바울 역시 알고 있었다. 그가 제3차 전도여행을 마치고 예루살렘에서 유대인의 공격을 받고 로마 군인에 의해 가이사랴에 갔을 때, 그는 아그립바 왕을 만나게 된다. 그곳에서 아그립바 왕에게 유대인이 고발하는 모든 일을 그 앞에서 변명하게 되었을 때, 다메섹으로 가는 도중 예수님을 만나고 그가 주신 사명에 대해 이렇게 말하였다.

> 일어나 너의 발로 서라 내가 네게 나타난 것은 곧 네가 나를 본 일과 장차 내가 네게 나타날 일에 너로 종과 증인을 삼으려 함이니 이스라엘과

> 이방인들에게서 내가 너를 구원하여 그들에게 보내어 그 눈을 뜨게 하여 어둠에서 빛으로, 사탄의 권세에서 하나님께로 돌아오게 하고 죄 사함과 나를 믿어 거룩하게 된 무리 가운데서 기업을 얻게 하리라 하더이다 (행 26:16-18).

사도 바울은 이방인의 사도로 부르심을 받았지만, 실상은 동족을 향한 부르심도 함께 받았다는 것을 잊지 않았다. 사도 바울은 죄수의 신분으로 로마에서 연금상태가 되었다(행 28:16). 바울은 연금된 지 사흘 후에 유대인 중 높은 사람들을 청하여 복음을 전하였다(행 28:17). 이것은 사도 바울이 우리에게 주는 동족 사랑의 메시지이다. 그는 어떤 순간에도 동족을 향한 복음 전하기를 멈추지 않았다. 그의 종말론은 결국 이스라엘의 회복이다. 그에게 있어서 새 예루살렘은 다시 회복된 예루살렘으로 보고 있다. 사도 바울의 목회 패러다임을 한마디로 정의한다면 그는 '민족을 품고 세계를 품은 목회'였다.

5. 한국교회 목회자의 정체성

여기서 한국교회의 목회자들에게 묻고 싶은 것이 있다.
여러분들이 목회하는 곳이 어디인가?
미국인가 아니면 한반도인가?
만약 한반도라고 답을 한다면 "왜 하나님은 우리를 한반도에서 목회하게 하셨는가? 에 관한 질문에 답을 해 보시기를 바란다.

한국교회의 목회자는 세 영역에 살고 있다. A 영역은 구원받은 그리스도인으로 사는 영역이다. 그리스도인들은 누구나 선교에 대한 명령을 받았다. 이런 선교명령에 빚지고 살아가고 있다. B 영역은 소명 받은 목회자의 영역이다. 구원받은 그리스도인 중에 목회자로 부르심을 받은 자들이 있다. C 영역은 한반도의 영역으로 지역적 특성이 있다. 그래서 한국교회 목회자는 세 가지 영역에 다 걸쳐있다. AB 영역은 목회의 영역이고, BC의 영역은 목사로서 북한 사역을 하는 이들로 특수사역을 하는 이들의 영역이다. AC는 한반도에 사는 그리스도인을 뜻한다.

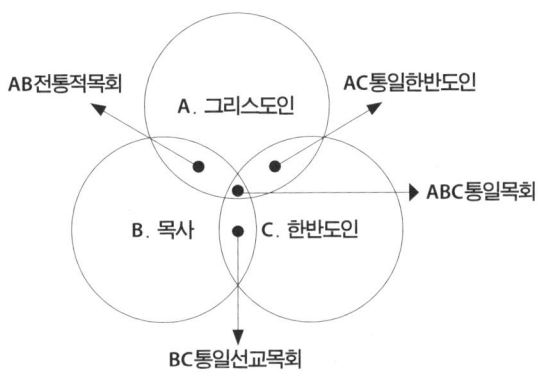

그렇다면 목회자는 그리스도인들과 함께 목회하는 목회자로서 하나의 교회를 이루어 주가 주신 선교의 사명을 다해야 한다. 하지만 한국교회와 한국교회 목회자들은 한반도에 세워진 교회에서 목회하고 있다는 것을 간과하여 한반도에 대한 책임을 미루고 말았다. 한반도에 교회가 세워지기 전에는 우리가 복음을 받기 위해 선교사를 받아들였지만, 지금은 남한에 약 6만 개의 교회가 세워짐으로 우리 스스로 북한에 복음을 전할 수 있게 되었다. 그런데도 한국교회는 동족을 향한 복음전파는 뒤로하고, 땅끝 선교한다. 하나님은 한반도 복음화는 한반도에서 목회하는 우리에게 맡기셨다. 한국교회에 맡겨주신 사명이다. 그러나 우리는 여전히 C 영역에 살면서 AB의 목회만 하고 있다. 이제 한반도를 품고 땅끝까지 목회해야 할 때가 바로 오늘이다.

6. 결론

바울은 이방인의 사도였지만 이방인 선교의 궁극적 목적은 이스라엘의 회복이었다.[24] 그래서 바울은 로마서 11:13-14에서 이방인 전도의 동기를 다음과 같이 말한다.

> 내가 이방인인 너희에게 말하노라 내가 이방인의 사도인 만큼 내 직분을 영광스럽게 여기노니 이는 곧 내 골육을 아무쪼록 시기케 하여 저의 중에서 얼마를 구원하려 함이라(롬 11:13-14).

이방인 선교를 수행해 나가는 바울의 궁극적 목적은 이사야 59:20-21과 이사야 27:9에 있는 하나님의 약속에 따라 '온 이스라엘'이 구원을 얻도록 하는 것이었다.[25] 이런 사도 바울의 소명의식을 바라볼 때 한국교회의 목회 패러다임을 바꾸어야 하는 것에는 분명한 당위성이 있다.

그동안 우리가 해 왔던 목회가 틀렸다는 것이 아니다. 단지 한반도에서 사는 우리가 나의 동족 나의 형제를 위한 복음을 전하지는 않고 땅끝까지 복음을 전하고, 목회했다는 것이다. 한국교회 목회자들의 목회는 북한을 품고 땅끝까지 나가야 한다. 이것이 바로 통일목회이다. 통일목회는 남북의 정치적, 지리적, 법적 통일을 이루려고 하는 것이 아니다.

---

24 김연호, "이스라엘의 회복과 온 이스라엘의 구원," 2018.1.31. 제5회 이스라엘신학포럼: 이스라엘 독립 70주년 기념포럼. 예루살렘 히브리대학교. 67.
25 김연호, "이스라엘의 회복과 온 이스라엘의 구원." .

참고문헌

곽안련. 『한국교회와 네비우스 선교정책』. 박용규, 김춘섭 역. 서울; 기독교서회, 1994.
김상만. "한국교회의 목회 패러다임의 전환." 『목회 정말원하십니까』. 서울: 청미디어, 2017.
김병원. 『목회학』. 서울: 개혁주의신행협회, 2006.
김연호. "이스라엘의 회복과 온 이스라엘의 구원." 2018.1.31. 제5회 이스라엘신학포럼: 이스 라엘 독립 70주년 기념포럼. 예루살렘 히브리대학교.
더글러스 무. 『NIV적용주석 시리즈-로마서』. 채천석 역. 서울: 도서출판 솔로몬, 2011.
렌달 C. 글리슨. "칼빈의 죄 죽임교리." 김남준 역. 강의안.
백충현. 『삼위일체적 평화통일 신학의 모색』. 서울: 나눔사, 2012.
송원근, 정종기, 김광묵, 김상만. 『목회 정말원하십니까?』. 서울: 청미디어, 2017.
송인규. 『분별력2』. 서울: 부흥과 개혁사, 2014.
신민범. "통일목회가 답이다." 한선통일목회연구소. 「통큰 목회, 통일목회」. 2018 통일목회 전국 세미나 자료집.
유형심. 『목회심리학』. 서울:한국기독교문화연구소, 1981.
이주영. 『현대목회학』 서울: 성광문화사, 2003.
정종기. 『통일목회를 위한 디딤돌』. 서울: 청미디어, 2016.
조용중. "KWMA가 바라 본 한국선교의 과거 현재 미래." 「한국선교 KMQ」 계간 vol17. 2017 겨울호
존 칼빈. 『신약성경주석7: 로마서 빌립보서』. 칼빈성경주석출판위원회. 서울: 신교출판사, 1978.
크레익 오트 외 4인. 『선교신학』. 홍용표 외 9명 역. 경기: 도서출판 존스북, 2012.
토마스 C 오덴. 『목회신학』. 이기춘 역. 서울: 한국신학연구소, 1986.
피터 와그너. 『교회성장원리』. 권달진 역. 서울: 생명의 말씀사, 1990.
『옥스퍼드 원어성경대전 갈라디아서, 에베소서』. 서울: 제자원, 2004.
『옥스퍼드 원어성경대전 사도행전 제8-14장』. 서울: 제자원, 2005.

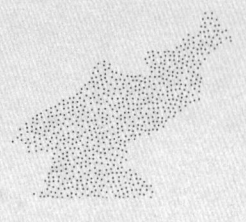

제2부

역사적 이해

북한선교는 1974년 씨앗선교회에서부터 시작된다. 그 이전에는 북방선교라는 이름으로 공산권 선교를 하였지만, 북한만을 대상으로 선교가 행해진 것은 없었다. 씨앗선교회가 북한선교라는 이름을 사용하기 전에는 북한선교라는 단어를 사용하기가 버거운 시대였다. 반공이라는 이데올로기 속에서 냉전의 정치 상황은 북한을 용서하고 선교하기에 앞서 타도의 대상이 되었기 때문이다.

여러 번의 정치적 변화에 따라 북한선교도 변화되어 갔지만 1993년에 들어와서 한국기독교총연맹이 NCCK와 손을 잡고 북한선교를 시작한 데서 북한선교는 전환기를 맞이하였다. 이 시기는 김일성의 사망과 고난의 행군과 맞물린다. 가난과 굶주림의 북한을 반공의 이데올로기로 보지 않고, 구제와 선교의 대상으로 보고, 적극적으로 북한선교의 장을 열어갔다.

특히 북한선교의 장을 열어가는 데 있어서 큰 역할을 한 것은 '북한교회 재건운동'이다. 물론 '재건'이라는 단어가 북한을 자극하고, 남한의 진보를 불편하게 만들었지만, 북한교회 재건운동으로 한국교회는 북한에 대한 관심을 많이 가지게 된 것은 사실이다. 그 이후 남한의 진보정권을 맞이하여 북한에 다녀온 사람들이 약 5십만 명을 넘어섰고, 우후죽순 북한선교단체들이 세워졌다. 이러한 북한선교는 짧은 역사를 가졌지만, 한국교회에 주신 사명을 다하기 위해 애쓰는 자들이 많이 있다는 것에 감사할 따름이다.

한국교회는 북한 지역을 복음화하여 땅끝까지 선교하러 10만의 선교사를 파송할 사명을 가졌다. 지금 한국교회의 역량으로 이 정도의 선교사 파송은 어렵지만, 한반도가 통일되어 10만 선교사를 파송할 수 있도록 만들어나가야 하는 사명이 한국교회에 있다. 그러기 위해서는 한국교회는 통일목회를 열어나가야 한다.

제4장 북한선교 역사이해

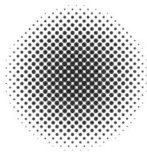

1. 들어가면서

한반도의 미래는 불투명하다. 러시아와 미국은 새로운 핵확산을 예고하고 있고, 미국은 트럼프 시대에 북한에 대한 전략을 수정하고 있다. 이런 한반도의 불확실성의 시대에 미국 조지타운대학교 빅터 차 교수는 "트럼프 시대에 나타날 북한의 다섯 가지의 시나리오"[1]에 대해 말하고 있다.

첫째, 긍정적으로 북한은 핵무기 프로그램을 다룰 협상테이블로 진지하게 나올 가능성이 있다.

둘째, 애매한(ambiguous) 것인데, 북한이 외교에 복귀하겠다고 하지만, 핵을 제외시키는 경우이다.

셋째, 부정적으로, 북한이 핵 능력 제고를 위한 노력을 배가시킬 것이다.

넷째, 불안정(instability)으로, 내부 불안정이 초래되는 경우이다. 실제로 고위급 인사들이 줄줄이 탈북하는 경우가 이에 해당 된다.

다섯째, 현상유지이다. 북한은 실제로 어느 방향으로 나갈지는 아무도 알 수 없다. 그러나 한국교회는 불확실한 한반도의 미래 때문에 북한선교를 멈추어서는 안 된다. 한국교회는 북한의 문이 열리지 않더라도 여전히

---

[1] 빅터 차, "트럼프 시대와 다섯 가지 북한 시나리오," 「중앙일보」 (2016. 12. 24), 29면.

일하시는 하나님의 도구로 그 역할을 다해야 한다.

한국교회의 북한선교는 공산권 선교에서 출발하여 김창인 목사의 씨앗선교회가 발족되고, 1995년 북한의 고난의 행군으로 말미암아 진보와 보수가 하나 된 북한교회 재건운동과 북한 돕기 NGO가 우후죽순 생겨나 현재에 이르게 되었다. 나아가 현재 탈북민 3만 명 시대를 맞이하여 한국교회는 그 동안 해오던 북한선교가 방향을 재정리해야 하는 시점을 맞이하게 되었다.

2. 한국교회 북한선교의 과거

1) 통일운동사

시기를 구분할 때는 그때마다 일어난 특별한 사건이 중심이 된다. 황홍렬 교수는 진보의 통일운동의 역사를 "1970년대와 80년대의 기독교는 인권운동과 민중선교를 통해 민주화 운동에 기여하였고, 1980년대는 기독교가 세계교회협의회와 연대하여 북조선교회와 직간접으로 만나고 1988년에는 '민족의 통일과 평화에 대한 한국기독교회선언' 등을 통해 평화통일운동에 기여하고, 1995년에는 희년으로 선포하여 희년운동을 벌였다"라고 정리하였다.[2]

이만열 교수는 1960-70년대 인권, 민주화 운동에 앞장서고, 80년 이후 통일운동에 앞장선 것이 한국기독교라고 정리한 후 2000년대의 한국기독교의 과제가 한반도에 평화와 통일을 가져오는 일이라고 한다.[3]

---

2   황홍렬, "북한선교/평화통일운동 접근 방식에 대하여," 평화와통일신학연구소편, 『평화와 통일신학 I』(서울: 한들출판사, 2002), 15.
3   이만열, "21C 한국기독교 과제 '평화와 통일,'" http://blog.naver.com/ (2016.5.14).

진보는 1972년 7.4공동성명과 1988년의 8.8선언, 1992년의 남북기본합의서를 중요한 포인트로 여긴다. 진보에 8.8선언이 있다면 보수는 1993년도에 남북나눔운동을 시작하고, 1994년에 한국기독인통일선언을 선포하였다. 이어서 당해에 '통일 및 북한선교를 위한 결의문인 9.4 결의문과 1996년 12월 17일에 한국교회의 통일정책선언(9.6선언)을 하였다.

보수의 통일운동과 북한선교는 북한 고난의 행군이 기점이 된다. 북한은 1994년 김일성 사후, 연이은 대홍수와 기근으로 인해 대량 탈북이 일어나고, 약 3백만 명의 아사자가 생겨난다. 한국교회의 '북한동포돕기운동'이 일어남에 따라 진보의 역할은 줄어들고 보수의 역할이 상대적으로 커졌다.

한기총은 통일에 앞서 평화정착과 평화공존의 문제를 고민하였다. 이때 보수와 진보는 북한선교와 통일운동의 수렴과 연합의 경향을 보였다. 보수는 95년 이후 조선기독교연맹을 대화의 상대로 인정하기 시작했고, 진보도 다양한 방식으로 북한선교에 동참하게 된다. 진보와 보수 모두 통일신학의 틀이 변화되는데 그 배경은 냉전 종식, 중국과 러시아 개방, 독일통일 등이 있다. 현재, 진보와 보수는 인권에 같은 목소리를 내고 있다.

특이한 사항은 2005년 이전과 이후의 석박사 학위논문 주제의 변화이다. 고신대 임창호 교수를 중심으로 2006년-2013년까지의 국내 신학대와 일반대학 119곳에서 발표된 3,828편을 조사한 것으로 연구주제로 '해방'이 2005년 전 33편에서 3편으로, '민중'은 21편에서 5편으로, '통일'은 38편에서 20편으로, '평화'는 66편에서 23편으로 한반도의 통일과 관련된 주제가 대폭 줄어들었다.[4] 이러한 현상은 북한에 대한 비밀스러움이 벗겨지고, 북한에 대한 연민이 커지며, 통일에 대한 당위성이 약화 되었기

---

[4] "최근 8년간 기독교교육 연구 논문 주제 살펴보니… '통일·민중' 줄고 '교육·복지·다문화'는 급증," http://knowledgepen.com/ (2016.5.14).

때문이다.

2000년 – 2018년, 이 시기는 세 갈래의 선교가 북한을 향해 이루어지고 있다. 남북정상회담 이후 눈에 띄는 현상은 선교를 목적으로 한 NGO 단체의 활동이다. 물론 NGO만 북한선교를 하는 것은 아니다. 교회와 교단, 그리고 선교단체와 NGO가 이 일에 매달리고 있다. 2000년은 북한선교에 있어서 매우 중요한 시기이다. 남북정상회담과 6.15공동선언이 있었기 때문이다. 김대중 대통령의 북한 방문은 남한 기독교인들의 시각을 변화시킨 것보다 북한의 주민들에게 더 큰 영향을 끼쳤다.

남한이 북한을 이해하는 것보다 북한이 남한을 이해하는 폭이 더 컸기 때문이다. 그리고 남한의 종교단체가 행하는 것에 대해서 고무적으로 이해하며 수용하는 편이 됐다. 물론 체제에 손상이 가지 않는 범위 안으로 한정된다. 이 시기는 수렴과 연합의 시기라고 김병로 박사는 말한다. 이 시기는 각 진영의 신학적인 차이점보다는 공통점을 모색하며 협력을 추구한다. 진보진영는 보수진영과의 협력의 필요성을 절감하고 보수진영은 진보진영의 북한 정부와의 공식적인 선교전략들을 수용하였으며, 진보진영은 보수진영의 경제력을 활용했다.

2000년부터 한기총과 KNCC가 남북정상회담의 성공기원기도회 공동 개최 및 6.15공동선언 기념예배를 진행한다. 보수적인 교단에서도 북한교회와 북한 정권을 실질적인 대화 상대자로 인정하는 시기이다.

이 시기에 일어나는 남북 기독교 교류에는 세 가지 흐름이 있다.

첫째, 통일운동 차원에서 남북 기독교가 만나고 교류하는 것이다.
둘째, 선교사업에 중점을 두면서 기독교 교류를 전제하는 것이다.
셋째, 대북지원을 매개로 북한기독교와 교류하는 것이다.[5]

---

5   "최근 8년간 기독교교육 연구 논문 주제 살펴보니… '통일·민중' 줄고 '교육·복지·다문화'는 급증," http://knowledgepen.com/ (2016.5.14).

기독교통일운동은 조선그그리스도련맹과 교류를 추진해온 한국기독교 교회협의회가 주도하고 있다고 볼 수 있다. 그다음에 선교활동 위주의 기독교 교류는 남한의 여러 보수 교회와 교단이 추진하고 있는데 한기총의 활동이 대표적이라 할 수 있다. 대북지원을 통한 남북 기독교 교류는 대부분 교회가 직접 나서기보다는 기독교 대북지원 단체를 통한 참여형식으로 이루어지고 있다. 남북나눔운동, 기독교북한동포후원연합회. 한민족복지재단. 한국대학생선교회, 우리민족서로돕기운동. 유진벨재단. 굿네이버스. 월드비전. 국제기아대책기구. 국제옥수수재단 등이다. 최근에는 각 교단이 독립적인 단위로 대북지원에 참여함으로 대북지원을 통한 남북 기독교 교류의 범위가 확대되고 있다.[6]

2) 북한선교사

한국교회의 북한선교 역사는 대개 1974년으로 거슬러 올라 간다. 1974년에 김창인 목사가 시작한 '씨앗선교회'[7]가 세워졌기 때문이다. 그 이전에 북한선교가 없었던 것은 아니다. 가끔 북한선교에 대한 주장이 나타났으나, 이 시기는 북한선교라는 말보다는 '북방선교' 또는 '공산권 선교'라는 말로 대신했다.

1974년 이전은 보통 북한선교의 '반공의 시기'로 분류한다. 1945년 이후 남북으로 나뉘어졌고, 자유민주주의권과 공산권으로 나뉘어 서로 다른 길을 걸어 갔다. 특히 1950년 한국전쟁으로 인해 남과 북은 서로 '적'이

---

[6] 김병로 교수의 2004년 강의안.
[7] 1974년 한국교회의 사명을 북한선교에 두고 최초의 북한선교단체인 씨앗선교회를 창립하여 초교파적인 활동을 시작하였다. 1대 이사장인 김창인 목사는 세계한인교회의 사명으로 삼자고 주장하였으며, 1978년에는 아세아방송으로 복음을 북한에 보내게 된다. 1984년에는 길자연 목사가 새로운 이사장이 되므로 '씨앗선교회'는 '기독교북한선교회'로 개명하고 지금까지 북한사역의 중심이 되고 있다.

라 하여, 죽여야하는 원수로 대했기에 '선교'를 생각하기 어려웠다. 오성훈 박사(포앤북스 대표)는 통일에 관하여 다섯 시기로 구분한다.

① 반공의 시기(1945-1972년)
② 분열(보수와 진보의)의 시기(1972-1988년)
③ 도약의 시기(1988-2000년)
④ 수렴의 시기(2000-2007년)
⑤ 연합의 시기(2007-현재)[8]

정성한 박사 역시 통일운동사를 다섯 시대로 구분하였다.

① 분단 형성기(해방에서 한국전쟁)
② 분단 고착기(한국전쟁에서 4월 혁명)
③ 분단의 확대 재생산기(4월 혁명에서 유신 말기)
④ 통일운동 형성기(5공화국에서 6공화국 전기)
⑤ 통일운동 확산기(1990년대)

정성한 박사의 시기가 2000년 이전으로 제한된 것은 2003년에 책이 출판되었기 때문이다. 오성훈 박사의 시기 구분의 배경은 정부의 통일정책을 중심으로 하였고, 정성한 박사는 시대로 구분하여 통일운동사를 다루었다.
필자는 한국기독교의 통일에 관한 성명서를 중심으로 세 시기로 나누었다.

---

8   유관지, "쥬빌리 통일 구국기도회의 역사적 의미와 전망," 9.

① 진보가 중심되는 시기(1945-1988년)
② 보수가 나타나는 시기(1989-1996년)
③ 통합의 시기(1997-현재)

이렇게 나누는 것은 진보의 88 선언과 보수의 96 선언이 북한선교의 핵심이 되었기 때문이다.

특히 통합 시기의 중심에는 북한 고난의 행군 기간이 맞물린다. 북한 고난의 행군 시기에는 아사자가 약 3백만 명이 생겼고, 나아가 대량 탈북 사태가 일어난 시기이다. 이때를 놓치지 않고 수많은 선교사가 북·중 접경 지역으로 들어가서 탈북자 사역과 더불어 북한 내지 사역을 하게 되었다. 이 시기에 주목해야 할 것은 한국교회가 진보와 보수를 아우러서 함께 북한선교를 하게 되었다.

3. 한국교회 북한선교의 현재

현재 북한선교 현황을 간략하게 소개한다. 크게 둘로 나누어 볼 수 있는데 '정부'와 '민간'이다. 정부는 간략하게 소개하고 민간 중심 기독교 단체와 NGO 중심으로 현황을 파악한다.

1) 정부

현재 국가는 대북지원[9]을 직접 할 수 없다. 5.24조치와 더불어 UN 대

---

9 인도적 대북지원은 당국 차원에서 직접 지원하거나 정부가 직접 나서지 못하고 비정부기구인 민간단체 및 국제기구를 통해 간접 지원하는 방식으로 추진되고 있다.

북제재안이 발효 중이기 때문이다. 국가가 주도하는 대북지원은 다음과 같다.

① 남북교류협력(인도적 지원)
② 개성공단(지금은 중단상태)
③ 남북회담
④ 통일교육
⑤ 북한 이탈주민 정책
⑥ 남북협력기금
⑦ 북한연구(통일연구원)

2) 민간

민간은 크게 NGO와 종교로 구분한다.

(1) NGO

NGO는 세 가지 형태가 있다.

① 남한 자생적인 단체
② 외국과 연합한 단체
③ 외국에서 들어 온 단체

NGO의 자본은 두 가지로 이루어지는데, 하나는 후원금 모집이고, 다른 하나는 국가의 지원이다. 국가 지원에 있어서 통일부에서 "민간단체를 통한 남북협력기금 지원 사업으로 2014년 온실·낙농·진료소 분야 공모사업에 이어, 2015년에는 장애인 분야, 산림·환경 분야 공모사업을 추진

하였다. 그리고 민간단체 자체 재원을 통해서도, 영양식, 의약품, 농자재, 묘목 등 114억 원 상당의 지원물자를 반출하였다"고 하였다.[10]

대북 관련 NGO가 정확히 몇 개인지 알 수 없다. 단지 추측해 보는 것은 2016년 통일박람회 때 참여한 단체 수가 약 1,000개라고 하니, 최소한 천 개의 단체는 있을 것이라 여겨진다. 물론 여기서 천 개는 다 NGO는 아닐 것이다. 통일부에 가입된 NGO는(대북지원민간단체협의회 : 북민협) 104개이다. 그 중 기독교 단체가 약 70%에 달한다. 104개 단체에서 의장 단체가 '초록우산'이고 부의장 단체가 '국제푸른나무'이다. 대북 NGO는 크게 4가지 성격으로 구분된다.

첫째, 박애정신에 바탕을 두고 북한의 굶주림과 질병 해소를 돕는 대북 지원 단체,

둘째, 북한의 인권실태를 조사·발표하여 국제사회에 알리고 북한 정권을 압박하는 북한인권 단체,

셋째, 남한 사회의 통일 평화운동과 통일교육에 초점을 맞춘 통일운동 단체,

넷째, 남한에 입국한 탈북민들의 정착을 돕는 단체이다.

한국교회와 전 세계 기독교계는 대북 NGO의 네 분야 모두에서 초창기부터 주도적인 역할을 감당해 왔다. 이 중 대북지원사업은 NGO의 역할이 가장 중시되는 영역이며, 기독교계의 활동이 가장 발달한 영역이다.

특히 개교회 차원에서도 NGO를 만들어 지원 사역에 전문성을 기하는 분위기가 형성되고 있다. 최근 온누리교회는 NGO '더멋진 세상'을 설립했고, 사랑의교회도 '사랑광주리'를 세웠다. 여의도순복음교회의 '굿피플'은 기아대책과 함께 사역했다가 지금은 거의 탈퇴하다시피 한 상태이다. 김병로 박사는 국내에서 활동하는 NGO를 활동 중심으로 NGO 단체를

---

[10] "개관" http://www.unikorea.go.kr/content.do?cmsid=1433 (2016.6.20).

대북지원 NGO, 탈북자 NGO, 북한인권 NGO, 통일 운동 NGO로 구분하였다.[11]

첫째, 대북지원 NGO로는 (사)위드, 국제옥수수재단, 굿네이버스, 굿피플, 남북나눔재단, 남북함께살기운동, 민족화해협력범국민협의회, 어린이의약품지원본부, 월드비전, 유진벨재단, 한국기아대책기구, 한코리아, CCC북한젖염소보내기운동, 조용기심장병원, 동북아교육문화협력재단, 남북어린이어깨동무, 이웃사랑회, 평화의숲, 한국JTS, 한민족복지재단, 한마음한몸운동본부, 새마을운동중앙회, 강원도 라이온스클럽, 대한결핵협회, 기독교북한선교회, 민족통일선교협회, 대한예수교장로회남북한통일선교위원회, 남북민간교류협의회, 한국이웃사랑회, 남북제주도민운동본부, 좋은벗들, 국제기아대책기구, 나눔인터내셔날, 대한의사협회, 등대복지회, 샘의료복지재단, 원불교(은혜심기운동본부), 유니세프한국위원회, 작은이를 생각하는사람들, 지구촌공생회, 천주교주교회의 민족화해위원회, 평화와통일을여는사람들, 국제푸른나무가 있다.

둘째, 탈북자 대상 NGO로는 남북하나재단, 새터님자립후원회, 자유시민대학, 탈북여성인권연대, 탈북청년크리스천연합, 한국기독교탈북민정착지원협의회, 갈렙선교회, 기독교 사회책임, 기독교탈북민연합, 두리하나선교회, 북한구원운동, 탈북동포회, 탈북난민구원한국교회연합, 탈북자강제북송저지국민연합, 북한인권센터, 북한정의연대, 예사랑선교회. 모퉁이돌선교회, 탈북민취업지원센터가 있다.

셋째, 북한인권 NGO[12]로는 (사)북한민주화네트워크, (사)북한민주화위원회, 북한인권시민연합, 북한정의연대, 북한인권정보센터, 두리하나선교회가 있다.

---

[11] 윤은주, 『한국교회와 북한인권운동』 (서울: CLC, 2015), 17-18.
[12] 윤은주 박사는 탈북민들을 대상으로 선교하는 단체들을 북한인권운동으로 규정하였다. 윤은주, 『한국교회와 북한인권운동』 (서울: CLC, 2015), 26.

넷째, 통일운동 NGO로는 우리민족서로돕기, 남북통일운동국민연합, 가톨릭평화지기, 민족통일복음화운동본부, 평화와통일을여는사람들, 한민족세계선교원, 한국불교자유총연맹, 대한기독교자유연맹, 동학민족통일회, 민족에스라운동협의회, 평화통일을위한시민연대, 한반도평화를 위한 시민네트워크, 평화를 만드는 여성회, 민족사회운동연합, 우리민족끼리 통일의 문을 여는 통일촌, 흥사단민족통일운동본부, 민족화해범국민협의회, 21세기통일봉사단, 국민정신중흥회, 대한민국팔각회, 민주통일촉진회, 세계평화청년연합, 통일건국민족회, 평화문제연구소, 평화와통일을위한복지기금재단, 경실련통일협회, 미래전략연구원이 있다.

(2) 종교

종교 부분의 대북지원은 기독교, 불교, 천주교와 이단과 유사종교가 대북지원을 하지만 여기서는 기독교만 다룬다.

① 기독교연합단체

1990년대 통일운동의 한 축은 한국기독교총연합회(이하 한기총)의 '남북나눔운동'이다. 한기총은 북한교회재건위원회, 남북교회협력위원회, 통일정책위원회, 북한동포돕기위원회의 조직을 가지고 적극적으로 통일을 위해 움직이기 시작한다.

NCCK의 북한선교 시작은 민주화 운동으로부터 시작하여 인권운동을 거쳐 통일운동까지 연결된다. 북한선교를 위해 인도적 지원을 시작한 것은 북한조선기독교도연맹대표인 강영섭 목사가 1996년 2월 마카오에서 열린 국제기독교협의회에서 한국교회에 공식적인 지원을 요청한 때부터 이다. 이런 상황에서 1996년 NCCK는 한기총, 복음주의협의회 등 개신교 9개 단체와 함께 대북지원창구 다원화 및 쌀 지원 촉구를 하기 시작했고, 시민단체와 종교단체가 연대하는 우리민족서로돕기운동 결성에 참여한다.

북한동포돕기 사랑의 쌀과 의약품 보내기 운동을 발족하고 남북교회 간 직접 교류가 제한적인 상황에서 국제개신교조직을 통해 북한교회와 직접 접촉하고 한국교회 전체 차원에서 대북지원이 가능하도록 촉매 역할을 했다.[13]

② 교단

예장고신은 2001년에 공산권선교위원회를 북한선교위원회로 바꾸고 빵공장 지원, 하늘꿈학교 운영, 중국거주 탈북자 선교, 북한교회 재건운동에 참여하는 선교를 하였다. 총회 산하에 '통일한국대비위원회'가 있다. 주로 세미나와 드림학교 방문 및 지원사역을 한다.

예장통합은 남북한선교통일위원회를 상임으로 총회산하에 두고, NCCK와 협력하여 물자지원과 온실(2002), 평양신학원(2003), 제이기도처소(2004), 봉수교회 재건축(2005) 등을 통하여 조선그리스도교연맹과 관계를 가지고 북한선교를 하였다.[14]

기독교대한성결교는 북한동포돕기와 교회재건운동으로 나눈다. 기성은 북한선교정책이 다른 교단과 달리 전략적이고 구체적이다. 예를 들면 북한교회재건사역을 3단계로 나누어 교단차원에서 탈북자지원, 개성공단 신우회 활동, 귀순자 선교를 하고 있다.

기장은 북한선교전략을 통일로 규정하고, 민족공동체적 삶의 회복을 목표로 한다. 세부적인 전략으로 북한교회와의 직접 교류[15] 및 지원, 반통일적인 제도와 법률의 개폐, 남북한교회의 만남과 협력, 정부의 불가침협

---

13 윤은주, 『한국교회와 북한인권운동』, 149.
14 김동선, "남한교회 주요교단의 평화통일," 한국기독교통일포럼 『통일한국포럼』 (서울: 바울, 2016), 143.
15 북한교회와 직접교류는 조선그리스도연맹과 직접 교류와 선교를 한다는 의미이다. 그러나 유석렬 박사는 이 선교방법이 잘못되었다고 판단한다(유석렬, 『김정일정권 와해와 북한선교』 [서울:문광서원, 2011], 291.)

정과 평화협정체결, 핵무기 철폐 등이다.[16]

2000년 6월 남북정상회담 이후 교단은 '평화공동체운동본부'를 발족시켜 평화배우기, 북녘동포 돕기, 평화의 씨앗심기, 평화네트워크 만들기 등의 프로그램을 통하여 평화통일운동을 세계교회 차원으로부터 지역교회 차원까지 확대하였다.[17]

기독교대한감리회는 1992년 대북선교를 서부연회를 중심으로 하다가 1994년에 교단 중심으로 바꾼다. 그리고 2004년 대북사업의 중요성을 깨닫고 크게 확대한다. 북한교회재건과 평양신학원 운영자금 지원과 밀가루, 담요, 연탄, 문구류 등을 지원하였다.[18] 북한회복감리교연합에서는 '북한바로알기 세미나'와 '통일선교학당'을 개설하여 운영하고 있다.

예장합동은 '총회북한교회재건위원회 정책과 사업'이란 글을 통해 8가지를 제시한다.

첫째, 총회 창구를 일원화한다.

둘째, 총회사업과 한국기독교총연합회를 통한 연합사업을 조화롭게 한다.

셋째, 통일 후 옛 북한교회를 재건하기 위해 북한에 지하교회를 육성한다.

넷째, 북한에 인도적인 차원의 도움을 준다.

다섯째, 북한선교를 위해 필요한 일꾼을 양성한다.

여섯째, 탈북자와 귀순자를 통해 북한선교와 평화통일 역량을 강화한다.

---

[16] 김동선, "한국교회 개신교단 및 기관의 북한선교 정책 비교: 조선그리스도 연맹과의 관계를 중심으로," 『한국교회북한선교정책』(서울: 한민족과 선교, 2002), 20.
[17] 김동선, "남한교회 주요교단의 평화통일," 한국기독교통일포럼 『통일한국포럼』(서울: 바울, 2016) 141.
[18] 김동선, "남한교회 주요교단의 평화통일," 147.

일곱째, 북한선교사 양성을 위해 중국 내 지하교회를 운영한다.

여덟째, 북한선교대학 등 모든 교회가 참여할 수 있는 교육 프로그램을 만들어 운영한다.[19]

합동은 1990년대에 들어와서 본격적으로 참여한다. 빵공장건립(2002), 물품지원과 장대현교회 재건운동에 참여하였다.[20]

③ 단체

단체로는 선교를 중심으로 하는 탈북자대안학교(새일아카데미, 셋넷학교, 여명학교, 우리들학교, 자유터학교, 하늘꿈학교, 한겨레중고등학교, 한꿈학교, 드림학교, 아힘나평화학교, 장대현학교, 반석학교. 다음학교, 해솔직업사관학교)와 탈북자 대상선교하는 단체(평화나눔재단, 기독교북한선교회, 예랑선교회, 두리하나선교회, 통일소망선교회, 오픈도어, 손과마음선교회)가 있다.

주로 복음전파와 북한교회 재건, 지하교회 육성하는 단체로는 모퉁이돌, 두리하나선교회, TWR, 극동방송, 통일소망선교회, 북한교회세우기연합, 순교자의 소리(구 서울유에스에이선교회), 통일코리아협동조합(유코리아뉴스, 통일코리아), 기독교와 통일, Jesus Army. 어펜스(AFENCE)가 있고, 연구와 교육 중심으로 하는 곳은 한국기독교통일포럼[21]이 2003년에 창립되고, 기독교통일학회[22]가 2006년에 세워지고, 2007년에는 한반도평화연구원(KPI)설립, 2013년에는 통일코리아협동조합,[23] 2014년 4월 조직된 통

---

19 "총회북한교회재건위원회 정책과 사업," 106-107.
20 김동선, "남한교회 주요교단의 평화통일," 150.
21 상임대표 유관지 목사.
22 대표 오일환 교수.
23 코리아협동조합은 통일선교운동 단체로 2013년 11월 창립, 통일 문제 전문지 「통일코리아」(계간)를 이미 세 차례 간행하였다. 통일코리아협동조합은 인터넷 신문(유코리아뉴스)과 계간 잡지, 콘서트, 통일마을 조성 등의 사업을 통해 통일운동의 저변 확산과 영역별, 지역별 통일 준비를 사업으로 계획하고 있다.

일선교아카데미,[24] 2016년에 한선통일목회연구소[25]와 기독교통일전략연구센터[26]가 세워졌다.

기독교북한선교회, 평화와 통일을 위한 기독인연대, 북한교회연구원, 예수전도단 북한선교연구원, 평화나눔재단, CCC 통일연구소, 평화한국, 북한사역목회자협의회. 1998년에 ACTS에 북한선교학과를 대학원 과정으로 개설하여 수업하고 있으며, 2015년에는 숭실대에서 기독교통일지도자훈련센터를 개설하여 운영하고 있다.

북한선교학교가 근래에 와서 여기저기서 생겼다. 2016년에 '통일과 꿈 학교'가 탄생했다. 매주 화요일 저녁 7시 15분에 생명나래교회(하광민 목사)에서 열린다. 가장 크고 확대된 것은 '통일선교아카데미'이다. 이것은 조기연 교수가 한국기독교총연합에서 북한담당 국장으로 있을 때 하던 북한선교학교를 한국의 대형교회 12 교회를 중심으로 하여 세운 학교이다.

전국 네트워크 망을 가지고 북한선교학교를 운영하는 곳은 '통일소망선교회(이빌립 선교사)의 북한선교학교'이다. 평화나눔재단은 간헐적으로 강원도를 중심으로 선교학교를 하고 있고, 조요셉 목사의 '북한선교전략학교,' 한국오픈도어선교회의 '북한선교학교,' 모퉁이돌선교회의 '북한선교학교,' 에스더기도운동의 '북한선교학교,' 영락교회의 '북한선교학교,' 우리교회의 '북한선교학교,' 예수전도단의 '북한선교전략학교,' '북한섬김학교,' 광주의 'NK비전센터,' 사단법인 위드의 '북한사명학교,' 창원에 있는 사단법인 하나의 코리아의 '북한섬김학교,' 서울영동교회의 '상록수학교'가 있다.

구제와 동원 중심의 단체는 북한장마당지원단체, 기독북한인연합, 열

---

[24] 통일선교아카데미는 통일선교 전문사역자 양성과 통일선교전략 연구 등을 구체적 실천 사업으로 정하고 있다. 아카데미의 교과 과정은 1년 2학기제로, 학기별 2과목 12주 코스다.
[25] 연구소장 송원근 박사.
[26] 센터장 하광민 박사.

방빛선교회, DAWN MISSION, NIM북한내륙선교회, 기독교북한선교회, 두리하나선교회, 북한귀순자선교회, 평화나눔재단, 마중물선교회, 사이좋게, 부흥한국 고형원 대표의 하나의 코리아, 포타미션(From OneKorea To All Nations), 하이업(HI-UP) 등[27]이 있다.

기도운동은 크게 두 가지 형태를 가지고 있다.

첫째, 기도잡지로 기도운동을 일으키는 것으로 「PN4N」과 세이레평화기도가 있다.

2001년 4월에 시작된「PN4N」 기도잡지가 월간 정기간행물 형태로 매일 민족을 가슴에 품고 중보할 수 있도록 기도정보를 제공해 왔다가 지금은 온라인 형태의 주간 「민족중보기도편지」를 발행한 지 2년이 되었다. 월간지의 특성상 급변하는 현재 상황을 담아낼 수 없는 한계가 있어서 월간지에서 온라인의 기도편지로 변화를 주었다. 세이레평화기도는 평화한국에서 주관하는 것으로 일 년에 21일간 기도운동을 하고 있다.

둘째, 기도회이다.

쥬빌리구국기도회, 에스더구국기도회, 한국교회평화통일기도회, 원코리아연합기도회가 있다. 2004년에 들어와서 통일기도운동이 일어나기 시작하는데, 이때 부흥한국과 사랑의교회 대학부가 연합하여 민족과 통일을 위한 '부흥을 위한 연합기도운동'을 시작한다.

이 기도운동은 2008년에 '쥬빌리연합기도운동'으로 명칭을 변경하고 이어 2011년 3월에 '쥬빌리통일구국기도회'라 이름하여 지금까지 내려오고 있다.[28] 2007년에는 에스더구국기도회가 세워져 에스더기도운동이 일어나 전국 주요 역광장에서 기도회를 이끌고 있다. 2013년에는 한국교회연합 기도운동이 일어난다.

---

[27] 2,30대 청년 그리스도인들을 통일과 여랑선교를 위해 헌신자를 세우는 선교단체로 김영식 목사가 대표로 있다.
[28] 유관지, "쥬빌리 통일구국기도회의 역사적 의미와 전망," 18.

"한국교회평화통일기도회"라는 이름으로 내건 연합기도회는 매주 월요일 명성교회에서 기도 모임을 가지고 있으며, 한국교회가 하나 되어 지속으로 연합하여 통일을 위한 기도운동을 전개하고, 통일 시대를 향한 다양한 문화운동을 추진하는 단체로 성장해 나가고 있다.[29] 2015년에는 원코리아연합기도회[30]가 생겨 첫 해는 할렐루야교회에서 기도회를 갖고 다음 해는 한국중앙교회에서 가졌다. 그리고 통일광장기도회, 나오미네집, New Korea Builders, New Wine Skin, 불씨선교회가 있다.

세미나, 수련회, 일꾼을 양성하는 곳은 쥬빌리구국기도회에서 쥬빌리 청소년 여름캠프, 북한선교학교(오픈도어선교회), 북한선교전략학교, 통일선교아카데미, 리더십코리아 한국리더십학교, 예수원 삼수령센터, 북한교회세우기연합, 북한선교전문대학원이 있고, 탈북자 사역을 하는 단체들은 주로 구출, 교육, 돌봄 사역을 한다.

북한기독교총연합회, 통일소망선교회, 굿피플 자유시민대학, 미래나눔재단, 사랑나루, 열매나눔재단, 우리탈북민정착기구, 한국기독교탈북민정착지원협의회, 한민족가족치유연구소, 두리하나선교회, 여명학교, 하늘꿈학교, 한꿈학교, 통일소망선교회, 열방빛선교회[31]등이 있다. 연맹과 협의회는 북한사역목회자협의회(이하 북사목)[32]와 북한기독교총연맹(이하 북기총)이 있다.

북사목은 복음적 평화통일을 지향하며, 한국교회 북한선교의 방향을 제시하고 지역교회와 선교단체를 연결하며 선교자원을 동원하여 효과적인

---

29 한국교회평화통일기도회, http://prayermeeting.co.kr/ (2016.5.14).
30 원코리아연합기도회는 모퉁이돌선교회, 북한기독교총연합회, 북한사역목회자협의회, 에스더기도운동, 쥬빌리통일구국기도회, ANI선교회와 남서울교회, 만나교회, 수원중앙침례교회, 지구촌교회, 한국중앙교회, 할렐루야교회가 연합하여 한시적으로 모여 기도한다.
31 대표 최광 목사(황금종교회 담임).
32 북사목은 2008년 한반도평화연구원의 "탈북민, 성경공부 어떻게 할 것인가?"라는 주제의 세미나를 계기로 10년 이상 북한 사역을 해왔던 목회자들이 친목 모임으로 시작되었다.

북한선교 사역을 가능케 하는데 목적을 둔 북한 및 통일선교 사역에 실질적인 전문 목회자들 중심으로 모인 단체이다.[33]

탈북민 교회는 약 50개의 교회가 있다. 크게 세 가지 유형의 교회가 있다.

첫째, 탈북민이 중심인 교회[34]
둘째, 남한 사역자 개척형[35]
셋째, 남북한 목회자의 연합으로 세운 교회[36]

④ 개교회

개교회 북한선교의 유형이다.

---

[33] 북한사역목회자협의회, 『통일선교목회, 지금부터 시작하라』(서울: 쥬빌리구국기도회, 2014), 148.
[34] 열방샘교회(이빌립 목사) 서울 구로 2004, 새평양순복음교회(박상식 목사) 서울 양천 2004, 새터교회(강철호 목사) 서울 양천 2004, 창조교회(심주일목사) 경기 부천 2006, 바울선교교회(박설화 전도사) 경기 수원 2008, 하나로교회(조은성 목사) 경기 부천 2009, 한민족사랑교회(최금호 목사) 경기 군포 2009, 성비전교회(송신복 목사) 경기 평택 2009, 꿈의교회(석경애 목사) 경기 포천 2009, 기쁨나눔교회(이에스더 목사) 서울 양천 2010, 하나로교회(유대열 목사) 서울 금천 2011, 새희망샛별교회(마요한 목사) 서울양천 2011, 하나목양교회(송혜연 전도사) 서울 양천 2012, 길동무교회(정순희 목사) 서울 강남 2012, 성지에서온교회(손정열 목사), 서울 동대문 2013, 새생명교회(주영순 전도사) 경남 창원 2013, 평양산정현교회(김명숙 전도사), 서울 강서 2013, 거룩한길교회(김영남 전도사) 서울 금천 2014, 한사랑교회(허남일 목사) 서울 2015, 복음문화교회(김광석 전도사) 서울 송파 2015, 한나라은혜교회(김권능 전도사) 인천 2015, 영신교회 서울 2017.
[35] 주찬양교회(이사랑 목사) 경북 포항 2003, 상인제일교회(김정환 목사) 대구 2005, 한반도사랑교회(이대수 목사) 광주 2005, 새사람교회(이동인 목사) 경기 수원 2006, 장대현교회(임창호 목사) 부산 2007, 물댄동산교회(조요셉 목사) 서울 동작 2007, 남촌교회(신정국 목사) 서울 용산 2010, 황금종교회(최광 목사) 서울 영등포 2010, 평화나루교회(구윤회 목사) 서울 서대문 2010, 뉴코리아교회(정형신 목사) 서울 강서 2011, 한우리교회(박다니엘 목사) 경기 파주 2012, 예수마음교회(이무열 목사) 경기 김포 2012, 행복이넘치는교회(김디모데 전도사) 서울 노원 2013, 온맘교회(김요셉 목사) 경기 용인 2014, 예심교회(오성훈 목사) 경기 김포 2013, 생명나래교회(하광민 목사) 서울 관악 2014, 한성중앙교회(김미령 목사) 서울 강서, 포도원교회(이승훈 목사) 광주
[36] 새희망샛별교회와 평화나루교회가 합쳐서 새희망나루교회가 되었다.

첫째, 문어발형

둘째, 오직 기도형

셋째, 오직 후원형

넷째, 단체 참여형

교회연합으로 북한선교를 하자는 제안은 많았지만 실제로 이루어지기 어려웠다. 그중에 통일선교아카데미가 10개 교회가 모여서 북한교육에 앞장서고 있으며, 7개 교회가 모여 원코리아 기도 모임을 이끌기도 한다. 연합단체로는 2015년에 통일선교사역교회연합이 생겼다.

문어발 형의 교회는 북한선교를 위한 선교부, 기도 모임, 교육, 대북지원, 인도적 지원, 선교사 파송 등 모든 것을 다하는 교회를 말한다. 주로 대형교회가 이러한 것에 속하는데, 대표적인 교회가 영락교회, 사랑의교회, 소망교회, 서울은혜교회, 거룩한빛광성교회, 명성교회, 주안장로교회, 안산동산교회 등이 있다.

북한선교부서(통일선교부서)를 운영하는 교회가 전국에 77 개[37]정도 있다. 물론 전수조사가 어렵기 때문에 북사목, 북기총, 쥬빌리통일구국기도회, 숭실대를 통한 자료조사이다.[38] 그리고 탈북민을 위한 교회의 선교가

---

[37] 서울에 여의도순복음교회, 영락교회, 남산교회, 남서울은혜교회, 남서울교회, 온누리교회, 사랑의교회, 목동지구촌교회, 연세중앙교회, 여의도침례교회, 은평감리교회, 소망교회, 영동교회, 서울은혜교회, 중앙성결교회, 한국중앙교회, 백주년기념교회, 명성교회, 영안교회, 대한교회, 주님의교회, 방주교회, 동숭교회, 염광교회, 광염교회, 그레이스선교교회, 사랑교회, 남대문교회, 은평성결교회, 성덕중앙교회, 남산감리교회, 새문안교회. 경기는 거룩한빛광성교회, 향상교회, 안산동산교회, 분당지구촌교회, 분당우리교회, 할렐루야교회, 분당갈보리교회, 과천교회, 수원중앙침례교회, 수원창훈대교회, 만나교회, 선한목자교회, 분당창조교회, 광명교회, 새가나안교회, 인천은 계산교회, 주안장로교회, 월드와이드교회, 부산은 수영로교회, 세계로교회, 사직동교회, 온천교회, 시온성교회, 수영교회, 이삭교회, 제8영도교회, 호산나교회, 큰터교회, 땅끝교회, 광주는 양림교회, 벧엘교회, 봉선중앙교회, 포도원교회 대전은 산성교회, 한밭제일교회, 한민교회, 대전대흥침례교회, 늘사랑교회, 한민교회, 대구는 새벽별교회, 봉덕교회, 전주는 양정교회, 춘천은 주향교회, 제주는 아름다운교회, 성안교회가 있다.

[38] 하광민. "통일을 준비하는 교회와 목회," 제3회 목회자통일준비포럼 (2016년 5월 9일), 96.

있는데, 온누리교회에서 양재하나공동체, 한터탈북자센터와 대전 온누리 하나공동체를 운영한다. 사랑의교회, 부산수영로교회, 영락교회, 남서울은혜교회, 지구촌교회, 할렐루야교회, 안산동산교회, 목민교회, 소망교회, 여의도순복음교회에서는 탈북민 목회자를 두거나, 아니면 탈북민 전공 사역자들을 통하여 탈북민 부서를 두고 있다.

그리고 인도적 지원을 하는 교회로 사랑의교회 사랑광주리가 2015년에 약 10억 원을 북한지원에 사용했다. 소망교회는 소 천마리 전달과 평양과기대건립지원, 여의도순복음교회는 조용기심장전문병원을 건립하는 중이다.

오직 기도형은 북한선교를 하는 대다수 교회가 여기에 속한다. 오직 기도도 세 가지 형태가 있다. 기도단체에 소속되어 기도하는 형태와 북한선교부를 통하여 시간을 정해놓고 기도하는 형태 그리고 금요기도회 도중 북한을 위한 기도 제목을 끼어 넣어서 기도하는 형태이다.

오직 후원형은 북한선교에 직접 나서기보다는 담임목사의 의중에 따라 단체나 선교사 그리고 탈북자들을 돕기 위해 후원을 하는 교회들이 많다. 대표적인 교회가 한국중앙교회이다. 담임목사가 평화한국 이사장이고, 통일선교아카데미 소속교회이며, 여러 탈북자 선교단체를 돕는다. 그러나 직접적으로 교회와 성도들이 일할 수 있도록 하지는 않는다. 과천교회는 19개의 북한선교단체 및 선교사업을 지원하고 있다. 계산교회는 4명의 북한선교사를 돕는 것과 북·중 접경 지대 비전트립을 하고 있다.

단체 참여형(복음풍선 사역 등에 참여)은 개교회로서 힘이 없어서 직접 선교하지 못하거나 후원으로는 만족하지 못하고 무엇인가를 하기 위해 노력하는 교회의 형태로 주로 북·중 접경 지대 단기선교체험이나, 복음풍선 사역 등을 한다. 서평한우리교회, 동광교회, 광주임마누엘교회, 신촌성결교회 등이 여기에 해당한다.

⑤ 탈북민 사역

탈북민들이 자율로 모여 선교단체를 구성하여 섬기고 있다. 2016년 2월에는 평화시민대학과 자유시민대학동문들이 모여 평화봉사단을 세워 탈북민들과 대 사회를 향한 봉사활동을 시작하였다.

특히 탈북민들이 북한사회의 변화를 주기 위해 대북정보입수공작, 북한내부실태 모니터링, 북한변혁을 위한 전략연구, 북한 내 정보 유입, 북한복음화(디지털복음교재, 성경유입, 지하교회지원), 대북전단지살포, 대북라디오방송, 북한의 해외공관원 의식화 포섭활동 등을 하기도 한다.[39]

4. 한국교회 북한선교의 미래

한국교회가 북한선교를 위해 나가야 할 방향 네 가지를 제시한다.
첫째, 탈북민 3만 명 시대를 받아들여라.
둘째, 재중 탈북자 자녀들을 위해 준비하라.
셋째, 통일목회를 준비하라.
넷째, 연합운동을 지속하라.

1) 탈북자 선교에 집중

1980년대 후반부터 약화된 북한경제의 쇠퇴와 1990년대 중반부터 계속되어진 자연재해로 북한은 심각한 식량위기를 초래한다. 북한이 자랑하던 식량배급이 제대로 이루어지지 않고 더 이상의 통제가 이루어지지 않

---

[39] 김홍광, "북한변화를 위한 활동과 지원방안," 북한인권한국교회연합 심포지엄 「북한인권문제와 한국교회의 대응」(2016년 2월 2일), 48.

자 북한은 내부적 변화가 일어나게 되었다.

첫째, 탈북자가 생기게 된 것이다.

둘째, 체제에 영향이 끼치지 않을 만큼의 외국 원조를 기대하였던 것이고, 실제로 요청한 것이다.

셋째, 사유재산을 부분적 허용을 하게 된다.

이러한 것은 하나님이 하시는 선교의 한 방법으로 생각한다.

랄프 윈터 교수[40]는 '복음은 네 가지 메카니즘을 통해 진보되었다'[41]고 한다. 하나님은 각 시대마다 복음이 퍼지기 위해서 적극적인 관심을 보이지만, 하나님이 택하신 백성들은 그 일에 적극 협조하기도 하고 협조하지 않기도 했다. 그러나 하나님은 복음의 네 가지 메카니즘을 통해서 하나님은 선교하셨다.

첫째, 자발적으로 가는 것이다.

둘째, 비자발적으로 가는 것이다.

셋째, 자발적으로 오는 것이다.

넷째, 비자발적으로 오는 것이다.

예를 들면 자발적으로 간 것은 아브라함이 가나안으로 간 것과 바울과 바나바의 선교여행 등이다. 비자발적으로 간 것은 애굽에 종으로 팔린 요셉이 바로에게 증거한 것과 그리스도인들이 핍박을 받아 거룩한 땅에서 나와 로마 제국 전역과 그 너머까지 가지 않을 수 없게 된 것이다.

다음은 자발적으로 오는 것인데 수리아 사람 나아만이 엘리사에게 온 것과 고넬료가 베드로를 부른 사건이다. 마지막으로 비자발적으로 온 것은 이방인들이 고레스 대제에 의해 이스라엘에 정착하게 된 것과 로마군

---

40 랄프 윈터는 과테말라 산지의 마야 인디언을 대상으로 10년간 선교 사역을 한 후에 풀러신학교에 새로 설립된 세계선교대학원 선교학 교수가 되었다. 풀러에서 10년을 사역후 아내 로베르타와 함께 프런티어선교회를 설립하였다. 그는 프런티어선교회 대표이다.

41 랄프 윈터, 『미션퍼스펙티브』, 정옥배 역 (서울: 예수전도단, 2002), 188.

대가 이방인들의 갈리리 지역을 점령하고 침투한 사건이다. 하나님은 이러한 모든 것을 사용하시어서 선교하신다.

북한의 주민들도 마찬가지이다. 비자발적으로 나오게 해서 복음을 영접하게 만든 사건이다. 북한이 문이 열리지 않으니 억지라도 나오게 해서 복음을 듣게 하는 것이다. 북한선교는 백성들을 끌어내어서 난민을 만드시고 이들에게 복음을 듣게 하시는 하나님의 방법을 이해하고 접근해야 한다.

2) 재중 탈북자 자녀문제

탈북민들의 아픔과 문제점은 정체성의 혼돈과 생활의 곤핍함, 온전하지 못한 가정문제와 자녀들의 진학문제, 특히 탈북청년 중에 대학을 다니고 있지만, 영어와 학습 능력이 준비되어 있지 않아 학습부진아가 되어있는 경우가 많다. 그리고 탈북민들이 사는 임대아파트 주변은 교육 여건이 조성되지 않은 곳이 많이 있어서 고통을 받고 있고 나아가 이들은 심리적으로 심각한 장애를 앓고 있다.

이들을 위해 교회가 해야 할 일들이다.

첫째, 무조건 탈북민들을 교회로 출석시키려고 만 하려 마라. 적어도 교회는 탈북민들에 대한 지식과 이해하려는 준비가 되어야 한다. 그뿐만 아니라 중국에서 태어난 탈북여자들의 자녀들은 한국어를 전혀 하지 못한다. 이들을 위해 적어도 중국어 예배가 지원되는 곳이든지, 아니면 중국어 통역자가 준비돼야 한다.

둘째, 이들을 교육하고 정착시키는 데 가장 어려운 것은 가정문제이다. 교회가 이들을 위한 가정사역 프로그램을 가지고 운영해야 한다.

셋째, 교회는 중국 내에서 도움을 주도록 해야 한다. 중국 내에서 도움을 줄 수 있는 것은 두 가지인데 하나는 한국어 학습지도이고 다른 하나는 호구 해결이다. 교육적인 관점에서 보면 중국에서 한국학교로 운영하는 것이 좋다. 학습지체가 일어나지 않기 때문이다.

NGO 단체를 통해 중국에서 학교를 운영하는 것이다. 탈북자들 자녀들은 중국에 있으나 호구가 없어 불안해한다. 잡히면 조중협정 때문에 북한으로 가야 한다. 교회는 이들을 난민으로 인정하도록 노력해야 할 뿐만 아니라 호구를 해결해 주어야 한다.

넷째, 중국 호구가 없는 아이들을 위해서 한국으로 들어올 수 있는 경비를 지원해야 한다.

이들이 여권을 어떻게 만들 수 있나?

경로가 두 가지이다. 최근 시진핑 정권이 동북 삼성에 동북공정의 일환으로 호구를 제한적으로 지급하였다. 조선족보다 한족 아버지면 호구를 주었다. 마을 대표자인 이장이나 권위자들의 의견을 존중해서 그들의 보증으로 호구를 주었다. 그런 경우는 여권을 가지고 한국으로 들어올 수 있다. 호구가 없으면 천만 원에서 천오백만 원 비용이 들어간다. 두 가지의 경로로 한국을 들어오게 되면 그때야 어머니를 보증인으로 한국호적을 받게 된다.

다섯째, '북한 이탈 재중여성'들과 그 자녀들에 대해 연구조사를 할 수 있도록 연구자들과 연구소에 연구자금을 부탁드린다. 이것은 교회가 준비해야 할 선교전략이기 때문이다.

한국교회에 부탁드린다. 이제 교인 숫자에 목숨 걸지 말기를 바란다. 세상은 이미 교회를 신뢰하지 않는다. 교회가 이제는 해야 할 일을 할 때가 왔다. 세상이 욕한다고 민감해지지 말고, 소외되고, 아픈 자들을 돌아보았으면 한다. 우물가로 찾아가신 예수님처럼 교회는 한국사회에서 가장 버림받은 자들을 찾아가야 한다. 한국사회에서 가장 버림받은 자들이 바로 '북한이탈 여성 재중자녀'들이 아닌가 한다. 한꿈학교 교장인 김두연 선생님은 '외치고 싶은 것은 딱 한 가지' 있다고 한다.

그것은 "성도들이여, 한국교회여! 고통받고 있는 사람들에 대한 책무는 왜 잊고 삽니까?

여러분의 고통만 고통입니까?

왜 그리스도의 마음을 잊고 사십니까?

그리스도의 사랑의 기본자세를 살려 이들을 도와주어야 합니다"라고 외친다.

3) 통일목회

한국교회는 엄청난 변화를 겪었다. 복음을 받고 억압받고 성장했지만, 북한이라는 우리의 반은 복음의 불모지로 변해 버렸다. 한국교회는 이러한 가운데 반쪽인 남한교회가 7만 교회로 성장하였고, 세계선교 2인 자로 변모하여 현재 27,205명의 선교사를 세계 곳곳에 파송하였다. 하지만 우리의 동족이고 민족인 북한에 대한 복음이 멈추어 선 지금 다시 한국교회의 목회를 재고해야 할 때가 온 것이다.

성경은 사도 바울의 예를 들어서 한국교회에 말하고 있다. 민족을 품지 않는 세계선교는 없다는 것이다. 그리고 통일목회의 한 부분에는 교회와 단체, 그리고 북한선교 사역자들이 함께해야 하는 연합운동이 일어나야 한다. 성경은 시편 133:1에 "보라 형제가 연합하여 동거함이 어찌 그리 선하고 아름다운지요"라고 하였다. 한국교회와 북한선교하는 단체들의 공통점은 연합하기보다는 독자적으로 일을 하기를 좋아한다. 이렇게 하다 보니 북한선교의 구심점이 없어져 대외적으로 통하는 창구가 없고, 더 나아가 정책의 중복으로 인해 손해 보는 경우가 많다.

4) 연합운동

연합운동에는 네 가지의 방법이 있다.

① 콘트롤타워의 형태
② 센터의 형태
③ 허브의 형태
④ 플랫폼의 형태

이러한 네 가지의 시도가 있었지만 제대로 된 연합운동이 일어나지 못한 것이 사실이다. 그러나 앞으로 북한선교운동은 연합운동으로 나가야 한다.

통일한반도가 오기 전에 북한선교하는 많은 교회와 단체들은 서로 연합하는 운동이 일어나고 있다. 연합을 이루려고 숭실대와 통일선교아카데미, 기독교통일포럼, 쥬빌리구국기도회 등이 모여서 한국의 통일선교 다섯 개의 큰 판을 하나로 모으려고 시도하고 있으며 나아가 이 모임이 주도하여 '통일선교언약서'를 만들고 있다.

통일선교언약서는 통일을 준비하는 기독교는 한 방향을 가지고 나가기 위해 전세계 기독교인들에게 선언서를 통해 결집하고 같은 뜻을 품고 같은 방향으로 나가기 위해 학자 20명이 모여 이 일을 이루고 있다. 또한, 2018년 '선교통일한국협의회'가 세워졌다. 이것은 북한선교를 하는 단체들과 개인들 그리고 일반선교를 하는 단체와 교회들이 모여서 하나의 북한선교의 중지를 모아보겠다는 뜻을 품고 2018년 5월 30일에서 6월 1일 선교통일 한국콘퍼런스를 통해 시작하여 2018년 9월 7일 선교통일한국협의회가 출범하게 되었다.

참고문헌

김광수. 『북한기독교탐구사』. 서울: 기독교문사, 1994.
김동선. "남한교회 주요교단의 평화통일." 한국기독교통일포럼 『통일한국포럼』. 서울: 바울, 2016.
김병로. 『북한종교정책의 변화와 종교실태』. 서울: 통일연구원, 2002.
김수진. 『한국기독교의 발자취』. 서울: 한국장로교출한사, 2001.
김영재. 『한국교회사』. 서울: 개혁주의신행협회, 2003.
김중석. 『북한교회 재건론』. 서울: 진리와 자유사, 1998.
김하일. 『한국장로교회사』. 서울: 예루살렘, 1999.
김회창. 『성결교회역사와 선교』. 서울: 새순출판사, 1999.
김흥광. "북한변화를 위한 활동과 지원방안." 북한인권한국교회연합 심포지엄 「북한인권문제와 한국교회의 대응」. 2016년 2월 2일.
김흥수. 『해방후 북한교회사』 서울: 다산 글방, 1992.
랄프 윈터. 『미션퍼스펙티브』. 정옥배 역, 서울: 예수전도단, 2002.
박삼수. 『선교는 그리스도의 지상명령』 서울: 기독교문화사, 1987.
북한교회재건위원회 편. 『무너진재단을 세운다』. 서울: 진리와 자유사.
송원근, 정종기, 김광묵, 김상만. 『목회 정말원하십니까?』. 서울: 청미디어, 2017.
윤은주. 『한국교회와 북한인권운동』. 서울: CLC, 2015.
윤춘병. 『한국감리교수난백년사』. 서울: 기독교대한감리회 본부교육국, 1988.
이만열. 『한국 기독교 수용사 연구』. 서울: 두레시대, 1998.
이정수. 『한국침례교회사』. 서울: 침례회출판사, 1990.
전호진. 『선교학』. 서울: 개혁주의 신행협회, 1985.
조귀삼. 『복음주의 선교신학』. 경기: 세계로 미디어, 2013. 크레익 오트, 스테판 J. 스트라우스, 티모시 C. 테넌트. 『선교신학』. 홍용표 역. 경기: 존스 북, 2012
황홍렬. "북한선교/평화통일운동 접근 방식에 대하여." 평화와통일신학연구소편 『평화와 통일 신학 I』 서울: 한들출판사, 2002.
김병로 교수 2004년 강의안.

제5장 북한교회사

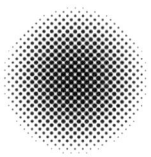

1. 들어가면서

"북한교회사"라는 제목으로 나온 저서는 제7일 안식일 예수재림교회의 김재신 교수가 쓴 『북한교회사』(1993년, 시조사). 김광수 원장의 『북한기독교탐구사』(1994년, 기독교문사), 김흥수 교수의 『해방후 북한교회사』(1992년. 다산글방), 한국기독교역사연구소의 『북한교회사』(1996년, 한국기독교역사연구소), 김진형의 『초기한국감리교회 북한교회사 1887-1910』(1997년, 기독교대한감리회교육국출판부) 등이 있다.

그 외에 주로 한국기독교역사에 관한 저서와 김광수 교수의 『한국기독교전래사』(1974년, 한국교문사), 김양선 교수의 『한국기독교 해방10년사』(1956년, 대한예수교장로회총회종교교육원)에서 북한교회의 역사를 다루고 있다. 그렇다면 북한교회의 역사는 1956년 김양선 교수에 이어서 김광수 교수, 김흥수 교수 그리고 유관지 박사와 한국기독교역사연구소 내에 북한교회사 집필위원회의 수고로 연구되고 있다.

북한교회의 역사는 1945년 해방 이전의 기록물을 1차 자료로 하여 역사를 정리하려 하지만 그 자료가 빈약하므로 구술을 자료로 삼을 수밖에 없었다. 나아가 1945년 이후 1차 자료는 거의 찾아보기가 어려웠고 북한은 자료를 공개하지 않아 직접 경험한 개인의 구술과 전해들은 이야기로 정리할 수밖에 없었다.

북한교회사를 이해하기에 앞서 먼저 한국에서 진행된 선교사들의 선교구역 조정을 알아야 한다. 여러 나라와 여러 교파의 선교사들이 한국에 입국함에 따라 선교사들 사이에 불필요한 마찰이 생기기 시작하였다.[1]

1893년 1월 28일 장로회 정치를 채용하는 선교공의회가 조직되었다. 여기에는 북장로교, 남장로교, 호주장로교 선교부가 가입되었다. 이들은 선교구역을 조정하였는데, 남장로교에서는 전라도와 충청도, 북장로교는 종전에 선교 사역을 하던 지역에서, 캐나다 장로교는 함경도 지역, 호주장로교는 낙동강 이남으로 선교하기로 하였다. 1892년 북장로교 선교부와 북감리교 선교부가 협의하기를, 인구 5천 명 이상의 도시에는 두 선교부가 같이 활동하기로 하고 그보다 적은 곳에서는 먼저 활동한 선교부가 계속하기로 하였다.

조금 더 자세히 살펴보면 미국 북장로교는 재령, 강계, 서울, 청주, 안동, 대구 등 평안도, 황해도와 경상북도 지역을 맡았고, 미국 남장로교는 평양, 전주, 군산, 목포, 광주, 수천 등 전라도와 충청도 일부 지역을, 캐나다 장로교는 함경도 지역과 간도 지역을 그리고 호주 장로교는 부산과 경남 일대를 맡았다. 그리고 침례교, 안식교, 성결교, 구세군, 성공회 등과는 선교지 분할에 대한 협의가 없었고, 분할정책과 관계없이 선교했다.[2] 서정민 교수(연대신학과)는 선교구역분할협정을 '교계예양'이라고 하였다.[3]

---

1 정인생, 『한국교회사』(서울: 도서출판 한글, 2001), 43.
2 이상규, 『한국교회의 역사적 흐름』(서울: 영문, 1998), 36.
3 서정민, 『한국교회의 역사』(서울: 살림, 2003), 14.

2. 해방 이전의 북한교회와 배경에 관한 이해

1) 1945년 이전의 북한 지역

미국 북장로교 소속의 선교사로서 새문안교회와 언더우드 학당 그리고 육영공원을 세워 목회와 교육에 전념하다가 이질에 걸려 죽은 다니엘 기포드는 1897년에 『조선의 풍속과 선교』라는 책을 저술하면서 한반도에서 가장 중요한 강은 압록강이고 두만강, 백두산과 함께 중국, 소련과의 국경을 이룬다고 하였다. 그리고 또 하나의 중요한 강은 대동강으로 표현했다.

조선의 개항장으로는 제물포, 부산 그리고 동해의 원산과 목포, 평양의 관문인 진남포가 있다고 하고, 행정구역으로는 북동쪽에는 함경남북도, 북서쪽에는 평안남북도, 그 아래로는 황해도와 경기도, 충청남북도, 강원도 경상남북도, 전라남북도로 13개의 도가 있다고 한다. 날씨는 북한은 12월경에는 영하 15도까지 내려간다. 산간지방에는 상당한 양의 광석이 있는 데, 양질의 무연탄이 평양근교에서 채굴되고, 주석, 구리, 납, 은 광산도 있다. 평양 북쪽 100마일 지점에 미국의 광산 조합이 운영하는 은산 금광이 있다.[4]

2) 평양신학교 설립

1893년 장로교선교사공의회라는 협의체에서 교역자를 정식으로 교육, 육성해야 한다는 인식을 같이하고 신학교 설립을 결의하였다. 이 학교를 평양신학교라 하고 마포삼열 선교사의 사택에서 시작하였다. 이 신학교에

---

4 다니엘 기포드, 『조선의 풍속과 선교』, 심현녀 역 (서울: 한국기독교역사연구소, 1995), 12-13.

서 공부한 최초의 신학생은 방기창, 김종섭이었고 교수로는 마포삼열 선교사와 이길함 선교사였다.

그 후에 한석진, 서상륜, 이기풍, 길선주 등이 함께 공부했다. 장로교선교사공의회는 1905년에 이 학교를 정식으로 승인하고 학교명을 평양연합신학교라고 하였다. 1907년 제1회 졸업생 7명을 배출하게 된다.[5]

3) 북한 지역에서 활동한 선교사들

해방 이전에 북한에서 활동했던 선교사들이다.

(1) 소래, 개성 지역에 메켄지 선교사가 있었다

메켄지(John Mackenzie)는 1893년에 캐나다 장로교회 소속으로 선교회의 파송이 아닌 독립선교사로서 서울로 온 후 황해도 소래(송천)에서 선교활동을 하였다. 그는 다른 종교와 구별하기 위해 교회에 십자가를 달았는데 이것이 한국교회의 상징이 되었다. 그는 교회 건축에 열중하던 중 1895년 6월 24일 주의 부르심을 받아 주의 품에 안겼다.[6] 개성에는 미국 남감리교가 세운 남성병원이 있었다.

(2) 평양, 선천 지역에 대다수 선교사들이 집결해 있었다

1893년에야 장로교의 사무엘 마펫(S.A. Moffett) 목사와 감리교의 홀(W.J. Hall) 박사가 주거지를 마련하게 된다. 홀 박사는 1895년 청일전쟁의 부상병을 돌보다가 말라리아에 걸려 죽게 된다.[7] 마펫은 리(G. Lee) 선교사와 함

---

[5] 김하일, 『한국장로교회사』(서울: 예루살렘, 1996), 61.
[6] 김하일, 『한국장로교회사』, 41.
[7] 윌리암 뉴튼 블레어, 『속히 예수 믿으시기를 부라느이다』, 김승태 역 (서울: 두란노, 1995), 33.

께 평양선교부를 이끌어 나갔다.

윌리암 제임스 홀은 1860년 캐나다에서 태어나 1894년 11월 24일 서울에서 죽었다. 목사이자 선교사로서 선교활동 2년 11개월 만이다. 그는 1894년 11월 25일 양화진에 묻혔다. 그의 부인 로제타 홀은 남편을 기념하여 평양에 기홀병원을 세웠다.

그는 1892년 8월에 감리교 선교사 연차회의에서 평양 지역 개척선교사로 파송되어 그 다음해 3월에 평양으로 가게 되지만 평양감사로부터 금교령이 내려진 관계로 집 한 채를 사서 의원을 시작하게 된 것이다. 청일전쟁으로 평양에서 시가전이 벌어지자 한달간 서울로 피난 왔다가 마펫 선교사와 함께 다시 평양으로 들어가 전쟁 이후 부상당한 자들을 위해 돌보고, 그 사이 성도 4명에게 세례를 베풀게 된다.

그러나 그는 장티푸스 혹은 말라리아로 인한 전염병으로 인해 고열에 시달리고 서울로 후송했으나 결국 숨을 거두게 된다. 그의 부인 셔우드 홀은 펜실베니아여자의과대학을 졸업하고 1890년 처녀 의료선교사로 우리나라로 파송받았다. 처음에는 스크랜튼이 경영하는 상동시병원에 근무하다가 1892년 6월에 제임스 홀과 결혼하고 평양에서 선교활동을 시작하였다.[8]

스왈른(W.L. Swallen) 박사는 1901년에 미국 시카고에서 왔다. 윌리암 뉴튼 블레어 스왈른 박사의 권유로 조선에 선교사로 오게 된다. 그는 일본인이 사용하는 조선이라는 단어보다는 한국이라는 단어를 즐겨 사용하였다.

1901년 9월 12일 서울에 도착한 후 한 달 뒤 평양으로 가서 정착한다. 숭실학교에서 체육을 가르치면서 한국 최초로 야구를 가르쳤다. 그는 학교, 교회, 성경 공부반에서 노래를 지도하고 가르쳤고, 평양시 북부의 5개 군을 돌보는 사역을 맡게 된다. 그가 맡은 5개 군에는 57개의 교회가 세

---

8   전택부, 『양화진선교사 열전』 (서울: 홍성사, 2005), 203-210.

워졌고, 한 번 순회하는 데 두 달 걸렸다. 그가 40년간 변함없이 맡아 온 5개 군에는 약 만 명의 기독교인들이 있었다.[9] 그는 안주제일장로교회와 선돌교회를 설립한다.

베어드(Baird)는 미국 북장로교선교부 파송으로 내한한 초대선교사, 교육자, 숭실중학과 숭실대학의 창설자로 1862년 6월 생이다. 그는 맥코믹신학교를 졸업하고 1913년 신학박사 학위를 받는다. 베어드는 1891년 2월 2일 신학교 시절 무디의 영향으로 조선의 선교사로 오게 되었다.

그는 1891년 부산선교를 시작으로 대구와 서울을 거쳐 1897년 10월 평양에서 숭실학교로 교육선교를 하게 되었다.[10] 번하이슬(C. F. Bernheisel) 선교사도 평양에서 활동하였다. 평양에는 미국 장감선교부가 세운 기홀병원과, 선천에 미국 북장로교단이 세운 미동병원이 있었다. 학교로는 평양에 광성학교, 숭실학교, 정의여학교, 숭의여학교, 선천에는 신성학교, 보성여학교가 있었다.

(3) 안주와 선돌, 연동, 숙천, 남칠, 황해도 재령, 강계 지역

안주 지역에는 감리교와 장로교 사이에 불화가 있었다. 감리교와 장로교 선교사들은 서로 지역분할협정을 통해서 감리교는 안주북동을 차지하고 나머지는 장로교가 담당하기로 하였다. 선돌 지역은 안주의 서쪽에 위치하고 20마일 떨어져 있는 도시이다.

윌리암 뉴튼 블레어는 1909년 겨울, 도시를 굽어 보는 언덕 중턱에 안주제일장로교회를 세우게 된다. 그리고 그는 선돌교회를 설립하게 되는데, 선돌교회는 700명 이상의 교인들로 성장하게 된다. 블레어는 연동교회를 세우고, 숙천은 평양에서 북쪽으로 약 30마일 정도 떨어진 곳으로

---

9 윌리암 뉴튼 블레어, 『속히 예수 믿으시기를 부라누이다』, 50.
10 전택부, 『양화진선교사 열전』, 235-236.

철도에 접한 도시이다. 숙천교회는 블레어의 구역 중에 가장 영향력 있는 교회이다. 그리고 평양 북쪽 50망리 지점에 일곱 개의 촌락 남칠이라 부르는 곳이 있는데 안씨 성의 촌락이기도 하다. 이곳에 교회가 세워진다.

모리스(Morris)는 감리교 선교사로 안주 지역에서 활동하였다. 재령에서는 마펫, 리 선교사, 선천에는 미 북장로교의 휘트모어, 강계는 블레어, 밀스, 로드 등이 선교부를 개설하여 선교하였다.[11] 재령에는 명신학교, 신성학교, 강계에는 영실학교가 있었다.

(4) 함흥, 원산, 성진 지역

함흥에는 캐나다 장로교가 세운 제혜병원이 있었고, 영생여학교와 영생학교가 있었다. 원산에는 루씨여학교와 보광학교, 성진에는 보신학교와 보신여학교가 있었다.

4) 해방 이전의 북한교회의 특별한 사건들

(1) 최초의 교회와 33인의 세례식

한국 최초의 교회는 한국인에 의해 세워진 교회로 세계선교 역사상 찾아 보기 힘든 일이다. 한국최초의 교회가 일반적으로 황해도 소래교회로 알려져 있으나 박용규 목사가 쓴 『북녘에 두고온 교회』에서 한국 최초의 교회를 평북 의주읍교회로 소개한다. 서상륜, 이성하. 백홍준이 로스와 매킨타이어 등 선교사들에게 복음을 듣고 1883년 봄에 의주로 돌아와 세운 교회가 의주읍교회이다. 이들이 의주읍교회를 세우고 전도하던 중 나라에서 이들을 잡아 가두라는 명이 내리자 황해도 장연 소래로 피난을 와서

---

[11] 김수진, 『한국기독교의 발자취』(서울: 한국장로교출판사, 2001), 29.

세운 교회가 소래교회(송천교회라고도 한다)이다.[12]

의주읍교회와 소래교회 그리고 33인의 세례식의 배경은 이러하다. 1883년 봄, 로스 선교사는 서상륜에게 번역된 복음서를 등에 지우고 조선으로 전도하러 보냈으나 정부로부터 금령이 내린 것을 알고 위협을 느껴 그해 가을 동생인 서경조와 함께 황해도 장연군 송천으로 피신했다. 로스는 이 사실을 알고 이성하를 보냈는데, 이성하는 비밀리 전도하여 예배를 시작했으나 이웃에게 알려져 관헌에 알려질 기색이 보이자 서상륜이 있는 소래교회(송천교회)로 피신한다. 이어 세 번째로 백홍준을 보내 1883년에 서상륜과 이성하가 전도하였던 40여 명을 다시 모아 비밀리 예배드리게 된다.

1889년 언더우드 선교사는 결혼을 하고 신혼여행 명목으로 의주와 강계로 오게 되는 데, 의주에 들렀을 때, 세례를 받겠다는 사람이 1백 명이 있어 난감해하였다. 선교사는 유람 외에는 어느 것도 할 수 없는 상황이었는지라, 그는 1백 명을 문답한 후 33명에게 세례를 주기로 결정하고 조선 땅에서 세례를 줄 수 없으므로 압록강에 배를 띄워 세례를 주게 되었다.[13]

소래교회가 생겨난 배경은 1883년 봄, 서상륜이 성경 1백 권을 가지고 고향 의주로 잠입하여 동생 서경조에게 복음을 전했고, 이어 10여 명의 성도를 얻게 된다. 비밀리 집회를 여는 중에 관헌에 발각될 위기에 놓이자 그들 형제는 오촌과 친척들이 살고 있는 황해도 장연군 대구면 송천리(소래)에 몸을 피하게 되고 그곳에서 복음을 전하고 성도를 얻어 주일 집회를 하게 된다.[14] 그 이후 캐나다 선교사인 매켄지가 자비량 선교사로 소래에 와서 서경조와 함께 교회를 이끌어 가게 된다.

---

12 박용규, 『북녘에 두고온 교회』 (서울: 생명의 말씀사, 1991), 7.
13 박용규, 『북녘에 두고온 교회』, 10.
14 박용규, 『북녘에 두고온 교회』, 17.

(2) 한국의 오순절

1906년 8월에 평양의 장로교와 감리교 선교사들은 기도와 성경공부를 하기 위해 원산의 하디 박사를 초청하였다. 그 기간 요한일서를 택해서 연구하였다. 일주일의 사경회를 마친 후 성령께서 선교사들이 가는 길에 성공하려면 비통의 눈물과 상한 마음으로 회개하는 길 뿐임을 보여 주셨다.[15]

그리고 그 이듬해 1월 2일 장로회 사경회가 열리게 되고 사경회와 연결된 저녁 집회에 1,500명 이상이 참석한 가운데 장대현교회(평양중앙교회)에서 1월 6일부터 시작되었다. 여자들은 자리가 없어 참석할 수 없었다. 10일간 계속된 집회에서 1월 14일 토요일에 방위량 선교사가 고린도전서 12:27을 일고 '그리스도의 지체'에 대하여 설교하자 선교사들과 교인들이 회개하기 시작했다.[16]

하나님은 평양에서 우는 소리와 함께 그 자리에 오셨다. 죄를 고백하는 소리가 이어지고, 모두 회개의 고백 후에 회중이 통성기도를 하였다. 한국의 오순절은 하나님의 성령이 죄 있는 영혼들에게 임할 때 고백이 있고, 세상의 어떤 힘으로도 그것을 멈추게 할 수 없다는 것을 알게 한 사건이었다.[17]

(3) 105인 사건

105인 사건은 기독교에 대한 일본의 탄압이었다. 한국기독교의 민족운동 혹은 독립운동을 차단하기 위한 음모였다. 이 사건은 조선총독부의 경무총감 아까이시 등이 조작한 사건이다.[18]

---

15 윌리암 뉴튼 블레어, 『속히 예수 믿으시기를 바라느이다』, 97.
16 정인생, 『한국교회사』, 69.
17 윌리암 뉴튼 블레어, 『속히 예수 믿으시기를 바라느이다』, 102-105.
18 이상규, 『한국교회의 역사적 흐름』, 56.

윌리엄 뉴튼 블레어 선교사는 105인 사건을 '음모사건'이라 하였다. 1911년 12월 28일 경의선 철도가 완공됨과 동시에 압록강 철교 준공식이 있었다. 준공식에 조선 총독 데라우치가 참여하게 되었는데, 조선총독 살해 음모 사건이 터진 것이다.[19]

1912년 가을, 한국인들이 북한의 여러 곳에서 체포되었다. 그들의 대부분은 지도자격인 기독교인들이었다. 그들이 체포된 이유는 일본 총독을 죽이려는 음모가 발각되었는데, 미국 선교사들이 개입되어서 고소할 증거를 확보하기 위해 체포하였다는 것이다. 123명이 기소되어 재판을 받았다. 기소된 피의자들은 대다수 고문에 의한 강요된 자백이었다.

재판 과정에 강요된 자백이었음을 알고 있음에도 불구하고 105명은 유죄선고를 받았다. 항소심에서 10년 징역을 언도받은 6명을 제외하고는 모두 풀려났다. 물론 6명도 아무런 죄가 없었다.[20] 일본은 1907년 대부흥운동 이후 교회의 성장이 정치적 이유라는 의혹으로 시작된 항일운동의 반대세력을 기독교로 지목한 사건이었다.

YMCA 총무로 있던 길레트(P.L. Gillett)는 이 사건이 진행 중일 때 일본의 조작극과 한국교회에 대한 핍박을 서신으로 외국에 알려 폭로했기 때문에 1913년 국외로 추방되었다.[21]

(4) 네비우스 선교방법

미국, 캐나다, 호주, 영국 등의 나라에서 선교사들이 일본을 통해 한국에 들어오게 되자 피차 경쟁에 대응할 선교사들의 입장을 밝히는 정책 설정을 미룰 수 없었다. 그래서 이들은 1890년 중국 지푸에서 선교활동을 하던 존 네비우스 목사 부처를 초빙하여 2주일 동안 함께 지내면서 한국

---

19 박춘복, 『한국근대사 속의 기독교』(서울: 목양사, 1993), 69.
20 리암 뉴튼 블레어, 『속히 예수 믿으시기를 브라느이다』, 115-116..
21 정인생, 『한국교회사』, 84.

선교사들이 앞으로 명심하고 실천할 선교방법 원칙을 제공받았다.[22]

(5) 신사참배 반대운동

신사참배는 한국교회 뼈아픈 역사이다. 조선 총독이 신사참배를 강요하게 된 것은 평양 서기산 사건 때문이다.[23] 서기산 사건이란 만주사변에 출정했던 전몰전사들의 위령제를 1932년 9월 평양에서 평안남도 주최로 평양신사가 서 있는 서기산에서 개최한 바 있는 데, 이 모임에 평양 시내의 기독교계 학교가 참가를 거부한 사건이다.

이 사건이 있는 후 평남지사는 기독교계 학교에 대해서 신사참배를 강요하게 되었다. 신사참배가 강요될 때 한국교회는 세 가지 입장을 가지고 있었다.

첫째, 신사참배는 우상숭배와 같은 죄이므로 순교적 각오로 반대해야 한다.

둘째, 일제의 탄압과 박해를 이기지 못하고 마지못해 신사참배를 용인해야 한다.

셋째, 신사참배는 국가의식으로 보고 허용해야 한다.

그러나 북한의 평안도 지역과 남한의 경상남도 지역을 중심으로 '신사참배반대운동'이 일어난다. 평안북도 중심인물은 이기선 목사이고 신의주에 김화준, 이광록, 김승룡, 오영은, 김창인, 심을철, 강계에 고흥봉, 서정환, 장두희, 양대록, 선천에 김린희, 김의홍, 김지성, 박신근, 이병희, 정주에 김형락, 박천에 안이숙, 영변에 박관준, 평안남도에는 중심인물이 주기철 목사이며, 평양에 채정민, 김의창, 이주원, 방계성, 오윤선이었다.[24]

---

22 민경배, 『한국기독교회사』 (서울: 연세대학교출판부, 1996), 195.
23 박춘복, 『한국근대사 속의 기독교』, 123.
24 이상규, 『한국교회의 역사적 흐름』, 68-69.

3. 북한에 이루었던 기독교가 한국교회에 어떤 의미를 주고 있나?

해방 이전까지 활동했던 수많은 선교사들과 약 30-40개의 교회가 지금 무슨 상관이 있는가?

북한의 수령체제로 인해 기독교의 모든 것이 무너진 지금 과연 과거의 선교사들의 희생과 순교의 피로 세워졌던 교회와 성도들의 역할이 단지 그때까지였던가?

1907년에 일어났던 평양의 대회개운동이 실로 북한을 40년 정도만 하나님의 은혜 가운데 지탱시킬 수 있었던 것인가?

북한에 복음이 전해진 것을 토마스 선교사의 순교 사건(1866년)으로부터 김일성이 북한에 종교가 전혀 없다고 선언한 때(1958년)까지의 기간으로 본다면 약 92년간 북한에 기독교가 있었다. 그 기간 동안 자유롭게 신앙생활을 할 수 있었던 것은 그리 길지 않지만 그래도 완전히 소멸하지는 않았다.

그러나 지금 완전히 소멸한 이유가 무엇이며, 이러한 사실이 한국교회에 어떤 소명을 주고 있는 것인가?

성경은 이스라엘과 유다가 멸망한 후 70년이 지나 다시 그들이 고향으로 돌아왔다고 하였다(렘 29:10). 고향으로 돌아오는데 3차의 귀환이 있었는데, 결코 영토의 회복은 아니었다. 그리고 12지파 전부가 돌아온 국민의 회복도 아니었고, 나아가 주권의 회복도 아니었다. 그들의 회복은 예루살렘으로의 회복이요, 성전의 회복이었다.

특히 2차에 귀환하는 에스라를 통해 말씀의 회복은 과거 하나님을 떠난 이스라엘이 아닌 하나님으로의 회복의 귀환이었다. 북한의 기독교의 흔적은 희미하게 남아 있으나, 북한의 기독교의 역사적 흐름을 보려고 한다면 영토, 주권, 법의 회복이 아닌 하나님의 통치 회복이 되어야 한다. 이것이 오늘 남한교회에 주어진 북한복음화 즉 복음통일의 원동력이요 당위성이 될 것이다.

4. 김일성 시대의 북한교회(1945~1994)

　해방과 더불어 북한에 가장 먼저 일어난 운동이 신사참배 출옥 성도들에 대한 대처문제였다. 출옥 성도들은 평양 장대현교회에 모여 집회하였고, 1945년 9월 20일 교회 재건 원칙에 대해 발표를 한다.

　첫째는 교회의 지도자들은 모두 신사참배를 하였으니 권징의 길을 취하여 통회 정화한 후 교역에 나갈 것

　둘째는 권징은 자책이나 자숙의 방법으로 하되, 목사는 최소한 2개월간 통회자복 할 것

　셋째는 목사와 장로의 휴직 중에는 집사나 평신도가 예배를 인도할 것

　넷째는 교회 재건의 기본 원칙을 전국에 전달하여 일제히 실행할 것

　다섯째는 교역자 양성을 위한 신학교를 복구 재건할 것[25]

　그런데 이들과는 달리 1945년 11월 평북 선천군 월곡동교회에서는 평북노회 주최로 평북노회 산하 교역자들의 수련회가 열렸는데, 1938년 9월 10일 제27회 조선예수교장로회 총회가 평양 서문밖교회에서 개최되었을 때, 총회장으로 신사참배 가결을 이끈 홍택기 목사가 함께 있었다. 홍택기 목사는 신사참배 가결의 문제에 대해 "신사참배 회개문제는 각 사람이 하나님과의 직접적인 관계에서 해결될 성결의 문제다"라고 발언함으로 이에 반발한 이기선 목사 중심으로 총회를 나와 재건파교회를 세우게 된다.[26]

　두 번째는 해방 이후 북한교회 재건을 준비하는 일이었다. 북한교회는 1945년 11월 14일 평양에서 '이북 5도 연합회'를 조직하였다. 38선 이북 평안남북도, 황해도, 함경남북도 등 각 지방 노회 대표들이 모여 38선이

25　박춘복, 『한국근대사 속의 기독교』, 260.
26　박춘복, 『한국근대사 속의 기독교』.

철폐될 때까지 총회 업무를 대행하고자 교회 연합체를 구성하였고, 대표로 평북 선천동교회 김진수 목사를 선출하였다.[27] '이북 5도 연합'은 교회 재건을 위해 5가지 원칙을 세웠지만, 김일성의 공산당에 의해 이 결의를 실행할 수 없었다.[28] 이에 반해서 1946년 11월 28일 공산당은 강양욱 목사를 중심으로 하여 기독교 어용단체인 '조선기독교도연맹'을 조직하게 되고, 김익두 목사, 박상순 선교사를 가입시키고 북한교회 목사들에게 가맹을 강요하며, 이에 불응할 경우 투옥, 추방하였다.[29] 이때 김화식 목사, 김인준 목사, 이유택 목사, 김진수 목사, 김석창 목사, 박영근 목사, 이정심 목사, 김철훈 목사, 송정근 목사, 조만식 장로, 유계준 장로 등 수많은 성도가 순교의 길에 서게 되었다.

북한은 1948년 인민공화국을 선포하면서 종교의 자유를 선언하나 72년에 사회주의 헌법을 수정하면서 종교의 자유와 함께 '반종교선전의 자유'도 선언한다. 이 반종교선전의 자유로 말미암아 어느 누구도 종교를 선전하거나 포교하거나 전도하지 못하도록 규정하게 된다. 나아가 엄청난 변화를 가져온 것은 92년 수정헌법이다. 종교건물과 종교의식을 삽입함으로 신앙의 자유를 건물을 가져 예배나 법회 등의 모임을 허락하는 것이다. 하지만 '누구든지 종교의 외세를 끌어들여'라는 말로 선교는 원초적으로 막고 있으며, 특히 '국가사회질서를 해치는' 말로 체제에 조금이라도 문제가 되면 종교는 허락되지 않은 것으로 주민들의 종교을 제한해 버렸다.

북한 헌법은 종교의 자유는 있으나, 외부에선 유입하지 못하도록 하고, 내부체제에 반대하는 것은 용납하지 않으므로 종교를 제한하고 있음을 알 수 있다.

1962년 김일성은 사회안전성(현 인민보안성)에서 행한 연설에서 종교를

---

[27] 박춘복, 『한국근대사 속의 기독교』, 261.
[28] 김수진, 『한국기독교의 발자취』(서울: 한국장로교출판사, 2001), 118.
[29] 김수진, 『한국기독교의 발자취』, 119.

철저히 말살[30] 할 것을 지시한다.[31] 탈북민 한정화 씨는 "1988년 신학과 1기생으로 수학하면서 기독교 박해정책을 학습했고, 신학과 2년 생활 후 봉수교회에서 3개월 봉사하다 칠골교회 전도사로 2년간 시무했는데, 당시 봉수·칠골교회 전도사들과 신학과 학생들은 기독교인들의 처형 자료와 기록을 열람할 수 있었다"며 "당시 없어졌다고 선전한 11호 수용소는 기독교 신자들의 집단 수감시설이었고, 김일성은 1955-1963년 기독교를 일제히 소탕하면서 일부러 죽이지 않고 비밀리에 수감하였다"고 말했다.[32]

그러나 1972년경부터는 북한은 기독교에 대한 외부적 변화를 가져온다. 1972년은 북한종교 변화에 중요한 해이다. 국내적으로 7.4 남북공동성명으로 남북대화가 시작되었고, 국제적으로는 세계교회협의회(WCC) 등의 활동으로 종교적으로 이념적인 장벽이 옅어져 가는 시기이다. 그리하여 1972년 12월 27일에 사회주의 헌법을 개정하면서 '반종교선전의 자유'를 삽입한다. 우선 조선말대사전의 사전적 변화가 감지된다.

1981년 조선말대사전에 기독교를 정의하기를 "낡은 사회의 사회적 불평등과 착취를 가리우고 합리화하며 허황한 천당을 미끼로 하여 지배 계급에게 순종할 것을 설교하는 것"에서 1992년도에 새로운 조선말대사전을 편찬하면서 "교회의 주된 이념은 평등과 박애이다. 그리스도의 교훈을 잘 지키면 천당을 간다고 설교하는 것"으로 바꾼다.

---

30 사회주의는 왜 종교를 제거하려 하나? 사회주의 이념의 지주인 마르크스주의가 종교를 비판했기 때문이다.
31 고태우,『북한의 종교정책』(서울: 민족문화사, 1989), 79 "우리는 종교인들을 데리고 공산주의 사회로 갈 수 없습니다. 그래서 우리는 기독교, 천주교에서 집사 이상의 간부들을 모두 재판해서 처단해 버렸고, 그 밖의 일부 종교인들 중에서도 악질들은 모두 재판해 버렸습니다. 그리고 일반 종교인들은 본인이 개심하면 일을 시키고 개심하지 않으면 수용소에 가두었습니다."
32 "김일성대 신학과에서 배운 건 '기독교 박해정책,'" http://www.christiantoday.co.kr/news/265595, (2018.8.20).

그리고 1983년 10월 5일에 신약전서와 찬송가를 출간[33]하고 이어 다음 해 1984년에 구약성경을 발간[34]한다. 1988년도에 평양에 있는 봉수교회를 건축하고, 이어 1989년에 칠골교회를 건립[35]하고 1992년 11월에 칠골교회 헌당을 한다. 그뿐만 아니라 1992년 4월 2일에 미국의 빌리그래함 목사가 북한을 방문하고 이어 1994년에 두 번째 방문하여 봉수교회서 집회하였다.

5. 김정일 시대의 북한교회(1994~2011)

김정일은 종교에 대해 기본적으로 적대감을 가지고 있지 않았다. 그의 글 "주체사상의 기본에 대하여"에서 "수령님께서는 종교를 악용하는 반동적 지배계급과 제국주의자들의 책동을 배격하시었지 종교와 신자를 배척하신 일이 없습니다. 종교에는 나쁜 점만 있는 것이 아니라 좋은 점도 있습니다. 종교에서 사람들이 서로 사랑하면서 평화롭게 살라고 주장하는 것은 좋은 점이라고 볼 수 있습니다"[36]라고 하였다.

---

[33] 북한은 1980년부터 성경과 찬송가 발행을 준비해 왔다. 1981년 11월 기독교연맹 사무총장인 고기준 목사는 곧 성경과 찬송이 출판 될 것이다고 말하였고, 82. 10월에 북한을 방문한 재미교포 김성락 목사에게 신약성경은 곧 출판 할 것이고, 구약도 교정이 완료되었다고 말하였다. 84년에 구약성경까지 출판된 후, 1990년에 1만부 정도 재 발행하고, 2010년에 다시 재 발행한다. 사실 북한은 이때까지 기독교박해를 지속한다. 박해와 함께 성경과 찬송을 편찬하는 것은 '종교에 대한 병행노선'을 이루고 있는 것임을 알 수 있다.
[34] 1988.11 스위스의 글리온 회의에서 공식적으로 북한성경은 '서울판을 참조'했다고 해명하고 나섰다.
[35] 송원근은 그의 책 『북한의 종교지형변화』, 143쪽에서 '1992년에 김일성의 지시로 그 어머니 강반석의 유언을 따라 모친의 고향에 칠골교회를 건립한다'고 하였다. 박완신, 『북한종교와 선교통일론』, 173쪽에서 칠골교회는 92년 11월에 헌당하며, 강반석 권사가 다녔던 교회인 하리교회터에 김일성의 지시로 세웠다고 말한다.
[36] 김정일, "주체사상의 기본에 대하여," 189.

그렇다고 기독교를 인정하는 것은 아니었다. 김정일은 기독교를 이용하였다. 그의 시대는 김일성 시대와 맞물리고, 1994년 김일성 사망 이후 세습하게 되는데, 그의 기독교에 대한 정책은 그대로 이어간다. 그 이유는 그간 했던 종교정책과 기독교에 대한 정책은 자신이 지시했던 것이었기 때문에 굳이 바꿀 필요가 없었다. 그의 지시로 김일성대 신학과는 2006년 김정일의 지시로 경제대학에 편제됐고, 현재는 '영성학과'로 개명됐다고 한다.[37] 미국의 북핵 문제 협상 책임자였던 웬디 셔먼(사진) 전 국무부 정무차관이 북한은 국가라기보다는 컬트(종교적 숭배집단)"라고 하였다.[38]

1995년부터 북한은 식량난으로 인해 대량 탈북사태가 일어나고 이것으로 인해 북한 주민들이 기독교를 접할 기회가 생겼다. 중국에서 기독교 신앙을 접한 북한 주민 중 일부는 남한과 제3국으로 갔지만, 일부는 고향이나 살던 곳으로 돌아가서 지하에서 신앙생활을 하게 된다. 이들을 우리는 지하교회라고 부른다.

김정일 시대에 교회에 관한 특이한 것 중 하나는 남한 사람들과 남한 기업을 위해 교회당을 세우도록 허락했다는 것이다. 분단 이후 북쪽 영토에 최초로 세워진 남한교회가 바로 신포교회이다.

'한반도에너지개발기구'(Korean peninsula Energy Development Organization, 이하 KEDO)라는 단체는 김영삼 정부 시절인 1995년 3월 9일, 미국의 주도로 남측과 일본 등 3개국이 설립한 한시적 국제기구였다. KEDO의 핵심 역할은 1994년 북측이 영변 원자력발전소에서 진행하는 개발 연구의 봉인을 유도하고 마그녹스형 발전소 건설을 포기하도록 유도하는 역할이었다.

---

[37] "김일성대 신학과에서 배운 건 '기독교 박해정책,'" http://www.christiantoday.co.kr/news/265595 (2018.8.20).

[38] 셔먼 "김정은, 김정일보다 잔혹…북, 국가 아닌 컬트" 「중앙일보」(2016년 2월 19일) 종합3면.

1994년 10월 21일, 북미 간의 합의문이 체결된 1년 후인 1995년 12월 15일에 경수로 공급협정이 체결되었고, 2년 후인 1997년 7월 28일 KEDO 사무소가 함경남도 신포시 금호지구에 개설되었다. KEDO 금호지구 경수로 직원 및 근로자 생활관 타운 내에 위치한 종교시설 중에 가장 큰 규모의 종교 건축물은 '신포교회'(新浦敎會)였으며 교회가 위치한 곳은 '함경남도 신포시 강상로 동자구 금호리'이다. 교단 소속은 장로교(대한예수교장로회 합신 측)이며 교회 설립일은 근로자 숙소에서 첫 예배를 드린 시점으로 볼 때 1997년 7월이다. 또한, 1998년에는 힘든 조건에서도 컨테이너를 구입해 정기예배를 드리고 4년이 지난 후 예배당을 건축하고 입당한 날은 2002년 4월이다.[39]

2005년도에 현대 아산 직원들이 거주하는 금강산 빌리지 영내에는 작은 규모의 금강산교회당이 세워져 예배와 각종 행사를 하였다. 교회 부지의 행정구역상 주소는 조신민주주의인민공화국의 '강원도 고성군 온정리 금강빌리지 내 금강산교회'이다. 예배당 규모는 대형 컨테이너와 가건물을 증축한 건물로서 100석 규모의 좌석을 구비 했으며 시행처는 '현대 아산 신우회,' 시공과 건축은 인천 남동구 만수동에 위치한 설비전문회사 '서해'에서 맡아 2004년 6월에 공사를 시작해 3개월 만에 공사를 마치고 곧바로 입당했다.

그뿐만 아니라 2006년에는 개성교회가 지어졌다. 개성교회는 신원에벤에셀에서 2005년 7월 개성공장 3층에 설립한 예배 및 기도처소다. 이후 1000명이 함께 예배드릴 수 있는 예배당을 완공했다. 이 세 교회 중 신포교회는 경수로 사업이 철수된 후 사라졌고, 두 교회는 남북관계가 단절됨으로 인해 중단된 상태이다.

---

39 "함경남도 신포교회," http://www.tongilnews.com/news/articleView.html?idxno=116280 (2018.8.21).

6. 김정은 시대의 북한교회 (2012~현재)

　김정은 시대는 기독교에 대해 우호적이지 않다. 봉수교회와 칠골교회는 유지되고 있지만, 지하교회와 선교하는 선교사들에 대해 핍박과 탄압을 강도높게 하고 있다. 임현수 목사, 김정국 선교사, 김국기 선교사 등 북한에서 선교하는 이들에 대해 죄를 씌여 노동교화형(종신형)을 내려 감옥에 수감 하거나, 임현수 목사의 경우 31개월이 지난 후에 풀어주었다.

　'미국의 소리'(VOA)의 보도에 따르면 국제 기독교 선교단체인 '오픈 도어즈' 미국지부의 데이비드 커리 회장은 '2018 세계 기독교 감시목록'을 발표하면서, 북한이 올해도 세계 최악의 국가로 꼽혔다고 밝혔다. 이로써 북한은 17년 연속 이 단체가 발표한 '기독교 박해가 가장 심한 국가'에서 벗어나지 못했다.[40]

　탈북민들의 설문조사에서도 북한에서의 종교활동은 여전히 불가능한 것으로 나타났다. '북한에서 자유롭게 종교활동을 할 수 있는가'란 질문에 응답자 99.6%가 '자유로이 할 수 없다'고 응답했다. 특기할 만한 점은 김정은 집권 이후 수정된 헌법에 '신앙의 자유'가 보장[41]돼 있음에도 종교박해가 극심하다는 것이다. 종교활동 처벌 수준과 관련, 가장 높은 처벌로 '정치범수용소행'을 꼽은 응답자가 50.9%에 달했다.

　제임스 랜크포드(James Lankford) 미 상원의원에 따르면 "복음 전파가 김정은과 북한 정권을 두렵게 한다는 사실에 놀랐다"면서 "신약의 복음서두 구절 말씀을 제일 두려워하고 있다"고 말했다. 그는 "북한 정권은 예수께서 그들 모두에게 말씀하신 '네 마음을 다하고 목숨을 다하고 뜻을 다하

40　"북한, 17년 연속 세계 최악 기독교 박해 국가," https://news.joins.com/article/22276376 2018.8.20.
41　사회주의 헌법 5장 국민의 기본 권리 및 의무 68조에 보면 '국민은 신앙의 자유를 가진다' http://news.kmib.co.kr/article/view.asp?arcid=0923866422

여 주 너의 하나님을 사랑하라 하셨으니 이것이 크고 첫째 되는 계명이요, 둘째도 그와 같으니 네 이웃을 네 자신 같이 사랑하라 하셨으니 이 두 계명이 온 율법과 선지자의 강령이니라'는 말씀을 두려워 하고 있다"며 "김정은이 두려워하는 것은 간단한 두 구절인 '하나님을 사랑하고 이웃을 사랑하라'는 것이라고 언급했다. 북한인권 전문가인 그랙 스칼라토유(Greg Scalatoiu)는 "김정은 정권이 기독교를 두려워하는 것은 정보를 통제하고자 하는 북한 정권에 위협이 되기 때문이다"라고 말했다.[42]

김정은 시대의 교회는 관제교회인 봉수교회와 칠곡교회 그리고 지하교회와 그루터기교회로 나눌 수 있으나, 지하교회와 그루터기교회는 교회의 규모를 갖춘 것이 아니므로 파악하기 어려운 단점이 있다. 그리고 그루터기교회는 분단 70년이 지난 지금 거의 사라졌다고 보나, 간혹 부모로부터 신앙교육을 받았고, 전수 한 이가 있는 것으로 보아 분단 당시가 아닌 자녀들 세대 중에 그루터기교회라 할 만한 자들이 있다고 보인다.

7. 결론

지금까지 우리는 북한교회의 역사를 보았고, 북한 정부가 기독교를 어떻게 대해 왔는지 그 변화를 살펴보았다. 북한은 기독교를 실제로는 종교로 인정하지 않지만 앞으로 북한 개방에 따라 북한교회를 큰 도구로 삼을 것이다. 즉 북한은 종교를 정치의 하위체계로 인정하면서 종교를 정치, 경제적 이용의 대상으로 삼을 것이기 때문이다.[43]

북한은 종교에 대한 태도에 분명한 변화가 있었다. 이러한 태도의 변화

---

[42] "김정은이 가장 두려워하는 성경 구절은 뭘까?" http://kr.christianitydaily.com/articles/ (2018.8.21).
[43] 박완신, 『북한종교와 선교통일론』 (서울: 지구문화사, 1996), 21.

는 크게 본다면 경제난으로 인해 체제유지의 위협이 온 것 때문이고, 다음은 경제 실리를 추구하기 위함이다.⁴⁴ 경제 실리 추구의 한 예를 든다면 이산가족 상봉을 추진할 때마다 의제에 비료 지원이든지, 옥수수유 지원이든지, 무엇이든 경제에 관련된 것을 가지고 나온다. 결국, 북한은 종교를 체제에 필요한 만큼 이용할 것이나, 실제적인 종교활동을 제한하고 감시하고, 철저히 비판함으로 북한교회를 어용화하고 관제화할 것이다.

북한은 기독교에 대해 이중적일 수밖에 없다. 북한이 바라보는 기독교의 한 면은 기독교 본질적 측면으로 본다. 이 측면으로 보게 되면 당연히 북한이 추구하는 방향과 다르기 때문에 기독교를 탄압할 수밖에 없다. 그러나 다른 측면은 그리 부정적이지 않다. 이것은 기독교의 사회적 역할이다. 김정일 시대에 일어난 남한의 기독교 즉 NCCK가 보여준 것으로 인한 기독교의 긍정적 요소 때문이다. 이것은 북한의 체제유지에 도움이 되기 때문에 권장하고 발전시켰다. 김정은은 후자의 긍정적 요소를 가지고 북한교회를 바라볼 것이다.

북한은 교회의 존재를 말살하였다. 그 이후 필요에 의해 다시 세우게 되지만 이것 마저도 용이한 것은 아니다. 실제로 북한은 교회를 전국 큰 도시를 중심으로 12개를 세우려고 계획했지만 진행하지 못했기 때문이다. 1988년 봉수교회 이후 칠골교회가 세워지고, 남한교회의 지원을 받아 제일교회가 세워지지만, 현재는 봉수교회와 칠골교회만 남아 있는 상황이다. 즉 제일교회가 어떻게 되었는지 존재를 알지 못하고 있다. 그리고 남한 기업과 남한 기독교인을 위해 신포교회, 금강교회, 개성교회를 세웠지만, 남북관계가 단절되므로 말미암아 세 교회의 존재도 사라졌다.

북한은 기독교를 계속해서 통일전선 형성을 목적으로 세울 것이다. 다시 말하면 김정은 시대에는 경제발전을 위해 개혁과 개방을 할 때, 과거

---

44 최의철, 신현기, 『남북한 통일정책과 교류협력』(서울: 백산문화, 2001), 122-123.

처럼 외부인을 위한 교회는 세우게 할 것이다. 그렇다고 해서 기독교의 개방을 허락한다는 의미는 아니다. 체제보장을 위해서 필요에 의한 개방이기 때문에 체제에 반대되거나 방해되는 것은 걸러낼 것이다. 그래서 체제에 가장 반대되는 기독교의 전도와 선교활동은 허락하지 않을 것이고, 나아가 북한 주민들의 신앙생활을 더 감시 감독하게 될 것이며, 이것들에 대한 사상교육에 집중하게 될 것이다. 그렇다고 해서 기존에 있던 교회를 없애지는 않을 것이다.

도리어 1987년에 계획했던 대로 교회당을 외부에 알리기 위해 세울 가능성은 더욱 많은 것으로 보인다. 그리고 고난의 행군 이후 우후죽순 생겨난 지하교회는 수면 위에 올라오지 못하고 더욱더 심한 박해 속에서 성장할 것이다. 왜냐하면, 기독교는 박해의 종교이기 때문에 박해 가운데 성장한다. 로마의 시대가 그러했고, 중국이 그러했기 때문이다.

현재 북한은 종교와 종교단체가 있다. 그리고 교회도 있다. 그러나 종교에 관여된 자들 외에는 종교단체와 교회가 무엇을 하는 것인지 알지 못한다. 북한 일반 주민들은 종교에 대해 잘 알지 못할뿐더러 사상교육으로 인해 종교에 대해 부정적임이 틀림없다.

현재 북한의 종교 상황이 그러하다 하더라도 우리는 다시 동방의 예루살렘이 세워질 때를 기대하며, 북한선교에 힘을 키워야 할 것이다. 우리는 안다. 북한이 아무리 기독교를 탄압하고 말살한다 하더라도 기독교의 생명력은 막을 수 없다. 뿌려진 복음의 씨는 계속해서 자랄 것이기 때문이다.

참고문헌

김수진. 『한국기독교의 발자취』. 서울: 한국장로교출판사, 2001.
김하일. 『한국장로교회사』. 서울: 예루살렘, 1996.
다니엘 기포드. 『조선의 풍속과 선교』. 심현녀 역. 서울: 한국기독교역사연구소, 1995.
민경배. 『한국기독교회사』. 서울: 연세대학교출판부, 1996.
박용규. 『북녘에 두고온 교회』. 서울: 생명의 말씀사, 1991.
박완신. 『북한종교와 선교통일론』. 서울: 지구문화사, 1996.
박춘복. 『한국근대사 속의 기독교』. 서울: 목양사, 1993.
서정민. 『한국교회의 역사』. 서울: 살림, 2003.
윌리암 뉴튼 블레어. 『속히 예수 믿으시기를 바라느이다』. 김승태 역. 서울: 두란노, 1995.
이상규. 『한국교회의 역사적 흐름』. 서울: 영문, 1998.
전택부. 『양화진선교사 열전』. 서울: 홍성사, 2005.
정인생. 『한국교회사』. 서울: 도서출판 한글, 2001.
최의철, 신현기. 『남북한 통일정책과 교류협력』. 서울: 백산문화, 2001.

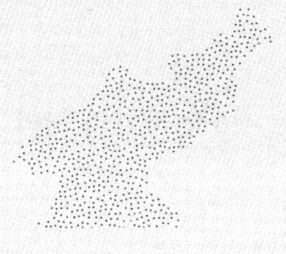

제3부

북한이해

한반도라는 용어에 대해 불편해하는 이들이 있다.
"스페인이나 그리스는 자기 나라의 고유한 국명과 지리적으로 이베리아반도와 발칸반도를 구별해서 사용하는데, 우리나라는 대한민국 또는 한국이라는 정식 국명을 외면한 채 식민지 종주국 일본이 대한제국이라는 국호를 말살하기 위하여 한반도라는 이름을 붙여줬고, 해방 60년을 맞이하는 현재까지 그것을 무의식적으로 사용하고 있다는 데 문제가 있다"고 말한다.
그러나 우리나라는 분단국가로 남한과 북한이라는 용어를 사용하고 북한은 북조선과 남조선이라는 용어를 사용한다.
그렇다면 남한과 북한을 하나로 표현할 때, 어떤 단어를 사용하여야 하는가?
표현할 단어가 마땅하지 않아 스포츠에서 단일국가로 출전했을 때, 비록 외래어지만 코리아 또는 꼬레아를 사용한다. 한반도라는 용어가 비록 일본이 의도적으로 우리나라를 비하하기 위해 사용했다 하더라도 적합한 단어를 찾기 전까지는 남한과 북한 전체를 통틀어서 지칭할 때는 한반도라고 표현할 수밖에 없다.
한반도의 북쪽을 우리는 북한이라고 한다. 이런 북한을 선교하기 위해서는 북한에 대한 기초적인 지식을 가지고 있어야 한다. 그뿐만 아니라 북한에 대한 기본적인 이해와 그들의 삶과 생활을 알고 있어야 한다. 특히 북한의 전 삶의 기초가 되는 주체사상을 이해하지 못한다면 그들의 세계관을 이해하지 못하는 것과 같다.
그래서 제3부에서는 북한의 기초적인 지식인 북한의 지리와 정치, 문화, 사회, 교육, 종교를 이해하고, 나아가 현재 가장 큰 이슈가 되는 장마당과 탈북민들에 대해 이해하며, 이런 북한에 선교를 어떻게 접목할 것인지 고민한다.

제6장 북한의 지리

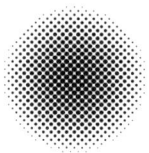

1. 들어가면서

북한을 이해하기에 앞서 먼저 북한의 지리 즉 북한의 위치와 면적, 기후, 인구, 행정수도, 지형, 자연자원 등을 살펴본다. 북한의 지리를 참고한 책은 북한에서 출판한 『우리나라 지리와 풍속』과 『북한이해의 길잡이』와 그 외의 책 『북·중 접경, 기도하며 걷다』, 『북한의 지리여행』, 『신북한지리지』와 인터넷이다. 북한지리에 대해 먼저 북한에서 발행한 우리나라 지리와 풍속을 먼저 소개하고 난 뒤 첨부할 것은 다른 책을 참고하여 소개한다.

북한은 북한을 소개하면서 '아침의 나라'라고 하고 '산천이 아름답고 땅은 기름져 오곡백과 무르익고 땅속에 금은보화 가득찬 나라'[1]라고 하였다. 북한이 아침의 나라라고 소개하는 이유는 지구 위에 가장 먼저 동트는 나라로 이해했기 때문이다.

대략 동경 180도 선을 기준으로 가상한 '날짜변경선'(1884년 국제천문학자회의에서 결정)의 서쪽에 있는 지역에서부터 시작된다. 그런데 우리나라는 새날이 밝아오는 '날짜변경선'의 서쪽에 있는 첫 대주인 아세아주의 동

---

[1] 금성청년출판사, 『우리나라 지리와 풍속』(평양: 평양종합인쇄공장, 1991), 9.

쪽에 자리 잡고 있으므로 새날도 먼저 맞이하며 정월 초하루 새해 명절도 먼저 맞이하게 된다.[2]

북한에서 발행한 지리책은 동쪽 끝과 남쪽 끝은 독도와 제주도로 소개하는 것과 땅의 면적을 소개하는 것도 38선 이북만이 아니라 한반도 전체를 북한 땅으로 이해하고 소개하고 있다.[3] 이렇게 생각하는 이유는 "조선 인민은 남조선에서 미강점군을 하루빨리 몰아내고 온 겨레가 한 강토에서 행복하게 살게 될 통일의 그 날을 앞당기기 위해 투쟁하고 있다"[4]고 하면서 적화통일을 염두에 두고 쓴 글이라고 볼 수 있다.

그리고 한반도 땅의 넓이를 소개하면서 세계의 200여 개의 나라 가운데 영토가 우리보다 작은 나라가 120여 개가 되며, 화란, 벨지끄(벨기에)와 같은 나라는 우리나라 땅 넓이에 비해 7.5분의 1밖에 안 되며, 룩셈부르크는 우리나라의 88분의 1에 불과하고 영국은 우리나라와 비슷하다고 소개함으로 한반도의 자존심을 내세우기도 하였다.[5] 그러나 이것은 현재 자료와 다르다. 현재는 236개국 중 한국은 109번째로 큰 나라이다.

현재 북한의 행정구역은 해방 이후 많이 달라져서 유서 깊은 옛 지명이 사라지고, 본래의 경계도 달라져 새롭게 배워야 할 것이 많다. 70년의 분단의 세월은 문화뿐 아니라 행정체계도 변화하여 이질화된 남북의 모습을 드러낸다. 북한의 인구는 정확한 자료가 없지만 대략 2천 3백만이라고 하기도 하고, 1,906만 명(1986년 기준)[6]이라고도 한다. 또한, 정치적 분단을 이유로, 조선민주주의인민공화국은 대한민국을 인정하지 않으며, 대한민

---

[2] 금성청년출판사, 『우리나라 지리와 풍속』, 10.
[3] 금성청년출판사, 『우리나라 지리와 풍속』, 10, 15.
[4] 방완주, 『조선개관』 (평양: 백과사전출판사, 1988), 3.
[5] 금성청년출판사, 『우리나라 지리와 풍속』, 15.
[6] 방완주, 『조선개관』, 20.

국 실효 지배 구역을 자국 영토로 포함하고 있다.

대한민국의 '특별시'나 '광역시' 등은 분단 이후에 신설된 것이지만, 북한에서 발행한 지도에는 이러한 부분들을 인정한다. 서울이 경기도에서 분리되어 있고, 부산과 울산이 경상남도에서 분리되는 등 조선민주주의인민공화국은 대한민국의 행정구역을 인정한다고 할 수 있다. 단, 한 가지 차이점이 있는데, 조선민주주의인민공화국령 강원도를 자국의 강원도에 포함하는 대한민국과는 달리, 강원도를 북과 남으로 분리하고 있다. 그리고 대한민국 이북5도위원회처럼, 조선민주주의인민공화국 역시 미수복지구 지방자치단체장들을 임명하고 있다.[7]

북·중 접경은 1,359,6km(약3,400리)이다. 북의 국경선은 1,376.5km(약 3,440리)인데 그 가운데 러시아와 경계를 이루고 있는 16.93km(약40리)를 빼면 나머지는 모두 중국과 마주 보고 있다. 북의 국경선 가운데 백두산의 육지 경계선 45km 제하여 1,331.5km(약 3,330리)가 압록강과 두만강을 경계로 하고 있다.[8]

2. 위치와 면적

1) 위치

우리나라는 지리적으로 가장 동쪽은 경상북도 울릉군 독도 동쪽 끝 동경 131° 52′ 40″이며, 서쪽은 평안북도 신도군 비단섬 서쪽 끝 동경 124° 10′ 47″이다. 가장 북쪽은 함경북도 온서군 풍서리 북쪽끝 북위 43° 00′

---

[7] "조선민주주의인민공화국의 행정구역," https://ko.wikipedia.org/wiki/ 2018.8.9.
[8] 유관지, 『북·중 접경, 기도하며 걷다』 (서울: 포앤북스, 2015), 17.

36″이며, 남쪽은 제주도 남제주군 마라도 남쪽 끝 북위 33° 06′ 43″이다. 동서 간의 경도의 차이는 약 8°이다. 북위 39°에서 경도차 1°사이 평행권 호의 길이는 86.6km, 1′의 길이는 1.44km, 1″의 길이는 24m이다. 그리고 동쪽 지방인 선봉은 서쪽의 신의주보다 해뜨는 시간이 23분 빠르다.

그리고 우리나라는 동서 간 폭이 넓지 않기 때문에 어디서나 다 같은 하나의 국가 시간, 동경 135°선을 기본 자오선으로 하는 제9경대 시를 사용하고 있다.[9] 북한은 남한과 함께 아시아대륙의 동북쪽에 위치하고 있다. 동쪽과 남쪽은 동해와 대한해협을 사이에 두고 일본과 마주하고, 서쪽과 북쪽은 서해와 압록강, 두만강 사이에 두고 중국과 러시아와 맞닿아 있다.[10] 북한이란 1953년 정전 협정에 의해 설정된 군사분계선 이북의 지역을 말한다.

2) 면적

북한은 우리나라 총면적은 22만 2209.231km^{2}에서 북한의 면적이 12만 2,762km^2[11]으로 북한 총면적은 한반도의 약 55%를 차지한다. 그중 대륙과 잇닿은 땅의 면적은 21만 6234.576km^{2}이며 섬은 4.198개로 섬의 면적은 5974.655km^{2}이다. 이외에도 서해안과 남해안에는 약 7,000km^{2}의 넓은 간석지가 있다. 우리나라 면적은 세계육지 면적의 약 676분의 1, 아시아주의 약 200분의 1에 해당한다.

우리나라 총 둘레의 길이는(섬 제외) 9,470km^{2}인데 대부분은 해안선이고 나머지는 육지 경계선은 1369.37km^{2}이다.[12] 중국과는 1,360km, 러시

---

9 금성청년출판사, 『우리나라 지리와 풍속』, 10-11.
10 전현준, "지리," 김성철 외 9인, 『북한이해의 길잡이』(서울: 박영사, 2000), 2.
11 금성청년출판사, 『우리나라 지리와 풍속』, 15.
12 금성청년출판사, 『우리나라 지리와 풍속』, 15.

아와는 17.2km를 접하고 있다.[13] 섬을 포함한 우리나라 북남 간 가장 긴 거리는 함경북도 온성군 풍서리 북쪽 끝에서부터 제주도 남제주군 마라도 남쪽 끝까지 1,144.59km나 된다. 여기서 북한은 재미있는 것을 소개하고 있는데, 하나는 하루에 100리씩 걷는 사람이 우리나라 둘레를 한 바퀴 돌아 구경하려면 적어도 236일은 걸려야 한다는 것과 우리나라를 삼천리라고 부르게 된 연유를 설명하였는데, 삼천리라는 말은 서울에서 부산 동래가 천리, 서울에서 의주가 천리, 의주에서 두만강 어구가 천리라는 이조시대 거리 따짐에서 불려진 것이라고 소개하였다.

3. 기후와 인구

1) 기후

북한은 우리나라 기후에 대해 4계절이 뚜렷하고 맑은 아침의 나라로 표현하였다. 우리나라 기후는 한해 평균기온이 8-12도로서 온화하며 지방마다 기후가 다양하고, 북쪽에서 남쪽으로 갈수록 기온이 점점 높아진다. 북쪽과 남쪽의 기온 차는 약 10도이다. 북쪽 삼지연 일대는 한해 평균기온이 0도로서 제일 추운 지역이다. 여름의 낮 길이는 북쪽으로 갈수록 더 길어진다. 같은 위도상 기온이 서해안보다 동해안이 더 높고 해안보다 내륙 산악지대가 더 낮다. 평양의 한해 평균기온은 9.7°C이며 양덕은 7.4°C, 원산은 10.6°C이다.[14]

우리나라 기후는 바다의 영향을 받는 해양성 기후를 가지며 겨울에는

---

[13] 전현준, "지리," 김성철 외 9인, 『북한이해의 길잡이』, 3.
[14] 금성청년출판사, 『우리나라 지리와 풍속』, 163.

찬 대륙성 기후가 특징이다. 12~3월의 겨울이 길고 추워 1월 평균기온이 -6(남부)~-22℃(북부내륙) 정도이다. 6~9월의 여름에는 대부분 지역의 7월 평균기온이 20℃ 정도이다. 따라서 연교차는 평양 30℃, 중강진 43℃ 정도로 매우 큰데, 특히 중강진은 한반도에서 기온이 가장 낮은 곳으로 -43.6℃를 기록하기도 했다. 해류와 해안산맥(좁은 해안 저지대와 경계를 이루고 있는 산맥)의 영향을 받아 동부 해안의 겨울 기온은 서부 해안의 겨울 기온보다 2~3℃가량 더 높다.[15]

2) 인구

우리나라 인구를 북한은 1991년에 7천만 명으로 세계에서 13번째의 나라라고 소개한다. 우리나라보다 인구 수가 많은 나라는 중국, 인도, 러시아, 미국, 인도네시아, 브라질, 나이지리아, 일본, 파키스탄, 방글라데시, 독일, 메히꼬(멕시코의 에스파냐 이름)이다.[16] 2018년도 인구통계는 남북한 합쳐서 7천 5백만 명이라고 한다면 세계 20위가 된다. 위의 12개 국가와 더불어 필리핀, 이집트, 베트남, 콩고, 이란, 터키, 독일이 포함된다.[17] 여기서 북한의 인구는 밝히지 않고 있다.[18]

북한의 인구는 1942년에 972만 6,000명이었으나 8·15해방 다음 해인 1946년에는 925만 7,000명으로 4년 동안 46만 9,000명이 감소했고, 1949년에는 962만 2,000명이었으나 6·25전쟁 후인 1953년에는 849만 1,000명으로 약 113만 명이 감소했다. 그 후 1956년 935만 9,000명, 1959년

---

[15] "기후," http://100.daum.net/encyclopedia/view/b19j2425b (2018.8.3).
[16] 금성청년출판사, 『우리나라 지리와 풍속』, 16.
[17] "세계인구순위," http://blog.naver.com/PostView.nhn?blogId=sweetpie9&logNo=221207885360 (2018.8.9).
[18] 금성청년출판사, 『우리나라 지리와 풍속』, 16.

1,039만 2,000명, 1960년 1,078만 9,000명, 1963년에는 1,156만 8,000명으로 1956~63년에 23.6%의 높은 인구증가율을 보였다.

그러나 1972년부터 실시 된 인구 억제정책에 따라 인구증가율이 급격히 둔화되어 1975~85년에는 18.7%, 1985~91년에는 16.1% 정도로 낮아지고 있다. 총인구의 59%는 서해안 평야지대에, 8.6%는 자강도·양강도 등의 북부내륙지대에 거주하고 있으며 도시 지역에 58.3%, 농촌 또는 그 밖의 지역에 41.7%의 인구가 분포되어 있다.[19] 2018년 1월 기준으로 남한의 총인구수가 51,779,148명이다.

북한이 약 2천 3백만이라고 한다면 합쳐서 7천 4백만 명이 될 것이다. 그러나 고난의 행군 이전 1986년 북한의 통계로는 1,906만 명[20]으로 남북 합쳐 7천만 명으로 보이나, 고난의 행군을 지나고 난 뒤 약 3백만 명이 줄어들었을 것이라는 추측이 있다. 북한의 인규 규모는 전 세계 238개국 중 51위이고, 인구증가율은 157위, 출산율 천 명당 12.5명 134위이고 65세 이상 인구비율이 9.9%이다. 북한도 남한과 같이 저출산 고령화로 진입해서 인구가 느는 속도가 더디다.[21]

특히 탈북자로 인한 감소도 무시하지 못한다. 2017년도 남한의 재외국민 주민등록자 인구수가 4만 6800여 명으로 집계됐다. 재외국민은 해외에 거주하는 국민으로서 영주귀국 신고를 하지 않은 사람이다.

행정자치부는 우리나라 재외국민이 4만 6832명으로 지난해 4만 5846명에 비해 약 1000명 증가했다고 15일 밝혔다. 지역별로는 서울(1만 9564명), 경기(1만 3265명), 부산(2626명), 인천(2226명), 대구(1121명) 순으로 서울·경기가 전체의 70%를 차지했다. 가장 적은 지역은 세종(144명), 울산(315

---

[19] "조선민주주의인민공화국," http://100.daum.net/encyclopedia/view/b19j2425b (2018.8.15).
[20] 방완주, 『조선개관』, 20.
[21] "북한인구수 늘었을까?" http://gold77.tistory.com/484 (2018.8.9).

명), 광주(424명), 전남(537명), 충북(588명) 순이었다. 성별로는 남자가 1만 9051명이고 여자가 2만 7781명으로 집계됐다.[22] 북한은 재외국민의 유입이 얼마나 되는지 집계가 없다.

4. 행정구역

북한은 행정구역을 설명할 때 서기 995년 고려 시대부터 거슬러 올라가 설명한다. 1392년 조선이 시작되면서 전국을 8개의 도로 나누어 이때부터 조선을 8도 강산이라 불렀다. 8도 강산은 이조 500년간 행정구역으로서 함경도, 평안도, 황해도, 경기도, 강원도, 충청도, 경상도, 전라도이다. 함경이란 함흥과 경성, 평안은 평양과 안주, 황해는 황주와 해주, 강원은 강릉과 원주, 충청은 충주와 청주, 경상은 경주와 상주, 전라는 전주와 라주의 그 지방의 첫 글자들을 따서 붙인 것이다. 경기는 서울을 중심으로 한 지방이란 뜻이다.

이조 말기 1896년 경기도, 강원도, 황해도를 제외한 나머지 5개 도를 모두 남북으로 갈라 13개 도로 만들어 해방 때까지 사용했다. 8·15해방 당시 행정구역은 6개 도, 9개 시, 89개 군, 810개 읍·면으로 이루어져 있었으나 해방 후 북한은 1949년 1월에 자강도를, 1954년 11월에 량강도를 세웠다. 자강도는 자성과 강계 사이의 도라는 의미에서 나온 이름이며 량강도는 압록강과 두만강 두 강 사이의 도라고 불린 이름이다. 1954년 10월에 황해도를 황해남북도로 분리하여 9개 도가 되었다.[23] 북한이 행정구역을 변화시키는 이유는 첫째로 군을 중심으로 중앙으로부터의 사회주의

---

22 "우리나라 재외국민 주민등록 인구수 4만 6832명," http://news.zum.com/articles/36097012 (2018.8.9).
23 금성청년출판사, 『우리나라 지리와 풍속』, 26-27.

적 통제를 강화하기 위한 것이고, 둘째는 행정구역의 수를 남한과 같은 수준으로 늘림으로써 자신들이 줄곧 주장해온 '북남협상을 통한 북남총선'의 지역대표제에 대비하기 위한 것으로 보인다.[24]

북한이 1952년 12월에[25] 단행한 행정체계개편은 종래의 도-군(시)-면(읍)-리(동)의 4단계 체계에서 면을 없애고 읍을 리, 동과 같은 단위로 격하시켜, 결국 도-군(시)-리(동,읍)의 3단계 행정구역 체계로 바꾼다. 이때 행한 행정구역 개편을 '군면리 대폐합'이라고 부른다.[26] 그리고 리, 동과 동일한 단위로 '노동자구'라는 것을 신설하였는데, 이것은 광산지대, 공장지대, 산림지대 등의 노동자 밀집 지역에 만든 특수한 행정구역으로서, 현재 북한 전역에 2백 30여 곳에 설치되었다. 현재 9도, 1직할시(평양), 3특급시(남포, 라선, 개성), 24시, 26구역, 148군, 3특구(금강산관광지구, 개성공업지구, 신의주특별행정구), 2구(청남구, 수동구), 3지구(운곡지구, 득장지구, 금호지구)로 구성되어있다. 행정단위의 변화를 연도별로 보면 다음과 같다.

- 1946년: 분단으로 평양시를 특별시로 승격, 38선 이북의 강원도, 함경남도 원산시, 문천군, 안변군, 황해도 연천군 일부를 합하여 강원도를 신설했다.
- 1949년 1월: 평안북도 강계군, 자성군, 위원군, 초산군, 희천군, 함경남도 장진군 일부, 후창군의 일부를 떼어 자강도를 신설했다. 명칭은

---

24 배기찬, 『신북한지리지』(서울: 다나, 1997), i.
25 1952년 12월 20일에서 22일까지 열린 최고인민회의 제6차 회의에서 상임위원회의 행정구역 변경에 관한 정령들을 승인함으로써 이루어진 것이다. 이 때 북한은 면을 없애서 행정구역 체계를 3단계로 변경했고, 한 개의 군을 두 개, 또는 그 이상으로 분할하여 당신 98개이던 군을 168개로 증설하였다. 그리고 당시 10,120개이던 리를 병합하여 3,658개로 개편했다. 이것으로 인해 리의 옛날 명칭과 일치 않은 경우가 생겼다. 그리고 군면리 대폐합 시 군마다 군과 같은 이름의 읍을 하나씩 두어 행정중심지로 삼았다. (유관지, 『북·중 접경, 기도하며 걷다』, 23).
26 유관지, 『북·중 접경, 기도하며 걷다』, 23.

자성군과 강계시에서 한 글자 씩 땄다.
- 1951년: 개성시와 개풍군을 합하여 중앙 정부 직속인 개성지구로 개편했다.
- 1954년: 개성시와 장단군, 장풍군, 개풍군으로 분할하여 개성직할시로 개칭했다.
- 1954년 10월: 함경남도 개마고원 일대 혜산시와 운흥군 등 10군과 나머지 후창군을 떼어 양강도를 신설했다. 명칭은 양쪽에 강(압록강, 두만강)이 있다는 의미로 했다. 같은 시기 사리원시, 송림시 및 봉산군 외 13군 등의 황해도 북동 지역과 휴전 후 북한 지역으로 편입된 개풍군, 장단군을 합하여 황해북도를 신설, 나머지는 자동으로 황해남도가 되었다.
- 1958년 10월: 함흥시와 청진시를 직할시로 승격시켰다가, 1966년 7월에 일반시로 재격하시켰다.
- 1977년 11월: 무산군, 부령군, 경성군을 재편입시켜서 청진시를 직할시로 재승격시켰다가, 1985년 8월에 일반시로 재격하시켰다. 심지어 직할시 기간도 전부 7년 9개월로 같다.
- 1980년 3월: 남포시와 대안시, 룡강군을 합쳐 남포직할시를 신설했다.
- 1993년 9월: 함경북도 라진시와 선봉군을 합쳐서 라선직할시를 신설했다. 휘하에 라진구역과 선봉군을 두었다.
- 2001년 5월: 라진-선봉 자유경제구역을 라선직할시를 라선시로 격하, 라진구역과 선봉군을 폐지했다.
- 2002년 11월: 평양특별시를 직할시, 남포직할시와 개성직할시를 특급시로 개편해서 평안남도와 황해북도로 이관했다. 개성은 반 백 년 만에 격하된 셈이다.
- 2005년 1월: 라선시가 라선특급시로 승격되었다.

- 2006년 9월: 라선특급시가 라선직할시로 변경되었다. 이때 라진구역과 선봉군이 재부활한 것으로 보인다.
- 2010년: 라선직할시가 라선특별시, 남포특급시가 남포특별시로 승격되었다.
- 2010년 말: 평양직할시 소속이었던 상원군, 중화군, 강남군, 승호구역을 황해북도에 이관했다. 이 때문에 현 평양직할시 면적은 이관 직전 57% 수준으로 떨어졌다가 2011년 강남군이 재편입되었다. 평양은 전기, 식량, 기타 재화 등이 우선 공급되기 때문에 물자가 부족해지면 부담을 줄이기 위해 평양을 멋대로 조정하기 때문이다.[27]
- 2011년: 평양시 남부 지역인 강남군, 중화군, 상원군, 승호구역을 황해북도로 이관[28]하고 상원군을 상원지구로 승호구역을 승호군으로 만들었다.[29]

북한은 많은 시와 군의 지명을 변화시켰다. 그 변화에 특이한 지명을 넣었다. 주로 김일성과 김정일에 관련된 이름들이다. 이런 이름들이 약 100여 개가 된다고 한다. 1977년 4월에 영흥군이 금야군, 경원군이 새별군(김정일 위원장을 지칭하는 이름), 경흥군이 은덕군(김일성 주석의 은덕을 기린다는 의미)으로 개칭, 새별과 은덕군은 2005년 원래의 이름으로 바뀌었다. 1981년 8월에는 신파군이 김정숙군(김정숙은 김일성의 본처)으로, 함경북도 웅기군이 선봉군으로 개칭, 1981년 10월에는 명간군이 화성군으로 개칭, 1982년 9월에는 퇴조군이 락원군으로 개칭, 1988년 8월에는 후창군이 김

---

[27] "북한, 행정구역," https://namu.wiki/w/ (2018.8.3).
[28] 이 조치로 평양의 면적은 2,600km²에서 1,100km²로 대폭 축소되고 인구도 300만 명에서 250여만명으로 줄었다. 이런 행정조치를 낸 것은 평양시민은 특별대우를 받는데 경제난이 심각해 지면서 이런 부담감을 줄이기 위한 조치로 보인다(유관지, 『북·중 접경, 기도하며 걷다』, 24).
[29] 유관지, 『북·중 접경, 기도하며 걷다』, 24.

형직군(김형직은 김일성의 부친)으로 개칭, 1990년 8월에는 풍산군이 김형권군(김형권은 김일성의 삼촌), 같은 해 9월 평천군이 봉천군으로 개칭되었다.[30]

5. 지형과 자연자원

1) 지형

우리나라는 북동쪽이 높고 남서쪽은 낮다. 높은 고원과 산지들은 모두 북동쪽에 치우쳐있으며 남서쪽은 가면서 점차 낮아진다. 높고 긴 산줄기들과 2천 미터 이상의 높은 산들이 54개나 있는데[31] 그의 전부가 동북산지대에 집중되어 있다. 그중에 제일 높은 산이 백두산(2,750m), 관모봉(2,540m), 북수백산(2,521m), 차일봉(2,505m), 두운봉(2,485m), 남포태산(2,433m), 백산(2,377m), 대연지봉(2,358m), 투구봉(2,333m), 궤상봉(2,332m), 안골산(2,322m), 두류산(2,309m), 북포태산(2,288m) 등이다.[32]

그러므로 북동쪽은 비탈이 심하고 높은 산줄기들과 고원, 분지와 골짜기들이 엉키어 지형이 복잡하고, 남서쪽은 낮고 평탄하다. 우리나라는 산지가 국토면적의 약 80%이다. 평균 해발은 440m이다.

산이 많은 우리나라는 산줄기가 약 80여 개가 있는데, 주요한 산줄기가 17개이다. 백두산줄기, 함경산줄기, 부전령산줄기, 랑림산줄기, 강남산줄기, 적유령산줄기, 묘향산줄기, 북대봉산줄기, 마식령산줄기, 멸악산줄기, 태백산줄기, 경상산줄기, 광주산줄기, 차령산줄기, 로령산줄기이다.

그리고 산이 많은 우리나라는 높고 낮은 고개들이 많다. 이름난 고개

---

[30] "북한의 행정구역변화," http://cafe.daum.net/jigiclass/KFuh/ (2018.8.9).
[31] 조선개관에는 한반도에 2천 미터 넘는 산이 100여 개 있다고 한다.
[32] 금성청년출판사, 『우리나라 지리와 풍속』, 30.

가 모두 760개가 되는데 그중에 고개가 300여 개, 령이 280여 개, 치, 덕, 현, 재가 170여 개 있다. 령은 고개나 재들 중에서 높고 큰 것들을 말하며 령보다 작은 것을 현 또는 치, 덕, 재라고 각각 부른다.

또한, 북한에는 고원과 대지(북한말로 덕땅)가 있다. 고원으로는 한반도의 지붕이라고 하는 백두고원[33]과 개마고원이 있고, 대지로는 백두용암덕땅, 평강철원용암덕땅, 신계곡산용암덕땅, 오수덕용암덕땅이 있다.[34] 이름난 산으로는 만경대, 백두산, 왕재산, 묘향산, 금강산 그리고 구월산이 있다. 북한은 이름난 산의 첫 번째로 만경대를 넣은 것은 김일성의 태어남과 어린 시절과 관련된 곳으로 북한인민의 마음의 고향으로 가르치는 곳이다. 만경대의 최고봉인 만경봉은 45m에 불과하다.[35] 그리고 주요평야로는 재령평야·연백평야·평양평야·안주평야 등이 있다.

한반도는 세 면이 바다로 둘러쌓인 해양국이다. 바다로는 북한어로는 조선동해, 조선서해, 조선남해로 모두 태평양과 잇닿아 있다. 바다의 총넓이 약 50%는 대륙붕이며 조선서해와 조선남해는 전 수역이 대륙붕이다. 서해안에는 해안선을 따라 2,513개의 섬이 있고 남해는 1,418개의 섬이 있다. 물고기 종류는 동해에 600여 종, 서해에 220여 종이다.[36]

북한에 있는 강으로는 압록강으로 803km의 길이로서 한국에서 제일 긴 강이다. 그러나 남한에서는 이 강의 길이를 790km라고 하고, 중국에서는 795km라고 한다. 압록강 이름의 유래는 두 가지이다. 하나는 강물의 색깔이 오리의 머리처럼 푸르다는데 연유를 두고, 다른 하나는 '두 벌판의 경계'라는 뜻을 가진 옛 말 '이루'(혹은 알루)에서 유래되었다는 설

---

[33] 백두고원은 백두산줄기의 북쪽 백두산을 중심으로 삼지연군, 대홍단군, 보천군 일대를 차지하는 고원으로서 개마고원과 맞닿아 있다. 북한은 이곳을 김일성의 항일무장투쟁의 장소로 혁명사적지들과 혁명전적지를 세워 알리고 있다.
[34] 금성청년출판사, 『우리나라 지리와 풍속』, 39.
[35] 금성청년출판사, 『우리나라 지리와 풍속』, 55.
[36] 방완주, 『조선개관』, 22-23.

도 있다.[37] 압록강은 언더우드 선교사의 '한국교회의 요단강 세례'라고 불리는 집단 세례가 행해진 곳이기도 하다. 두만강은 크고 작은 280여 개의 지류를 합류해서 중국과 러시아 국경을 따라 흐르는 우리나라 5대 강 중의 하나이다. 원래는 토문강을 비롯하여 십여 가지 이름을 가지고 있었다. 두만강은 백두산 남동쪽 비탈면에서 발원하여 547.8km의 길이를 가지고 있다.[38] 중국에서는 505.4km라고 말하고 있다.

중국은 201년경부터 두만강에 철조망을 설치하는 작업을 하였다. 상류에서 시작된 이 작업은 2013년에는 하류까지 거의 완료되어 두만강은 완전봉쇄에 가까운 상태가 되었다.[39] 국경을 통한 마약밀수와 인신매매 등의 범죄를 막으려는 의도와 탈북자를 근원적으로 차단하기 위한 것으로 보인다. 자강도에 있는 청천강과 평양을 중심으로 흐르는 대동강, 북한 건국의 역사가 있는 보통강, 강원도의 임진강이 있다. 호수로는 백두산에 있는 백두산 천지, 양강도 삼지연군에 있는 삼지연, 함경북도 선봉군 부포리와 굴포리 사이에 있는 서번포, 함경남도 정평군에 있는 광포, 함경북도 어랑천 하구에 있는 장연호, 강원도 롱천군 강동구에 있는 시중호(강동포)가 있다.

2) 자연자원

(1) 지하자원

우리나라에 알려진 광물의 종류는 400여 종인데 유용 광물만 해도 200여 종이 된다. 흑연과 마그네사이트는 세계에서 가장 많이 묻혔고, 철, 금, 은, 동, 아연, 몰리브덴, 대리석, 석회석, 석탄 등도 많다. 주요 쇠돌산은

---

[37] 유관지, 『북·중 접경, 기도하며 걷다』, 44.
[38] 유관지, 『북·중 접경, 기도하며 걷다』, 187.
[39] "중국, 대규모 탈북 대비해 두만강 국경 철조망 봉쇄," http://blog.naver.com/PostView.nhn?blogId=sjk60&logNo=70148077753 (2018.8.6).

함북 무산, 함남 허천, 리원, 북청, 덕성, 평남 개천, 황북 송림, 신계, 황남 은률, 안악, 재령이 있다. 평북, 자강도 일대에 귀중한 광물들이 많다. 운산, 대유동의 금광, 황해남도의 옹진과 락연의 연, 아연, 재령과 은율의 철, 몽금포와 구미포의 규사가 있다.[40] 북한의 광물자원을 국가통계포털에서 발표한 자료를 보면 다음과 같다.

북한	금속	금	2,000.0	톤
		은	5,000.0	천톤
		동	2,900.0	천톤
		연	10,600.0	
		아연	21,100.0	천톤
		철	50.0	백만톤
		중석	246.0	천톤
		몰리브덴	54.0	천톤
		망간	300.0	
		니켈	36.0	
	비금속	인상흑연	2,000.0	천톤
		석회석	1,000.0	
		고령토	2,000.0	
		활석	700.0	
		형석	500.0	
		중정석	2,100.0	
		인회석	1.5	억톤
		마그네사이트	60.0	억톤
	석탄	무연탄	45.0	억톤
		갈탄	160.0	억톤

KOSIS국가통계포털 '북한광물자원 종류와 매장량'[41]

---

40 금성청년출판사, 『우리나라 지리와 풍속』, 177.
41 "북한광물자원," http://kosis.kr/search/search.do 2018.8.8.

그러나 북한 국가자원개발성 조사국은 2015년 3월 23일 호주 등의 지질학자 등과 함께 진행한 조사 결과 북한에 희토류가 2억 1600만 t 매장돼 있다고 발표했다. 조사국은 "2010년 세계 희토류 소비량이 14만 t 정도였는데 이 정도면 대단한 매장량"이라고 자랑했다.[42] 그러나 북한의 통계를 정확히 믿기는 어렵다. 2013년도 에너지경제연구원에서 국제기준을 북한에 적용해 봤더니 매장량이 뚝 떨어졌다. 석탄은 227억 t에서 26억 t으로, 금은 972t에서 317t으로, 철은 37억 t에서 17억 t으로 줄어들었다.

북한의 지하자원 통계자료는 『조선지리전서(1988년)』 『조선중앙연감(2004년)』 정도다. 여기에 나온 매장량을 국제기준에 맞춰 다시 계산했더니 석탄은 11%, 금은 32%, 아연은 34%, 중석은 23%에 그쳤다.[43] 북한의 통계는 정확하지 않아 신뢰하기가 어렵지만, 남한과는 비교가 되지 않을 만큼 많은 지하자원이 있다.

(2) 산림자원

북한에서 목재생산은 산림축적이 높은 북부내륙의 산림지대에서 집중적으로 이루어지고 있으며, 이들 지역에는 주로 이깔나무, 가문비나무, 분비나무, 전나무 등이 분포하고 있다. 북한 지역 산림 종수는 1,100여 종이며, 침엽수가 19종, 활엽수가 136종이다. 700여 종의 약용식물, 200여 종의 산채류, 450여 종의 공업용 식물이 있다.[44] 용도별 주요 수종의 분류를 보면 다음과 같다.

---

[42] "희토류로 몸값 올린 북한, 중·일 사이서 '외교 줄타기,'" 「중앙일보」(2015. 3. 31).
[43] "북한 광물자원 매장량 과장됐다," 「중앙일보」(2013. 11. 7).
[44] 전현준, "지리," 김성철 외 9인, 『북한이해의 길잡이』, 7.

용도	주요 수종
일반건설	이깔나무, 소나무, 삼송류
갱목	소나무, 이깔나무, 참나무
섬유제지(펄프)	삼송류, 황철나무, 사시나무, 백양나무, 이깔나무, 포플러, 버드나무, 오리나무
합판	사스레나무, 자작나무, 피나무, 황철나무
침목	밤나무, 이깔나무, 가문비나무, 소나무
차량	이깔나무, 가문비나무, 소나무, 사스레나무, 참나무
조선	소나무, 이깔나무, 가문비나무, 잣나무, 참나무
가구, 일용품	오동나무, 가래나무, 드레나무, 피나무, 황철나무, 엄나무, 자작나무, 사스레나무, 참나무
운동구	느티나무, 들메나무, 물푸레나무, 엄나무
악기	전나무, 오동나무, 단풍나무, 피나무, 벚나무
성냥	피나무, 사시나무, 백양나무, 황철나무

출처 : 북한의 산업 2015 용도별 주요 수종의 분류

북한은 대부분 산으로 되어 산림이 부족함이 없을 것 같으나 산림이 황폐해졌다. 북한 지역 산지 면적의 31.6%인 284만ha가 황폐 산지로 나타났으며, 황폐 산지의 유형 중 개간 산지의 비율이 약 47%로 가장 많은 면적을 차지한다. 황폐 산지를 포함한 북한의 전체 산림면적은 899만 3천ha로 추정된다. 남북분단 이후 북한의 산림이 황폐화된 원인을 다음의 세 가지로 요약할 수 있다.

첫째, 농지조성을 위해 산림을 개간하고 훼손하였기 때문이다.

둘째, 임산 연료 채취로 인해 산림이 훼손되었다. 이로 인해 나무가 거의 없는 민둥산으로 변하여 맨땅이 드러나서 산지 경사면의 안정성이 취약해지면서 황폐화가 가속화되었다.

셋째, 목재 수출과 재해 복구를 위한 벌채가 증가하였기 때문이다.

그리고 부족한 외화획득을 위해 양호한 산림을 무차별적으로 벌채해

중국으로 수출하면서 산림의 황폐화는 더욱 가속화되었다. 북한은 1970년 350만㎥의 원목을 벌채하였고 1995년에는 473만㎥의 원목을 벌채하였으며, 1996년에는 약 500만㎥의 원목을 벌채한 기록이 있다. 1990년대 이전에는 자급자족에 치중하던 원목 사용이 1990년대 이후부터 수출을 시작하여 1990년에 14,200㎥의 원목이 수출되었으나 1996년에는 수출량이 대폭 증가하여 41만㎥의 원목을 수출하는 기록을 보였다.

2000년대 초반 북한은 식량 사정이 다소 호전되면서 원목 형태로의 목재 수출을 제한하고 일차 가공된 형태로의 수출을 장려하였다. 일시적으로 중국 등 인근 국가로의 원목 수출은 주춤하는 경향을 보였다. 산림의 황폐화와 에너지 부족 등으로 인해 목재의 생산이 저조한 데다 한동안 소련에서 들여오던 약 180만㎥에 달하는 목재의 도입도 중단되어 목재 부족이 매우 심각한 상태였기 때문이다.

그러나 2000년 북한연감에 의하면 최근 북한의 목재 수요량은 산업 용재를 비롯한 연료 목, 농업과 자재용 목재 등을 합해서 연간 약 900만㎥에 달하는 것으로 추정된다. 실질 수요량과 FAO에 보고되는 통계 수치의 차이를 고려하면 주요 목재 생산기지인 양강도와 자강도에서 목재생산이 더욱 강화되고 있는 것으로 추정되며, 이는 결국 생태계와 환경 파괴에 따른 각종 산림피해의 확산과 더불어 북한 산림의 황폐화는 가속화되고 있을 것으로 예상한다.[45]

(3) 수산자원

북한의 수산자원 현황을 보면 북한 수역에 분포되어 있는 어종은 약 650-800여 종에 이르는 것으로 추정되고 있다. 이중 해면 어류가 640여

---

[45] "임업," http://nkinfo.unikorea.go.kr/nkp/overview/nkOverview.do?sumry-MenuId=EC215 통일부 북한정보포털 (2018.8.8).

종, 패류와 해조류는 100여 종, 기타 수산 동물은 40여 종 등으로 알려져 있다. 북한의 해역별 주요 어종 및 주 어장은 아래와 같다.

구분		동해안			서해안	
	어 종	주 어장	주어기	어 종	주 어장	주어기
어류	멸치	연근해	5~6월	조기	평안북도, 황해도	4~6월
	명태	함경도, 강원도	11월~1월	고등어	-	6월
	고등어	연근해	5~6월, 9~10월	뱅어	평북, 압록강하구	4~6월
	청어	연근해	2월~4월	(물)가자미	연근해	5~9월
	대구	연근해	10~1월	민어	연근해	6~7월, 10월
	가자미	연근해	연중	병어	연근해	5~9월
	방어	함경도 이남	11~1월	갈치	연근해	9~10월
	임연수어	함경도, 강원도	9~11월	삼치	황해도	6~11월
	정어리	연근해	6~7월	숭어	-	2월, 4월, 9월
	꽁치	연근해	6월~8월	농어	-	6~7월
갑각류	꽃게	강원도 이남	5~6월, 9~11월	새우류	연근해	9~12월
				꽃게	연근해	3~5월, 10~11월
패류	굴	강원도 연안	11~3월	백합	평남, 황해	-
	가리비	전연안	-	바지락	전연안	-
	조개류	전연안	-	꼬막	전연안	-
연체동물	오징어	강원도, 함경남도이남	7~8월, 9~10월	-	-	-
기타	미역	강원도, 함북	-	미역	황해도	-
	해삼	전연안	-	-	-	-
	성게	강원도, 함북	-	-	-	-

자료 : 농림수산식품부북한의 해역별 주요 어종 및 주 어장

최근까지 북한은 어선을 전시에 대비하는 보조함정으로 간주하여왔기 때문에 군사동원의 비밀사항으로 간주하여 어선보유실태를 공식적으로는 명확하게 밝히지 않고 있다. 북한의 어선은 크게 무동력어선과 동력어선으로 구분할 수 있다. 북한은 약 1,500여 척의 동력어선을 보유하고 있는 것으로 추정된다.

최근에는 경제난으로 인해 유류부족과 함께 정비불량, 부품부족, 기관고장 등으로 실제 조업이 가능한 어선 수는 400여 척에 불과한 것으로 추정된다. 연안어업에 이용되는 무동력어선에 대해서는 인용되는 자료마다 4,000~9,000척까지 상당한 차이를 나타내고 있다. 무동력선 중에는 돛을 이용하여 조업하는 어선도 300여 척이 있으며 20~80마력 수준의 중국어선들이 북한 측 수역 내에서 월선 조업을 하다가 나포된 것을 재사용하는 때도 있다고 한다.[46]

---

[46] "어업," http://nkinfo.unikorea.go.kr/nkp/overview/nkOverview.do?sumry-MenuId=EC215 통일부 북한정보포털 (2018.8.8).

참고문헌

금성청년출판사.『우리나라 지리와 풍속』. 평양: 평양종합인쇄공장, 1991.
김성철 외9인.『북한이해의 길잡이』. 서울: 박영사, 2000.
방완주.『조선개관』. 평양: 백과사전출판사, 1988.
배기찬.『신북한지리지』. 서울: 다나, 1997.
유관지.『북·중 접경, 기도하며 걷다』. 서울: 포앤북스, 2015.
"기후." http://100.daum.net/encyclopedia/view/b19j2425b.
"북한인구수 늘었을까?" http://gold77.tistory.com/484
"북한, 행정구역." https://namu.wiki/w/
"북한의 행정구역변화." http://cafe.daum.net/jigiclass/KFuh/
"북한광물자원." http://kosis.kr/search/search.do.
"세계인구순위." http://blog.naver.com/PostView.nhn?blogId=sweetpie9&logNo=221207885360.
"어업." http://nkinfo.unikorea.go.kr/nkp/overview/nkOverview.do?sumryMenuId=EC215.
"우리나라 재외국민 주민등록 인구수 '4만 6832명.'" http://news.zum.com/articles/36097012.
"임업." http://nkinfo.unikorea.go.kr/nkp/overview/nkOverview.do?sumryMenuId=EC215.
"조선민주주의인민공화국." http://100.daum.net/encyclopedia/view/b19j2425b.
"조선민주주의인민공화국의 행정 구역." https://ko.wikipedia.org/wiki/
"중국, 대규모 탈북 대비해 두만강 국경 철조망 봉쇄." http://blog.naver.com/PostView.nhn?blogId=sjk60&logNo=70148077753.

제7장 북한의 정치체제를 통한 북한이해

1. 들어가면서

　북한은 우리의 적이면서 다른 한편으로는 함께 살아가야 할 동반자이다. 북한이 우리의 적이 되는 것은 한국전쟁 때문이다. 북한은 빨갱이이고, 공산당이며, 저주받아 죽어야 하는 원수이고 핵을 가져 안보를 위협하는 곳이다. 그러나 남과 북은 나눌 수 없는 형제이자, 동지이다. 우리는 북한을 북조선이라고 부르지 않고 정식명칭인 조선민주주의인민공화국이라고도 부르지 않고 그냥 북한이라고 부른다.

　우리가 북한이라고 부르는 이유는 한반도의 북쪽 지역에 위치한 우리의 동족이라는 의미이다. 그러나 그들이 가지고 있는 정치나 체제는 우리와 너무나 다르다. 북한체제는 수령의 유일적 영도 아래 통치되는 전체주의적 독재체제로서, 국가가 생산과 소유를 가진 계획경제를 추구하는 사회주의이다. 그뿐만 아니라 수령을 어버이로 섬기고 그에게 복종을 강요하는 사회주의 대가정 체제이기도 하다.

　북한은 소련의 제도를 이식하여 일당지배체제, 국가소유제도, 계획경제체제를 수립하였다. 그래서 우리는 북한을 소련식 전체주의 국가로 이해하나, 실제는 사회주의가 갖는 보편적인 성격은 있으나 북한만이 갖고 있는 특수성이 있어서 북한을 일반적인 공산주의 국가나 사회주의 국가로 부르기는 어렵다.

이러한 북한의 독특한 형태를 정치와 체제를 통해서 이해하려 한다. 북한의 정치체제는 김일성주체사상을 그들 유일 지도이념으로 하는 조선노동당 1당 독재 체제이다. 태영호 전 북한영국공사는 북한은 더 이상 공산사회가 아니라 세습통치에 기초한 노예사회라고 하였다. 즉 실질적인 봉건사회 또는 왕조 국가이다. 심지어 봉건사회도 모자라 노예사회로 퇴행시켰다고 한다. 북한의 정치체제를 그는 "김일성 사후 김정일이 내세운 선군정치는 군사독재를 넘어 노예사회와 같은 체계를 수립했다"고 정의하였다.[1]

북한의 정치체제의 성격을 간단하게 세 가지로 설명할 수 있다.

첫째, 1당 지배체제로 조선노동당을 최상위 권력기관으로 한다.

조선노동당은 북한의 정책결정 기능을 총괄하고 최고인민회의로 입법부의 기능을 가지고 국무위원회와 내각을 수반한 행정부의 기능과 재판기관으로서의 사법부의 기능을 다 가지고 있다.

둘째, 수령을 최고 영도자로 하는 유일 지배체제이다.

북한사회에서 수령은 당의 최고 영도자이며 사회정치적 생명체의 생명활동을 통일적으로 조직하고 지휘하는 영도의 유일한 중심으로 절대적 지위와 역할을 부여받은 직책이다. 이런 영도의 유일지배체제는 소련을 중심으로 사회주의 국가는 다 무너졌지만 유일하게 북한은 이 체제를 유지하고 있다. 물론 이 체제를 유지하기 위해 주체사상을 기초로 하고, 인덕정치, 광폭정치, 사회정치적 생명체론을 등장시키고, 나아가 공포정치를 실행하고 있다.

셋째, 세습체제이다.

북한은 가부장적 전통이 강하게 남아 있는 신민형 정치문화를 소유하고 있는 국가라고 할 수 있다.

---

1 태영호, 『3층 서기실의 암호』 (서울: 기파랑, 2018), 515.

수령을 아버지로, 당을 어머니로 사회주의 대가정의 국가를 형성하고 있다. 이러한 배경을 가진 북한은 김일성은 김정일에게, 김정일은 김정은에게 권력을 승계하였다. 이러한 권력 승계는 사회주의 국가뿐 아니라 그 외의 국가에서 찾아볼 수 없는 북한만의 독특한 정치체제 구조이다.

2. 북한의 정치체제 형성

1945년 해방은 우리 민족 스스로의 투쟁과 노력에 의한 것이 아닌 연합국의 승리라는 외부로부터 주어진 '타율적' 해방이었다. 일제시대 투쟁을 벌였음에도 불구하고 미국과 소련을 중심으로 한 연합국의 승리로 인한 해방은 한반도는 분단을 낳았다. 분단된 남한과 북한은 각자 자발적으로 자치 기관설립이 일어나 복잡한 형태의 정치가 펼쳐진다. 특히 북한은 해방 직후 정치지형이 다양하였다.

조만식을 중심으로 한 우익민족 진영이 1945년 8월 17일 평안남도 건국준비위원회로 발족하고, 박헌영을 중심으로 한 좌익 공산주의 진영, 허가이 중심으로 한 소련파, 김두봉, 무정 등의 연안파, 김일성을 중심으로 한 빨치산 세력이 있었다. 김일성은 소련의 비호 아래 정적을 제거하고 권력을 장악해 나간다.

특히 1945년 9월 19일 김일성이 소련령 극동에서 귀국하면서 북한의 정치지형은 변화를 겪게 된다. 해방 직후 국내 공산주의 지도자들이 우선적 관심을 가진 것은 노동계급 당인 공산당의 결성이었다. 이렇게 생긴 북조선 공산당은 실질적으로 형성 초기 단계에서부터 소련공산당의 스탈린 1인 지도체계를 모방하여 김일성 중심의 1인 지도체계를 구축하려는 작

업이 내부에서 진행된다.[2]

이러한 배경에서 발생한 것이 1945년 11월 23일 발생한 신의주 사건이다. 이것은 공산당과 민족주의 세력의 협력관계에 본격적인 균열이 생기는 계기가 되었다. 모스크바 삼상회의 결정으로 신탁통치 결정으로 완전한 균열이 일어났다. 1946년 김일성은 북조선임시인민위원회 위원장으로 취임하고부터 명실상부한 북한의 1인 자로 등장한다. 이어 1948년 9월 9일에 김일성을 수상으로, 박헌영과 홍명희, 김책을 부수상으로 한 내각을 구성하고 조선민주주의인민공화국을 탄생시킨다.[3]

한국전쟁 이후 북한의 권력층은 내부에서는 북한의 재건을 둘러싸고 정파 간 갈등이 생긴다. 이런 갈등으로 1956년 8월 종파 사건이 일어난다. 종파 사건이란 1956년 8월 연안파 윤공흠 등이 주동이 되어 당 중앙위원회의 개최를 계기로 1인 독재자 김일성을 당에서 축출하고자 하였으나 사전에 누설되어 주동자들이 체포된 사건을 말한다.

김일성은 이 사건을 계기로 연안파와 소련파를 대대적으로 숙청하고 당권을 완전히 장악하여 1인 독재 권력 기반을 공고히 하였다.[4] 연안파가 김일성 축출에 실패한 가장 큰 이유는 당시 대중이 김일성을 북한사회주의 혁명건설의 지도자로 폭넓게 받아들였기 때문이며 또 당중앙위원회를 비롯한 당,정,군의 핵심부서에는 김일성의 지지자들이 대거 포진해 있었기 때문이다.[5]

1950년대 중후반은 파괴된 전후 경제 복구와 더불어 사회주의 경제체제로의 전환을 위한 토대를 마련한 시기로 특징지을 수 있다. 이 시기 북한은 생산수단을 완전히 국유화한다. 그리고 경제건설을 위해 군중 동원

---

2 이태건 외 3명, 『21세기 북한학 특강』 (경기: 인간사랑, 2003), 42-43.
3 북한학과협의회 편, 『북한정치의 이해』 (서울: 을유문화사, 2002), 40.
4 통일부 통일교육원, 『2016 북한이해』 (서울: 상현D&P, 2015), 32.
5 북한학과협의회 편, 『북한정치의 이해』 (서울: 을유문화사, 2002), 52.

의 정치 노선을 활성화한다. 군중 동원의 대표적인 사례는 천리마운동[6]과 청산리정신[7]이 있다.

1960년대 김일성은 권력 독점적 1인지도체제 구축에 착수하였다. 김일성 유일체제를 이론적으로 뒷받침한 것은 1966년 10월 '자주노선' 천명과 종합적으로 체계화된 주체사상이다. 이것은 수령체제를 지탱하는 이념적 기반이 되었다.[8]

1967년 5월 노동당 중앙위원회 제4기 제15차 전원회의를 계기로 수령 중심의 독재체제가 구축되고 1967년 12월 16일 김일성이 최고인민회의로부터 '위대한 수령 김일성 동지'로 승인받았다. 이후 북한은 절대자로서의 '수령'을 정점으로 하여 당과 인민대중이 일심단결된 형태로 수령의 유일적 영도 아래 통치되는 전체주의적 독재체제를 구축했다.[9]

1970년대는 수령 중심의 1인 독재체제 형성을 공고히 했다. 1972년 사회주의 헌법은 김일성의 유일체제를 공식화한다. 1970년 노동당 제5차

---

[6] 1956년 북한은 1957년부터 시작될 예정인 경제5개년계획을 앞두고 대내외적으로 심각한 난관에 봉착해 있는 상황이었다. 이를 타파하기 위해 '천리마를 탄 기세로 달리자'는 구호로 소극성과 보수주의를 퇴치하고 혁명적 대고조를 일으킨다는 명분으로 전개된 천리마운동은 전국의 전 부문으로 확산되어 강제적 집단주의에 기초한 대중운동으로 굳어졌다. 이는 1959년 '하나는 전체를 위하여 전체는 하나를 위하여,' '공산주의적으로 일하고 배우며 생활하자'라는 구호 아래 사회주의적 경쟁운동의 성격을 띤 '천리마 작업반 운동'으로 발전했다. 소련의 스타하노프운동이나 중국의 대약진운동과 비교할 때 천리마운동은 노동 생산성 향상을 통한 경제 부문의 성과만을 목표로 하지 않고 대중에 대한 사상 고양을 통해 그들의 혁명적 열성을 높이는 정치 사업을 전제로 했다는 점에서 다르다. 1999년부터 북한은 김정일의 지시로 경제 도약을 목표로 한 제2의 천리마운동을 추진하고 있다("천리마운동," http://100.daum.net/encyclopedia/view/b20c2129a 2018.8.15.).

[7] 청산리정신, 청산리방법은 김일성이 1959년 12월 당중앙위원회 전원회의에서 "생산관계의 사회주의적 개조가 완성된 새 환경에 맞게 사업체계와 사업방법을 개선"하도록 지시를 내리고 1960년 2월 평안남도 강서구(현 남포시 강서구역) 청산협동농장을 현지지도하면서 지시한 데서 비롯되었다. 청산리정신은 사상적 측면을 강조한 것이며 청산리방법은 구체적 실천방법에 초점을 맞춘 것이다. 이처럼 청산리정신, 청산리방법을 당초 농업 분야에서 출발되었으나 모든 경제 분야의 기본적 지도방법으로 활용되었다.

[8] 북한학과협의회 편, 『북한정치의 이해』(서울: 을유문화사, 2002), 60.

[9] 통일부 통일교육원, 『2016 북한이해』, 33.

대회에서 권력 구조의 변화와 함께 수령제를 확립한다. 1974년 2월 개최한 당중앙위원회 제5기 제8차 전원회의에서 다 중앙위원회 정치국 위원으로 선출함으로써 김정일은 김일성의 후계자로 추대된다. 특히 1974년 4월에는 김정일은 "당의 유일사상체계 확립의 10대원칙"을 발표함으로써 김일성의 유일사상체계를 공고히 세웠다.[10]

1980년대는 김정일의 권력 승계가 공식화되고 나아가 유일체제를 완성하기 위해 김정일은 주체사상을 새롭게 해석해 낸다. 그의 권력 승계가 공식화된 것은 1980년 10월에 노동당 제6차 대회를 통해서이다. 그리고 1인 독재유일체제를 잇기 위해 1980년에 김정일은 '혁명적 수령관'과 1986년 '사회정치적 생명체'라는 개념으로 김정일에 의해서 보다 체계화 된다.[11]

1994년 7월 8일 김일성이 사망하고 김정일 시대의 정치체제가 들어선다. 1990년대 고난의 행군을 거치면서 유훈통치와 선군정치를 기본 노선으로 하는 정치를 한다. 김정일은 1998년 9월 헌법개정과 함께 국가의 최고 직책인 국방위원회 위원장직에 다시 추대됨으로써 당, 정의 최고직책을 공식으로 맡음으로 김정일체제가 공식 출범하게 되었다.[12]

2010년 9월 28일 제3차 당대표자회를 통해 신설된 당중앙군사위원회 부위원장으로 임명되면서 공식적으로 김정은이 등장한다. 3대 세습체제를 공식화한 북한은 김정일 유훈, 체제정통성, 군부통제, 일심단결 및 결속 유도 등의 권력 강화를 위해 노력하면서 공포정치를 하게 된다. 2012년 신년공동사설에서는 '김정은은 곧 김정일'이라는 유훈 통치를 선언하고 제4차 당 대표자회 및 최고인민회의 제12기 제5차 회의를 통해 3대 권력 세습을 완료한다.

10　오일환 외, 『현대북한체제론』(서울: 을유문화사, 2000), 101.
11　김성철 외, 『북한이해의 길잡이』(서울: 박영사, 2000), 76.
12　북한학과협의회 편, 『북한정치의 이해』(서울: 을유문화사, 2002), 72.

이후 김정은은 당,군, 국가 권력을 모두 장악하고 장성택, 현영철, 김정남 등을 처형 및 제거함으로 공포정치를 통해 김정은 지도체제를 확립하였다. 이어 2017년 핵 완성을 통해 남북정상회담을 두 차례를 하고, 북미정상회담을 통해 세계적인 지도자로 발돋움하려 애쓰고, 나름대로 체제보장을 받아 정권을 유지하려 하고 있다.

3. 북한정치체제로서 전체주의 이해

1) 전체주의

이탈리아의 독재자였던 무솔리니는 1920년대 초반 이탈리아의 파시즘 국가를 지칭하기 위해 전체주의라는 용어를 만들었다. 전체주의는 강제와 억압을 통해 개인 생활의 모든 측면을 통제하고 지시하고자 하는 강력한 중앙집권통치라는 특징을 갖고 있다. 히틀러의 나치 독일과 스탈린의 소련은 탈중앙집권화된 대중적인 전체주의라고 할 수 있다. 전체주의 국가는 목표 달성을 위해서는 무엇이든지 정책적으로 지지하며 목표 달성에 방해가 되는 것은 무엇이든 거부한다. 전체주의 국가에서 전통적인 사회제도와 조직은 그 활동을 방해받고 억제된다. 다원주의와 개인주의가 쇠퇴하면서 대다수 대중은 전체주의 국가의 이데올로기를 수용하게 되며, 대규모의 조직화된 폭력은 국가목표의 추구와 국가이념을 최우선적으로 표명하면서 정당화된다.[13]

전체주의는 개인주의나 다원주의를 거부하고 당과 국가라는 이름 아래

---

[13] "전체주의," http://100.daum.net/encyclopedia/view/b19j0766a (2018.8.17).

서 개인의 모든 영역을 장악하고 조정하는 것을 말한다. 즉 국가의 최고 주권이 강하게 주장되는 곳에는 전체주의 국가가 발생한다.¹⁴ 전체주의 국가는 다음과 같은 사상의 필연적인 산물이다. 즉 국가는 전권을 가지고 지배하며 국가가 헌법에 복종하는 것이 아니라 오히려 국가 자신이 내키는 대로 무엇이든지 법률로 제정할 수 있으며 모든 사회와 권력은 국가에서 발생한다는 사상의 필연적인 산물이다.

그러므로 국가의 정치사상이 이와같이 중앙집권화되고, 모든 조직이 위에서부터, 국가 중심부로부터 구성되고, 아래로부터 건설되는 공동체의 형식인 '연방주의'가 사라져 버린 곳에서는 어디서나 전체주의 국가가 잠재적으로는 싹터 나타날 수밖에 없다.¹⁵

이러한 정의 아래서 전체주의 특성에 대해 프란츠 노이만은 전체주의적 독재의 "다섯가지 근본적인 요소들"을 지적했다.

첫째, 경찰국가로서 행정 권력이 언제라도 사람들의 생명, 자유, 재산에 간섭한다.

둘째, 권력집중형 국가로서 삼권분립, 연방제, 다당제, 양원제 등 어느 것도 없다.

셋째, 독점적 국가 당체제이다.

넷째, 국가와 사회의 경계가 사라진다. 이것은 정치 권력이 사회의 모든 영역에 침투하기 때문이다. 그 결과 가족, 전통, 종교 등에 기초한 사회적 연대는 파괴되거나 약화된다.

다섯째, 테러에 의존하는 지배이다. 제한없는 폭력이 개인을 항상 적으로 위협하는 상태를 말한다.¹⁶

---

14 에밀 브루너, 『정의와 사회질서』, 전택부 역 (서울: 대한기독교서회, 2008), 110.
15 에밀 브루너, 『정의와 사회질서』, 181.
16 "전체주의의 특징엔 어떤 것들이 있는가?" http://egloos.zum.com/dk01337/v/4395475 (2018.8.17).

따라서 전체주의 체제는 전체를 하나로 묶는 유일사상과 유일 당을 필요로 하며, 이를 통하여 개인의 일상적 행동은 물론 내면적 사고 영역까지 철저히 통제를 가한다.[17] 이런 의미로 볼 때 전체주의는 전체의 이익만을 일방적으로 강조하면서 개인의 자유와 권리를 희생시키는 반민주주의 체제이다. 여기서 개인은 오직 단순한 생산도구일 뿐이다.

이 체제는 극도의 사회통제, 세뇌작업, 강요된 만장일치 등으로 독재정치체제를 형성하게 된다. 그래서 에밀 브르너는 전체주의 국가는 우리 시대의 조직적인 부정을 가리키는 이름이라고 하였다.[18] 사실 모든 제도는 사람을 위하여 있는 것이지 사람이 제도를 위하여 있는 것은 아니다. 이런 전체주의가 나타나는 것은 기독교적 가치가 사라질 때 나타난다.

북한은 소련의 영향으로 출범한 정치체제이므로 스탈린식의 전체주의 성향을 띠게 된다. 북한은 '전체는 하나를 위해서 하나는 전체를 위해서' 라는 구호 아래 1당 독재, 수령유일지도체제, 신정체제를 갖추었다. 북한은 유일사상으로 주체사상을 가지고 있다. 이것은 김일성의 1인독재를 보장하고, 김정일과 김정은의 권력 세습을 정당화하며, 대중동원체제를 확립하는 데 토대가 되었다. 북한은 유일사상체제라는 이름 아래 주체사상 외에는 어떤 사상도 용납하지 않는다. 오직 수령의 사상, 이론, 방법만이 지도적 사상이며, 사회 전반의 유일한 사상인 것이다. 그리고 유일당으로서 조선노동당을 가지고 있다.

북한은 1당체제로서 당이 국가기관보다 우위에 있다. 북한정치체제의 정당체제는 조선노동당이 유일당이기 때문에 전체주의적 일당독재체제에 해당한다.[19] 북한 노동당은 국가의 고위층으로부터 주민에 이르기까지 모든 생활을 지도하고 감독한다. 군 역시 노동당의 지배를 받는다.

---

17 오일환 외,『현대북한체제론』, 16.
18 에밀 브루너,『정의와 사회질서』, 전택부 역 (서울: 대한기독교서회, 2008), 24.
19 오일환 외,『현대북한체제론』, 28.

2) 우리식 사회주의

북한은 1948년 9월 9일 사회주의 정권으로 출범한 이래 김일성과 김정일에 의해 통치되는 과정에 북한은 다른 사회주의와 차별성을 내세워 자신들의 사회주의를 '우리식 사회주의'로 특성화하였다. 이로부터 우리식 사회주의는 북한의 이데올로기, 정치체제를 비롯한 사회 전체를 총체적으로 표현하는 대명사화하였다.

'우리식 사회주의'는 1990년대에 등장한 북한식 사회주의를 총칭하는 개념이다.[20] 북한에서 '우리식'이라는 용어는 1978년 12월 당중앙위원회 책임간부협의회에서의 김정일의 연설 "당의 전투력을 높여 사회주의 건설에서 새로운 전환을 일으키자"에서 처음 등장한다. 용어가 등장하기 전에 북한은 1972년에 개정한 사회주의헌법을 우리식 사회주의헌법이라고 설명한다.[21] 이것이 본격적으로 사용하기 시작한 것은 1989년 말부터이다. 이때는 소련과 동유럽 사회주의가 시장경제로 전환하기 시작한 때이다.

1989년 12월 28일에 김정일의 "조선민족제일주의 정신을 높이 발양시키자"라는 연설에서 '우리식 사회주의'라는 용어와 더불어 '조선식 사회주의' 또 '우리의 사회주의'라는 표현을 사용하면서 다른 사회주의와 다른 독특성 내지 차별성을 강조하였다.[22] 김정일은 1991년 당중앙위원회에서 "우리식 사회주의는 필승불패다"라고 선언함으로 우리식 사회주의를 북한의 한 정치체제로 삼았음을 알 수 있다.

우리식 사회주의의 핵심은 유일체제의 옹호, 고수라고 할 수 있다. 김

---

20 오일환 외, 『현대북한체제론』, 188.
21 "우리식 사회주의 견결히 수호하고 빛내어 나가자," 「로동신문」, 1999년 12월 27일자 사설. 전국대학북한학과협의회 편. 『북한정치의 이해』 (서울: 을유문화사, 2002), 11. 재인용.
22 북한학과협의회 편, 『북한정치의 이해』 (서울: 을유문화사, 2002), 12.

일성 사망 이후 유일체제의 옹호, 고수라는 측면에서 '유훈통치'는 '우리식 사회주의'의 다른 표현이라고 볼 수 있다.

　북한은 왜 우리식 사회주의를 채택하였나?

　첫째, 새로운 체제수호 논리가 필요했기 때문이다.

1990년대 사회주의권이 붕괴되고 소련이 해체되는 과정을 지켜보는 북한은 체제수호를 위해 새로운 논리가 필요했다. 즉 여타의 다른 나라와 달리 북한의 사회주의는 독특성과 우월성이 있다는 것이다.

　둘째, 후계지도자의 이념 창출이 필요했다.

김정일은 1970년대 후계자로 등장한 이래 명실상부한 김일성의 후계자로 자리매김하기 위해서는 김정일의 이데올로기가 필요했다. 이러한 필요에 의해 '우리식 사회주의'가 표출되었다고 볼 수 있다.

　셋째, 변화된 현실 설명 논리가 필요했다.

북한은 마르크스 레닌주의 적용의 한계가 드러남에 따라 주체사상으로 변화를 주었고, 이러한 주체사상을 구현하기 위해서는 우리식 사회주의를 표명할 수밖에 없었다. 즉 우리식 사회주의의 새로운 실천이념으로 주체사상을 만들어 낸 것이다.[23]

4. 북한정치체제의 유일성

1) 유일사상으로 주체사상

　북한의 주체사상은 조선로동당과 국가활동의 유일한 지도적 지침으로서

---

[23] 북한학과협의회 편, 『북한정치의 이해』, 16-20.

북한체제 전체를 규정하는 유일사상이다.[24] 북한은 주체사상을 정치·경제·사회·문화·외교·군사 등 모든 분야에서 유일한 지도이념으로 삼고 있다.

북한은 1998년 개정된 헌법 11조[25]에 북한을 조선노동당의 영도 밑에 두도록 하였다. 그런데 조선노동당은 주체사상을 지도적 지침으로 삼는다[26]고 하였고, 2009년 개정 헌법에서는 주체사상을 선군사상과 더불어 "자기 활동의 지도적 지침으로 삼는다"라고 명기하였고, 2010년 노동당 규약의 전문에 "조선로동당은 주체사상을 유일한 지도 사상으로 하는 주체형의 혁명적 당이다"라고 규정하였다.[27] 이렇게 함으로 실제로 북한은 주체사상의 기초 위에서 움직인다.

주체사상은 이론적으로 좁은 의미와 넓은 의미가 있다. 좁은 의미의 주체사상은 철학적 원리, 사회역사 원리, 지도적 원칙으로 구성되어있다. 이 주체사상은 1982년에 김정일이 발표한 "주체사상에 대하여"에서 체계화 되었다. 여기서 철학적 원리는 "사람이 모든 것의 주인이며 모든 것을 결정한다"는 것과 "사람은 자주성과 창조성, 의식성을 가진 사회적 존재"라는 2개의 테제를 중심으로 하여 이루어진다.

이 두 테제는 주체사상의 전 체계를 규정하게 된다. 그리고 사회역사 원리는 바로 이 철학적 원리에 기초해서 "인민 대중은 사회 역사의 주체이다"라는 유명한 테제를 내세우고 있다. 그런데 여기서 북한의 이론가들은 사회역사 원리가 "인민 대중이 역사의 주체의 지위를 차지하고 역할을 다하자면 지도와 대중이 결합 되어야 한다"는 전제를 제시했다.

그리고 이는 인민대중의 자주성 실현을 위해서 반드시 최고지도자인

---

[24] 오일환 외, 『현대북한체제론』 (서울: 을유문화사, 2000), 21.
[25] 1998년 9월 5일 개정된 북한의 헌법 제11조 : "조선민주주의인민공화국은 조선노동당의 영도 밑에 모든 활동을 진행한다"
[26] 조선노동당 규약 전문: "조선노동당은 위대한 수령 김일성 동지의 혁명사상, 주체사상을 유일한 지도적 지침으로 삼는다."
[27] 통일부 통일교육원, 『2016 북한이해』, 38.

수령의 지도가 필요하다는 주장과 연결되었다. 즉, 수령의 지도를 받는 인민대중만이 역사의 주체가 될 수 있다는 것이다. 바로 이 고리를 통해서 주체사상은 혁명적 수령관, 사회정치적 생명체론 등 김일성·김정일의 개인숭배를 합리화하는 이론들을 파생시켜왔다.

그리고 넓은 의미의 주체사상은 김일성주의라고도 부른다. 이 김일성주의는 좁은 의미의 주체사상에 혁명이론과 영도방법을 더해서 이루어진 전일적인 체계로 설명된다. 북한은 이 김일성주의를 마르크스-레닌주의를 뛰어넘는 보편적인 사회주의 사상이론이라고 주장하고 있다. 김일성주의의 체계에서 말하는 이론이나 방법은 북한사회주의 건설 과정에서 김일성이 내놓았다는 각종 혁명이론과 영도방법을 가리킨다.

북한은 김일성주의의 구성 부분이 된 제반 이론들은 한데 묶어 1985년 평양에서「위대한 주체사상 총서」10권을 발간했다. 따라서 최근 북한에서 강조하고 있는 광폭정치, 인덕정치도 이 김일성주의의 하위내용들이라고 할 수 있다.[28]

주체사상은 이론적인 것과 함께 역사적으로 형성되어 나온 사상이기도 하다. 역사적 형성 과정에서도 1967년을 기점으로 뚜렷하게 2단계로 나누어진다. 1967년은 북한에서 김일성 개인숭배를 위한 유일 지배체제가 형성되기 시작한 해였다. 1967년 이전의 주체사상은 1950년대 중반부터 구호에서 사상으로 전환으로 전환된다.

스탈린 생전에 1인 독재와 그에 대한 개인숭배가 공산주의 국가들에서 극에 달할 때, 일반 인민들 사이에 무조건 소련의 흉내를 내고 그것을 자랑하기 시작하고, 나아가 중국과 북한은 소련의 모든 것을 따라 해야 할 때, 중국의 모택동이 1955년 12월 28일 어느 연설에서 우리도 무조건 소

---

[28] "조선민주주의인민공화국," http://100.daum.net/encyclopedia/view/b19j2425b (2018.8.15).

련이 하라는 대로 따라갈 것이 아니라 '주체'를 세워서 주체적으로 우리 것을 우리가 세워나가야 한다는 말을 했다. 이 말을 들은 김일성이 "모택동 동지가 참 좋은 말을 했다"고 하면서 황 비서가 그 주체라는 말을 잘 다듬어서 우리도 주체를 세워나가자는 사상을 만들어 보라"고 하였다.[29]

따라서 그것은 북한의 전체 생존을 위한 담론의 성격을 지녔다. 흔히 우리가 '사상에서 주체,' '정치에서 자주,' '경제에서 자립,' '국방에서 자위'라는 4대 원칙으로 기억하고 있는 주체사상이 바로 그것이다. 이때의 주체사상은 마르크스-레닌주의의 하위사상으로 위치되어 있으면서 이른바 '마르크스-레닌주의를 조선 혁명에 구체적으로 적용한 발전노선' 정도로 이해되었다. 그러나 1967년 5월에 권력 구조 내에서 대대적인 숙청이 이루어지고 이를 계기로 김일성 개인숭배 캠페인이 이전과는 비교할 수 없을 정도로 거세게 불어닥치면서 주체사상은 김일성 유일체제를 합리화하기 위한 지배 담론으로 급격하게 변질되어갔다. 그 결과 현재의 주체사상은 1967년 이전의 것과는 전혀 판이하게 주관적이며, 비과학적인 모습을 띠게 된다.

2) 유일당으로서 조선로동당

사회주의국가의 보편적인 특성은 국가 권력이 당에 집중되어 당 주도의 국가체계로 운영된다. 그래서 국가정치체제를 주로 1당이 지배하도록 하였다. 북한도 예외가 아니다. 당이란 근본적으로 계급투쟁의 산물이며 계급을 떠나서는 당을 생각할 수 없는 것으로 인식되고 있다.[30] 당의 지도적 지침을 내세운 것은 '김일성-김정일주의'이다.

---

29 강태욱, 『황장엽의 인간중심철학』 (서울: 더북스, 2017), 46-47.
30 체제통합연구회 편, 『북한체제의 이해』 (서울: 명인출판사, 2009), 12.

북한은 김정일 사망 이후 2012년 4월 헌법개정을 통해 "김일성을 영원한 주석으로 김정일을 영원한 국방위원장으로" 헌법 서문에 명문화하였으며, 당 규약 개정을 통해 '김일성-김정일주의'를 당의 지도적 지침으로 내세웠다.[31]고 한 것으로 보아 김일성 김정일주의는 조선노동당의 지도적 지침으로 이해할 수 있다.

북한 헌법 11조는 "조선민주주의인민공화국은 조선로동당의 령도 밑에 모든 활동을 진행한다"고 명시되어있다. 북한의 모든 권력기관은 노동당의 권력에 의해 영향을 받으며, 노동당에 의해 결정된 정책들을 수행하는 권력 기구에 불과하다.[32] 이렇듯 북한은 조선노동당을 중심으로 북한사회 전반에 유일지도체계를 세웠다. 물론 북한이 다른 당이 없는 것은 아니다. '조선사회민주당'[33]과 '천도교청우당'[34]이 있지만, 이들은 실제적인 정당 형태를 갖추지 못하고 오직 통일전선 대남사업에 종사하는 노동당의 하부 구조에 불과하다.[35]

북한의 노동당은 다른 사회주의국가처럼 국가기구의 지도적 핵심을 이

---

[31] 통일부 통일교육원, 『2016 북한이해』(서울: 상현 D&P, 2015), 45.
[32] 육군사관학교, 『북한학』(서울: 황금알, 2010), 84.
[33] 조선사회민주당은 1945년 11월 3일 일본제국주의의 식민지통치의 후과를 청산하고 새로운 민주주의 사회를 건설하려는 인민대중의 반제반종건적 지향과 요구를 배경으로 하고 중소기업가, 상인, 수공업자, 소시민, 일부 농민들 그리고 기독교인들을 망라하는 미주정당으로 창당되었다. 창당 후 조선사회민주당은 조선로동당의 영도적 역할을 인정하고 그와 연합하여 제국주의침략세력과 봉건세력을 반대하고 민주주의 자주독립국가 건설을 위하여 투쟁하는 것을 기본임무로 하는 민주주의적인 강령과 정책을 내놓고 그 실현을 위하여 투쟁하여 왔다(방완주, 『조선개관』(평양: 백과사전출판사, 1988) 104).
[34] 천도교청우당은 1946년 2월 8일에 "보국안민"의 애국사상과 "척양척왜"의 자주정신으로 제국주의의 침략과 예속을 반대하고 민족적 자주와 부강한 민주국가를 건설하기 위한 사업에 참가하는 것을 목적으로 삼고 천도교를 믿는 농민들을 주로 하여 조직된 민주주의 정당이다. 천도교청우당은 조국통일민주주의 전선의 한 성원으로서 나라의 자주적 평화통일을 이룩하기 위하여 투쟁하고 있다(방완주, 『조선개관』[평양: 백과사전출판사, 1988], 105).
[35] 오일환 외, 『현대북한체제론』, 21.

루는 점은 같으나 수령 밑에 노동당이 있는 것은 다른 점이다. 수령의 영도는 노동계급의 당을 통해 실현된다고 하는 데, 그렇다면 노동당은 수령의 개인 당으로 존재하는 것과 같다. 즉 노동당의 위상은 북한 주민들을 지도하는 상급기관이고, 북한 전체를 이끄는 핵임에도 불구하고 실제로는 수령의 영도를 받아야만 하는 하급기관에 불과하다.

노동당은 생명체의 뇌수인 수령과 인민 대중을 연결하는 고리로서 수령이 제시한 정책과 노선을 관철하기 위해 인민 대중을 조직, 동원하고 국가 제도를 통해 실천하는 역할을 주로 관장하는 정치조직이다.[36] 이렇듯 노동당의 조직운영은 상의하달의 중앙집권제 원칙을 우선시하는 것으로 수령의 영도를 실천하는 조직으로서 역할에 큰 비중을 두고 있다.

노동당은 당의 중앙조직을 정점으로 하여 도(직할시)의 당조직, 시(구역) 및 군의 당조직, 맨 하층인 당의 기층조직에 이르기까지 위계성을 가지고 있다. 최하 기층조직인 당세포는 당원 5명에서 30명까지로 구성되는 조직이다. 3명 미만의 단위에서는 시(구역) 및 군 당위원회가 추천하는 당원을 책임자로 하는 당 소조가 조직된다.[37] 노동당은 삼권의 기능을 다 가지고 있다. 입법부 기능의 최고인민회의, 행정부 기능의 국방위원회와 내각, 사법부 기능의 사법검찰기관이다. 그렇다고 해서 삼권이 분립 된 것은 아니다.

일당독재로서 권력분립이나 견제와 균형은 갖지 못한다. 노동당은 수령 중심의 독재체제를 가져왔다. 1970년 '노동당규약'에 "조선노동당은 국가의 혁명 수행 및 당 건설에 있어서 유일사상체계를 당내에 확립하는 것을 기본 원칙으로 한다"고 하였기 때문이다. 북한 정권이 오늘날의 모습으로 권력 구조의 기본골격을 구성하게 된 것은 1980년 10월 개최된 노

---

36 통일부 통일교육원, 『2016 북한이해』, 56.
37 육군사관학교, 『북한학』, 84.

동당 제6차 대회에서였다.

북한은 노동당 규약 개정을 통해 정치국과 정치국 상무위원회가 신설되었다. 이것은 김정일의 후계자 계승을 위한 수순이었다. 3대 세습 후계구도를 공식화한 것도 2010년 제3차 당대표자회를 통해서였다. 2010년 9월 28일 제3차 당대표자회와 당중앙위원회 전원회의에서 당중앙군사위원회 부위원장으로 김정은을 등장시킴으로 3대 세습을 공식화한 것이다.[38] 이렇듯 노동당은 북한 정치체제 전반의 기초가 된다.

노동당은 중앙조직으로 당대회와 당중앙위원회가 있는데, 당대회는 5년에 한 번씩 열리게 돼 있는 비상설기구인 반면 당대회와 당대회 사이 최고기관 역할을 하는 상설기구가 바로 당중앙위원회이다. 그리고 당의 최고 정책 결정기관으로 정치국이 있고 비서국과 당중앙군사위원회로 구성되어 있다.

5. 북한정치체제의 중요한 핵

1) 수령정치(수령중심체제)

북한체제는 정치적으로 주체사상을 통치이념으로 한 수령독재체제이며 노동당에 의해 지배되는 일당독재체제이다.[39] 북한에서 수령은 영도의 핵이 되며 당은 수령을 중심으로 하는 정치조직으로 설명할 수 있다. 이는 다른 사회주의 국가에서는 발견하지 못하는 정치체제이다. 북한은 사실상 수령의 유일적 영도 아래 통치되는 전체주의적 독재체제이다. 수령은 단

---

[38] 통일부 통일교육원, 『2016 북한이해』, 51.
[39] 통일부 통일교육원, 『2016 북한이해』, 17.

결과 영도의 중심으로서 인민 대중의 운명을 개척하는 데서 결정적 역할을 하는 당의 '최고 영도자'임과 동시에 '사회정치적 생명체[40]의 최고 뇌수'이다. 북한은 '사회정치적 생명체'를 인민 대중이 혁명의 자주적 주체로 되기 위해 당의 령도 밑에 수령을 중심으로 하여 조직 사상적으로 결속됨으로써 영생하는 생명체라고 주장한다.[41] 사실 수령제는 조선 시대의 봉건제도와 마찬가지로 봉건적 승계라고 할 수 있다.[42]

북한의 수령중심정치체제는 유일체제의 이론적 핵심이다. 북한은 1960년대의 위기를 극복하기 위하여 북한의 자주적인 입장을 체계화한 '주체사상'을 만들었다. 김일성은 이것을 이용하여 국내정치와 국제정치의 위기상황을 극복하는 데 이용했으며 실제로 정치, 경제, 국방 분야에서 자립노선을 강화해갔다. 이러한 이론의 핵심이 '유일사상체계'이며 '수령론'이라 할 수 있다.

다시 말해 김일성은 주체사상을 체계화하면서 자주노선을 채택한 후 수령제를 도입하는 논리적 순서를 밟았다. 북한에서 통상적으로 언급되는 수령이란 북한의 최고지도자를 의미한다. 그러나 수령이 공식적인 제도에 기반을 두는 지위나 직책을 의미하는 것이 아니다. 사회 전반에 상징적 지주로 존재하면서 전지전능한 카리스마적 영향력을 행사하는 통치자를 일컫는 개념이다.[43] 곧 수령의 지위는 "인민 대중의 최고 뇌수이며 통일단결의 중심이고, 자주성을 위한 혁명투쟁의 최고령도자"로 규정된다. 수령의

---

[40] 사회정치적 생명체론은 북한이 1986년 제시한 것으로 수령과 당을 중심으로 일반대중을 이끌어가기 위한 통치논리이다. 개개인의 육체적 생명은 유한하나 사회정치적 생명은 수령, 당, 대중의 통일체를 이룰 경우 사회정치적 생명체를 통해 영생한다는 것이다. 북한은 사회정치적 생명체론을 통해 수령 중심의 전체주의적 독재체제를 확립하고 김일성과 김정일의 권력 승계를 정당화하고자 하였다.
[41] 통일부 통일교육원, 『2016 북한이해』, 18.
[42] 오일환 외, 『현대북한체제론』, 197.
[43] 오일환 외, 『현대북한체제론』, 172.

지도는 오류가 없기에 무소불위의 힘을 지니게 된다. 결국 수령의 교시에는 모든 인민 대중은 무조건 순종이 요구된다.

1965년 봄부터 김정일의 수령론이 나타나기 시작한다. 그리고 1957년 7월 당 이론지인 「근로자」의 논문에서 당은 수령에 의해 영도되는 대상이라고 한다. 이어 1973년 본격적으로 수령론이 자리매김한다. 이때는 주체사상이 북한에서 과도한 이데올로기로 조작되면서 자신들의 체제를 정당화하던 시기와 맥을 같이한다.

1986년부터 89년에 걸쳐 북한에서는 경제면에서 개혁적인 정책을 선택하지 않고 종전의 사회주의노선을 선택했으며, 이데올로기 면에서는 종래의 수령제론과 사회정치적 생명론을 통합하려는 의도에서 '사회정치적 생명체'론이 형성되기 시작했다. 이것은 이전의 수령론과 사회정치적 생명론을 통합하면서 수령을 최고뇌수로 하고 당을 매개로 통합되는 인민대중의 통합체를 만들었다.

사회정치적 생명체론은 수령론의 핵심이다. 혁명의 주체는 수령, 당, 대중의 통일체이며 수령, 당, 대중은 운명을 같이하는 하나의 정치적 생명체를 이룬다는 것으로, 사회정치적 생명체의 특성과 그 생명력의 원천은 수령, 당, 대중이 하나의 생명으로 결합되어 일심동체를 이루며 인민대중의 자주성을 실현하기 위한 투쟁에서 생사고락을 같이 해나가는 혼연일체의 관계에 있다는 것이다.[44]

김정일이 사회정치적 생명체론을 통해서 강조하고자 하는 것이다.

첫째, 혁명의 주체는 수령, 당, 대중의 통일체라는 명제 아래 혁명적 수령관을 확립하는 것이고,

둘째, 인민대중을 당과 수령의 영도로 조직사상적으로 통일시키는 것이며,

---

[44] 민병천 외, 『북한학 입문』 (경기, 들녘, 2009), 65.

셋째, 집단주의적 생명관에 기초하여 개인의 육체적 생명의 유한성과 구별되는 사회정치적 생명의 영생을 강조함으로써 수령 중심의 집단주의 체제를 확립하고 수령의 계승을 정당화하려는 데 있다.[45]

2) 선군정치(선군사상)

선군정치란 군사 우선주의를 말한다. 군사 우선주의는 "군사를 국사 중의 제일국사로 내세우고 군력 강화에 나라의 총력을 기울이는 군사선행의 정치"를 의미한다.[46] "군대는 곧 당이고 국가이며 인민"이라 칭하는 선군정치론은 북한의 혁명과 건설의 주체 세력이 군대라는 것이다. 북한은 2010년 개정한 노동당 규약에서 선군정치를 사회주의 기본정치 양식으로 규정하였다.[47]

그리고 주체사상이 김일성 시대 통치이념이라면 선군사상은 김정일 시대 통치이념으로서 주체사상과 함께 노동당의 지도적 지침으로 삼는다고 2000년 개정 헌법에 명시하였다. 선군정치는 김일성 사망 이후 1995년 초 내부적으로 논의되기 시작하였으며 1998년 북한의 핵심적 통치이념으로 확립되었다.

사실 김일성 사망 이후 김정일은 유훈 통치를 하면서 믿고 의지할 곳은 군대였다. 이런 의미에서 김정일은 김일성 사망 이후 새해 첫날 현지지도 한 곳이 '다박솔 초소'라는 군부대였다. 그리고 미국을 비롯한 제국주의 세력의 압살정책에 대항하기 위한 김정일의 새로운 정치방식이기도 하다.[48]

체제 위기 극복 및 사회주의 혁명 과정에서 군의 역할을 강조하는 선

---

[45] 민병천 외, 『북한학 입문』, 68.
[46] 통일부 통일교육원, 『2016 북한이해』, 75.
[47] 통일부 통일교육원, 『2016 북한이해』, 42.
[48] 김창희, 『북한정치와 김정은』(경기: 법문사, 2014), 82.

군정치는 정치, 경제뿐만 아니라 교육, 문화, 예술 등 전 영역에 영향력을 미쳤다. 이것은 사회주의 강성대국 건설을 위해 선군혁명 원리를 구현을 강조한 김정일 시대의 정치 방법이다. 북한이 강성대국건설을 주장하면서 내놓은 '사상중시, 총대중시'의 구체적인 실현을 위한 정치방식이 선군정치이다. 북한은 정치에 생명력이 있다. 정치방식에 따라 국가가 움직이기 때문이다. 이러한 이유로 정국을 타개하기 위하여 김정일은 새로운 정치 방법으로 선군정치를 내어놓았다.

선군정치는 단지 군대가 정치의 우선이 된다는 의미가 아니다. 선군정치의 기본요구는 혁명의 군대를 수령의 군대, 당의 군대로 건설하는 한편 정치 사상적으로 군사 기술적으로 튼튼히 준비시키며 온 사회를 군사를 중사하는 사회적 기풍으로 세우고 군사공업을 건설하는 등 혁명 군대강화를 기본으로 틀어쥐고 나가는 것이다.

결국, 혹독한 경제적 난관을 헤치고 나가는 방법이 유일하게 선군이었다.[49] 그래서 선군정치는 국가와 사회 전면에 내세워지면서 군대는 민간영역에 들어오게 된다. 군이 주요 건설사업에 병력을 투입하게 됨으로 병력을 경제발전의 동력으로 삼게 된 것이다. 선군정치는 군민일치 정책이다. 군이 인민들에 대한 지원을 증가시켜 경제난으로 인한 불만을 최소화시켜 나가는 것이다.

이어서 경제건설 노선뿐 아니라 대외정책의 기조가 되기도 한다. 대외정책 활용은 '선군외교전법'이라고 하는 데, 이것은 실제적인 군사적 행동보다는 핵 위협이나 미사일 발사 등 위협적인 방출로의 특징을 보였다. 즉 선군정치의 대외전력은 핵을 중심으로 국가 간 갈등의 위기 발생 시 문제 해결하는 방법을 말한다.

결국, 선군정치는 북한의 안보전략이며, 강성대국으로 나아가기 위한

---

[49] 김창희, 『북한정치와 김정은』, 86.

일종의 전략이고, 총체적 위기상황에서 군대의 힘을 바탕으로 국가발전을 꾀하려는 논리라고 보아야 한다. 북한은 선군정치의 정통성 확보를 위해서 주체사상과 연결하는 작업을 하였다. "주체사상은 선군사상의 뿌리이다. 총대중시, 군사중시는 주체사상에 뿌리를 두고 있으며 군대는 당이고 국가이며 인민이라는 원리도 주체사상에 바탕을 두고 있다"[50]고 하였다.

결국, 선군사상은 주체사상을 대체하거나 대등한 위상이라기보다 주체사상을 구현하기 위하여 김정일 정권의 통치방식을 정당화하는 정치슬로건적 하위 실천이념이라 할 수 있다.[51]

6. 북한정치체제의 두 얼굴

김일성의 통치를 표현하는 정치의 형태는 다양하다. 인덕정치, 광폭정치, 선군정치, 음악정치, 과학정치 등이다.[52] 그중에 북한은 정치로 체제를 유지하기 위해 두 얼굴을 갖는 데 하나는 인덕정치이고 다른 하나는 공포정치이다.

1) 인덕정치와 광폭정치

북한의 정치체제는 두 얼굴을 가지고 있다. 체제유지를 위해 공포정치를 행하는 것과 함께 인민애를 가진 인덕정치를 한다. 수령은 절대우위의 신적 권위를 가지고 인민의 생사여탈권을 쥐고 있지만, 또한 아버지로서 자애로운 사랑을 가지고 인민을 대한다. 1990년대 들어 북한은 대를 이은

50　김창희, 『북한정치와 김정은』, 87.
51　김웅수, 『21세기 북한의 이해』 (경기: 북코리아, 2011), 58.
52　이태건 외, 『21세기 북한학 특강』 (경기: 인간사랑, 2003), 66.

통치방식을 정당화하고 사회통합의 차원에서 충성과 효성을 다하는 인민대중에 대한 최고지도자의 믿음과 사랑을 표현하는 인덕정치, 광폭정치라는 개념을 사용한다.

인덕정치라는 용어는 1993년 1월 28일자 「로동신문」에서 "인덕정치가 실시되는 사회주의 만세"라는 사설에서 처음 나타났다.[53] 여기서 인덕정치를 "인민에 대한 사랑과 믿음으로 모든 정치를 해 나가는 것"이라고 개념화하면서 김정일은 인민에 대해 사랑을 가지고 그 사랑을 베풀고 있다고 선전한 것이다.

이어 광폭정치란 "전체 인민을 한 품에 안아주는 정치"로서 "기본군중뿐만 아니라 복잡군중도 혁명의 영원한 동반자로 보고 따뜻이 손잡아 이끌어주는 정치"로 설명된다.[54] 광폭정치란 덕이 있는 정치를 말하고 통 큰 정치를 말한다.

김정일은 1994년 11월 1일 발표한 "사회주의는 과학이다"라는 논문을 통해 다음을 강조했다.

첫째, 사회주의의 과학성과 사회주의 승리의 필연성 강조,

둘째 선행 사회주의 이론의 역사적 제한성 지적과 주체의 사회주의 이론의 과학성, 진리성 강조.

셋째, 주체사상의 계승발전과 사회정치적 생명 강조.

넷째, 인민대중의 역할 강조와 인민대중에 대한 새로운 개념 정립.

다섯째, 사회주의 정치방식으로서의 '인덕정치'와 '광폭정치' 등을 밝힘으로 주체의 사회주의 위업을 대를 이어 계승 완성할 것을 다짐하였다.[55]

김정일은 사회정치적 생명체론에서 '혁명적 의리와 동지애의 원리'를

---

[53] 오일환 외, 『현대북한체제론』, 178.
[54] 오일환 외, 『현대북한체제론』, 179.
[55] 북한학과협의회 편, 『북한정치의 이해』, 119.

'사랑과 믿음의 원리'로 바꾸어 사랑과 믿음의 정치를 '인덕정치'라고 규정하고 이것을 그의 통치방식으로 천명하게 된다. 이렇게 함으로 북한의 전 인민은 수령을 친어버이로 모시고 받들며 당의 품을 어머니품으로 믿고 따르며 수령, 당, 대중이 생사운명을 같이하는 사회정치적 생명체, 즉 혁명적 대가정을 이루고 화목하게 살아가고 있다고 역설한 것이다.

김정일의 인덕정치로 인해 김정일의 배려를 받은 지역은 종래의 행정명칭을 바꾸어 은덕마을, 은덕군 또는 충성마을로 이름을 변경하고, 태어난 아이들도 충성동이, 효자동이로 지었다. 그리고 전국의 모범가정의 노인들 가운데 회갑을 맞은 사람에게 김정일의 이름으로 '환갑상차려주기'를 통하여 김정일의 유교적 경로사상을 선전하고, 나아가 전 국민에게 김일성, 김정일에 대한 '덕성일기' 쓰기 운동을 전개하여 인덕정치에 대한 의식화작업을 하였다.[56]

김정일은 이러한 인덕정치를 광폭정치라고도 부른다.[57] 인덕정치가 각계 각층의 인민들을 차별없이 사랑과 믿음을 안겨주는 폭넓은 사랑과 믿음의 정치이기 때문이다. 그렇다고 광폭정치가 인덕정치와 같은 것은 아니다. 인덕정치와 달리 광폭정치는 부작용이 있다.

광폭정치는 각종의 경제건설 현장에서 '속도전'이라는 이름으로 발전된다고 하면서 그 구체적인 성과로 주체사상탑건설, 개선문의 웅장함, 유경호텔의 규모, 5.1 경기장의 스케일 등을 들고 있으며 이것이 곧 김정일의 통 큰 정치론을 실증하고 있다는 것이다. 즉 광폭정치는 속도전이라는 이름의 노동력을 가져오는 이론이 되었다. 이것은 김정일의 강압적인 정치가 되어 광폭이 '강폭' 정치라고 칭하게 된다.[58]

---

56 북한학과협의회 편,『북한정치의 이해』, 191.
57 북한학과협의회 편,『북한정치의 이해』, 121.
58 북한학과협의회 편,『북한정치의 이해』, 189.

2) 공포정치

북한의 3대 세습의 공통적인 인자는 공포정치이다. 공포정치는 대중에게 공포감을 조성하여 정권을 유지하는 정치형태로, 프랑스 혁명기 로베스피에르를 중심[59]으로 하는 자코뱅 클럽을 주도한 산악파가 투옥, 고문, 처형 등 폭력적인 수단을 실시한 정치형태를 말한다.

이 말은 '테러리즘'의 어원이 되었다.[60] 현대에 들어서도 공포정치는 사라지지 않았다. 2차 세계대전 이후 속속 독립한 제3세계 국가나 공산권 국가의 정권 상당수는 공포정치에 의존했다. 특히 쿠데타와 같이 비정상적인 방법으로 집권한 세력은 정당성이 약하기 때문에 정권을 지키는 데 공포정치를 제외하곤 별다른 수단이 없었다.

공포정치의 정도를 재는 지수도 나왔다. 정치적 공포 등급(PTS·Political Terror Scale)이다. '정치적 공포'에서의 '공포'는 초법적 처벌·고문·실종·정치적 감금 등 국가나 기관이 신체나 인간의 존엄성을 손상하는 행위를 뜻한다. PTS는 1~5의 수치로 표현된다. 가장 높은 5의 국가는 공포가 전 국민을 대상으로 하며, 지도자가 개인 또는 이념적 목적을 이루기 위해 수단과 방법을 가리지 않는 상태'에 있다는 뜻이다. 미국 국무부와 앰네스티 인터내셔널(AI)이 각각 전 세계 국가를 상대로 PTS 조사를 한다. 미 국무부의 2013년 지수에 따르면 PTS 5의 국가는 북한·시리아·아프가니스탄·이라크 등 8개국이었다.

---

[59] 로베스피에르의 집권 기간은 공포정치의 기간이기도 하다. 반혁명 분자, 반역자라 의심되는 사람들을 잡아들이기 시작했고, 1793년부터 1년 동안 약 30만 명의 사람들이 체포되었고 그중 1만 7천명이 사형을 당했다. 특히 가톨릭, 반혁명 지지 방데 반란에 대한 학살진압은 근대적인 학살의 효시로 기록될 정도로 잔인하고 철저했으며, 이 기간 동안 갓난아이, 임산부까지 포함해 최소한 30만 명 이상이 학살당한 것으로 파악된다

[60] "공포정치," https://ko.wikipedia.org/wiki/%EA%B3%B5%ED%8F%AC%EC%A0%95%EC%B9%98 (2018.8.14).

미 국무부와 AI 공통으로 최근 5년간 평균 PTS가 5를 기록한 국가는 북한·수단·파키스탄·콩고민주공화국 등 4개였다. 북한을 제외한 대부분 국가는 내전이나 내란이 공포정치의 원인이다. 북한만 유난히 독재자의 강압적 통치수단으로 공포정치가 일어나고 있다는 얘기다.[61]

북한의 숙청은 김씨 일가의 정권을 유지하기 위해 한국전쟁 후부터 시작되었다. 1950년대 중반부터 김일성 주석의 의심을 받은 많은 고위 간부들이 숙청을 당했고, 전쟁 직후 남로당 박헌영, 이승엽과 다른 당원들이 숙청을 당했다.

1950년대 연안파를 포함한 소련과 중국에서 나온 고위 인사, 1960년대 조선노동당 중앙위원회 선전부 박금철과 김도만, 1967년 김창봉 인민무력부장이 숙청을 당했고, 1970년대 김정일 국방위원장이 아버지의 후계자가 되면서 이복형제를 지지했던 김동규를 숙청했다. 1980년대 국가보위부장 김병화, 1999년 심화조 사건[62] 때 문성술, 소윤석과 노동당 농업비서이던 소관희를 포함한 고위 간부들 또한 숙청했다.

---

[61] "북한, 공포지수 가장 높은 국가에 포함," https://news.joins.com/article/17822159 (2018.8.12).

[62] 심화조(深化組) 사건은 피의 숙청을 통한 공포정치의 대표적 사례다. 김정일은 1994년 김일성 사망 후 3년의 '유훈통치'가 끝나자마자 1997년부터 '심화조' 사건을 일으켜 피의 숙청과 공포정치로 1인 지배권력을 공고화했다. 심화조 사건은 1997년 8월 전 당중앙위원회 농업담당 비서 서관히가 '미국 간첩' 혐의로 평양에서 공개 처형되면서 시작됐다. 경찰에 해당하는 사회안전성 수사발표에 의하면, 서관히는 6·25전쟁 시기 경력 중 조직생활에서 이탈한 한 달간 공백이 있었는데 그 기간에 남한으로부터 간첩 임무와 훈련을 받았다는 것이다. 사회안전성은 나아가 6·25전쟁 당시 남조선 특수기지에서 훈련을 받은 '최고사령부' 타격대 요원들이 타격에 실패해 평양 용성에 거주하며 때를 기다리다가 잡혔다는 이른바 '용성 사건'을 일으킨다. 두 사건을 계기로 김정일은 사회안전성에 '주민 전체의 주민등록 문건 요해를 심화하라'는 지시를 하달했다. "내 주민등록 문건부터 요해하라"는 김정일의 특별지시를 받은 사회안전성은 전국 수백 개 하부조직에 8000명의 '심화조' 조직을 만들어 6·25 전쟁 당시 간첩사건을 조작해내며 김일성 시대의 고위 인사들을 숙청했다. 당시 심화조는 무자비한 고문을 이용한 조사방식으로 1997년 말부터 4년간 숙청한 인사와 그 가족은 2만 5000여 명에 달했다고 한다.

2009년 말 북한은 소규모의 초기 시장경제를 탄압하기 위한 화폐개혁을 단행했고 이로 인해 많은 북한 주민들은 열심히 벌어 모은 돈을 하루 밤에 잃게 되자 박남기 노동당 계획재정부장을 화폐개혁 실패의 희생양으로 공개처형 시켰다.[63]

김정은 역시 공포정치를 통해 현재 체제를 유지하고 있다. 영국주재 북한대사관 태영호는 2012년 하반기에 들어서면서 김정은은 당의 내부 규율과 간부들에 대한 통제를 강화하고, 이때부터 공포정치를 시작했다고 한다. "리영호 인민군총참장은 사석에 김정은을 험담한 것이 도청에 걸려 숙청되었다. 지금 북한에서는 김정은이 쏴하고 명령하면 바로 총살이 이루어진다. 김정은은 대규모 건설사업이나 국가적인 기념사업을 벌이면서 꼭 한두 명씩 처형한다"[64]고 하였다.

2013년 장성택 국방위 부위원장 겸 당행정부장을 '국가전복음모' 혐의로 처형하였다. 2015년 4월 현영철 인민무력부장이 반역죄로 수백 명이 지켜보는 가운데 지대공 중기관총으로 공개 처형됐다. 2016년도는 내각의 핵심 장관인 교육상과 농법상이 형장의 이슬로 사라졌다. 교육상은 주재 회의에서 졸았다는 이유로 끌려나갔고, 농업상은 농업정책에 대한 부진을 이유로 반혁명 죄를 쓰로 처형됐다고 한다.[65]

이러한 공포정치의 문제는 북한 엘리트 계층의 동요 가능성이다. 북한의 공포정치는 북한 전역에 전 계층에 다 영향을 미치지만, 특히 엘리트 계층에 더 큰 영향을 끼친다. 태영호 전공사의 명명사태와 더불어 해외체류 엘리트들도 안심할 수 없다. 나아가 '빨치산' 혈통마저 체제를 등지고 한국행을 택하는 현실에 더 많은 엘리트들이 탈북과 망명 사태가 올 것이

---

63 란코프, "김정은의 공포정치," https://www.rfa.org/korean/commentary/greg/gscu-01032017092345.html (2018.8.15).
64 태영호, 『3층 서기실의 암호』, 309.
65 "졸았다고 장관처형, 공포에 떠는 북한 엘리트층," 「중앙일보」 (2016. 8. 30), 6.

라고 예측할 수 있다. 결국, 김정은 북한 국방위원회 제1위원장의 공포정치가 갈수록 도를 더해 오히려 정권안정을 해치는 부메랑이 될 수 있다.[66]

김일성과 김정은의 공포정치는 다르다고 할 수 있으나 체제유지를 위한 또 다른 정치적 행보로 공포정치를 사용하는 것은 같다고 볼 수 있다. 공포정치는 공포 자체의 두려움도 있지만, 그 이면에 자리 잡은 지도자의 두려움 때문이다. 이 두려움과 공포를 감추기 위해 표출하는 것이 공포정치라면 현재 북한의 리더인 김정은의 심층에 있는 근본적인 두려움을 제거해 주는 것이 북한의 공포정치를 막는 길일 것이다.

7. 결론

제2차 세계대전 이후 전쟁의 책임을 물어 독일은 동독과 서독으로 나뉘었지만, 동북아에서는 일본을 둘로 나누지 않고 도리어 연합군은 한반도를 둘로 나눈다. 우리의 의사와 관계없이 분단국가가 된 한반도는 분단국가로 70년을 살아왔다. 분단국가로서 영토와 지리의 분단만 된 것이 아니라 1948년 남한은 대한민국 정부가 들어서고, 북한은 조선민주주의인민공화국이 들어선다. 그 이후 북한은 3대 세습을 통해 1인 독재국가를 만들었고, 여타의 사회주의와 다른 우리식 사회주의국가를 만들었다.

북한은 우리에게 있어서 안보와 생존을 위협하는 적대적 관계인 반면, 다른 한편으로는 우리 민족공동체로 형제이고, 혈육으로 동반자로서 살아가야 하는 이중적 관계를 맺고 있다. 그러나 북한은 우리에게 있어서 아직도 잘 알지 못하는 상대이므로 북한을 제대로 이해하고 접해야 하는 데,

---

[66] "한국 전문가들 "김정은 식 공포정치, 부메랑 될 수 있어," https://www.voakorea.com/a/2765645.html (2018.8.6).

북한을 이해하기 좋은 잣대가 북한의 정치체제이다.

그렇다고 해서 북한의 정치체제를 한마디로 정의하기는 어렵다. 전체주의, 병영국가, 일당독재, 수령의 유일 영도체제, 신정체제, 봉건주의 등 어느 하나가 아니라 이 모든 것 다 포함되는 정치체제를 가진 것이 북한이다. 그래서 다른 여타의 사회주의와는 다른 형태를 가졌다고 볼 수 있다. 비록 국가 형성기에는 소련의 환경을 따라 마르크스 레닌주의를 따라 했지만, 북한은 우리식 사회주의를 가지고 있어서 러시아나 중국 혹은 베트남 등의 사회주의 형태로 나가지는 않을 것이다.

한민족의 독특한 자존심이 북한에 남아 있기 때문이다. 그리고 1990년대부터 살아남기 위한 몸부림으로 지금까지 이어온 북한의 정치는 생태적으로 질기다. 쉽게 무너질 것은 아니다. 그렇듯 북한의 정치체제는 독특하기도 하고, 질기기도 한 지구상의 유일무이한 정치체제이다.

북한은 세습을 정당화하기 위해 정치형태를 전체주의로 1인 독재로 만들어가는 데 사상적 기초를 두기 위해 주체사상을 내세우고 그것을 북한의 전 정치, 경제, 문화, 군사, 외교 등의 근간으로 삼았다. 주체사상은 수령제를 낳았고, 심지어 북한만이 가지고 있는 독특한 대가족제도를 만들었다. 이러한 대가족제도는 인간의 수명을 영원한 수명으로 만들어 사회정치적 생명체론으로 북한 전체를 하나로 묶을 뿐 아니라 수령과 떠날 수 없는 관계로 묶어버렸다.

나아가 3대에 걸친 수령들은 나름대로 정치를 독특하게 이루는 데, 이런 여러 정치의 형태 가운데 인덕정치와 공포정치를 함께 사용함으로 북한 전체를 이끌어가고 있다. 북한의 정치체제를 한 문장으로 표현한다면 "김일성-김정일-김정은의 1인 독재를 위한 체제로써 주체사상이 근간을 이루고 노동당을 도구 삼아 전체주의의 체계를 가진 독특한 사회주의"라 할 수 있다.

이런 독특한 정치체제를 가진 북한은 붕괴나 변화가 일어날 가능성은 있는가?

일반적으로 사회주의체제의 변화 내지 붕괴는 인민 등 피지배계층의 봉기, 통치계층 주변으로부터의 쿠테타 그리고 통치계층 스스로의 선택에 의해 '밑으로부터' 아니면 '위로부터' 그렇지 않으면 '옆으로부터'의 주동세력에 의해 이루어진다.[67]

그런데 북한의 체제변화는 수령 중심의 1인 독재와 거의 신적 수준의 상황이므로 아래로부터의 변화는 어렵다고 보아야 한다. 단지 위로부터의 변화 가능성은 있다고 보나 현재 CVIG(완벽한 체제보장)를 요구하는 북한으로서는 거의 붕괴나 쿠테타 등의 변화가 보이지 않는 것이 사실이다.

그럼에도 불구하고 우리는 북한의 체제변화를 기대하는 것은 1인 독재는 3대 세습 이후 더 이상 이루어지지 않을 것이고, 나아가 장마당으로 인한 북한 내부의 경제변화는 누수 현상처럼 북한을 변하게 만들 것이다. 갑작스러운 북한의 변화가 일어날 때 한국교회는 준비되지 않으면 이단에 북한 복음화를 넘겨주어야 한다. 북한의 정치체제를 이해하고 새로운 정치체제의 변화를 기대하며 북한선교를 준비하는 것이 가장 현명한 판단이다.

---

[67] 김광수 외, 『북한의 이해』(서울: 집문당, 1996), 34.

참고문헌

강태욱. 『황장엽의 인간중심철학』. 서울: 더북스, 2017.
김광수 외. 『북한의 이해』. 서울: 집문당, 1996.
김성철 외. 『북한이해의 길잡이』. 서울: 박영사, 2000.
김웅수. 『21세기 북한의 이해』. 경기: 북코리아, 2011.
김창희. 『북한정치와 김정은』. 경기: 법문사, 2013.
방완주. 『조선개관』. 평양: 백과사전출판사, 1988.
북한학과협의회 편. 『북한정치의 이해』. 서울: 을유문화사, 2002.
에밀 브루너. 『정의와 사회질서』. 전택부 역 서울: 대한기독교서회, 2008.
오일환 외. 『현대북한체제론』. 서울: 을유문화사, 2000.
육군사관학교. 『북한학』. 서울: 황금알, 2010.
이태건 외3명. 『21세기 북한학특강』. 경기: 인간사랑, 2003.
태영호. 『3층 서기실의 암호』. 서울: 기파랑, 2018.
통일부 통일교육원. 『2016북한이해』. 서울: 상현 D&P, 2015.
"김정은의 공포정치." https://www.rfa.org/korean/commentary/greg/gscu-01032017092345.html.
"공포정치." https://ko.wikipedia.org/wiki/%EA%B3%B5%ED%8F%AC%EC%A0%95%EC%B9%9.
"북한, 공포지수 가장 높은 국가에 포함." https://news.joins.com/article/17822159
"전체주의." http://100.daum.net/encyclopedia/view/b19j0766a
"전체주의의 특징엔 어떤 것들이 있는가?" http://egloos.zum.com/dk01337/v/4395475
"조선민주주의인민공화국." http://100.daum.net/encyclopedia/view/b19j2425b
"천리마운동." http://100.daum.net/encyclopedia/view/b20c2129a
"한국 전문가들 김정은식 공포정치, 부메랑 될 수 있어" http://www.voakorea.com/a/2765645.html

제8장 주체사상과 북한선교

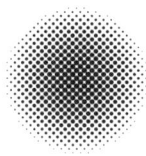

1. 들어가면서

주체사상이 무엇인가?

한마디로 정의하면 "주체사상이란 혁명과 건설의 주인은 인민 대중이며 혁명과 건설을 추동하는 힘도 인민 대중에게 있다는 사상이다. 다시 말하면 자기 운명의 주인은 자기 자신이며 자기 운명을 개척하는 힘도 자기 자신에게 있다는 사상이다".[1]

북한의 주체사상은 조선로동당과 국가활동의 유일한 지도적 지침으로서 북한체제 전체를 규정하는 유일사상이다.[2] 북한은 1998년 개정된 헌법 11조[3]에 북한을 조선노동당의 영도 밑에 두도록 하였다. 그런데 조선노동당은 주체사상을 지도적 지침으로 삼는다[4]고 하였고, 온 사회를 주체사상화하는 것은 공화국 정부의 최종목적[5]이라고 하였다.

2009년 개정 헌법에서는 주체사상을 선군사상과 더불어 "자기 활동의

1　방완주, 『조선개관』 (평양: 백과사전출판사, 1988) 88.
2　오일환 외, 『현대북한체제론』 (서울: 을유문화사, 2000) 21.
3　1998년 9월 5일 개정된 북한의 헌법 제11조: "조선민주주의인민공화국은 조선노동당의 영도 밑에 모든 활동을 진행한다"
4　조선노동당 규약 전문: "조선노동당은 위대한 수령 김일성 동지의 혁명사상, 주체사상을 유일한 지도적 지침으로 삼는다"
5　방완주, 『조선개관』, 90.

지도적 지침으로 삼는다"라고 명기하였고, 2010년 노동당 규약의 전문에 "조선로동당은 주체사상을 유일한 지도 사상으로 하는 주체형의 혁명적 당이다"라고 규정하였다.[6] 이렇게 함으로 실제로 북한은 주체사상의 기초 위에서 움직인다. 북한은 주체사상을 정치·경제·사회·문화·외교·군사 등 모든 분야에서 유일한 지도이념으로 삼고 있다.[7]

즉 주체사상은 오늘 북한을 있게 한 배경이 되는 통치수단이자, 사상이며, 철학이고, 또 세계관이다. 나아가 전 세계에도 없는 특이한 형태인 종교 체제를 형성할 수 있었던 근간이 주체사상이다. 그래서 주체사상은 그들의 경전이라고 할 수 있다. 북한이 가지고 있는 주체사상은 종교로서 출발한 것은 아니다. 생존을 위한 정치적 방법으로 선택한 것이 4번에 걸쳐 수정되어 종교적 특성을 갖추게 되었다.

이런 의미에서 주체사상은 수령교의 경전(Bible)이다. 오늘날 공산당이 정치하는 대표적인 곳이 중국, 베트남, 북한이다. 중국과 베트남은 비록 통제적이긴 하나 대다수 종교가 들어가 활동하고 있다. 북한도 예외는 아니다. 천도교, 불교, 천주교, 기독교, 동방정교, 통일교가 활동하고 있으나 사실 중국과 베트남과는 달리 당의 통제로 거의 활동하지 못하는 어용이라 하는 관제적인 종교의 형태이다. 이런 관제적인 종교아래 북한에게 있어서 특이한 점은 국가 자체가 종교성을 띠었다는 것이다. 이것을 우리는 '수령교'라고 부른다. 하나님은 이스라엘 백성들에게 말씀하셨다.

> 오늘 내가 네게 명하는 이 말씀을 너는 마음에 새기고 네 자녀에게 부지런히 가르치며 집에 앉았을 때에든지 길을 갈 때에든지 누워 있을 때에든지 일어날 때에든지 이 말씀을 강론할 것이며 너는 또 그것을 네 손목

---

6   통일부 통일교육원, 『2016 북한이해』 (서울: 상현D&P, 2015), 38.
7   "조선민주주의인민공화국," http://100.daum.net/encyclopedia/view/b19j2425b (2018.8.15).

에 매어 기호를 삼으며 네 미간에 붙여 표로 삼고 또 네 집 문설주와 바깥 문에 기록할지니라(신 6:6-9).

하나님이 이렇게 하신 이유는 말씀의 세계 속에서 살기를 원하신 것이다. 하나님의 방법을 가장 잘 빌려 쓴 곳이 북한이다. 북한은 주체사상을 탁아원부터 인민들에게 뼈속 깊이 가르치므로 남북한은 분단 된지 70년이 지난 이때 각각 다른 세계관을 가지게 되었다.

북한의 주체사상은 북한 주민들에게 영향을 끼치고 있는지에 대해 산술적으로 평가하는 것은 무리지만 1994년 조사에서 체제 가치의 여러 하부 이념에 대해 적게는 50%에서 많게는 90% 이상의 사람들이 개인의 신념으로 내면화하고 있는 것으로 판단되었다.[8] 이렇듯 주체사상은 북한 주민의 세계관 또는 인생관으로 정착되어 있음을 알 수 있다.

서울대 김병로 교수는 다음과 같이 강조한다.

> 북한이 주체사상과 세계종교와의 신앙의 공존을 위해 노력하고 있는 시점에서 남한도 주체사상의 교주인 김일성에 대한 설득력 있는 역사적 평가와 주체사상에 대응하는 신학적 이론개발이 절실히 필요하다고 하며, 김일성주의로부터 주체사상을 어떻게 분리할 것인가, 민족해방의 논리를 인정하면서도 김일성의 신격화를 최대한 억제할 수 있는 논리적인 비판을 준비해야 할 것이다. 나아가 종교계는 주체사상에 대한 다양한 연구를 통해 통일 시대를 대비하는 사상적, 문화적 탐구를 심도 있게 시도해야 할 것이다.[9]

---

8   김병로, 『북한 조선으로 다시 읽다』(서울: 서울대학교출판문화원, 2016), 449.
9   http://www.pckworld.com/news/articleView.html?idxno=35825 (2017.1.5).

주체사상을 어떤 창으로 보느냐에 따라 주체사상을 다르게 설명할 수 있다.

첫째, 체제 내재적 관점이다.

내재적 관점은 북한의 주체사상을 수용하고 받아들이는 입장이다.

둘째, 체제 대항적 관점이다. 이 관점은 반공적 관점이다. 이 관점으로 주체사상을 볼 때 주체사상은 사이비 종교이고 거짓된 신화로 이루어진 신권독재 체제의 산물이다.

셋째, 체제 수용적 관점이다.

수정주의 관점에서 보면 주체사상이 인간해방과 민족해방을 위한 현실적인 공동목표들이 존재하는 한 종교를 공격하지 않을 것이라고 생각하는 것이다.

넷째, 체제 경험적 관점이다.

경험적 관점은 수정주의적 관점을 수용하면서 이론적이 아니라 실제적으로 움직이는 북한의 역사, 경제, 사회, 정치, 문화적 상황 속에서 주체사상을 보는 관점이다.

다섯째, 체제 분석적 관점이다.

체제 분석적 관점은 체제 경험적 관점을 적극적으로 수용하면서 그동안 통일과 북한선교에 주장한 주체사상을 다양하게 이해하며 비판과 함께 통합하는 관점이다.[10]

여섯째, 체제 종교적 관점이다.

앞의 다섯 가지 관점을 '북한체제'로 분석하고 이해한다면 종교적 관점은 순수하게 기독교의 창으로 주체사상을 이해하는 것이다. 기독교적인 관점으로 주체사상을 이해한다는 것은 기독교 교리로 주체사상을 해부해 보는 것이다.

---

[10] 송원근, 『주체사상펼쳐보기』 (서울: 청미디어, 2016), 396-400.

2. 왜 주체사상을 배워야 하나

주체사상을 꼭 이해하고 배워야 할 필요가 있는가?

이러한 질문에 이종석 전 장관은 북한은 껍질만 남은 주체사상의 나라라고 하였다. 그 이유는 1990년대 중반부터 대기근과 경제침체를 겪으면서 북한 주민들의 주체사상에 대한 신뢰가 급격히 떨어져 이제는 껍질만 남았다는 판단 때문이었다.[11]

그러나 서울대 평화연구소에서는 탈북한 이들을 대상으로 주체사상에 대한 자부심을 설문조사 하였는데 57%가 자부심을 가지고 있다고 답하였다. 그렇다면 여전히 주체사상은 북한을 이해하는 데 있어서 알아야 함을 알 수 있다. 현재 주체사상은 철학이나 정치로 이해하기보다는 문화로 이해하고 접근하는 것이 더 정확하다고 볼 수 있다.

주체사상을 배우고 이해해야 하는 이유가 몇 가지 있다.

첫째, 김정은의 통치수단을 이해하기 위해서이다.

2016년 제7차 당대회 "김정은 제1위원장이 개회사를 통해 '이번 당 대회는 영광스러운 김일성-김정일주의, 당의 강화발전과 사회주의 위업의 완성을 위한 투쟁에서 새로운 이정표를 마련하는 역사적인 계기로 될 것'이라며 당 대회의 의의를 밝혔다." 그리고 2012년 4월 헌법개정을 통해 "김일성을 영원한 주석으로 김정일을 영원한 국방위원장으로" 헌법 서문에 명문화하였으며, 당 규약 개정을 통해 '김일성-김정일주의'를 당의 지도적 지침으로 내세웠다. 나아가 2009년 개정 헌법에서는 주체사상을 선군사상과 더불어 "자기 활동의 지도적 지침으로 삼는다"라고 명기하였다.

둘째, 북한을 알기 위해서이다.

평양백과사전에서 나온 조선 개관에서 "한 일본의 평론가는 말하기를

---

11 이종석, 『통일을 보는 눈』 (경기: 개마고원, 2018), 11.

조선은 아침의 나라라는 본래의 이름과 함께 두 개의 다른 이름도 가지고 있는데, 그것이 바로 주체와 천리마"라고 하였다.

셋째, 북한 세계관을 이해하기 위함이다.

김일성주의 학습교재에서는 "위대한 수령 김일성 동지께서 영생불멸의 주체사상을 창시하심으로써 현대의 혁명적 세계관, 주체의 세계관이 새롭게 확립되었다"고 하였다.

넷째, 기독교를 용납하지 않고 기독교와 맞서기 때문이다.

입헌만 교수는 "마음치유를 통한 북한선교"에서 주체사상은 기독교 신앙을 최대의 적으로 이해시키고 있다고 보았다.

다섯째, 탈북민들에게 복음 전하기 위해서이다.

탈북민들은 알게 모르게 '인간 중심의 사고'에 젖어 있음을 알고 있다. 이러한 이유로 주체사상은 북한을 이해하기 가장 좋은 도구이다.

3. 주체사상의 이해

1) 주체사상의 배경

주체사상은 황장엽, 양형섭 등의 학자들에 의해 연구되고 정리되었는데, 황장엽과 양형섭 간에는 이론적 대결이 있었다. 두 사람의 이론적 대결의 논쟁 사안은 사회주의 완성 시 프롤레타리아 독재가 필요한가에 관한 문제였다. 양형섭은 프롤레타리아 독재가 지속해서 필요한 것으로 보았던데 반해, 황장엽은 계급 이기주의가 지도자의 이기주의로 이어져 개인숭배와 독재로 집약된다고 보았기 때문에, 사회주의 완성 시 프롤레타리아 독재는 더 이상 필요하지 않은 것으로 생각했다.

그러나 김일성은 계급사상과 프롤레타리아 독재에 무게를 두고 있었으므로, 이 대결에서 황장엽은 일시적으로 숙청당했지만, 후에 복권되어 주체사상 정리에 다시 참여하게 되었다.

주체사상을 말하기 전에 먼저 주체의 시작점을 찾아보면 사상이 되기 전에 정치적으로 살아나고자 하는 김일성의 결단을 보게 된다. 그것이 소련파와의 관계에서 시작된다. 사실 북한에서는 주체사상의 시작을 1930년으로 본다.

> 김일성 주석은 1930년 6월 30일 카륜에서 "조선공산주의청년동맹"의 회의를 개최하고, 조선혁명은 일제를 무력으로 타도하고 조국을 광복할 전략과 전술을 내와서 조선인민에 의거하여 조선인민의 재주와 조선인민의 힘으로 조국을 광복할 주체의 혁명로선을 담은 보고서「조선혁명의 진로」를 발표하고 토론에 붙였습니다. 「조선혁명의 진로」에서, 주체의 혁명조직의 건설과 항일무장투쟁의 방침을 제시했다. 세상은 이 회의를 주체사상의 창시로 정하고 있다.[12]

그러나 이러한 주장은 중국 문헌에도 없으며 당시 상황으로 보아 불가능하다고 한다.[13] 주체사상은 사상으로 발전하기 전에 먼저 '주체'라는 의도적인 정치적 단어에서 시작된다. 당시 북한이 사상에서 주체를 들고나올 수밖에 없었던 이유는 1955년 말이라는 시기가 소련의 심한 내정 간섭과 그에 편승한 당내 파벌투쟁, 전쟁으로 인한 국내 경제문제 등 북한 정권이 총체적 위기에 처한 상황이었기 때문이다. 이러한 상황에서 김일성이 소련에서 벗어나기 위한 명분으로 만든 것이 '주체'라는 개념이다.[14]

정상진에 의하면 주체라는 말은 순전히 소련에 반대하는 것이라는 것

---

[12] 김병로, "주체사상의 이해," (아세아연합신학대학교, 2001), 3.
[13] 조한범 엮음, 『해외자료론 북한체제의 형성과 발전1』 (서울:통일연구원. 2006), 53.
[14] 조한범 엮음, 『해외자료론 북한체제의 형성과 발전1』, 71.

이다. 주체라는 말이 처음 사용된 것은 1955년 10월 23일(28일)[15]로 소련파 5인조를 불러놓고 비난을 한 날이었다. 이때 그들을 비판하면서, 주체가 없는 사대주의자들이라고 하였다.

1955년 당시까지 소련파(52년 7월 허가이를 시작으로 연안파에 이어 제거), 연안파(56년 8월종파사건으로 제거), 갑산파(1967년 갑산파 제거) 등 많은 파벌이 김일성에게 도전하고 있었던 상황에서 김일성은 이들에게 효과적으로 대응하기 위하여 '주체의 확립'이라는 명분을 만들어 낸 것이다.[16]

결국, 김일성은 권력투쟁 과정에서 남로당과 친중 친소 세력인 연안파와 소련를 숙청하기 위한 명분으로 이론적 무기가 필요하였는데, 그것이 바로 '조선 혁명의 주체 논쟁'이었다.[17] 즉 김일성의 '주체' 사용은 정적을 제거하기 위해 세운 개념이었다.

이것은 곧 소련이나 중국을 모방하지 말고 우리식으로 하자는 것으로 정의된다. 이 당시의 주체는 하나의 구호였고, 반대세력을 제거하기 위한 이념적 도구였다. 소련의 북한 개입이 결국은 주체사상을 형성한 계기가 되었다.

2) 주체사상의 변천

안찬일은 주체사상의 변모 과정을 5시기로 나눈다.

① 제1기: 사상으로의 주체 단계(1955-1961)

---

15 반천기 외 4인, 『민족과 사상』(서울: 형설출판사, 1989), 216에서는 1955년 12월 28일 당선전선동 일군 앞에서 "사상사업에서 교조주의와 형식주의를 퇴치하고 주체를 확립할 데 대하여"라는 김일성의 연설에서 비롯되었다고 한다.
16 서대숙, 『북한의 지도자 김일성』(서울: 청계연구소, 1989), 113-116 재인용.
17 이재홍 외 4인, 『북한의 정치이념, 주체사상의 본질』(서울: 문우사, 1989), 25.

② 제2기: 경제자립, 국방자위의 독자노선 및 자력갱생 단계(1961-1967)

③ 제3기: 유일사상 제시 단계(1967-1974)

④ 제4기: 부자권력 세습의 합리화인 김일성주의화 단계(1974-1982)

⑤ 제5기: 수령론 단계(1982-현재)[18]

그러나 필자는 4시기로 구분하여 설명한다.

(1) 통치로서의 주체사상(김일성의 주체사상) - 55년에 주체등장

조선민주주의인민공화국에서는 주체사상이 타도제국주의동맹(打倒帝國主義同盟)의 회의에서 처음 주창되었으며, 김일성이 1930년 지린성 창춘 카륜회의에서 발표한 "조선혁명의 진로"라는 연설문에서 최초로 천명되었다고 주장하나, 실제로 주체라는 단어가 쓰이기 시작한 것은 1955년 12월 28일 "사상사업에서 교조주의[19]와 형식주의[20]를 퇴치하고 주체를 확립할 데 대하여"가 발표된 다음부터이다.[21]

주체의 10대 정강의 수립은 조선로동당의 사상적 통일을 일단락 짓는 것으로, 주체사상은 이 시기 이후 황장엽의 『인간중심철학』이 나타나기까지 현재의 안정화된 형태를 갖추었다.

1967년 12월 16일 "국가활동의 모든 분야에서 자주, 자립, 자위의 혁명정신을 더욱 철저히 구현하자"와 1970년 11월 2일 〈조선로동당 제5차대

---

[18] 안찬일, 『주체사상의 종언』(서울: 을유문화사, 1997), 128.
[19] 교조주의란 특정한 교의나 사상을 절대적인 것으로 받아들여 현실을 무시하고 이를 기계적으로 적용하려는 태도. 특히 마르크스주의에 있어서 마르크스주의를 발전하는 것으로 파악하지 않고 고전에 서술되어 있는 명제를 절대적인 교조라고 생각하여, 당면한 구체적인 여러 조건을 음미하지 않고 현실을 무시한 채 기계적으로 적용하려는 태도나 생각을 이른다.
[20] 형식주의란 사물의 내용보다는 겉으로 드러나는 격식이나 절차 따위를 중시하는 입장.
[21] http://ko.wikipedia.org/wiki/주체사상

회 개회사> 이후 김일성의 우상화가 시작되었으며 1972년 12월 27일, 조선민주주의인민공화국 사회주의헌법에 주체사상을 명문화하며 김정일의 후계체계가 준비되기 시작하였다.

김일성의 주체사상을 한마디로 요약한다면, 큰 나라들을 무조건 숭배하고 자기 나라를 깔보는 사대주의와 큰 나라의 것을 기계적으로 모방하는 교조주의를 반대하면서 구체적인 실정에 맞게 마르크스-레닌주의를 창조적으로 적용할 것을 요구하는 것이라고 말할 수 있다. 김일성의 주체는 혁명이기 때문에 마르크스-레닌주의를 북한혁명의 요구에 맞게 창조적으로 적용시켜야 한다는 것을 의미한다. 그래서 황장엽은 혁명은 운동이기 때문에 주체라는 용어는 적합하지 않다고 생각하였다.[22] 김일성은 사대주의와 교조주의를 반대하면서 북한의 실정에 맞게 마르크스-레닌주의를 창조적으로 적용할 것에 대한 주문을 황장엽에게 한다. 그래서 황장엽은 마르크스주의를 구체적 실정에 맞게 적용하는 창조적 입장과 함께 사대주의를 반대하고 자주적 입장을 지키는 것을 주체사상의 기본 요구의 하나로 덧붙였다. 그 후에 김일성은 자주적 입장과 창조적 입장을 기본 정책으로 채택하고 사상에서의 주체, 정치에서의 자주, 경제에서의 자립, 국방에서의 자위를 기본 노선으로 정식화했다.[23]

① 사상에서의 주체

사상에서의 주체가 나오게 된 배경은 조선민주주의인민공화국은 당원의 교양 및 인민대중을 상대로 하는 사상사업에서 소련의 영향을 줄이고 볼셰비키 당사 대신 조선로동당의 당사를 교재로 교양사업을 하기로 하는 등의 움직임을 보였는데, 이러한 움직임의 배경은 국내파와 소련파의 숙

22　황장엽, 『나는 역사의 진리를 보았다』 (서울: 도서출판한울, 1999), 137.
23　강태욱, 『황장엽의 인간중심철학』, 48.

청, 그리고 스탈린의 사망이었다.

1955년말 북한은 소련식이나 중공식이 아닌 조선식을 주장함으로 김일성 지배 체제의 확립에 따른 이론체계 확립에 초점을 맞추려는 시도였다고 볼 수 있다.[24] 그것은 김정일 총비서가 주체사상의 고전적 문헌 『주체사상에 대하여』에서 다음과 같이 한 말에서 알 수 있다.

> 사상에서 주체를 세우는 것은 자주성을 위한 인민 대중의 혁명투쟁에나서는 선차적인 요구입니다. 혁명과 건설은 사람들의 의식적인 활동인 것만큼 사상에서 주체를 세워야 정치, 경제, 국방 등 모든 분야에서 주체를 세울 수 있습니다.

다시 말하면 북한사회에서는 사람들이 사상에서 자기 나라를 중심에 놓고 사고하며 실천한다. 그래서 모든 문제를 스스로의 지혜와 힘으로 풀어나가는 관점과 태도를 가지고 있다. 주체사상은 "사상에서 주체를 세워야 정치, 경제, 국방 등 모든 분야에서 주체를 세울 수 있다"고 한다.

더불어 "사상에서 주체를 세운다는 것은 혁명과 건설의 주인이라는 자각을 가지며 자기나라 혁명을 중심에 놓고 모든 것을 사고하고 실천하며 모든 문제를 자기 힘으로 풀어나가는 관점과 태도를 가지는 것"이다. 이와 함께 "노동계급의 혁명사상과 자기 당의 노선과 정책으로 무장하여야" 한다고 하여 조선로동당의 유일사상체계를 정당화하고 있다.[25]

② 정치에서의 자립

1957년 12월 '정치에서의 자주'는 대국주의의 내정 간섭에서 벗어나

---

[24] 반천기 외 4인, 『민족과 사상』, 226.
[25] http://ko.wikipedia.org/wiki/주체사상 2017.12.2.

내정, 특히 당정책, 경제정책 등에서 자주성을 발휘하여 독립 국가로서 위신을 갖추려는 북한의 정책을 말한다.[26] 정치에서의 자립이 나오게 된 배경은 60년대 초에 들어 중소분쟁이 심해지고 후루시초프의 김일성 비판이 강도를 더해감에 따라 조선로동당 내의 반김일성 세력이 갑산파를 중심으로 표면화되자 김일성은 소련의 영향으로부터 사상적인 면만이 아니라 정치적인 면에서도 '주체'를 내세우기 시작했다.[27]

김일성은 "정치적 자주성은 자주독립국가의 제일 생명이다"라고 하였다.[28] 이북 사회의 정치제도를 보면 다른 사회에서는 볼 수 없는 제도와 여러 기관이 있다. 그것은 이북의 정치는 남의 제도를 따르거나 남의 지휘봉에 따라 움직이는 일이 전혀 없기 때문이다. 정치에서 기본은 정책을 규정하고 집행하는 것이다. 주체사상은 이북의 모든 노선과 정책을 자주적으로 규정하고 집행한다. 결코, 남이 해놓은 일을 흉내 내지 않고 독창적인 방법으로 노선과 정책을 규정한다. 주체사상에서 말하는 정치에서 자주는 "노동계급과 인민 대중이 국가와 사회의 주권을 쥐고 주인이 되는" 것을 말하며, 동시에 "대외관계에서 완전한 자주권과 평등권을 행사"하는 것이 필요하다. 이를 기초로 "자주성과 국제주의를 결합"시킨다는 것이 목표다.

③ 경제에서의 자립

1956년 12월 '경제에서의 자립' 노선은 자력갱생의 원칙하에 자주적으로 사회주의 경제를 건설하는 것을 의미한다.[29] 그것은 "자립적 민족경제를 건설"하는 것을 말하며, 이는 곧 "자기 나라의 자원과 자기 인민의 힘

---

26 반천기 외4인, 『민족과 사상』, 231.
27 http://ko.wikipedia.org/wiki/주체사상
28 김일성, 『김일성주체사상에 대하여』(평양: 조선로동당출판사, 1991), 90.
29 반천기 외 4인, 『민족과 사상』, 228.

에 의거하여 발전하는 경제"를 말한다.

그리고 "중공업과 함께 경공업과 농업을 동시에 발전"시켜야 하며, 이를 위해 "기술적 자립"이 요구된다. 또한 "민족기술 인재문제"와 "자력갱생의 원칙" 또한 중요한 문제이다. 더불어 "인민경제의 주체화, 현대화, 과학화"를 전략적 노선으로 삼는다.

④ 국방에서의 자유

김일성은 "국방에서 자위를 실현하는 것은 자주독립국가 건설의 근본원칙이다. 자위적 국방력이 없이는 민족적 독립을 고수할 수 없으며 혁명의 전취물과 인민의 안전을 보위할 수 없다. 자위력이 없는 국가는 사실상 완전한 독립국가라고 말할 수 없다"라고 말하였다.[30]

주로 "제국주의"를 반대하는 것을 목표로 하는데, 특히, "제국주의는 전쟁의 항시적 근원이며 오늘 침략과 전쟁의 주된 세력은 미제국주의"라고 하여 미국에 적대감을 드러낸다. 국방에서 자위를 실현하기 위해선 "자위적 무장력"을 가져야 하는데, 이를 위해 "전 인민적, 전국가적 방위 체계를 세워야" 한다고 한다. 동시에 "전 인민의 무장화와 전국의 요새화"를 요구한다.

(2) 철학으로서 주체사상(황장엽의 주체사상) – 72년 인간론

황장엽은 인간 중심의 역사관의 줄거리는 1968년 말에 체계화하였다고 한다.[31] 그는 개인의 생명은 유한하지만, 인류의 생명은 무한하다는데 착안하여, 개인의 생명과 사회적 집단의 생명 상호관계에 관한 견해를 정립하여 인본주의의 자주적 지위와 창조적 역할을 기초로 한 종래의 유물론

---

30 김일성, 『김일성주체사상에 대하여』, 91.
31 황장엽, 『나는 역사의 진리를 보았다』, 156.

과 변증법을 전면적으로 개작하여 1969년부터 1970년 10월 사이에 거의 줄거리를 작성했다고 하였다.[32]

마르크스주의는 모든 물질은 예외 없이 다 운동한다고 본다. 물질의 경우에 운동하는 것이 물질의 속성이기에 운동하는 것이지, 어떤 원인이 있어 운동하는 것은 아니다. 그러나 주체사상은 운동에 대해 인간이 운동할 때 다 원인이 있고 목적이 있다는 것이다. 인간의 경우에는 개인의 요구와 이익을 실현하기 위하여 운동하든지, 아니면 사회공동의 요구와 이익을 실현하기 위하여 운동하든지, 그 운동의 동기와 목적이 명백하다[33]고 보았다.

발전된 물질일수록 자기를 보존하고 발전시킬 수 있는 능력이 크다. 인간은 가장 발전된 물질적 존재로서 가장 강한 발전 능력을 갖추고 있다. 날이 갈수록 인간의 발전 수준은 다른 물질보다 더 높아진다. 그러므로 인간의 인식능력과 창조적 능력은 앞으로 더욱 멀리 장성될 것이며 물질세계를 더 잘 인식하게 되고 더 잘 이용할 수 있게 될 것이다. 물질세계를 날이 갈수록 더 잘 인식하고 인간의 생존과 발전을 위하여 더 잘 이용할 수 있게 된다는 것이 주체사상의 물질관이다.[34]

인간은 자기 운명을 개척하기 위하여 어떻게 노력하는가?

동물 단계까지는 생명체의 운명이 자연의 변화에 달려 있었다. 하지만 사회적 존재인 인간의 운명은 인간 자신의 창조적 노력에 의존하게 되고 인간의 생존과 발전에 장애가 되는 것은 자연이 아니라 인간의 운명을 좌우하는 기본 요인은 인간 자신이다. 인간이 발생함으로써 물질세계는 사회적 존재와 자연적 존재로 나뉘어졌다. 즉 사회적 존재인 인간이 중심이 되어 목적의식적으로 운동하는 사회적 존재의 세계와 자연발생적으로 운

---

[32] 황장엽, 『나는 역사의 진리를 보았다』, 157.
[33] 황장엽, 『세계관』, 60.
[34] 황장엽, 『세계관』, 66.

동하는 자연적 존재의 세계가 나뉘어 상호작용하고 있다.

인간이 동물과 질적으로 구별되는 사회적 존재라고 하지만 아직 인간에게는 동물적 잔재가 많이 남아 있다. 완전한 사회적 존재라면 동물적 본능의 구속에서 벗어나 완전히 이성적으로만 활동할 수 있는 사람으로 되어야 한다. 그러나 아직도 인간은 동물적 본능의 영향을 받고 있어서 이기적 욕망과 일시적 감정을 극복하지 못하고 비이성적으로 행동하는 경우가 적지 않다.

그러나 인간이 대립과 경쟁에 기초한 낡은 사고방식을 대담하게 극복하고 사랑과 협조의 길로 나가게 된다면, 인류는 동물 세계로부터 인간 세계로 넘어가는 수난에 찬 긴 과도기를 끝내고 참다운 인간적 세계, 완전히 사회화된 인간 세계의 새 역사의 시원을 열어놓게 될 것이다. 요컨대 인류의 앞에는 끝없는 광명한 미래가 펼쳐지게 될 것이다.

주체사상은 개체로서의 사람의 존재를 가정하지 않는다. 사회적 존재로서만 인간을 인정하는 것은 기독교의 인간론과 전혀 다른 측면이다. 기독교는 한 인간이 개별적 존재로서 절대자 하나님과 의미 있는 관계를 형성한다. 그러나 주체사상은 지구상에 단 하나의 사람이 존재한다는 것 자체가 허구라고 주장하며 이런 점에서 사람은 사회적 존재, 즉 나 아닌 다른 사람과의 관계 속에서만 인간존재의 본질을 파악할 수 있다고 말한다.

그럼 단순히 물질적 존재와 구별된다면 인간의 본질적 특성은 무엇인가?

주체사상은 자주성, 창조성, 의식성으로 보았다. 자주성이 '세상의 주인으로서 자유롭게 사는 것'이라면, 창조성은 '세계를 개조하고 자기 운명을 개척해 나가는 것'이고, 의식성은 '자연과 사회를 자기의 요구에 맞게 개조하고 발전시켜 나가는 것'이다.

이런 세 가지 토대 위에 주체적인 사람은 구체적으로 어떤 사람을 말하는가?

모든 것의 주인으로서 지배자를 말하고, 모든 것을 결정하는 개조자이며, 가장 이상적인 주체적 사람은 근로 인민 대중을 말한다.³⁵ 하지만 이 모든 것도 수령과 연결되어 있다.

(3) 수령론으로서의 주체사상(김정일의 주체사상) - 74년 수령론

1974년 2월에 김정일은 '온 사회를 김일성주의화 하자'는 구호를 제창하고 이를 통해 유일사상체계의 확립을 강조했고 동년 4월에는 "주체철학의 리해에서 제기되는 몇 가지 문제에 대하여"를 통해 주체사상이 철학의 근본문제를 새롭게 제기하고 마르크스-레닌주의가 해명하지 못한 새로운 문제를 해명하였다고 지적하면서 주체사상의 독창성을 매우 공격적으로 언급했다.³⁶

1974년을 기점으로 주체사상을 핵심으로 하는 김일성의 혁명사상은 마르크스-레닌주의에 대한 계승성보다는 독창성이 강조된 '김일성주의'로 천명되었다. 이것은 결국 김정일이 자신의 권력세습을 정당화하기 위해서 김일성 개인숭배를 강화하고 대를 이은 충성을 유도하는 정치적 배경의 영향을 받은 것이 분명하다. 김정일이 주체사상 개발의 주도권을 자기 이름으로 바꾸고, 주체사상을 인간 중심으로 개념에서 수령 중심으로 바꾼 이유는 오직 하나, 자신의 권력 세습을 정당화하기 위한 것이었다.

1980년대 들어 북한은 주체사상으로 마르크스-레닌주의를 대체한 후 당과 국가의 지도사상으로 규정했다. 1982년 김정일이 발표한 "주체사상에 대하여"라는 논문을 통해 주체사상의 철학적 원리, 사회역사적 원리, 지도적 원칙의 핵심적 내용을 제시했다. 이 시기에 김정일이 수령론을 제시하면서 주체사상의 논리 구조는 수령론을 중심으로 재구조화되었고 핵

---

35 임성빈, "주체사상의 인간론," 교회와 사회연구회편, 『기독교와 주체사상』(서울: 성지, 1989), 13-15.
36 안찬일, 『주체사상의 종언』(서울: 을유문화사, 1997), 115-116.

심가치는 수령론으로 대체되었다.

이 시기는 김정일이 후계자로 공식 결정되고 그의 주도로 유일사상 10대 원칙이 강조되면서 김일성 중심의 수령제가 보다 강화되는 시기였다. 안찬일은 북한에서 수령은 태조 김일성이며 수령론은 그의 지배를 합리화 내지는 정당화시키는 새로운 통치 이데올로기로 보았다. 그리고 이념과 제도 모두로부터 자유스러움은 물론 절대적 권위와 무오류의 초헌법적 존재 그것이 수령론이라고 정의한다.[37]

① 유일사상 10대 원칙

북한은 전당에 유일사상체계를 김정일 영도자가 했다고 한다. 김정일은 '당의 유일사상체계'를 정식화하고 확립하는 사업을 정력적으로 영도하였다고 한다.[38] 당의 유일사상체계는 '10계명'(당의 유일 사상체계 확립의 10대 원칙)도 갖추고 있다. 실제로 탈북민이 기독교를 접하고는 주체사상과 너무나도 똑같아서 깜짝 놀랐다는 사례도 상당히 많다.

당의 유일사상체계 확립의 10대 원칙이다.

첫째, 김일성 사상으로 온 사회를 일색화하기 위해 몸바쳐 투쟁해야 한다.

둘째, 김일성을 충심으로 높이 우러러 모셔야 한다.

셋째, 김일성의 권위를 절대화해야 한다.

넷째, 김일성 사상을 신념으로 삼고 김일성 교시를 신조화해야 한다.

다섯째, 김일성 교시 집행에서 무조건성의 원칙을 철저히 지켜야 한다.

여섯째, 김일성을 유일 중심으로 전 당의 사상·의지적 통일과 단결을 강화해야 한다.

---

[37] 안찬일, 『주체사상의 종언』, 6.
[38] 김남진 외 7인, 『향도의 태양 김정일 장군』 (평양: 동방사, 1995), 140.

일곱째, 김일성을 따라 배워 공산주의적 풍모와 혁명적 사업방법, 인민적 사업작품을 소유해야 한다.

여덟째, 김일성이 준 정치적 생명을 귀중히 간직하고 정치적 신임과 배려에 높은 정치적 자각과 충성으로 보답해야 한다.

아홉째, 김일성의 유일적 영도 밑에 전 당, 전 군, 전 인민이 한결같이 움직이는 강한 조직규율을 세워야 한다.

열째, 김일성이 개척한 혁명 위업을 대를 이어 끝까지 계승 완성해야 한다.

북한은 1974년 4월 14일 '당의 유일사상체계 확립의 10대 원칙'을 제정한 지 39년 만(2013년 8월 12일)에 전면 개정했다. 명칭은 '당의 유일적 령도체계 확립의 10대 원칙'으로 바뀌었고, 내용은 서문 및 10조 65항에서 서문 및 10조 60항으로 조정되었다. 10대 원칙은 헌법이나 노동당 규약보다 상위에서 작동하면서 김정은의 유일 독재를 제도적으로 보장하는 통치규범이다. 또 김일성 일가의 권위를 절대화, 신격화, 우상화하고, 강력한 감시화 탄압을 통해 정치적 반대세력이나 불만세력의 출현을 원천적으로 차단하며, 김일성 일가의 권력 세습을 정당화한다.

10대 원칙 개정안은 당의 위상과 기능을 복원하려는 내용이 대폭 반영되었다. 10대 원칙 개정안은 개정 이전에 '김일성 교시'로 표현된 부분을 대부분 '당이 노선과 정책' 또는 '당'으로 변경했다. 개정된 10대 원칙은 김일성-김정일의 권위와 함께 '당의 권위를 절대화'해야 한다거나 김일성-김정일의 혁명사상과 함께 그 구현인 '당의 로선과 정책으로 철저히 무장하여야' 한다거나 김일성-김정일의 유훈과 함께 '당의 로선과 방침관철에서 무조건성의 원칙을 철저히 지켜야 한다'는 내용을 부각시켰다.

김정은 시대 들어 김정일 위원장을 김 주석과 동급으로 격상한 북한은 이번에 개정한 원칙에서 '김일성'이라는 문구를 '김일성·김정일'로 바꾸고 '김일성의 혁명사상'을 '김일성·김정일주의'로 변경했다.

제3조 4항에 '백두산 절세위인들'이라는 표현을 추가하고 제10조 2항을 "우리 당과 혁명의 명맥을 백두의 혈통으로 영원히 이어나가며"라고 명시해 김정은 제1위원장의 3대 세습뿐 아니라 이후 4대 세습도 가능할 수 있도록 했다.

또 제3조에 "당의 권위를 절대화하며 결사옹위해야 한다"거나 제4조에 "당의 로선과 정책으로 철저히 무장해야 한다"고 강조했으며, 특히 기존 제4조 8항의 "위대한 수령 김일성 동지의 교시와 개별적 간부들의 지시를 엄격히 구별하며"를 제4조 7항의 "당의 방침과 지시를 개별적 간부들의 지시와 엄격히 구별하며"로 바꿔 수령에 대한 언급 부분을 삭제하고 노동당으로 대체했다.

제9조의 '위대한 수령 김일성 동지의 유일적 영도 밑에"는 "당의 유일적 영도 밑에"로 바뀌었고 간부 선발 척도로 명시했던 제9조 7항의 '수령에 대한 충실성'은 '당에 대한 충실성과 실력'으로 고쳤다.

북한이 이처럼 수령 대신 노동당을 강조하고 있는 것은 김정은 제1위원장의 지도력이 확고하지 않은 상황에서 노동당이라는 정치 시스템을 이용해 북한사회를 지도하겠다는 의도를 보인 것으로 풀이된다. 북한은 김정일 시대에 작동하지 않던 노동당의 기능과 역할을 김정은 체제에 복원하기 시작했으며 당 정치국 회의 등을 통해 국가 중대 사안을 결정하는 모습을 보여왔다.

제7조에서는 배척해야 할 대상으로 '세도'(勢道)를 가장 앞에 내세워 김정은 제1위원장의 권력 공고화에 장애가 될 수 있는 문제를 예방하겠다는 의지도 드러냈다. 특히 이번에 개정된 10대 원칙에서는 제1조 3항과 4항에 각각 있던 '프롤레타리아 독재정권'과 '공산주의'라는 표현이 사라졌으며 제7조 1항에서는 주민들이 소유해야할 정신으로 '당성, 혁명성, 인민성'을 명시하고 '노동 계급성'을 삭제했다.

② 수령절대주의 사상[39]

주체사상이 수령중심론으로 변화하는 근본적인 계기는 사실 내부적 조건보다는 외부적 조건이 더욱 강하였다. 예를 들면 수령중심주의가 강력하게 부각된 것은 1986년 김정일이 발표한 논문 "주체사상 교양에서 제기되는 몇 가지 문제에 대하여"에서부터였다. 이 시점은 소련에서 고르바초프 대통령이 집권한 1985년 이후 진행되었던 페레스토로이카의 영향을 받은 것이었다.

중국의 개혁개방정책에 이어 소련에서 전개되고 있는 변혁 물결 속에서 북조선은 아직 내부적으로 준비되지 못한 개방정책과 위압감을 내부적으로 수령중심제로 전환했던 정치 상황이 있었다.

수령절대주의 체제의 본질적 특징은 노동계급은 가장 선진적 계급으로서 온 사회의 이익을 대표하며, 공산당은 노동계급의 가장 선진부대로서 노동계급의 이익을 대표하며, 수령은 가장 선진적인 탁월한 공산주의자로서 공산당의 이익을 대변한다. 그러므로 노동계급의 독재는 곧 공산당의 독재이며, 공산당의 독재는 곧 수령의 독재인 것이다.[40] 그래서 수령절대주의는 인권과 절대 양립할 수 없는 체제이다.

(4) 종교로서의 주체사상(수령교로서의 주체사상) – 86년 영생론

김정일은 주체사상의 수령론을 논리적으로 보완하기 위해 사회정치적 생명체론을 제시한다. 주체사상은 수령론과 사회정치적 생명체론을 통해 당과 대중은 수령의 영도를 받을 때 사회정치적 생명을 가진 존재가 될 수 있고 세계와 자기 운명의 주인이 될 수 있다는 논리를 전개한다.

김정일은 수령론과 사회정치적 생명체론을 통해 인민 대중이 수령과

---

[39] 엡1:22, "또 만물을 그의 발 아래에 복종하게 하시고 그를 만물 위에 교회의 머리로 삼으셨느니라" 교회의 머리되신 예수님과 같이 생각하였다.
[40] 황장엽, 『황장엽비록공개』 (서울: 월간조선사, 2001), 27.

후계자의 지도를 받아야 세계의 주인으로서의 지위와 역할을 차지할 수 있다고 주장함으로써 주체사상을 수령의 절대적 권위를 정당화하는 이데올로기로 변화시켰다.

1994년 김정일은 "사회주의는 과학이다"에서 김일성 수령의 주체사상을 그대로 계승함으로써 북한식 사회주의는 기존적 사회주의와 전혀 다른 형태의 우리식 사회주의임을 주장한다. "사회주의는 과학이다"에서 육체적 생명과 사회정치적 생명에 대하여와 인권 그리고 가정과 국가에 대한 설명을 덧붙여 설명함으로 북한의 사회주의가 민주주의와 어떻게 다른지를 설명하고 있다.

첫째, '육체적 생명과 사회정치적 생명'을 "주체사상은 사람의 생명의 본질과 삶의 가치에 대해서도 새롭게 해석한다. 사람을 하나의 생물유기체로 볼 때, 사람의 생명은 곧 육체적 생명을 말한다. 그러나 사람은 육체적 생명만 가지고 사는 존재가 아니다. 주체사상은 역사상 처음으로 사람은 육체적 생명과 함께 사회정치적 생명을 가지고 사는 존재라는 것을 밝히고 있다. 육체적 생명이 생명 유기체로서의 사람의 생명이라면 사회정치적 생명은 사회적 존재로서의 사람의 생명이다. 사람에게 있어서 육체적 생명도 귀중하지만, 더 귀중한 것은 사회정치적 생명이다. 수령과 전사, 당과 인민이 사랑과 믿음으로 결합되고 온 사회가 하나의 사회정치적 생명체로 전환되어 모든 사회 성원들이 사회정치적 생명을 끝없이 빛내나가는 삶이 가장 값비싸고 아름다운 삶이며 그것을 실현한 사회가 가장 공고하고 생활력 있는 사회로 된다."⁴¹로 설명한다.

둘째, '인권'에 대해 "인권은 나라와 민족의 자주권을 떠나서는 생각할 수 없다. 외세의 지배를 받는 나라 인민들에게는 결코 인권이 보장될 수 없다. 인권은 정치, 경제, 사상문화를 비롯한 사회생활의 모든 분야에서

---

41 김병로, "주체사상의 이해," 2001년 1월 강의안. '사회주의는 과학이다,' 7.

인민들이 행사하여야 할 자주적 권리이다. 제국주의가 말하는 인권은 돈만 있으면 별의별 짓을 다 할 수 있는 부자들의 특권이다. 제국주의자들은 실업자들의 로동할 권리, 무의무탁자들과 고아들의 먹고사는 권리 같은 것은 인권으로 인정하지 않고 있다. 인권의 첫째가는 원쑤는 인민들의 자주권을 유린하며 인권 옹호의 간판 밑에 다른 나라의 내정에 간섭하는 제국주의자들이다"[42]로 설명한다.

셋째, '가정'에 대해 "사회주의 우월성은 사회의 모든 성원이 서로 믿고 사랑하고 도우면서 화목한 대가정을 이루고 다같이 삶의 보람과 행복을 누리는 것이다. 우리나라에서는 전체 인민이 수령을 친어버이로 모시고 받들며 당의 품을 어머니 품으로 믿고 따르며 수령, 당, 대중이 생사운명을 같이 하는 하나의 사회정치적 생명체를 이루고 있다. 혁명의 전도와 나라와 민족의 흥망성쇠는 새 세대들을 어떻게 키우는가 하는 데 달려 있다. 그러므로 새 세대들을 키우는 문제가 부모들의 책으로만 될 수 없다. 우리의 사회주의 사회에서는 모든 새 세대들을 나라에서 맡아 키우고 있다. 경애스러운 수령 김일성 동지는 인민에 대한 사랑을 가장 숭고한 높이에서 체현하신 우리 인민의 자애로운 어버이이시다."[43] 라고 설명한다.

넷째, '정치'에 대해서 "사회주의 제도가 서면 계급적 대립이 청산되고, 사람들 사이의 관계는 대립과 불신의 관계로부터 사랑과 믿음의 관계로 전환된다. 사랑과 믿음, 이것은 인민 대중이 정치의 대상으로부터 정치의 주인으로 된 사회주의 사회에서 정치의 본질을 다룬다. 우리는 사랑과 믿음의 정치를 인덕정치라고 한다. 사회주의 사회에서 참다운 인덕정치를 실현하자면 인민에 대한 끝없는 사랑을 지닌 정치지도자를 내세워야 한다. 능력보다 인민을 끝없이 사랑하는 숭고한 덕성을 지녀야 한다. 사회주의 사

---

[42] 김병로, "주체사상의 이해," 11.
[43] 김병로, "주체사상의 이해," 15.

회에서 사랑과 믿음의 정치를 실시 하자면, 사회주의 집권당을 어머니 당으로 건설하여야 한다. 그래서 당은 인민대중의 리익을 옹호하는 것을 첫자리에 놓고 인민 대중의 리익을 침해하는 자들과 투쟁을 벌려야 한다."[44]

4. 기독교 관점으로 본 주체사상

주체사상은 기독교의 교리와 많은 유사성을 가지고 있다. 북한사회에 스며들어 있는 기독교적 영향은 어디에서 연유한 것인가?

많은 사람의 추측이다.

첫째, 김일성의 기독교적 가정환경에 기인하는 것이 아닌가 추측한다.

둘째, 김정일의 기독교와의 접촉은 어떠한 방법으로든 북한사회를 통치하고 조직화하는 데 영향을 주었다.

종교성으로서의 주체는 북조선의 인민대중들 속에 깊이 내면화되어 나타나고 있으며, 그 종교적 현상은 기독교인의 절대적인 예수신봉과 매우 흡사하다. 그리고 주체사상은 교조(敎祖·김일성)와 후계자(김정일), 성지(聖地·만경대 등), 조직(노동당과 군), 교리(敎理)와 계율까지 종교의 요소를 두루 갖추고 있다.

북한선교에 있어서 기본적으로 주체사상의 기본정신인 "사람이 모든 것의 주인이며 모든 것을 결정한다"는 것을 이해하고, 사람이 주인이 되었을 때, 어떤 역할을 해야 하는지에 대한 성경적 답을 제시해야 할 것이다. 그리고 자기 운명을 스스로 지고 가야 하는 사람을 근로 인민 대중으로 보고 있다면 과연 성경은 사람을 어떻게 평가하고 있는지에 대한 것도 설명해야 한다.

---

[44] 김병로, "주체사상의 이해," 16-17.

나아가 "수령은 근로 인민 대중의 최고 수뇌이며 통일단결의 중심이다"[45]고 한 '수령론'에 대한 것을 어떻게 답변해야 하며, 수령과 함께 노동계급의 해방을 기독교적 해석이 무엇인지를 살펴보아야 한다. 그리고 주체사상이 가지고 있는 종교관에 대한 이해도 되어야 한다.

"종교는 반동적이며 비과학적인 세계관이다. 사람들이 종교를 믿으면 계급의식이 마비되고 혁명하려는 의욕이 없어지게 된다. 결국, 종교는 아편과 같은 것이라고 말할 수 있다"와 "종교는 역사적으로 지배계급의 수중에 장악되어 인민을 기만하고 착취 억압하는 사상적 도구로 이용되었다"[46]고 한 것에 대한 바른 이해를 탈북민들에게 줄 것인지를 고민해야 한다.

1) 세계관과 역사관

주체사상은 '세계의 주인이 누구인가' 하는 문제에 해답을 주고 사람을 사회적 관계 속에서 인간의 본질적 특성을 새롭게 밝혔다. 사람은 자주성, 창조성, 의식성을 가진 사회적 존재이다. 사람이 모든 것의 주인이며 모든 것을 결정한다고 하였다.

결국, 주체사상의 세계관은 진화론적이고 유물론적 세계관이다. 만물의 기원을 물질에서 찾으려 하고 이런 물질의 세계는 부단히 진화 발전한다고 한다. 나아가 이런 세계를 자주, 창조, 의식성을 가지고 살아가려면 오직 투쟁을 통해서 새로운 세계를 만들어가야 하는 혁명지향적 세계관을 가지고 있다.

그렇다면 기독교의 세계관은 무엇인가?

한마디로 요약하면 "하나님은 창조주이시며 인간은 피조물이다"라고

---

[45] 맹용길, 『기독교의 미래와 주체사상』 (서울: 기독교문사, 1990), 58.
[46] 맹용길, 『기독교의 미래와 주체사상』, 61.

할 수 있다. 이러한 기독교 세계관은 주체사상과 부닥치게 된다.

세상의 주인이 하나님인가 인간인가?

인간이 세상의 주인이 되려 시작한 것이 바로 '죄'의 문제이며 인류는 이것으로 인해 하나님과 분열된다. 여기서 우리는 북한의 백성들에게 복음을 전할 때, 부닥치는 세계관을 극복하고 가르쳐야 한다. 이것은 북한을 세상의 모든 비기독교인과 같은 선교의 대상으로 보게 된다.

황장엽은 "역사의 주체는 인간이지 경제관계가 아니다. 경제관계는 인간의 창조물이다. 역사의 주체인 인간을 중심으로 사회적 운동을 고찰하지 않고 생산방식이 생산관계를 중심으로 하여 사회적 운동을 고찰하는 것은 본말을 전도한 그릇된 태도이다"고 하였다.[47] 역사의 주체를 인간이라 규정한다. 이것 역시 기독교와 부닥친다. 기독교의 역사는 칼빈주의 역사관으로 하나님이 역사를 움직이신다는 것이다. 사람이 계획하더라도 그 걸음을 인도하시는 이는 여호와이시기 때문이다.

2) 신관(神觀)과 인간관

황장엽의 『인간중심철학』에서는 창조주 하나님의 존재를 부정도 긍정도 할 수 없는 존재라고 말한다. 왜냐하면, 우리 인간의 인식능력으로는 하나님의 존재를 확증할 수도 없을 뿐만 아니라 하나님이 안 계시다고 확증할 수도 없기 때문이다. 우리 인간만이 가지고 있는 3대 생명력 즉 정신적 생명력, 물질적 생명력, 사회 협조적 생명력을 가지고 영원히 발전해 나가는 존재이다.

만약 하나님이 계신다면 인간은 하나님과 가장 가까이 발전할 수 있는 존재이지 우리 인간이 하나님 그 자체는 될 수 없다. 만일 인간이 하

---

[47] 황장엽, 『세계관』, 9.

나님과 같이 된다면 더 이상 발전할 수 없기 때문이다. 발전하지 않는 인간은 상상도 하지 못한다[48]고 『인간중심철학』에서는 말하나, 수령론의 주체사상은 인간이 자기 운명을 스스로 결정하는 신적 존재였다가 김일성을 신적 존재로 만든다. 김일성 우상화[49]에 이어 김정일[50]과

---

[48] 강태욱, 『황장엽의 인간중심철학』, 147-148.

[49] 북한에서 김일성에 대한 우상화의 실태는 개인에 대한 영웅화의 단계를 넘어서 신격화의 단계에 이르고 있다. 김일성 개인숭배운동은 과장된 찬양과 상징조작, 날조된 과거 행적의 선전, 사상교육 등의 형태로 전개되었다. 1960년대 그에 대한 우상화 초기에는 그의 이름 앞에 붙는 경칭과 찬양의 수사가 무려 1백80여 자에 달하기도 하였다. 김일성을 호칭할 때에는 그 이름 앞에 최상의 수식어, 최상의 경어가 붙는다. "어버이 수령"에서 "김일성 그 이는 한울님"에 이르기까지 그를 호칭하는 수식어는 매우 다양하다. 북한의 신문, 잡지와 각급 학교 교과서, 학술서적 등 모든 출판물들은 반드시 김일성 교시로부터 시작하여 내용이 서술되며, 출판물의 대부분은 김일성의 행적들을 수록한 개인숭배를 위한 선전책자에 불과하다. 북한의 헌법, 노동법, 토지법, 교육테제 등 모든 법령 등은 김일성의 저작품으로 되어 있다. 김일성에 대한 개인우상화는 그를 항일혁명투사, 조선의 해방자로서 이미지를 심어주는 노력으로부터 출발하였다. 북한은 1992년 4월 13일 김일성에게 대원수 칭호를 수여함으로써 그에 대한 우상화의 극치를 보여 주고 있다. 또한 이와같은 김일성 우상화 작업은 그가 사망한 후에도 김정일에 의해 더욱 강화되어 왔다. 김정일은 김일성 시신을 금수산기념궁전에 안치하고 주민들로 하여금 참배토록 하고 있는 등 김일성의 권위를 빌어 자신의 통치기반을 확대하는 데 활용하고 있다.

[50] 북한은 김정일에로의 권력승계를 준비하는 과정과 병행하여 여러 가지 방법을 통해 김정일 우상화 작업을 벌여 왔다. 그 가운데 두드러지는 것이 그에 대한 호칭 변화이다. 북한은 1974년 2월 김정일 국방위원장이 후계자로 지명된 이후 그에 대해 '당중앙'이라는 호칭을 사용해 오다 1975년 6월 김정일의 생일을 휴무일로 공식 지정하면서부터 '유일한 지도자'라는 호칭을 등장시켰다. 1975년 10월부터는 김일성 주석 생전 그의 1977년 이후에는 '당중앙'이라는 호칭과 함께 '영명하신 지도자, 존경하는 지도자, 경애하는 지도자 동지' 등의 호칭이 등장하였으나 김정일의 이름을 전면에 내세우지는 않았다. 또한 '당중앙의 불빛을 우러러' 등의 가요를 보급함으로써 주민들에게 '당중앙'이라는 호칭에 익숙해지도록 하였다. 김 국방위원장에 대한 호칭은 1980년 10월 제6차 당대회에서 김정일이 당중앙위원회 정치국 상무위원, 군사위원회 위원 등의 요직을 차지하면서 그 이전과 확연히 구분되기 시작하였다. 즉 1983년 2월 김 국방위원장의 41회 생일을 계기로 '영도자'란 호칭이 등장하였고 1983년 5월에는 그의 군부에 대한 영향력 강화를 목적으로 직책과는 상관없이 '최고사령관'이라고 불렀다. 1985년 2월에는 '수령' 호칭이 일시 나타난 바 있으며 1986년 2월에는 '인민의 어버이' 그리고 이른바 구호문헌 발굴사업이 본격화된 이후인 1987년 2월부터는 위대한 지도자, 위대한 영도자, 백두광명성, 향도성 등의 호칭이 사용되었다. 1990년대에 들어와서는 김일성과 거의 같은 형태와 수준의 호칭을 그에게 사용함으로써 그가 북한 권력의 최고 수위임을 나타내었다. 1991년 10월에는 '또 한분의 걸출

한 수령' 호칭이 나타났다. 북한은 각급 학교 교과서에도 김 국방위원장을 우상화하는 내용을 수록하고, 그와 관련한 교과목을 정규과목으로 편성하여 청소년 학생들을 교육하고 있다. 인민학교 국어교과서에는 "나는 아버지 원수님에 대한 친애하는 지도자 선생님의 뜨거운 충성심을 깊이 느꼈습니다"(인민학교 1학년 국어 '참배', p.31)라는 구절이 있으며, 고등중학교 국어교과서에는 "아, 친애하는 우리의 지도자 김정일 동지, 그 이께서 백두산에 탄생하시였다"(고등중학교 3학년 국어 '해돋이')라는 찬양이 등장한다. 북한은 또한 김정일의 '위대성'과 '빛나는 업적'을 찬양하는 책자와 문학작품 그리고 노래를 대량으로 제작해 주민들에게 보급하고, 김정일의 출생 및 성장과 관계가 있는 여러 지역을 '혁명사적지'로 조성하여 왔다. 1982년 '어은혁명사적지'를 시작으로 현재 16개가 조성되어 있으며 가장 대표적인 것이 그가 출생하였다는 백두산 밀영으로, 북한은 여기에 귀틀집, 회의장소 등을 건립하여 놓고 이를 '백두산 밀영 고향집'이라고 부르고 있다. 북한의 문예출판사는 1991년 9월 김정일에 관한 전설을 모은 「백두광명성 전설집」을 발간하여 주민들에게 배포하였다. 여기에는 김정일이 해방 후 청진시를 방문, 일본인들이 쓰던 지구의의 일본지도를 먹으로 새까맣게칠해놓자 일본 땅에 검은 구름과 소낙비가 내렸다는 내용의 '지동이 울다'를 비롯하여 30여 편의 김정일 전설이 담겨 있다. 이 밖에도 북한은 1987년 5월부터 항일혁명투쟁 당시 빨치산 대원들이 나무 껍질을 벗겨 글을 써 넣었다는 소위 '구호나무'(구호문헌)에 "민족의 태양 김일성 장군, 그 태양빛 이어갈 백두광명성," "아, 조선아 백두성 탄생을 알린다" 등의 구호가 발견되었고, '탄생' 및 '후계자로서의 위상'과 관련한 200여 가지의 김정일 칭송 문헌이 발견되었다고 선전하였다. 또한 1988년 2월 김정일의 46회 생일을 기해 일본의 한 화원 주인이 오랜 연구 끝에 재배에 성공하여 기증하였다는 베고니아과의 꽃을 '김정일화'로 명명하고 이를 대대적으로 보급·선전하였다. 또한 백두산, 금강산 등 명산의 바위 위에는 한 글자의 길이가 수미터나 되고 글자의 깊이만 해도 1m에 이르는 김 국방위원장의 어록과 이름을 새겨 자연을 크게 훼손하면서까지 우상화에 주력하고 있다. 또한 북한은 김일성 사망 이후 맞이한 김정일의 53회 생일에 즈음하여 1995년 2월 7일 중앙인민위원회 정령(1992.2.7 김일성 비준)으로 김정일의 생일을 '민족 최대의 명절'로 지정하고 주민들에게 이틀간의 휴무일을 부여하는 등 공식적인 권력승계를 앞두고 후계자로서의 상징조작을 강화하였다. 한편 북한은 1993년 1월 28일 노동신문 사설을 통해 김정일의 통치방식을 '인덕정치'와 '광폭정치'로 규정한 이래 계속해서 이를 대대적으로 선전하면서 김정일 우상화에 적극 활용하고 있다. 북한은 '인덕정치'의 실현을 통해 "영도자와 인민들이 사랑을 베푸는 어버이와 충성과 효성을 다하는 자식 간의 혈연적 관계가 형성되었다"(노동신문, 1995.1.15 참조)고 주장하고 있다. 김일성 사후 김정일의 호칭도 '친애하는 지도자'에서 '우리 당과 우리 인민의 위대한 영도자'로 바뀌었다. 김정일 정권이 공식 출범한 이후에는 '최고사령관 동지,' '장군님,' '친애하는 지도자 동지' 등의 호칭이 일반적으로 쓰인다(통일부, 「2000 북한개요」). 북한은 조선중앙방송을 통해 이러한 호칭의 종류가 1200가지라고 공개하면서 선군영도에 대한 호칭 120가지, 태양에 관한 호칭이 50가지가 있으며 그외에 품성, 자질, 신화적 호칭도 많이 있다고 주장하였다(조선중앙방송, 2003.11.21).

김정은[51]을 우상화시킨다.

주체사상은 삼위일체와 유사한 이론을 가지고 있다. 종교학적 관점에서 볼 때 기독교와 주체사상에서 비슷하게 발견되는 관점은 생명에 관한 삼위일체적 인식론이다. 비록 생명관에 관한 강조점은 다르지만, 그 존재론적인 구조는 대단히 비슷하다.

기독교의 생명사상이 상당히 신본주의적이라면 주체사상의 생명사상은 주체사상의 유기체적 원리를 강조하고 있는 '사회정치 생명체론'에 기초

---

51 ① 북한이 양강도 삼수발전소 부근 호숫가 언덕에 길이 560m짜리 초대형 김정은(노동당 제1비서) 찬양 글귀를 새긴 것으로 21일 확인됐다. 구글어스 위성사진을 통해 식별된 글귀 내용은 '선군 조선의 태양 김정은 장군 만세!'다. 글자 하나의 크기가 가로 15m, 세로 20m로 웬만한 건물 크기다. 북한은 1970년대부터 김정일 주도로 김일성·김정일 부자를 우상화하는 글귀를 전국의 명산과 명승지에 새기는 '글발사업'을 펼쳐왔다. 그러나 김정은 우상화 글귀가 새겨진 것은 이번이 처음이다. ② 아산정책연구원은 이날 발간한 '2015 국제 정세 전망'에서 내년을 '김정은 조선의 원년(元年)'으로 삼기 위해 '국가주석' 직을 부활할 가능성이 있다고 밝혔다. 연구원은 "과거 김정일이 김일성 사망 이후 3년이 지난 시점에 '선군정치'라는 새로운 구호를 내걸었듯이 김정은 역시 '김정일 사망 3주기'가 끝나는 2015년 새로운 자신의 시대를 개막하려 할 것"이라며 "최근 '김정은 조선'이라는 표현이 자주 등장하는 것은 이러한 시도의 일환"이라고 했다. ③ 젊은 지도자인 김정은 국방위원회 제1위원장의 우상화에 힘쓰는 북한이 소설로 범위를 넓혔다. 연합뉴스가 1일 입수한 조선작가동맹 중앙위원회 기관지 '문학신문'(11월 16일자)은 "올해 처음으로 경애하는 김정은 동지의 위인적 풍모를 형상한 소설 작품이 창작돼 경제강국 건설에 떨쳐나선 온 나라 군대와 인민의 투쟁을 힘있게 고무추동하였다"고 밝혔다. 이 신문은 김 제1위원장을 우상화한 단편소설로 『우리의 계승』과 『불의 약속』, 『감사』를 꼽았다. ④ 김정은의 경력을 미화하는 내용을 체계화하지 못했다는 일각의 지적과는 달리 올해 4월 1일 개교를 시점으로 김정은 혁명 활동을 정식 과목으로 채택하고 전국적으로 교육을 실시했으며 교수참고서에는 어린시절부터 최근까지 경력을 상세히 서술했다는 게 소식통의 설명이다. 소식통은 "2012년 9월 11년에서 12년제 의무교육제로 개편하면서 제일 품을 들인 과목이 김정은 혁명력사이다"며 "중앙에서 당력사연구소에 '김정은 동지의 혁명력사를 명확하게 정립한 기록을 만들라'는 지시를 내렸고, 이에 근거하여 '교수참고서'가 만들어졌다"고 전했다. 탈북자들이 운영하는 대북인터넷 라디오방송인 자유북한방송은 북한의 청소년들을 가르치는 교원들이 이런 내용이 담긴 교수지침서를 올해 받았다고 평양 소식통을 인용해 보도했다. 교수지침서에는 "3세때부터 자동차를 운전했다"거나 "어린시절 초고속 배를 만드는 외국 회사의 전문가와 바다에서 시합을 했는데 이겼다"는 등의 내용이 담겨있다고 한다(「중앙일보」, 2015. 4. 9. p.10.)

하고 있다. 사회정치 생명체론도 역시 기독교 사상과 비슷하게 삼위 일체적 양식이 있다. 즉 당과 수령과 인민이 하나의 몸체로 동질의 생명을 나누고 있다는 내용이 주된 이론이다.

그리고 세습제로 말미암아 이제는 김일성, 김정일에 이어 김정은의 세습이 완성됨으로 삼위일체론이 부각될 것이다. 김정은을 신으로 만들기 위한 작업이 2015년에 시작되었다. 탈북자 중의 한 사람은 "주체사상 안에 기독교의 삼위일체를 흉내 내어 아버지 김일성, 아들 김정일, 성령은 주체사상입니다. 그러므로 김일성은 '하늘님'으로, 절대 지도자로서 인민의 신뢰와 예배를 받기에 합당하다는 것입니다"라고 한 것으로 삼위일체를 이해하고 있다.

주체사상은 인간에 대한 해석을 내어놓았다. 이것은 주체사상의 철학적 이해의 키워드가 된다. "사람이 모든 것의 주인이며 모든 것을 결정한다"는 것은 사람이 창조성, 의식성, 자주성을 가질 때, 세상의 주인이 된다는 것이다. 그러나 노박은 사회주의 실패의 근본 원인을 인간 이해에서 찾았다.[52]

개인의 자유보다 사회적 통제에 우선 가치를 둔 사회주의 이론과 방법론이 개인의 창조적 능력을 약화시킴으로 생산성을 떨어뜨려 경제 불황에 이은 체제 붕괴가 이루어졌기 때문이다. 사실 인간의 창조성, 의식성, 자주성은 인간을 만드신 하나님으로부터 주어진 것이다. 왜냐하면, 모든 인간은 하나님의 형상으로부터 지음을 받았기 때문이다. 북한의 인간 이해는 법과 권력에 의한 상호통제를 통한 이해이다. 그러므로 여기에는 상호 존중이 없어, 배려와 희생 그리고 진정한 이웃사랑이 배제되어 있음을 알 수 있다. 이것은 기독교 가치관이 아니고서는 이룰 수 없는 것이므로 복음선교가 우선되어야 하는 곳이 북한이다.

---

[52] 이덕주, 『기독교 사회주의 산책』(서울: 홍성사, 2011), 40.

3) 구원관

주체사상이 종교화 과정을 거치면서 대두되는 수령론은 기독교의 기독론과 비슷한 위상을 갖고 있다. 수령이란 생명체의 뇌수로서 집단의 생명을 이끄는 지도자라고 정의하고 있다.

김일성 집안의 백두 혈통이 구원한다는 논리이다. 이에 반해 예수를 믿음으로써 새 생명을 얻을 수 있다는 것이 기독교의 핵심 교리이다. 김일성의 아버지 김형직과 어머니 강반석이 독실한 개신교인이었고 김일성도 어렸을 때는 교회를 다녔다. 이것을 아주 교묘하게 표절하여 자신을 예수와 같은 구원자라고 선전을 했다고 볼 수 있겠다. 개인의 생명은 온전한 생명으로 존재하는 것이 아니며 반드시 사회성과 정치성을 결합한 상태가 되어야만 진정한 생명체의 기능을 할 수 있다고 본다. 생명의 기능성은 자주성에 있다고 주장한다.

주체사상은 기독교의 교리를 아주 교묘하게 패러디하였다. 육체적 생명을 그리스어로 프쉬케, 예수에 대한 믿음을 통해 얻게 되는 '새 생명'을 조에라 한다. 여기에서 조에를 '사회적 정치적 생명'으로, '수령 김일성'을 '그리스도 예수'로 바꾸면 완벽하게 기독교가 된다.

북한에는 영생탑이 있다. 2012년에는 "위대한 김일성 동지와 김정일 동지는 영원히 우리와 함께 하신다"는 문구를 넣은 영생탑이 북한 전역에 약 3,200개가 세워졌다.[53] 북한은 김일성의 영생론을 주장하고 "영원한 수령"이라고 부르면서 김일성의 이미지를 화석화시키는 작업에 열중하고 있다. 1998년 9월 5일 개최된 최고인민회의 제10기 1차 회의에서는 김일성을 "사회주의 조선의 시조"라고 추켜세우면서 "영원한 주석"으로 추대

---

53 "평양에 김일성-김정일 영생탑 새로건립," http://www.nocutnews.co.kr/news/925154 (2018.4.11)..

하고 북한의 사회주의 헌법을 "김일성 헌법"으로 개칭하였다.

사회정치적 생명체론에서 사회정치적 존재인 개개인이 당의 영도 밑에 수령을 중심으로 하여 조직 사상적으로 결속하면 영생하는 생명력을 지닌 하나의 "사회정치적 생명체"를 이룰 수 있다는 주장이다.

이 주장은 사람의 생명을 "육체적 생명"과 "사회정치적 생명"으로 나누고 후자가 전자보다 귀중하다는 전제하에서 출발한다. 즉 집단주의 생명관에 기초하여 개개인의 육체적 생명은 유한하나 사회정치적 생명은 수령·당·대중의 통일체를 이룰 경우 사회정치적 생명체를 통해 영생하는 생명을 얻을 수 있다는 것이다.

탈북자들은 "북한 주민은 사회정치적 생명을 육체적 생명보다 우선시합니다. 육체적 생명은 부모로부터 받아서 죽으면 끝나지만, 사회정치적 생명은 수령으로부터 받는데, 수령은 우리에게 영생을 줍니다"라고 하였다. 물론 주체사상은 내세를 부정하기 때문에 주체사상의 영생이 세계 초월적 영생은 아니지만, 세계 내재적 영생을 주장한다는 점에서 세속 종교에서는 가장 깊은 차원의 종교적 경험을 보여 줄 수 있는 개념임에는 틀림이 없다.[54]

사회정치적 생명체론은 영생론에 이어서 영성론에까지 영향을 미친다. 한 탈북자의 이야기를 들어보면 "사회정치적 생명은 북한에서 주체사상을 따르는 자들에게 영혼을 줍니다. 영혼이라는 용어의 의미는 신학 강의나 목사님들께 듣는 말과 같은 뜻입니다. 사회정치적 생명은 주체사상이나 김일성에게 영광을 돌림으로써 얻을 수 있습니다. 사회정치적 생명은 육체적 생명보다 더 중요하다고 여겨지고 있습니다. 그러므로 육체적 생명은 사회정치적 생명이 없이는 아무 의미도 없습니다"라고 하는 것에서 주체사상은 영성을 가지고 있음을 알 수 있다.

---

[54] 정대일, 『북한 국가종교의 이해』 (서울: 도서출판 나눔사, 2012), 75.

자주성과 동지애로 연결된 사회정치적 생명체는 기독교의 종말론과 같은 관점을 가지고 있는데, 차이점은 직선적 운동이 아니라 상당히 원운동적인 성격을 갖고 있다는 것이다. 예를 들면 생명체의 수뇌부로서의 수령은 사후에도 영생불멸함을 믿는다. 수령은 몸은 죽었지만, 수령의 생명은 인민 대중의 해방사건 속에 다시 재현하여 살아나 생명체를 이룬다는 것이다. 사회정치 생명체는 현실과 내세가 공시적으로 작용하면서 인민 대중의 혁명사건에서 모두 발현하게 된다는 지극히 인간 중심적인 생명일원론을 제시하고 있다. 북에서는 이러한 사상적 원리를 '인간일원론의 신인본주의'라고 지칭한다.

4) 유사한 종교의식과 행위규범

형식적인 면을 볼 때도 공통점으로 볼 수 있는 부분이 있다. 즉 북한에서의 주체사상 연구실은 교회이고, 김일성 혁명 소작은 성경, 수요학습은 수요예배와 같고, 인민반호나 5호 담당제는 구역예배와 비슷한 측면이 있다. 생활총화는 자기 반성적 종교집회로 매우 중요한 종교의식이다. 자아비판은 하나님께 자신의 잘못을 회개하는 기도의 행위에 해당하는 것이다. 기독교 신앙에서 찬양이 중요하듯이 북한에도 김일성·김정일 찬양가가 공식·비공식 행사에 불리고 있다.

5. 결론

주체사상을 간략하게 정리해 보자.
첫째, 수령론의 기초이다.
둘째, 인간 중심 사상이다.

셋째, 집단주의 원칙이다.

북한은 인민의 의무 중 하나가 '하나는 전체를 위하여, 전체는 하나를 위하여'라는 집단주의 원칙에 기초로 하고 있다.

넷째, 민족주의이다.

주체사상이 항일무장투쟁에 뿌리를 두다 보니 조선노동당 자체도 민족주의 성향이 대단히 강할 수밖에 없다.[55]

황장엽은 "북한의 사상적 개방을 실현하는 것이 그리 쉬운 문제는 아니지만 북한의 정치적 독재체제와 경제적 독재체제를 붕괴시키는 것보다는 상대적으로 쉽다"고 하였다.[56]

주체사상으로 인한 종교적 삶에 젖은 북한 주민들에게 어떻게 복음을 전할 것인가 하는 것은 우리의 숙제이다. 지금까지 우리는 구제와 인권 차원에서 사마리아 사람으로 강도만난 사람을 도운 것으로 우리의 책임을 다했다. 이제는 그 너머 복음을 전해 사마리아 수가성 여인으로 만들어야 한다. 사마리아 수가성 여인이 물동이를 버려두고 마을로 들어가 메시아가 왔다고 외친 것처럼 가짜 복음인 주체사상을 버리고 진짜 복음이 여기 있다고 외치게 만들어야 한다.

주체사상은 인간 중심 철학이라고 주장한 김일성(1974년, 1982년)과 김정일(1982년, 1994년, 1996년)에 의해 널리 알려진 개념과 달리 기독교의 형식을 빌린 사이비 종교이고, 세계 10대 종교이다. 그래서 북한선교는 사이비 종교단체라는 관점을 가지고 선교전략을 수립할 필요가 있다.[57]

인간의 사회는 정치 외교 경제 군사문화가 엮여 있다. 여기에 영적인 사회가 있음을 부정할 수 없다. 북한은 정치 외교 경제가 무너진 상황에서 붕괴하지 않은 것은 바로 영적인 사회가 됐기 때문이다. 영적인 것은 다른

---

[55] 박한식. 강국진, 『선을 넘어 생각한다』(서울: 부키, 2018), 46.
[56] 황장엽, 『황장엽비록공개』 341.
[57] 임헌만, 『마음 치유를 통한 북한선교』(경기: 도서출판 두날개, 2012), 337.

모든 사회와 문화 체제를 견디고 이긴다.

　북한이 주민을 채워준 영적인 것은 주체사상이라는 김일성주의이다. 그래서 주체사상은 종교적이다. 이단에 빠진 사람에게 접근해 그것이 잘못되었다고 말해보라. 자신들이 잘못되었다고 말하지 않는다. 이단 상담사들이 하는 방법은 교리로 접근한다.

　첫째, 주체라는 교리를 내세우는 종교라고 본다.

　주체사상을 기독교의 관점으로 본다면 김일성의 3대 세습이 가능한 것도 종교적 권위로 북한을 통치했기 때문이다. 북한을 지배하는 김일성의 권력이 인간이 누릴 수 있는 최고의 권력과 부와 영예를 누릴 수 있는 것은 북한 주민이 김일성을 신적 존재로 만들었기 때문이다. 주체사상이 종교적 신앙의 바이블로 될 수 있었던 것은 사회정치적 생명체론이 완성되면서부터이다.

　인간의 생명을 육체적 생명과 사회정치적 생명으로 구분하여 개인이 소유할 수 있도록 만들었다는 사실을 주체사상이 종교로 발전하는데 결정적인 역할을 했다.

　둘째, 성경의 논리를 그대로 따른 주체사상을 볼 수 있다.

　주체사상에서는 하나님이 예수라는 인간으로 성육신함으로써 보이는 하나님으로 환원되었듯이 김일성은 공산주의라는 절대적 가치를 이 땅에 실현하는 중재자이며 동시에 신적 존재가 된 것이다. 1980년대 이후에는 김정일에 대해 '아버지의 아들'로서 정통성과 신성을 강조하고 있는데 예수님이 하나님과 인간과의 언약을 계승하고 성취하는 자로서의 위치를 지키듯이 김정일은 김일성의 위엄을 계승하고 성취하는 자로서 신적인 권위를 부여받은 것이다.

　북한은 김일성 유일사상을 만들고 이것을 '10대 원칙'으로 명문화하고 있다. 이 원칙은 김일성에게 무조건적인 충성을 맹세하고 주체사상을 절대화하고 있다. 기독교의 십계명과 같은 것으로 1~4계명은 하나님과의 관계이지만, 10대 원칙은 모두가 김일성에 대한 절대적인 충실성을 요구하고 있다.

기독교에서 신자들로 이루어진 공동체인 교회는 '예수 그리스도의 몸'으로 표현된다. 따라서 성도는 그리스도의 몸, 즉 예수님의 백성과 그의 교회 안에 포함될 때에만 가능하다. '하나는 전체를 위하여, 전체는 하나를 위하여' 존재한다는 북한의 집단주의 교리는 공동체적 교회의 교리와 같다.

주체사상에서 수령, 당, 대중은 삼위일체의 통일체로서 개별적으로 분리될 수 없다. 사회정치적 생명체론은 사도 바울의 지체론과 같다. 그리고 기독교는 예수님의 재림과 함께 전체적 부활이 진행되고 최후의 심판과 더불어 하나님 나라가 완성될 것을 믿는다. 주체사상은 사회주의 공산주의의 종국적 승리를 믿고 있으며 동시에 이 땅에서 사회주의 공산주의 지상낙원이 이뤄질 것이라고 믿는다.[58]

주체사상으로 이루어진 북한은 허위와 기만으로 가득한 사회이다. 인민을 위한 해방과 착취계급을 위한 투쟁의 나라가 아닌 독재자의 이기주의와 수령의 종교성이 어우러진 나라이다. 이런 나라에 살다가 온 탈북민들은 정치적 자유만 가지고는 그들의 주체 문화에 익숙한 것을 벗어날 수 없다. 오직 진정한 자유는 "진리가 너희를 자유롭게 하리라"는 말씀과 같이 '진리'에서 나온다. 북한선교는 바로 진리를 준비하여 진리와 함께 모든 일을 하여야 할 것이다.

---

58 유석렬, 『그루터기 기독교 신앙과 흔들리는 북한』(서울: 문광서원, 2012), 38-39.

참고문헌

강태욱. 『황장엽의 인간중심철학』. 서울: 더북스, 2017.
김남진 외7인. 『향도의 태양 김정일장군』. 평양: 동방사, 1995.
김병로. 『주체사상의 내면화 실태』. 서울: 민족통일연구원, 1994.
김일성. 『김일성주체사상에 대하여』. 평양: 조선로동당출판사, 1991.
교회와 사회연구회편. 『기독교와 주체사상』. 서울: 성지, 1989.
맹용길. 『기독교의 미래와 주체사상』. 서울: 기독교문사, 1990.
박한식. 강국진. 『선을 넘어 생각한다』. 서울: 부키, 2018.
반천기 외4인. 『민족과 사상』. 서울: 형설출판사, 1989.
방완주. 『조선개관』. 평양: 백과사전출판사, 1988.
서대숙. 「북한의 지도자 김일성」. 서울: 청계연구소, 1989.
사회과학출판사. 『철학사전』. 평양: 사회과학출판사, 1985.
송원근. 『주체사상펼쳐보기』. 서울: 청미디어, 2016.
안찬일. 『주체사상의 종언』. 서울: 을유문화사, 1997.
오일환 외. 『현대북한체제론』. 서울: 을유문화사, 2000.
유석렬. 『그루터기 기독교 신앙과 흔들리는 북한』. 서울: 문광서원, 2012.
이덕주. 『기독교 사회주의 산책』. 서울: 홍성사, 2011.
이재홍 외4인. 『북한의 정치이념, 주체사상의 본질』. 서울: 문우사, 1989.
임헌만. 『마음 치유를 통한 북한선교』. 경기: 도서출판 두날개, 2012.
정대일. 『북한 국가종교의 이해』. 서울: 도서출판 나눔사, 2012.
조선노동당력사, 평양: 조선노동당출판사, 1991.
조한범 엮음. 『해외자료론 북한체제의 형성과 발전1』. 서울: 통일연구원. 2006.
편집부. 『북한의 사상』. 서울: 태백, 1988.
황장엽. 『나는 역사의 진리를 보았다』. 서울: 도서출판한울, 1999.
황장엽. 『세계관』. 서울: 시대정신, 2003.
황장엽. 『황장엽비록공개』. 서울: 월간조선사, 2001.
통일부 통일교육원. 『2016북한이해』. 서울: 상현D&P, 2015.
통일사상연구원. 『김일성주체사상비판』. 서울: 통일사상연구원출판부, 1989.

제9장 북한문화와 북한선교

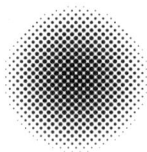

1. 들어가면서

　복음통일을 위한 발걸음은 무겁기만 하다. 평화적인 통일을 이루기에는 아직도 멀기만 하다. 북한은 CVIG(완전하고 검증 가능하며 돌이킬 수 없는 체제보장)를 요구하면서 핵포기를 하지 않고, 제자리걸음만 하는 듯하다. 미국에 종전선언을 요구함으로 평화협정까지는 넘어야 할 산이 많아 보인다. 이러한 한반도의 상황 가운데서 북한 복음화를 위해서 움직이는 발자국은 여전히 음성적이다.

　북한선교 하는 단체들은 여러 다양한 선교적 접근을 구상하고 있다. 많은 선교적 접근 가운데 우리가 우선해야 할 것은 북한 주민들의 문화를 이해하는 것이다. 문화는 세계관이고 습관이며 이미 형성된 공동체의 관습이기 때문이다. 아무리 숨기려 해도 자신이 살아온 문화를 벗어나지 못한다. 그래서 북한 주민들을 대할 때 그들의 문화를 이해하고 대한다면 그들의 마음의 문을 빨리 열 수 있을 것이다. 즉 북한문화의 특징을 살펴보고 그 특징을 통해서 선교전략을 세워나가야 한다.

　우리가 북한문화를 익숙하게 보아서는 안 된다. 왜냐하면, 이미 북한은 우리와 다른 문화의 체계에 학습되어 있다. 북한의 전후 세대(50살 미만)가 1990년 기준 2천 1백 72만 명의 5/6에 해당하고, 북한의 주체사상을 최선의 이데올로기로 교육받았던 세대들이라는 점을 생각해[1] 보면 북한 주민들은 우리와 너무 다른 문화 배경 속에 살았음을 알 수 있다.

선교는 현재의 문화를 이해하고 복음을 들고 들어가는 것이다. 미국 조지 워싱턴대학 인류학과의 로이 리처드 그링커(Roy Richard Grinker) 교수는 남북한 사람들이 가진 서로에 대한 인식의 격차가 너무나 크다는 사실을 지적하고 있다.

왜 북한문화의 특징을 통해 선교전략을 구상하여야 하나?

그링커 교수는 1998년 출판한 그의 저서 『한국과 그 미래: 통일과 끝나지 않은 전쟁』(Korea and Its Futures : Unification and the Unfinished War)에서 남북한 사람들은 서로 상대방이 자기가 생각하고 있는 세계일 것으로 생각하고 상대방을 전혀 이해하려 하지 않는다는 것이다.

이미 엄청나게 달라져 있는 한국과 조선의 현실을 인정하지 않고 자기들이 생각하는 '남조선'은 이렇다, '북한'은 이렇다고 규정하면서 그 속에 사는 사람들의 생각과 가치관이 어떻게 달라졌는지 이해하려고 하지 않는다는 것이다. 이러한 고집불통의 현실을 꼬집어 "한반도 통일의 최대의 걸림돌은 한민족 동질성의 신화"라고 비판한다.[2]

우리는 북한을 한민족으로만 생각한다. 언어 소통이 되어 복음을 쉽게 전할 수 있다고 생각한다. 실제는 그렇지 않다. 우리는 북한을 잘 모르고 있다. 북한은 우리를 보고 '미국의 식민지 아래 있는 불쌍한 동족이니 해방되어야 할 자들이다'라고 생각한다. 물론 우리 역시 그들은 일인독재에 시달리고 경제의 실패로 말미암아 먹을 것이 없는 아주 불쌍한 우리 민족이라는 생각뿐이다. 70년 이상 단절된 가운데서 서로를 이해하기가 어려워졌다. 북한을 이해하는 방법은 여러 가지이다. 정치, 경제, 종교로 이해

---

1 이훈, 『통일한국의 비전』 (서울: 세훈, 1996), 140.
2 이훈, 『통일한국의 비전』, 5.

할 수 있으나 가장 잘 이해할 수 있는 것은 문화이다. 선교는 피선교지의 문화의 특징을 밝혀내어 그것을 통해서 복음을 전하는 것이다. 이런 이해도가 없는 선교전략은 구제에 그치고 말 것이다.

2. 문화란?

문화를 정의해보면 다양하다. 테일러는 "사회의 성원으로서 획득한 지식, 신앙, 예술, 도덕, 법률, 풍습 및 기타의 기능, 관습 등을 포함하는 복합적 전체"라고 하고, 소로킨은 "상호작용하는 사람들이 소유하는 의미, 가치 규범들과 이 의미들을 객관화하고 사회화하고 전달하는 매체"라고 하고, 브루스 말리나는 "문화란 어떤 주어진 집단의 사회 세계를 형성하는 공유된 의미와 감정의 모형들(patterns)을 창출해 내는 것이다"라고 하며, 반 퍼슨은 문화를 "명사가 아니라 동사이다"라고 정의한다.

그리고 휴 브랙(Hugh Black)은 문화를 "제한이 아니라 그의 본성에 두려움 없이 복종함에 의한 인간 능력의 완전한 실현을 추구함으로 또 확장에 의하여 인간의 복리를 증진하고 인간의 퇴보를 저지하려는 노력이라"고 특징 지운다. 그래서 문화는 모든 능력을 발전시키고 정신을 단련시키며 노력하며 모든 개인이 그렇게 될 가능성이 있는 그 모든 것이 되고자 하는 모든 신성한 의무를 동반한다.

본 우서(Bornh User)는 "문화는 그 속에 자연과 정신이 불가분하게 연합되는 영혼의 문화인 것과 꼭 마찬가지로 목적을 부여하며 가치를 인식하고 상품들을 공급하려고 시도하는 인간 행위의 체계이다"고 하며, 칼 바르트는 "문화는 영혼과 신체의 통일체 안에서 인간의 운명을 깨닫기 위해 하나님의 말씀 속에 부여된 과제이다"라고 하였다. 그로싸이드(W. Grosheide)는 "문화는 일정한 시대에 있어서 인간의 소유가 되어 지는 물질적 영적 투쟁 후에 남는 침전된 순화이다"고 하고, 폴 히버트는 문화를 "인간이 생각하고 느끼고 행동하는 바를 조직하고 체계화하는 일단의 사람에 의하여 공유된 사상, 감정, 가치 그리고 행동에 연관된 유형과 산물의 통합된 다소의 체계"로 정의한다.

쿠트(Coote)와 스토트(J. Stott)는 "문화란 믿음(하나님 혹은 궁극적인 실제), 가치(참되고 선하고 아름답고 규범적인), 관습(어떻게 행동하고, 타인과 관계하고, 대화하고, 옷을 입고, 일하고, 놀이하고, 상거래하고, 농사짓고 먹는지)과 이런 믿음과 가치와 관습을 표현하는 기구들의 통합된 제도로서, 사회를 결속시키고 사회에 정체성, 존엄성, 안정성, 계속성을 부여한다"고 정의하였다. 성경은 문화에 대해 하나님의 은혜 결과이자 인간의 자유와 창의성의 열매라고 한다. 그러므로 문화는 본질적으로 그 자체가 선하거나 악한 것은 아니다.

그래서 문화에는 모호성이 항상 존재한다. 개혁주의 문화관은 인간의 자유로운 대리에 의하여 하나님 자신이 산출하는 것이지만 결국은 하나님 자신의 손으로 행하시는 일이라고 한다. 왜냐하면, 비록 문화에 있어 모든 불완전함은 전적으로 인간 죄악의 결과이지만 그럼에도 불구하고 진실로 문화에 있어서 선하고 참되며 유쾌한 모든 것은 오직 하나님의 은혜 결과이기 때문이다. 칼빈주의는 "참된 문화란 하나님의 영광을 위한 인간의 일이다. 참된 문화의 뿌리는 하늘과 땅을 지으신 여호와 하나님이시다. 인간이 문화의 주인이란 것은 단지 그가 문화의 하나님 그분의 형상이기 때문이다"라고 생각한다.

3. 북한의 생활문화

1) 사고방식(물질주의, 집합주의, 가족주의)

사고방식은 인간행동에 관련된 많은 분야의 다양한 관심을 통합시킬 수 있는 개념으로서 사회규범 속에서 보다 특수하고 고정된 형태로 나타날 수 있는 일반화된 표준이나, 개인이나 집단목표에 통일을 가져올 수 있는 원리를 제공한다. 그래서 세 가지로 설명할 수 있다.

첫째, 물질주의이다.

사회주의 특징은 특정 소수 계급에게 자원이 집중되는 것을 거부하는 것이다. 그러나 북한 배급체제의 불균형으로 부정부패의 만연과 자원의 재분배가 되지 않은 상황에서 스스로 먹는 것을 해결해야 하는 사회구조로 인해 물질 중심의 사고가 강화되고 있다. 결국, 이들의 삶의 배경에는 '돈으로 안 되는 것이 없다'는 배금사상이 짙게 깔려있다.

둘째, 집합주의(집단주의)이다.

사회주의는 대부분 집단주의이다. 북한은 유아교육부터 집단을 강조함으로 자연스럽게 형성된 가치관이 '자신이 속한 집단의 사람들과 의견이 같아야 마음이 편하다'는 것이다. 북한 주민은 '중요한 결정을 하기 전에는 대다수 가족이나 친구와 상의를 한다'는 것이다.

셋째, 가족주의(가부장주의)이다.

사회주의 사회가 일체의 전통적 생활을 금지시킬 것이라는 일반적 인식과 달리, 실제로 탈북자들을 조사한 바에 의하면, 당의 지시가 주민들에게 어느 정도는 용납되지 않았다. 즉 제사를 지내고 장지에 성묘를 가는 것이나 부조를 하는 것 등 전통적 생활 풍습이 그래도 지켜지고 있는데, 주민들이 가족주의적 의례를 지키도록 허용한 것은 북한 당국이 가부장적 정치체제를 유지하기 위해서 이러한 부모 모시는 풍습을 그대로 지키도록 한 것인지, 아니면 전통적 생활양식에서 형성된 민심을 바꿀 수 없다는 절박한 요구 때문이었는지는 확실하지 않다. 어떻든 부모는 무조건 장자의 소재를 따르게 되어있고 노부모의 식량권은 장자에게 지급된다. 탈북자들의 가족에 대한 성향을 분석해 보면 '부모의 일생은 자식이 성공했을 때 비로소 성공했다고 할 수 있다'는 연구결과가 있다.

위의 세 가지 개념을 하나로 표현한다면 주체사상이라 할 수 있다. 주체사상은 북한 인민의 가치며, 가치관이고, 가치정향성이다. 마르크스 레닌주의는 혈연관계를 포함한 친족 관계를 비롯한 가족주의를 배제하자고 한 것과는 달리 주체사상은 충과 효를 강조하는 유교사상을 이어가고 있으며, 김일성을 아버지로 섬기는 가부장적 지위를 부여함으로 가족주의 배경을 가지고 있다.

2) 생활양식(가족생활, 아동생활, 소비생활, 시간생활, 의, 식, 주 생활)

생활문화의 내용을 구성하는 또 하나의 하위영역인 생활양식은 사람들이 따르는 규범이나 관습으로서의 행동문화를 포함한다고 볼 수 있다.

첫째, 북한의 가족생활을 살펴보자.

가부장권 강화. 남아선호로 남성 위주 사고. 폐쇄적, 보수적. 배우자 선택 과정에서 재산 중시. 이성 교제, 성문제는 보수적이고 폐쇄적. 배우자는 한 직장에서 만나는 경우 많음. 혼전 성관계 자유로움. 결혼 적령 시기는 여성은 23-28세, 남성은 27-28세. 혼수품은 오장칠기[3] 이다. 이혼은 있으나 부정적이며, 여성에게 많은 제약이 있다. 이혼 후 자녀들은 주로 아버지가 키운다. 재혼은 보편적 현상은 아니다. 북한은 의외로 전업주부

---

[3] 오장은 이불장, 양복장, 책장, 찬장, 신발장이며, 칠기는 TV 수상기. 세탁기, 냉동기, 선풍기, 재봉기, 녹음기, 사진기를 말한다.

가 많다. 부인이 돈을 벌지 못하면 때리는 경우가 발생한다. 가정폭력. 가정생활의 일의 분담. 남편은 가족부양, 집안수리, 연탄찍기, 아내는 자녀 돌보기, 생활비 관리, 집안 청소, 취사, 조리, 자녀 탁아소 맡기기, 주민회의 참여. 친척끼리 서로 돕는 경우는 결혼식, 장례식, 환갑잔치, 사고를 당했을 때이다. 장례는 3일장 대부분이고 묘지는 주로 공동묘지 사용, 제사를 지내는 비율이 아주 높다.

둘째, 아동생활을 살펴보면 7세가 넘으면 조선소년단, 집단소속에서 남자는 65세 여자는 60세가 넘어야 해방된다.

대부분 어린 나이에 보육소에 맡겨져서 양육된다. 부모의 이름을 알기 전에 수령의 이름부터 외운다. 인민학교에 혼자 등교하지 않고 집단으로 걸어 들어간다. 방학이 되어도 학교에 모여 청소와 노력 봉사한다. 체육활동은 대부분 집단으로 하는 경기이고, 체조이다. 매주 매일 실시하는 총화시간과 생활총화시간[4]에 자기비판과 동료비판과 선생비판으로 익숙해져 있다.

북한 아이들은 어릴 때부터 김일성 부자와 김정은에 대한 찬양과 충성을 노래하며 익힌다. 부모들의 희망 자녀 수는 연령이 높을수록 2명 정도이고, 낮을수록 1명에 그친다. 북한의 부모들이 아동들의 성장 기대에 대한 조사를 한 것을 보면, 아들에게 바라는 직업이 당간부, 의사, 과학자, 기술자, 군인 순이었다. 딸에게 원하는 것은 시집 잘가는 것, 여성다운 여성, 전문가, 기술자, 예술인 순이다. 북한 부모들이 대부분 자녀에게 중요하다고 여기는 성격 특성은 정직성이었다. 그 다음이 개성이었다. 북한부모의 양육 내용을 살펴보자.

---

4   요즈음 북한에서 일주일(월 : 김일성 김정일 주체사상 따라배우기, 화 : 당 구호 따라배우기, 수 : 생활총화, 목 : 혁명 선전물 감상, 금 :생활총화 및 자아비판 및 상호비판, 토 : 사상교양학습, 토 : 혁명가요 따라 배우기)

① 충성심 교육

② 문제 해결방법 교육

③ 자녀의 도벽과 거짓말

④ 가정의 화목

　북한 아동의 생활은 엄격히 짜여진 틀 속에서 이루어진다. 유아는 보육소, 아동은 인민학교, 청소년은 고등중학교, 교사 주도적이고 통제적 교육을 받는다. 12년간의 의무교육 기간의 마지막 단계인 고등중학교를 졸업하면 진로를 결정한다. 북한에서 진로를 결정짓는데 가장 중요한 것은 계급이다. 북한은 두 번 대학입시를 볼 수 있다. 재수생은 없다. 대학진학은 고등중학교의 10% 정도이다. 대학진학은 '대학입학자격고사'를 치른 후 고등중학교 졸업과 동시에 입학 혹은 군 복무 또는 직장근무의 추천을 받아 이루어진다.

　직장배치보다 선호하는 것은 군 입대이다. 군 입대는 정치보위부에서 결정한다. 군복무기간은 3년 6개월에서 4년으로 되어있으나 보통 10년이 경과한 뒤, 만 27세 정도 되어야 제대한다. 사회주의 노동법에 직업선택의 자유가 명시되어있지만, 직장배치에 있어 본인의 희망과 해당자의 채용 여부는 해당 직장의 당위원회에서 결정하며, 이때 가장 영향력 있는 것이 성분과 당성, 정치적 신임도이다.

　셋째, 소비생활이다.

　북한가계의 주 소득은 직장에서 받는 노임이지만 실제 생활수준은 노임으로 결정되지 않는다. 뇌물, 장마당, 텃밭, 암거래, 마약 등이 좌우한다. 북한 주민이 가장 갖고 싶어하는 것은 가전제품이고 다음으로 승용차였다. 외국제품 선호도가 2000년 초기에는 일본, 중국, 러시아였지만 현재는 남한 물건이 인기가 제일 좋다. 북한의 배급제 위기로 인해 95% 이상이 암시장을 의존하고 있다. 암시장은 장마당인데, 장마당에는 없는 것이 없다.

가계비의 지출은 식비, 의복, 교육비의 순이다. 북한에도 사회보험제도가 있다. 연금제도와 보조금제도[5]이다. 그러나 파행되어 거의 지불이 안 되는 형편이다. 자녀들의 용돈사용은 상류층은 디스코텍 가고, 중하류층은 술과 담배를 산다.

넷째 시간생활이다.

북한사회는 통제사회이므로 주민의 일과가 거의 일정하게 정해져 있으며 개인의 자유재량에 의한 시간이 극히 제한되어 있다. 북한 주민은 노동당, 사회주의 노동청년동맹, 직업총연맹, 농업근로자동맹, 여성동맹 등 조직에 가입해야 하며, 이것을 중심으로 총화 참석, 노력 봉사에 동원된다. 토요일에는 토요학습, 일요일에는 노력 봉사한다.

북한은 노력 동원은 필수이다. 고학력일수록 노력 동원 시간이 줄어들고, 북한 주민들은 한 달 평균 22시간 36분 정도를 노력 동원하고 있다(북한의 가정생활문화실태, 서울대연구소). 기상 시간은 남자는 평균 6시경이고 여자는 5시경이다. 취침시간은 여자가 남자보다 약간 빠르나 대개 10시에 11시경 취침한다. 통근시간은 대체로 짧은 편으로 통근에 1시간 이상 걸리지 않는다. 주로 도보로 움직이고 자전거, 오토바이 간혹 통근버스나 지하철을 이용한다.

가사노동 시간은 땔감 준비가 가장 많다. 취사 연료로는 석탄이나 구멍탄, 보편적으로 나무를 사용한다. 여성들은 빨래나 청소를 자주 하는데, 가루탄이 많아 잘 더러워지기 때문이다. 여가 시간은 선전과 달리 시간적 여유도 없거니와 시간이 주어져도 공간과 시설의 부족으로 여가문화가 없다고 보아도 된다. 김정은 시대 들어서서 평양 중심의 특권층을 위한 시설이 들어서고 있는 것을 볼 수 있다. 그러나 탈북자들의 조사에서 여가 시간은 하루 4시간 정도로 나타난다. TV 시청이 주를 이룬다. TV 시청을

---

5   우리나라의 노령연금제도와 같다.

제외한 것으로는 이웃과 놀기와 술 먹기이다. 특히 일요일에 쉬는 경우는 한 달에 두 번 정도이다. 쉬는 일요일에는 대개 밀린 집안일을 하고 있으며, 연료 준비하는 것과 친구 만나고, 술 마시는 일을 대다수 하고 있다.

다섯째, 식(食)의(衣)주(住)생활이다.

북한과 남한의 차이점 중 하나가 의식주의 나열순서이다. 남한은 '의식주'로 입는 것을 먼저 나열한다면 북한은 '식의주'로 먹는 것을 먼저 이야기한다. 그래서 식의주 순서로 북한의 간략한 생활문화를 살펴본다.

(1) 식생활

북한 주민의 식량구입은 크게 2가지 방법이 있다. 모두들 생각하는 것처럼 배급에 의한 방법과 스스로 시장에서 구입하는 방법이다.

북한에서는 연령과 직업을 기준으로 식량 공급 급수를 책정하며, 이 급수에 따라 식량을 차등적으로 공급하는데, 모두 9급으로 이루어져 있으며 급수에 따른 1일 공급 기준은 있으나 현재 배급제가 거의 무너져 있어서 장마당을 의존하고 있다. 북한 주민들은 스스로 식량을 구입할 수밖에 없다.

농촌 지역에서는 산에서 나물을 채취하거나 농장에서 식량을 훔치는 사람이 늘어났으며 주변에 공터가 있는 경우 세대당 30평 정도까지는 통제가 없으므로 채소나 감자 등을 심는 텃밭으로 활용하게 되었다. 게다가 돼지나 염소를 키우는 농민도 증가하였다. 도시주민들의 경우 텃밭을 가질 수가 있기는 하지만 대부분 장마당에서 식량을 구입하고 있다.

장마당은 1990년대 중반 이후 폭발적으로 증가하였으며 대부분의 생필품이 거래된다. 그러나 가격이 비싸서 쉽게 구입하기는 어렵다.

(2) 의생활

북한의 의복의 특성을 보면 세계의 현대패션에서 소외되어 있다. 여성은 한복이 일상복으로 많이 착용한다. 여성이 한복을 주로 입는 것은 산업화 수준이 아직 낮다고 볼 수 있다. 그러나 요즈음은 특별한 행사가 있을 시 한복을 입는 것으로 조사된다. 남성은 한복보다는 정복을 입는 제복문화이다.

소비수준에서 조사해 보면 의복을 사고자 하는 욕구가 매우 낮은 것으로 나타난다. 그것은 아직도 먹고사는 생존문제가 시급하다는 것을 반영한다. 물론 평양은 예외이다. 북한에서는 다른 소비재와 마찬가지로 옷이나 옷감은 유상배급된다. 옷의 품질은 매우 낮으므로 주로 옷감을 사서 맞추어 입는다. 양복은 편의 관리소 양복부에서 맞추어 입으나, 요즈음은 개인 양복점이 생겨났다.

현재 북한사회는 옷차림을 보면 그 사람의 신분이나 배경을 알 수 있다. 의복 소유 실태를 보면, 개인차가 심하였으나 대개 겨울 내의는 약 4분의 1만이 세 벌 이상 소유했고, 외출복으로는 잠바와 군복이 대다수였다. 북한에서 세탁할 때, 사용하는 비누는 고체비누가 대부분이고, 가내 제조비누가 그다음이다. 그리고 빨래는 삶아서 하지 않고 대다수 그냥 한다. 그리고 옷감으로 대부분 사용되는 것은 나일론과 같은 합성섬유를 선호한다.

북한사회에서 일반인들이 넥타이나 와이셔츠를 입는 것을 굉장히 어색해한다. 이렇게 입고 다니는 사람은 당간부라고 생각한다.

(3) 주생활

북한에서 주택의 문제 역시 북한사회의 사회주의적 발전과 궤도를 같이하고 있다. 한국전쟁으로 인해 완전히 폐허가 된 상태에서 공장, 학교 등의 공공건물과 주민들의 주 생활은 다시금 시작될 수밖에 없었다. 따라서 북한은 파괴된 국토의 복구를 위한 전후 복구 건설기를 거치게 되었다. 이때 건설의 우선순위는 학교, 공장, 병원 등의 공공적 성격을 띠는 것이

1차적이었고, 기관과 주택이 2차적이었다.

한편 북한의 주택건설에서 중요한 문제로 제기되는 것은 표준화와 규격화이다. 이것은 주로 사회주의 건설의 속도의 문제와 결부되어 있다고 보여지는데, 설계일꾼의 부족, 목재, 철재, 벽돌 등의 공업화, 건설의 기계화를 다그치고 단기간에 많은 성과를 낼 수 있는 방법이었기 때문이다.

50년대 후반부터 60년대 초반까지 북한에서 건축설계사를 했던 사람의 증언에 따르면 당시 한편으로는 소련식 모델을 기초로 하되, 그 형식이나 재료 면에서는 민족적인 것을 고민하여 모란각 등 여러 조형물들을 건설하기 시작했다고 한다. 즉 그 시기에 이미 '민족적 형식에 사회의적 내용을 담는다'는 그들의 문화정책이 주택 건설에서도 적용되기 시작했다. 평양이나 도시에는 아파트가 많은데, 고층 아파트의 경우에는 양식과 온돌을 결합한 양식이 발전되어 있다.

북한 민법 제50조에 따르면 "국가는 살림집을 지어 그 리용권을 로동자, 농민, 사무원에게 넘겨주며 그것을 법적으로 보호한다"고 명시함으로써 주택공급은 중앙에서 일정한 기준에 따라 일괄적으로 이루어지며, 일반 주민에게는 소유권이 아니라 이용권만이 있음을 밝히고 있다. 즉, 북한은 주택에 대한 개인 소유를 인정하지 않고 있다. 따라서 북한의 주민들은 계층과 직위에 따라 정해져 있는 각 등급의 독립가옥이나 아파트 등을 임대형식으로 할당받아 생활한다. 주택은 주로 아파트와 2~3세대용 연립식 주택으로 되어있다. 그러나 김정은 시대에 들어와 평양은 주택을 거래하기도 하고, 복비를 받는 경우도 생겨났다.

1980년 중반 이후 주택난이 악화되면서 음성적인 거래를 묵인하는 실정이다. 소유권은 없는 대신 이용권이 있는 북한의 주택의 경우 입주하기 위하여 '입주증'이라는 것을 받게 되는데, 이 입주증을 받아 주택을 배정받는데 시간이 너무 오래 걸리기 때문에 우선 동거인으로 등록한 뒤 세대주를 변경하는 방식의 편법으로 주택을 거래하는 경우가 많다. 이렇게 볼 때, 북한 주민들은 주택의 소유권은 없지만, 돈만 있으면 좋은 집으로 옮겨가 살 수 있다고 할 수 있다.

4. 북한의 유교문화

북한은 우리의 유교문화의 전통을 강하게 유지하고 있는 사회이다. 사회주의 건설 초기에는 가족주의, 성차별 등 유교적 전통을 척결하기 위한 시도를 하였지만, 1970년대 이후로는 전통적인 가족의 역할을 장려하는가 하면 '사회주의 대가정'을 이론화[6]하여 강조하고 있다.[7] 그럼 유교가 무엇인지 살펴보자.

1) 유교란?

동북아시아-중국, 남한과 북한, 그리고 일본은 하나의 문화권을 이루고 있다. 이것이 곧 유교문화권이다. 유교가 발생한 곳은 물론 중국이지만 중국과 남한과 북한 그리고 일본은 나름대로의 특색을 가지고 유교를 발전시켜왔다. 한반도의 경우, 조선왕조 시대에 주자학을 크게 발전시켜 오늘에 이르렀다. 그 결과로 주자학이 권위를 가지게 되고 주자학의 도덕이 가정 안에서는 물론 사회체계 속에서도 여전히 대단한 영향력을 가지고 있다.

그래서 먼저 유교가 무엇인지를 살펴보고 분단 55년간 공산주의의

---

[6] 북한은 유교의 인간 중심 세계관을 수령 중심의 주체사상으로 대체하고, 전통적 가족주의적 정향을 이용한 유기체적 가족국가관과 사회정치적 생명체론을 이론화하여 가르치고 있다.
[7] 김병로, 강의안 "북한과 조선 사이"(아세아연합신학대학교). 30.

단독체제 안에서 유교가 여러 가지 모습으로 나타나 있는 것을 살펴볼 것이다.

첫째, 유교는 효이다.

유교의 효사상은 중국뿐 아니라 우리나라의 도덕을 책임져 준 정신적 버팀목이 되어왔다.[8] 이 효는 자녀로서는 어버이를 섬겨야 할 의무가 있고, 받들어 모시고 봉양할 책임이 있으며, 정성으로 공경하고 즐겁게 하여 드리는 것이 그 본분이다. 어버이를 섬김이 도덕의 근본임을 힘써 가르쳤기에 우리는 동방예의의 나라라고 칭송을 받아왔다.

둘째, 유교는 종교성이 있다.

유교는 종교적이다. 그것이 현대에 비춰게 되는 것은 효이다. 조상숭배, 부모에게 드리는 공경, 자손이 존재라는 세 가지를 하나로 한 생명론인 효, 죽음의 공포 불안으로부터 해탈에 이르게 하는 종교적 효인 것이다.[9] 이 유교의 종교성은 일부 가족이론 속에 예교성으로 남아 있으면서 유교 문화권, 곧 동북아시아 사람들의 마음속에 살아있다.[10] 북한은 이것을 최대한 이용한다.

셋째, 유교는 정치성이 있다.

정치적인 우두머리인 사람에게는 정책을 세우거나 실행하는 능력보다도 백성의 모범이 되는 도덕가, 교양인인 점을 요구한다. 그리고 유교적 민중은 윗사람에 대하여 응석부리며 찰싹 달라붙는 것이 우리들의 민중이다.[11] 북한은 경제와 정치의 실패적 원인을 김일성에게 돌리지 아니한다. 단지 김일성은 아버지이며 신이시다.

---

8   오영석, 『효학개론』 (서울: 엘맨출판사, 2000), 22.
9   오영석, 『효학개론』, 199.
10 오영석, 『효학개론』, 202.
11 오영석, 『효학개론』, 214.

2) 유교가 북한에 미친 영향

유교는 북한의 문화에 녹아 들어있다.

첫째, 가정에 들어와 있다.

북한은 우리의 유교문화의 전통을 강하게 유지하고 있는 사회이다. 사회주의 건설 초기에는 가족주의, 성차별 등 유교적 전통을 척결하기 위한 시도를 하였지만, 1970년대 이후로는 전통적인 가족의 역할을 장려하는가 하면 '사회주의 대가정'을 이론화하여 강조하고 있다.

북한은 처음에 유교를 "왕권을 신성화하고 신분제도를 합리화하며 계급적 압박의 정당화, 천명에 대한 순종, 지배계급과의 타협 등을 설교"하는 봉건적 사회정치사상으로 그리고 봉건사회에서의 통치자와 피통치자, 착취자와 피착취자, 양반 귀족과 평민 간의 적대적 관계를 가리기 위한 것이며 근로 인민들을 봉건제도의 노예로 영원히 얽어매 놓으려는 악랄한 책동으로 여기고 있다.[12] 그래서 이것은 혁명투쟁을 약화시켜 사회발전을 방해한다는 인식론적 비판과 함께 이를 신봉하는 것을 금했다.

그럼에도 북한은 유교를 체제유지 차원에서 이것을 최대로 활용하고 있다. 유교의 인간 중심 세계관을 수령 중심의 주체사상으로 대체하고, 전통적 가족주의적 정향을 이용한 유기체적 가족 국가관과 사회정치적 생명체론을 만들었다.

둘째, 가부장적 권위주의에 들어와 있다.

이 말의 의미는 아버지 혹은 남편이 중심이 되어 가족을 이끄는 남성 위주의 가족통치를 말한다. 아버지와 남편 이외는 모두 보조이요, 따르는 자임을 말하는 것이다. 북한은 제도적으로 여성들의 사회활동을 보장함으

---

[12] 이헌경, "북한의 유교문화 실태 연구," 민족통일연구원 편, 『통일과 북한사회문화』 (서울: 민족통일연구원, 1995), 20.

로써 여성의 지위를 높인 것은 사실이나, 전통적 여성상과 역할은 그대로 온존하고 있다.

실제 가정에서 여성들은 직장생활 여부와 관계없이 가사와 자녀 양육을 책임진다. 기숙사 생활을 하는 대학생들 가운데 여학생들이 남학생들의 빨래를 도맡아 해주는 것을 당연시하는 태도[13]에서 가부장적 권위주의를 살펴볼 수 있다.

셋째, 효사상에 녹아있다.

초기 북한 공산정권은 효가 집단주의 생명관에 위배 된다고 판단, 효의 관념을 당과 인민의 이익에 부합되었을 때만 정당화하였다. 혈연적 관계를 무시한 이러한 처사는 성과를 거두지 못했다. 오히려 가족주의의 점차적인 복귀와 함께 1985년 '오호담당제' 해체로 자식들은 부모의 해당 행위에 대한 그들의 밀고가 크게 잘못되었음을 점차 깨닫게 되었고 효에 대해 새로운 인식과 강한 애착을 보이기 시작하였다. '유기체적 가족 국가관' 및 '사회정치적 생명체론'에 의해 변질된 효의 방향을 다시 부모로 돌리고 있다.[14]

그러나 효가 집단주의와 사회주의 건설을 우선할 순 없다. 그리고 효의 차원에서 행해지던 유교적 조상 제사의식은 북한이 이를 미신행위로 그리고 낡은 생활 습성의 하나로 간주하고, 휴전 후 제사를 치르는 것을 금하였다.

그러나 1958년 제3차 당 대회 이후부터 당은 제사를 완화하기 시작한 후, 1960년대 말부터 직계존속의 경우 사망 시부터 탈상 때까지 이를 묵인

---

13 김병로, 강의안 "북한과 조선 사이," 30.
14 이헌경, "북한의 유교문화 실태 연구," 48.

하였다. 이는 전통적 제사 방식이 아닌 '사회주의적 제사'[15]로 치러졌다.[16]

넷째, 신분계층에 녹아있다.

정통 유교사상에 신분은 후천적으로 쌓은 덕과 지에 의해 결정되므로 신분의 귀속을 절대적으로 용인하지 않고 있다. 그러나 조선 유교 사회에선 선대의 신분이 후대에까지 귀속되었다. 이러한 귀속과 관료제의 발달로 사회계층이 명백히 구분되기 시작하였다. 그러나 북한은 과거 선대의 불합리적인 신분 귀속제도와 신분 차별화 정책을 체제유지 차원에서 고착화하면서 계층관리를 하고 있다. 유교적 신분제도는 세습제도로 보고 이것은 자본주의에서 남아 있는 나쁜 것으로 부정적으로 보고 있다.

하지만 북한은 심각하게 신분의 층을 성분에 의해 결정짓고 있다. 1966년 4월에 진행된 '주민재등록사업'은 처벌 대상 범위를 직계 삼대와 처가 외가 6촌까지 확대해 성분을 분류하였다. 이를 바탕으로 전 주민을 '핵심계층,' '동요계층,' '적대계층'으로 나누었고 이를 다시 세분하여 51개 부류로 구분하였다.

---

[15] 사회주의식 제사란 간소한 방식의 제사를 의미한다. 김일성은 한 연설에서 "죽은 사람의 무덤이나 사진 앞에다 많은 음식을 차려 놓고 절을 하는 것은 아무런 의미도 없다. 제사를 지내는 것은 죽은 사람을 잊지 않기 위한 것이다. 그러므로 제삿날에 무덤에다 꽃을 갖다 놓든가 가족들이 한자리에 모여서 경건한 마음으로 죽은 사람의 지난날의 투쟁을 회상하면서 그가 다하지 못한 일을 살아 있는 사람들이 마저 하기 위하여 노력하자는 결의를 가지는 것이 좋을 것이다." 『김일성저작선집 7』, 21.

[16] 이헌경, "북한의 유교문화 실태 연구," 51.

5. 군사문화, 병영문화

북한은 한국전쟁 이후 강력한 군사문화, 병영문화가 형성되었다.[17] 그래서 우리는 북한을 이해하려면 우선 한국전쟁과 그 이후를 알아야 한다. 그뿐만 아니라 북한은 한국전쟁 이후 모든 것을 전쟁에 대비하기 위한 정책을 수립하였다.

1962년 모든 경제건설을 국방적 관점에서 건설한다는 '경제-국방 병진노선'을 설정하고 각 공장과 기업소에 민수생산과 군수생산을 동시에 병행할 수 있도록 생산라인을 건설하였다. 그뿐만 아니라 1970년대 초에 이론화된 수령론도 군사적 위기의식 속에서 태동한 군사적 개념이다.[18]

북한은 일상생활 속에서도 '속도전'이니 '200일 전투'니 '작업소대'니 하는 군사용어를 많이 사용하며 사회조직과 생활원리가 군대와 흡사하다는 점에서 매우 사실적이다. 김일성의 항일투쟁 경력과 한국전쟁의 경험을 통하여 군사문화가 정신 사상적으로는 물론 사회조직에까지 확산된 사회의 '군사화'가 형성되었다고 볼 수 있다.

한국전쟁이 남북한사회의 발전 과정에 결정적인 영향을 미쳤다는 사실은 누구도 부인할 수 없다. 그러나 그 전쟁이 북한에 입힌 피해는 말로 다 할 수 없다. 우선 인적 피해부터 살펴보자.

북한의 한국전쟁 시 입은 인적 손실은 총 190만 명이 된다.[19] 북한공식 인구 자료는 1949년과 1953년 사이에 약 113만 1천 명의 인구가 감소한 것으로 집계하고 있다. 이것은 1949년 북한 인구 962만 명의 12%에 해당하는 숫자이다. 이것에 더하여 전쟁기간 동안 실제 출산율이 어느 정도였는가 하는 것이다. 전쟁기간 동안의 출산율과 사망률을 알 수 있다면 인

---

17 김병로, 강의안 "북한과 조선 사이," 31.
18 김병로, 강의안 "북한과 조선 사이," 32.
19 김병로, 강의안 "북한과 조선 사이," 109.

적 손실이 실제로 어느 정도인지 알 수 있다. 북한이 1995년에 발표한 인구자료에 의하면 전쟁기간 동안에 출생한 인구가 상당한 규모로 존재하고 있음을 알 수 있다. 총 688,962명이다. 이것과 함께 유아 사망자와 자연 사망자 약 8만 명을 더하면 전쟁기간에 인적 손실은 모두 약 190만 명이 된다. 여기에 월남자가 약 45만 명이고 월북자가 30만 명이니 인구 이동으로 손실을 본 것은 15만 명이다. 그래서 전체적인 손실은 175만 명으로 전체인구의 18%에 해당하는 엄청난 규모의 피해이다.[20]

이러한 인적피해로 말미암아 전통적인 사회주의 계급성 이외에 또 하나의 성분구분이 생겨나게 되었다. 그것은 전쟁의 사망자들과 부상자들에게 대한 예우가 매우 큰 정치적 이슈가 되어졌기 때문이다. 그래서 북한은 전사자 피살자 가족을 사회의 핵심세력으로 등용시키면서 계층 구조를 재정비하였다. 북한은 1958년 전체주민을 출신 성분별로 구분하는 '중앙당 집중지도사업'을 추진했다. 그래서 북한의 전 주민은 핵심군중, 기본군중, 복잡군중 등 3계층으로 구분된다. 핵심군중은 상류층, 기본군중은 중류층, 복잡군중은 하류층을 형성한다. 이러한 성분집단은 출신과 성장배경, 경력 등에 대한 분석에 기초하여 사람들의 사상과 동향을 분류해 놓은 사회적 신분으로 쉽게 변경할 수 없는 불평등 구조로 자리 잡고 있다.[21]

핵심군중은 최고지도층과 일반핵심계층으로 나뉜다. 최고지도층은 김부자의 가족과 친척 그리고 연고자들, 빨치산 가족과 혁명가 유가족, 남파 간첩과 남조선혁명가 가족 등이다. 일반핵심계층은 머슴, 영예 군인, 비서 국비준 순국 가족 등, 전쟁 당시 피살자, 학살자와 전사자 가족이다.

기본군중은 특수계층에 속하지 않는 일반 노동자, 농민. 사무원과 그 가족 등을 중심으로 이루어진다. 복잡 군중은 월남자 가족이 다수를 차지

---

20 김병로, 강의안 "북한과 조선 사이," 106-109.
21 김병로, 강의안 "북한과 조선 사이," 113.

하고 지주, 자본가, 종교인, 전쟁 이전 월남자 가족이다. 이들은 반동분자들로 낙인찍혀 살아간다.[22]

전쟁 후 군부의 역할이 가장 막강한 역할을 하고 있으며 군사력을 최대로 증강하며 군 복무 기간을 남한의 2배에 달하는 5년으로 한다. 그것은 남한의 인구에 비해 절반 뿐이기에 남한과 비슷한 병력을 유지하기 위해서 군 복무 기간이 배나 된다. 북한은 사회 전체를 하나의 군대와 같이 병영화하여서 작업조직이 군대조직과 같이 짜여있고 용어도 중대, 소대, 분조 등의 전투적인 용어를 사용한다. 그뿐만 아니라 북한은 전쟁 이후 모든 것을 전쟁에 대비하기 위한 정책을 수립하였다. 1962년 모든 경제건설을 국방적 관점에서 건설한다고 설정하고 각 공장과 기업에 민수생산과 군수생산을 동시에 병행할 수 있도록 생산라인을 건설하였다. 그리고 유사시 보급로가 차단되더라도 지역자체적으로 자급자족하도록 군단위 이상의 지역별 자립체제를 갖추었다.

6. 집단문화

북한을 대표하는 문화는 집단문화이다. 북한의 극심한 환난 기인 고난의 행군 시기를 거치면서 장마당이란 새로운 문화가 유입되어 어느 정도 개인의 자유가 허용되어 집단문화가 깨어져 가는 것 같았으나 김정은 시대를 맞이하여 집단문화를 새롭게 정비하여 체제를 공고히 해나가는 것 같다. 북한이 집단문화의 사회라는 것은 북한 헌법 제63조[23]에 "조선민주주의인민공화국에서 공민의 권리와 의무는 '하나는 전체를 위하여 전체는

---

[22] 김병로, 강의안 "북한과 조선 사이," 116.
[23] 1998년에 개정된 헌법

하나를 위하여'라는 집단주의 원칙을 기초한다"라고 되어있다.

우리는 북한의 국가운영이 아주 비정상이라고 생각한다. 사회학적으로 국가의 생성에서 붕괴까지의 단계를 다 거친 상황임에도 불구하고 여전히 건재한 나라이기 때문이다. 3대 세습이 이루어지고 핵 개발을 완성한 기이한 나라이다. 이렇게 불안하지만 건재한 나라의 지속은 '전체주의' 때문이고, 나아가 '수령교'의 영향이라고 한다. 한 명의 독재자가 공포정치를 함으로 절대적 신적 권위로 나라를 이끌어 나갈 때, 정치와 경제를 일인 위주로 편성시키고 모든 정보를 혼자 가지고 있기 때문일 것이다. 하지만 일인 독재는 항상 대중을 하나로 만드는 힘을 가지고 있을 때 유지된다. 대중을 하나로 만드는 힘의 배경에는 '집단문화'가 있다.

1) 집단문화는 사회통제의 수단

(1) 사회통제가 무엇인가?

사회통제란 "사회나 사회 성원 중 일부가 안정된 사회질서를 유지하거나 사회변동(social change)의 과정을 통제하기 위한 조직적 노력. 이것은 또한 기존의 규범이나 법률을 고수하도록 사람들을 억압하기 위한 노력"이다.[24] 사회통제는 크게 두 가지로 나눈다. 하나는 공식적인 사회통제로 주로 명문화된 법 규정을 통해 통제하는 것이고, 다른 하나는 비공식적으로 문화, 역사, 도덕, 윤리로 법적 규제가 분명하지는 않으나 사회를 통제하는 무형의 기구가 있다.

이것은 사회생활의 기본적인 활동영역이므로 이를 위반했을 경우 비웃음이나 따돌림 등의 제재를 받게 된다. 사회통제는 인간을 사회 속에서 살아갈 수 있도록 만드는 것인데, 자발적으로 통제해 나가는 방법과 억압적

---

[24] http://100.daum.net/encyclopedia/view/43XXXXX00334

으로 통제해 나가는 방법이 있다.

이러한 통제는 주로 교육으로 이루어지나, 교육 외에도 언론, 미디어를 통한 이데올로기적 차원의 통제도 중요한 역할을 한다. 사회주의 사회는 개인의 이익보다는 집단의 가치와 공동체의 이익을 우선하는 사회라서 사회통제가 자본주의와 다르게 이루어진다.

(2) 북한의 사회통제

북한의 사회통제는 한마디로 정의하기 어려우나, 형태상으로는 유교적 가부장적 국가체제에 가깝다.[25] 유교적 가부장적 형태는 수령이라는 한 사람을 아버지로 여기는 수령제가 바탕이 된다. 이것은 유일성을 원칙으로 하는 단일한 권력 체제를 통해 북한사회 전체를 하나의 유기체적 조직사회로 형성하고자 한 것이다.

이러한 사회통제는 당의 유일사상체계[26]로 대표되는 사상적 통제와 이

---

25 북한연구학회, 112.
26 특히 10대 원칙은 집단문화의 가장 큰 도그마가 된다. 당의 유일사상체계 확립의 10대 원칙은 첫째, 김일성 사상으로 온 사회를 일색화하기 위해 몸 바쳐 투쟁해야 한다. 둘째, 김일성을 충심으로 높이 우러러 모셔야 한다. 셋째, 김일성의 권위를 절대화해야 한다. 넷째, 김일성 사상을 신념으로 삼고 김일성 교시를 신조화해야 한다. 다섯째, 김일성 교시 집행에서 무조건성의 원칙을 철저히 지켜야 한다. 여섯째, 김일성을 유일 중심으로 전당의 사상·의지적 통일과 단결을 강화해야 한다. 일곱째, 김일성을 따라 배워 공산주의적 풍모와 혁명적 사업방법, 인민적 사업작풍을 소유해야 한다. 여덟째, 김일성이 준 정치적 생명을 귀중히 간직하고 정치적 신임과 배려에 높은 정치적 자각과 충성으로 보답해야 한다. 아홉째, 김일성의 유일적 영도 밑에 전당, 전군, 전인민이 한결같이 움직이는 강한 조직규율을 세워야 한다. 열째, 김일성이 개척한 혁명 위업을 대를 이어 끝까지 계승 완성해야 한다는 것 등이다.
북한은 1974년 4월 14일 '당의 유일사상체계 확립의 10대 원칙'을 제정한 지 39년 만 (2013년 8월 12일)에 전면 개정했다. 명칭은 '당의 유일적 령도체계 확립의 10대 원칙'으로 바뀌었고, 내용은 서문 및 10조 65항에서 서문 및 10조 60항으로 조정되었다. 10대 원칙은 헌법이나 노동당 규약보다 상위에서 작동하면서 김정은의 유일독재를 제도적으로 보장하는 통치규범이다. 또 김일성 일가의 권위를 절대화, 신격화, 우상화하고, 강력한 감시화 탄압을 통해 정치적 반대세력이나 불만세력의 출현을 원천적으로 차단하며,

를 가능하게 하는 조직적 통제가 그것이다. 특히 수령을 중심으로 하는 수령, 당, 인민의 동심원적 사회구조의 형성은 조직생활을 통한 사상 교양이 가장 중요하게 제기될 수밖에 없는 것이다. 전 주민이 조직체계 속에서 생활하고, 늘 전시상태로 준비되어 있어, 군사적 동원체제[27]를 갖추고 있다.

김일성 일가의 권력세습을 정당화한다. 10대 원칙 개정안은 당의 위상과 기능을 복원하려는 내용이 대폭 반영되었다. 10대 원칙 개정안은 개정 이전에 '김일성 교시'로 표현된 부분을 대부분 '당이 노선과 정책' 또는 '당'으로 변경했다. 개정된 10대 원칙은 김일성-김정일의 권위와 함께 '당의 권위를 절대화'해야 한다거나 김일성-김정일의 혁명사상과 함께 그 구현인 '당의 로선과 정책으로 철저히 무장하여야' 한다거나 김일성-김정일의 유훈과 함께 '당의 로선과 방침관철에서 무조건성의 원책을 철저히 지켜야 한다'는 내용을 부각시켰다(오경섭, 세종연구소연구위원).

김정은 시대 들어 김정일 위원장을 김 주석과 동급으로 격상한 북한은 이번에 개정한 원칙에서 '김일성'이라는 문구를 '김일성·김정일'로 바꾸고 '김일성의 혁명사상'을 '김일성·김정일주의'로 변경했다.

제3조 4항에 '백두산 절세위인들'이라는 표현을 추가하고 제10조 2항을 "우리 당과 혁명의 명맥을 백두의 혈통으로 영원히 이어나가며"라고 명시해 김정은 제1위원장의 3대 세습뿐 아니라 이후 4대 세습도 가능할 수 있도록 했다. 또 제3조에 "당의 권위를 절대화하며 결사옹위해야 한다"거나 제4조에 "당의 로선과 정책으로 철저히 무장해야 한다"고 강조했으며, 특히 기존 제4조 8항의 "위대한 수령 김일성 동지의 교시와 개별적 간부들의 지시를 엄격히 구별하며"를 제4조 7항의 "당의 방침과 지시를 개별적 간부들의 지시와 엄격히 구별하며"로 바꿔 수령에 대한 언급 부분을 삭제하고 노동당으로 대체했다. 제9조의 '위대한 수령 김일성 동지의 유일적 영도 밑에'는 "당의 유일적 영도 밑에"라고 바뀌었고 간부 선발 척도로 명시했던 제9조 7항의 '수령에 대한 충실성'은 '당에 대한 충실성과 실력'으로 고쳤다.

북한이 이처럼 수령 대신 노동당을 강조하고 있는 것은 김정은 제1위원장의 지도력이 확고하지 않은 상황에서 노동당이라는 정치 시스템을 이용해 북한사회를 지도하겠다는 의도를 보인 것으로 풀이된다. 북한은 김정일 시대에 작동하지 않던 노동당의 기능과 역할을 김정은 체제에 복원하기 시작했으며 당 정치국 회의 등을 통해 국가 중대사안을 결정하는 모습을 보여왔다. 제7조에서는 배척해야 할 대상으로 '세도'(勢道)를 가장 앞에 내세워 김정은 제1위원장의 권력 공고화에 장애가 될 수 있는 문제를 예방하겠다는 의지도 드러냈다. 특히 이번에 개정된 10대 원칙에서는 제1조 3항과 4항에 각각 있던 '프롤레타리아 독재정권'과 '공산주의'라는 표현이 사라졌으며 제7조 1항에서는 주민들이 소유해야할 정신으로 '당성, 혁명성, 인민성'을 명시하고 '노동계급성'을 삭제했다(http://www.yonhapnews.co.kr/politics/2013/08/12/0511000000AKR20130812087352014.HTML).

[27] 북한의 준 군사조직을 보면, 1963년에 교도대로 현역및 준군사요원을 제외한 17-50세

이것을 우리는 집단문화라 한다.

　북한은 모든 권력이 국가에 집중된 전체주의이다. 국가가 집단을 재조직했고, 모든 산업과 사회를 집단화함으로 재조직한 것이다. 농업 역시 국영농장과 협동농장체계로 이원화함으로 당과 국가 중심으로 운영되게 만들었다. 인민들 역시 태어나면서 죽을 때까지 조직 속에서 생활하도록 만들어져 있다. 이렇게 하는 이유는 생산성을 효율적으로 높여 사회적 정서적 욕구를 채워주기 위한 방법이기도 하지만 상호 간의 감시와 통제를 용이하게 함으로 북한이 통제를 효율적으로 보장하는 역할을 한다.[28]

　주민통제조직으로서의 집단문화를 가진다. 북한 주민은 누구나 국가행정조직과 당정치조직에 소속하도록 하였으며, 직장인은 직장인이며, 직장의 정치조직의 구성원이며, 거주지 인민반원이다. 주민을 통제하는 데에는 통행증제도, 직장출근상황보고, 사상체크(생활총화, 분공수행, 학습회 등)가 있다.

　이러한 통제는 공식적인 통제보다는 비공식적 통제를 앞세운다. 주체사상을 지속적으로 주입시킴으로 혁명과 건설의 주인은 인민 대중이고 혁명과 건설을 추동하는 힘도 인민 대중으로 생각하게 하였다. 결국, 북한은 근로인민 대중이 국가 주권의 주인인 것처럼 보이게 하여 공동체의 가치를 절대적인 정의로 믿게 한다. 그래서 서로 감시하고 고발하는 것에 대해 거리낌을 가지지 않는다. 북한은 강한 공동체의 감정이 있어 공동체의 도덕 규칙으로 충분히 사회통제가 가능하다.

　　남자와 17-30세 미혼여자로 연간 40일을 훈련시킨다. 1970년에 조직한 붉은청년근위대는 중학교 4학년 이상 남녀학생들로 연간 450시간 훈련하며, 1959년 조직한 노농적위대는 46-60세 남자와 17-30세 여자로 연간 160시간 군사훈련을 시킨다(박갑수, "북한의 군사전략과 군사력,"통일연구원『북한이해』[서울: 통일교육원, 2004], 116-117).
28　현인애, "북한의 집단 변화와 사회통제," 김홍광 외 6인, 『김정은의 북한은 어디로』(서울: 늘품플러스, 2012), 251.

2) 북한의 집단

북한의 집단은 주로 세 가지로 나타난다.

첫째, 생산집단으로 직장이다.

북한에서 공장기업소, 협동농장은 모두 국가 소유의 공기업이다. 따라서 북한의 직장은 국가에 의해 조직된다. 북한의 공장기업소는 규모의 차이는 있지만 보통 공장, 직장, 작업반으로 구성된다. 협동농장은 농장, 작업반, 분조의 구조를 가진다. 북한이 공장에서 기본 생산단위는 작업반이다. 그리고 북한의 직장은 생산조직이면서 동시에 정치조직이다. 북한의 모든 공장에는 당세포, 청년세포, 직맹이 조직되어 있으며, 협동농장에는 당세포, 청년동맹, 농근맹이 조직되어 있다. 즉 북한의 직장은 생산조직, 정치조직이 겹친 이중구조이다.[29]

둘째, 지역조직으로 인민반이다.

북한에서 인민반은 주민들이 사는 모든 지역에서 조직된다. 보통 2-30가구가 되며[30], 인민반은 인민반장, 세대주반장, 위생반장이 있다. 인민반에서는 직장에 다니지 않는 연로보장자들과 여성들을 망라하는 당세포, 여맹이 조직되어 있다. 인민반의 공식사명은 "리(읍, 로동자구, 동)사무소의 지도 밑에 인민반은 당과 국가의 정책을 반원들 속에 침투하고 그들을 당 주위에 묶어 세우며 가정을 혁명화, 노동 계급화하며 학생들과 어린이들을 교양하는 사업에 깊은 관심을 돌린다. 주거지 역시 집단화되어 있어 서로의 사생활이 거의 공개되어 있고, 직장이 거의 주택에 대한 배정권이나 소유권을 가지고 있는 경우가 많아서 같은 직장인들끼리 생활하게 된다.

---

29 현인애, "북한의 집단 변화와 사회통제," 김홍광 외 6인, 『김정은의 북한은 어디로』, 254.
30 한국통일교육연구회에서는 인민반이 보통 약40여개의 가구로 구성되어 있다고 한다(한국통일교육연구회, 『북한, 어제와 오늘 그리고 통일』 [서울" 그린코리아, 2009], 200).

셋째, 혈연집단으로 가족집단이다.

북한의 가정은 보통 핵가족이다. 그리고 거의 개방적인 가정형태를 가지고 있다.

북한의 집단문화에 현인애는 세 가지 특징이 있다고 설명한다.

첫째 강한 중앙집권적 조직이다.

북한에는 집단은 중앙집권적이며, 단일화가 되어있다. 북한의 조직은 거의 중앙-지방-말단조직의 전일적 구조를 갖추고 있다. 북한의 인사권은 당과 국가가 독점하고 있다시피하며, 소유권은 거의 개인보다는 공동체에 있다.

둘째, 사회주의 공동체이다.

셋째, 공식적 관계와 인간적 관계의 혼재이다.[31]

3) 북한의 집단문화의 변화

북한은 고난의 행군을 겪으므로 집단문화가 일부 붕괴하기 시작한다. 왜냐하면, 공장들이 가동을 중단하고, 배급이 끊겼기 때문이다. 결국, 북한 주민들은 생활을 장마당에 의존하게 됨으로 사회주의 집단체계보다는 자율적 시장구조를 의지하고 있다. 물론 이런 장마당도 거의 당에 노출되어, 통제되고 있는 것은 사실이다.

북한은 집단에 변화가 일어나고 있다.

첫째, 집단규율이 약화되고 있다.

둘째, 하부집단에 대한 중앙의 통제력이 약화되고 있다.

셋째, 정치조직에 비해 행정조직의 위상이 강화되고 있다.

---

[31] 현인애, "북한의 집단 변화와 사회통제," 김홍광외 6인, 『김정은의 북한은 어디로』, 259-263.

넷째, 집단 내에서 사적 자본주의적 관계가 강화되고 있다.

다섯째, 사적 자본주의적 집단이 형성되었다.

그러나 김정은 정권이 들어와서는 집단적인 것이 깨어짐으로 주민들의 통제가 잘 되지 않자 새롭게 직장 중심의 조직을 복구하기 시작했다. 당, 청년동맹, 소년단 등 정치조직을 강화하고 직장을 가동하려고 노력하며, 특히 주민들의 자율적 통제제도를 복구하는 데 힘을 쓰고 있다. 최근 북한은 농촌에 자원진출, 건설장 자원지원, 공장 자원봉사 등에 대한 소개를 강화하여 주민들의 자발적 충성을 유도하는 데 힘을 넣고 있다.[32]

그리고 직장을 통한 집단문화가 약화 된 상황에서 북한은 법적 통제와 강압적 통제를 실시하고 있다. 또한, 북한은 사적 소유를 어느 정도 인정함으로 무역과 서비스 분야에서 집단적 통제가 어렵게 되자, 다른 형태로 묶어 조직 생활을 유도하고 있다. 하지만 현 정권의 상황으로서는 점점 희미해지는 집단문화로 중앙집권적 통제는 약해질 것이다.

하지만 여기서 북한은 중국식 개방형태로 간다고 가정한다면 중국은 단위가 해체되고 사적 소유가 도입되었지만 많은 국영기업이 병존했고 당이 국가에 대한 통제권을 포기하지 않았다. 이처럼 북한도 국가 주도 외국투자기업에 힘을 쏟을 것이고 국가가 경영하는 곳에는 여전히 체제유지를 위한 주민통제가 가능할 것이다. 그리고 지금까지와 다른 형태의 조직과 제도를 정비함으로 집단문화를 이어가게 될 가능성이 크다고 할 수 있다.

---

[32] 현인애, "북한의 집단 변화와 사회통제," 김흥광 외 6인, 『김정은의 북한은 어디로』, 284.

7. 종교문화

북한은 자신들의 경제, 정치 그리고 자신들의 삶 자체를 그들의 지도자들에게 맡겨버린 무서운 종교집단의 모습으로 변해 있다. 정진홍 교수는 "종교는 인간의 사회적인 삶 속에 있는 여러 요인 중에서도 상당히 강력하고, 깊이 지니며, 영향력이 큰 실재라는 사실이 확인되고 있다. 종교는 인간 상호 간의 관계를 결정하는 중요한 요소이며, 가족은 물론 작은 공동체들 그리고 경제적인 삶이나 정치적인 행태에도 영향을 미치고 있음을 우리는 알고 있다. 종교는 틀림없이 사회적인 삶의 중요한 측면이며, 동시에 사회적 차원은 종교의 중요한 부분이 아닐 수 없다"[33]라고 한다. 그렇다면 북한은 이미 정치, 문화, 사회, 경제, 군사 등 모든 부분에 종교적 영향력을 미쳤고 종교적 행태로 북한을 이끌어 가고 있다.

탈북자들이 교회를 방문하면 하나같이 놀라고 당황할 정도로 교회와 북한사회는 형식이나 분위기 면에서 유사한 점이 많다는 것이다.[34] 그 이유는 김일성의 기독교적 배경 때문이다. 아버지 김형직은 미션스쿨인 숭실중학을 나와 기독교 항일사회주의 운동단체인 조선 국민회의 주요 멤버로 활동하였고 어머니 강반석은 기독교 집안에서 태어나 고향 칠골교회에서 신실하게 교회를 섬기던 신앙인이었다.

김일성은 어린 시절 어머니와 함께 한 주일도 거르지 않고 주일학교를 다녔다. 그뿐만 아니라 중학교 시절에는 중국 길림의 손정도 목사님 댁에 기거하면서 교회 생활을 하였고, 학생 성가대 지휘를 맡을 정도로 교회 활동을 활발하게 하였다.[35] 그러나 김일성은 그의 회고록『세기와 더불어』에

---

[33] 정진홍,『종교문화의 이해』(서울: 서당, 1992), 299.
[34] 한화룡,『4대신화를 알면 북한이 보인다』(서울:한국기독학생회출판부, 2000), 162.
[35] 김병로, 강의안 "북한과 조선 사이," 32.

서 기독교적인 영향력은 없고 단지 인간적인 도움은 많이 받았다고 한다.[36]

비록 그가 기독교적 신앙을 가지지 아니하고 인간적 도움만 받았다고 하나 그의 체계는 기독교적인 것이 많이 배겨있음을 부정할 수는 없다. 그래서 북한에는 하나님 말씀 대신에 김일성의 교시가 있고, 찬송 대신에 김일성 찬가가 있고, 회개 기도 대신에 자아비판이 있으며, '아멘, 할렐루야' 대신에 만세가 있다. 또 헌금 대신에 맹비가 있고 십계명 대신에 유일사상체계 확립의 십대 원칙이 있다. 성부, 성자, 성령의 삼위일체 대신에 수령, 당, 대중의 삼위일체가 있고, 경건의 시간 대신에 아침 독보회 시간이 있다.[37]

주체사상 역시 북한에서는 단순한 이념이나 사상이 아니라 주체사상을 절대화, 신격화한 신앙 내지 종교로서 자리잡고 있다. 먼저 교리 부분에서 보면 기독교의 십계명처럼 '10대 원칙'을 만들어 활용하고 있다. 또 주체사상의 핵심이라고 할 수 있는 '사회정치적 생명체론'은 기독교인들이 너무나 잘 아는 사도 바울의 지체론과 똑같다.

사회정치적 생명체론은 사회는 두뇌인 수령과 심장인 당, 그리고 각 지체인 대중으로 이루어져 있다고 주장하며 수령의 중요성을 강조한다. 마치 교회의 머리는 예수님이고 우리는 손과 발 같은 몸이라고 설명하는 같은 방식이다.[38] 결국, 북한은 기독교의 형식과 윤리를 모방한 종교사회이다.[39] 북한사람들의 생활주기, 교리와 상징체계, 행위규범, 윤리 생활 등에 있어서 기독교인의 신앙생활 유형과 흡사하다.

---

36 김일성, 『세기와 더불어』 제1권 (평양:조선로동당출판사, 1992), 104.
37 한화룡, 『4대신화를 알면 북한이 보인다』, 162.
38 김병로, 강의안 "북한사회의 종교성", 3.
39 김병로, 강의안 "북한사회의 종교성", 14.

8. 선교전략

문화적 특징을 통해서 선교를 하기 전 우리는 먼저 그들을 대하는 기본적 예의를 갖추어야 한다.

첫째, 그들을 하등문화로 취급하지 마라.

북한뿐만이 아니라 세계선교를 하기 위해 나간 선교사들 가운데 많은 이들은 자신의 선교지의 문화가 자신의 문화보다 못한 하등문화라고 생각하고 있다.

둘째, 내식(式)으로 결정하고 답하지 마라.

내식이란 '내가 생각한 것만이 옳은 판단이고 정확한 것이다'는 생각이다. 그들에게 말씀을 증거하고 전하려면 그들을 이해하고 그들의 문화를 인정해야 한다. 그들의 문화를 내 문화로 대체하지 말아야 한다는 것이다.

셋째, 무조건 불쌍히 여기지 마라.

다시 말하면 거지 취급하지 말라는 것이다. 북한에서 탈출한 이들을 보면 대다수 불쌍해서 안쓰러워 어찌할 줄 몰라 한다. 물론 먹지 못해 탈출한 사람들이니 오직 불쌍하게 보였겠냐 만은 다 그렇지 않다는 것이다. 북한의 모든 사람이 다 그런 것이 아니고 가진 자들도 있고, 높은 자리에 앉은 자들도 있으며 권력을 소유한 자들도 있으며 지식을 소유한 자들도 있음을 알아야 할 것이다. 이런 것을 무시한다면 결코 그들의 마음 문을 열지 못할 것이다.

넷째, 자존심이 걸려 있는 이야기는 생략하라.

그들은 그들의 문화에서 그동안 살아온 것이다. 그들은 자신들이 잘못되어 있다고 생각해 본 적이 없다. 그래서 다른 이들이 가진 판단하고 비교할 만한 것이 없다. 지금 단지 어려워서 고개 숙이고 있다고 생각해야 한다.

다섯째, 돈으로 그들을 선교했다고 하지 마라.

이제 한국교회는 돈 선교의 오명을 벗어야 한다.

1) 유교문화의 특징을 통한 선교전략

위에서 본 바대로 이제 북한은 유교적 전통과 형식을 빌어 자신들의 것으로 만들어 사용하고 있다. 그렇다면 우리는 이러한 것을 인정하고 함께 유교적 접근을 시도해야 할 것이다. 무조건 당신의 것은 나쁘고 사회주의니 아니면 공산주의이니 하고 무시하고 복음을 전해서는 이들이 받아들이지 않을 것이다.

그래서 다음과 같은 것은 꼭 생각하고 접근해야 한다.

첫째, 예의범절을 지켜라.

효를 예를 들면 다음과 같다. 북조선 인민들은 김일성 장군이 아버지라고 믿고 있다. 물론 육신의 아버지가 있다는 것도 인정한다. 그를 영적인 지도자 또는 그 이상 어떤 것의 아버지라고 믿고 있다. 이것이 어떠한 배경에서 그렇게 되었는지 우리가 따져 들어갈 것은 아니다. 다시 말하면 사기당했다고 하거나 세뇌 교육을 받아서 그렇다고 하며 잘못된 것이라고 비판해서는 안 된다. 우리는 단지 그것을 인정하고 나가야 한다. 그러나 지금 김일성을 죽었다. 그가 다시 살아난다고 믿는 인민들이 많다. 그리고 그가 죽었지만, 자신들을 돌보고 있다고 생각한다. 그래서 영원한 아버지로 여기고 있다. 그것은 끝까지 아버지에게 효를 다해야 한다고 생각하는 것이다. 그래서 우리는 그들을 자극해서는 안 된다. 단지 죽은 김일성에게 효를 다하기 위해서 우리는 성경을 인용하여 설명해야 한다. 살아있는 즉 눈에 보이는 부모를 공경하지 아니하고 지금 보이지 아니하는 아버지 수령을 위해 효를 다 할 수 있냐고 반문해야 할 것이다.

그래서 살아 계신 부모를 위해 효를 다 해야 함을 전하고 그것을 어떻게 해야 하는 지를 위에서 말한 성경적 효를 성경을 통해서 가르쳐 나가야 한다. 그러면 성경을 이해하고 거부감을 가지지 아니하고 가까이 올 수 있을 것이다.

둘째, 그들은 명분을 중요시한다.

일반적으로 아시아 국가가 모두 명분을 중요시하지만, 특히 유교적 흐름을 정권 유지를 위해 사용하고 있고 그 바탕을 사회 전반에 뿌리내리고 있는 북한에 있어서는 더욱더 명분이 중요시되고 있다. 그래서 이들이 먹을 것이 없었으나 그렇지 아니하면 정치적인 이유에서 탈북하였거나 아니면 어쩔 수 없이 나왔다 하더라도 이들은 각자가 가지고 있는 명분을 버리지 아니하고 있다. 그 명분은 기(氣)나 자존심으로 나타난다. 그러하기에 선교적 사명으로 다가가는 우리는 그들의 기(氣)나 자존심을 훼손시키지 말아야 할 것이다. 만약 그것이 훼손되면 그들은 쉽게 마음 문을 닫고 열지 아니할 것이다.

셋째, 가족을 분리하지 마라.

탈북한 그들이 함께 모여 있다면 그 안에서 가족의 유기체적 의미를 찾으려 할 것이다. 그래서 그들에게 있어서 의심의 눈길로 짝 맞추어 다른 어떤 일을 도모할까 봐 가족을 분리하는 것은 삼가야 할 것이다. 또한, 서로 다른 사람들이 모여 있다 하더라도 쉽게 한 가족으로 엮어질 수 있는 그들이다. 이미 그러한 훈련이 된 사람이다. 그러하기에 그러한 성경적 유기체적 가족관을 가지고 훈련을 해야 할 것이다.

넷째, 신분계층에 맞게 대해 주어라.

다시 말하면 신분에 맞게끔 대해야 한다. 주는 것도 잘 주어야 한다. 받기만 하는 계층이 있는가 하면 거저 주는 것에 대해 기분 나빠하는 계층이 있기 때문이다. 그것은 주는 자의 거만함이 싫기 때문이다.

다섯째, 선교라는 단어와 군사적 선교 표현을 자제하여야 한다.

물론 우리는 탈북자들을 도와야 하는 것에 있어서 선교적 차원으로 그들을 대할 것이다. 그러나 굳이 선교라는 말을 내세워야 하는가는 생각해 볼 문제다. 이들은 나름대로 교회와 종교단체가 있다. 헌법에서도 종교의 자유를 명시하고 있다. 그리고 과거 한국의 예루살렘이라고 하는 곳도 있었다. 전쟁 전 남쪽보다는 북이 더 많은 교회가 있었다. 그래서 그들에게 있어서는 선교라는 것이 마땅치 않을 것이다. 다시 말하면 외부세력에 의해 자신들이 세워지고 무엇을 바꾸려 하지 않을 것이다. 그래서 선교라는 단어를 조심스럽게 사용해야 한다. 혹자는 선교라는 단어 대신 '교회 재건'이라는 단어를 사용하자고 한다.[40] 재건이란 단어 역시 불편하다 하여 '재건'이라는 단어 대신 '회복'이라는 단어를 쓰기를 제안하는 이도 있다.[41]

2) 군사문화의 특징을 통한 선교전략

명령의 체계 속에서 살았고 배웠으며 또 그 속의 생활이 익숙하므로 군사적 명칭과 형태에 대해서 매우 익숙하다. 그래서 그들은 전투적 형태의 삶을 구성하고 있으며 두드려 깨는 것을 배웠으니 우리는 그들을 대하고 선교하는 데에 있어서 인내와 사랑이 필요하다.

군사문화는 계급을 체계화하여 이루어진 사회이다. 이미 출생 때부터 신분의 계급이 정해져 있고, 그것이 군대에 이어지며 더 나아가 사회에 영향을 미치고 살아갈 때 이것에 의해서 자신이 처해 있는 계급에서 벗어나기를 원하는 사람이 많을 것이다.

이것을 벗어날 수 있는 것은 계급이 높은 가정에 다시 태어나거나 그렇지 아니하면 교육을 받아야 할 것이다. 다시 태어나는 것이 가능한 말씀을 가르치거나 아니면 그들이 만족할 만한 교육을 하는 것이 이들을 선교하는 데 있어서 접근할 수 있는 방법이 될 것이다. 그 사회에서 가장 많이

---

[40] 홍치모, 『북한선교 재검토해야 한다』 (서울: 두란노, 1992), 38.
[41] 유관지 박사는 북한교회 재건 대신에 북한교회 회복이라는 말로 대신 사용한다.

그 집단을 벗어나고 자 하는 층은 가장 낮은 층일 것이다. 그렇다면 이들에게 먼저 접근해 볼 만한 것이다.

3) 종교문화의 특징을 통한 선교전략

사실 북한은 여러 체계와 문화의 특징이 있지만, 그 사회는 여러 문화보다도 하나의 종교적인 집단이라고 해도 과언이 아니다. 자기들에게 아무리 잘못해도 아버지를 욕하지 아니하듯이 수령을 아버지 화(化)하고 그 분만이 유일하게 자신들을 인도하며, 지도(指導)할 자라 하고, 또 죽은 김일성을 지금도 자신들을 인도하는 영도자의 모습으로 남아 있다고 하니 가히 종교집단이 아니고서야 어찌 그러할 수가 있을까?

그래서 이 종교적인 특색이 가장 짙은 북한에게 선교의 일을 하기 위해서는 가장 우선 종교적 문화 특색을 잘 이해해야만 한다. 이미 이들이 하는 것들은 정치와 군사의 색채를 넘어선 이단 집단체제라 할 수 있다.

그렇다면 이것을 통해 어떻게 선교적 접근을 시도해야 하는가?

이들을 이단이라고 정의하고 무조건 배격해야만 할 것인가?

그렇지 않다. 우리는 이들을 품어야 한다. 김병로 교수는 북한사회와 기독교의 형식적 측면이 유사하다는 사실로 선교적 관점으로 두 가지 가능성을 내포하고 있다고 보았다.[42]

첫째, 회의적인 관점이다.

북한의 사회생활이 기독교와 유사함으로써 북한의 조직생활을 싫어하는 사람들에게는 기독교적 조직생활을 거부할 가능성이 있다. 또한, 조직생활을 거부하지 않는 사람들이라 하더라도 북한사람들이 기독교인들보다 더 윤리적이고 도덕적인 생활을 하고 있다고 자부할수록, 그리고 남한

---

[42] 김병로, 강의안 "북한사회의 종교성," (아세아연합신학대학교), 15.

의 기독교인들의 윤리도덕 생활이 그들보다 열등할수록 기독교에 대한 매력을 갖지 못할 것으로 보인다.

둘째, 낙관적인 측면이다.

조직생활에 익숙한 북한사람들이 조직생활이 오해되었을 때 다가오는 허전함, 그리고 공허함을 기독교 신앙생활로 채워줄 수 있다는 점에서 관심을 가질 부류도 있을 것이다.

그렇다면 회의적인 사람들에게는 어떻게 접근해야 하나?

자신이 나온 북한의 체제에 대하여 거부 반응을 일으키지 아니하는 세력들에게는 기독교의 여러 형태로 그들의 허전함이나 공허함을 채워주어야 할 것이다.

채워주는 방법은 다음과 같다.

첫째, 기독교적인 사랑을 보여 주는 것이다.

그들은 지속적인 도움이 필요할 것이다. 그래서 지속적인 사랑의 도움을 주는 것이다. 대가를 바라는 사랑이 아니다. 서로 주고받는 사랑이 아니다. 대안이 있는 사랑도 아니다. 주님이 요한복음 21장에서 베드로에게 원하셨던 필레오의 사랑이다. 그 사랑을 지속으로 행하는 것이다.

둘째, 남한의 교회가 변하는 모습을 보여 주는 것이다.

현재 남한의 교회는 숫자에 관심 있고, 교회 건물에 관심 있으며, 복(福)에 관심 있는 것들을 이제는 주님이 행하신 그 사랑과 몸소 실천하신 그 행하심에 관심을 돌리고 그 역할을 감당하는 모습을 보여준다면 그들은 보고 배울 것이며, 느낄 것이다.

셋째, 그들과 함께 하는 것이다.

북에서 나와 중국에 살고 있다면 그곳의 형편에 맞게 살길을 마련해 주어야 할 것이다. 가난을 다 구제하자는 것은 아니다. "임금도 가난은 구제 못한다"고 했다. 그래서 그들이 살아가는 길을 마련해 주자는 것이다. 물고기를 입에 넣어주는 것이 아니라 고기 잡는 기술을 가르쳐 주어야 한다.

남한에 왔다면 그들에게 거짓으로 그들을 대하지 말자.

그들을 이용하여 우리의 배를 불릴 생각을 하지 말아야 한다. 그들은 이곳의 경제체제에 익숙해 있지 않다. 그래서 기독 경제인이 그들을 맡아 그리스도의 이름으로 정직하게 그들을 맡고 가르쳐야 한다. 만약 아직 북한에 남아 있다면 그들에게 그들이 스스로 자립하여 살아가도록 만들어 주어야 한다. 국가적 지원과 체계 안에서 장기적으로 그들의 자치구 안으로 들어가 더불어 살아갈 수 있는 것을 마련해야 할 것이다.

다음으로 생각해 보아야 할 것은 북한 사람들이 김일성을 신으로 모시고 살아가는 종교적인 집단이라면 어느 종교라도 가지고 있는 예배적 형태가 있을 것이다. 그것을 통해서 그들이 받아들이는 감정이나 느낌은 어떠한지 잘 모르나 분명히 기독교인이 갖는 예배의 기쁨과 즐거움 그리고 평안은 아닐 것이다. 그래서 탈북한 자들이나 남한에 찾아온 망명자들에게 예배에 대한 느낌, 사랑 그리고 즐거움을 보여 주고 찾게 해 주어야 하는 접근이 필요하다.

북한의 종교집단은 일반 종교의 집단과의 차이점이 분명히 있다. 그것은 일반 종교집단은 종교라고 일컬어지는 독특한 경험의 사회적 표상이다. 그 경험이 지니는 해답의 상징체계를 공감하고 공유하는 개인들의 사회적 결속이 빚어내는 것이 곧 종교집단이다. 그러므로 그것은 자연스러운 자발적인 집단으로부터 시작된다. 그러나 북한은 자발적으로 종교적 형태를 갖춘 것이 아니라 의도적으로 만든 것이다.

그래서 의도적인 것은 그 의도가 맞지 아니하면 깨어지게 되어있다. 사실 자발적이든 아니면 의도적이든 간에 종교적 집단이 계속 유지되려면 여러 가지 요소가 필요하다.

① 구성원들의 지속적인 확보가 필요하다.
② 이 구성원들이 자기 공동체 집단의 일원이 되도록 자기 사회화 과정

이 필요하다.
③ 그 집단은 스스로 성원의 기대를 충족시킬 수 있는 보상을 준비해야만 한다.
④ 집단의 규범을 통하여 그 집단의 목표를 지향하도록 동기화하는 통합적이고 영도적인 기제가 형성되어 있어야 한다.
⑤ 그 집단은 그 집단이 하나의 공동체로 현존할 수 있게 했던 원론적 경험의 공유를 지속하기 위한 이념적 지향을 강조하고 유지하는 장치를 준비해야 한다.[43]

북한은 종교집단으로 되어질 수 있었던 것이 바로 이러한 것들을 다 충족시킬 수 있었기 때문이다. 그러나 아무리 튼튼한 종교단체라 할지라도 딜레마는 존재한다.

① 종교집단에의 참여 동기가 잡다하게 혼재됨으로써 생기는 딜레마가 있다.
② 상징의 객관화의 필요와 그럴 때 생기는 소외 현상 간의 딜레마가 있다.
③ 이러한 문제들을 분명히 인식하는 단계에서 종교공동체는 자신을 보다 효율적으로 관리 가능한 제도이기를 지향한다. 그리하여 관료제적 조직인 힘의 배분과 기능의 분화가 더욱 정교화 된다. 그렇게 되면 공동체 자체의 효율적인 관리는 분명히 상승한다. 그러나 이 때문에 당해 집단 안에는 새로운 신분계층이 출현하고, 관료적 혹은 행정적 질서가 원초적으로 공유한 해답의 상징체계가 빚는 질서를 우선하거나 대치하게 된다.

---

[43] 정진홍, 『종교문화의 이해』, 307-308.

④ 규범과 계율이 정해지는 일과 그로 인하여 의미와 가치의 실천이 기계적으로 정형화되는 일 사이의 갈등으로 인한 딜레마를 들 수 있다.
⑤ 종국적으로 종교집단은 그것이 제도화되는 한 사회적인 힘의 실체가 된다. 이러한 딜레마를 해결하기 위하여 어느 종교집단이든지 해답의 상징체계가 구체화된 교리나 의례에 의하여 현실화되는 독특한 가치, 곧 우리가 결과적으로 종교적 가치라고 부를 수 있는 그러한 가치를 지속하고 확산하기 위한 결합이다. 그리고 그러한 가치는 근원적으로 신성, 초월, 신비 등의 설명 불가능한 권위로 현존한다. 북한도 예외는 아니다. 김일성을 신으로 여기고 그가 예전에 했던 일들은 기적과 이적으로 엮어져 있는 것이다.

그렇다면 우리는 이 다섯 가지 딜레마를 살피고 북한의 종교적 체제의 헛점을 이용하여 선교할 수 있다.

마지막으로 또 다르게 접근 방법을 생각해 보면 그리스도인들이 타 종교인들을 회심시키는 데는 크게 분리, 변화, 통합의 단계를 거친다.[44] 그것처럼 탈북한 인들을 분리하고, 그들에게 변화할 수 있는 것을 제공하고, 회심까지 이끌어 나가야 한다.

9. 결론

한 지역이나 한 나라의 문화를 이해하지 못하고 그들을 접근하고 선교하는 것은 아주 위험한 발상이다. 그것은 미국 선교사가 화장지 없이 옛날의 우리나라 시골의 화장실을 찾아가는 것과 같다. 매우 당황할 것이다.

---

44 개린 밴 뤼넨, 『선교학 개론』, 홍기영, 홍용표 역 (서울:서로사랑, 2000), 429.

북한을 선교하는 것도 마찬가지이다. 가난이라는 것과 정치적 고립이라는 것으로 생각하여 불쌍한 우리 동족을 도와야 한다는 개념은 선교가 아닌 구제에 그치고 말 것이다.

이제 우리는 그들에게 주는 것으로 그치거나 아니면 우리의 것을 심는 것으로 선교를 했다고 하거나 그렇지 아니하면 우리의 것을 그들의 것과 바꾸어 버리는 것으로 선교를 생각했다면 이제는 그 생각을 거두어야 할 것이다. 북한문화 그 자체를 인정하기에는 약간의 무리가 있다. 우리는 이미 반공 이데올로기의 사고로 북한을 바라보고 있으므로 북한의 문화를 그대로 인정하려 하지 않기 때문이다. 그러나 문화적 선교접근은 그러한 것이 아니다. 문화적 선교접근은 그들의 문화를 인정하고 그들의 문화를 이해하고 그 틀 안에서 선교의 모습을 찾아가는 것이다. 그래서 북한의 문화적 특징을 이해하는 것은 매우 중요하며 그것을 통해 선교적 접근은 꼭 필요한 것이다.

그러나 이러한 접근을 하려면 중요하게 생각할 것이 있다.

첫째, 그들과의 관계를 좋게 유지하는 것이다. 좋은 관계란 조화, 평등, 나눔 그리고 겸손이다.[45]

둘째, 자문화 중심주의에서 벗어나야 한다. 이것은 남한의 기독교가 우등하니 우리가 전하는 것과 우리의 것이 그대로 답습해야 한다는 발상이다. 이러한 오해에서 벗어나야 한다.

---

45 폴 히버터, 엘로이스 메네시스, 『성육신적 선교사역』, 안영권, 이대헌 역 (서울: CLC, 1998), 86.

참고문헌

가지신행. 『유교란 무엇인가』. 김태준 역. 서울: 지영사, 1996.
개린 밴 뤼넨. 『선교학 개론』. 홍기영, 홍용표역. 서울: 서로사랑, 2000.
김일성, 『세기와 더불어』 제1권. 평양: 조선로동당출판사, 1992.
민족통일연구원 편. 『통일과 북한사회문화』. 서울: 민족통일연구원. 1995.
오영석. 『효학개론』. 서울: 엘맨출판사, 2000.
이 훈. 『통일한국의 비전』. 서울: 세훈, 1996.
정진홍. 『종교문화의 이해』. 서울: 서당, 1992.
한화룡. 『4대신화를 알면 북한이 보인다』. 서울: 한국기독학생회출판부, 2000.
홍치모. 『북한』. 서울: 두란노, 1992.
폴 히버터, 엘로이스 메네시스. 『성육신적 선교사역』. 안영권 이대헌 역. 서울: CLC, 1998.
김병로. 강의안 "북한과 조선사이."
김병로. 강의안 "북한사회의 종교성."

제10장 북한사회와 북한선교

1. 들어가면서

사회와 문화는 다른 개념이나 대개 한 묶음으로 사용한다. 사회라는 단어는 문화라는 단어와 혼용해서 사용하거나 아니면 같은 의미로 사용하나 문화라는 말은 가장 어렵다고 할 정도로 동서고금을 통해 인간의 모든 것과 관련하여 복잡하게 쓰이고 있다. 원시 문화, 고급 문화, 저급 문화, 예술 문화, 정치 문화, 농경 문화, 세계 문화 등. 그러나 듣기만 해도 바로 이미지가 떠오를만큼 꼭 어렵지만은 않다. 반면, 정치사회, 시민 사회, 노동사회, 동북아사회, 세계사회, 사회계약, 사회심리처럼 사회는 쉽게 파악되지 않는다.

문화가 있는 곳에 반드시 사회가 있다. 사회와 문화는 하나, 한 묶음이며 상호작용한다. 사회는 문화를 낳고 문화는 사회를 조직하고 재구성한다. 한국역사에서 오늘날의 의미와 비슷한 개념으로써 '사회'가 사용된 최초의 기록은 1895년 2월 고종이 발했던 조령 중에서다. 교육의 중요성을 담은 이 조령에서는 교육을 통해서 '사회'를 계발한다는 식의 언급이 담겨 있는데, 이때의 사회란 통치자인 왕 자신을 제외한 피통치자 전반, 그리고 이들 피통치자가 "동일한 감각으로" 공유하는 비가시적 세계 전반을 지칭하는 것이었다.

사회를 이해한다는 것은 그 사회가 가지고 있는 정신세계와 문화를 같이 이해할 수 있다. 사회는 주로 경제와 관련되어 이해하는 것이 한국적 상황이나 대개는 구성체와 공동체의 개념으로 접근한다. 사회를 이해한다는 의미는 두 가지로 접근해 볼 수 있다. 하나는 관계성이고 다른 하나는 인간이 산다는 의미이다. 사회는 인간과 인간이 관계를 그리는 그림이다. 하나의 예를 들면 모닝커피하는 사회를 그려보라. 단지 한 사람이 아침이 되면 모닝커피를 한 잔한다는 의미가 아니다. 모닝커피를 통해 커피를 마시는 행위보다는 사람을 만나고, 대화를 나누는 것에 더 관심이 있다.[1]

그리고 사회는 인간이 산다는 것의 의미를 담고 있는데 그것이 의미하는 것은 무엇인가?

사회를 산다는 것은 인간답게 사는 사회를 만들어 산다는 뜻이다. 그렇다면 북한사회는 구조와 제도는 있지만, 사람답게 사는 것이 없으므로 그 사회는 변혁되거나 개혁되어야 한다는 의미가 된다. 이런 의미에서 우리는 북한사회를 연구하면서 북한에 기독교 사회를 접목시킬 수 있는지 연구해 보는 것이다. 이것이 북한선교의 한 부분이기 때문이다. 여기서 사회변혁이 북한선교의 전부가 되지 못하는 것은 사회변혁이 일어나지 않더라도 복음이 전해지는 것을 북한선교라 하기 때문이다.

그러나 복음이 들어가는 곳에 분명히 사회는 바뀌게 된다. 그리스도께서 오신 세상이 그러했다. 유대 사회가 그리스도의 사회로의 변화이고, 율법 사회가 하나님 나라의 사회로 변화되고 나아가 헬라 사회가 기독교 사회의 가치로 전환되었기 때문이다. 물론 완벽한 변환이라든지, 개혁이 일어난 것은 아니다. 그러나 가치가 전환되므로 사회와 문화가 뒤따라 변한다. 이런 의미에서 복음이 전해지는 북한에 분명하게 사회적 변혁이 일어날 것을 기대하면서 우리는 북한사회 연구를 하는 것이다.

---

1 앤서니 기든스,『현대사회학』, 김미숙 외 역. (서울: 을유문화사, 2010), 22.

2. 사회의 정의와 제도

1) 사회란?

사회라는 말은 영어 낱말에 있는 society(소사이어티)를 한자어로 번역한 것이다. 원래 중국 고전에 등장하는 사회(社會)라는 단어의 용례는 "제의(祭儀)를 위한 특수한 모임"으로 오늘날의 뜻과는 다르며, 개별 한자의 뜻도 모일 '社' 모일 '會'로 개별 한자의 의미에서 전체적인 의미가 도출되지 않는다. 번역 작업 시 일본에서는 유럽의 society에 해당하는 개념이나 실체가 없었으므로, 처음에는 한자에 있는 얼추 비슷한 뜻으로 여겨지는 다른 단어를 인용하여 번역했다가, 고전에서 찾아낸 이 낯선 번역어에 서구적인 의미를 덧씌워 정착하게 되었다. 일본의 번역서를 수입한 한국, 중국, 베트남에서 社會라는 한자를 각각 자국 발음으로 읽는 단어를 쓰고 있다.[2] 영어에서의 society는 마을공동체든, 학교든, 동호인 모임이든, 혈연관계와는 무관한 사람들이 일정한 목적이나 규칙 아래에 모여서 하나의 단체를 구성하는 경우에는 보통 society라고 불린다.[3]

사회는 인간에 의해 만들어지는 것이므로 따라서 인간에 의해 변화될 수 있다고 본다. 다시 말해서 사회의 모든 규범과 제도들은 인간에 의해서 만들어질 것이며 또한 인간에 의해서 얼마든지 수정되거나 개혁될 수 있다는 것이다.[4] 사회를 이해하려면 인간 개개인에 대한 것이 아니라 서로의 상호작용이다. 이것은 개인들의 집단에 관한 것이다. 이런 사회적 상호작용 즉 사람들이 서로에 대해 어떻게 행동하고 반응하며 또 어떤 영향을 주는가의 문제와 그러한 상호작용 과정에서 형성되고 변화하는 여러 사회

---

2 "사회," https://ko.wikipedia.org/wiki/%EC%82%AC%ED%9A%8C (2018.7.29)..
3 "사회란 무엇인가?" http://writting.co.kr/2014/10/ (2018.7.29)..
4 석현호, 이정환, 김상욱, 『사회학』 (서울: 그린, 2014), 5.

제도를 연구하는 것이 사회학이다.

2) 유형

한 사회의 구성원들은 그 사회가 정한 방식과 절차에 따라 조직화한 행동 양식을 보인다. 예를 들어, 도로 위의 수많은 자동차는 규칙에 따라 움직이며, 사람들 또한 횡단보도에서 신호등이 파란불일 때 건널 수 있다는 규칙에 따라 행동한다. 이처럼 사회 구성원들의 기본적인 요구와 사회적 기능을 충족시키기 위해 만들어진 역할과 규범 체계를 사회제도라고 한다.[5] 우리의 삶에 커다란 영향을 미치는 대표적인 사회제도에는 정치제도, 가족제도, 교육제도, 경제제도 그리고 종교제도가 있다.

(1) 정치제도

정치는 권력의 획득, 분배, 행사와 관련된 사회제도이다.[6] 즉 정치는 권력과 밀접한 관계를 맺는다. 정치의 기구로는 국가가 있다. 즉 국가는 특정한 영토 내에서 무력 사용을 정당하게 독점하고 있는 정치기구이다. 정치체계로는 정부와 같은 공식적 요소 이외에 정당, 이익집단, 정치사회화 같은 비공식적 요소도 중요한 역할을 담당하고 있다. 정치제도의 의미는 권력의 획득 및 행사, 정부의 구성 및 역할 등과 관련된 사회제도이며, 그 기능은 사회질서 유지와 사회 구성원의 안전도모, 공공복리 증진이다.[7]

(2) 가족제도

여러 사회제도 중에 가장 기본이 되는 제도가 가족제도이다. 가족 및 가

---

5 "사회제도," http://100.daum.net/encyclopedia/view/24XXXXX66141 (2018.7.30)..
6 석현호, 이정환, 김상욱, 『사회학』, 319.
7 "사회제도와 가족제도," https://blog.naver.com/kasuwon2/220123906448 (2018.7.30).

족제도는 인간 역사의 시작과 동시에 발전되어 온 사회제도이다. 이러한 가족제도는 사회 변화와 함께 변화한다. 가족제도의 의미는 가족의 범위와 형성, 혼인 및 출산, 재산 상속 등과 관련된 제도이며 그 기능은 기본적 생존과 양육, 정서적 안정, 가족 구성원들의 행동 규제 및 사회화이다.[8]

가족을 분류하는 데 있어서 하나로 정해진 것은 없고 일반적으로 생애주기, 거주 세대수, 배우자의 수, 혈통과 유산의 계승방식, 권위 관계, 거주방식, 배우자의 선택범위 등이 있다.[9] 그런데 전통적인 가족제도에서 대안적인 삶의 유형이 나타나고 있다. 동거, 게이와 레즈비언 파트너십, 독신 등이다.[10]

(3) 교육제도

인류사회에서 이제까지 어떠한 형태로든 사회 구성원들에게 교육이 이루어지지 않은 때가 없었다. 교육은 사회제도 중에 보편적인 제도라고 할 수 있다. 교육의 기본적인 목적은 사회 구성원들에 대한 지식 전수 및 사회화이다.[11] 교육제도의 의미는 필요한 지식과 기술, 가치관을 체계적으로 습득하도록 하는 제도이며, 그 기능은 지식과 가치를 다음 세대에 전달, 개개인에게 삶의 방향을 제시하는 것이다.[12]

그러나 현대적인 교육은 출판물이 확대되고 사람들이 읽고 쓰는 능력이 향상되면서 생겨났다. 20세기에 들어서 교육이 확장된 것은 지식 있고 훈련받은 노동자들이 필요했기 때문이다.[13]

---

8 "사회제도와 가족제도"
9 석현호, 이정환, 김상욱, 『사회학』, 263.
10 앤서니 기든스, 『현대사회학』, 205-207.
11 석현호, 이정환, 김상욱, 『사회학』, 281.
12 "사회제도와 가족제도"
13 앤서니 기든스, 『현대사회학』, 504.

(4) 경제제도

먹고사는 문제는 중요하다. 이것은 인간의 원초적인 특성이다. 먹고사는 문제를 달리 표현하면 재화와 용역의 생산 분배 소비로서, 사람들이 가치 있다고 생각하는 각종 재화와 용역을 끊임없이 생산해내야 하고, 한정된 분량의 재화와 용역을 사회집단의 여러 성원에 적절히 배분해야만 하며 배분된 재화와 용역은 최종적으로 소비되야만 한다.

이러한 경제 현상을 사회와 관련지어 이해하는 것이 사회학이다.[14] 경제제도의 의미는 생산, 분배, 소비 등의 경제 활동과 관련된 제도로서, 그 기능은 사회 구성원의 욕구 충족을 위해 최소한 자원을 생산, 분배하는 것이다.[15]

(5) 종교제도

어느 시대 어느 사회에서나 종교는 다른 사회현상 들과 매우 밀접한 연관을 지니면서 끊임없는 상호작용과 변화를 추동해왔다. 종교는 본래 안정과 갈등의 원천이어서, 한편으로는 사회적 결속과 평화에 이바지하지만 다른 한편으로는 극심한 사회적 갈등을 유발하기도 한다.[16] 종교제도의 의미는 삶의 의미와 본질, 믿음과 신앙 등에 관련된 제도이며, 그 기능은 개인에게 삶의 의미와 방향을 제시하며 도덕과 윤리적 행위를 강화하는 것이다.[17]

사회학자들은 종교를 신성하고 모든 것을 다 포용할 수 있는 초자연적인 현실의 관념을 창조함으로써 최상의 의미와 목적을 제공하는 보편적으

---

14 석현호, 이정환, 김상욱, 『사회학』, 338.
15 "사회제도와 가족제도"
16 석현호, 이정환, 김상욱, 『사회학』, 300.
17 "사회제도와 가족제도"

로 공유된 믿음과 의식이 바탕이 된 문화제도라고 정의한다.[18] 비록 종교적 신념과 관행은 문화권마다 다를지라도 종교는 지구상 알려진 모든 사회에 존재하고, 의례와 의식하고 있다.

3) 사회문제

사회문제(社會問題, Social issue)란 사회제도의 결함이나 모순으로 발생하는 모든 문제로, 실업자·교통·공해·주택·청소년·노령화 문제 등을 가리킨다.[19] 사회문제는 모든 사회에 영향을 끼친다. 이런 영향은 지역마다 다르다. 즉 미국에서의 사회문제는 총기문제, 인종차별, 이민문제 같은 것이라면 개발도상국은 다르다. 개발도상국은 빈곤, 식량부족, 위생문제, 난치병, 전염병, 소수족 문제, 교육문제 등이다.

한국의 사회문제는 무엇인가?

대략 청년실업, 이민자문제, 남북 이산가족문제, 탈북민문제, 성 소수자문제, 빈부격차, 최저임금문제, 저출산, 초고령화 이런 것으로 이야기할 수 있다. 이러한 사회문제는 그 집단이 갖는 보편적 상황으로 해결하지 않으면 그 사회는 어려움을 당면하게 되고, 더 나은 사회로 나아갈 수 없다. 사회문제는 해결하고 가지 않으면 국가의 위기까지 초래할 수 있다.

성경은 이스라엘 백성들이 애굽에서 나와 가나안으로 갈 때, 가나안의 생명체는 다 죽이라고 하나님은 명령한다. 그 이유는 가나안의 사회적 문제를 이스라엘 백성들이 들어가서 해결할 수 없기 때문이다. 즉 변혁의 대상이 되지 못했다. 이런 의미로 사회문제의 해결은 누구나 할 수 있는 것이 아니라 그만한 역량이 되어야 함을 알 수 있다.

---

[18] 앤서니 기든스, 『현대사회학』, 394.
[19] "사회문제," https://ko.wikipedia.org/wiki/ (2018.7.29).

사회문제는 모든 인간이 행복하고 문제가 없는 것을 추구하지는 않는다. 인간의 세상은 결코 이러한 목표를 달성할 수 없다. 왜냐하면, 인간은 부패하고 죄성을 가지고 있기 때문이다. 가인의 세상이 만들어질 때, 살인을 노래하는 세상으로 나아가 살인의 문제를 해결하지 못하고 사회가 발전해 나갔음을 알 수 있다.

북한의 사회문제가 무엇인가는 우리의 연구대상이 된다. 단지 독재 사회이고 정보의 차단으로 인해 사회문제가 무엇인지를 잘 알 수 없는 것 같으나 탈북민들을 통한 정보로 사회문제를 진단할 필요가 있다. 이것을 알아야 북한선교의 전략에 도움이 되기 때문이다.

3. 북한사회 개요

1) 북한사회학 연구

북한을 연구하는 데 있어서 대다수 연구가 정치학이었다. 남북한의 특수한 상황 속에서 진행된, 한국전쟁, 냉전체제 때문이다. 이러한 가운데 1980년 후반에 들어서서 북한사회에 관한 관심이 활성화되기 시작하여 1990년대에는 깊은 북한사회 연구가 나왔다. 냉전의 해체와 사회주의와 공산주의의 변화와 북한 내부의 변화 때문이다. 그리고 북한의 모기장만 한 개방이지만 그 개방이 북한사회를 들여다볼 수 있게 되었고, 나아가 북한의 고난 행군으로 인한 대량 탈북이 이러한 사회적 분위기를 만들었다고 볼 수 있다.[20]

북한사회에 대한 연구는 1957년 고려대학교 아시아문제연구소가 설치

---

20 북한연구학회 엮음, "분단 반세기 북한연구사," 한울정치학 강좌, 1999.

된 것이 중요한 계기가 되었다. 이어 1969년 3월에 국토통일원이 발족 되었고, 1970년대에는 북한과 통일 관련 연구소가 생겨나기 시작했다. 이어 중앙정보부가 자유아카데미를 운영하여 전문인력을 배출하게 된다. 이때 북한사회를 연구하는 학자로는 안병영, 안해균, 박재규, 고영복, 김대환, 김채윤, 이복수, 이장현, 임희섭, 황성모, 최홍기 등이었다.

북한의 사회학적 연구가 활발하게 된 것은 1980년대 후반에서 1990년대 초라고 할 수 있다. 비제도권에서 '북한바로알기운동'이 전개되었고, 정부에서도 진보적 북한 연구에 대응하기 위해 북한 관련 자료를 대대적으로 개방하게 된다. 이런 흐름에 가장 혜택을 본 것이 바로 사회학이다. 이런 흐름에서 '민족통일연구원'이 발족하게 되고, 그곳에서 서재진, 임영, 김병로, 전상인 등의 사회학의 연구서가 나오기 시작한 것이다. 이후 1990년에는 명지대, 동국대, 관동대, 서강대, 아세아연합신학대 등에 대학과 대학원에 북한관련 학과가 생기기 시작하였다.

사회학 연구는 10개의 큰 주제를 갖는다.

① 인구와 도시
② 여성과 가족
③ 이데올로기, 정치사회화 및 정치문화
④ 사회체제, 일상생활 및 사회의식
⑤ 사회구조 및 계층, 계급
⑥ 경제발전 및 사회변동
⑦ 비교역사
⑧ 사회통합
⑨ 사회정책 : 탈북자문제
⑩ 북한 통일사회학, 방법론 및 이론

물론 북한사회를 연구하는 데 있어서 제한된 것이 없는 것은 아니다. 일부 연구자들의 아마추어적 수준에 머물러 있는 것과 서로 베끼기 연구 그리고 자료의 제한, 북한을 내재적으로 보지 못하는 한계성 등이다. 이러한 한계를 넘어 북한사회의 깊은 연구는 향후 북한선교의 전략을 세우는 데 도움이 될 뿐 아니라, 복음을 전하는 데 있어서 많은 도움을 얻을 수 있다.

2) 북한사회 일반

북한은 핵으로 중무장한 이유가 체제를 보호하기 위함이다. 북한이 미국과 협상할 때 현 체제를 보호해 줄 수 있냐고 묻기도 하였다. 북한은 체제를 생명처럼 여긴다. 체제의 변화는 북한사회의 붕괴를 말하는 것이다. 이러한 북한의 체제는 기독교가 설 자리를 내주지 않는다. 기독교의 형태를 빌릴 수는 있지만, 기독교의 복음을 전할 수 있는 문은 열지 않게 된 것이다. 니느웨는 이스라엘의 적국의 중심지라 해도 요나 선지자가 가서 복음을 외칠 수 있었다.

북한은 니느웨보다 더한 곳이다. 요나 선지자처럼 적이라 여기는 북한으로 가서 복음을 외치고 싶어하는 수많은 선교사가 가서 외칠 수 없다. 그런 북한에 우리는 복음을 전해야 한다. 그러기 위해서는 북한의 과거와 현재 그리고 변해가는 북한사회를 이해해야 한다.

북한사회는 체제를 이해하지 않으면 설명할 수 없다. '북한사회가 변한다'라고 할 때는 북한의 체제가 변하는 것이다. 현재 북한사회는 변하고 있다. 그 기점이 고난의 행군이다. 고난의 행군 동안 북한사회는 엄청난 고통을 받았다. 사회의 변화는 위로부터가 아니라 아래로부터이다. 인민의 사고와 의식주 그리고 삶의 형태 변화가 사회의 변화가 된 것이다.

고난의 행군 이전과 이후의 북한사회는 엄청난 변화를 가져왔다. 변화에 대해 민감하게 대처하는 것이 외교와 안보이다. 그러나 북한선교는 북한사회가 변화되고 있음에도 불구하고 변화에 대처하지 못하고 초기의 북한선교 방법에 멈추어 서 있다고 본다.

물론 5.24조치가 한국의 북한선교를 발목 잡았다. 5.24조치 이후 남한의 여권을 가진 북한선교를 목적으로 하는 NGO 단체들은 북한과 연결이나 대화조차 하지 못하고 있다. 2014년도에 한 번도 북한 당국과 회의해 보지 못하였다고 한다. 이전에 하던 원조와 물자보조 등은 모두 멈추어 서 있다. 그렇다고 여기서 멈추어 서 있으면 안 된다. 길이 없으면 뒤집어 보아야 한다. 현 상황에서 우리는 현재 북한사회의 변화를 정리하고 김정은 체제의 변화를 예측하며, 향후 북한선교의 방향을 정리하고자 한다.

(1) 고난의 행군 이전의 북한사회

북한사회를 알기 위해서는 먼저 북한체제를 이해해야 한다. 북한의 체제는 크게 3가지로 설명한다.

첫째, 사회주의국가의 일당 지배체제이다.

북한은 일당 지배체제를 불과 1년 만에 완성했다.[21]

둘째, 유일 지배체제이다.

유일 지배체제에서 유일은 수령의 지배체계로서 수령의 혁명사상 이외의 다른 어떤 사상이나 지배도 허용하지 않은 혁명의 유일성과 단일성을 의미한다.[22]

셋째, 세습체제이다.

이런 체제 사회가 된 배경을 살펴본다.

---

21   육군사관학교, 『북한학』 (서울: 황금알, 2010), 52.
22   전영선, 『북한의 사회와 문화』 (서울: 도서출판 역락, 2005), 62.

(2) 북한사회구조의 형성 배경과 시작

식민지 반봉건 사회였던 북한사회가 일본 제국주의의 식민지 지배인 모반에서 급진적인 변혁을 수행하는 사회구조의 변혁은 김일성과 소련의 어쩔 수 없는 선택이었다. 공산혁명을 배경으로 시작한 북한은 인민 민주주의 혁명, 사회주의 완전승리를 위해서는 사회 전반을 개조해야 하였고, 혁명으로 변혁시켜야 했다.[23]

사회주의에서는 권력의 분립이 부정되며 공산당이 최고의 권력기관으로서 국가와 사회를 지배 통제한다. 이러한 단일정당제의 정당성과 최고 권력기관으로서 당의 지위는 프롤레타리아 독재에 이론적 근거를 두고 있다. 프롤레타리아 독재에 있어서 국가는 자유의 이익을 수호하기 위함이 아니라 반대계급인 부르주아지의 완전한 억압을 위하여 존재하는 것이다.[24]

북한이 1946년 3월에 토지개혁을 시작으로 전 산업을 국유화한다.[25] 지주계급을 완전히 몰락시킨다. 북한은 정권 초기에 해방 당시의 사회계급을 다 해체한다.

첫째, 지주 계급의 해체이다.
둘째, 부르주아 계급의 해체이다.
셋째, 농민 계급을 해체한다.
넷째, 인텔리 계급의 해체이다.

북한은 생산수단을 소유한 계급은 모두 소멸시킨 것이다. 생산수단이 모두 사회화 또는 국유화됨으로써 모든 개인은 국가의 고용인이 되었다.

---

[23] 강정구, 『북한의 사회』(서울: 을유문화사, 2000), 42.
[24] 최진욱, 『북한체제의 이해-제도와 정책의 지속과 변화』, 체제통합연구회편 (서울: 명인문화사, 2009), 12.
[25] 서재진, 『북한의 사회』, 북한연구학회편 (서울: 경인문화사, 2006), 72.

국가가 북한에서 유일한 고용주가 된 것이다.[26]

이로써 북한의 구조는 계급화되고 정치 권력의 집단인 간부가 지배계급 또는 특권계급으로, 청산된 계급들을 포함한 인민 대중이 피지배계급으로 구성되게 되었다.

(3) 계급사회의 등장

사회학자들은 인간사회에서 개인과 집단 사이에 존재하는 불평등을 사회계층이라는 말로 표현한다. 사회는 여러 층위로 구성된 위계라고 볼 수 있다. 이 위계의 위로 올라갈수록 더 많은 혜택을 누리게 되고, 밑으로 내려갈수록 그러한 혜택을 누릴 수 없다. 역사를 통해 살펴보면 근본적으로 사회계층에는 네 개의 제도가 존재해 왔다. 노예제도, 카스트제도, 신분제도, 계급체계가 여기에 해당한다.[27]

마르크스주의자들은 자본주의 체제는 계급갈등이 심화 되어 프롤레타리아 혁명을 통하여 결국은 사회주의 체제로 이행되고 말 것이라고 주장한다. 칼 마르크스는 사회적으로 가장 중요한 자원인 생산수단을 사유화하지 않고 사회 구성원이 모두 공유함으로써 무계급사회 또는 공산주의 사회를 이룰 수 있다고 주장한다.[28] 그러나 역사적 경험이 보여 주는 것은 자본주의는 계급갈등을 체제 내로 제도화하고 결국은 계급 간의 타협을 이루어 내는 데 성공하였다. 오히려 계급갈등이 심화 되어 체제가 붕괴한 것은 사회주의이다.

사회주의에서 가장 중요한 계급 문제는 지배계급의 문제이다. 질라스와 보스렌스키가 분석한 결과 현실 사회주의에서는 과거의 착취계급인 자본가와 지주는 소멸했지만 새로운 지배계급이 형성되었고, 노동자는 여전

---

26 서재진, 『북한의 사회』, 79.
27 앤서니 기든스, 『현대사회학』, 김미숙 외 역 (서울: 을유문화사, 2010), 251.
28 석현호 외, 『사회학』 (서울:도서출판 그린, 2012), 211.

히 착취당하는 계급으로 남아있는 것이다. 더욱 흥미로운 것은 계급 없는 사회로 선언되어 있는 사회주의가 오히려 자본주의보다 계급적 갈등이 더욱 심하다는 것이다.[29]

농업 협동화 및 상공업 국유화 조치를 통하여 적대계급의 물적 토대를 제거한 것이 초기의 계급정책[30]이었다면 그 이후의 계급정책의 내용은 과거 계급구조의 사상적 토대마저 제거함으로써 과거의 계급적 잔재가 재생하는 것을 방지하는 정책을 실시한다. 북한은 개인들을 출신별로 분류하여 계급화한다.

크게 세 가지로 분류를 하는데, 핵심계층, 동요계층, 적대계층이다. 각 계층별로 혜택을 달리하는 데, 사회적 지위 획득의 기회를 제한하는 것이다.[31] 이 정책은 1957년부터 실시되었다. 1956년 8월에 종파 싸움에서 김일성은 연안파와 소련파 등 반대파를 숙청한다. 이 사건으로 말미암아 1인 독재체제를 굳히게 되는 데, 인민들까지 '믿을 수 있는 자'와 '믿을 수 없는 자'로 구별되길 바랐다. 또한, 김일성은 동구 사회주의권에서 불어오는 반사회주의 운동을 차단하기 위한 사회정책이 필요하였다. 이런 대내외적인 이유로 북한은 주민 전체를 대상으로 출신 성분과 사상 성분을 가르기 시작하였고, 1960년대 말에 이르러 북한 전 지역을 조사한다.

4. 주체사회로 북한사회의 고착화

한마디로 주체사상은 자연적인 결과가 아니라 정치적 상황과 필요 때문에 출현했다고 할 수 있다. 왜냐하면, 북한 통치 엘리트들이 국내정치

---

29 서재진, 『북한의 사회』, 66.
30 강정구, 『북한의 사회』, 85.
31 석현호 외, 『사회학』, 92.

및 대외관계의 상황에 대처하기 위해 '주체'를 제기했기 때문이다.[32] 1945년 해방된 뒤 1948년 3월까지 북한 공산정권은 마르크스 레닌주의에 바탕을 둔 정치이념을 북한 땅에 정착시키려 했다.

이러한 노력이 1961년 9월 4차 노동당 대회까지 이어진다. 그러나 이 기간에 스탈린이 사망하자 김일성은 항일무장 투쟁을 말로 미화함으로써 항일혁명 정통성을 부각시켜 공산주의 혁명의 권위를 정당화하려고 하였다.[33]

북한은 1961년 10월부터 1970년 11월 사이에는 '주체사상 구축기'로서 마르크스 레닌주의와 함께 주체사상이 북한의 정치, 행정이념으로 등장하게 된다. 1970년 12월부터는 현재까지 주체사상이 유일한 북한체제 이념임을 밝히고 있다.[34]

주체사상은 북한의 정치와 경제의 통치이념이자, 이데올로기이며 수령론이자, 북한의 종교이다. 북한사회를 하나로 묶는 철학이자 사상이다. 오늘날 북한을 3대 세습으로 갈 수 있는 밑거름이 바로 주체사상이다.

주체사상은 1955년 이후 북한의 체제를 세워나가면서 사상적 무기로 사용했지만, 점점 정치, 외교, 경제, 군사 등으로 확대되면서 사회 전반에 뿌리를 내리게 된다. 1982년에는 김정일의 '주체사상에 대하여'를 통하여 김일성 우상화와 결합 되어 수령론이 나오게 되고, 결국 주체사상은 북한의 종교성을 띠게 되는 경전이 된 것이다.

주체사상의 기능을 살펴보면 우선은 김일성 우상화와 국가 신앙적 차원의 정통적 확보와 체제유지의 기능을 수행해 왔다. 이것이 권력 세습에 이용되었고, 주민들을 교화시키고 수령에 대한 충성심을 유도하고, 혁명

---

[32] 육군사관학교, 『북한학』, 145.
[33] 박완신, 『신북한학』(서울: 서울프레스, 2000), 101.
[34] 박완신, 『신북한학』, 102.

동지 간의 형제애를 고취했다. 더 나아가 방어 기제 역할을 한다.[35] 이제 북한은 주체사상의 해석 없이는 이해할 수 없는 나라가 되었다.

1) 고난의 행군 이후의 북한사회

북한사회 변화는 누구도 예측하기 어렵다. 남과 북이 통일되길 원하는 이들도 거의 없는 이 시점에서 '통일은 대박'이라고 외친 대통령이 있다. 통일을 어떻게 될 것인지를 알 수 없지만, 연합제나 북한이 주장하는 낮은 단계 연방제라는 방법을 검토하고 있을 것이다. 그러나 현 정부는 김정은 체제에서의 급변하는 상황을 파악하고 모두가 안 된다는 흡수통일을 연구하고 있다.[36] 흡수통일은 독일의 경우를 보아서 한국에서는 절대로 안 된다고 한 정책이다. 그런데도 흡수통일을 연구하고 준비하고 있다는 것은 연합제를 준비할 시간이 없다고 본 것이다. 북한사회의 급변은 아무도 예측할 수 없으니 전방위적으로 준비할 수밖에 없다. 이러한 변화에 남한의 교회가 발 빠르게 대처해야 한다. 북한선교의 정책을 연구하지 않으면 안 된다. 지금하고 있는 선교의 정책을 변화시켜야 한다. 고난의 행군 이후에 북한사회가 빠르게 변화되는 원인을 살펴본다.

(1) 고난의 행군 이후 북한사회 변화

고난의 행군은 북한의 5호담당제와 지역 이동의 제한을 변화시켰다. 평양을 제외한 나머지 지역에서는 먹고 살기 위해 움직이는 주민들을 통제할 능력을 잃었다. 생존을 위해 중국을 오가는 이들을 통해 새로운 문화가 유입된다. 북한 당국은 이런 문화 유입을 막기 위해 안간힘을 쏟고 있

---

[35] 육군사관학교, 『북한학』, 152-153.
[36] 「중앙일보」 (2015.3.12).

지만 불가항력이다.

① 새로운 문화의 유입과 사회계층의 재구조화

최근 북한사회의 변화 가운데 가장 큰 특징은 이념 중심적 사고가 쇠퇴하고 집단주의 사고가 약해졌다는 것이다.[37] 북한은 주체사상이 이끄는 나라이다. 주체사상의 중심 중의 하나가 '사회정치적 생명'이다. 사회정치적 생명에 대한 탈북자의 증언이다.

> 사회정치적 생명은 수령으로부터 받습니다. 육체적 생명은 죽음에 의해 제한됩니다. 그러나 사회정치적 생명은 영원한 생명입니다. 수령이 아버지가 되고, 수령이 죽기까지 충성하는 것입니다.[38]

이것은 집단주의를 이끄는 원동력이다. 그런데 현재는 집단주의보다는 개인주의가 성행하고 내 한 목숨 살기 위해 투쟁한다. 개인주의가 성행한다는 것은 주체사상의 이념이 쇠퇴하고 있다는 증거가 된다.

1990년대 후반 고난의 행군 시기를 지나면서 생활고에 시달리게 된 인민들은 이념보다는 물질을, 집단보다는 개인을 중시하는 성향을 띠게 된 것이다.[39] 개인을 중시하기 시작한 북한에 남한의 대중문화가 활발하게 유입이 되고 있다. 최근 북한 이탈주민을 대상으로 한 남한드라마 시청 현황 조사 결과에 따르면 85%(89명)가 북한 거주 시 남한드라마 시청 경험이 있는 것으로 나타났다.[40]

물론 북한 전 지역에서 표본조사는 아니라서 일반화될 수는 없지만 북

---

[37] 이우영, 「통일정책연구」 제21권 1호(2012), 71.
[38] 임헌만, 『마음 치유를 통한 북한선교』 (경기: 도서출판 두날개, 2012), 162.
[39] 탈북자의 증언 (2010.8.18).
[40] 이우영, 「통일정책연구」 제21권 1호(2012).

한 주민의 남한 문화를 접하기가 쉬워졌고, 그것이 영향을 미치고 있다는 것을 알 수 있다. 지난해까지 평양에서 살다 온 탈북자는 한국 방송을 집에서 봤다고 했다. 보위부 전파감독국 사람들은 남쪽에서 강한 출력으로 TV 전파를 쏘고 있어 막기 어렵다고 하소연한다.[41] 그리고 황해남도에서 나온 한 40대 남성은 "남조선 영상물이 돌아다니기 시작한 지는 10년 정도가 됐다. 조선 사람 80~90% 정도는 한 번씩은 봤을 것"이라며 "남한 알판(CD)를 본 사람이 30~40% 정도 될 것이고, 남조선 텔레비전을 정기적으로 보는 사람은 3~5% 정도는 될 것"이라고 말했다. 평남에서 온 50대 여성 최진숙(가명) 씨는 "이전에는 몰랐는데 (남한) 드라마를 보고 (남한 실상을) 알게 됐다"면서 "남조선을 이해하는 데 (남조선) 영화를 보는 것이 도움은 돼도 인민반에서도 말을 주의해야 하기 때문에 밖에 나와서는 말을 못 한다"고 했다.[42]

남한드라마를 본다고 북한사회가 갑작스럽게 변화되지는 않을 것이다. 그러나 북한의 주민들이 남한을 이해하기 시작하고 실상을 알기 시작했다는 것은 큰 의미가 있게 된다. 봉건 사회가 시민 사회로 넘어갈 때, 주민들의 의식변화가 있었기 때문이다.

② 새로운 계급의 등장

북한은 경제난 이후 개인별 소득의 격차가 크게 벌어지면서 정치적 기준에 의한 기존의 계층 구조가 실질적인 경제적 기준에 의한 계층구조로

---

[41] "서울에서 쓰는 평양 이야기," 「동아일보」(2014.11.18).
[42] 데일리 NK 2014.5.30. 데일리 NK는 지난 5일부터 8일간 중국 라오닝성(遼寧省) 단둥(丹東)과 지안(集安) 등 국경 지역 취재와 중국을 사사(私事)방문한 북한 주민 12인을 심층 인터뷰했다. 지난해 12월 장성택 처형 이후 북한 내부 동향과 강력한 처벌에도 불구하고 은밀히 확산하고 있는 한국 드라마·영화 알판(CD) 실태를 파악하기 위해서다. 장성택 처형이 북한 주민들에 대한 통제와 국경 경비 강화를 불러왔지만, 주민들은 단속을 쉽게 피할 수 있는 USB 메모리 등을 통해 한류(韓流)를 탐닉(耽溺)하고 있었다.

바뀌고 있다.[43] 시장체제 도입 이전에는 출신 성분 중심으로 계층의 이동은 수평적 이동 외에는 허락지 않았다. 그러나 탈북자들의 증언에 따르면 북한 주민 7~80%가 시장에 의존하고 있고, 10%가 상업을 전업으로 하고 있다고 한다. 북한 내 신흥자본가들과 상인집단이 새로운 계층을 형성하고 있다. 법적으로 아직도 허용되지 않은 상황에서 상인집단은 국가기관과 긴밀한 결탁을 통해서 사용권과 운영권을 실질적으로 지배하는 구조가 되었다.[44]

새로운 계급의 등장은 한국전쟁의 보상으로 생겨난 계층 구조가 심각하게 도전을 받게 되었다. 그 갈등은 계속될 것이나, 북한사회는 신흥부자와 상인들의 도움이 없이는 경제 활성화를 이룰 수 없다는 것을 알고 있을 것이다.

③ 신세대의 등장

북한의 문화는 공산주의의 배경과 주체사상의 배경의 문화로서 신을 인정하지 않고 종교를 대적한다. 그 가운데 태어나면서부터 주체사상의 교육과 세습된 김일성 가의 충성을 강요받으며 살아왔다. 백두 혈통을 북한 주민의 삶의 중심으로 살고 있었던 그들에게 굶주림은 가혹했다. 미래를 알 수 없는 상황에서 무속이 활개 치기 시작하고, 총화 등의 교육행사에 빠지는 숫자가 늘어나기 시작한다.

북한에서 일본의 식민지배와 한국전쟁의 경험이 없이 순수한 주체사상 사회주의 체제에서 자란 세대가 북한사회의 주류가 되고 있다. 이들은 비록 외부의 정보가 차단되었다 하더라도 소련의 붕괴와 동구권의 붕괴 시기를 지나게 되고, 김정일 시대의 개혁과 개방을 체험하고, 더 나아가 극

---

[43] 이우영, 「통일정책연구」, 73.
[44] 김병로, "북한의 시장화와 계층 구조의 변화," 「현대북한연구」 16권 1호 (2013), 171.

심한 경제난을 몸소 체험한 세대이다. 이들은 1990년대 고난의 행군을 지나면서 실리적인 사고가 생겼다. 죽어가는 가족과 이웃을 보면서 살아남기 위해 생긴 사고이다. 누구를 돌아보기보다는 내가 먼저 먹어야 하는 상황 속에서 먹고 살기 위해서는 무엇이든 할 수 있게 된 것이다. 자신의 생존을 위해 배급에 의존하지 못한다. 이들은 사상의 덕목보다 자신의 생존이익을 우선시해야 하는 세대이다.

또한 개인주의가 확산되었다. 사회주의 사회의 실현은 모두가 하나가 되는 것이다. 당과 수령을 중심으로 하나의 몸을 가진 인민들이었다. 신세대는 최소한의 생존을 위해서 옆의 사람이 죽어가도 내 먹을 것을 챙기는 세대이다. 그 현실 속에서 국가에 대한, 당에 대한 믿음은 약해져 간다.

④ 정체성의 변화

정체성은 한 사람이 한 집단의 일원으로 역할을 감당하거나, 한 인간으로서 의미를 담고 있는 것이다. 정체성은 개인과 개인을 연결시키고 통합하고, 배분하는 작용까지 한다. 즉 개인의 정체성은 집단의 정체성을 나타내는 것이다. 북한의 주민들은 개인의 정체성은 집단에 귀속되어 있다. 당과 수령을 정점으로 하여 당과 수령에 귀속되어 있는 정체성이다. 그러나 고난의 행군 이후 북한의 개인들의 정체성은 변화되고 있다. 국가의 공민으로서, 여성으로서, 개인의 자아로서 정체성이 나타난 것이다.[45]

이러한 북한사회의 변화요인으로 인해 북한사회는 고민에 빠지게 된다. 김정은 체제는 이 문제를 해결하기 위해 다양한 노력을 기울인다.

---

45 조정아 외, 『북한 주민의 의식과 정체성: 자아의 독립, 국가의 그늘, 욕망의 부상』 (서울: 통일연구원, 2010), 4.

(2) 고난의 행군 이후 북한사회의 당면과제

변화하는 북한사회에 대응하기 위해 북한사회는 여러 가지 당면한 과제가 생겼다.

첫째, 시장과 당의 대결이다.

당이 사람과 물자를 다 독점하여 경제를 움직이다가 장마당이 생긴 이후 주민들의 생계를 시장에 의존하게 된 것이다. 당은 배급체계를 가지고 주민들을 하나로 묶었다. 먹는 목줄을 쥐고 있었다. 그러나 시장의 의존도가 커지자 일방적인 당의 지시보다는 주민들의 시장질서에 움직이게 된다. 더 나아가 당의 눈을 피해 생긴 도깨비 시장, 메뚜기 시장 같은 것이 생겨났다. 결국, 단속하려는 당과 피하려는 시장과 싸움으로 북한사회는 불만이 커져가고 있다.

둘째, 당면과제는 엘리트와 주민들의 각성이다.[46]

고난의 행군을 지나면서 엘리트 계급들은 시장경제의 활용과 정보의 유입과 활용을 통해서 당과 국가를 위해 살기보다는 개인이 살아야 한다는 독립생존의식이 팽배해 있다.

(3) 북한사회문제

북한사회를 문제의식을 가지고 살펴보면 봉건노예사회, 극장사회, 부패사회, 비난사회, 국가종교 수령사회, 집단사회, 빈곤사회, 계급사회로 구분해 볼 수 있다.

① 봉건노예사회

태영호 공사는 북한은 더 이상 공산사회가 아니라 세습통치에 기초한

---

[46] 이온죽 외, 『북한의 사회와 문화 그리고 통일』 (서울: 철학과 현실사, 2011), 40.

조선 시대의 정치체제를 결합한 봉건노예사회라고 하였다.[47] 이러한 체제 속에서 탈북한 탈북민들에게 남한에서 사회통합을 이루기 위해서는 남한의 민주화 역사를 배워야 한다. 지난해 촛불시위 때 탈북민들 대다수가 보수화되었다. 그들은 산업화에 대한 이해는 있지만, 민주화 과정에 대한 이해가 거의 없다. 남한에 정착하고 살려면 남한의 민주주의에 대한 이해가 필수가 된다.

② 극장사회

극장국가란 본래 경찰, 군대와 같은 폭력유지 수단의 점유가 국가라는 것이 막스 베버의 이론이었으나, 인류학자인 게이츠는 "극장국가" 이론으로 국가란 무력으로 이루어지는 그 무엇이기보다, 같은 신화를 공유하는 사회로 보았다.

그 신화란 것이 북한에선 수령인 것이고 이것은 거의 유일한 희망과도 같다. 즉 북한은 국가라는 "극장" 속에서 인민들에게 끊임없는 연극을 통한 세뇌로, 가족보다 더 중요한 가치를 지닌 수령님의 나라로 탈바꿈한 것이다. 그것이 그들이 경제적 굶주림 속에서도 선군주의에 전념할 수 있는 이유이다.[48]

③ 부패사회

어느 나라도 부패에 대해 자유로울 수 없다. 북한이 2016년, 전 세계에서 가장 부패한 국가 3위를 차지했다. 25일(현지 시간) AP통신 등은 국제투명성기구(TI)가 발표한 '2016년도 국가별 부패인식지수(CPI)에서 북한이 12점을 받아 176개국 중 174위를 차지했다고 보도했다. 북한 뒤에는

---

47 태영호, "북한=조선시대 정치체제+봉건노예사회," http://odysseypeace.tistory.com/126 (2018.7.3).
48 "극장국가," http://tomahawk28.tistory.com/84 (2018.7.5).

11점을 받은 남수단(175위)과 10점을 받은 소말리아(176위) 등 오직 두 국가만이 자리했다.⁴⁹

북한의 비공식 경제 규모와 부패는 헝가리와 소련을 훨씬 능가한다. 소련 가계소득의 16%가 비공식 경제 활동에서 나온 것이었지만 북한은 그 수치가 70%를 넘는다. 북한은 총지출의 10%가 뇌물로 나간다.⁵⁰ 북한경제가 오랫동안 마비되다 보니 핵심계층의 충성을 사던 김정일의 돈주머니도 점점 고갈될 수밖에 없었다. 이런 상황에서 김정일이 꺼낸 카드가 바로 '부패 허가'였다.

김정일은 직접적인 보상을 줄이는 대신 부패를 눈감아 줌으로써 특권층에 우월감과 보상을 동시에 안겨주었다. 이때부터 북한의 통치계층은 큰 간부는 크게, 작은 간부는 작게 각자 인민을 수탈하며 살기 시작했다. 이런 상황은 김정은 시대에서도 전혀 달라지지 않고 있다. 그 결과 북한에서 부유함은 곧 권력과 비례하게 됐다. 북한판 태자당이라고 표현되는 북한 신흥 부자층에는 당, 정, 군을 가리지 않고, 핵심 고위계층의 자녀들이 부모 권력 순으로 포진돼 있다.

부패는 한편으로는 김씨 집안이 쥔 칼자루이기도 하다. 마음에 안 드는 인물은 부패로 몰아 죽이면 그만이다. 태자당의 운명도 부모의 용도가 끝나는 순간 함께 끝나는 것이다. 가난한 나라일수록 뇌물행위가 성행한다고 하지만, 북한만큼 뇌물이 성행하는 나라가 드물 것이다.⁵¹ '무엇이 북한을 부패하게 했는가?'에 관한 것은 우리의 연구할 숙제이다. 부패는 분명 제도를 무너뜨리고 하나님 나라에 있어서 제거해야 할 대상이다. 하지만 북한의 특수성 안에서 부패는 도리어 북한제도에 변화의 동력을 주었고,

---

49 "북한, 부패국가 세계 3위…한국도 15계단↓ 52위" http://news.kbs.co.kr/news/view.do?ncd=3417904 (2017.10.14).
50 김병연, "굴라시오 크렘린, 그리고 북한" 「중앙일보」(2018. 8. 1), 31.
51 박승학, "북한군의 뇌물사회," 「월간북한」 2017년 7월(통권 547호), 113.

국가 재정 부족으로 인한 국가의 역할을 북한 주민 스스로 해결할 수 있는 기회를 제공함으로써 북한사회와 주민들의 의식변화를 선도하였다.[52] 이것은 북한의 경우에 부패가 부정적인 것만이 아니라는 것을 알 수 있다. 즉 국가의 부패가 독특한 환경에서는 국가 성장에 도움이 된다는 것이다.

중앙대에서 강의하는 이근영 교수는 그의 박사논문에서 체제를 유지하기 위한 상납과 경제구조가 연동되는 한 북한에서 부패로 인한 붕괴의 가능성은 적을 것으로 보았다.[53] 이 교수가 말하는 경제구조의 연동은 국가 경제에서 장마당 경제로의 변화를 말한다. 장마당은 고질적인 경제난을 극복하는 수단인 동시에 체제유지를 위한 자금의 통로 역할을 동시에 하고 있다고 보았다. 결국 북한의 부패는 체제에 순기능 효과를 가지고 있다. 란코프 역시 북한의 부패를 순기능 효과가 있다고 보았다.

> 북한의 경우 사회에서 부정부패가 긍정적인 역할을 할 수도 있습니다. 왜 그럴까요? 기본적인 이유는 북한 정부의 정책 때문입니다. 북한 정부는 간부들의 권력과 특권을 유지하기 위해서 지금과 같은 시대착오적인 경제, 사회체제를 개혁하지 않기를 결정하였습니다. 오늘날 북한사람들이 생계를 꾸리는 방법은 압도적으로 장마당, 장사를 비롯한 개인 경제 활동입니다. 그러나 북한 정부의 입장에서 보면 이와 같은 활동은 다 불법입니다. 예를 들어 북한의 법을 보면 장사를 하는 것은 압도적으로 불법이 아닐까요? 북한의 법을 보면 쌀을 비롯한 곡식 매매는 불법행위가 아닐까요? 그러나 북한사람들은 이처럼 '불법' 행위를 하지 않았더라면 살아남지 못했을 겁니다. 북한 사람들이 이와 같은 활동을 할 수 있는 이유는 역설적으로 관리들의 부정부패가 성행했기 때문입니다.[54]

---

52 이근영, 『무엇이 북한을 부패하게 했는가』 (서울: 도서출판선인, 2015), 6.
53 이근영, 『무엇이 북한을 부패하게 했는가』, 280.
54 자유 아시아 방송 "북한부패는 북한경제의 커다란 장애물" www.rfa.org/korean/weekly_

그렇지만 단기적으로 부패와 뇌물은 경제의 윤활유 역할을 하지만 장기적으론 체제유지에 치명적 독이된다.[55]

북한에서 부패와 가장 연관된 경제제도는 세 가지로 나타난다.

첫째, 화폐개혁

둘째, 식량배 급제 붕괴

셋째, 7.1 조치[56]

북한에서 2009년 11월 30일 오전 11시부터 기습적으로 시행한 '화폐개혁'이다. 구체적인 내용은 11월 30일부터 12월 6일까지 구권 100원을 신

---

program/ (2017.9.18).

[55] 김병연. "굴라시오 크렘린, 그리고 북한"「중앙일보」(2018. 8. 1), 31.
[56] 7.1 조치의 주요내용은 크게 세 가지로 요약할 수 있다. 첫째, 물가 인상이다. 북한은 계획가격제에 의해 중앙에서 인위적으로 낮은 수준에서 물가를 책정한다. 그러나 경제위기 상황에서 원·부자재의 수입가격, 제품 생산가격이 높아짐에도 불구하고 낮은 가격을 고정시켜 놓았기 때문에 갈수록 국가의 재정 부담이 커질 수밖에 없다. 반면 공장·기업소는 국정가격으로 판매되는 제품판매방식을 거부하고, 시장에서 높은 가격으로 판매하길 희망함에 따라 시장은 활성화되고, 국정가격과 암시장가격의 높은 격차, 즉 인플레가 발생하게 된다. 북한당국은 이같은 문제를 해결하고자 식량, 공산품, 집세, 전력 등 전반적 물가를 수십 배에서 수백 배 올렸다. 그리고 이에 맞추어 임금도 평균 18~25배 올림과 동시에 임금지급 방식도 노동생산성과 공장기업소의 수익 등에 따라 차등지급 하는 방식으로 바꾸었다. 둘째, 독립채산제 강화와 공장·기업소의 자율성 확대이다. 북한은 물가와 임금을 인상한 만큼 공급(생산)증대를 위해 공장·기업소의 평가체계를 변화하고, 자율성을 확대하였다. 공장·기업소는 이전의 계획목표량 달성방식이 아니라 수익성이 기준인 번수입지표(공장기업소 총수입-원가[생활비 제외]= 국가기업이득금+기업소 자체 충당금+생활비[임금])에 따라 평가하는 체계를 도입하였다. 또한 독립채산제 강화방침에 따라 이전에는 공장·기업소에서 초과달성한 이윤을 국가에 납부 하는 방식에서 기업 자체로 재투자 재원이나 종업원 복지기금으로 활용할 수 있도록 재량권을 주고, 자재공급을 원활하게 하기 위한 기업 간 원자재 거래를 허용하였다. 또한 공장·기업소 내 당위원회의 역할을 축소하고 지배인 책임제를 강화하였다. 더불어 공장·기업소는 시장경제체제와 같이 이윤을 많이 남기는 경영을 위주로 하고, 생산성 향상에 따라 각종 물질적 보상을 제공하는 체제를 도입하였다. 셋째, 사회보장체계 및 배급제의 개편이다. 북한은 과거 식량, 소비재, 주택 등을 거의 무상이나 다를 바 없을 정도로 낮은 국정가격으로 공급해왔으나, 전반적 물가 인상과 함께 식량, 소비재, 주택 등도 제 값을 지불하도록 조치하였다. 물론 북한은 무상교육, 무상치료, 사회보험 등 이른바 '사회주의의 우월성'을 보여 주는 사회보장제도는 공식적으로 유지하였다.

권 1원으로 교환하는 것인데, "교환 자체"는 인플레이션을 막기 위한 수단으로써 전혀 문제가 없지만, "교환 가능한 금액을 세대당 10만원으로 한정"하고, 나머지 금액은 "은행에 맡겨야 하는" 이상한 규칙이 북한사회에 상당한 충격과 공황을 발생시켰다.

그리고 이 사건 덕에 북한 주민은 자기 나라 돈을 더더욱 신뢰하지 못하게 되었다. 북한에서 은행에 돈을 맡긴다는 것은 국가가 돈을 뺏어가는 거라고 보면 된다. 북한의 은행은 예금의 인출을 영구적으로 제한하기 때문이다.[57] 북한의 식량 배급제의 붕괴는 1990년대 이전부터 나타났다. 북한은 식량 배급제의 붕괴 자체를 공식 제도로 받아들여 개별적인 경제 활동을 확산시키는 데 기여 했다.

7.1 경제관리개선조치(이하 7.1 조치)란 북한이 2002년 7월 1일 발표한 가격과 임금 현실화, 공장·기업소의 경영자율성 확대, 근로자에 대한 물질적 인센티브 강화 등의 조치를 의미한다. 이 조치는 기존의 계획경제 틀 내에서 시장경제 기능을 일부 도입한 것이라고 할 수 있다.[58]

북한에서 김일성, 김정일의 지시와 명령[59]은 헌법보다 상위의 개념이다. 교시나 말씀 등에 반부패에 관한 지시와 명령이 없는 것이 아니다. 그럼에도 불구하고 이근영 교수의 연구결과는 이들의 지시와 명령이 부패에 대한 통제력이 약하다고 하였다.[60] 이러한 현상은 북한의 제도가 정치적 의도에 의해 세워져 정책이 수립되기 때문에 북한 정부가 의도하지 않은 상

---

57 https://namu.wiki/w/ (2017.9.18).
58 http://ko.nkinfo.wikidok.net/wp-d/58cb53e964f2e91435b80dba/View (2017.9.18).
59 김일성과 김정일의 연설 가운데 부패에 관한 것을 언급한 문건이 1967년부터 나타난다. 그 가운데 한 자기만 예를 들면 1994년 1월 1일 "당사업을 잘하여 사회주의혁명진지를 더욱 튼튼히 다지자"라는 제목으로 조선로동당 중앙위원회 책임일꾼들 앞에서 한 연설 가운데 "간부들 속에서 세도와 관료주의, 특권행세, 부정부패행위를 없애자면 간부들이 인민에 대한 헌신적 복무정신으로 튼튼히 무장하도록 하여야 합니다"라고 하였다.
60 이근영, 『무엇이 북한을 부패하게 했는가』, 283.

황이 나타나는 경우가 있는데, 북한은 이런 돌발적인 경우가 북한체제의 공고함에 도움을 주었다. 즉 북한의 부패가 북한체제와의 공고한 연결고리 역할을 하고 있다는 것이다.[61]

④ 비난사회

비난은 도덕적인 것과 비도덕적인 것, 적절한 것과 적절치 않은 것을 구분하는 개인의 잣대와 관련이 있다. 모든 개인은 어떤 이유로도 고통받지 않을 권리가 있다는 도덕의 기초를 가진 사람들일수록 비난의 고통을 타인에게 안기지 않는다. 직접 타인에게 해를 끼쳤는지를 도덕의 기준으로 삼는 사람들은 꼭 필요한 경우가 아니라면 남을 비난하지 않는다. 사회가 공정하지 못할수록 공정성에 대한 심리적 욕구가 강해진다.

그런 사회일수록 실수한 사람과 실패한 사람을 위로하기보다는 비난한다. 공정하지 못한 사회일수록 모두가 실패할 가능성이 높기 때문에 더욱더 서로를 위로하고 서로의 실수를 용납해야 함에도 불구하고, 오히려 서로를 더 비난하는 악순환에 빠진다.[62]

탈북자들이 체험하고 살아온 사회는 공정하지 못한 사회이다. 그래서 심리적으로 더욱 남을 비난하고자 하는 마음이 있다. 심지어 이런 비난을 체계적으로 익혀왔다. 자아비판, 상호비판을 통해 남을 비판하는 것에 익숙해 있었다. 이런 비난을 긍정적인 것으로 바꾸어야 할 필요가 있다.

사회는 비난을 감수하며 살아야 한다. 비난하지 않는 사회는 없다. 단지 비난을 긍정적으로 사용할 것인지, 아니면 부정적으로 사용할 것인지에 대한 것이다. 비난을 긍정적으로 바꿀 수 있는 것은 "남을 비판하지 말고 자신을 돌이켜 보라"는 그리스도의 말씀에 있다.

---

61 이근영, 『무엇이 북한을 부패하게 했는가』, 283.
62 최인철, "비난사회," http://news.joins.com/article/22770713 (2018.7.4).

비난을 긍정적으로 바꾼다는 것은 무엇인가?

자아 성찰이다. 이것은 자신의 죄를 깨닫고 자신을 스스로 돌아보아 내가 아닌 남을 위해 사는 것을 말한다. 이것은 회개를 동반한다. 회개는 새로운 사회로의 진입 문이 된다. 예수님은 "회개하라 천국이 가까이 왔다"고 선언하셨다. 예수님은 회개가 새로운 세계인 하나님 나라의 관문으로 보신 것이다. 자신의 회개는 '죄의 자각'에서 출발한다.

즉 탈북민은 스스로 피해자가 아닌 죄를 지은 인간 즉 가해자인 것도 이해해야 한다. 비난의 긍정적 발전은 단계를 가지고 있다. 죄의 자각으로부터 시작된 회개는 다음으로 용서가 뒤따르고 용서가 되면 화해가 되고 나아가 화목에 이르게 된다. 최종의 단계인 화목은 탈북민들이 살아갈 새로운 세상이다.

화목은 예수가 우리 인간의 죄를 위한 화목제물로 십자가에서 죽으셔서 우리와 하나님 사이에 화목을 이루시고, 그 이후에 인간과 인간 사이에 화목하게 하는 일을 하게 하시는 것이다. 예수님의 십자가의 죽음은 죄인된 인간이 하나님과 수직적으로 화목을 먼저 이루는 것에 초점을 맞춘다. 그 후에 수평적으로 인간 사이의 화목을 말한다. 이런 후 하나님은 그리스도인들에게 화목의 직분을 주셨다(고후 5:16-18).[63] 예수님이 추구하신 화목 사회는 서로의 인정에서 출발한다. "만일 형제가 서로 물고 먹으면 피차 멸망할까 조심하라"(갈 5:11)는 말씀을 인정해야 한다.

⑤ 국가종교 수령사회

북한은 북조선인민공화국식 사이비 종교 사회이다. 북한에는 진정한 정통종교는 없지만, 이교인 '김일성교'가 판을 치고 있다.[64] 파키슨은 신

---

[63] 하광민, "한국교회의 화목사역을 위해서," 제13차 쥬빌리통일워크숍 (2018.3.16).
[64] 한국정신문화연구원, 『북한의 실상』 (서울: 고려원, 1986), 155.

권정치의 특징은 교조, 신화, 성서, 사제직 설치, 탄압이라고 한다. 조선그리스도연맹의 고기준은 "북한도 거대한 종교집단 신권정치를 하고 있으며, 주체사상이 복음이요 기독교 사상이라"고 말한다.[65]

미국의 인터넷사이트 에드헤런트는 2001년 8월 기준으로 세계 10대 종교라고 발표했다.[66] AP통신의 에디드 레더러 기자와 UPI통신의 로버트 커레브 기자가 공동으로 쓴 방문기 제목이 '기묘한 신흥종교'였다. 커레브 기자는 "북한은 그 나름대로 종교를 가지고 있다. 그것은 북한을 통치해 오는 김일성을 숭배하는 김일성교다"[67]라고 하였으며, 백웅진 교수는 "주체사상은 북한을 통치하고 있는 통치 기제로서 다분히 종교적인데, 한국의 전통적 무교와, 조상숭배, 기독교의 여러 가지 개념을 빌려서, 북한 주민들에게 정치적 메시아사상을 강요한 것이다"라고 하였으며.[68] 물론 이것에 대해 약간의 의문을 갖기도 한다.

김병로 교수는 "북한은 지속적이고 반복적인 종교 생활을 통해 주체사상을 점차 종교로 발전시켜 가고 있다. 주체사상에서 차지하는 수령의 존재와 역할의 중요성을 감안하면 주체사상을 '수령교'라고 불러야 옳을 것이다. 그러나 수령교가 아직 세계종교로 발전하지 못한 상태라서 수령교가 과연 종교인가 아닌가 하는 점은 여전히 의문이다"라고 한다.[69]

그렇지만 우리는 이것을 '김일성교' 혹은 '수령교'라고 부른다. 북한은 인민 전체가 '신'을 모시고 있고, '경전'을 가지고 있으며, 정해진 시간에 맞추어 정해진 찬송과 설교를 듣는다. 이것을 태어날 때부터 주입시키

---

65 박완신, 『북한종교와 선교통일론』, 182.
66 「국민일보」(2002.1.30).
67 고태우. 『북한의 종교정책』 (서울: 민족문화사, 1989), 231.
68 캐나다 토론토대학교 동양학 부장으로 통일원 주최로 '93 한민족통일문제 국제세미나'에서 발표한 것이다.
69 김병로, 『북한사회의 종교성: 주체사상과 기독교의 종교양식 비교』 (서울: 통일연구원, 2000). 12.

며 성장시켜 나간다. 여기에 익숙한 북한 주민들에게 새로운 세계는 낯설기만 하다. 즉 교회를 다니다가 다니지 않으면 일요일이 되면 무엇을 해야 할지 모르는 것과 같다. 물론 어느 시기만 지나면 무디어 진다. 그렇다고 예전에 익숙했던 것이 사라지는 것은 아니다. 은연중에 남아서 그것이 탈북자들을 괴롭힌다. 자아비판을 하지 않으면 좋은 것 같지만 어느 순간 자기 혼자 남은 것에 대한 두려움을 갖는다.

⑥ **집단사회**

주민통제조직으로서의 집단사회를 가진다. 북한 주민은 누구나 국가행정조직과 당정치조직에 소속하도록 하였다. 예를 들면 직장인은 직장인이며, 직장의 정치조직의 구성원이며, 거주지 인민반원이다. 주민을 통제하는 데에는 통행증제도, 직장출근상황보고, 사상체크(생활총화, 분공수행, 학습회 등)가 있다. 이러한 통제는 공식적인 통제보다는 비공식적 통제를 앞세운다. 주체사상을 지속으로 주입시킴으로 혁명과 건설의 주인은 인민 대중이고 혁명과 건설을 추동하는 힘도 인민 대중으로 생각하게 하였다.

결국 북한은 근로 인민 대중이 국가 주권의 주인인 것처럼 보이게 하여 공동체의 가치를 절대적인 정의로 믿게 한다. 그래서 서로 감시하고 고발하는 것에 대해 거리낌을 가지지 않는다. 북한은 강한 공동체의 감정을 가지고 있어 공동체의 도덕규칙으로 충분히 사회통제가 가능하다.

북한의 집단사회에 특징이 나타나는 데 세 가지의 특징이 있다.

첫째, 강한 중앙집권적 조직이다.

북한에는 집단은 중앙집권적이며, 단일화가 되어있다. 북한의 조직은 거의 중앙-지방-말단조직의 전일적 구조를 갖추고 있다. 북한의 인사권은 당과 국가가 독점하고 있다시피 하며, 소유권은 거의 개인보다는 공동체에 있다.

둘째, 사회주의 공동체이다.

셋째, 공식적 관계와 인간적 관계의 혼재이다.[70]

에밀 브루너는 집단주의의 특징에 대해 다음과 같이 말한다.

첫째, 집단주의는 전체의 질서가 선두에 나오며 이것만 있으면 된다.

둘째, 집단주의는 세 가지 형식 즉 유기적, 기계적, 전체주의적 형태를 나타낸다.[71]

집단사회의 배경에는 전체주의 체제가 있다. 전체주의체제는 모두 당과 국가라는 이름 아래서 개인의 모든 생존의 영역, 물질적, 정신적, 사회적 영역을 장악하고 조종하는 것이다.[72] 인간은 한 개인으로서 당과 국가의 조직대상으로 전락한 것이고, 개인의 가치는 체제라는 거대한 기계의 한 부품에 지나지 않는다.

전체주의는 미래성을 가지고 있다. 그 목표가 유토피아적이고 초월적이어서 희생을 강요한 행동을 요구한다. 즉 전체주의는 개인 희생을 토대로 하여 구축되어 진다. 개인의 희생을 강요하기 위해서 만든 제도가 바로 집단사회이다. 그러다 보면 전체주의는 개인주의를 거부하게 되고, 개인들 즉 부분들을 거부하고 전체의 이익을 도모하게 되며, 모든 사람을 한 사람으로 만든다.

북한은 이런 전체주의 사회를 만들기 위해 유일사상으로 주체사상을, 유일당으로서 조선로동당, 사회통제를 위해 정치범수용소, 북한 대중매체를 장악하고, 조선인민군을 내세운 선군정치와 중앙집권적인 경제계획을 실행하고 있다.

인간은 집단사회에 익숙해 있다. 우리는 태어나면서부터 가족이라는

70　현인애, "북한의 집단 변화와 사회통제," 김홍광 외 6인, 『김정은의 북한은 어디로』 (서울: 늘품플러스, 2012), 259-263.
71　에밀 브루너, 『정의와 사회질서』, 전택부 역 (서울: 대한기독교서회, 2008), 116.
72　오일환, "김정일 시대의 북한체제 현황," 오일환, 유호열, 이종국, 정성장, 최대석, 『현대북한체제론』 (서울: 을유사회사, 2000), 15.

집단에 속하기 때문이다. 물론 대가족과 핵가족의 차이는 있지만, 가족에 속하는 것은 어느 사회나 같다. 가족이라는 집단에 속한 나는 곧 '우리 집단'과 '그들 집단'을 배우기 시작한다. 이것은 자연스럽게 이원론적 사고를 해오게 하고, 나아가 '동지'와 '적'을 구분하게 된다. 가족이라는 집단을 넘어 인간이 성장하면서 속하는 집단은 민주주의와 사회주의가 확연히 구분된다. 민주주의는 선택 때문에 집단의 형성이 달라지지만, 사회주의 조직의 규율에 따라 정해지기 때문이다.

집단사회는 개인주의와 달리 더 큰 수치감을 가지고 있다. 한 집단의 성원이 사회의 규칙을 어기면 같은 집단에 속해 있는 사람들은 집단적인 의무감에서 오는 수치감을 느끼는 것이다. 수치감은 개인에게 영향을 미쳐서 '죄책감'으로 발전한다. 그래서 탈북민들은 '조국을 배신한 자'라는 죄책감을 느끼고 있다. 그리고 집단사회에는 '체면'이라는 인자가 있다.[73]

헤이르트 호프스테더(Geert Hofstede)는 집단주의(그의 책에서는 집합주의라고 한다)와 개인주의 사회의 주요한 차이점을 제시하였다. 도표로 보면 다음과 같다.

집단주의 사회	개인주의 사회
사람들은 확대가족 또는 기타 내집단 속에 태어나서 충성심을 바치는 대가로 계속 보호를 받는다.	모든 사람은 자기 자신과 직계 핵가족만을 스스로 돌볼 수 있도록 성장한다.
정체감의 근원은 개인이 속해 있는 사회적 그물망 속에 있다.	정체감의 근원은 개인 안에 있다.
어린이는 '우리'라는 틀 안에서 생각하는 법을 배운다.	어린이는 '나'라는 의미 안에서 생각하는 법을 배운다.
언제나 조화가 유지되어야 하며 직접적인 대립은 피해야 한다.	자신의 생각을 그대로 말하는 것이 정직한 사람의 특징이다.

---

[73] 헤이르트 호프스테더, 『세계의 사회와 조직』, 차재호, 나은영 역 (서울: 학지사, 2000), 97.

높은 맥락의 의사소통	낮은 맥락의 의사소통
규칙 위반을 하면 자기 자신과 집단에 대해 수치감과 체면 손상을 느낀다.	규칙 위반을 하면 죄책감과 함께 자기 존중감 상실을 느낀다.
교육의 목적은 어떻게 행동할 것인가를 배우는 것이다.	교육의 목적은 어떻게 학습할 것인가를 배우는 것이다.
졸업장은 보다 높은 지위의 집단에 들어갈 자격을 부여한다.	졸업장은 경제적 가치와 자기 존중감을 높여준다.
고용주, 종업원 간 관계는 가족관계와 같이 도덕적인 측면에서 지각된다.	고용주, 종업원간 관계는 상호이익에 기반을 두는 일종의 계약관계이다.
고용여부와 승진 결정에 종업원이 속해 있는 내 집단이 고려된다.	고용여부와 승진 결정은 오로지 기술과 규칙에 근거해서만 이루어진다.
경영은 집단의 경영이다.	경영은 개인의 경영이다.
인간관계가 일보다 우선이다.	일이 인간관계보다 우선이다.

표1. 집합주의 사회와 개인주의 사회의 차이점[74]

에밀 브루너는 공산주의 집단주의는 노동계급에 속한 자로서 개인 자본주의의 경제적 착취를 체험한 프롤레타리아는 구원자로 인식한다고 하였다.[75] 이러한 전체주의적 집단주의에 대해 비판하기를 국가는 본질적으로 사회적 계약의 산물이며, 국가의 존재 이유는 개인 자체만으로는 실현할 수 없는 것을 대신하여 달성하게 하는 데 있으므로, 국가는 개인에게 봉사하며, 개인에게 봉사는 한에서만 정당할 수 있다고 하였다.[76]

북한은 고난의 행군을 겪으면서 집단사회가 일부 붕괴하기 시작한다. 왜냐하면, 공장들이 가동을 중단하고, 배급이 끊겼기 때문이다. 결국, 북한 주민들은 생활을 장마당에 의존하게 됨으로 사회주의 집단체계보다는 자율적 시장구조를 의지하고 있다. 물론 이런 장마당도 거의 당에 노출되

---

[74] 헤이르트 호프스테더, 『세계의 사회와 조직』, 106.
[75] 에밀 브루너, 『정의와 사회질서』, 전택부 역 (서울: 대한기독교서회, 2008), 111.
[76] 에밀 브루너, 『정의와 사회질서』, 113.

어, 통제되고 있는 것은 사실이다.

북한은 집단에 변화가 일어나고 있다.

첫째, 집단규율이 약화하고 있고,

둘째, 하부집단에 대한 중앙의 통제력이 약화하고,

셋째, 정치조직에 비한 행정조직의 위상이 강화되고,

넷째, 집단 내에서 사적 자본주의적 관계가 강화되고 있으며,

다섯째, 사적 자본주의적 집단이 형성되었기 때문이다.

그러나 김정은 정권이 들어와서는 집단적인 것이 깨어짐으로 주민들의 통제가 잘 안 되자 새롭게 직장 중심의 조직을 복구하기 시작했다. 당, 청년동맹, 소년단 등 정치조직을 강화하고 직장을 가동하려고 노력하며, 특히 주민들의 자율적 통제제도를 복구하는 데 힘을 쓰고 있다. 최근 북한은 농촌에 자원진출, 건설장 자원지원, 공장 자원봉사 등에 대한 소개를 강화하여 주민들의 자발적 충성을 유도하는 데 힘을 넣고 있다.[77] 그리고 직장을 통한 집단사회가 약화된 상황에서 북한은 법적 통제와 강압적 통제를 실시하고 있다.

또한, 북한은 사적 소유를 어느 정도 인정함으로 무역과 서비스 분야에서 집단적 통제가 어렵게 되자, 다른 형태로 묶어 조직생활을 유도하고 있다. 하지만 현 정권의 상황으로서는 점점 희미해지는 집단사회로 중앙집권적 통제는 약해질 것이다. 하지만 여기서 북한은 중국식 개방형태로 간다고 가정한다면 중국은 단위가 해체되고 사적 소유가 도입되었지만 많은 국영기업이 병존했고 당이 국가에 대한 통제권을 포기 않았다.

이것처럼 북한도 국가 주도 외국투자기업에 힘을 쏟을 것이고 국가가 경영하는 곳에는 여전히 체제유지를 위한 주민통제가 가능할 것이다. 그

---

[77] 현인애, "북한의 집단 변화와 사회통제," 김홍광 외 6인, 『김정은의 북한은 어디로』, 284.

리고 지금까지와 다른 형태의 조직과 제도를 정비함으로 집단사회를 이어가게 될 가능성이 많다고 할 수 있다.

기독교의 집단주의 사상은 북한의 집단사회를 깨게 된다. 기독교의 사상은 개인을 비의존적인 창조물로 보며, 개인의 차이 위에 기초한 공동체를 하나님의 창조로서 이해한다. 개인은 하나님의 형상대로 창조된 까닭에 본원적인 존엄성을 가지는데, 이는 공동체에서 받은 것이 아니다. 말하자면 개인은 이것을 가지고 공동체 속으로 들어가는 것이다. 이 존엄성은 개인을 만들고, 책임 있는 인격으로 만드는 하나님으로부터 직접 주어진다.[78]

(7) 빈곤사회

의, 식, 주가 아닌 의, 식, 주의 사회로서 먹는 것을 가장 우선시했던 현재 대부분 탈북민에게 빈곤사회의 증후군에서 벗어나 새로운 베품의 사회로의 전환을 시킬 교육이 필요하다.

하나님 나라의 새 세상은 소유가 아니라 베푸는 것이다. 천국의 경제원리는 소유가 베푸는 것이다(고후 8:18). 출애굽한 이스라엘 백성이 처음 만나를 거둔 것은 많거나 적거나 모두 한 사람당 오멜씩 거두어 들였던 것이다. 모두를 평균케 만든 것이다.

만약 더 거두어 저장해 두었을 경우 벌레가 생기고 냄새가 났었다(출 16:20). 즉 필요 이상의 물질을 소유했을 때 그것은 쓸모없게 되었다. 새로운 세상을 사는 자에게는 "삼가 모든 탐심을 물리치라 사람의 생명이 그 소유의 넉넉한 데 있지 아니하니라"(눅 12:15)를 배워야 한다. 차고 넘치는 재물도 하룻밤에 하나님이 생명을 거둔다면 아무런 소용이 없기 때문이다 (눅 12;20-21).

---

[78] 에밀 브루너, 『정의와 사회질서』, 119.

(8) 계급사회

북한은 개인들을 출신별로 분류하여 계급화한다. 크게 세 가지로 분류를 하는데, 핵심계층, 동요계층, 적대계층이다. 각 계층별로 혜택을 달리하는 데, 사회적 지위획득의 기회를 제한하는 것이다.[79] 이 정책은 1957년부터 실시한다. 1956년 8월에 종파싸움에서 김일성은 연안파와 소련파 등 반대파를 숙청한다. 이 사건으로 말미암아 1인 독재체제를 굳히게 되는 데, 인민들까지 '믿을 수 있는 자'와 '믿을 수 없는 자'를 구별되길 바랐다. 또한, 김일성은 동구 사회주의권에서 불어오는 반사회주의 운동을 차단하기 위한 사회정책이 필요하였다. 이런 대내외적인 이유로 북한은 주민 전체를 대상으로 출신 성분과 사상 성분을 가르기 시작하였고, 1960년대 말에 이르러 북한 전 지역을 조사한다. 이처럼 북한은 출신 성분과 가정, 주위 환경, 과거 경력에 따라 계급과 계층을 분류하고, 이를 개인의 운명을 결정하는 법적 기준으로 정한다.[80]

---

[79] 석현호 외, 『사회학』, 92.
[80] 북한은 모든 주민을 성분 제도에 의해 3대 계층 51개로 분류하고 있다. 3대 계층은 '핵심계층,' '동요계층' '적대계층 3개이며, 51개 분류란 각 계층을 다시 분류함을 의미한다. 동요계층과 적대계층이 1천 600여만 명이나 되며 북한 전체 인구의 약 72%를 차지한다. 이 분류는 김씨 일가에 대한 충성도에 따라 정해지며, 특권을 가진 핵심계층은 주로 평양에서 살고 있다. 12개로 분류되는 핵심계층은 주로 항일빨치산 가족을 비롯해 한국전쟁 참전용사 가족 등 특수층 주민들이다. 핵심계층은 다른 주민들과 달리 식량 배급과 주거, 취업이나 교육에 있어서 특권을 누리고 있다. 18개로 분류되는 '동요계층'은 중소상인, 수공업자, 월남자 가족, 민족자본가, 중국과 일본 귀환민, 미신 숭배자들을 포함한다. 21개로 분류되는 '적대계층'에 포함된 주민 중 15만 명에서 20만여 명이 북한의 정치범수용소에 수용되어 있다. 북한에서 '연좌제,' 즉 죄인의 가족과 친지들까지 처벌하는 중세시대의 제도가 아직도 남아 있다. 그래서 적대계층으로 분류된 주민의 가족이 3대까지 정치범수용소에 갇히는 경우가 많다. 적대계층으로 분류된 주민들은 개신교, 불교, 천주교 신자와 천도교파 당원, 적기관 복무자, 체포자, 투옥자 가족, 반당, 반혁명 종파분자, 민주당원, 자본가 등이다.

① 핵심계층(기본계급)[81]

노동자 및 농민 등 피착취계급 및 후손들, 한국전쟁참가자들, 제대군인들, 적대계급이나 반동단체, 종파 가담경력이 없는 일반적인 주민들과 해방 후 북한체제의 수립과 강화에 적극 협력한 인텔리 출신 공로자들과 열성분자 출신들이 포함된다.

② 동요계층

계급적 토대나 사회정치생활 경위, 주위 환경에서 정치적으로 복잡한 문제가 있는 계급으로서 자신들의 사회적 처지나 지식으로부터 언제든지 북한체제에 대한 신념을 버리고 남한이나 자본주의에 대한 환상을 가질 수 있는 계급이라는 이유로 항상 경계와 교양, 혁명화의 대상으로 간주된다.

③ 적대계층

출신과 가정환경, 개인경력상 북한체제에서 용납될 수 없는 계급으로서 일제시기 일본군이나 경찰, 통치기관 등에서 적극적으로 복무한 친일파들과 지주, 부농, 매판자본가와 예속 자본가 및 친일기업인들과 상인들 및 그 후손들, 한국전쟁 당시 미국이나 남한 측에 적극 가담하고 협력한 '반동분자'들과 북한에 의한 처단가족 및 후손들, 인민군 입대기피자들, 월남자 가족들과 탈북자 및 귀순자 가족들, 권력층에서 제거된 반당, 반혁명 종파분자들과 그 가족들, 김정일의 이복형제들과 연관된 곁가지 대상들, 해방 전 종교인들 및 기타 정치범과 그 가족들, 전과자들이 이에 속한다.[82]

---

[81] http://ko.wikipedia.org/wiki/
[82] 리차드 카간 외, 『북한의 인권』, 송철복 외 역 (서울: 고려원, 1990), 72.

결국 북한사회의 계급구조는 세 가지로 결론 내릴 수 있다.

첫째, 북한의 계급구조는 출신성분과 '당'에 의해 인위적으로 구조화됐다. 출신성분에 따라, 고등교육 및 권한과 고위직을 배정받고, 계층에 따라 식량 분배를 받는다.

둘째, 북한의 계급구조는 가족의 신분이 세습되는 폐쇄체제[83]이기 때문에, 개인적 노력에 의하여 사회이동을 할 수 있는 기회가 제한됐다. 핵심계층에 속하는 주민은 사상법이나 중죄를 저지르지 않는 한 지위를 유지하며, 후손에게도 이어진다. 반면 출신 성분이 나쁘면 개인적 능력에 상관없이, 상위계층으로 진입이 어렵다.

셋째, 북한의 계급구조는 사회주의 체제를 형성·유지·강화하고 사회통제를 강화하기 위한 목적으로 이루어졌다. 초기 토지개혁으로 전면적 국유화를 단행한 북한은 이후 의식주 관련 생활용품을 노동당 등 정권기관의 통제하에 분배하기 때문에, 북한 주민은 생존을 위해 당국의 지시·명령에 충실히 복종해야 한다.

5. 북한사회와 기독교 사회

한 가지 질문으로 시작하자면 오늘날 마약, 이혼, 낙태 동성애와 혼외관계와 같은 사회갈등을 어떻게 해결할 것인가?

오늘은 다른 사람들을 희생시켜서라도 자기 개인의 힘을 사용하려는 욕망이 더 강렬해졌다고 본다. 즉 의무와 제약은 극소화되었고, 자기 이익과 권리의 추구가 강한 시대이다. 북한도 점차 이런 시대로 변하여 간다.

이러한 사회에 그리스도인들은 무엇을 어떻게 시도하고 변혁시켜 나갈

---

[83] 서재진, 『북한의 사회』, 84.

것인가에 대처하가 이해하든 데 실패한 역사가 있다.[84] 선교는 이런 실패한 역사를 가르치는 것이 아니라 복음으로 다시 회복케 하는 것이다. 그래서 북한선교는 성경으로부터 시작한다. 우리는 죄로 인해 실수하기 때문에 성령의 인도와 계시가 필요하다. 그래서 북한사회를 변화와 변혁시키려는 그리스도인들은 사회에 대한 몇 가지 관점을 가지고 있다.

첫째, 말씀에 의해서 천지가 창조되었다.
둘째, 모든 창조물은 하나님의 영광을 선포하고 그분의 형상을 입었다.
셋째, 창조계는 다양한 환경을 가지고 있다는 것이다.[85]
그러기에 북한사회변혁은 성경으로 시작하는 것이다.

1) 예수님은 어떠한 북한사회를 원하시나

가톨릭 신학자인 G. 로핑크는 『예수는 어떤 공동체를 원했나』[86]를 통해서 하르낙의 하나님 나라[87]를 비판하면서 하나님 나라의 공동체 사상을 주장한다.[88] 이 공동체는 참 이스라엘이요 교회를 의미한다. 이런 의미에서 북한을 참 이스라엘 또는 교회[89]를 이루는 것이 예수님이 원하시는 북한사회일 것이다. 다시 말하면 자본주의나 사회주의 아니면 혼합주의 등의 사회를 이루어서 경제적 부를 누리는 사회를 원하시는 것이 아니라 믿음으로 말미암아 구원받은 사람들의 형제결합체인 교회를 세우시는 것

---

[84] 알란 스토키, 『기독교인의 사회관』, 김헌수 역 (서울: 생명의 말씀사, 1996), 171.
[85] 알란 스토키, 『기독교인의 사회관』, 182-183.
[86] G. 로핑크, 『예수는 어떤 공동체를 원했나?』, 정한교 역 (경북: 분도출판사, 1996)
[87] 하르낙은 하나님 나라는 공동체에게 오는 것이 아니라 개인에게 온다고 하였다. 특히 개인의 외면이 아니라 내심 즉 영혼에 온다고 보았다.
[88] G. 로핑크, 『예수는 어떤 공동체를 원했나?』, 13.
[89] G. 로핑크는 교회란 필경 모든 선의의 인간들의 '형제관계'로 보았다. 즉 교회란 기쁜소식에 대한 믿음을 통하여 개인으로서 이미 속량된 그런 수많은 사람들의 형제적 결합인 것이다.

이라 볼 수 있다.

로핑크는 예수님이 원하시는 공동체를 말한다.

첫째, 내면이나 영혼이 아니라 구체적이고 가시적인 윤리를 따르는 교회가 되어야 한다고 보았다.

이것은 기존의 사회적 질서를 전복해야 한다.[90] 이 말은 마가복음 3:31-35의 내용을 토대로 새 가정에 대한 것이다. 북한은 두 개의 가정을 가지고 있다. 하나는 육체적인 가정이고, 다른 하나는 대가정으로 수령을 아버지로 당을 어머니로 삼고 있는 가정이다. 예수님은 이런 북한의 가정의 재편성을 원하신다.

> 누구든지 하나님의 뜻대로 행하는 자가 내 형제요. 자매요. 어머니이니라(막 3:35).

"하나님의 뜻을 행한다"는 무슨 의미인가?

이것은 하나님 나라의 도래와 참 이스라엘의 모임이다. 북한사회가 나가야 할 방향 첫 번째가 바로 하나님 나라의 도래와 교회의 세움이다. 이러한 것들은 초대교회 공동체가 잘 보여 주었다. 초대교회 공동체는 '서로가 함께' 하는 공동체였다. 이것은 '형제애'를 뜻한다. 초대교회는 예수님의 새 가정에 대한 것을 잘 이어받았다고 볼 수 있다. 우리는 북한사회를 '이웃을 돌아보는 보편적 평등의 돌봄 사회'로 만들어가야 할 것이다.

둘째, 세말공동체에 나타나는 성령의 현존이다.

성령의 현존은 하나님 나라가 현재가 되게하는 하나님의 능력으로 치유 사역을 뜻한다.[91] 북한사회는 아픈 사회이다. 육신의 아픔과 영적아픔, 내

---

90 G. 로핑크, 『예수는 어떤 공동체를 원했나?』, 83.
91 G. 로핑크, 『예수는 어떤 공동체를 원했나?』, 144-145.

면적 아픔 모두를 가지고 있다. 이런 곳에 성령의 역사가 나타나길 원하신다. 모두에게 하나님 나라의 현재가 일어날 치유의 역사가 나타나는 것이다. 사도 바울이 가는 곳마다 치유의 역사를 일으킨 것과 같다. 새로운 곳에 복음을 전하는 데 있어서 하나님 나라의 현재를 보여 주기 위한 방법이었기 때문이다. 물론 다가 올 하나님의 나라도 아픔과 눈물, 고통도 없다.

셋째, 대조사회이다.[92]

대조사회란 "세상과 마주보는 다른 세상을 만든다"는 부정적인 의미와 함께 "세상 안에서 다른 세상을 만든다"는 긍정적인 의미도 갖는다. 이 사회는 왕 같은 제사장이요 거룩한 백성의 세계이다. 이 사회는 하나님이 선사하신, 그리고 다른 모든 민족의 사회질서와는 날카로운 대조를 이루는 그런 사회질서를 이 백성이 참으로 실천하며 사느냐에 달려있다. 이 사회는 폭력을 단념하는 것으로 지배를 삼가는 것이다. 즉 독재의 사회가 아니다. 예수님이 말씀하시는 사회는 이교도들이 사는 사회와 다른 것이 분명하다. 그것은 바로 소금이요 빛의 사회이기 때문이다. 에베소서는 이렇게 말씀한다.

> 너희는 전에는 어둠이었더니 이제는 주 안에서 빛이라 빛의 자녀들처럼 행하라(엡5:8).

한때의 어둠은 이교도들의 사회에서 살았던 것이라면 빛은 빛의 현존인 그리스도의 통치 영역 안에서의 삶을 뜻한다. 북한사회를 변혁시켜야 하는 이유가 여기에 있다.

---

92 G. 로핑크, 『예수는 어떤 공동체를 원했나?』, 207.

2) 기독교와 사회

1950년대에 한국교회는 한국사회에 대한 문제를 거론하였다. 엄요섭 목사는 '교회와 사회'라는 용어를 국내에서 처음으로 사용하였고 "기독교와 한국사회"라는 글을 내어놓았으며 장석영 교수는 1950년에 "기독교 윤리와 사회제도"라는 글을 내어놓았다. 이 두 글을 통하여 기독교는 북한사회를 어떻게 만들어야 하는지에 대해 적어본다.

종교의 힘은 사회생활을 지배하고 있다는 것을 예로부터 알고 있다. 그렇다고 해서 종교적 입장이 인간의 사회생활 전부를 결정짓는 것은 아니다. 사회변천은 지리적 조건, 과학의 기술 발달, 정치변동, 인구의 변동 그리고 경제적 변화가 자리 잡고 있다. 그리고 기독교만이 사회변혁에 영향을 준 것도 결코 아니다. 그러나 기독교가 한국사회에 영향을 미친 것은 확실하다. 예를 들면 관혼상제라든지, 음주 흡연의 문제라든지, 가정생활에 식구마다 각 상하다가 겸상하는 문화의 변화가 대표적인 것이다. 근대 한국사회에서는 신문화가 거의 기독교를 통해 들어왔다고 해도 과언은 아니다.[93]

서양음악의 전래, 연극, 현대문학, 미술 등이다. 나아가 근대 한국기독교는 여성해방에도 앞장섰고, 백정을 사람으로 인정받게 하는 등의 인권에도 앞장섰다. 교육에서는 수많은 기독교 학교를 세워 후학을 양성했으며, 경제는 쓸모없는 돈은 지출하지 않고, 술도 담배도 사지 않는 것에 영향을 미쳐 절제를 가르치고 직업의 소명감을 심어주었다.

특히 농촌이 살아야 한국이 산다고 외친 자들이 기독교인들이었다. 그러나 해방 이후 한국경제에 무역이나 공업에 있어서 기반을 가지지 못했

---

[93] 엄요섭, "기독교와 한국사회," 194.

다.[94] 정치에 있어서 한국기독교가 공헌한 점이다.

첫째, 민주주의 정치에 의사 진행법을 가르친 것이다.

둘째, 바른 사회질서를 수립하려고 노력한 것이다.

장석영 교수는 기독교가 사회에 어떤 영향을 미쳐야 할 것인지에 대해 결혼과 정치, 경제, 교육을 다루었다.

첫째, 결혼은 일부일처제와 산아제한에 관한 관심이다.

결혼은 인격과 인격의 신성한 영적 합일인고로 함부로 이혼하면 안 되고, 일부일처제가 합당하다고 하였다.[95] 그의 정치에 대한 견해는 폭력과 공포의 권세를 목적으로 하지 않고 호의가 공포를 대신하고 이해가 폭력을 대신하는 정치를 말한다.[96] 그리고 집단적 이기주의가 정치를 좌지우지하면 안 되고 인류봉사를 최종목적으로 해야 하고 인격과 인권을 존중히 여기는 정신으로 하며, 나아가 상호존중과 정신 위에 근거한 전체협동의 사회생활을 영위할 수 있도록 해야 한다고 보았다.

기독교 경제는 경제적 자유가 우선되어야 하고, 경제적 균등이 되어야 하며, 본질에서 정의로워야 한다고 보았다.[97]

① 사상과 행위에 있어서 선택의 자유
② 사상과 행위에 있어서 선택의 지능
③ 사상과 행위에 있어서 선택의 사회화를 교육의 지표로 삼았다.[98]

요셉 회프너는 그리스도인의 가정은 부모와 자녀의 생활공동체로서의

---

[94] 엄요섭, "기독교와 한국사회," 200.
[95] 장석영, 『기독교윤리와 사회제도』 (서울: 대한기독교서회, 1950), 93.
[96] 장석영, 『기독교윤리와 사회제도』, 119.
[97] 장석영, 『기독교윤리와 사회제도』, 164-166.
[98] 장석영, 『기독교윤리와 사회제도』, 194.

가정과 인간사회의 세포로서의 가정을 구분하면서 육체적 필요를 채워주는 가정과 정신적 도덕적 종교적 가치에 이바지하는 가정과 생산의 책임과 도덕적 의무를 지닌 세포적 가정으로 정의하고 있다.[99] 그는 경제에 있어서 가장 중요시 여기는 것이 사유재산제도인데 이것을 정의하기를 "사유재산은 어느 누구에게도 절대적이며 무제한적인 권리가 아니다. 남들에게는 꼭 필요한 것이 있는데, 자기의 여분의 부를 독점해 둘 권한은 아무에게도 주어져 있지 않다. 소유권은 절대로 공공복지를 저해하도록 사용되어서는 안 된다. 만약 개인의 기득권과 공동사회의 기본요구 사이에 충돌이 생긴다면 개인과 사회단체의 적극적인 협력아래 해결을 찾는 일은 국가 권력에 속한다"[100]고 하였다.

국가에 대해서 그는 국가는 시민의 책임의식에 결정적인 중점을 두고 있으며 국가는 인간 본성에 근거를 두고 있기 때문에 결국 국가는 그의 기원을 자연의 창조주인 신에 두고 있다.[101] 국가의 권력에 있어서는 독재적이나 무제한 권력은 그리스도교 사상과 모순된다고 보았다. 그래서 지옥 외에는 완전히 폐쇄된 사회는 존재하지 않는다고 본 것이다. 그래서 그는 모든 국가는 개방적이어야 한다고 한 것이다.[102]

데이비드 반더루렌은 교육, 직업, 정치를 그리스도인은 어떠한 시각으로 바라보아야 하는지에 대해 서술하였다.[103] 교육에 있어서 성경은 하나님이 자연질서를 유지하신다고 가르치지만, 삼각법이나 오보에 연주법은 설명하지 않는다. 그런 지식은 자연질서에 따라 조사하고 실험함으로써만 밝힐 수 있다고 하면서 신학 외의 학문에 대해서 교육의 책임은 교회 밖의

---

99 요셉 회프너, 『그리스도교 사회론』 (경북: 분도출판사, 1985), 105-115.
100 요셉 회프너, 『그리스도교 사회론』, 196.
101 요셉 회프너, 『그리스도교 사회론』, 234.
102 요셉 회프너, 『그리스도교 사회론』, 235.
103 데이비드 반더루렌, 『하나님이 두 나라 국민으로 살아가기』 (서울: 부흥과개혁사, 2011) 211.

세상에 있다고 하였다.[104] 즉 교회는 인간의 모든 학문 분야에 폭넓게 적용되는 많은 것들을 말해야 하지만, 다른 학문 분야에 관계된 전문적인 세부사항들은 가르칠 수 없다는 것이다.

그럼 기독교인들은 어떻게 해야 하는가?

그리스도인은 하나님과 세계에 대한 기본 전제에서 불신자와 근본적으로 충돌하면서 자신이 맡은 일에 더욱 엄밀하고 전문적인 측면에서 불신자와 협력해야 할 때가 있다. 왜냐하면, 그리스도인들은 세상과 하나님 나라를 동시에 사는 거류민이기 때문이다. 반더루렌의 정치에 관한 입장은 정치는 일반나라에 속한 문제로 하나님이 인정하신 것이라고 시작하여 그리스도인은 정치가 갖는 중요성을 부정해서는 안 되고 그렇다고 구속의 나라인 천국이 도래하게 하는 수단으로 높여서도 안 된다고 하였다.[105]

그리고는 그는 다섯 가지의 정치에 대한 진리를 언급하였다.

첫째, 성경은 위정자가 하나님에 의해 세움을 받았다고 가르친다.

둘째, 이런 위정자는 질서를 유지하고 이 세상에 속한 문제에서 저의를 시행할 일차적 책임이 있다.

셋째, 성경은 이처럼 하나님께 세움을 받아 다스리는 위정자에게 그리스도인이 많은 의무를 담당해야 한다.

넷째, 그리스도인은 심지어 자신이 봉사하는 정부가 전혀 모범적이지 않은 경우에도 정당하고 하나님을 기쁘시게 하는 일로서 관청이나 다른 정부 부처에서 근무해도 좋다.

다섯째, 정부는 하나님의 정하신 한계를 넘어서는 안 된다.[106]

그리스도인들은 정치, 가족, 교육, 경제 그리고 종교에 관여되어 살아가는 사회적인 사람들이다. 단지 그리스도인들의 세상의 삶의 가치는 하

---

[104] 데이비드 반더루렌, 『하나님이 두 나라 국민으로 살아가기』, 230-231.
[105] 데이비드 반더루렌, 『하나님이 두 나라 국민으로 살아가기』, 255.
[106] 데이비드 반더루렌, 『하나님이 두 나라 국민으로 살아가기』, 258-259.

나님 나라의 가치에 두고 살아간다. 너희는 먼저 그의 나라와 의를 구하라고 하신 주님의 말씀을 이어서 사도 바울은 "하나님의 나라는 먹고 마시는 것이 아니라 성령 안에서 의와 평강과 희락이니라"(롬 14:17)고 하였다. 이러한 가치로 세상에서 그리스도인으로 정치, 가족, 교육, 경제, 종교적 삶을 살아가고 그 일을 행하는 것이다. 한 예로 다니엘과 다니엘의 세 친구가 정치에 참여하면서 하나님의 사람으로 살았던 것을 볼 수 있다. 아브라함은 가나안에서 이방 나라와 정치관계와 법률관계를 맺고 살았던 것도 한 예라 할 수 있다. 다시 말하면 정치, 가족, 교육, 경제 등의 활동은 그 사회의 공동 사명이지만 그리스도인의 가치를 가지고 역할을 해야 한다.

3) 기독교 사회주의[107]

남한의 사상과 철학을 바탕으로 북한을 이해한다면 언어도단일 것이다. 그렇다고 북한의 사상과 철학으로 남한을 이해할 수 있는 것도 아니다.

그렇다면 남한과 북한을 서로 이해할 수 있는 사상과 철학은 없을까?

이것을 성경에서 찾아 공동분모로서 남북한을 이해하고자 한다. 물론 기독교 사회주의를 말하기는 매우 조심스럽다. 이 말 자체가 좌파를 의미했기 때문이다.

(1) 기독교 사회주의 역사

한국교회사에서 기독교 사회주의는 1920-1930년 대에 나타난 사회주의의 도전에 대한 기독교계의 대응 가운데 하나로 서술되어왔다. 다시 말하면 3.1운동 직후 마르크스 레닌주의가 조선사회를 뒤 흔들 때, 기독교

---

[107] 기독교 사회주의는 주로 이덕주 『기독교 사회주의 산책』(서울: 홍성사, 2011)을 참고하여 요약 정리한 것이다.

계에서 세 가지 반응이 나타났다.

첫째 극소수로 기독교인으로서 사회주의로 전향한 자들이 있다. 기독교 전도사였다가 고려공산당을 창당한 여운형과 이동휘이다.

둘째, 사회주의를 적그리스도로 비판하는 세력이 있다.

셋째, 기독교와 사회주의의 대화와 공존을 모색한 자들이 있다.

주로 YMCA의 기독교청년회의 김창제, 김준성, 이대위, 김창준, 김강, 강명석, 홍병선, 유재기, 최문식 등이다. 이들은 이념과 사상에서 기독교 사회주의를 제시했다. 최근에는 감신대 이동주 교수는 제3의 이념과 체제를 모색하는데, 자본주의와 사회주의의 장점만 모아 기독교 사회주의를 정리했다. 그는 개인의 자유와 창조적 자율성을 최대한 보장함으로 인권과 생산성을 추구하는 자본주의의 장점, 그리고 인간사회에 피할 수 없는 소득 격차와 경제적 불균형을 제도적 분배 구조를 통해 평등을 추구하려는 사회주의의 장점을 서로 조화시켜 모든 사람이 함께 행복할 수 있는 제3의 이념과 체제를 모색하려 했다. 외국학자로는 레이븐, 우드워스, 돔브로스키, 코트, 노박, 프레스턴, 모리스, 러들로우가 있다.

기독교 사회주의가 나오게 된 배경은 19세기 유럽의 혁명으로 개인의 자유와 경쟁의 최대한 보장으로 빈부격차와 빈곤층의 증가가 심각한 사회문제가 된 때이다. 영국의 주류교회가 귀족과 자본가, 부자들의 편을 들자, 일부 성직자들과 신학자들이 가난한 이웃, 소외계층을 향한 교회의 사회적 책임을 말하기 시작했다. 이러한 사회적 제도를 뒷받침할 수 있는 다른 신학이 필요했다. 이런 배경에서 기독교 사회주의가 나오게 된 것이다. 사회주의는 평등을 최우선 가치로 여긴다.

여기서 말하는 것은 기독교 사회주의는 마르크스와 엥겔스가 공산당선언을 발표하고 본격적인 공산주의 운동을 전개하던 1948년 같은 시기에 출발한 '별개의' 사회주의 운동이라는 점이다. 이들은 기독교 정체성을 기본 바탕으로 다른 사회주의 운동과 대화와 협력을 모색하였고, 개인적 영혼 구원을 전통으로 하는 보수신학에 맞서 교회의 사회적 책임을 강조하는 '진보적' 신학을 말하고 있다.

여기서 우리는 남북을 하나로 묶을 수 있는 것은 '사회적 책임'이라는 사회주의 운동의 근본을 찾아가면 될 것 같다. 물론 여기에 문제가 없는 것은 아니다. 북한의 사회주의가 올바른가 하는 것이 남아있다. 북한의 사회주의는 김일성 주의로 변했기 때문에 북한의 주민들이 경험한 것 같은 사회주의적 이념과 체제 그리고 정치와 경제, 더 나아가 정신과 문화가 다르다. 이런 상황이지만 우리는 기독교 사회주의를 알아보고, 북한선교에 접목할 수 있는 길을 찾아보아야 한다.

(2) 기독교 사회주의가 무엇인가

기독교 사회주의는 자기보다 '남을 배려하는' 기독교, 개인의 자유보다 '사회적 책임을 다하는' 기독교, 모으는 것보다 '나누는 것'에 우선 가치를 두는 기독교를 지향하는 것이다. 기독교 사회주의 질서와 원리는 "남에게 대접을 받고자 하는 대로 너희도 남을 대접하라"이다.

기독교 사회주의 모델로는 다음과 같다.

첫째, 만나공동체가 있다. 출애굽기에 나오는 이스라엘 백성의 광야공동체에서 발견한다. 그들이 광야에서 먹은 음식, 만나를 중심으로 형성된 공동체이다. 이들은 하나님이 정해주신 원칙에 따라 만나를 먹고 살았다. 만나는 육적인 동시에 영적인 음식이다(신 8:3). 물질과 정신이 결합되어 있다. 자본주의와 사회주의의 만남이요 기독교 사회주의가 추구하는 것이 바로 이런 상생관계이다. 정해진 규칙은 하루에 '먹을 만큼'이다. 여기에 인간의 자율에 맡기지 않았다. 하나님의 개입이 있었다.

사회주의와 기독교 사회주의의 차이점이 이것이다. 자율이 아니라 하나님의 개입이다.

둘째, 평화공동체가 있다. 까치밥과 안식년 평화공동체이다. 가나안 문화에서는 소외계층과 가난한 계층을 위해 까치밥제도를 만들었다.

> 땅의 소산물은 모든 사람을 위해 있나니(전 5:9).

셋째, 희년공동체가 있다. 희년공동체는 토지공개념으로 이해할 수 있다. 토지공개념이란 "토지는 모든 사람의 삶의 터전이기 때문에 일반 물자에 비해 공공성이 높다고 보고 이런 공공성을 바탕으로 하여 토지를 소유하거나 관리해야 한다"는 입장이다.

토지의 공공성을 강조한다고 해서 토지의 개인 소유를 허용하지 않거나 모든 토지를 국가가 소유하고 관리하자는 것이 아니다. 생산성 증대를 위한 개인의 토지 소유와 관리를 허용하되 그것은 공공의 이익을 위한 것이어야지 개인적인 부의 축적을 위한 것이 되어서는 안 된다는 것이다. 기독교 사회주의에 대한 성경적 배경은 여럿있다.

> 대답하여 이르되 옷 두 벌 있는 자는 옷 없는 자에게 나눠 줄 것이요 먹을 것이 있는 자도 그렇게 할 것이니라(눅 3:11).

마태복음 20장의 포도원 품꾼 비유로 '일한 만큼 받는다' 것과 마태복음 25장의 세 가지 비유로 자본주의와 사회주의의 조화가 나타난다. 열 처녀 비유와 달란트 비유는 생산적 경제 활동을 강조하는 자본주의를 지지하고, 양과 염소 비유는 사회적 빈곤층과 약자에 대한 복지정책을 중시하는 사회주의를 지지한다.

> 네 이웃을 사랑하기를 네 자신과 같이 사랑하라(레 19:18).
> 남에게 대접을 받고자 하는 대로 너희도 남을 대접하라(마 7:12).

이덕주 교수는 기독교 사회주의는 경쟁이 불가피한 인류사회에서 나타나는 빈부격차와 경제적 불균형 그리고 그로 인해 형성된 사회적 소외계층과 경제적 빈곤계층의 아픔과 고통을 해결하기 위해 신학적 모색과 선교적 실천을 추구해야 한다고 한다. 그는 기독교 사회주의는 경제적 소외와 빈곤문제가 개인적인 것이라기보다 사회적인 것임을 인식하며 그 해결을 개인적 결단에만 의존하지 않고 공동체적 관심과 사회적 책임의 틀 안에서 이루어져야 함을 믿는다.

기독교 사회주의는 사회주의가 추구하는 바 인간 평등과 부의 균형적 분배를 구현하기 위한 사회적 관리와 제도가 필요함을 인정하지만, 그 방법이 강압적 통제와 지시가 아닌 자발적 나눔과 참여를 통해 이루어져야 한다. 또한, 기독교 사회주의는 생산과 분배의 물질적 바탕과 수단이 개인이나 국가 혹은 어느 집단의 독점적 소유물이 되는 것을 경계하며 모든 물질의 궁극적 소유권은 하나님께 있고 그것을 하나님의 뜻대로 관리할 책임이 있다. 이것은 유물론과 유심론을 양자택일 관점에서 보지 않으며 종교적 각성과 훈련을 통해 정신과 물질, 영혼과 육신의 조화가 이루어진 사람들이 생산과 분배의 조화를 이루어 인류평화공동체를 구현하는 것이다. 이러한 사회는 오직 그리스도만이 이 일을 이룰 수 있다. 우리는 종교적 영역에서 이 꿈을 향해 가는 이들이다.

6. 결론

사람은 혼자 있어도 사회적이지만 사람은 항상 다른 사람과 관계를 형성하며 산다. 그래서 인간은 사회에 의하여 형성되는 공동체가 된다. 한국인이 한국인이 된 것은 생물학적 특징 때문이 아니라 한국사회에 지배하는 사회, 문화 때문이다. 그러므로 잘못된 사회를 그대로 두는 것은 자신과 주위 사람을 잘못되게 방치하는 것이다. 이런 의미에서 북한의 사회는 기독교적 관점으로 다시 분석하여 기독교인들이 그 사회에 참여하여 올바른 하나님 나라가 세워지도록 만들어야 한다.

기독교의 사회 참여는 각 시대의 상황과 이슈에 맞게 적절하게 조절할 필요가 있다. 지금까지의 기독교인들의 사회 참여는 복음적인 사회 참여로 고아와 과부를 돌보는 일, 그리고 사회복지를 위한 자선 기구(병원, 학교 등)를 세워 운영하는 것이었는데 이제는 그 틀에서 벗어나 적극적이고도 다양한 주제의 사회 참여가 필요하다.

성경이 가르치는 기독교 신앙은 인간의 삶 속에서 현실 참여와 이완된 것이 전혀 아니다. 그 예로 성경적인 근거에 확신을 가진 복음주의자들이 휘튼선언(Wheaton Declaration), 로잔언약(Lausanne Covement), 그리고 그랜드래피즈보고서(Grand Rapids Report)가 있다.[108]

> 기독교인의 사회에 대한 책임은 성경적인 명제이며 신앙의 실천적 과제이다. 천지를 창조하신 하나님은 자신의 뜻대로 선하게 창조했을 뿐 아니라 선하게 통치되기를 원하신다. 그것은 인간의 영육 간의 삶의 영역을 포함한 것이다. 비록 범죄로 인해 수많은 사회적인 문제들이 발생하였지만, 이 세상은 여전히 하나님의 창조섭리 가운데 있다. 하나님은 이 세상에서 하나님의 공의와 사랑이 실천되기를 원하신다. 하늘에서 하나님의 뜻이 이루어진 것처럼 이 땅에서도 이루어지기를 원하신다. 그래서 그리스도인들은 이 세상에 살면서 잘못된 사회질서를 하나님의 의로 바로 잡을 책임이 주어진 것이다. 빛과 소금으로 사회현실을 새롭게 변화시킬 책임이 있다.[109]

---

[108] 심창섭. "기독교의 사회참여는 복음적 소명," 「교회와 신앙」 (2006. 12. 6).
[109] 심창섭. "기독교의 사회참여는 복음적 소명" 「교회와 신앙」,..

사회를 변혁하는 방법에는 평화롭고 점진적인 개선과 폭력적이고 급격한 혁명이 있고, 가치관과 의식수준을 높이는 소극적인 방법과 제도와 법을 바꾸는 적극적인 방법이 있을 수 있다. 북한사회를 변혁시키기 위해 우리는 직접 그 사회에 들어가 활동을 하는 혁명적인 방법을 택할 수 없다. 그래서 우회적인 방법을 찾아야 하는데, 그것은 북한선교전략에 속한다. 이런 사회변혁에 그리스도인들이 참여하는 데에는 고민이 있다.

왜냐하면, 그리스도인들은 특정한 사회에 살고 있지만, 근본적으로는 그 사회에 속한 사람들이 아니기 때문이다. 그들은 영적으로 그 사회에서 나그네며 이방인들이다. 그러므로 그리스도인들은 사회와 사회 참여에 무관심해질 수 있다. 그러나 특정한 사회에 살고 활동하는 한 그리스도인들도 사회 참여로부터 벗어날 수 없고, 이 사실을 인식하는 것은 중요하다. 그리스도는 자신이 세상을 떠나지만, 제자들은 세상을 떠나지 않고 그 안에서 살아야 한다고 말한다. 심지어 그는 "아버지가 나를 세상에 보내신 것같이 나도 이들을 세상에 보낸다"(요 17:18)라고 한다.

그래서 그리스도인들이 세상을 떠나 살고 있다고 착각하면 결과적으로 기존 질서를 유지하는 쪽을 택하는 것이며, 매우 중요한 책임을 회피하는 것이다. 그리스도인의 사회 참여 방법은 대다수 평화적이고 민주적이며 점진적이라야 한다. 모범적인 행동과 설득을 통해서 사회의 가치관을 바꾸고 의식 수준을 높이는 데 공헌할 수 있다. 북한선교는 북한사회를 적극적으로 성경적 가치로 바꾸는 작업이다. 이것은 지금도 영향을 줄 수 있을 뿐 아니라 남한에 정착한 탈북민들에게도 해야 할 문제이다. 나아가 통일 코리아(통일된 한반도의 상황)가 오기 전에 그리스도인들은 이러한 상황을 준비하여야 한다.

참고문헌

강정구. 『북한의 사회』. 서울: 을유문화사, 2000.
김홍광 외 6인. 『김정은의 북한은 어디로』. 서울: 늘품플러스, 2012.
리차드 카간 외. 『북한의 인권』. 송철복 외 역. 서울: 고려원, 1990
박완신. 『신북한학』. 서울: 서울프레스, 2000
서재진. 『북한의 사회』. 북한연구학회편 서울: 경인문화사, 2006.
석현호, 이정환, 김상욱. 『사회학』. 서울: 그린, 2014.
알란 스토키. 『기독교인의 사회관』. 김헌수 역. 서울: 생명의 말씀사, 1996.
앤서니 기든스. 『현대사회학』. 김미숙 외 역. 서울: 을유문화사, 2010.
에밀 브루너. 『정의와 사회질서』. 전택부 역. 서울: 대한기독교서회, 2008.
오일환, 유호열, 이종국, 정성장, 최대석. 『현대북한체제론』. 서울: 을유사회사, 2000.
요셉 회프너. 『그리스도교 사회론』. 경북: 분도출판사, 1985.
육군사관학교. 『북한학』. 서울: 황금알, 2010.
이근영. 『무엇이 북한을 부패하게 했는가』. 서울: 도서출판선인, 2015.
이덕주. 『기독교 사회주의 산책』. 서울: 홍성사, 2011.
이온죽 외. 『북한의 사회와 문화 그리고 통일』. 서울: 철학과 현실사, 2011.
임헌만. 『마음 치유를 통한 북한선교』. 경기: 도서출판 두날개, 2012.
장석영. 『기독교윤리와 사회제도』. 서울: 대한기독교서회, 1950.
전영선. 『북한의 사회와 문화』. 서울: 도서출판 역락, 2005.
조정아 외. 『북한 주민의 의식과 정체성: 자아의 독립, 국가의 그늘, 욕망의 부상』. 서울: 통일 연구원, 2010.
최진욱. 『북한체제의 이해-제도와 정책의 지속과 변화』. 체제통합연구회편. 서울: 명인문화사, 2009.
한국정신문화연구원. 『북한의 실상』. 서울: 고려원, 1986.
헤이르트 호프스테더. 『세계의 사회와 조직』. 차재호, 나은영 역. 서울: 학지사, 2000
G. 로핑크. 『예수는 어떤 공동체를 원했나?』. 정한교 역. 경북: 분도출판사, 1996.
김병로. "북한의 시장화와 계층구조의 변화" 「현대북한연구」 16권 1호. 2013년, 171.
박승학. "북한군의 뇌물사회" 「월간북한」. 2017년 7월(통권547호) 113.

북한연구학회 엮음, "분단 반세기 북한연구사" 한울정치학 강좌. 1999.
심창섭. "기독교의 사회참여는 복음적 소명" 「교회와 신앙」. 2006. 12. 6.
엄요섭. "기독교와 한국사회"
이우영. 「통일정책연구」 제21권 1호 2012, 71.
하광민. "한국교회의 화목사역을 위해서" 제13차 쥬빌리통일워크숍. 2018.3.16.
"극장국가" http://tomahawk28.tistory.com/84 2018.7.5.
"북한, 부패국가 세계 3위…한국도 15계단↓ 52위"
    http://news.kbs.co.kr/news/2017.10.14.
"사회" https://ko.wikipedia.org/wiki/%EC%82%AC%ED%9A%8C 2018.7.29.
"사회란 무엇인가?" http://writting.co.kr/2014/10/ 2018.7.29.
"사회문제" https://ko.wikipedia.org/wiki/ 2018.7.29.
"사회제도" http://100.daum.net/encyclopedia/view/24XXXXX66141 2018.7.30.
"사회제도와 가족제도" https://blog.naver.com/kasuwon2/220123906448 2018.7.30.
자유 아시아 방송 "북한부패는 북한경제의 커다란 장애물"
www.rfa.org/korean/weekly_program/ 2017.9.18.
최인철 '비난사회' http://news.joins.com/article/22770713 2018.7.4.
태영호. "북한=조선시대 정치체제+봉건노예사회" http://odysseypeace.tistory.com/126
    2018.7.3.
김병연. "굴라시오 크렘린, 그리고 북한" 「중앙일보」 2018. 8. 1.
"서울에서 쓰는 평양이야기" 「동아일보」. 2014.11.18. .

제11장 북한교육이해(역사적 접근)와 북한선교

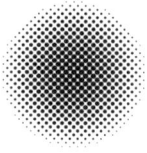

1. 들어가면서

　사람은 공동체 생활을 통해 자란다. 공동체 생활은 관계를 통해 서로에게 교육을 하면서 생활한다. 사람은 태어날 때 동물적 감각만을 가지고 있다가 교육을 통해 점차 인간으로 인격체가 된다. 가정에서, 또래 집단에서, 동네에서, 종교를 통해, 학교에서 그리고 사회에서 관계를 통해 자신을 성장시킨다. 이러한 인격체가 되가는 과정에서 가장 중요한 역할을 한 것이 바로 교육이다.

　남한과 북한 모두 서로 다른 목표를 가지고 70년의 세월을 살아왔다. 서로 다른 이데올로기로 격한 싸움까지 한 이혼한 부부의 모습으로 원수처럼 서로를 대하고 있다. 통일한반도가 오기 전에 우리는 북한의 교육을 돌아보고, 이해하여야 한다. 북한교육은 남한 민주주의 교육과 분명 다르다. 남한이 인간 개인의 개성을 존중하고 자아발전을 이룩하는 것이라고 한다면 북한은 사회혁명전사가 되는 것과 수령을 위한 사회정치적 생명이 되는 것이다. 이렇게 된 북한교육의 역사적 배경을 살펴본다.

　해방 이후 북한은 교육의 체계를 소련으로부터 도움을 받아 시작하여, 공산주의 사회주의 교육의 대계를 세워나갔다. 소련의 붕괴와 중국의 수정사회주의로 말미암아 북한은 우리식 교육으로 변화를 시켜 주체사상을 바탕으로 하는 주체 교육이 주가 되었다. 이러한 배경으로 인해 현재 북한은 주체주의 인간으로 만들어 가고 있다. 즉 출생 이후 죽을 때까지 탁아소로부터 각급 학교 및 각종 사회교육기관과 조직 생활을 통하여 철두철미하게 진행되는 사상교육제도가 건재했기 때문에 북한은 체제유지를 할 수 있었다.[1] 이러한 북한교육의 흐름을 역사적으로 엮어보았다.

박찬석은 북한교육의 역사 구분을 북한교육의 성립기(1945-1950), 6.25 전쟁 시기, 전쟁 이후 1950-1960년대, 1970년대, 1980년대, 1994년 이후의 북한교육으로 구분하였다. 정영순과 권성아, 정지웅, 한운석의 공동연구의 논문에서는 소련식 사회주의 교육 시기, 주체 교육 이념 시기, 민족 제일주의기, 강성대국론 시기로 구분한다.[2] 한만길, 김창환, 정영순이 연구한 "남북한교육체계 비교연구: 상호 대립과 보완의 관계를 중심으로"에서는 7시기로 나눈다.

① 사회주의 교육 도입기(1945-1950)
② 사회주의 교육 성립기(1950-1960)
③ 사회주의 교육 확립기(1960-1966)
④ 주체교육 이념 도입기(1966-1977)
⑤ 주체교육 이념 확립기(1972-1990)
⑥ 민족 제일주의기(1990-1995)
⑦ 강성대국론 시기(1995-)[3]

---

1 박찬석, 『북한교육연구』 (경기: 한국학술정보, 2014), 62.
2 정영순, " 통일대비 북한교과서에서의 교육이념변화연구," 한국교육개발원 연구보고 CR2002-33(2002년)
3 한만길, 김창환, 정영순, "남북한교육체계 비교연구: 상호 대립과 보완의 관계를 중심으로," 2004. Vol. 31. No.1. 57.

김동규는 5시기로 구분한다.

① 공산주의 사상 도입기(1945-1950)
② 정권안정과 공산주의 정착기(1950-1960)
③ 혁명전통 강화와 주체사상 도입기(1960-1970)
④ 주체사상과 당의 유일사상 체제 강화기(1970-1980)
⑤ 주체교육을 강조하는 인간개조교육 강화기(1980-1994)[4]

2. 학교제도와 교육제도에 대한 헌법과 교시

1) 헌법

해방 이후 북한은, 1948년 9월 마르크스-레닌주의에 입각한 헌법을 제정하여, 정부를 수립한 이래 몇 차례에 걸쳐 헌법을 개정하였다.

첫째, 1960년대 후반 '주체사상'을 확립하면서 이 이념을 첨가하기 위하여 1972년에 헌법 개정을 하였고,

둘째, 1980년대 후반 '조선민족제일주의'와 '우리식 사회주의'를 외친 이후 소련이 붕괴되는 것을 지켜보면서 1992년에 헌법 개정을 하였고,

셋째, 김일성 사망 이후 '붉은기 사상'으로 '강성대국론'의 입장을 띠면서 '유일사상'을 강화하기 위하여 1998년에 헌법을 개정하였다.

그 결과, 이들 교과서에서는 소련식 사회주의기에는 '프로레타리아 혁명'과 더불어 '일제 청산'이, 주체사상기에는 '공산주의적 혁명가'가, 민족제일주의기에는 '사회주의 · 공산주의 건설자'가, 그리고 강성대국론기

---

[4] 박찬석, 『북한교육연구』, 25.

에는 '주체혁명 위업 완수'가 주된 이념을 이루고 있는 것을 확인할 수 있었다. 1972년 헌법에는 마르크스, 레닌주의에 주체사상을 중심으로 교육하는 것으로, 1992년 헌법에는 마르크스, 레닌주의를 빼고 오직 주체사상에 입각한 교육을 밝히고 있다. 1998년 9월 개정한 헌법 3장 제43조는 "국가는 사회주의 교육학의 원리를 구현하여 후대들을 사회와 인민을 위하여 투쟁하는 견결한 혁명가로 지,덕,체를 갖춘 공산주의적 새 인간으로 키운다"라고 하였다.

헌법에 따른 교육의 목표는 '공산주의적 새 인간을 만드는 것'이다. 이 의미는 적극적으로 노동하는 인간, 김일성 사상으로 무장된 인간, 사회적 이익을 추구하는 인간, 그리고 공산주의 건설을 위한 혁명적 낙관주의를 갖는 인간을 의미한다.[5]

사회정책의 변화	헌법 재,개정	북한교육 내용
소련식사회주의기 (1945~1967)	1948.9.8.(마르크스-레닌주의) 5차례 부분적 수정(45년4월, 54년10월, 55년3월, 56년11월, 62년10월)	소련식교육제도수용
주체사상기(1967~1986)	1972.12.27.(레닌 + 주체사상)	마르크스, 레닌주의에 주체사상을 중심으로 교육(김일성유일체제를 위한 헌법)
민족제일주의기(1986~1994)	1992.4.9.(유일사상)	마르크스, 레닌주의를 빼고 오직 주체사상에 입각한 교육
강성대국론기(1994~2014)	1998.9.5.(유일사상강화)	국가는 사회주의 교육학의 원리를 구현하여 후대들을 사회와 인민을 위하여 투쟁하는 견결한 혁명가로 지,덕,체를 갖춘 공산주의적 새 인간으로 키운다.

※ **헌법 재,개정시기**[6]

---

[5] 차종환 신법타, 양학봉, 『이것이 북한교육이다』(경기: 나산출판사, 2009), 24-25.
[6] 정영순, "통일대비 북한교과서에서의 교육이념변화연구," 27를 참조하여 새롭게 구성한 것임.

2) 일반법과 교시, 교육제도 변천

- 1945.11.17.[7] 조직위원회 제3차 확대집행위원회. '북조선 학교교육 임시조치 요강' 발표 - 일제잔재 일소
- 1945.11.19. 북조선 행정 10국 창설, 교육은 교육국에서 총괄
- 1945.11.21. 북조선 학교교육 임시조치요강발표
- 1946. 2. 8. 북조선임시인민위원회. '인민적 교육기관' 강화. 일제 말기의 명칭이었던 '소학교' '국민학교'를 '인민학교'로 바꿈.
- 1946.2.9. 김일성은 '11개조 당면과제' 발표(반제 반봉건 사회경제개혁으로 일본제국주의 교육의 노예화 사상 청소전개)
- 1946.3.25 교육개혁정책의 방향 설정 '김일성 20개 정강'에서 교육에 관한 최초언급
- 1946.4.5. '북조선 인민교원직업동맹' 결성
- 1946.4.6. 북조선인민교원직업동맹의 당면과제인 '결정서' 채택
- 1946.9.19. 북조선 교원문화일꾼직업동맹기관지 '인민교육' 첫호 발행
- 1946.12.18. '결정 133호' 발표. 북한의 교육체제를 임시 개정한다고 선언. 11년제 일반교육 과정(5년제 인민학교, 3년제 초급중학교, 3년제 고등학교, 3년제 초등기술중학교, 3-4년제 전문고등학교 창설)
- 1947.4.8. 북조선 성인교육 및 직장교육체계에 관한 결정서 채택
- 1947.6.28. 북조선 학교교육체계에 관한 규정 및 그 실시에 관한 조치 일부개정에 대한 결정서 채택.
- 1947.10. 김일성종합대학 등 4개 대학설립
- 1948.9.9. '학교사업개선책에 관한 결정서'(5.3.3.4제 교육체계 확정)

---

7 권성아 박사는 그의 논문에서 11월 21일이라고 한다.

- 1948.9.10 문맹퇴치를 위한 성인교육 확대실시 발표
- 1950-1951 학교 폐쇄, 중등 이상은 징집 또는 의용군 동원
- 1951년 후반기 일부학교 재개, 군사교육과 사상교육중점
- 1953.7.11. '내각결정 제111호' 인민학교5년에서 4년으로 개정. 10년제 일반교육 과정(인민학교 4년, 초급중학교3년, 고급중학교 3년)
- 1953.8. 전국교육자대회(교원들에 대한 교양사업 - 오전수업 후에 노동현장동원)
- 1954. 노동당에 과학 및 학교교육부 기구 신설
- 1956. 4년제 초등의무교육실시, 교육성과 문화성 통합
- 1958. 중학교까지 7년제 의무교육실시
- 1959.3.2. '학생의무노동제'를 내각결정 18호로 선포
- 1959.4.1. 수업료 폐지 및 장학금 제도 실시 공포
- 1959.10.28. '내각결정 2호' 새로운 7년제 일반교육제도 확정(초등교육 4년, 중등교육 3년)
- 1960.9.1. 고등중학교폐지, 2년제 기술학교와 고등기술학교 신설, 고등교육성, 보통교육성, 문화성 분리
- 1966. 말. 제4차 교육개정(모든 교육기관이 기술교육을 수행하는 정책)
- 1967. 유일사상체계 시작. 9년제 기술의무교육(인민학교 4년+중학교 5년)
- 1968. 공산주의 도덕 시작
- 1969. '경애하는 수령 김일성 원수님 혁명활동' 설치
- 1972. 황장엽의 주체사상발표
- 1972.12.27. 새 헌법 공포. 제41조에 10년제 고등의무교육실시 명시.
- 1973.4.10. 제5차 교육개정(10년제의무교육 및 1년제 취학 전 아동교육 실현)[8]

---

8 박찬석, 『북한교육연구』, 79.

- 1974. 수령론(유일사상체계 확립, 김정일후계자 확립)
- 1975. 11년제 의무교육실시 (유치원 높은반 1년+소학교 4년+고등중학교 6년)
- 1976.4.29. '어린이 보육교양법' 발표(취학 전 교육 의무화)
- 1977.9.15 "사회주의 교육에 관한 테제" 발표[9]
- 1980.10.10. 조선노동당 제6차 회의 연설에서 김일성은 '고등의무교육실시'를 시사한다.
- 1982. 주체사상 완성
- 1982.9. TV 방송대학 개교, 2년제 기술학교를 전문학교로 개편
- 1983. '경애하는 수령 김일성 원수님 혁명활동'은 고등중학교에 '경애하는 수령 김일성 원수님 어린 시절'은 인민학교에 설치
- 1984.4. 김정일은 고등전문학교를 단과대학으로 개편
- 1984.7. 김정일은 전국교육일군열성자회의 참가자에게 교육정책의 전반적인 방향을 제시.
- 1984.9. 평양제1고등학교 개교, 국어, 사회과목 비중 감소, 수학, 예체능 정치사상 강화, 김정일 찬양교과목 정식채택, 외국어교육강화(인민학교 4학년 과정에 외국어 과목 신설)
- 1985. 주체사상 총서 완성
- 1986. 사회정치적생명론 완성
- 1986.1. 전국대학 및 고등전문학교 최우등생대회 및 3대 혁명 붉은기 쟁취운동진행, 사범대학에 김정일혁명 역사학과 신설

---

[9] 차종환, 신법타, 양학봉, 『이것이 북한교육이다』, 17.
사회주의교육에 관한 테제를 발표한 9월5일을 교육절로 지정하여 기념하고 있다. 테제는 조선노동당 중앙위원회 제5기 제14차 전원회의에서 발표한 김일성 주석의 교육문제에 관한 연설과 교시를 정리하여 북한교육의 원리, 내용, 방법, 교육제도, 교육기관의 임무와 역할 및 교육사업 등 모든 것이 총망라되어 있다.

- 1986.7.15. 국제사회 변화에 위기의식을 느낀 북한은 민족제일주의라는 명목으로 주체사상에 입각한 북한식 교육에 집중[10]
- 1988.9. 고등전문학교를 전문학교로 개편
- 1988.10. 김책공업대학을 공업종합대학으로 승격
- 1989. 고등중학교를 남녀공학으로 개편추진
- 1990. 매월 셋째 일요일을 대학생의 날로 제정
- 1990.10. 60개 대학명칭 변경
- 1991.9. '김일성, 김정일 혁명역사' 수업시간을 2배로 증대
- 1992.9. 교과서를 김정일 우상화 내용으로 개편
- 1992.12. 인텔리 사상교양 강화
- 1993.2. 1976년 발표한 어린이보육교양법의 세칙마련 발표. '고등중학교 졸업생들은 대학에 갈 수 없으며 신체검사에서 합격한 사람은 100% 군대에 내보내라'는 김정일 지시.[11] 서방권 외국어 교육강화(중앙TV에서 영어교육방송신설)
- 1994.1. 인민학교와 중학교 학생대상 단발지시
- 1994.7. 김일성 사망
- 1994이후 1994년 김일성 사망 이후에는 강성대국론의 입장을 띠면서 김정일은 주체사상을 주체철학으로 확립하고 1998년 8월에는 그 동안의 교육 관련법을 총정리
- 1994.9. 교과서 김정일 중심으로 개편
- 1997. 기존의 9월 1일로 시작하던 신학기 제도를 4월 1일로 변경
- 1998.8.22. 김정일의 공식승계. 강성대국, 선군정치
- 1999.8. '새로운 교육법(사회주의 교육법)' 발표(사회주의 교육에 관한 테제

---

10 정영순, "통일대비 북한교과서에서의 교육이념변화연구," 19.
11 군복무를 마치고 대학에 추천되어 오면 대학입학시험 없이 대학에 입학할 수 있다는 지시에 첨부되어 있음.

+ 어린이교육보육교양법)

- 2001.4. '선택과목 교육' 시작
- 2002.9. 인민학교를 소학교로 고등중학교를 중학교로 개칭[12]
- 2002.10. '새 세기의 요구에 맞게 교육 사업을 개선하는 데 대한 지침제시
- 2011.11. 김정일 사망
- 2012.9. '전반적 12년 의무교육' 발표(2014년 시행)(유치원 1년+소학교 5년+초급중학교 3년+고등중학교 3년)
- 2013.8.11. 유일영도 10대 원칙 발표

3. 북한교육의 시대별 내용

1) 북한교육의 태동기

　　북한교육이 태동되는 시기를 박찬석 교수는 북한교육의 성립기(1945-1959)라고 했다.[13] 이 시기는 사회주의 교육이념의 도입하는 시기이다. 이 시기에 두드러진 교육배경은 소련식 사회주의 교육(1945-1948년)이다.

　　1945년 8월 15일 해방된 후 북한은 소련의 신탁통치를 받게 된다. 북한에 대한 소련의 영향력을 북한체제를 만드는 데 가장 큰 영향을 끼쳤다. 그중에 교육의 기초를 다지는 소련은 약 3년간 영향력을 행사했다.[14] 이런

---

[12] 탈북민증언에 따르면 인민학교를 소학교로 변경한 이유는 김일성이 어릴 때 다닌 학교가 소학교이기 때문이며, 고등중학교를 중학교로 변경한 것은 남한과 차별하기 위함이라고 한다.
[13] 정영순, "통일대비 북한교과서에서의 교육이념변화연구," 62.
[14] 정영순, "통일대비 북한교과서에서의 교육이념변화연구," 62.

소련의 영향으로 북한은 스스로 교육의 체계를 세우지 못하였고, 소련에 의해 만들어졌다고 볼 수 있다. 이것을 우리는 '소련식 사회주의 교육'이라고 부른다.

소련식 사회주의 교육이 무엇인가?

소련식 사회주의 교육이란 '소련을 향하여 배우자'라는 구호 아래 소련식의 교육행정체계와 교육내용을 이식시킴으로 기술교육의 신장과 국민기초교육의 발달에 주안점을 두는 것이다.[15] 북한은 정권 초기에 스탈린식의 민주주의 사상을 교육하였다. 스탈린식 민주주의는 크게 두 가지로 보면 되는데, 하나는 사상교육이고 다른 하나는 사회주의 노선에 반대하는 낡은 것을 청산하는 교육을 말한다.

결국, 1945년 11월 17일 조직위원회 제3차 확대집행위원회에서 새 교육정책의 방향을 제시한 보고서에 "새로운 인민적, 민주주의적 교육제도 수립의 방향으로 철저히 개혁하고, 청소년들의 머릿속에서 일본제국주의의 사상적 잔재를 뿌리 뽑아 버려야 한다고 주장"한다.[16] 남쪽에서는 미군정청 산하에 학무국을 두고 그 안에 7인으로 구성된 자문기구인 '조선교육위원회'를 조직하여 9월 17일 "신조선의 조선인을 위한 교육"이라는 방침을 발표하였다.[17] 그리고 9월 30일에 초등학교, 10월 1일에는 중등학교의 문을 열었다.

이동배는 해방 후 남북한의 국어 교과서를 가지고 그 시기의 교육을 분석하였는데, 분석을 위해 그 배경이 되는 해방 후 시기의 남북한교육의 변화를 살펴보았고 교과서에 나타난 주제를 크게 대별하여 역사, 지리, 학

---

[15] 한만길, 김창환, 정영순, "남북한교육체계 비교연구: 상호 대립과 보완의 관계를 중심으로," 53.
[16] 박찬석, 『북한교육연구』, 64.
[17] 권성아, "남북교과서를 통해 본 전문 용어의 공통점과 차이점-국사 교육을 중심으로," 53. 이 방침에는 첫째, 일제잔재의 불식, 둘째 평화와 질서의 유지, 셋째, 생활의 실제에 적합한 지식 기능의 연마 등을 기본 방침으로 삼았다.

교/놀이, 도덕성을 위주로 분석 비교하였다. 분석한 결과는 북한 교과서에서는 스탈린이 해방의 은인으로 크게 부각되어 나타났고 아울러 김일성도 위대한 영웅으로 묘사되고 있었다.

지리에서도 평양과 모스크바가 북한 주민의 동경의 장소로 묘사되었다. 또한, 공산주의 사상이 강조되었으며 학생들은 우등생 근로자들과 농민은 모범적인 일꾼이 될 것을 강조하였다. 여성들은 기존의 역할에다가 남자가 하는 일까지 감당해야 하는 이중적인 부담을 주는 것으로 나타났다. 반면에 남한의 교과서는 3.1절을 강조하고 태극기, 무궁화 등을 강조한다. 한국의 전통명절인 설도 지키는 것으로 나와 있다.

그러나 미국과 같이 반공사상이 강조되고 있으며 미국의 크리스마스가 마치 한국의 명절처럼 소개되고 있다. 또한, 미국 사회의 핵가족제도가 한국의 사회처럼 묘사되고 있으며 남한의 시민공간이나 아동들이 노는 공간적 배경들은 미국의 것과 유사하게 나타나있고 읍사무소나 경찰 등에 대한 묘사에서는 위정자 위주의 담론으로 표현되어 있음을 본다. 양쪽 교과서에서 모두 민족의식을 일깨우는 내용이 상당히 부족함을 알 수 있었고 아동들의 세계라기보다는 어른들의 규범화된 이념적인 세계가 교과서에 많이 그려져 있음을 보게 되었다.[18]

이 시기 교육체제는 11년제 일반교육제도(인민학교 5년, 초급중학교 3년, 고등학교 3년)와 기술학교(초등기술학교 3년, 전문고등학교 3~4년제)로 나뉘는 이중 교육제도가 세워졌다.

---

[18] 이동배, "국어교육 : 해방 후 시기의 남북한 초등국어 교과서 비교연구," 한국국어교육학회, 「새국어교육」 83권 10호 (2009), 337-356.

2) 6.25 전쟁 시기

(1) 동원된 교육

1950년 전쟁을 일으킨 북한은 교육체제에 대해 신경쓰지 않다가 전세가 역전되자 당국은 교육체제를 전시체제로 전환한다. 반 지하시설 8,668개, 지하 교실 1,935개, 지상 교실 2,487개 등 1만 3천여 개의 교실 복고사업을 실시하고, 전쟁고아들을 입학시키는 애육원(3~6세 유자녀), 초등학원(7~12세 유자녀), 군사학원(13~18세 남자 유자녀), 여자 기술학원(13~18세 여자 유자녀)을 신설하고 군사훈련과 사상교육을 시켰다. 1951년 7월에는 성천군 군자에 최초의 공장대학인 군자공업대학을 만들었다. 이곳에서 전쟁의 군수생산을 하게 하였다.[19]

1950년 전쟁시작부터 1951년 전반기까지 거의 모든 학교가 폐쇄되고 학교는 병사훈련과 신병보충 장소로 활용한다. 중등학생 이상은 징집되거나 의용군으로 동원되고, 교사들은 선전공작요원이 되거나 후방임무를 맡게 된다. 그리고 1951년 후반기에는 일부 학교는 재개되나, 군사교육과 사상교육에 중심을 두었다.

(2) 특이 사항

전쟁 중이지만 휴전협정이 있기까지 몇 가지 특이한 사항이 있었다.

첫째, 유학생 파견이다. 전쟁 중 소련과 동구권에 유학생 2천여 명을 파견한다.

둘째, 교육제도의 개편이다. 10년 과정으로 인민학교 5년이었던 것을 4년으로 줄이는 보통교육을 개편하였다.

셋째, 초급중학교와 고급중학교 입학자격을 확대하였다. 초급중학교

---

19 박찬석, 『북한교육연구』, 68.

입학은 인민학교 졸업생과 함께 성인학교 졸업생도 입학할 수 있게 하고, 고급중학교 입학은 초급중학교 졸업 외에 검정고시 합격자도 입학할 수 있도록 하였다.

넷째, 예비과를 신설하였다. 일부 대학에 2년제 예비과를 신설하여 전쟁으로 인해 중등교육을 마치지 못한 이들에게 대학에 진학할 수 있도록 길을 열어 놓았다.

다섯째, 노동학원을 신설하였다. 3년제 고급중학교에 해당하는 3년제 노동학원을 신설하였다.

여섯째, 근로자를 위한 학교를 세웠다. 직장인을 위해 야간 기술전문학교와 통일 사범전문학교를 개설하였다.

3) 6.25 전쟁 직후 시기

이 시기는 전쟁으로 인한 복구에 노력하는 시기로 근로자들에게 공산주의사상으로 무장시키는 것이 중요함으로 기술교육을 강조하는 시기이다.

(1) 노동현장 동원기

전쟁 직후 1950년대와 1960년대 북한은 전후복구건설 3개년 계획(1954~1956년)의 추진 과정에서 교원과 학생들이 오전수업만 하고 오후에는 노동현장에 동원되었다.[20] 북한은 제1차 3개년 경제계획과 이어서 제1차 경제 5개년 계획(1957~1961년)으로 노동력의 부족으로 교육현장에서 교육보다는 노동을 중요시했다. 1959~1966년까지 5년 동안 북한은 특히 고급중학교 학생들의 학습시간을 단축하고, 노동시간을 확대하였다.

20　박찬석, 『북한교육연구』, 74.

(2) 김일성체제 교육 태동기

1953년 7월 27일 휴전 후 북한은 공산혁명의 완수를 위한 교육체제를 정비하는 한편, 김일성체제를 공고히 하기 위한 사상교육을 강화하기 시작했다. 이때부터 북한의 모든 교육 논쟁과 정책 결정은 김일성의 교시에 따라 이루어진다.[21]

(3) 의무교육 태동기

북한은 1948년 초등의무교육을 천명하고, 1950년 9월부터 초등의무교육을 시행하려 하였다가 전쟁으로 인해 연기한다. 이후 1956년 8월부터 일체의 수업료를 폐지하는 4년간 무상의무교육을 한다.[22] 이어 1958년에는 초급중학교까지 7년의 의무교육을 시행하고 1967년에는 9년제 의무교육을 시행하고 1975년에는 11년제, 2014년부터는 12년 의무교육을 한다.

4) 취학 전 아동교육 태동기

이 시기는 전후 복구가 어느 정도 지나고, 모든 사람이 잘 사는 공산주의 사회를 만드는 것이 중요한 시기이다. 그래서 사회주의 교육을 좀 더 강화하는 시기였다.

1965년 말에서 1966년 초 북한의 교육기관 변화가 시작된다. 당의 가족 정책의 변화에 따라 1961년에는 '어머니 학교'를 설립하고 1968년에는 '가정의 혁명화'를 여성 중심으로 전개한다. 이러한 가족을 통하여 사상교육을 강화하는 한편 부모가 '낡은 사상의 학습'을 시키는 주범이라는 인식으로 인해 가족 정책에 변화를 가져온다. 가족 정책의 변화는 자녀의

21　박찬석, 『북한교육연구』, 73.
22　한만길. 김창환, 정영순, "남북한교육체계 비교연구: 상호 대립과 보완의 관계를 중심으로," 65.

양육과 교육의 일차적 책임을 부모에서 사회로 변화시킨 것이다. 이러한 변화의 배경에는 사상교육과 공산주의 도덕교육이 있다. 어릴 때부터 정치 사상교육을 취학 전 학교교육을 통해 이루겠다는 의미이기도 하다.

5) 기술교육 도입기(1966년)

북한은 교육이념에 따라 일반교육과 기술교육의 균형을 잡기 위해 노력한 과정에서 1966년 제4차 교육개정을 통해서 모든 교육기관이 기술교육을 수행하도록 정책을 내어놓았다. 1946년 12월 18일 '결정 133호' 발표에서 북한의 교육체제를 임시 개정한다고 선언하면서 11년제 일반교육 과정을 발표하면서 (5년제 인민학교, 3년제 초급중학교, 3년제 고등학교) 3년제 초등기술중학교와 3~4년제 전문고등학교를 창설한다. 그러나 거의 유명무실하였다가 1966년에 들어와서 전국으로 확대하여 기술교육을 하게 된다.

6) 김일성체제 교육 중간기

1969년에는 고등중학교 교과목에 '경애하는 수령 김일성 원수님 혁명활동'을 신설하게 된다. 1974년에는 소학교의 새 과정 안에 '김일성 원수님의 어린 시절 이야기' '공산주의 도덕' 등의 과목에 더 많은 시간을 배정하게 된다.

7) 취학 전 아동교육 중간기

1973년 4월에 5번째 교육개정이 있을 때, 취학 전 아동교육 부문에 있어서 학과 과정의 개정은 아동들을 어려서부터 집단주의와 혁명주의로 교

육하고 김일성에게 충성하는 인간으로 만드는 교육을 철저히 하도록 만들어졌다.[23]

8) 취학 전 아동교육 강화기

1976년 4월 말에 와서 최고인민회의 제5기 제6차 회의에서 '어린이 보육교양법'[24]을 발표한다. 이것은 취학 전 아동들의 교육을 의무화하고 더 강화하는 법이다. 유치원 높은 반 1년을 포함한 11년제 의무교육을 완성하는 시기이다.

9) 김정일체제 교육 태동기

1977년 9월 5일 북한교육의 근간이 되는 '사회주의 교육에 관한 테제'를 발표한다. 이것으로 인해 북한교육은 '주체사상'으로 더욱더 강화한 교육이 된다. 북한은 이것을 발표한 날을 교육절이라고 부른다. 사회주의 교육에 관한 테제는 김일성의 교육관과 김정일의 교육관을 연결하는 고리 역할을 하였다. 1973년에 김정일은 당을 장악했고, 1974년에는 김정일을 후계자로 확정한다. 그 후 3년이 지나 김정일은 교육으로 자신의 입지를 넓혀나갔고, 그의 통치 사상을 구현하기 시작했다.

사회주의 교육에 관한 테제는 공산주의의 사상적 요새를 점령하기 위

---

[23] 박찬석, 『북한교육연구』, 81.
[24] 전 6장 58조로 된 '어린이보육교양법' 내용 골자는 첫째, 모든 어린이를 국가와 사회의 부담으로 양육하고 교육한다는 점, 둘째, 어린이들을 과학적, 문화적으로 키우기 위한 가장 선진적 제도를 마련한다는 점, 셋째, 모든 어린이를 주체형의 공산주의적 새 인간으로 키우는 혁명적 제도라는 점, 넷째, 여성들이 자녀를 키우는 부담에서 벗어나게 하여 여성들의 사회적 진출을 적극적으로 보장하고 그들의 혁명화, 노동 계급화를 다그치게 한다는 점이다(박찬석, 『북한교육연구』, 76).

한 교육 사업의 목표를 제시하면서 "우리나라 사회주의 교육의 지도 사상은 공산주의, 주체사상이다…. 사회주의 교육은 공산주의, 주체사상을 확고한 지도적 지침으로 삼아야 하며 교육 사업의 모든 분야에서 그것을 철저히 구현해야 한다"고 하여 교육의 목적이 주체사상 교육이념을 실현하는 것임을 밝히고 있다.[25]

10) 김일성체제 교육 강화기

1983년에는 '경애하는 수령 김일성 원수님 어린 시절'을 인민학교 교과목에 신설한다.

11) 우리식 민족 제일주의 교육

1980년대 후반에는 국제사회 변화에 위기의식을 느낀 북한은 민족 제일주의라는 명목으로 주체사상에 입각한 북한식 교육에 집중하게 된다. 1986년 7월 15일 조선로동당 중앙위원회 책임일꾼들에게 행한 담화에서 김정일은 '민족 제일주의'를 주창하게 되고, 1991년 5월 5일에도 '우리식 사회주의는 필승불패'라는 연설을 하게 된다. 나아가 1991년 8월 1일에 김일성은 조국통일범민족연합 북측 대표들에게 한 담화에서 '우리 민족의 대단결을 이룩하자'고 주문했다.[26] 그리고 유교적 전통이 북한교육에 중요하게 자리 잡기 시작한다. 충(忠), 효(孝), 신(信)의 가치를 존중하게 함으로 수령과 인민의 관계를 이것으로 연결한다.

이 시기는 주체사상이 유일한 통치 이데올로기로서 북한 학문의 근원

---

25 정영순, "통일대비 북한교과서에서의 교육이념변화연구," 16.
26 정영순, "통일대비 북한교과서에서의 교육이념변화연구," 19.

이 된다. "위대한 수령 김일성 동지께서 창시하신 주체사상은 조선민주주의인민공화국 사회주의 교육의 지도 사상이다. 주체사상은 사회주의 교육의 사상이론적 및 방법론적 기초가 된다."[27] 주체사상과 우리식 민족 제일주의 교육으로 북한교육을 이룬다 하더라도 여전히 1948년 이후 스탈린식 사회주의 교육문화는 기본원리로 남아있었다.[28]

12) 김정일체제 교육 중간기

1994년 김일성 사망 이후에는 강성대국론의 입장을 띠면서 김정일은 주체사상을 주체 철학으로 확립하고 1998년 8월에는 그동안의 교육 관련 법을 총정리하기에 이른다. 강성대국론을 주장하는 김정일은 '우리식 사회주의'에서 벗어나려는 몸부림으로 해석된다. 1995년에서 1998년까지 '고난의 행군' 시기를 지나면서 북한의 사회주의 체제의 문제점을 확실히 보았다고 보인다. 그래서 김정일은 1998년 8월 22일 자 로동신문이 최고인민회의 제10기 1차 회의를 앞두고 '강성대국' 제하의 사설을 발표하면서 공식화한다.

1994년 김정일 집권 이후 북한교육의 가장 큰 특징은 실용적 측면에 상당한 관심을 두고 있다는 것이다.[29] 이전에는 사상교육에 치중한 것이었다면 김정일은 과학기술교육과 외국어교육 강화에 중점을 두었고, 특수학교인 제일중학교를 각 시와 군별로 확대 개설하게 된다. 물론 사상교육과 당교육은 빠지지 않아 각급 학교에 김일성, 김정일의 교시에 관한 과목을 필수로 하였다.

북한의 교육 과정은 개인의 가치관보다는 집단적, 국가적, 당 우선시

---

27 박찬석,『북한교육연구』, 85.
28 박찬석,『북한교육연구』, 84.
29 박찬석,『북한교육연구』, 90.

되는 것이므로 학생들을 집단화 학습 교육에 더 관심을 두게 한다. 그렇지만 평준화 교육을 넘어 영재교육에 집중하게 되어 특수학교를 다양하게 운영하게 된다.

13) 김정일체제 교육 강화기

1996년 이후 소학교에서는 김일성의 어린 시절과 함께 '위대한 령도자 김정일 원수님 어린 시절'과 중학교에서는 '위대한 령도자 김정일 원수님 혁명활동과 혁명역사'를 익히도록 하였다. 1990년대 이후 더욱 강화된 김일성과 김정일 관련 교과는 개방사회에서도 북한 주민의 이중적 행동, 태도를 증폭시키는 원인을 제공한다. 북한이 개혁과 개방을 완전히 하게 된다면 이러한 체제를 위한 사상교육은 흔들릴 수 있다.

이미 북한 내부에서 이러한 염려가 현실이 되고 있다.

> 오늘 세계적으로 후대 교육 사업이 우여곡절을 겪고 있으며 청소년 교양 사업에서 많은 진통을 겪고 있다. 또한 '교육의 황폐화'라는 말까지 나오는 심각한 현실이다. 그것은 옳은 교육정책을 정립하지 못하고 교육 사업에 대한 지도를 잘 담보하지 못한 결과라고 볼 수 있다.[30]

비록 이러한 현실을 인정하는 목소리는 나오지만 실제적으로 김정일의 교육관을 비판하거나 현실적으로 정치사상 교육 노선을 변화시키지는 못하였다.

이 시기는 심각한 북한 경제난으로 인해 학교교육은 정상적으로 운영

---

30 김수진, 『주체의 교육론』(동경: 학우서방, 1992), 374. 박찬석, 『북한교육연구』, 98. 재인용.

되지 못하였다. 1999년 8월 11일에는 1977년에 발표된 '사회주의 교육에 관한 테제'와 1976년에 발표된 '어린이 보육교양법'을 아우르는 새로운 교육법을 발표하게 된다. 전체 6장 52조로 되어 있는 이 법은 북한교육이 약간 변화는 있지만, 여전히 기본적으로 '주체형의 공산주의 인간' 육성이라는 교육이념에는 변화가 없다. 김정일 시대의 교육정책은 해방 후 국가형성 시기나 사회주의 산업화 시기의 교육정책의 연장선에 있으면서 현재의 정치경제적 상황을 반영하여 교육정책을 구현하였다. 김일성 사후 다른 정책이기보다는 김일성 중심의 유일적 영도체제와 그 핵심을 이루는 요소로서 김정일의 후계구도가 확정된 이후 1970년대부터 이어 온 교육정책이라 볼 수 있다. 김정일 시대의 교육은 평등주의적 교육제도의 완성[31]과 정치사상 교육 강화[32]라고 할 수 있다.[33]

14) 김정은체제 교육 태동기

김정은은 2012년 4월 11일에 조선로동당 제1비서가 되고 4월 12일에는 국방위원회 제1위원장이 되었고, 7월 18일에는 원수가 되었고, 제7차 당대회를 거쳐 국무위원회 위원장이 되었다. 2013년 8월 11일에 그는 '유일영도 10대 원칙'을 발표하였다.[34] 개정된 '유일영도 10대 원칙'에서 '백두 혈통,' '백두산 절세위인' 등으로 표명함으로써 김일성, 김정일을 신격화시키고, 김일성 일가의 3대 정권세습을 명문화한 것이다.

---

[31] 이 시기의 북한교육은 취학 전 1년의 무상의무교육을 포함하여 11년간의 무상교육이 확대 안정적으로 정착하게 되었다.
[32] 교육의 내용면에서 정치사상교육, 특히 당정책 및 혁명전통 교양과 주체사상 교양이 극단적으로 강화되었다.
[33] 이향규, 조정아, 김지수, 김기석, 『북한교육 60년: 형성과 발전, 전망』, 220.
[34] 유일사상 10대 원칙을 39년만에 유일영도 10대 원칙으로 바꾸어 발표했다.

4. 의무교육제도의 변화

의무교육은 모든 국민이 '교육받을 권리'를 가지고 있는 것을 전제로 하는 정책이다. 그래서 자녀들의 교육을 위해 수업료와 교재, 교구 구입비, 그리고 급식비, 의료비 생계비 보조까지 지원한다. 북한은 무료의무교육을 한다. 남한과 다른 점이 있다면 북한이 의무교육이 앞선 것과 종교나 정치성을 띠고 가르친다는 것이다. 남한은 해방 직후 6년제의 초등의무교육을 하지만 70년대에 가서야 무상의무교육을 하였고, 9년제 무상교육은 2002년에 가서야 도시까지 확대되었다. 북한은 남한보다 빠르지만 1990년대의 경제난으로 인해 무상지원이 거의 이루어지지 않고 있다.

번호	연도	내용
1	1950 ~ 6.25전쟁	5년제 의무교육 결의[1]
2	6.25전쟁	중단
3	1956.4(8[2])	4년 무상의무교육(인민학교만)
4	1958.~67.	7년 의무교육(초급중학교까지)
5	1967.4.1.[3]	9년제 기술의무교육[4]
6	1972.4.1	10년제 고등의무교육[5]
7	1975.9.1.(76.4.1)[6]	11년제 의무교육
8	2014.	12년제 의무교육(소학교4년→5년)

[1] 차종환, 신법타, 양학봉. 30. 『이것이 북한교육이다』에서는 1948.9.10. 최고인민회의 제1차 회의에서 소학교 5년 의무교육을 실시할 것을 결의하였다라고 하였으나 83쪽에는 5년제 초등의무교육을 진행하다 전쟁으로 인해 중단된 것으로 기록했다. 정영순. 138. 정영순의 논문에서는 1949년 9월 사회주의 교육체제를 정착시키기 위하여 학제개편을 단행하며 이에 따라 교육 과정도 개정하기에 이른다. 그리하여 1950년 9월 1일부터 초등의무교육을 실시하기로 법령을 발표하였으나, 전쟁으로 인해 1954년 9월 4년제 인민학교 교육 과정 개편까지 미루게 된다.
[2] 이항규, 조정아, 김지수, 김기석, 『북한교육 60년:형성과 발전, 전망』, 220. 이 책에서는 8월이라고 하였다.
[3] 정영순은 1967년 학제개편은 종전의 9년제 기술의무교육에 주체사상을 도입하기 위해 학제개편했다고 한다.

4   윤춘식. 104. 1966년 11월에 내각부수상 김일은 '전반적 9년제 기술의무교육을 실시할 데 대하여'를 발표하였다. 1967년부터 9년제 기술의무교육제를 실시하고 의무교육제 실시와 관련하여 학제개편을 단행한다는 것이다. 학제개편 골자는 중학교와 기술학교를 통합하여 5년제 중학교를 신설하고 의무교육은 인민학교 4년과 중학교 5년을 합하여 9년이 되는 것이다(이항규, 조정아, 김지수, 김기석, 『북한교육 60년:형성과 발전, 전망』, [경기: 교육과학사, 2010], 118-119). 세종연구소에서는 1967년 4월부터 9년제 기술의무교육이 시작되었다고 한다(세종연구소 북한연구센터. 276.)
5   정영순. 15. 72년시행되나 전면적 실시는 1975년에야 된다고 하나 윤춘식은 그의 책(104)에서는 1970년 11월 당대회에서 의무교육 10년을 결정했다고 한다.
6   정영순. 15. 1972년부터 시행되던 11년제 의무교육제도를 1976년 4월 27일에서야 전면시행했다고 한다. 그러나 이항규, 조정아, 김지수, 김기석. 221에서는 1973년에 11년제 의무교육이 확대되었다고 하였다. 1975에는 전국적으로 실시한 해로 표시한다.

5. 북한교육과 북한선교

선교의 기초는 복음을 전하는 것이다. 복음이 성경이라고 보면, 성경을 읽고, 가르침을 받고 들어야 한다. 북한 주민들은 북한교육으로 인해 성경을 받아들이기 쉽지 않다. 성경을 그들이 이해하고, 듣고, 받아들이기 위해서는 그들이 받은 교육의 터 위에 성경의 터를 새로이 세워야 한다.

우리는 북한교육의 터 위에서는 마음껏 가르치기가 어렵다. 그들이 받은 교육이 문화이기보다는 정치이기 때문이다. 사상교육의 결과로 체제의 도구가 되어 버린 그들에게 성경을 바로 가르치고 전하기 위해서는 그들이 가지고 있는 터가 무엇인지를 분명히 이해해야 한다.

현재 지하교회를 어떻게 대해야 하는지에 대한 연구가 필요하다. 북한선교에 있어서 접근하기 힘든 것이 북한 지하교회이다. 실체는 있지만 확인하기 어렵고, 현실은 있지만, 그 현실을 부정할 수밖에 없는 것이 북한 지하교회이다. 지하교회 성도들은 그들이 받았던 북한교육에서 어떻게 복음을 받아들였는지는 연구해야 할 가치가 있다.

지하교회 성도들이 주체사상과 부닥치는 성경을 어떻게 받아들였을까? 유아원부터 아버지로 여겼던 김일성을 어떻게 부정하고, 하나님을 아버지로 영접할 수 있었을까?

공산주의 유물론과 무신론으로 교육받아 성장한 그들이 어떻게 유신론자가 되고, 영적인 사람이 되었을까?

이러한 질문에 관한 연구가 되었으면 한다.

그리고 남한에 들어온 탈북민들에게 어떻게 다가가야 하나?

현재 탈북민들에 관한 연구 중에 탈북민들의 신앙에 관한 연구가 간간히 되어있으나 탈북민 신앙교육에 대한 것은 거의 없다.

즉 연구가 필요한 것은 신앙은 받아들였지만, 지금 그들이 지금까지 교육받았던 북한교육과 어떤 괴리가 있는지, 아니면 충돌하는 것은 무엇인지에 대한 연구는 없다. 현재 남한에 정착한 탈북민들이 약 3만 2천 명이다. 그중에 교회에 정착하고 다니는 이들은 40% 정도라고 보지만 실제는 그보다 낮다고 탈북민 사역자들은 말한다. 그리고 전국에 약 50여 개의 탈북민 교회가 있다. 탈북민 교회는 거의 다 열악하다. 스스로 탈북민들을 위한 교재를 개발할 엄두를 못 낸다. 신학교에서 배운 지식으로 성경을 가르치고, 그들에게 기독교 세계관을 가르친다.

남한에서 자란 목회자들보다는 북한에서 탈북한 탈북민이 신학을 공부하고 목회를 하는 이들이 탈북민 선교에 더 낫다고 볼 수 있으나, 탈북민들이 그다지 좋아하지 않는다. 이런 여건 가운데 북한에서 교육을 받고 온 이들을 향한 선교적 차원에서 신앙교육 교재 개발이 되어야 하고, 성경공부 교재가 개발되어야 한다.

또한, 탈북민 대상으로 하는 탈북민학교에 관한 연구도 해야 한다. 대다수 탈북민학교는 대안학교로서 기독교의 배경을 가지고 있다.

탈북민대안학교로는 새일아카데미, 셋넷학교, 여명학교, 우리들학교, 자유터학교, 하늘꿈학교, 한겨레중고등학교, 한꿈학교, 드림학교, 아힘나평화학교, 장대현학교, 반석학교. 다음학교, 해솔직업사관학교가 있다.

통일부에서는 하나원 수료 후 국립 한겨레중고등학교로 우선 배정되고,

학력 인정학교인 여명학교와 하늘꿈학교에 우선 수용하도록 유도하고 있으며, 이들 학교 탈락자를 비롯한 기타 인원이 수소문하여 대안학교에 진학하고 있다.

최근 4년 동안 탈북자 수가 60% 감소하였고 이들 세 학교의 수용인원이 초과하여 그 초과인원들이 미인가 대안학교로 이동하고 있다. 또한, 탈북자 유입감소에 상응하여 탈북자가 중국에서 출산한 자녀들이 '제3국 출생자' 또는 '중도입국자'로 유입되고 있어 탈북자 교육기관이 본격적으로 '다문화 교육'을 맡고 있다.

방과 후 공부방은 초등학교와 중학교에 재학하는 탈북자와 탈북자의 자녀들이 방과 후 교육지원사업에 따라 전국에 산재한 방과 후 공부방에 수용되어 있다. 탈북민대안학교의 개설 교육 과정이다.

① 신앙교육 과정: 매일묵상, 수요예배, 월말목요통일기도회
② 한국어교육 과정: 중국 출생자를 위한 한국어 교육 과정
③ 학력확보 과정: 졸업 검정고시, 중학교 졸업 검정고시, 고등학교 졸업 검정고시
④ 대학진학 준비 과정: 대학 수학 능력을 신장하는 과정
⑤ 특기적성 탐색 과정: 특기와 적성교육, 진로진학교육 과정, 직업교육 과정 민주시민교육 과정: 세계시민교육 과정, 봉사활동, 특별활동 교육 과정

탈북민학교는 개설과목에 신앙교육이 빠지지 않는다. 한꿈학교 김두연 교장은 탈북민대안학교가 북한선교에 큰 영향을 미친다고 한다.

> 북한에 대한 간절함은 실향민이나 탈북민을 능가할 수 없다. 북한선교의 궁극적인 교두보도 탈북민에게 있다. 세계적으로 유례없고 철저히 폐쇄

적인 북한체제를 조금이라도 더 잘 안다는 점과 북한 내부에서 생존 가능성이 크다는 점에서 탈북민은 군사적으로나 선교적으로 매우 주의 깊게 관찰할 가치가 충분하다. 특히 탈북 과정의 고난을 신앙으로 극복한 경우라면 더더욱 북한선교에 기여하도록, 동참하도록 기획해야 한다. 탈북민들이 한국사회에 안정적으로 정착한 것을 전해 듣는 북한 내부의 반응이 통일로 이어질 가능성이 크다. 반대로 탈북민의 한국정착이 어려워진다면 한국유입이 줄어들고 제3국으로 방향이 전환된다면 통일에 대한 인적 공감이 사라지게 되는 것이다. 이런 점에서 탈북민을 위한 대안 교육은 북한선교에 지대한 영향을 주게 된다.[35]

6. 결론

북한교육의 핵심은 유일 사상교육이라 볼 수 있는 데 이러한 유일 사상교육이 북한의 현 체제를 유지할 수 있도록 만든 교육이라고 볼 수 있다.[36] 즉 북한사회를 유지할 힘은 사상교육의 힘이라고 할 수 있다. 혁명적 복종과 동원의 효과일 것이다. 북한은 교육을 통해 사상을 지키고 체제를 지켰다. 이러한 사상교육은 내부를 단속하고 외부와 차단하는 효과를 가져왔다.

그리고 북한교육의 역사를 자세히 살펴보면 김일성 3부자를 위한 종교적 신앙화 교육이라 해도 과언이 아니다. 이러한 교육체계는 구조적인 것뿐 아니라 통일 이후 연합에 엄청난 재난을 가져오게 될 것이다. 북한 역시 개방의 물결이 올 때 닥쳐올 엄청난 파장을 예상하고 빨리 교육의 재

---

[35] 김두연, "북한선교와 탈북자대안학교의 상관관계," 2016.7.2. 기독교통일포럼에서 발제.
[36] 박찬석, 『북한교육연구』, 95.

편성을 해야 할 것이다. 김정은은 통치를 시작하자마자 교육의 체제를 바꾸었다. 두 가지 의미가 있다.

첫째, 삼대 세습의 정통성 부여이고,
둘째, 세계의 흐름에 발맞추어 가기 위함이다.

이러한 교육의 변화에 질적으로도 성장하고 있다, 질적 성장이란 교과서를 새롭게 편찬하는 과정에서 과학과 영어의 외국에 교육을 강조하고 있기 때문이다. 그런데도 평양과 대도시를 제외한 북한 주민들은 이러한 교육의 혜택을 제대로 보지 못한다. 이런 시점에 북한 내지를 향한 선교보다는 북한에서 탈출한 탈북자들과 탈북민들을 향한 선교에 집중할 수밖에 없다면 북한교육을 받고 나온 그들에게 어떻게 복음을 전해야 하는지 연구가 필요하다.

사도 바울은 선교의 대상이 이방인이었으나 민족을 위한 복음 전도를 끊지 않았다. 이러한 사도 바울의 선교는 현재 한국교회의 선교 방향이 되어야 하는 데, 한국교회는 남한에 들어온 탈북자들을 향한 선교와 함께 땅 끝 선교를 해야 할 것이다. 동족선교는 바로 탈북민 선교이다.

부록

북한교육의 시기와 교육목적의 변화도표

시기	교육목적	정치,통일교육
사회주의 교육 도입기(45-50년)	마르크스-레닌주의 교육	반일사상, 반미사상 고취
사회주의 교육성립기(50-60년)	마르크스-레닌주의의 조선화 교육	교조주의 청산, 미제타도와 남조선해방
사회주의 교육확립기(60-66년)	기술인재 양성교육	공산주의 인간 개조, 미제타도와 남조선해방
주체교육 이념 도입기(66-77년)	주체사상에 기초한 애국주의 교양	김일성 항일투쟁 전통 강조, 미제타도와 남조선해방
주체교육이념 확립기(72-90년)	주체교육이념의 유일사상 교육강조	자본주의적 교육론 반대, 미제타도와 남조선해방
민족제일주의기(90-95년)	추제형의 공산주의적 인간양성	민족우위 교육강화
강성대국론시기(95-2012년)	공산주의적 새 인간양성	사상강국 경제건설을 위한 교육

※ 한만길. 김창환. 정영순. 57.

참고문헌

박찬석. 『북한교육연구』. 경기: 한국학술정보, 2013.
이향규. 조정아. 김지수. 김기석. 『북한교육 60년:형성과 발전, 전망』. 경기: 교육과학사, 2010.
차종환, 신법타, 양학봉. 『이것이 북한교육이다』. 경기: 나산출판사, 2009.
권성아. "남북교과서를 통해 본 전문 용어의 공통점과 차이점-국사 교육을 중심으로"
김두연. "북한선교와 탈북자대안학교의 상관관계" 2016.7.2. 기독교통일포럼
이동배. "국어교육 : 해방 후 시기의 남북한 초등국어 교과서 비교연구." 한국국어교육학회(새국어교육)
정영순. "통일대비 북한교과서에서의 교육이념변화연구." 한국교육개발원 연구보고 CR2002-33(2002년)
한만길. 김창환, 정영순. "남북한교육체계 비교연구: 상호 대립과 보완의 관계를 중심으로." 2004. Vol. 31.

제12장 북한종교정책(기독교 중심)

1. 들어가면서

　북한의 종교에 대해 우리가 아는 것은 거의 없다. 그뿐만 아니라 알고자 하여도 원(原)자료가 없어 연구할 수도 없다. 이러한 현실에서 우리는 관제교회라 부르고 있는 봉수교회와 칠골교회를 인정해야 하는지 말아야 하는지에 대해 왈가왈부한다. 북한의 종교 특히 기독교에 대한 북한의 단편적이라도 이해해야 하는 것은 선교를 위해 필요한 것이다.

　북한의 종교정책을 이해하는 것은 매우 중요하다. 북한의 종교정책(특히 기독교에 관한)을 통해 앞으로 어떻게 선교적 접근을 해야 하는지에 대해 알아볼 것이다. 이 글의 대부분은 아세아연합신학대학교 북한선교대학원에서 펴낸 「북한의 종교」에서 필자의 글을 참조하게 되며, 나아가 현재 인터넷과 탈북민들의 증언을 참고 하였다.

2. 동방의 예루살렘

　1985년 4월 5일은 한국 개신교 역사상 가장 중요한 날이다. 아펜젤러와 언더우드 선교사가 제물포항으로 조선에 입국한 날이기 때문이다. 한국 개신교는 이 날을 선교의 시작으로 여긴다. 그러나 그 이전에 이미 조선은 선교의 문이 열려 있었다. 이러한 배경에는 지금의 북한 땅이 있다. 북한은 동방의 예루살렘이었다. 1885년 이전 북한은 1884년 봄 황해도 솔내에서 한국 최초의 교회가 시작된[1] 후 북한은 평양이 기독교 부흥운동의 중심지가 되어 동방의 예루살렘이 된다.

국민대 교수인 안드레이 란코프는 다음과 같이 말한다

> 평양의 경우 1940년대까지만 해도 한반도에서 가장 유명한 기독교 부흥지역으로 성인인구의 25~30%가 기독교도였다. 이 때문에 선교사들은 평양을 '동방의 예루살렘'이라고 불렀다. 이러한 종교적 분위기로 인해 초기 북한의 역사는 공산주의자들과 기독인들과 싸움이었다고 해도 과언이 아니다. 실제로 1946~1950년 기간 동안 북한을 탈출한 사람들의 상당수는 기독교인이었으며 6.25 전쟁이 발발하자 이들은 곧바로 유엔군을 도와 북한에 대항했다. 이 때문에 북한 정권은 기독교에 대한 불신을 증폭시켰다. 1950년대 내내 발생한 북한의 反기독교 정치선전은 거의 병적이다. 이로 인해 북한에서는 모든 예배행위가 금지됐으며 기독교인들은 '미제(美帝)의 가르침을 받은 악마 집단'으로 규정됐다. 대부분의 기독교 지도자들은 '미제의 스파이'라며 숙청당했으며 살아남은 사람들조차 죽을 때까지 반동분자로 낙인찍혔다.[2]

본 논고에서 해방 이전 북한의 기독교 상황을 다 기술하지 못하지만, 알랜 클라크(Allen D. Clark)의 『Protestant Missionaries in Korea 1893-1983』에 나타난 북한 지역에서 1893년에서 1945년까지 활동한 선교사[3]들을 보

---

[1] 민경배, "한국기독회의 기원문제" 「한국기독교와 역사」, 창간호 1991년 7월. 26.
[2] 안드레이 란코, "북한의 선교상황" http://www.shanghaichurch.org/sh/index.php?document_srl=4706&mid=share_freeboard 2018.2.24.
[3] 이때는 제7일 안식교도 개신교 선교사로 인정하고 선교사로 분류하였다.

면 평양에서 활동한 선교사가 평양이 67명, 원산 20명, 함북송진 4명, 황해 재령 9명, 황해 해주 10명, 황해 백천 1명, 함흥 20명, 회령 7명, 순안 1명, 선천8명 등으로 나타난다.[4] 그리고 1945년 해방 당시 북한에 교회가 조선중앙연감에는 2천 개로 기록하나, 약 3040개로 대개 인정하고 있다.[5]

특히 주목해 볼 것은 1889년 4월 27일 언더우드 선교사가 의주에 도착하여 세례받기 원하는 100명 중 압록강 건너 만주 쪽에서 33명에게 세례 베풀고 성찬 예식을 거행한 사건이다. 이것을 '한국의 요단강 세례'라고 부른다.[6]

3. 북한종교정책 변화

북한의 종교정책을 알기 위해서는 우리는 새로운 자료를 발굴해야 하나, 새로운 자료는 거의 탈북한 이들의 구술에 의존할 수밖에 없다. 결국, 기존의 자료를 재해석하여 정리하는 것이다. 이 책은 연구서이기보다는 학교의 학생들에게 북한종교에 대해서 강의하는 것으로서 주로 기존의 자료를 종합하고 재해석하여 기록하였다.

고태우는 북한의 종교정책 또는 종교 상황도 이론적인 면이 아니라 혁명전략 전술 측면에서 살펴보아야 한다고 한다.[7] 송원근은 북한종교의 연구는 북한체제를 부인하지 않고 그 안에서 연구해야 한다고 말한다.[8] 이렇듯 북한종교를 연구하는 방법과 방향은 여러 가지이다.

---

4   Allen D. Clark, 『Protestant Missionaries in Korea 1893-1983』 (서울: 대한기독교출판사, 1987), 7-180.
5   아세아연합신학대학교 북한연구원, 『북한의 종교』 (서울: 청미디어, 2016), 72.
6   정인생, 『한국교회사』 (서울: 도서출판 한글, 2001), 40.
7   고태우, 『북한의 종교정책』 (서울: 민족문화사, 1989), 106.
8   송원근, 『북한의 종교지형변화』 (서울: 청미디어, 2014), 16.

1) 북한 헌법과 형법에 규정된 종교 관련 조문 변화[9]

제정 및 개정 연도	종교관련 조문	체제의 변천
조선민주주의인민공화국 헌법 (1948.9.8)	제2장 공민의 기본적 권리 및 의무 제14조 공민은 신앙 및 종교의식 거행의 자유를 가진다.	45~48.3 마르크스 레닌주의 바탕을 둔 정치이념.
조선민주주의 인민공화국 형법 (1950.3.3)	형법 제21장 관리질서 침해에 관한 죄 제257조 "종교단체에 기부를 강요하는 자는 2년 이하의 징역에 처한다" 제258조 "종교단체에서 행정적 행위를 한 자는 1년 이하의 교화노동에 처한다"	48~61.9 마르크스 레닌주의와 함께 항일혁명전통이 북한의 정치, 행정이념이 됨.
조선민주주의 인민공화국 사회주의 헌법(1972.12.28)	제2장 공민의 기본적 권리 및 의무 제54조 공민은 신앙의 자유와 반종교선전의 자유를 가진다.	61.10~70.11 주체사상구축기
조선민주주의 인민공화국 사회주의 헌법 (1992.4.9)	제2장 공민의 기본적 권리 및 의무 제68조 공민은 신앙의 자유를 가진다. 이 권리는 종교건물을 짓거나 종교의식 같은 것을 허용하는 것으로 보장된다. 누구든지 종교를 외세를 끌어들이거나 국가사회질서를 해지는 데 리용할 수 없다.	70.12~99. 주체사상 중심의 정치, 행정이념을 정립한 시기
조선민주주의인민공화국 사회주의 헌법 (1998.9.5) 2009.4.9 수정보충 2010.4.9 수정	제2장 공민의 기본적 권리 및 의무 제68조 공민은 신앙의 자유를 가진다. 이 권리는 종교건물을 짓거나 종교의식 같은 것을 허용하는 것으로 보장된다. 종교를 외세를 끌어들이거나 국가사회질서를 해치는 리용할 수 없다.	
미신행위처벌형법 (2009.10.19)	제267조(미신행위죄) 돈 또는 물건을 받고 미신행위를 한 자는 2년 이하의 로동단련형[1]에 처한다. 앞 항의 행위가 정상이 무거운 경우에는 5년 이하의 로동교화형에 처한다	
	제268조(미신행위조장죄) 리기적 목적 그 밖의 동기에서 미신행위를 조장시킨 자는 2년 이하의 로동단련형에 처한다. 앞 항의 행위를 여러 명에게 한 경우에는 3년 이하의 로동 교화형에 처한다. 정상이 무거운 경우에는 3년 이상 7년 이하의 로동교화형에 처한다(개정헌번에는 삭제됨).	

---

9   윤여상, 정재호, 안현민, 「2014 북한종교자유백서」 (서울:북한인권정보센터, 2014), 38.

미신행위처벌형법 개정 (2012.2.23)	제256조(미신행위죄) 돈 또는 물건을 받고 미신행위를 한 자는 1년 이하의 로동단련형에 처한다. 앞 항의 행위가 정상이 무거운 경우에는 3년 이하의 로동교화형에 처한다	
조선민주주의인민공화국 사회주의 헌법 (2012.4.9) 2013.4.1 수정보충	제5장 공민의 기본적 권리 및 의무 제68조 공민은 신앙의 자유를 가진다. 이 권리는 종교건물을 짓거나 종교의식 같은 것을 허용하는 것으로 보장된다. 종교를 외세를 끌어들이거나 국가사회질서를 해치는 리용할 수 없다.	
국가안전보위부² 2002년	기독교를 간첩죄로 다스리라	
국가안전보위부³ 2005년	기독교는 국가제도 전복 실현수단이므로 끝까지 색출하라	

1 노동교화형은 우리나라의 징역과 비슷하고, 노동단련형은 사회봉사명령으로 보면 된다.
2 임창호. "북한 기독교 상황과 지하교회,"「지저스아미」(2015년 12월호), 13-14.
3 임창호. "북한 기독교 상황과 지하교회," 14.
4 노동당은 '우리는 왜 종교를 반대하여야 하는가' 라는 팜플렛을 발간하여 '종교는 과학과 진보의 적이며 우리 인민의 사회주의 공산주의 건설을 위한 자각적이고 의식적인 투쟁을 방해하는 큰 장애물이다. 우리는 속에 남아 있는 비과학적인 종교 미신에 대한 잔재를 뿌리째 뽑아 버려야 한다' 라고 종교 탄압을 공개적으로 선언한 것이다(이찬영「북한기독교100장면」304). "지난 3년간의 조선전쟁과 오늘 남조선에서 하느님의 이름을 걸고 미제가 감행한 무고한 인민에 대한 학살, 약탈, 방화 등 비인간적인 야수적인 만행은 제국주의자들의 침략과 약탈에 이용되는 종교의 추악하고 반동적인 본질을 말하여 주고도 남음이 있다. 종교의 해독적인 작용은 여기에만 있지 않고 또한 이것으로만 그치지 않는다. 종교의 해독성은 또한 자기 종교의 더러운 생명을 보존하면서 사회주의 공산주의와 과학적인 진보에로 향하여 전진하는 우리 인민의 새 생활을 각 방면으로 방해하는 데서도 나타나고 있다" 이 책은 북한이 종교에 대한 관점을 볼 수 있는 첫 번째 책으로 고태우의 책에서 처음으로 언급되었다. 그리고 다른 책들은 원전의 이름만 알고 있지 내용을 거의 찾아 보지 못한 것으로 파악된다.
5 양병희.『북한교회 어제와 오늘』(서울: 국민일보, 2006), 153.
6 김영욱.『복음주의 입장에서 본 북한선교』(경기:아세아연합신학대학교출판부, 2012) 35-41.

북한은 1948년 인민공화국을 선포하면서 종교의 자유를 선언하였다. 72년에는 사회주의 헌법을 수정하면서 종교의 자유와 함께 '반종교선전의 자유'¹⁰도 선언함으로 어느 누구도 종교를 선전하거나 포교하거나 전

10 1960년대에 들어와「조선중앙연감」을 통해서 종교단체의 이름을 찾아보면 찾을 수 없

도하지 못하도록 하였다. 결국, 북한은 종교 탄압을 법적 근거로 만들게 되었다.

종교에 관한 엄청난 변화를 가져온 것은 92년 수정헌법이다. 종교건물과 종교의식을 삽입함으로 신앙의 자유를 허락하였다. 하지만 '누구든지 종교의 외세를 끌어들여'라는 문구로 선교는 원초적으로 막고 있으며, 특히 '국가사회질서를 해치는'이란 문구로 체제에 조금이라도 문제가 되면 종교는 허락되지 않은 것으로 주민들의 종교를 제한해 버렸다.

그다음 네 번째 수정된 헌법은 '누구든지'라는 단어를 제한한 것뿐이지 변한 것이 없으며, 다섯 번째 수정헌법은 제2장에서 제5장으로 변한 것뿐이었다. 북한 헌법은 종교의 자유는 있으나, 외부에선 들어가지 못하도록 하고, 내부는 체제에 반대하는 것은 용납하지 않으므로 종교를 제한하고 있음을 알 수 있다.

2) 북한의 사전적 정의의 변화[11]

북한의 사전에 나오는 종교 관련 단어를 살펴보면 종교에 대한 북한 당국의 정책변화를 다시 한번 확인할 수 있다.

다. 북한의 주장대로 종교는 소멸되었다고 볼 수 있다. 그러나 1972년에 들어와서 국제정세의 변화와 남한과의 관계에 있어서 종교를 다시 부활시켜야 했다. 하지만 북한은 사회주의 헌법을 수정보완하면서 종교의 자유는 인정하되 '반종교선전의 자유' 조항을 넣어서 종교에 대해 박해와 탄압의 법적 근거를 마련해 주었다.

[11] 통일연구원, 『2009북한개요』(서울:통일연구원, 2009), 438.

구분	현대조선말사전 (1981년판)	조선말대사전 (1992년판)	조선대백과사전 (2000년판)
종교	종교란 신, 하느님과 같은 자연과 사람을 지배하는 그 어떤 초자연적이고 초인간적인 존재나 힘이 있다고 하면서 그것을 맹목적으로 믿고 그에 의지해서 살게 하며 이른바 저승에서의 행복한 생활을 꿈꿀 것을 설교하는 반동적인 세계관 또는 그러한 조직력사적으로는 지배계급이 인민을 속이고 억압, 착취하는 도구로 리용되었으며 근대에 와서는 제국주의자들이 뒤떨어진 나라들을 침략하는 사상적 도구로 리용되고 있다. 종교는 인민대중의 혁명의식을 마비시키고 착취와 억압에 무조건 굴종하는 무저항주의를 고취하는 아편이다.	종교란 사회적 인간의 지향과 념원을 환상적으로 반영하여 신성시하며 받들어 모시는 초자연적이고 초인간적인 존재에 대한 절대적인 신앙 또는 그 믿음을 설교하는 교리에 기초하고 있는 세계관, 신이나 하느님과 같은 거룩한 존재를 믿고 따르며 그에 의지해 살아갈 때에만 온갖 소원 성취될 뿐 아니라 래세에 가서 영원한 행복을 누릴 수 있게 된다고 설교한다. 원시 종교로부터 시작하여 불교, 기독교, 회교 등 수많은 종교와 그의 크고 작은 류파들이 있다.	
기독교	낡은 사회의 사회적 불평등과 착취를 가리우고 합리화하며 허황한 천당을 미끼로 하여 지배계급에게 순종할 것을 설교	교회의 주되는 이념은 평등과 박애이다. 그리스도의 교훈을 잘 지키면 천당을 간다고 설교	신의 아들이라는 예수를 크리스트로 내세우고 그에 의한 인류의 구제를 설교하는 종교
교회	종교의 탈을 쓰고 인민들을 착취하도록 반동적 사상 독소를 퍼트리는 거점의 하나	기독교에서 여러 가지 종교적 의식을 하고 사람들에게 기독교를 믿도록 선전하기 위하여 지은 건물	종교를 믿는 신자들이 예배, 세례, 성찬과 같은 예식을 집행하는 집합장소
성경	예수의 허위적이며 기만적인 교리를 적은 책	주로 기독교에서 종교의 교리를 적은 책	
불교	죽어서 극락세계로 가기 위해서는 현실 세계에서의 모든 고충을 참고 견디어야 한다는 노예적인 굴종사상과 무저항주의를 설교	인간을 고뇌에서 해방하며 자비심을 베푸는 것을 이념으로 하고 속세를 떠나 도를 잘 닦으면 극락세계에 이른다고 설교	고통이 인간의 삶의 본질이므로 온갖 집착을 버리고 자기가 추구하는 지향을 억제하며 정신수양을 통해 모든 것을 해탈하고 열반에 도달해야 한다고 설교

선교사	미제를 비롯한 제국주의자들이 예수교를 선전하며 보급한다는 명목으로 다른 나라에 파견하는 종교의 탈을 쓴 침략의 앞잡이	기독교를 보급 선전할 사명을 띠고 다른 나라에 파견한 사람	

81년 판에는 공산주의 관점에서 보는 상당히 비판적인 해석을 달고 있지만 92년 판부터는 상당히 순화된 내용이 보이며, 제대로 된 이해의 바탕 위에 글을 적은 것을 볼 수 있다. 특히 교회를 81년도 판에는 '반동적 사상과 독소를 퍼트리는 거점'이라고 정의하였는데 반해 92년 판에는 '신자들이 종교의식을 진행하는 장소'라고 하였다. 이러한 변화를 가져온 이유가 「종교자유백서」인데 대외적 이미지 개선이고, 종교를 대남활동과 정치 경제적으로 활용하기 위해서라고 한다.[12]

3) 북한에서 간행한 반종교이론 서적[13]

저서 혹은 논문	저자	발행년도	출판사 혹은 잡지
"우리는 왜 종교를 반대하여야 하는 가"[4]	정하철	1959	로동당출판사
"인민의 아편"	김희일	1959	민청출판사
"종교는 인민의 아편이다"	로재선	1959	민청출판사
"미제는 남조선에서 종교를 침략의 도구로 이용하고 있다"	백원규	1959	로동당출판사
"종교도덕의 반동성"	백원규	1959	민청출판사
"생활과 미신"	백원규	1959	조선여성사
"사회주의와 종교"	임훈	1963	노동자 8월호
"남조선에 대한 미제의 침략도구로서의 종교"		1965	노동자 3월호

---

12 윤여상, 「2014 북한종교자유백서」, 42.
13 김학준 외 7, 『남북한생활상:그 삶의 현주소』(서울: 박영사, 1986), 198.

"유교철학의 전파와 그 해독성"	신영하	1976	사회과학출판사
"미제가 남조선에 퍼트리고 있는 부르주아 인생관의 반동적 본질"5	김명호	1978	과학백과사전출판사

위의 반종교이론 서적들이다.

첫째, 종교는 의식개혁 운동에 방해되는 것이다.

둘째, 종교는 내세를 설교함으로 현실에 대한 무관심과 현실 도피적인 사상성에 젖게 하고 근로대중의 정신적 억압과 노예화의 도구로 사용한다.

셋째, 종교는 사회주의 건설을 위한 근로자들의 자각적이고도 헌신적인 노력과 투쟁을 방해한다. 행복한 생활을 하기 위해서 종교의 잔재를 시급히 청산해야 한다.

넷째, 종교는 제국주의자들의 침략 도구로 사용한다[14]는 내용이다. 결국, 종교는 북한의 체제에 방해가 된다는 뜻이다. 북한을 제외한 사회주의 국가 중에 실제로 종교 생활을 하지 않는 나라가 없다. 이것은 아무리 법적으로 종교를 박해한다 하더라고 북한에서 결코, 없어지지 않을 것이다. 이것이 성경에서 '남은 자' 사상이다.

4. 북한의 종교정책 변화

북한은 종교변화에 대해 기존의 해석은 다양하다. 시기별로 정책의 변화를 나눈 것은 연구자의 관점의 차이라고 볼 수 있다. 최석우, 윤동현, 박완신, 고태우, 변진홍은 주로 반공주의적 관점에서 분석했다면, 사와마

---

[14] 김학준 외 7, 『남북한생활상:그 삶의 현주소』, 198-199.

사히코, 신법타, 윤이흠은 북한종교를 제한적으로 인정하는 관점이었고, 법성, 류성민, 강인철, 한국기독교역사연구소는 수정주의적(북한 중심적 관점) 관점이고, 김흥수, 류대형은 북한종교인들이 신앙경험에 주목한 관점이다.[15]

전 김일성대 교수인 최광석은 북한의 종교정책은 종교 말살을 위한 정책이라고 정의하면서 제한, 탄압, 이용의 3단계로 설명하였다.[16] 그는 북한인권정보센터의 분류와는 달리 6.25 때까지 제한 정책을 폈고, 1950년대부터는 철저한 탄압을 했으며, 1960년대 이후에는 이용 정책으로 전환한 것으로 분류하였다.

사오마사히코는 『북한종교정책』에서 북한종교정책의 변화를 "제한-탄압-말살"로 분류하였고, 류성민은 『북한종교연구』에서 북한종교정책의 변화를 "종교 탄압-말살-부재"로 분류하였다. 북한인권정보센터에서 발행하는 「북한종교자유백서」에서는 1945년 해방 이후 현재까지 북한의 종교정책 변화를 여섯 시기로 분류하였다.

1) 시기별 종교정책(괄호 안은 년도)

학자	시기
북한인권정보센터(윤여상 외 2)(2014)	종교자유제한시기(45-48)→종교자유탄압시기(49-5C.→종교유말살시기(54-72)→종교단체이용시기(72-87)→종교시설운영시기(88-97)→비공식종교활동강화시기(98-현재)
최석우(79), 윤동현(86), 북한연구소(83), 박완신(89), 변진홍(97)	제한→탄압→제거→말살→역이용→재등장
고태우(92),	제한(45-50)→탄압(50-60년대)→이용(70년대부터)
마사히코(82), 신법타(94), 윤이흠(90)	제한→탄압→제거→해체→역이용→재등장

---

15 김흥수, 류대홍, 『북한종교의 새로운 이해』(서울: 다산글방, 2002), 35-55.
16 고태우, 『북한의 종교정책』, 192.

법성(90), 류성민(92), 강인철(92), 한국기독교역사연구소(96)	내적갈등→분단과 위축→반종교운동→반종교운동의 부분적 이완→신종교정책등장
한국천주교통일사목연구소(92)	종교자유제한시기(45-48)→종교활동탄압시기(49-5C.→종교활동말살시기(54-72)→종교활동재등장시기(73-80)→종교활동부활시기(81년이후)
김흥수, 류대영(2002)	사회주의와 조우기(45-53)→생존모색기(53-72)→종교생성기(72-88)→종교변화기(88-2002)
최광석(전 김일성대학 교수)	제한→탄압→이용
최희숙(2003)	견제정책과 종교의 위축(45-53)→강경정책과 종교의 위기(53-71)→유화정책과 종교의 사회주의화(72-87)→공인정책과 사회주의형 종교의 발전(88-2003)
김병로(2002)	종교의 배척(45-50)→종교억압과 반종교선전기(50-72)→제도종교의 허용기(72-88)→공식종교의 인정기(88-2002)
변진흥(2002)	종교자유의 제한과 통일 전선적 접근단계(45-48)→종교활동의 위축과 종교지형 축소단계(49-53)→종교활동의 정체와 제도적 봉쇄단계(54-72)→종교단체 재등장과 국제적 연대활동의 강화단계(73-84)→종교활동의 부활과 대내적 합법지위 획득단계(85-92)→대내적 역할 확대와 남북 종교 교류단계(93-2002)
하종필(2003)	혼란기(45-49)→침체기(50-71)→재생기(72-82)→발전기(83-현재)
김원곤(2011)	기독교이용 및 제한정책(45-53)→기독교말살정책(53-70초)→기독교재이용 정책(70-80년대)→실용주의적 종교정책(90년대 이후 현재)
김영욱(2012)[6]	통제기(45-50)→탄압기(50-53)→말살기(53-71)→변용기(72-89)→활성기(90-현재)
송원근(2012)	종교해석변화기(45-49)→흑암종교 정책기(50-71)→주체사상 영향기(72-87)→체제 내 종교 허용기(88-97)→경제난 종교 확장기(98-2012)
정종기(2015)	유화기(45-48)→박해기(48-53)→보복기(53-55.4)→말살기(55.4-67)→부활기(68-74)→이용기(75-2011)→탄압기(2011-현재)

북한은 포비에르 바하와 마르크스의 반종교 무신론 사상[17]의 전파를 주장해왔다.[18] 북한의 종교적 관점은 마르크스-엥겔스-레닌주의의 종교관을 기초로 하여, 종교를 미신으로, 제국주의자들의 침략 도구, 민중의 아편으로 생각하였다. 현재 북한은 종교를 노동당 방침과 최고 지도층의 정치이념을 구현하고 집행하는 통로로서의 임무를 수행하고 있다.

2) 종교정책 시기 구분

북한의 종교정책 변화 포인트는 세 군데 나타난다. 6·25전쟁, 1972년 신헌법 그리고 주체사상의 완성(82년)이다.

첫 번째 종교에 대한 변화는 6·25전쟁으로 말미암아 전쟁의 패배에 대한 희생양이 필요한 때였기 때문에 종교를 탄압하게 된 것으로 보인다.

두 번째의 신헌법 등장은 동구 유럽과 공산권의 변화와 경제적인 것의 변화가 일어난 때를 배경으로 한다.

세 번째의 변화는 주체사상이 완성됨으로 종교가 충분히 사회주의적으로 개조된 것으로 이끌 수 있는 자신감이었다고 생각한다.

결국, 주체사상 완성을 선포한 이후는 북한은 종교를 현실적으로 활용하기 시작한다. 이러한 이해를 바탕으로 종교정책을 좀 더 세분해 보면 다음과 같다.

(1) 유화기(1945-48)

1945년 11월 14일 평양에서는 38 이북 지방의 노회 대표들이 회집하여 잠정적으로나마 총회를 대행할 기관으로써 '이북오도연합노회'를 조직하

---

17 도스토예프스키는 '공산주의자는 무신론자가 아니라 무신론을 종교처럼 믿는 무리들'이라고 말한다.
18 박완신, 『평양에서 본 북한사회』(서울: 도서출판 답계, 2001), 23.

였다. 연합노회는 주일에는 예배 이외의 어떠한 행사에도 불참하며 정치와 종교의 엄격한 구분, 교회당은 예배 이외의 목적으로 사용할 수 없으며, 현직 교역자가 정계에 종사할 때에는 교직을 사면해야 한다는 것 그리고 교회는 신앙과 집회의 자유를 확보한다는 등의 내용의 5개조 교회 행정의 원칙과 신앙생활 규범을 공산당국에 통보하였다.[19]

1945년 해방 이후 어지간한 탄압의 방법으로 교회를 휘어잡기 어려우리라 판단한 공산당은 측면 공작으로 교회의 내부를 괴멸하기로 마음먹었다. 그러면서도 단시일 안에 대의원 선거를 시행해야 할 처지였기에 대책의 수립을 지연시킬 사정이 되지 못하였다. 그리하여 급조된 것이 기독교도연맹이란 기구였다.[20] 45년에 조선불교도연맹, 46년에 조선천도교연맹이 생기게 된다.

조선기독교도연맹[21]

- 46.11.28. '북조선기독교연맹'[22]을 설립

---

[19] 정인생 편저, 『한국교회사』(서울: 도서출판 한글, 2001), 137-138.
[20] 김광수, 『북한기독교탐구사』(서울: 기독교문사, 1994), 198.
[21] 북한의 조선그리스도교연맹은 북한의 유일한 기독교단체로서 1946년 11월 26일 강량욱 목사에 의해 창립되었다. 창립초기 상당수 기독교인들의 반발로 내분을 겪기도 했으나 이후 잠적기를 거치면서 북한에서 유일한 기독교단체로 인정 받아왔다
[22] 이찬영은 기독교연맹이 탄생된 배경을 북한이 기독교의 탈을 쓰고 기독교를 박해하려는 흉계라고 보았다. 연맹의 실질적 책임자는 강양욱, 함께 한 자는 홍기황 장로, 곽희정 목사, 김치근 목사, 이웅, 신영철, 배덕영, 나시산, 심익현, 박상순 이구태, 김웅순, 조희차, 문준희였다. 연맹의 강령은 네 가지로서 기독교의 박애적 원칙에 기초하여 첫째는 인민의 애국열을 환기하여 조선의 완전 독립을 위하여 건국사업에 전적 협력할 것, 둘째는 민주조선 건국의 해독인 죄악과 항쟁하고 도의건설을 위하여 분투할 것, 셋째는 언론, 집회, 출판, 결사와 신교의 자유를 보장하기 위하여 전력할 것, 넷째는 기독교의 발전을 위하여 진력할 것이다. 그러나 북한오도연합에서 11월 3일 주일 선거에 반대성명을 내자 연맹은 우리는 김일성 정부를 절대지지한다. 우리는 남한 정권을 인정치 않는다. 교회는 민중의 지도자가 될 것을 공약한다. 그러므로 '교회는 선거에 솔선 참가한다'라는 맞불

- 74.2 '조선기독교도연맹'[23]으로 이름 개칭[24]
- 74.2 비상군법회의 관련 비난성명 발표. 강양욱을 위원장으로 하고, 남아시아와 아프리카 순방
- 74.8 세계교회협의회(WCC)회원 가입 신청[25]
- 74.8 민청학련사건 재판과 관련한 비난 성명 발표
- 76.8 미주구국선언관련자 재판에 대한 비난 성명발표
- 81.7 주한미군에 대한 고소장 발표
- 81.11.28 창립 35주년 중앙보고대회에서 '고려민주연방공화국창립방안'을 지지, 주한미군 철수와 남조선에서 미군지배 종식, 국가보안법 철폐, 양심수 전원석방, 한반도 비핵화 발표.
- 99. 2월경 '조선그리스도교연맹'(Korean Christian Federation)으로 개칭.
- 2013. WCC 10차 총회(부산)에서 조선그리스도연맹의 메시지와 한반도의 평화와 통일에 관한 성명서 채택
- 2014.6.17 스위스 보세위에서 NCCK와 한반도 정의와 평화, 화해에

성명서를 내었다. 이후 연맹은 노회에서 총회로 승격하고 김익두 목사를 총회장으로 부회장에 김응순, 서기에 조택수 목사를 세웠다. 이찬영, 『북한기독교 100장면』(서울: 도서출판 소망사, 2000), 95-97.+

[23] 연맹은 조선그리스도교도연맹 본부-도연맹-시,군연맹-가정예배소라는 일률적인 체계를 갖고 있다. 조선그리스도교도연맹이 '교단'의 역할을 한다면 도연맹은 '노회,' 시,군연맹은 '시찰회,' 가정예배소는 '교회'로 이해하면 쉽다. 이들은 각기 총회와 중앙위원회, 상무위원회라는 회의조직을 갖고 있다.

[24] 1960년대 중반부터 1971년까지는 조기련의 이름으로 한 번도 노동신문에 나타난 적 없다.

[25] 이찬영은 그의 책 『북한기독교 100장면』, 317에서 북조선기독교연맹이 1974년 8월 2일 WCC에 가입신청서를 내었다고 한다. 그러나 조그련이 WCC가입하려 했으나 가입하지 못한 이유는 북한에 2만 명의 성도의 명단을 제출하지 못해서 그렇다고 하였으나, 김홍수 교수(목원대)는 조그련의 WCC 가입은 오인된 것에서 기인된다고 한다. 1974년에 WCC 본부 가까이 있는 거리의 세계보건기구에 파견된 북한 직원 중 한 명이 WCC의 편지 한 통을 전해 주었는 데, 이 편지를 가입서로 오해한 것으로 알려졌다고 한다. 편제 내용은 남한에 종교자유를 외치다 감옥에 간 사람들이 있으니 그들을 구제하는 데 힘을 써 달라는 요청서였다. 고기준 목사는 "우리는 WCC에 가입한 적 없다. 그런데 남한 책은 WCC에 가입하다 거부되었다고 하는 이유가 무엇인가?"라고 하였다.

관한 국제 협의를 위해 만남.
- 2014. NCCK와 한반도 평화통일위한 공동기도
- 2015. NCCK와 평화통일을 위한 한국의 공동기도문 작성
- 2016. NCCK와 한반도 평화통일을 위한 공동기도
- 2017.6.28 독일 라이프치히에서 제26차 세계개혁교회커뮤니언 총회에 조그런 강명철 위원장 및 4명이 참석 이때 WCRC 회원 교단인 예장통합, 기장, NCCK가 동석
- 위원장으로 초대 강양욱(46.11-83.1), 2대 김성률(86.9-89.2), 3대 강영섭(89.2-2012.1, 강양욱 아들), 4대 강명철(2013.7월-현재, 강영섭 장남)
- 주 임무는 대남 선전활동의 전위기구 역할과 해외거주 반환교표 및 단체포섭, 국제기독교단체와의 유대강화

(2) 박해기(1948-53)

1948년 9월 9일 정권수립(종교 활동 허용불가)에서 한국전쟁을 치루면서 종교인을 우선 처벌 대상으로 삼았다. 1950년 3월 3일에 채택된 조선민주주의인민공화국 형법 제21장 '관리질서 침해에 관한 죄' 제257조에 "종교단체에 기부를 강요하는 자는 2년 이하의 징역에 처한다"와 제258조에 "종교단체에서 행정적 행위를 한 자는 1년 이하의 교화노동에 처한다"는 종교의 재정적 기반을 박탈하고 사실상 종교 행위를 금하는 법령이 되었다. 전쟁 시 교회는 미국 선교사들이 세웠으니 적산 건물이라고 하면서 탈취하였고, 연합군 폭격이 심해지자 전쟁무기를 교회당 안으로 넣어 교회를 군수 기지화시켰다.[26]

---

26 이찬영, 『북한기독교 100장면』, 248.

(3) 보복기(1953-55. 4)

1953년 7월 7일 휴전협정이 체결됨으로 전쟁은 일단락되었다. 그렇지만 이 시점으로 해서 북한은 전쟁의 실패로 말미암아 전쟁의 희생양을 찾게 되었다. 김양선은 이때를 기점으로 기독교 탄압에서 말살로 접어드는 시기라고 보았다.[27] 미군의 앞잡이와 국군과 유엔군을 맞이하고 도운 자들이 종교인이라 하여 철저하게 보복한다.

이때는 종교인과 연고만 있어도 처벌하고, 종교인 출신은 일반 공직에 임명하지 않고, 여행, 진학, 장학금 수여 등에서 제외했다. 종교의식은 모두 금지하고, 십자가, 불상, 성모상들의 상징물을 철거하고, 종교 시설물은 탁아소나 창고로 사용 또는 문화재로 지정하여 관광 및 휴양소로 활용하였다. 기독교를 미 제국주의의 확산 도구로 이용되어 국내에 침투한 종교로 보며, 특히 미국을 통한 개신교의 전파를 극렬히 비난하며 기독교는 철저히 말살하려 한 시기이다.

(4) 말살기(1955. 4-67)[28]

1955년 4월에 "계급 교양을 더욱 강화할 데 대하여"라는 슬로건 하에 종교인들을 공산주의 계급 교양 명목으로 말살함으로 이때부터 기독교인들은 지하교회 활동을 시작하게 된다. 58년에는 '중앙당 집중 지도 단속'으로 1958년 5월 30일 당 상임위원회는 "반혁명분자와의 투쟁을 전당적, 전 인민적 운동으로 전개할 데 대하여"라는 결정서(내각 결정 제149호)를 채택하여 '중앙당집중지사업'을 2년에 걸쳐 실시했다. 이 사업은 한국전쟁 때, 국군과 유엔군에 협조한 사람, 월남한 가족, 농업협동농장과 개인 상공업 국유화에 저항한 인사, 연안파와 소련파에 연계된 인사 등 대대적

27　김양선, 『북한기독교탐구사』 (서울: 기독교문사, 1994), 278.
28　이 시기는 남한이 북한을 두 가지 관점으로 북한을 바라본다. 하나는 기독교를 박해하는 북한이고, 다른 하나는 조선기독교연맹은 '기만 종교단체'로 보았다.

인 색출 작업을 하였다. 그리고 1966년부터 1971년 사이에 시행된 '주민 재등록사업'과 '3계층 51개 부류'의 계층 분류작업으로 종교인들은 적대계층으로 분류되어 철저하게 감시받게 된다.

(5) 부활기(1968-74)

1968년 4월 노동당 정치국에서 "풀어주는 사업"을 광범위하게 실시하면서 공식적으로 가정예배를 허용했다고 하나 확인하기는 어렵다. 1972년은 북한종교 변화에 중요한 해이다. 국내적으로 7.4 남북공동성명으로 남북대화가 시작되었고, 국제적으로는 북한은 세계교회협의회(WCC) 등의 활동으로 종교적으로 이념적인 장벽이 엷어져 가는 시기이다. 그리하여 1972년 12월 27일에 사회주의 헌법을 개정하면서 '반종교선전의 자유'를 삽입한다. 이때 조선기독교연맹 중앙위원회(1974년). 조선불교도연맹 중앙위원회(1972년), 조선천도교중앙위원회(1974년) 등 세 개의 종교단체를 다시 조직하게 된다.

(6) 이용기(1975-2011)

1975년 4월 26일에 기독교도연맹, 불교도연맹은 남한의 유신체제와 관련 종교인들을 탄압하고 있다는 비난 성명발표를 시작으로 북한의 종교단체는 정치와 외교에 이용된다. 그래서 북한의 종교단체는 어용단체라 한다. 정치에 이용되며, 경제원조에 이용당한다. 종교단체를 활용하여 활동하게 하지만 여전히 북한은 반종교 영화, 연극 등으로 종교를 비난하고, 김일성 우상화를 완성해 나간다. 1980년 북한 당국은 가정교회를 소개하였지만, 방문자들 외에는 아무도 이 사실을 아는 자 없다. 1984년 3월 5일에는 "인간 문제를 왜곡하는 부르주아 철학의 반동적"이라는 북한 노동신문의 반종교선전을 하였다. 결국, 북한 주민들은 종교와 그 단체들을 알지 못하지만 북한 정권은 대외적으로만 종교를 이용하였다.

이용기를 둘로 나눌 수 있다면 1975년-81년까지 이용기 I 이고 이용기 II는 1982년 주체사상 완성을 선포한 이후로 본다. 이용기 II에는 해외 동포 종교인들의 대거 북한 방문과 이어서 1983년에 신약성경과 1984년에 구약성경발행 그리고 찬송가의 발행[29]이 이어지고, 나아가 관제교회[30]라 할 수 있는 1988년 9월에 장충성당에 이어 11월에 봉수교회와 1992년 12월에 칠골교회가 세워진다. 태영호 공사는 이러한 관제교회를 짓게 된 배경에 대해 "항상 한국을 적화통일하고 남한 내부의 국론분열을 도모하던 북한이 1980년대 한국 민주화운동 과정에서 기독교계가 부상하기 시작하자, 이들을 포섭대상으로 삼고자 종교시설을 짓기 시작한 것"이라고 하였다.[31]

그러나 이 시기에 북한은 자생적으로 지하교회가 생겨나 현재 지하교회 교인이 무려 5십만 명까지로 추정한다. 북한 지하교회 성도의 예배 모습이 최초로 언론을 통해 공개된 것은 2007년 촬영된 함경북도 청진의 한 주민 집에서 예배드리거나 기도하는 모습을 담은 화면이다. 그 속에서 3인의 성도들이 "하나님 아버지여, 이 나라 공민들 앞길이 점점 비참해지는데, 왜 자비를 베풀어 주시기 아니합니까, 김정일이 살아있는 한 진짜 이 나라 공민들은 밝은 세상을 볼 수 없습니다. 입 벌리기만 하면 내일은

---

29 http://www.nkeconwatch.com/category/civil-society/religion/ 2018.2.28. North Korean officials have claimed that there are 500 "house churches" where Christians can worship in a country that has been widely accused of ruthlessly persecuting believers, sometimes to death. Two British parliamentarians who visited North Korea late last month quote officials of the Korean Christian Federation as making the claim, although they note that "other sources question this and we were unable to verify these figures." At Bongsu Protestant church in Pyongyang they were told that 20,000 Bibles and hymnals had been printed and that there were 13,000 Protestants in North Korea.
30 1988년 봉수교회 설립. 봉수교회는 건립비로 신도헌금 30만원과 정부대여금 20만원으로 건축. 2005년 재건축 공사하여 2007년 완공. 1989년 칠골교회 설립. 1992년 증축. 최근 리모델링 완료. 2005년 제일교회 설립.
31 태영호, "北, 가짜 교회 세웠더니 진짜 신자 생겨나," http://m.kmib.co.kr/view.asp?arcid=0011992663&code=61221111&sid1=chr (2018.2.23).

잘산다. 내일 내일 하면서... 1년 넘게 기도를 드리건만 왜 자비를 안 베풀어 주십니까" 하고 기도하는 장면이 나왔다. 영상에 등장한 교인들은 2007년 붙잡힌 뒤 모두 연락이 끊겼고, 모두 처형됐을 가능성이 매우 크다고 한다.[32]

관제교회를 어떻게 우리는 보아야 하나?

관제교회를 바라보는 관점은 두 가지이다. 하나는 관제교회의 유용성이고, 다른 하나는 무용론이다. 이 두 가지를 가지고 탈북자들의 교회 목회자들 모임인 북한기독교총연합과 오대원 목사가 다른 의견을 가져서 연석회담을 가진 적도 있다. 오대원 목사의 '북한교회 즉 관제교회가 진짜다'라는 발언에 '북한교회는 가짜다'라고 주장하는 탈북민 목회자인 마요한 목사(새희망나루교회)와 강철호 목사(새터 교회)가 조요셉 목사(물댄동산교회)에 의해 마련된 자리에서 2시간에 걸쳐 간담회를 열게 되었고, 그 자리에서 오대원 목사는 "두 분 말씀을 들으니까 충분히 이해하게 된다며 제가 너무 많은 분을 어렵게 해서 죄송하다"고 하였다.[33] 하지만 태영호 전 북한 영국공사는 관제교회에 관하여 "관제교회이기는 하나 이것이 하나의 전도의 도구가 되고 있다"[34]고 하였다.

지하교회

북한에 지하교회가 있는가?

이 질문에 탈북민들의 증언에 의해서 정부는 있다고 답한다. 몇 명이 있느냐의 질문에는 모퉁이돌은 약 10만, 오픈도어선교회는 20-40만, 순

---

[32] 통일연구원, 「2014 북한인권백서」, 341.
[33] "오대원 목사가 탈북 목회자들에게 머리를 숙인 까닭," http://www.ukoreanews.com/news/articleView.html?idxno=2278 (2018.2.23).
[34] 태영호, "北, 가짜 교회 세웠더니 진짜 신자 생겨나."

교자의 소리는 50만, 미국 북한인권위원회 호크 연구원은 약 30만으로 추정하나 정의인권연대는 정확한 데이터를 내놓지 않았다.[35]

전 북한 외교관이었던 고영환 박사는 2017년 5월에 최소 10만 명의 지하교회 성도들이 있다고 말하였다.[36] 북한은 3040개의 교회와 약 30만 명의 성도 중 남한으로 이주한 성도를 제외한 남은 성도들을 모두 처형, 숙청, 강제 이주, 아니면 수용소 수감하였다. 그런 가운데서 로마 시대의 카타콤처럼 지하교회로 숨어 들어가 신앙생활 하는 이들이 있었다.[37]

그리고 북한의 고난의 행군 이후 중국으로 식량을 구하러 왔다가 기독교 선교사를 만나 복음을 접하고 북한으로 들어간 이들은 어디로 갔을까?

옛날처럼 숙청, 수용소 아니면 지하교회로 숨어 들어갔을 것이다.

"북한의 지하교회는 전도할 수 있을까?"

연모세라고 가명을 쓰는 한 북한 지하교회 지도자의 간증을 보면[38] 2004년에 복음을 중국에서 받고 2005년 북한으로 다시 들어갔다. 그는 우여곡절 끝에 '전도를 안 하는 교회는 죽은 교회라고 생각한다'고 생각하였다. 북한의 현실은 복음을 전할 수 없었다. 그래서 그는 북한 지하교회의 전도는 말로 하는 것이 아니라 자신의 삶으로 보여 주는 거라고 결론 내렸다. 자신의 달라진 모습을 이웃에게 보인 뒤, 그 사람과 신뢰로 관계를 맺은 후 복음을 전하면 신고하지 않는다는 것을 알게 된 그는 자신의 아내부터 전도하였다. 아내에게 신뢰를 얻을 기회를 가진 뒤 조심스럽게 복음을 전하자 아내가 그의 착한 행위에 감동하고 예수를 영접했다고 한다.

2004년에는 금강산교회가 세워졌다. '금강산교회'라는 명칭으로 설립

---

[35] 북한정의연대, "북한의 종교실상," 18.
[36] 고영환, "북한 지하교회가 부흥하고 있다," http://blog.daum.net/sjrsjrgksduwk/3485 (2018.2.28).
[37] 임창호, "북한 기독교 상황과 지하교회," 16.
[38] 연모세, "한 북한 지하교회 지도자의 간증," 「지저스아미」 2015년 12월호, 21.

된 이 교회는 초교파로 운영되었으며 현대아산 신우회원과 일반 협력업체 직원들의 직장 예배처소로 세워졌으며 점차 관광객과 여행객들도 적극적으로 예배에 참여하며 널리 알려지게 되었다.

교회 부지의 행정구역상 주소는 조선민주주의인민공화국의 '강원도 고성군 온정리 금강 빌리지 내 금강산교회'이다. 예배당 규모는 대형 컨테이너와 가건물을 증축한 건물로서 100석 규모의 좌석을 구비했으며 시행처는 '현대아산 신우회,' 시공과 건축은 인천 남동구 만수동에 위치한 설비전문회사 '서해'에서 맡아 2004년 6월에 공사를 시작해 3개월만에 공사를 마치고 곧바로 입당했다.[39]

(7) 탄압기(2011-현재)

김정일이 사망하고 김정은 체제가 들어와서는 한국의 이명박 정부 이후 남북교류가 막힌 상태이다. 5.24조치는 남북 종교의 교류마저 끊어놓고 말았다. 이러한 상황에서 고난의 행군 이후 새로이 형성되어가는 종교의 변화를 수용하지 않고, 철저히 탄압하기 시작했다. 현재 북한에 억류된 인원은 총 9명이다. 한국인 6명, 미국 국적자 3명이다.

미국 국적 억류자는 한국계인 것으로 알려졌다. 종교단체와 인권단체는 비공식적으로 북한에 억류 중인 외국인이 당국의 집계보다 훨씬 더 많다고 주장한다. 여기에 조선족이나 화교 등은 포함돼 있지 않다. 현재 북한에 억류된 미국인은 토니 김(김상덕) 씨와 김학송 씨, 김동철 목사 등 총 3명이며, 평양과기대 교수 출신 한국계 토니 김 씨는 지난 4월 북한에서 출국하기 전 평양국제공항에서 체포됐고, 지난 5월에는 북한에 '적대 행위'를 했다는 혐의로 구금된 김학송 씨가 기차를 타고 중국 단둥에 있는 집으로 가다 평양역에서 체포됐다.

---

[39] http://nktoday.kr/?p=12132 (2018.4.7).

한국계 미국인 김동철 목사도 2015년 10월 나진·선봉 경제무역지대에서 '간첩' 혐의 등으로 북한 당국에 체포돼 10년 형을 선고받았다. 캐나다계 임현수 목사는 2015년 1월 말 나진·선봉 지역에서 평양으로 향하던 중 국가 전복 음모 혐의로 억류됐었다가 약 31개월 만인 2017년 8월 9일 석방되었다. 북한 억류가 확인된 우리 국민은 탈북민 3명을 포함해 총 6명이다. 김정욱 선교사는 2013년 10월 밀입북 혐의로 북한 당국에 체포돼 국가 전복 음모죄와 간첩죄 혐의로 무기징역을 선고받았다. 2014년 10월과 12월에 각각 억류된 김국기 목사와 최춘길 선교사도 국가 전복 음모죄와 간첩죄 등으로 무기 노동교화형을 선고받고 복역 중이다.

억류된 탈북민 3명 중 북한이 신원을 공개한 사람은 지난해 5월 북·중 접경 지역에서 납치된 고현철 씨다. 북한은 2016년 7월 고 씨의 자백 기자회견을 열어 그가 어린이 유괴에 가담했다고 주장했다. 나머지 2명 중 1명은 2016년 3월 북·중 접경 지역에서 납치된 김원호 씨로 알려졌으나, 탈북민 출신 한국인들에 대해서는 아직 북한이 최종 판결을 하지 않았다는 게 정부 판단이다.[40]

2015년 「외교 정책 저널」의 아시아 편집인인 아이작 스톤 피시는 BBC 방송에 김정은 정권이 기독교에 그다지 문제가 없다고 말했지만, 그들 스스로 움직이는 데는 문제가 있다고 말했다. 그리고 『기밀유지 북한』의 저자인 제임스 피어슨은 공식적으로는 북한이 종교의 자유를 지지하지만 실제로 그렇지 않다고 말했다.[41] 태영호 전 북한공사도 2017년 3월에 "북한

---

[40] "북한에 억류된 사람들," http://blog.naver.com/PostView.nhn? (2018.2.27).
[41] Stephen Evans, "North Korea and Christianity - uneasy bedfellows" http://www.bbc.com/news/world-asia-pacific-33740261 2018.2.27 Isaac Stone Fish, the Asia editor of the respected Foreign Policy journal, told the BBC that Kim Jong-un's regime didn't so much have a problem with Christianity in itself - but they do have a problem with a movement which would be a threat to themselves. James Pearson, who covers Korea for Reuters and is the author of North Korea Confidential, said the state formally "espouses freedom of reli-

사람들은 지금도 이동의 자유, 직업선택의 자유, 신앙의 자유, 언론의 자유가 없고 한국 드라마를 봤다고 해서, 또 성경책을 한 번 펴 봤다고 해서 죽임을 당하고 수용소에 잡혀가고 있다"고 했다.[42]

북한의 종교정책이 이중적일 수밖에 없는 이유

북한종교정책의 시기를 보게 되면, 탄압과 소멸정책이 우선이었으나 어느 시기에 종교정책을 변화시킨다. 그러나 자세히 살펴보면 이중적이다. 외면적으로는 종교를 허용 하는 것 같으나, 내면적으로 여전히 탄압정책으로 일관한다.

이렇게 이중적인 종교정책을 쓸 수밖에 없는 이유가 무엇인가?

백중현 기자는 이 부분에 있어서 이러한 이중적 구조 덕분에 북한 기독교와 타종교가 생존할 수 있었다고 한다.[43] 북한의 기독교를 본다면 '사회적인 역할'과 '종교본질'의 두 관점으로 보게 된다. 진보는 '사회적인 역할'로 보았다면, 보수는 '종교본질'로 보았다. 사회적인 역할로 본다면 북한의 교회와 종교를 인정하고 파트너로 일을 하게 된다. 그러나 종교본질로 본다면 북한의 교회와 종교는 인정할 수 없게 된다. 이제 우리는 북한의 현재 종교를 어떻게 보아야 하는지 다시 정리해야 할 것이다.

봉수교회와 칠골교회는 교회 본연의 임무를 수행하지 못하는 관제교회이다. 그러나 그들이 교회라고 하고 있으니 우리는 교회라고 부를 수밖에 없지 않으냐고 김영욱 총장은 말씀한다. 이제는 봉수교회와 칠골교회가 교회다 아니라는 것에서 벗어나 이중적인 북한의 종교정책을 더 깊이 살펴보고, 선교에 활용할 수 있는 면이 무엇인지를 찾아야 한다.

---

gion, but effectively bans it".
42 태영호, "북한에선 성경 한 번 펴봤다고 죽임 당하고 수용소에 잡혀가," frontierstimes.com/tag/태영호/ (2018.2.1).
43 백중현, 『북한에도 교회가 있나요?』 (서울: 국민일보, 1998), 264.

5. 북한 최고 지도자들의 종교관

1) 김일성

기독교 배경에서 태어나고 자란 그가 언제 반기독교적 태도를 보였는지 추측해 본다. 고태우는 아버지 김형직 사망 즈음 18세경에 공산주의자로 변신하면서 반기독교적 태도를 보였다고 추측한다.[44] 김일성의 종교관에 대해 몇 가지로 나누어 본다면,

첫째, 공산주의 배경이다.
둘째, 미국과의 관계이다.
셋째, 인본주의 사상이다.[45]
넷째, 자신의 정책에 반대하면 모든 것(종교도)이 '악'이었다.

1960년대 김일성 저작, 어록집을 조사한 사와마사히코는 "김일성이 전 국민에게 호소할 때 과거에는 '노동자, 농민, 여성, 청년, 학생, 예술인, 상공인, 종교인'이라고 하여 마지막에는 꼭 종교인을 덧붙였으나 1957-58년을 경계로 하여 '종교인'이라는 말이 그의 연설에서 사라져 버렸다"[46]고 하였다.

그는 종교인을 '범죄자와 민족반역자'들이라고 하였다. 그는 "우리나라 헌법에 명기된 신앙의 자유에 관한 조항은 빈말 공부나 비누 거품 같은 약속이 아니다. 우리는 예나 지금이나 신앙의 자유를 짓밟아 본 적도 없고 종교 신자들을 탄압해 본 적도 없다. 만일 공화국 정권하에서 제재를 받았거나 정치적 시련을 겪은 종교인이 있다면 그것은 조국과 인민의 리익을

---

[44] 고태우, 『북한의 종교정책』, 75.
[45] 「조선중앙연감」 1978년판, "모든 문제는 하느님이나 그 어떤 영웅 호걸이 결정하는 것이 아니라 근로인민이 결정합니다"
[46] 양병희, 『북한교회 어제와 오늘』, 80.

팔아먹은 범죄자들과 민족반역자들뿐일 것이다"⁴⁷라고 하였다.

　　김일성은 종교인들을 처단하고 수용소에 가둔 이유로 종교인들과는 공산주의 사회를 이룰 수 없다고 말하였다.

> 우리는 종교인들을 데리고 공산주의 사회로 갈 수 없습니다. 그래서 우리는 기독교, 천주교에서 집사 이상의 간부들을 모두 재판해서 처단해 버렸고, 그 밖의 일부 종교인 중에서도 악질들은 모두 재판해 버렸습니다. 그리고 일반 종교인들은 본인이 개심하면 일을 시키고 개심하지 않으면 수용소에 가두었습니다.⁴⁸

　　김일성은 1946년 3월 토지개혁을 하는 과정에서 기독교인들의 조직적인 반대에 닥치자 기독교인들을 신랄하게 비난하였다. 그는 "반동적인 장로, 목사로서 땅을 안 가졌던 자가 거의 없고 놀고먹지 않은 자가 없었기 때문에 이들도 우리에게 불평을 품고 있습니다"⁴⁹라고 하였다.

　　그리고 김일성은 종교단체를 조직한 이유에 대해서 말했다.

　　"우리는 종교를 반대하면서도 왜 중앙에 종교단체를 조직해 놓고 있는가 하는 이야기들이 많습니다. 우리는 아직 조국을 통일시키지 못하고 있습니다. 국제적으로 많은 종교인이 있으므로 우리가 종교를 인정하지 않는다고 하면 우리를 반대하는 적이 많아질 것입니다. 우리나라를 방문하는 많은 외국인과 재일동포들은 우리에게 왜 종교를 못 믿게 하는가 하고 묻습니다. 그래서 우리는 종교를 허용하지만, 인민들이 각성하여 믿지 않는다고 말하고 있습니다.

47　김일성, 『세기와 더불어』 제5권, 367.
48　고태우, 『북한의 종교정책』, 79.
49　김일성, 『김일성저작선집 Ⅰ』 (평양: 조선로동당출판사, 1967), 249-250, 김병로, 『북한 종교정책의 변화와 종교실태』, 11 재인용.

우리 조국 남반부에 수많은 종교인이 살고 있는데 우리가 종교인들을 다 죽인다고 생각하면 그들도 우리는 반대하는 데 합세할 것이 아닙니까? 그래서 우리도 불필요한 중앙 종교조직을 만들고 있는 것입니다.[50]

김일성은 '종교에 대한 긍정적 견해를 표명'[51] 하기도 하였고 나아가 '종교는 국가에 이익이 되어야 한다'[52]고 하였다. 그는 통일 후 북한의 종교 정책 방향[53]을 언급하기도 하였다.

2) 김정일

김정일은 김일성과 달리 종교관을 찾기 매우 어렵다. 왜냐하면 그는 종교적 배경이 없기 때문이다. 물론 혹자는 '김정일이 어렸을 때, 김일성의 외가를 통한 기독교의 체험이 있었을 것이다'라고 추측하기도 한다. 그러

---

50 박완신, 『평양에서 본 북한사회』, 160.
51 1991년 8월 김일성은 조국평화통일위원회 책임일꾼들과의 담화에서 종교에 대한 긍정적 입장과 대외적인 종교교류 의사를 표명하였다. "종교에 대한 올바른 리해를 가지고 종교를 믿는 사람들과의 사업을 잘하는 것은 매우 중요합니다. 사람들이 종교를 믿게 되는 것은 대체로 현실생활에서의 고통과 불행을 숙명적인 것으로 받아들이고 래세에 가서라도 행복한 삶을 누려보고 자는 념원에서 출발한 것입니다. 그러므로 종교를 믿는 사람을 나쁘다고 할 수 없습니다. 나쁜 것은 … 종교를 악용하는 반동통치배들입니다"
52 김일성은 진보적 목사들과의 대화에서 "미국의 예수를 믿지 말고 조선의 예수를 믿어라"고 말한다. "이제부터는 종교도 국가와 인민의 이익에 복종되어야 하며, 우리민족의 이익을 위한 종교로 되어야 한다. 그러한 종교만이 조선 사람이 믿을 수 있는 종교로 될 수 있다. 하느님을 믿어도 남의 나라 하느님이 아니라 조선의 하느님을 믿어야 하며, 숭미사상을 퍼뜨리는 신자가 될 것이 아니라 조국의 자주 독립을 위하여 투쟁하는 애국적 종교인이 되라."
53 "지난날의 책들을 다시 검토하는 것과 함께 불교, 예수교 같은 종교와 불교 문화 및 유교 문화도 옳게 평가하여야 합니다. 우리 공화국 북반부에서는 이미 종교문제를 기본적으로 해결하였다고 볼 수 있습니다. 그러나 남조선에는 종교를 믿는 사람이 적지 않습니다. 그러므로 앞으로 조국이 통일된 다음에 우리 사람들이 남반부에 나가서 종교와의 투쟁을 잘하도록 하려면 학생들에게 종교의 본질과 그 해독성이 무엇인가를 똑똑히 알려주어야 합니다."

나 학계의 정설은 김정일은 종교적 배경이 없다는 쪽에 가깝다. 그의 종교에 대한 생각들을 조각난 몇 가지 사실을 통해 살펴보면 다음과 같다.

우선 그는 종교에 대한 긍정적인 이미지를 가지고 있었다. 박승덕은 90년 북미기독학자회의에서 발표한 "기독교에 대하는 주체사상의 새로운 관점이라는 글에서 밝힌 것이 김정일은 종교에 대해 좋은 점이 있다고 긍정적인 면을 시사하였다"고 하였다.

그의 글을 보면 "수령님께서는 종교를 악용하는 반동적 지배계급과 제국주의자들의 책동을 배격하시었지 종교와 신자를 배척하신 일이 없습니다. 종교에는 나쁜 점만 있는 것이 아니라 좋은 점도 있습니다. 종교에서 사람들이 서로 사랑하면서 평화롭게 살라고 주장하는 것은 좋은 점이라고 볼 수 있습니다"[54]라고 하였다.

이 글을 통해 본다면 김정일의 종교관은 김일성의 종교관을 그대로 이어받았다고 보여지며, 김정일 역시 기독교에 대해 그리 나쁘게만 생각하지 않는다는 것이다. 이 내용을 발표한 것은 1982년으로 그 당시 기독교에 대한 약간의 우호적인 것으로 착각하게 만들게 하기도 하였다.

김정일은 1966년 12월 27일에 문학예술 부문 일군과 창작가들과의 담화에서 다음과 같이 말한다.

> 우리나라의 종교문제는 조국해방 전쟁시기에 해결되었습니다. 기독교에 대하여 말한다면 그것은 우리나라에 19세기 후반기에 미국 선교사들에 의하여 급속히 전파되었습니다. 전쟁 전에 그 신자가 북반부에도 많이 있었는데 전쟁 시기 미제침략자들의 야수적 폭격으로 례배당이 다 바사지고 미제의 살인 만행에 의하여 많은 신자가 희생되었으며 살아남은 신자들도 대동군의 그 목사처럼 각성되어 예수를 믿지 않게 되었습니다.

---

[54] 김정일, "주체사상의 기본에 대하여," 189.

> 지금 공화국 북반부에는 종교를 믿고 있는 사람이 얼마 되지 않는 데다가 신앙의 자유가 법적으로 완전히 보장되어 있으므로 종교문제에서 자그마한 것도 제기되는 것이 없습니다.[55]

비록 미국과 목사들의 만행으로 인해 기독교가 다 말살되었지만 그래도 종교인들이 북한에 아직 남아있고, 더욱이 신앙에 대한 자유가 법적으로 보장되어 있어서 인권문제나 종교 탄압은 문제가 되지 않는 것으로 인식하고 있었다.

3) 김정은

김정은 노동당 위원장이 종교에 대해 어떤 인식을 가졌는지 아직 드러난 것이 없다. 10대 시절 스위스 조기유학 기간에 서방세계의 종교에 대해 충분히 접하고 생각할 기회를 가졌을 것이란 관측은 있다. 김정은 정권 등장 이후 그가 참석한 송년 행사 등에 크리스마스 분위기의 장식물이나 인형 등이 등장하고 있는 점은 눈여겨볼 대목이라는 게 정부 당국과 전문가들의 지적이다. 핵과 미사일 도발을 감행하고 있는 김정은의 도발적 리더십으로 볼 때 북한이 종교의 자유를 허용하거나 통제를 느슨하게 풀어줄 가능성은 없어 보인다. 오히려 선전전이나 비방에 매달리는 모습을 드러내고 있다. "2016 국제종교자유 연례 보고서"에서 북한은 16년째 종교자유 특별우려국으로 지목됐다. 북한 외무성은 이를 두고 "종교문제까지 거들며 각방으로 걸어오는 도발 행위들은 반드시 값비싼 대가를 치르게 될 것"이라고 반발하고 있다.[56]

---

[55] 김병로, 『북한종교정책의 변화와 종교실태』, 181.
[56] 이영종, "김정은 체제 들어 지하종교 번진다" http://blog.naver.com/PostView.nhn?blogId=vkfks0732&logNo=221132247298 (2018.2.24).

김정은 시대에 들어와 일어났던 일을 몇 가지 살펴보면 2012년 3월 19일에 "친구들과 술을 마시던 박명일이 취한 김에 감춰두었던 성경책을 꺼내 보여 주었는데, 며칠 후 박명일은 회령시 유산동 보위부로 끌려갔다." 2014년 3월 11일에는 김정은 북한 국방위원회 제1위원장이 선교사와 접촉했다는 이유로 33명의 기독교인을 처형하라는 지시를 내린 것으로 알려졌다.[57] 2015년 7월 13일에도 "풍수지리상 우리나라의 수도가 될 도시는 평양이 아니라 서울이다"는 말을 했다는 이유로 그 지방의 유명 점집 여인이 관리소로 끌려갔다고 소식통은 말했다.[58]

2015년 8월 5일, 안찬일은 다음과 같이 논평했다.

> 임현수 목사와 같은 종교인들을 이용 가치가 있을 때는 자주 불러 도움을 요청하다가 결국 그를 정치범으로 몰아가는 것은 김정은 정권의 상투적 수법입니다. 결국 평양 정권은 종교를 부정함으로써 인권탄압국가임을 자인하고 있으며, 인민들의 종교자유의 욕구를 묵살하는 것으로 정권 유지를 기대하지만 그것은 오산입니다.

오픈 도어즈의 커리 회장은 북한 지도자 김정은 노동당 위원장을 강력히 비판했다. 커리 회장은 "(김정은은) 자신을 신이라고 생각하지만, 사실은 자국민을 이빨로 집어 삼키는 동물같이 행동하는 지도자를 상상해 보는 게 좋다"라고 비난했다. 커리 회장은 북한 주민들은 김 위원장이 마치 신이라도 되는 것처럼 그의 동상을 숭배하고, 이 동상에 절을 하며 꽃을 바쳐야 한다고 말했다. 커리 회장은 그러나 김 위원장이 통제체제와 이웃감시체제를 구축했으며, 성경을 갖고 있거나 기독교인으로 알려진 사람을 신고하는

---

[57] 「크리스찬투데이」(2014.3.11).
[58] 「조선일보」(2015.7.13).

이들에게 더 많은 식량을 배급하는 등 보상을 준다고 덧붙였다.⁵⁹

6. 결론

지금까지 우리는 북한종교의 실태를 살펴보고, 북한 정부가 종교를 어떻게 변화시켰는지에 대해 살펴보았다. 현재 북한에 있는 종교를 종교로 인정하지 않지만 그래도 앞으로는 종교의 역할을 할 것으로 기대하는 이들이 있다. 북한은 종교를 정치의 하위체계로 인정하면서 종교를 정치, 경제적 이용의 대상으로 삼고 있기 때문이다.⁶⁰

북한에서 종교문제는 양면적이다. 언뜻 보면 헌법 조항에 종교의 자유를 허용하는 듯 밝히고 있지만, 자세히 들여다보면 "공민은 신앙의 자유와 반(反)종교 선전의 자유를 가진다"고 강조한 대목에서 실제론 종교를 억압하고 법률적 제재의 근거로 삼을 수 있는 '반종교 선전의 자유'에 무게를 두고 있다. 가까운 시간 안에 북한은 종교의 자유를 허락하지 않을 것이다.

북한 당국이 선전용으로 조직한 활동 외에는 주민들이 자유롭게 예배나 미사·예불 같은 의식에 참여하는 건 허용되지 않을 것이다. 외국인이나 관광객도 예외는 아니다. 2014년 4월말 방북한 미국인 제프리 에드워드 파울은 호텔에 성경책을 두고 나왔다는 이유로 평양공항에서 체포돼 중형을 선고받았다가 6개월 만에 겨우 풀려날 수 있었다.

북한의 경우 실제로는 종교의 자유가 완전보장되었다고 볼 수는 없지만, 1980년대에 접어들어서 종교 아편설을 공식적으로 포기했다는 사실은 기독교적 관점에서 볼 때 남북대화와 통일을 향한 큰 장애가 제거된 큰

---

59 "북한, 17년 연속 세계 최악 기독교 박해 국가," http://news.zum.com/articles/42575501 (2018.2.23).
60 박완신,『북한종교와 선교통일론』, 21.

걸음의 전진이 아닐 수 없다.

우리는 북한의 종교 현실에 대해 깊이 있는 이해가 필요하다. 탈북민들 가운데 북한의 종교에 대해 북·중 국경을 통한 외부 문화 유입과 탈북자를 통한 은밀한 확산 등으로 인해 종교문화가 번지고 있는 건 사실이라고 입을 모은다.

대북인권단체인 북한정의연대는 지난 3월 발간한「북한의 종교 실상」에서 "김정은 정권의 엄격한 단속에도 불구하고 북한에 최대 50만 명으로 추산되는 지하종교인들이 활동 중"이라고 밝히기도 했다. 그뿐만 아니라 우리는 그루터기 신자들도 유의 깊게 살피고 기도해야 할 대상이다. 서울 USA와 서울대 김병로 박사는 이 일에 대해 2000년부터 관심을 가지고 연구하고 자료를 수집하고 있다.

북한은 종교에 대한 태도에 분명한 변화가 있었다. 태도의 변화는 크게 본다면 경제난으로 인한 것과 경제 실리들 때문이다.[61] 북한의 종교정책은 통일전선 형성을 목적으로 진행되고, 체제 내 종교로서 존재한다. 북한 기독교가 체제 내 종교로서 움직이지만, 고난의 행군 이후 두드러지게 지하교회가 움직이고 있는 것으로 보아서 북한 내 종교의 변화가 일어나고 있음을 알 수 있다. 그렇다고 김정은 체제 아래서 기독교의 박해가 없어지는 것은 아니다.

현재 북한에 종교와 종교단체가 있지만, 이 일에 종사하는 이들 외에는 이것에 대해 알지 못한다. 탈북민들은 북한에 있을 때 교회나 성당을 들어 본 적이 없다고 말하는 이들이 대다수이기 때문이다. 북한 일반 주민들은 종교에 대해 잘 알지 못할뿐더러 사상교육으로 인해 종교에 대해 부정적임이 틀림없다.

현재 북한의 종교 상황이 그러하다 하더라도 우리는 다시 동방의 예루

---

61 최의철, 신현기,『남북한 통일정책과 교류협력』(서울:백산문화, 2001). 122-123.

살렘이 세워질 때를 기대하며, 북한선교에 힘을 기울여야 할 것이다. 북한이 아무리 종교를 탄압하고 말살한다 하더라도 종교적 생명력은 막을 수 없다. 뿌려진 복음의 씨 즉 북한에 뿌려진 순교의 피는 계속해서 자랄 것이기다.

탈북자 출신의 주성하 기자는 "왜 순교의 피는 북한 사람의 몫인가요?"라고 질문한다.[62] 성경책을 소유했거나 기독교 신앙을 가진 것으로 인해 북한 주민은 총살 등의 순교를 하는데, 선교사들은 대다수 풀려난다고 하면서 이들을 구출하기 위해 누군가 또 죽어야 하는 억울함을 당하지 않아야 하며, 주를 위해 모두가 순교를 각오해야 한다고 말하였다.

이제 우리는 북한이 얼마나 기독교를 탄압하는가?에 대한 관심보다 우리는 어떻게 그들에게 순교적 사명으로 복음을 전하고 이미 복음을 받은 그들을 위해 우리는 무엇을 하며, 나아가 북한에 문이 열렸을 때, 한국교회가 어떻게 나아갈 것인지를 준비해야 할 것이다.

---

[62] 주성하, "왜 순교의 피는 북한 사람의 몫인가요?"『동아일보』(2017. 7. 20).

참고문헌

고태우. 『북한의 종교정책』. 서울: 민족문화사, 1989.
김광수. 『북한기독교탐구사』. 서울: 기독교문사, 1994.
김남진 외 7. 『향도의 태양 김정일장군』. 평양: 동방사, 1995.
김병로. 『북한종교정책의 변화와 종교실태』. 서울: 통일연구원, 2002.
『북한사회의 종교성: 주체사상과 기독교의 종교양식 비교』. 서울: 통일연구원, 2000.
김양선. 『북한기독교탐구사』. 서울: 기독교문사, 1994.
김영욱. 『복음주의 입장에서 본 북한선교』. 경기: 아세아연합신학대학교출판부, 2012.
김일성. 『세기와 더불어』 제5권.
『김일성저작선집 Ⅰ』. 평양: 조선로동당출판사, 1967.
김원곤. 『북한의 교회와 선교 알아보기』. 경기: 한맥출판사, 2011
김학준 외 7. 『남북한 생활상: 그 삶의 현주소』. 서울: 박영사, 1986.
김흥수, 류대영. 『북한종교의 새로운 이해』. 서울: 다산글방, 2002.
리현길 편저. 『위대한 령도자 김정일 동지의 사상리론: 문예학2』. 평양: 사회과학출판사, 1996.
박문갑 외 4인. 『남북한 비교론』. 서울: 문우사, 1987.
박완신. 『평양에서 본 북한사회』. 서울: 도서출판답계, 2001.
_____. 『북한종교와 선교통일론』. 서울: 지구문화사, 1996.
백중현. 『북한에도 교회가 있나요?』. 서울: 국민일보, 1998.
송원근. 『북한의 종교지형변화』. 서울: 청미디어, 2014.
심상진. 『불교도들의 참다운 삶』. 평양: 조선 불교도연맹중앙위원회, 2001.
아세아연합신학대학교 북한연구원. 『북한의 종교』. 서울: 청미디어, 2016.
양병희. 『북한교회 어제와 오늘』. 서울: 국민일보, 2006.
이상우 외 6명. 『분단 40년』. 서울: 을유문화사, 1989.
이찬영. 『북한기독교 100장면』. 서울: 도서출판 소망사, 2000.
윤여상, 정재호, 안현민. 「2014 북한종교자유백서」. 서울: 북한인권정보센터, 2014.
정대일. 『북한 국가종교의 이해』. 서울: 나눔사, 2012.
정인생. 『한국교회사』. 서울: 도서출판 한글, 2001.

정태혁, 『북한의 종교』. 서울: 국토통일원, 1979.
조선중앙통신사, "조선중앙년감 1950." 평양: 조선중앙통신사, 1950.
최의철, 신현기. 『남북한 통일정책과 교류협력』. 서울: 백산문화, 2001.
통일부, 『2000북한이해』. 서울: 통일부, 2000.
『2008 북한이해』. 서울: 통일부, 2008.
『2009 북한이해』. 서울: 통일부, 2009.
통일부 통일교육원, 『자주묻는 통일이야기 50』. 서울: 통일부 통일교육원, 2009.
통일연구원. 『2009북한개요』. 서울: 통일연구원, 2009.
「2014 북한인권백서」. 서울: 통일연구원, 2014.
통일원. 『92 북한개요.』 서울: 서라벌, 1992.
하종필. 『남북한종교통합방안』. 서울: 선인, 2005.
『북한의 종교문화』. 서울: 선인, 2003.
한국정신문화연구원. 『북한의 실상』. 서울: 고려원, 1986.
한국천주교 통일사목 연구소편. 『가톨릭교회와 남북교류』. 서울: 사람과 사람, 1992.
Allen D. Clark. 『Protestant Missionaries in Korea 1893-1983』. 서울: 대한기독교출판사, 1987.
최명국. "북한 교회 커뮤니케이션의 구조적 성격 연구" 성균관대학교 박사논문 2004.
조선중앙연감 1978년판
김일성. "학생들을 사회주의, 공산주의 건설의 참된 후비대로 교육교양하자." 「사회과학의 임무에 대하여」.
안찬일. "기독교를 모욕하면 천벌을 받는다." 북한개혁방송. 2015.8.5.

제13장 북한의 장마당 문화와 북한선교[1]

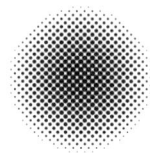

1. 들어가면서

2018년은 한반도 변화의 소용돌이 해라고 할 수 있다. 남북정상회담과 북미정상회담을 하게 되었다. 이것은 한반도에 변화의 물결이 크게 일어날 것이고, 이런 변화의 열차에 북한이 탑승한 것이다. 사회주의 국가인 북한이 자본주의 연습을 하는 장면은 어제오늘의 일이 아니다. 김정은 체제가 들어서면서 북한은 크게 변화하고 있다.

특히 평양은 아파트 분양 과정에서 프리미엄(웃돈)과 같은 개념이 생겨나고 부동산 중개수수료까지 챙기는 일이 다반사가 되고 있다.[2] 이런 변화가 있음에도 불구하고 북한은 정치와 체제는 변하지 않는다.

우리는 '북한 사람들은 왜 폭동을 일으키지 않는지'에 대해 궁금해한다. 그들이 폭동을 일으키지 않는 이유는 "북한 사람은 독재 속에 살기에 독재의 부당함에 대해 모른다"고 하거나 "무상배급, 무상치료, 무료교육, 선물에 영혼을 팔았기 때문"으로 이해한다.[3]

체제는 변하지 않는다 하더라도 사회와 문화는 변하고 있다. 특히 북

---

[1] 이 글은 기독교통일포럼의 통일네비게이션 2018에 게재된 것을 다시 재구성하고 보충한 것이다.
[2] "자본주의 맛본 북한 부동산시장," 「중앙일보」(2018. 7. 18), 24.
[3] 최진이, "조선에서 개인재산과 주민불만," 「임진강」 2011년 봄호, 51.

한의 장마당은 북한 전체의 사회와 문화를 변화시키고 있다. 요즘 북한을 방문하는 사람들은 '북한도 자본주의화되고 있다'고 한다.[4] 북한 주민들이 신뢰하는 당이 두 개가 있다. 하나는 조선노동당이고 다른 하나는 장마당이다. 북한 주민들이 의지하는 중심에 장마당이 있다.

장마당이 생겨난 원인은 "오로지 굶어 죽지 않기 위해 자구책으로 생겨난 북한 주민들의 마지막 생명줄"[5]이라고 생각한다. 굶어 죽지 않기 위해 생겨난 장마당이 북한 변화의 핵심이 되었고, 나아가 새로운 문화를 가져오는 도구가 되었다. 특히 북한 주민들의 먹고사는 문제는 정부가 아니라 장마당이 되었고, 남성 중심에서 여성 중심으로 바뀌었다. 즉 장마당에 나오는 사람들은 주로 여성이다. 북한에서 모든 성인은 작업조에 배속돼 일해야 하지만, 결혼한 여성은 제외된다.

북한 공식 경제의 사정이란 뻔한 것이어서, 장마당에 나가는 주부들이 남편들을 대신해 사실상 가계를 책임지고 있다. 상품 거래 이외에 연인들을 위해 한두 시간 집을 빌려주는 장사를 하는 주부들도 있다. 그렇다고 남성들도 예외는 아니다. 직업이 있는 남자들 역시 장마당 거래에 뛰어든다. 몸이 아파 치료를 받아야 한다는 핑계를 대고 몇 달간 휴직한 후 다른 곳에서 장사하다가 다시 복귀하는 것도 가능하다고 탈북민들은 말한다.[6]

북한에는 '농민시장,' '종합시장,' '골목장,'[7] '메뚜기장'[8]이란 이름의 시장이 있다. '농민시장'과 '종합시장'은 정부에 의해 지어진 공설시장이다. 1990년대 중반, 정부 당국의 식량 미공급으로 북한 주민들이 장사활동에

---

[4] 박한식, 강국진, 『선을 넘어 생각한다』(서울: 부키, 2018), 30.
[5] 이애란, "북한장마당의 진화," 「미래한국」 513호. 2015년 12월, 60.
[6] 다니엘 튜더·제임스 피어슨 지음, 『조선자본주의 공화국』, 전병근 옮김. 비아북 http://news.zum.com/articles/39809213 2017.10.5.
[7] 골목장이란 사람들이 많이 오가는 길목에 장사꾼들이 모여들어 길손들을 향해 익힌 음식을 파는 행위를 하는 장사형태로 장세를 내지 않기에 안전원들의 단속 표적이 된다.
[8] 메뚜기장이란 안전원들이 단속 나오면 장사꾼들은 메뚜기떼처럼 사방으로 흩어졌고 이 장사방식은 곧 민중창작에 의해 '메뚜기장'으로 이름 정해졌다.

나서기 시작하면서 주민들은 당국이 허용했던 공설시장인 농민시장을 전통적인 호칭에 따라 '장마당'이라 불렀다.[9]

2003년 3월 북한은 7.1 개선조치에 따라 그 이름을 '종합시장'으로 개칭하였다. 주민들은 종합시장보다는 장마당이라 부르길 좋아한다.[10] 장마당의 물가를 보면 2017년 9월 기준으로 쌀 가격은 1kg당 평양 6100원, 신의주 6085원, 혜산 6100원이었다. 2018년 8월과 비교하면 평양 330원, 신의주 345원, 혜산은 300원이 올랐다. 옥수수는 1kg당 평양 2390원, 신의주 2310원, 혜산은 2700원에 거래되고 있어 지난 8월에 비해 평양은 310원, 신의주 210원, 혜산 550원이 올랐다.

소식통[11]은 "전국의 시장들에서 하루에도 물가변동이 심하다"면서 "수해로 물난리를 겪었던 2015년에도 식량 가격이 이렇게 오르지 않았다"고 전했다. 소식통은 이어 "우리나라(북한)에서 가을걷이가 마무리되는 추석 대목은 항상 식량 가격이 내려가는 시기"라면서 "하지만 여름에 올라간 식량 가격이 가을걷이 후에도 내리지 않고 있어 주민들은 국제사회의 식량 지원을 애타게 기다리는 분위기"라고 지적했다.

환율은 2003년 당시 1달러 당 1,500-1,800원 정도였으나[12] 2015년에는 1달러 당 평양 8100원, 신의주는 8125원, 혜산 8240원이고, 1위안 당 평양 1220원, 신의주 1230원, 혜산은 1260원에 거래되고 있다. 이와 함께 돼지고기는 1kg 당 평양 1만 5000원, 신의주는 1만 4700원, 혜산 1만 5000원에 거래되고 있다. 휘발유 가격은 1kg 당 평양 1만 7800원, 신의주

9　최진이, "전국적 장마당에서 보는 북주민의 대중문화," 「임진강」 제26호. 2016년 여름 가을호 21-22.
10　최진이, "전국적 장마당에서 보는 북주민의 대중문화," 22.
11　양기자의 여행수첩 "北 장마당 물가 들썩…쌀 1kg 6000원대-돼지고기 1만 5000원" http://blog.naver.com/PostView.nhn?blogId=ysyang0815&logNo=221107694505 2017.10.5.
12　태영호, 『3층 서기실의 암호』 (서울: 기파랑, 2018), 214.

1만 8000원, 혜산 1만 8090원으로 판매되고 있고, 디젤유는 1kg 당 평양 1만 2580원, 신의주 1만 2870원, 혜산 1만 3266원이다.

2. 장마당 해석과 배경

북한의 장마당을 다섯 가지로 이해한다.

첫째, 시대적 요구로 해석한다.

북한의 장마당은 '뉴노멀'(new nomal) 시대의 산물이다. 한 시기에서 다른 시기로 넘어가는 과도기에는 체제가 불안정하고 급격한 변화가 돌출한다.

어제까지 표준으로 작동하던 방식이 오늘에 와서는 전혀 작동하지 않는 현상이 벌어진다. 이런 과도기의 특성을 설명하기 위해 만들어낸 용어가 바로 뉴노멀이다. 원래 '뉴노멀'은 2007~2008년 금융위기 이후 급변한 경제 상황을 설명하기 위한 용어였다. 그러다가 사회적 변화가 일상화되고 심화하면서 이 말은 정치, 사회, 문화 등 제반 영역에서 두루 쓰는 보편적 용어가 되었다.[13]

결국, '뉴노멀'이란 위기 이후 5-10년간 세계 경제를 특징짓는 현상으로 과거를 반성하고 새로운 질서를 모색하는 시점에 등장한 것이다. 북한의 장마당이 북한의 지난 경제에 반해 새로운 질서를 모색해야 하는 시점에서 장마당이 등장한 것이다.

둘째, 인간의 가장 기본적인 의식주 해결을 위한 수단으로 해석한다.

인간은 거부할 수 없는 인간의 최소한의 기초적인 수요가 있다. 의식주

---

13 "뉴노멀이란 무엇인가," http://post.naver.com/viewer/postView.nhn?memberNo=20361418&volumeNo=5396716 2017.9.15.

는 인류역사의 고금을 막론하고 인간에게 있어서 기초적인 수요가 된다. 여기에 더불어 안전, 나눔, 소속감, 성취감, 비전 등도 인간이라면 당연히 있는 기초적인 필요이다. 북한 주민들은 인간의 가장 기초적인 수요로 인해 장마당이 필요한 것이다.

셋째, 북한의 공식 경제(사회주의 경제 집단화)의 실패로 생긴 북한식 경제모형이다.

장마당은 사적 소유교환의 공간으로 자력갱생의 필수적인 터전이다. 그래서 겉으로 보기에는 자유주의 경제형태를 가진 것 같으나 여전히 장마당은 전근대적 폐쇄형 사회제도 형태를 가지고 있고, 북한 정권이 허용하는 범위 안에서 움직이고 있다. 비록 북한 정권이 허용하는 범위라고 하더라도 비사회주의 통제를 무릅쓰고 경제적 개방자로 위법적인 역할을 하고 있는 것이 장마당이다. 아무리 비사회주의 형태의 경제 활동이라 해도 북한의 장마당은 주체적인 성격이며, 나아가 출신 성분이 여전히 그 속에 자리 잡고 있다.

넷째, 북한 주민의 개인화라는 의식변화의 배경이 된다. 북한은 소그룹을 기반으로 하는 조직 문화이고 그룹 문화이다. 경제 역시 개인을 단위가 아니라 일정규모 이하의 소그룹을 활동단위로 한다. 그뿐만 아니라 국유산업, 사회주의 계획경제제도화, 협동화 등으로 사회문화가 개인이 아니라 그룹을 기반으로 한다. 이러한 그룹 문화가 개인 문화로의 전환이 생겨난 것이 장마당이다.

다섯째, 장마당은 우리식 사회주의의 한 형태이다. 정부가 장마당을 지방예산 수입원으로 여기고 있고, 장마당이 외화벌이 무역회사의 이윤창출 원천이며, 국영기관들이 장마당을 통해 수입을 확보하고 있으므로 '우리식 사회주의의 한 형태로 장마당'을 설명할 수 있다.

1) 장마당 정의

장마당을 한마디로 정의하기는 어려우나, "일시적인 경제적 난관을 이겨내기 위하여 사람들이 가지고 있던 생활필수품을 서로 교환하는 경제형태" 혹은 "계획경제가 아니라 시장원리로 작동하는 경제적 공간"이라 정의한다.[14]

장마당은 세 가지의 특징을 가진다.[15]

첫째, 전통적으로 형성 발전되어 온 교환의 장소이며,

둘째, 서로 교환성이 없는 상대 배타적 지역 경제성을 가졌다. 이런 의미로 장마당은 생태적으로 다문화적일 수 없는 일반 시장과 다른 형태를 가졌다.

셋째, 재래사회 문화권을 보존하려는 특색을 가졌다.

장마당이 발전하고 발달하고 있지만, 자본주의 시장경제를 바탕으로 성장할 수 있는가에 대해서는 매우 희박하다고 할 수 있다.

첫째, 장마당은 여전히 공식적인 것과 비공식적인 것이 공존하고 있기 때문이다. 여기서 공식적인 것은 사회주의 경제를 이끌 당이 책임지고 그들 안에서 허락하고 있다.

둘째, 자본주의 시장경제는 경제 주체들의 자유를 기반으로 하여 수요와 공급이 자발적이어야 하는데, 북한의 장마당 경제는 자유로운 시장경제이기보다는 흉내 된 시장경제이다. 시장에서 장사하는 이들은 자유로운 움직임을 가지고 있다고 생각하나 실제로 그들이 하는 일 중 상당한 부분이 북한 당국이 볼 때 불법적인 것으로서 언제든지 잡혀갈 수 있다는 것을 알고 있다. 그런데도 실제로는 장마당이 북한 주민들에게 자본주의 경

---

[14] 림근오, "북조선의 장마당과 그 사회문화," 「임진강」 제26호. 2016년 여름가을호 11-12.
[15] 림근오, "북조선의 장마당과 그 사회문화," 12.

제 메커니즘을 자연스럽게 학습시키는 교육장 역할을 하는 셈이다.

2) 장마당 역사적 배경

장마당은 대개 고난의 행군 이후 자발적으로 생겨난 시장형태를 두고 말하고 있으나, 임진강의 필진 중 림근오는 북한의 장마당이 지나온 역사를 1958년부터 시작된 것으로 밝히고 있다.

1958년부터 북한은 경제 집단화의 사회주의 제도를 '자력갱생의 항일혁명전통' 문화를 조직 사상적으로 주창하게 된다. 그러나 북한의 어려운 배급경제와 공급경제로 말미암아 자력갱생의 정치적 요구의 사회현실인 실천의 의미로 장마당은 자라기 시작한다. 사회주의적 집단경제화가 전면 완료된 시점에서도 사적 소유교환의 공간인 장마당은 바닥을 치었지 결코 소멸한 것이 아니었다. 단지 소멸시킬 수가 없어 사상 최소 규모로 남아있게 되었다.

북한은 아무리 계획경제로 집단경제화를 완성한다 하더라도 국영경제로서 나라 살림살이가 현실적으로 불가능했기 때문이다. 태영호는 1960년대에 장마당이 있었다고 한다. 그때는 장마당이라 하지 않고 농민시장이라고 불렀다. 농민들이 자기 텃밭에서 생산한 것을 파는 곳이었고 한 달 혹은 10일 단위로 열렸으나 평양과 같은 도시에는 없었다고 하였다.[16] 1960년대는 중·소 노선 갈등 시기 차관 상환 개시에다 급격한 인구 증가, 국방건설 부담까지 추가된 경제의 장마당 의존도는 당연히 높아질 수밖에 없었다. 1970년대는 생필품과 원자재 중간재의 만성적 절대 부족 상태는 국영기업에서 생산된 배급 생필품과 생산자재가 주민 공급체계 혹은 자재 공급체계를 음성적으로 탈선하고 장마당에 흘러나와 부정소득과 폭리를

---

[16] 태영호, 『3층 서기실의 암호』(서울: 기파랑, 2018), 525.

노리는 권력형 부패 현상을 조장하는 사태로 번지기 시작했다.

1970년대에 북조선의 사회주의 계획경제 질서 자체가 허물어지기 시작하였고, 이에 맞춰 특권층의 소비는 발 빠르게 자본주의 상품을 구입하는 외화벌이에 그 피난처를 확보하였다. 그 외화벌이가 본색으로는 바로 장마당과 대동소이 특권층 조합이었다.

1980년대에는 개혁개방 바람이 불며, 구 사회주의 국가 간의 무역이 시들어 버린 때도 장마당에는 벌써 중국과의 밀수통로까지 개설되었다. 이 시기가 장마당의 역할이 확실하게 생겨난 때이다. 1990년대에 국가 경제, 계획 경제의 붕괴로 말미암아 폭발적으로 증가, 질적으로 새로운 시대를 맞이하게 되었다. 진정한 장마당의 시대가 도래한 것이다.

1980년대 말부터 시작된 식량 미공급이 1990년대 김일성 주석 사망 이후 평양까지 내려왔다. 1997년에는 지방에서 아사로 인한 떼죽음이 발생하고, 평양에선 식량 배급이 끊겼었다.[17] 한 예로 북한의 외무성에서 1995년 즈음 배급소에서 쌀을 배급하지 않아서 어디 쌀을 구해야 할지 갈팡질팡하였다고 한다.[18]

오늘날 같은 장마당은 고난의 행군을 겪던 1990년대 말 정도로 평가한다. 지방은 물론 평양의 거리와 골목에도 불법 장사꾼들이 생겨났다. 평양 근처에 공설시장이 급조되기 시작했고, 평양역 가까운 평천 농민시장에는 매탁을 2-3개 구획으로 갈라 설치하고 매탁 위에는 지붕까지 해 씌웠다. 매장에 앉은 상인들에게는 관리자가 아주 소액(2-3원)을 받은 장세를 거두었다.

이 당시 매탁에 앉은 사람은 거의 은퇴한 여성 노인들이었다. 그리고 배급소에서 식량이 떨어져 공급 날이 열흘 이상 밀리게 되자, 강냉이, 콩

---

17 태영호, 『3층 서기실의 암호』, 110.
18 태영호, 『3층 서기실의 암호』, 66.

등 소량의 잡곡을 앞에 놓고 파는 장사꾼들이 농민시장의 공지를 메우기 시작했다. 어느 날부터는 식량 매매가 허용되면서 식량을 마대로 가져오게 된다. 이때부터 농민시장은 전 인민이 참여하는 장마당으로 탈바꿈하게 되었다. 식량 판매가 늘어남에 따라 공업용품 매대도 확장되고, 암묵적으로 각 양의 제품들을 팔 수 있도록 허용하게 된다.

이런 상황이 되자 직장을 그만둔 젊은 가정주부들이 장마당에서 주를 이루게 된다. 한 예로 오창림(북한 외교관)은 숙청당해 평성시에 주저앉게 되었을 때, 빵을 만들어 장마당에 내어놓았다. 빵은 잘 팔리어 유명해져 오창림 빵으로 불리기 시작했다.[19]

2000년대에 들어와 실질적으로 북한의 장마당은 혼란 속에도 북한에 한 줄기 희망을 안겨주었다. 2009년 장마당은 화폐개혁 서리까지 맞았다. 북한은 김일성 탄생 100돌인 2012년까지 강성대국 건설을 위한 세 가지 과업을 추진했었다. 헌법개정, 핵무장, 경제건설이다.

헌법개정은 2009년 4월 완료했고, 핵무장은 2009년 제2차 핵실험을 하였으나 경제건설은 달성하지 못했다. 그래서 단행한 것이 화폐개혁이었다. 김정일이 화폐개혁을 통해 노린 것이 과도한 인플레이션을 막고, 주민들의 집안에 쌓아둔 돈을 끌어내는 것이었다. 그리고 장마당을 통한 자본주의 경제 확대 또한 막으려고 하였다.[20] 그러나 화폐개혁은 주민들의 반발로 인해 시행 한 달 만에 참담한 실패를 하였다. 특히 장마당은 성인들은 물론이고 일반 학생들조차 교육권을 침해당한 채 생계를 위해 장마당에 내몰리고 있다.[21]

학생들이 학교를 뒤로하고 장마당으로 나온 이유는 자명하다. 돈벌이

---

19 태영호, 『3층 서기실의 암호』, 77.
20 태영호, 『3층 서기실의 암호』, 281.
21 임을출, "생계위해 장마당에 내몰리는 북한학생들," 「월간북한」 2017년 4월(통권544호), 74.

인데, 온 가족이 돈을 벌어야 먹고 살 수 있기 때문이다. 물론 이 배경에는 시장화가 빠르게 확산하는 것도 있지만 북한문화에 뼛속 깊이 자리 잡은 황금만능주의이다. 북한 정권은 학생들을 장마당에 내모는 일에 동참하고 있다. 왜냐하면, 어른들이 70일 전투, 200일 전투 등에 동원 되다 보니 어린 학생들이 생계를 책임질 수밖에 없기 때문이다.

또한, 1970년대 등장한 '꼬마 계획'이나 '정보화 기기 구매 비용 마련을 위한 방학 숙제' 등을 방과 후 숙제로 주어 시장에서 돈을 마련할 수밖에 없는 구조로 만들어 갔다. 학교 역시 장마당화가 되고 있다. 일반 소비품 즉 원주필(볼펜)이나 담배와 같은 소규모 물품들이 학생들 간에 혹은 교원과 학생들 간에 거래되고 있다. 부모들 역시 학교에 다니는 자식들을 이런 장사에 떠밀고 있다.[22] 그리고 장마당에서 거래되는 품목은 다양하다. 중국산과 러시아산 담배, 초콜릿, 칭다오나 하얼빈 같은 중국산 캔 맥주, 라면, 인스턴트 커피는 물론 '미제' 콜라, 스키니 진도 구할 수 있다.

북한에서 '인민시장'이라는 이름의 재래식 시장이 존속해오다 1950년부터 삼일장·오일장의 농촌시장으로 변경되었고, 1958년 8월에는 "내각 결정 140호"에 의거 농촌 지역을 중심으로 10일장 형태의 농민시장으로 개칭되었다. 그 후 북한에서 비사회적 유통망으로 규정되어 수십 년간 통제되었다. 그러나 1980년대 들어 경공업 제품 부족으로 국영 상업망의 기능이 악화되자 이를 보완하기 위해 공장 기업소에서 나오는 부산물로 생필품을 만들어 보급하는 이른바 '8·3 인민소비품'을 장려하면서 중소도시 지역에서 장마당으로 퍼졌다.

특히 1990년대 들어 식량과 생필품 등의 배급체제가 무너진 후 급증하기 시작해 현재 북한 전역에는 300~400여 개의 농민시장이 산재하고 있다. 군 단위별로 1~2개, 시 단위별로 3~5개소의 시장이 매일 상설 운영

---

22 임을출, "생계위해 장마당에 내몰리는 북한학생들," 79.

되고 있는 것으로 알려졌다. 2002년 7.1조치[23]가 북한시장에 가장 큰 변화를 가져왔다. 그리고 북한 당국은 2003년 3월 시장장려조치를 통해 농민시장을 종합시장으로 개편하였으나, 2005년 10월 들어 다시 배급제를 실시하겠다고 밝힌 후 시장에 대한 통제 의지를 밝힌 바 있다. 2009년 북한은 화폐개혁을 통해 장마당을 통제하려 하였으나 북한 주민들의 반발로 인해 성공하지 못하였다. 태영호는 그때 그 사건을 다음과 같이 말한다.

> 사람이 일단 돈 버는 재미를 들이면 되돌릴 수 없다. 그 재미를 빼앗으려 하면 결사적으로 반항한다. 더구나 단순한 재미가 아닌 생존권이 달린 문제였다. 정치적 통제는 그럭저럭 참아오던 북한 주민들이 생존권을 빼앗기자 목숨을 걸고 반발했다.[24]

김정은 집권 후 북한의 종합시장 숫자는 크게 늘어났다. 김정일 시대에도 시장은 있었지만 국가는 그 존재를 아예 보지 않은 것처럼 무시했다. 하지만 김정은 시대에 들어서면서 장마당은 사실상 단속하지 않기로 결정했다.[25] 북한 주민들은 여전히 시민의 권리를 누리지 못하고 있지만, 개인

---

[23] 1990년대 중반 이후 북한의 생산부문 현황을 보면 국가 예산의 대폭 감소, 공장 기업소의 생산 활동에 대한 국가자금의 지원 규모 축소, 공장 가동률 저하, 계획목표 미달성, 계획경제체제의 한계 노출 등이 존재했었다. 소비부문의 경우, 국가배급체계의 붕괴, 가계의 자력적 생존 상황과 시장의존, 사경제 부문의 확산, 계획경제체제의 기형화 등이 발생했다. 이러한 상황을 극복하기 위해 김정일은 2001년 10월에 경제관리제도 개선지침을 내렸고, 2002년 7월 1일에는 계획경제와는 질적으로 다르고 시장 경제적 요소가 강한 7·1조치들을 본격적으로 실시하게 되었다. 북한에서 7·1경제관리개선조치는 대폭적인 물가 인상과 급여 인상, 배급 제도의 변화, 환율 현실화, 가격 책정 및 공장 기업소 책임경영 강화 등 다소 파격적인 내용을 담고 있다. 2002년 7·1경제관리조치가 갖는 특징은 북한 당국이 계획경제의 실패를 인정하고 이를 극복하기 위하여 시장경제체제를 부분적으로 수용한 것이다.
[24] 태영호, 『3층 서기실의 암호』(서울: 기파랑, 2018), 282.
[25] 태영호, 『3층 서기실의 암호』, 525.

의 판매권을 비롯한 경제적 권리는 점차 확대되어 가는 추세다.

3) 장마당 확산의 배경

데일리 NK가 2017년 7월 11일 밝힌 평양의 쌀값은 1Kg당 5,800원, 북한 노동자의 한달 월급이 평균 3,000원 수준이라면 한달 월급으로는 쌀 500g밖에 살 수 없다. 이런 형편에 북한 주민이 살아갈 수 있는 것은 북한에 숨겨진 비밀코드가 있기 때문이다. 바로 장마당 경제이다.[26] 일부 특수계층을 제외하면 식량은 물론 부족한 생필품 대부분은 장마당에 의존한다. 상당수 주민이 소비자이자 판매자로 장마당의 경제 질서로 들어간다.

김일성대 교수마저도 이 대열에 끼여 든다. 김일성대 교수는 정무원(내각) 국장급 대우를 받음에도 불구하고 월급이 5,000원에 불과하다. 결국, 교수가 아닌 아내나 남편은 장마당의 대열로 들어설 수밖에 없다.[27]

1948년부터 1968년 유일사상체계가 세워지기 전까지 북한은 개인 재산 몰수, 개인 간의 상업행위를 금지하고 낮은 단계의 무료교육, 무상치료 등 사회주의 복지제도를 만들어 갔다. 이 시기 개인 재산 몰수가 있었지만, 대부분 근로자는 자신의 소득 확인이 가능한 제한적 정당성이 있었다. 1968년 이후 종전의 모든 복지혜택은 '능력에 따라 일하고 일한 만큼 분배받는다는 분배경제원칙'을 떠나 김일성은 최고 분배자가 되는 최고 영도자 경제원칙이 팽배해졌다. 결국, 나라의 모든 재산은 최고 영도자 것이 되었고, 인민은 영도자의 식구로서 식객이 되고 만 것이다. 북한이 기존 경제체제에 변화를 주기 시작한 것이 1980년대 초반이었다. 1984년에는 경공업 분야에서 '8.3 인민소비품 생산 운동'이 시작되었으며, 농민시

---

[26] "화장품 세트가 10년치 월급," 「중앙일보」 (2017. 7. 12), 26.
[27] "화장품 세트가 10년치 월급," 「중앙일보」.

장 역시 빠르게 확산하여 모든 군 지역에 3-4개의 시장이 개설되었다. 북한은 1987년을 기점으로 기존의 배급제에 중대한 변화를 가한다. 기존의 식량 배급량을 10% 삭감하는 대신 산업노동자까지 소규모 텃밭 허용과 공식적인 영농시장 배정을 지시하였다.[28]

그 후 북한은 1일장을 환원시키고, 거래품목 등을 제한하고 통제하기 시작한다. 이런 상황 속에서 농민시장은 중소도시 지역까지 확대되고, 거래 품목이 다양화되고 활성화되면서 장마당이라 불렸다. 농산물 및 생필품 공급의 절대 부족으로 장마당은 일상화되고 북한 정부도 시장에 대해 유화정책을 펴기 시작했다. 북한의 장마당 시발은 텃밭 경리로 보아야 한다.[29]

2013년에 발표한 김정은의 병진 노선은 체제의 방향을 뜻한다. 경제와 핵을 중심으로 한 투 트랙을 국가의 기저로 삼은 것이다. 2017년 6차 핵 실험으로 핵 개발은 성공하여 핵보유국 지위를 눈앞에 두고 있으나, 부귀영화를 누리지는 못하고 있다. 핵 개발로 인해 대북제재를 불러오고, 인민의 생활은 더욱 힘 들어가고 있지만, 북한경제가 버티는 이유는 '노동당보다는 장마당'이 북한을 이끌어가기 때문이다. 결국, 김정은의 병진 노선은 핵과 장마당을 말한다고 볼 수 있다. 조선노동당은 민생은 뒤로했지만, 장마당으로 숨통을 틔었다는 뜻이 된다. 그만큼 북한의 장마당은 북한을 유지하는 데 큰 역할을 하고 있다.

3. 장마당 역할

장마당은 자율적으로 움직이는 것 같으나 철저한 감시 가운데 움직인

---

[28] 이석 외, 『북한 계획경제의 변화와 시장화』 경제, 임문사회연구회 협동연구총서 09-16-03 (통일연구원, 2009), 90. 김창희, 『북한정치와 김정은』 (경기: 법문사, 2014 163. 재인용.
[29] 이석 외, 『북한 계획경제의 변화와 시장화』, 165.

다. 장마당의 감시구조를 보면 다음 표와 같다.

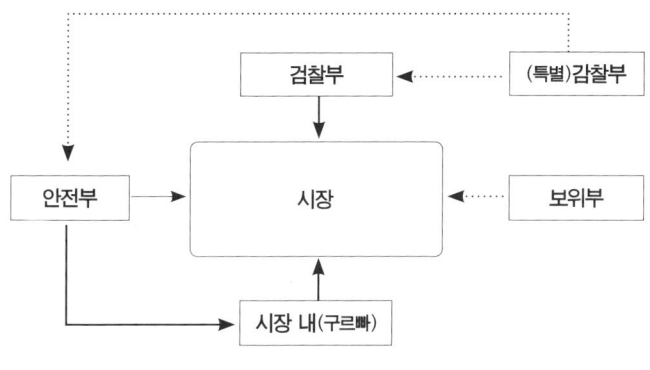

그림1) 장마당의 감시구조[30]

안전부는 치안담당 부서이다. 안전부는 그림 화살표와 같이 사회 내에서 일어나는 일들과 시장을 감시와 범죄자를 잡는 역할을 하는데, 시장 내에 구르빠라는 아주 작은 사무소와 비슷한 형태의 건물이 있다. 구르빠는 안전부에 소속된 작은 사무소인데 시장을 통제하는 데 가장 직접적인 조직이라 할 수 있다. 구르빠는 시장 내에서 도적질, 소매치기, 싸움, 소문 등을 감시하면서 직접 잡는 역할도 한다. 보위부는 군부이다. 군부는 평소 군의 감시와 통제를 하면서 사회적인 일도 감시한다. 즉 군이 보위부 역할을 하고 있다. 검찰부는 사법부이다. 경찰에서 검찰로 송치를 하면 바로 거의 구속이라고 보면 된다. 검찰부도 시장통제와 감시를 하고 있지만 직접적이지는 않다.

그러나 북한 정부는 갖가지 통제정책을 시행하였으나 실제로는 묵인하고 있는 형편이다. 왜냐하면, 장마당에 의존하여 생계를 해결하는 북한 주민들의 불만을 해소할 수 있는 능력이 없기 때문이다.[31] 그리고 시장담당

---

30 "북한시장(장마당) 감시구조," http://blog.naver.com/PostView.nhn?blogId=jihu87&logNo=221078100314 2017. 10. 5.
31 김창희, 『북한정치와 김정은』, 190.

보안원이나 안전원 등의 장마당 감시자들이 상인을 돕는 협력자로 나섰다. 정권에 붙어 있는 것보다 상인 편에 붙어사는 것이 낫다는 현실을 깨달았기 때문이다.[32]

1) 장마당 문화적 역할

장마당이 활성화됨에 따라 장사꾼들의 속임수가 나타나기 시작하였고, 구매자들은 속지 않기 위해 속임수 대처 문화로 맞저술 문화가 생겨나기 시작했다. 그리고 장사꾼들의 담합 문화가 생겨났다. 상품을 싸게 팔지 못하게 하는 담합 문화이다. 장마당에서 서서 파는 사람들을 향해 '장마당 중창조'라 하고, 앉아서 파는 이들은 '장마당 관현악조'라는 신조어가 탄생하였다.

그리고 박리다매 문화를 익히고 있다. 직장인들이 마치고 오는 시간에는 구매자가 많으니 일종의 경매제도가 생겼다. 나아가 내륙에 사는 이들 중 물고기를 먹을 수 있는 자들은 극소수의 상류층이었는데, 물류 이동의 틀이 생김으로 내륙의 일반인들도 물고기를 먹을 수 있게 되었다.

장마당의 장사 기술 중에 '되거리' '데꺼'로 불리는 중간거래업이 생겼다. 그리고 얼마 가지 않아서 '달리기'라는 장사방법이 생겼는데 이는 장마당과 장마당 사이로 상품을 나르고 그 마진을 얻는 장사형식으로 장마당이 전국을 하나의 문화권으로 통합시키는 데 이바지하고 있다.[33]

장마당 주변에는 골목장, 메뚜기장 등도 동시에 등장하여 장마당 하부구조로 완비되어 졌다. 또한 '음식 매대'가 생기기 시작했는데, 이것은 여맹의 고안물이다. 가정주부들이 집에서 음식을 만들어 매대에 맡기면 판

---

32 "北 장마당서 성경 거래? 북한선교의 새길 '불법'엔 '불법'으로" http://www.christian-today.co.kr/news/ 2018.7.23.
33 최진이, "전국적 장마당에서 보는 북주민의 대중문화," 27.

매원이 팔아주고 그 차액을 판매자 측이 챙기는 형태이다.

그리고 출퇴근 문화가 생겼다. 함경북도 청진시에 구역마다 공설운동장이 있는데, 이곳에서는 장마당이 서게 되면 주로 생필품이 거래되었다. 이곳에서 장사하는 이들은 주로 젊은 여성으로 이들은 아침에 출근하고, 저녁 6시면 퇴근한다. 이들은 서로 출근과 퇴근한다고 말하므로 새로운 직장의 개념을 가지고 있었다. 또한, 차림새가 허술하면 물건이 안 팔린다며 젊은 여성들은 화장하고, 옷차림도 비교적 화려하게 입고 장사를 한다.

장마당에는 새로운 분업과 유통 문화가 생겨났다. 2011년 말 김정은 체제 등장 이후 이용자 470만 명에 육박한 무선통신과 북한 전역을 담당하는 개인 운송 서비스인 '서비차'(servicha: 서비스와 차의 합성어)가 결합하면서 북한에서 물류혁명이 일어난 것이다. 과거 직접 물건을 싸 들고 장마당을 전전하던 '보따리상'이 사라지고 이제는 돈만 내면 앉아서 물건을 받을 수 있는 택배 서비스가 본격화된 것이다. 이런 물류혁명의 한복판엔 휴대전화와 버스, 화물차, 택시, 오토바이, 미니 벤 같은 차량을 보유한 '서비차'의 활약이 있다.[34] 또한 국가가 금지한 신용대여 장마당 문화가 발생했다.[35] 장마당은 보더리스[36] 문화를 발달시켰다. 이 말은 북한 주민들이 자기 땅에서 외국상품 대량 유통과 구매를 가능하게 하였다.

장마당에 새로운 문화가 생긴 것 중 장마당 주민들의 자율적인 네트워크 문화를 들 수 있다. 자율네트워크에는 순기능과 역기능이 동시에 자리 잡고 있는 데, 순기능으로는 상인들 간의 상호부조 문화, 운동회 문화, 생일초청 문화이다. 역기능으로는 권력있는 자의 가족과 연대하여 권력자의 권력을 이용하여 장사를 하는 형태이다.

---

[34] "북한은 서비차 물류혁명 중," 「중앙일보」 (2018. 6. 2), 17.
[35] 최진이, "전국적 장마당에서 보는 북주민의 대중문화," 35.
[36] 보더리스(Borderless)는 '경계가 없는' '국경이 없는'이란 뜻으로 보더리스 문화는 초국경화, 초국경 문화를 의미한다.

2) 장마당 사회적 역할

대북제재에도 불구하고 장마당은 김정은체제에 들어와 두 배 가까이 늘어났다. 북한의 장마당은 개인이 돈을 벌 수 있는 사설 시장으로 김정은 집권 후 200개에서 400개[37]로 늘었다. 늘어난 장마당은 북한경제에 큰 영향을 주었는데, 한국은행은 2016년 북한 경제성장률 추정결과를 지난 해 북한 실질 GDP[38]에 비해 3.9%증가 했다고 발표했다.[39] 이런 북한 경제를 일으킨 가장 큰 동력은 장마당을 중심으로 한 시장경제 활성화이다. 조봉현 IBK경제연구소 부소장은 "지난 해 장마당이 활성화하면서 북한 내 생산공장의 가동률이 높아졌고 독립채산제로 기업의 경영자율성도 커졌다"고 말한다.[40]

북한의 경제를 크게 세 가지로 구분할 수 있다. 궁정 경제와 군수 경제 그리고 인민 경제이다. 궁정 경제는 김정은의 사유화 경제를 말한다. 그리고 군수 경제는 군부가 책임지고 운영하는 경제이다. 전국 해상통제권을 가지고, 특산물 판매 권한 그리고 군수공장 경영과 개성공단과 금강산 관광수입 역시 군부 경제에 흡수되었다. 이러한 궁정 경제와 군수 경제로 말미암아 김정은은 인민 경제를 포기한다. 김정일이 망쳐놓은 북한경제는 김정은 정권에서도 소생의 기미가 보이지 않는다. 계획 경제는 사실상 완

---

[37] 서울대 김병연 교수는 골목시장 등 소규모 장마당 포함해서 800여 개 시장이 있다고 한다.
[38] 국내 총생산은 한 국가의 경제력이나 국민들의 생활 수준을 알아보기 위해 사용하는 대표적인 경제 지표 중의 하나이다. GDP란 국내에 거주하는 사람들에 의해 일정 기간 동안 생산된 최종 생산물의 시장 가치의 총액이다. '국내에 거주하는' 사람들이 생산한 것만 포함하는 개념이기 때문에 우리나라에 거주하는 외국인이 생산한 가치는 들어가지만, 외국에 거주하는 우리 국민이 생산한 가치는 포함하지 않는다. 이런 점에서 국민 총생산(gross national product: GNP)과 비교해 볼 수 있다.
[39] http://blog.naver.com/PostView.nhn?blogId=mobacle&logNo=221056692051 (2017.9.15).
[40] "대북제재에도 장마당효과?" 「중앙일보」(2017. 7.22), 8.

전붕괴 되었고, 김정은은 기형적 통제형 시장경제를 형성시켜 인민 경제를 대신하게 하였다. 이런 의미로 북한 주민들은 생계를 스스로 책임져야 하므로 장마당은 계속 확산하고 있다.[41]

장마당의 또 다른 효과는 장마당이 북한사회를 변화시키는 원동력이 될 것이다. 물론 북한사회의 변화는 이미 고난의 행군으로부터 시작되었다고 보나, 거대한 움직임은 장마당으로부터 이루어질 것으로 보인다. 북한사회를 변화시키는 데에는 몇 가지 요인들이 있다. 이러한 사회변화를 사회변동이라 하는데, 사회변동은 한 가지 요인으로 인해 변하지 않는다. 사회변동은 가치관, 정치적인 요소, 경제생활, 사회적인 면, 인구적인 면, 제도적인 면 등을 포함해서 진행되며 이런 진행의 수준과 속도가 중기적 혹은 장기적인 그리고 소규모 혹은 대규모로 변한다.[42] 이런 사회변동을 크게 세 가지로 핵심영역을 살펴보자

첫째는 정보의 유입이다.
둘째는 외부 상품의 유입이다.
셋째는 문화의 유입이다.
장마당은 이 세 가지의 요인을 다 가지고 있다.

이러한 사회변동의 원인을 다 가지고 있는 장마당이 앞으로 어떻게 북한사회의 체제를 변화시킬 수 있을 것인가는 우리가 연구해야 할 주제이기도 하다. 북한사회는 북한문화의 한 단면인 장마당 문화로 인해 변할 수 있는 조건을 다 갖추고 있다.

다음은 변혁운동이 일어날 것으로 보이는 데, 당과 정권의 기득권세력 간의 갈등이 유발될 것이고, 알게 모르게 사회경제적 개선에 대한 압박이 생겨날 것이다. 그리고 쉽지 않겠지만 조그마하게 하라고 북한 주민들의

---

41 강철환, "국가 경제 사유화와 가신 체제의 위기" 「월간북한」 2017년 7월 (통권547호), 107-108.
42 우정, 『북한사회구성론』(서울: 진솔북스, 2000), 494.

변화요구가 일어날 것이다. 이런 것으로 인해 북한은 모종의 변화를 생각해 볼 수 있을 것이다.

그러나 장마당이 생각지 않게 붕괴할 가능성도 있다. 서울대 김병로 교수[43]는 "골목 시장 등 소규모 장마당까지 포함해 800여 개 시장이 북한경제의 산소호흡기 역할을 하고 있다"면서 "경제와 금융 제재가 본격화되면 외부에서 물자뿐 아니라 구매력 자체가 유입되지 않아 장마당이 주저앉을 수 있다"고 지적했다.

3) 장마당 종교적 역할

북한의 장마당은 삶의 터전이요, 자본주의의 연습이기도 하지만 개인주의와 맘몬주의가 싹트는 곳이기도 하다. 북한 주민들의 의식과 행위가 시장에 적응하기 시작했다. 장마당에서 장사하는 사람들은 '위대한 장군님이 우리의 생명이시다'라고 하지 않고 '돈이 우리의 생명이다'라고 한다. 그들의 가치관이 돈을 중시하는 것으로 바뀌었다고 볼 수 있다.[44]

4. 장마당과 북한선교전략

북한에 기독교 선교를 한다는 것 자체가 불법이다. 그래서 장마당을 통한 북한선교전략은 북한체제 아래서는 불법이 될 수밖에 없다. 단지 선교하기 위해 장마당을 접근하는 방법이 합법적인 방법을 택할 수 있다. 북한 장마당에서 거래되고 있는 남한 드라마나 K팝은 모두 불법적인 거래라고

---

[43] "조선사가 채찍 드니까 꾀 부리던 판다가 뛰기 시작." 「중앙일보」(2017.9.30). 5면.
[44] 김창희, 『북한정치와 김정은』, 185.

볼 수 있다.

현재 한국의 인기 드라마나 영화가 DVD나 USB 형태로 몇 주 안에 북한 장마당에 들어오고 있다. 상황이 이렇게 된 것은 북한 주민의 생활이 윤택해져서가 아니라 10여 년 전부터 전력 사정이 약화하여 TV를 마음껏 볼 수 없게 되자 중국업체가 12V 배터리로 DVD나 USB를 재생하는 미디어플레이어 '노텔'을 생산하여 북한에 들어왔기 때문이다. 노텔은 하루 1-2시간만 전기가 들어와도 배터리 충전이 가능하다. 가격도 30-70달러까지 저렴한 편이어서 북한의 거의 모든 가구가 노텔을 보유하고 있다.[45] 이것으로 북한 전역에 DVD나 USB가 퍼진 이유이다.

이러한 배경으로 볼 때, 다음과 같이 장마당을 통한 선교전략을 세울 수 있다.

첫째, 콘텐츠 개발이다.

K-pop과 함께 CCM, 한국 드라마와 함께 기독교 영화나 드라마 가운데 기독교적 배경이 나오는 것들을 실은 DVD나 USB를 만들어야 한다.

둘째, 인력개발이다.

북한은 이동의 자유도 개선되고 있다. 전국적으로 종합시장이 형성되자 주요 도시를 연결하는 버스체계가 당국의 묵인하에 만들어졌다. 이제는 중소도시나 군 단위에서도 주요 도시로의 접근이 가능하다. 기본적으로 비무장 지대나 북·중 접경 지역을 제외하면 북한 전역을 여행할 수 있게 되었다.[46] 그렇다면 북한 내에서 이동의 자유가 있는 조선족이나 북한 거주 중국인들을 선교 훈련해 장마당의 일꾼을 키우는 역할을 하도록 한다. 중국에서 신앙 훈련을 받은 이들을 고향으로 돌려보내어 장마당으로 투입하게 하되, 조선족이나 북한 거주 중국인들을 통해 지속해서 공급받

---

45 태영호, 『3층 서기실의 암호』, 522.
46 태영호, 『3층 서기실의 암호』, 523.

고, 지원받고 관리받을 수 있도록 만드는 것이다. 물론 이런 것은 거의 점 조직화되어 발각되더라도 그 이상은 알 수 없도록 해야 한다.

셋째, 장마당 세대 즉 북한의 신세대를 향한 선교적 접근을 위해 장마당에서 그들을 위한 물품을 팔아야 한다. 자라나는 북한 아이들은 더 이상 김일성 노작 같은 것을 거들떠보지 않는다. 세뇌 교육도 먹힐 리 없다. 정치조직 생활의 기본인 자기 비판과 호상 비판도 구시대의 유물이 된 지 오래다. 지방은 말할 것도 없다.⁴⁷

넷째로 장마당을 선교의 만남의 터전으로 삼으라.

장마당은 정보의 터전이므로 새로운 문물이 지속해서 유입된다. 사람도 이곳을 통하여 오간다. 여기서 해외에 대한 정보와 다른 문화를 접하게 된다. 새로운 북한판 실크로드의 거점이라 볼 수 있다. 북한의 지하교회를 세우는 데 있어서 지대한 공헌을 한 것은 조선족 기독교인 보따리장수들이다.⁴⁸ 이들이 선교의 센터로 삼을 곳이 바로 장마당이다.

다섯째, 조선족 기독교인 보따리장수를 키워라. 이들이 북한의 지하교회를 만드는 데 일등공신들이다. 초기에는 이들을 통해 성경이 들어갔다. 이들은 합법적으로 북한 장마당을 들어갈 수 있고, 합법적으로 상업을 할 수 있다. 이런 보따리상을 거점으로 성장시키고, 나아가 북한 전역의 장마당을 선교의 장으로 만들 수 있도록 이들을 훈련하고, 인프라를 구축해야 한다.

여섯째, 장마당을 지하교회 성도들의 삶의 터전으로 삼게 도와야 한다. 정상적인 신앙생활은 할 수 없지만 잠재된 신앙인들과 유입되는 신앙인들의 신앙의 터전은 지하교회이다. 이런 지하교회 성도들이 삶의 터전으로 삼고 살아가는 것은 그들에게 주어진 일터이다. 그러나 누구나 장마당으

---

47 태영호, 『3층 서기실의 암호』, 523.
48 유석렬, 『급변하는 북한과 통일선교전략』(서울: 문광서원, 2018), 37.

로 들어가서 생활을 영위하려고 한다면 그 밑천을 대어주어 지하교회 성도들을 장마당 내부로 들어갈 수 있도록 만들어야 한다.

5. 결론

북한의 장마당은 짧은 역사를 지녔으나, 실로 그 파괴력은 대단하다. 새로운 세대를 통한 새로운 사회와 문화를 만들고 있기 때문이다. 장마당이 통제를 받는다 하더라도 요즈음 들어 그 통제가 느슨해 짐으로 인해 새 세대의 젊은이들은 북한체제에 대한 충성심은 별로 없다고 볼 수 있다. 장마당은 자본주의의 연습장이고, 개인주의로 묶여 있다. 나아가 장마당은 북한 주민들의 병원이라고 할 수 있다. 아픈 사람들이 장마당에서 약을 얻고 살아가기 때문이다.[49] 이러한 장마당은 이제 북한 정부가 없애기 어려운 상태까지 성장했다고 본다. 즉 북한체제의 가시이지만 현실적으로 막을 방법이 없다. 현재 북한의 장마당의 숫자는 대개 400여 개라고 하나 북한선교단체인 '손과 마음선교회'(이사장 최덕순 목사)에 따르면 약 1천 개의 장마당이 존재한다고 한다.[50]

태영호 전 공사는 김정은 체제에 가장 위협이 되는 존재가 시장이라고 하였다.[51] 그러나 장마당이 북한체제에는 위협적인 존재가 될지 모르나, 장마당은 북한을 살리는 생수와 같다. 서방의 안보리 제재와 경제와 군사적 압박 제재에도 견딜 수 있는 것은 장마당의 저력 때문이다. 이런 장마당을 북한선교의 도구로 준비해야 한다. 그래서 선교전략연구가 필요하

---

[49] 마요한 목사(북한기독교총연합회)의 발언에서.
[50] "북한 장마당에서 은밀하게 복음이 전해지고 있다," http://www.nocutnews.co.kr/news/ (2018.7.23).
[51] 태영호, 『3층 서기실의 암호』, 524.

다. 즉 장마당은 북한선교의 전진기지가 된다.

사실인지는 확인되지 않으나 장마당에서는 성경책이 인민 화폐 100원에 거래된다고 한다. 하나님이 김일성 수령보다 강하고 세상의 어떤 신보다도 강하기 때문에 주술적 수단으로 사용된다고 한다.[52] 장마당에서 만나는 이런 분위기는 엄중하게 폐쇄된 북한사회 곳곳에서 만날 수 있다. 이것이 최근 북한에서 목격되는 변화다.

김일성 수령과 김정일, 김정은 등 '최고 존엄'에 대한 북한 주민들의 절대적 숭배 태도가 무너진 것을 볼 수 있다.[53] 이러한 북한 세계관의 변화는 선교의 접촉점이 된다. 물론 절대적 수령숭배 사상은 허물어진다 하더라도 새로운 맘몬주의가 그들의 신이 되어 종교에 관심이 없다고 볼 수 있지만, 맘몬주의가 얼마나 허상인지를 알게 될 때, 그들이 의지할 신을 찾게 될 것이다.

이러한 선교의 접촉점이 바로 장마당이다. 한국의 북한선교는 이제 북한의 새로운 트랜드인 장마당을 주목하여 선교전략을 구체적으로 만들어야 한다. 이것이 지금 북한을 복음으로 접근할 수 있는 길이 된다.

---

[52] "北 장마당서 성경 거래? 북한선교의 새길 '불법'엔 '불법'으로," 「크리스천투데이」 (2018. 1. 2).
[53] http://www.christiantoday.co.kr/news/307913 /(2018.7.23).

참고문헌

김창희. 『북한정치와 김정은』. 경기: 법문사, 2013.
박한식. 강국진. 『선을 넘어 생각한다』. 서울: 부키, 2018.
우정. 『북한사회구성론』. 서울: 진솔북스, 2000.
유석렬. 『급변하는 북한과 통일선교전략』. 서울: 문광서원, 2018.
태영호. 『3층 서기실의 암호』. 서울: 기파랑, 2018.
이 석 외. 『북한 계획경제의 변화와 시장화』. 경제, 입문사회연구회 협동연구총서 09-16-03, 통일연구원.
강철환. "국가경제 사유화와 가신체제의 위기." 「월간북한」. 2017년 7월 (통권547호)
림근오. "북조선의 장마당과 그 사회문화." 「임진강」 제26호. 2016년 여름가을호
이애란 "북한장마당의 진화" 「미래한국」 513호. 2015년 12월
임을출. "생계위해 장마당에 내몰리는 북한학생들." 「월간북한」 2017년 4월(통권544호)
최진이. "조선에서 개인재산과 주민불만." 「임진강」 2011년 봄호
최진이. "전국적 장마당에서 보는 북주민의 대중문화." 「임진강」 제26호. 2016년 여름가을호

제14장 탈북민과 북한선교

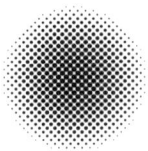

1. 들어가면서

 탈북민에 관한 논문은 탈북자의 숫자가 많지 않은 때인 1995년부터 쓰기 시작했다. 탈북자의 수가 통일부의 집계로는 1998년까지 947명이었다. 현재 2018년 6월까지 31,827명이다. 1995년에 선한승[1], 송의호[2], 오혜정[3]은 논문을 통하여 탈북자 문제를 연구하였다.

 탈북자들에 대한 일반사회의 논문은 남한 사회의 정착 및 적응, 정부와 민간차원의 각종 탈북자 적응 및 정착정책, 노동사회학적 관점에서의 탈북노동자 연구 등이 있다. 탈북자들이 대량으로 입국하기 시작하는 시기인 2000년대부터 기독교인들은 탈북자들에 대한 선교를 생각하게 되고, 이들을 위한 연구를 시작한다.

 탈북자 선교에 대한 논문은 1999년에 김요한의 "탈북자를 통한 북한선교전략"[4]에 이어 2000년에 조기연의 "북한이탈주민의 실태와 선교전략연

---

[1] 선한승, "북한 탈북 노동자의 적을력 실패와 정책과제," (한국노동연구원. 1995).
[2] 소의호, " 귀순자들의 내면세계, 그리고 남한 사회 수업," 「월간중앙」1월호. 1995.
[3] 오혜정, "귀순북한 동포의 남한 사회 적응실태"(서강대공공정책대학원석사논문. 1995).
[4] 이 논문은 안보문제연구원에서 나온 것으로서 목차가 다음과 같다. 1. 개요 2. 최근의 탈북자들의 영향 3. 탈북자들을 섬기는 여러 가지 방법 1) 단기간 발생하는 탈북자들에 대한 전략 2) 장기간 발생하는 탈북자들에 대한 전략 3) 중국 사회에 단순하게 정착시키는 전략 4. 그 외의 방법 1) 중국의 조선족 사명자들을 북한선교의 자원으로 활용하는 방안

구 - 국내 북한이탈주민을 중심으로"와 장석규의 "탈북자 선교방안연구"가 나오고 뒤를 이어 윤현기의 "탈북자의 사회정착 - 탈북자들의 현상과 대책에 대해(2001)," "북한 이탈주민의 남한 사회정착과 한국교회의 역할(2002)," "북한 주민의 주체사상 인식실태(2003)"와 조기연의 "북한 이탈주민 선교의 패러다임 전환(2003)"이 뒤따른다.

지금까지 나온(1999~2017) 탈북자 선교(탈북민, 북한이탈주민, 새터민)와 관련된 연구논문 제목을 분류해 본다.

① 한국교회의 탈북자 선교
② 탈북자들을 통한 북한선교전략
③ 탈북자 정착을 통한 북한선교
④ 중국 내 탈북자 여성에 관한 연구
⑤ 디아스포라와 탈북자 선교
⑥ 탈북자청소년과 북한선교
⑦ 통일 후 탈북자들을 통한 북한선교
⑧ 조선족을 통한 재중 탈북자 선교

박예영은 그의 논문에서 방법론적 접근을 통한 탈북민 선교연구와 탈북민 이해를 통한 탈북민연구 그리고 탈북민 개종을 통한 탈북민 선교연구의 선행연구가 있다고 보았다.[5]

탈북민의 용어가 여러 가지이므로 현재 뒤섞어 사용하고 있다. 귀순자,

---

2) 북한에 한국의 물자나 성경 등을 배달하는 사역 3) 중국에 파견되어 나와 있는 북한의 상주인구들을 섬기는 전문적인 사역 4) 나진 선봉 등 특별한 지역에 기업을 가지고 들어가 복음의 기초를 놓는 작업 5. 맺는 말

5 박예영. "탈북민 그리스도인들의 신앙체험에 관한 연구" (감리교신학대학교 석사학위논문, 2015), 3-6.

월남귀순자, 귀순북한동포, 탈북자, 탈북민, 북한이탈주민(통일부에서는 지금 이 용어를 사용한다)[6], 새터민, 윗동네사람, 통일민, 북향민[7] 등이다.

북한을 이탈한 여성의 경우, 북한이탈여성이라고 칭하고, 중국인 남성과 북한이탈여성 사이에서 출생한 자녀를 북한이탈여성의 자녀 또는 북한이탈여성 재중자녀라고 한다.[8] 2000년 이전 연구초기에는 귀순자, 월남귀순자, 귀순북한동포라는 용어를 사용하였다.

어떤 용어를 사용하든 어감이나 그 뜻이 현재 북한에서 남한으로 들어와 사는 이들의 마음을 다 담을 수 없다. 즉 어느 용어를 사용하든 탈북민으로서는 불만스럽다는 것이다. 그래서 탈북민들이 스스로 자신들의 정체성을 헤아려 부르는 이름들이 통일민이고 북향민이다. 남한에서 어감을 부드럽게 하기 위해 만들어 쓰는 용어는 윗동네사람이다.

그러나 대부분 학술지에는 현재 탈북민으로 사용하고 있다. 그래서 보통 탈북자와 탈북민을 구분하는 것은 탈북자는 북한에서 국경을 넘어 탈북하였으나 남한에 들어오지 못하고 있는 이들을 통칭하여 부르고, 탈북민은 남한에 입국한 탈북자를 부르는 용어로 사용한다.

---

6 북한이탈주민이란 북한에 주소, 직계가족, 배우자, 직장 등을 두고 있는 사람으로서 북한을 벗어난 후 외국 국적을 취득하지 않은 사람을 말한다. 1990년대 중반 이후 북한의 경제난으로 인해 북한을 탈출하는 주민이 늘어나면서 '탈북자'라는 용어가 보편적으로 사용되기 시작했다. 1997년 1월 "북한이탈주민의 보호 및 정착지원에 관한 법률"이 제정되면서 기존의 '귀순' 개념이 '북이탈'로 바뀌었으며 북한을 떠난 후 아직 외국 국적을 취득하지 않은 사람들을 '북이탈주민'으로 규정하였다. 2005년 통일부는 탈북자라는 용어가 부정적인 인식을 심어줄 수 있다는 취지에서 새로운 명칭을 마련하여 한국 거주 탈북자를 '새터민'으로 바꾼다고 발표했다가 탈북단체들이 '새터민'이라는 용어 사용에 대해 부정적인 입장을 보이는 등 용어개념에 대한 문제 제기가 잇따르자 2008년 11월 통일부는 가급적 '새터민'이라는 용어를 쓰지 않겠다고 발표했다. 이후 통일부는 '북한이탈주민'을 탈북자의 공식적인 명칭으로 사용하고 있다.
7 박예영은 그의 논문에서 탈북자, 새터민, 자유이주민, 북한이탈주민, 탈북민 등으로 불리지만 이 모든 것은 부정적 이미지가 강하기 때문에 북향민이라 부르것이 좋다고 주장한다(박예영. 1).
8 전득안, "북한이탈여성 재중 자녀의 정체성 연구"(전남대학교 국제학 박사논문, 2016), 1.

탈북민들은 하나님이 남한으로 보내어 주신 선물이다. 랄프 윈터의 선교메카니즘으로 본다면 그들은 비자발적 구심력에 해당하는 이들이다. 이들은 하나님의 구원계획의 과정에 있는 자들이다. 그래서 선교의 대상자가 된다. 한국교회는 이들에 대한 준비가 되어있지 않은 상태에서 이들을 받아들였다. 그래서 혼선과 혼란 속에서 피곤한 선교를 하다가 결국 지금의 형태로 남게 되었다.

　　탈북민들은 한국교회에 제대로 적응하지 못해 탈북민들끼리 교회를 개척해 신앙생활을 하고있다. 이것은 한국교회의 또 한 번의 분열이다. 탈북민들은 남한교회에 들어가서 그들과 하나가 되어야 하나, 한국교회는 그들을 내쳐버렸다. 물론 탈북민들이 정착하지 못한 부분도 있다. 이런 문제를 해결하기 위해서는 한국교회와 신학교는 북한선교 과목으로 탈북민 이해과목을 넣어야 한다. 탈북민들은 이미 타문화권에서 살다 온 사람들이다. 타문화권을 이해하지 아니하고 선교한다는 것은 거의 실패를 하겠다는 것과 마찬가지이다. 그래서 탈북민연구는 선교학에서 매우 중요하다.

2. 탈북민 개요

1) 탈북민 현황

　　통일부 통계에 따르면 탈북민의 국내입국 규모는 1962년 6월 최초 귀순자 이후 1990년대 초반에는 10명 내외로 비교적 적은 인원이었으나, 1998년 이후 매년 증가하여 2002년 이후에는 계속 1,000명 이상의 탈북민이 입국하였고, 2006년부터는 2천 명 대를 유지하며 상승하다가 2009년 2,914명을 정점으로 2010~11년, 김정은의 등장 이후에는 줄어든다.

　　2012~2013년은 1500여 명 선이고, 2014년 1,396명, 2018년 6월 현재

488명으로 줄어들었으나, 1천여 명 선을 유지하고 있다. 그러나 두 차례의 남북정상회담과 싱가포르 북미정상회담 이후 한반도의 정세 변화에 따라 탈북자의 수는 급격히 줄어들 것으로 예상이 되지만, 이것은 북한 내부에서 탈북하는 숫자이고, 이미 탈북하여 중국이나 제3국에 거주하고 있는 탈북자들은 계속해서 남한으로 유입되므로 1,000명 선은 유지될 것으로 보인다.

탈북민 입국 현황('18.6월 입국자 기준)

구분	~'98	~'01	'03	'08	'09	'10	'11	'12	'13	'14	'15	'16	'17	'18.6	합계
남	831	565	474	608	662	591	795	404	369	305	251	302	188	58	9,051
여	116	478	811	2,195	2,252	1,811	1,911	1,098	1,145	1,092	1,024	1,116	939	430	22,776
합계	947	1,043	1,285	2,803	2,914	2,402	2,706	1,502	1,514	1,396	1,275	1,418	1,127	488	31,827
여성비율	12%	46%	63%	78%	77%	75%	70%	72%	76%	78%	80%	79%	83%	87%	72%

표1) 통일부 북한이탈주민 입국인원 현황

탈북민들이 남한으로 들어오는 급증한 시기는 남한의 진보정권 시절이라 볼 수 있다. 그러나 그 이후 1,000명 정도로 떨어진 이유는 2009년 이후 북한 안전보위의 탈북차단 비상대책으로 탈북자 가족과 친척들에 대한 사상 동향 파악 및 감시, 사상 교양 강화, 국경 지역 여행증 및 숙박검열, 국경 경비사령부 검열을 강화했고, 국경 지역에서의 휴대전화 사용에 대한 처벌을 강화했으며, 해상 탈북을 막기 위해 해안경비를 대폭 강화하여 탈북자의 경우 3족을 멸하거나 현장사살 등의 강력한 처벌을 경고한 것 때문이다.[9]

---

9 이순형, 최연실, 진미정, 『북한이탈주민의 종교경험』 (서울: 서울대학교출판문화원,

탈북민들의 성별로는 2002년 기점으로 여성 탈북민 수가 남성을 넘어서기 시작해 2016년 10월 말 기준으로 전체 입국자의 71%가 여성이다. 연령별로는 입국 당시 나이를 기준으로 20~30대가 전체의 58%로, 전체 탈북 청소년 가운데 중국 등 제3국에서 태어난 자녀는 51% 수준으로 나타났다.[10] 2016년 기준 학력별 현황을 보면 취학 전 아동이 811명, 유치원 329명, 인민학교가 2,064명, 중학교가 21,427명, 전문대가 2,917명, 대학 이상이 2,121명, 무학이 844명, 기타가 177명이다.

출신 지역은 강원도가 581명, 남포가 142명, 양강도가 4,598명, 자강도가 212명, 평남이 1,031명, 평북이 814명, 평양이 706명, 함남이 2,699명, 함북이 18,783명, 황남이 446명, 황북이 433명, 개성이 74명 기타가 170명이다.[11] 이들을 연령별로 분리해본다면 0~9세까지 1,255명, 10~19세까지 3,527명, 20~29세까지 8,642명, 30~39세까지 8,812명, 40~49세까지 5,206명, 50~59세까지 1,683명, 60세 이상 1,255명이다. 직업별 구분을 한다면 2017년 3월 말 기준으로 관리직 513명, 군인 748명, 노동자 11,594명, 무직 부양 14,420명, 봉사 분야 1,238명, 예술 체육 263명, 전문직 664명, 비대상(아동 등) 940명이다.[12]

2015), 81-82.

[10] "한국정착탈북자 3만명 돌파," https://www.voakorea.com/a/nk-defector/3594069.html (2018.8.1).

[11] "김정은 시대 들어 국내 입국 탈북자 감소추세," https://news.v.daum.net/v/20171013130725312 (2018.8.1).

[12] 통일부 통계자료 "북한이탈주민 입국 통계," http://www.unikorea.go.kr/content.do?cmsid=3099 (2017. 10.19).

2) 탈북민 문제

(1) 생활고

탈북민들은 상당히 많은 문제를 안고 살아간다. 제일 큰 문제가 먹고 사는 문제이다. 남한으로 온 이유가 먹고 살기 위한 것인데 실제로 돈 문제 걱정하지 않고 살아가는 이들은 많지 않다. 80%에 해당하는 탈북민은 먹고사는 문제로 힘들어하고 약 60%는 차상위계층에 속한다. 수입이 없는 탈북자가 45%, 월평균 수입 100만 원 이하인 탈북자가 18.5%로 탈북민들이 경제적으로 어려움을 겪고 있는 것을 볼 수 있다.[13]

탈북자 월평균 소득은 2011년 121만 3000원에서 지난해 162만 9000원으로 해마다 증가추세이긴 하지만 여전히 경제적 어려움을 겪고 있는 것으로 나타났다. 이 때문에 전체 탈북자의 24.6%가 기초생활 수급 대상인 것으로 통일부는 파악하고 있다. 탈북민들의 취업난과 경제적 어려움은 단순히 탈북자 개인들의 능력 부족이기보다는 탈북자에 대한 우리 사회의 편견과 차별이 이들의 능력을 가로막고 있기 때문이다.

탈북자들이 저학력자이기 때문에 취직이 힘들고 경제 활동이 힘든 것이 아닌가라고 생각할 수도 있다. 같은 대학에 다니고 있는 두 탈북 대학생의 한 달 수입과 지출을 비교해보면 A학생은 26살로 재단장학금 30만 원, 또 다른 재단장학금 30만 원, 교회 장학금 40만 원, 근로장학금 20만 원으로 총 120만 원의 수입이 있고, B학생은 30살로 택배포장 알바로 48만 원과 편의점 야간알바로 42만 원으로 총 90만 원의 수입을 가졌다.

이들의 고정적으로 나가는 지출은 A학생은 영어학원비로 30만 원, 식비로 30만 원, 교통비로 10만 원, 정기적금으로 50만 원이고, B학생은 월세로 30만 원, 컴퓨터 학원비로 30만 원, 식비로 25만 원, 교통비로 5만

---

[13] "한국사회의 불평등," http://cafe.daum.net/newcivil/ (2018.8.1).

원이 지출되었다.

장학금을 받지 못하는 경우 생활비 마련을 위해 휴학을 하는 경우가 30.3%에 달했다.[14] 장학금 혜택을 많이 받는 학생들의 경우 각종 재단과 교회단체 등에서 장학금을 받아 생활비를 모두 지불한 후에도 저축이 가능할 정도지만, 대다수 학생은 돈을 빌려 생활비를 충당하고 다시 다른 곳에서 돈을 빌려 그 빚을 갚는 악순환을 반복하고 있다.

(2) 재입북

국내에 입국했다 북한으로 다시 돌아간 사람들은 2012년 7명, 13년 7명, 14년 3명, 15년 3명, 16년 4명, 2017년 1명 등 모두 25명인 것으로 집계됐다. 이 중 5명은 가족들을 동반해서 탈북하는 등 다시 한국에 왔다.[15]

재입북하는 이유가 있다.

첫째, 가족에 대한 그리움 때문이고,

둘째, 남한의 냉혹한 현실에 적응하지 못해서이다. 남한 현실에 적응하지 못한 경우는 남한생활의 부적응, 사업실패와 생활고라 볼 수 있다.

셋째, 북한에 남아있는 가족을 다시 데리고 탈북하기 위해서이다.

재입북하는 방법은 의외로 쉽다. 우선 남한 여권으로 중국 장백으로 출국해 북한접경 지역인 중국 장백현 마을로 이동 후 국경수비대에서 자수하면 된다고 한다.[16]

---

[14] "헬 조선 탈북민 청춘은 더 아프다," https://news.v.daum.net/v/ (2018.8.1).
[15] "김정은 시대 들어 국내 입국 탈북자 감소추세," https://news.v.daum.net/v/20171013130725312 (2018.8.1).
[16] "탈북민이 재입북하는 이유 2가지," http://21sang.tistory.com/3068 (2018.8.3).

(3) 평강공주[17]와 고아

북한은 1990년대 중반에 들어와서 고난의 행군을 시작하였다. 그리고 2000년대에 들어서 대규모의 탈북이 시작되었다. 탈북자들의 중국 체류가 장기화되고 대량화되면서 탈북자들의 체류 형태도 변화를 보였다. 그중에 중국에 장기간 숨어 살거나 한국으로 이주하려는 사람들은 중국에 있는 친척들이 아닌 현지인의 집이나 한족의 가정에서 생활하는 비율이 높아졌다.

그리고 중국 남성에게 팔려 사실혼 관계를 맺고 생활하는 이들이 늘어남으로 평강공주들이 늘어나게 되었다. 그리고 어떤 이들은 자신도 모르는 사이 브로커에 의해 중국 남성들에게 강제로 팔려 가기도 하였다. 이런 평강공주들은 중국 남성들에 의해 거의 씨받이와 노예로 살아가게 되고, 강제송환이란 두려움 때문에 도망도 못가고 체념하고 살고 있다. 그뿐만 아니라 평강공주들은 중국인들과 사이에서 자녀들을 출산하게 된다. 자녀들의 숫자가 약 2만에서 3만여 명으로 추산한다.[18]

이 가운데 약 4천여 명이 중국 땅에서 어느 누구의 도움을 받지 못하고 방치되어 고아가 되었다. 사실 이들 가운데는 평강공주들이 중국 남성에게서 벗어나 한국으로 들어오거나, 북한에서 파견된 보위에 잡혀 북송된 상태여서, 평강공주들의 중국 남편들과 가족들은 평강공주에게서 낳은 아이들을 키우지 않고 버려버린다. 국가인권위원회가 2012년 중국현지조사를 통해서 발표한 자료에 따르면 전체 평강공주 재중자녀 중 약 36%가 어머니가 체포되어 강제 북송된 경우이고, 자녀를 낳은 후 어머니가 가출한 경우가 31%라고 하였다.[19]

---

17 평강공주란 북한이탈여성으로서 조선족이나 한족 남성과 결혼한 여성을 뜻한다. 이 용어는 학술적 용어가 아니라 연구자들의 은어이다.
18 전득안. "북한이탈여성 재중 자녀의 정체성 연구," 4.
19 국가 인권위원회, 『해외체류 북한이탈주민 아동 인권상황실태조사』 (서울: 북한민주화네

(4) 정상적인 교육을 받지 못하는 경우

탈북민대안학교로는 새일아카데미, 셋넷학교, 여명학교, 우리들학교, 자유터학교, 하늘꿈학교, 한겨레중고등학교, 한꿈학교, 드림학교, 아힘나평화학교, 장대현학교, 반석학교, 다음학교, 해솔직업사관학교가 있다. 이 학교 중 여명학교나 하늘꿈학교는 학력인가 학교가 되었지만 나머지 대다수는 검정고시를 쳐야 학력인증을 받을 수 있다. 한꿈학교 같은 경우는 학생 중 다수는 중국에서 태어나 자란 아이들이다. 이들은 북한에서 태어난 것이 아니라 중국태생이다 보니 조선말을 하지 못하고 오직 중국말만 한다. 이들은 한국의 정상적인 학교에 다니지 못하고 결국 대안학교를 찾게 되나, 대안학교에서는 중국어로 모든 과목을 가르칠 교사가 없어서 수업에 애로를 가지고 있다.

(5) 기획탈북

기획탈북은 사전적 정의는 "한국으로 탈출한 북한 군인, 보안요원 출신인 브로커들이 돈을 받고 북한 주민을 한국으로 탈출시키는 행위이다." 2007년 11월 18일 미국「워싱턴포스트」(WP)는 브로커들이 액수에 따라 다양한 방법으로 북한 주민을 한국으로 탈출시키고 있다며 그 실태를 보도했다.[20]

기획탈북이란 말에는 두 가지 의미가 있다. 하나는 탈북 브로커나 탈북 관련 단체들의 치밀한 전략에 의해 이루어진 기획 입국을 의미하고 다른 하나는 북한 주민들의 의사와 상관없이 정치적 의도에 의해 기획하여 남한으로 입국시킨 사건을 두고 말한다. 이러한 사건들은 2001년부터 시작되었다. 전자의 경우는 2001년 6월에 장길수 등 7명이 북경에 있는 유엔

트워크, 2012), 4-5. 전득안, 4. 재인용.
[20] "기획탈북," http://100.daum.net/encyclopedia/view/31XXXXXX2991 2018.8.2.

판무관실에 진입한 사건이다.[21]

이 일 후에 대사관의 담을 넘는 사건이 빈번히 일어났다. 2003년에는 두리하나선교회 등 여러 선교회에서 연합하여 탈북자 80여 명을 탈출시키려다 실패한 기획탈북사건이 있다.[22] 후자의 경우는 2016년 4월 13명의 류경식당 기획탈북이 있다. 이 사건은 정치권과 국정원의 개입 의혹으로 인해 지금까지 문제가 되는 사건이다.[23]

3) 탈북 동기와 배경

탈북 동기와 배경은 2000년대 초와 후반이 다르게 나타난다. 1990년대 중반 이전에는 정치, 사상적 동기와 신변상의 이유였다. 그러나 1990년대 중반에는 대부분 식량난으로 인한 경제적 동기로 탈북하게 되고, 1990년대 후반에 들어서는 장기체류 및 남한으로의 입국을 목적으로 가족과 함께 이탈하는 양상이 나타난다.[24]

이후 시간이 흘러 2014년 남북하나재단에서 조사한 "북한이탈주민 실태조사"에서 탈북민들의 탈북배경은 대체적으로 경제적, 정치적, 종교적, 기타 이유로 분석하였다. 탈북민들의 탈북 동기가 단순히 한 가지 이유가 아니라 여러 가지 복합적이다.[25] 경제적인 이유로 탈북하게 된 부류는 세

---

21 "탈북 장길수 군 7명 북경 유엔판무관실 진입농성," http://blog.naver.com/PostView.nhn? (2018.8.2).
22 "중국 탈북자 80여 명 한국 일본행 보트 탈출 시도 공안에 검거," http://imnews.imbc.com/ (2018.8.2).
23 "北, '류경식당 기획탈북 의혹' 또 비난…수위는 완화 '주목'" http://news.kbs.co.kr/news/view.do?f=o&ncd=3654095&ref=D (2018.8.2).
24 곽해룡, "중국에 있는 북한 이탈부민 인권실태에 관한 연구: 신 이산가족 현상의 발생을 중심으로," 「평화문제연구」, 제12권 1호 (2000), 248. 조기연, "북한이탈주민의 실태와 선교전략연구," (아세아연합신학대학교 석사논문, 2000), 72.
25 박예령, "탈북민 그리스도인들의 신앙체험에 관한 연구," (감리교신학대학교 석사학위논문, 2015), 25.

가지로 나타났다.

첫째, 식량 구입 또는 돈을 벌 목적으로 나온 사람들이고

둘째, 한 부류는 중국에 있는 친척의 도움을 받아 고향으로 돌아갈 목적으로 나왔다가 탈북으로 이어진 경우이고,

셋째, 밀수 또는 외화벌이 사업이라는 명분 아래 세운 회사에서 일하다 중국의 거래처로 돈을 받으러 나왔다가 탈북으로 이어지는 경우이다.

정치적인 이유는 북한 정부에서 금지하는 불법행위를 하여 발각되거나 잡힐 위기에 놓였을 때, 또는 중국에 대한 여러 소식을 듣고 중국에 대한 동경심과 호기심 때문에 자발적으로 나오게 되는 경우이다. 그리고 중국에 있으면서 그동안 주입받았던 공산주의 사상이 무너지게 됨으로 순간 탈북을 결단하게 된 경우이다.

종교적인 이유는 라디오 또는 기기를 통해 복음을 듣고 믿음이 생겨서 자발적으로 탈북하게 된 경우와 기독교 관련된 물건들이 발각되거나 복음을 전하는 일을 하다 발각되는 사례이다. 기타 이유로는 자신의 의사와 상관없이 가족을 따라온 경우나 범죄로 인해 도피처로 탈북한 사례이다. 어떤 이는 점쟁이의 예언에 의해 탈북하게 된 예도 있다.

이외는 한국으로 유학 오는 경우와 가족들의 권유에 의해 탈북하는 경우이다.[26] 태영호 공사의 경우는 이민형 탈북이라고 할 수 있다. 태영호 전 영국공사는 그의 책 『3층 서기실의 암호』에서 "자식에게만은 소중한 자유를 찾아주자, 노예의 사슬을 끊어 꿈을 찾아 주자"[27]라고 하면서 그는 '북한을 떠나기로 마음먹었다'고 하였다.

이들은 탈북할 때, 선교사들의 도움을 받아 탈북하거나 아니면 직접 남한을 찾아오는 경우를 제외하고는 거의 대다수가 브로커들에 의해 탈북한

---

26 박예영, "탈북민 그리스도인들의 신앙체험에 관한 연구," 26-35.
27 태영호, 『3층 서기실의 암호』 (서울: 기파랑, 2018), 506.

다. 이들을 브로커 탈북자라고 하는데, 브로커 탈북자들은 브로커들에게 약 8백만 원에서 많게는 1,500만 원을 주어야 한다. 어떤 이들은 하나원에서 교육받고 초기 정착금을 받으면 주겠다고 약속하고 한국으로 온 이들은 초기 정착금의 대다수를 브로커들에게 넘기게 된다. 이렇게 됨으로 정착할 돈이 없어서 사회의 취약한 계층이 되어 버린다. 탈북하는 경로는 중국이나 직접 배 타고 제3국인 태국, 몽골, 라오스 등을 통해 한국에 입국한다. 남한에 정착하지 못하는 이들은 미국이나 캐나다로 간다. 물론 남한에 정착한 자들도 다시 난민 신청하여 가는 경우가 있다. 현재 캐나다에는 약 700-900여 명이 정착하여 있고 미국의 경우는 149명이 정착하고 있다. 북한군 출신 김주일 재유럽조선인총연합회 사무총장은 유럽 지역에는 1200여 명의 탈북 망명자들이 정착해 있다고 한다.[28]

3. 탈북민 이해

1) 탈북민과 정체성

태영호 전 공사의 탈북은 북한의 위기를 보여 주는 한 예라 할 수 있으나, 이러한 탈북이 계속해서 일어나게 될 것이라는 예측이 남북한의 정치적 결단의 시기를 앞당긴다고 볼 수 있다. 왜냐하면 탈북이 '난민'이냐 아니면 '노동 이민'이냐 하는 시각적 차이가 있기 때문이다. '난민'이라고 하면 '정치적 난민'에 속하기 때문에 정치적 이슈로 풀어야 하는 과제가 된다. 그러나 탈북을 정치적 난민으로 보기에는 어렵다는 주장도 있다. 왜냐하면 만약 탈북자들이 정치적 탄압이나 인권침해를 견디지 못하여 북한

---

[28] 「중앙일보」 (2013. 11. 29).

을 탈출했다면 계속해서 더 많은 탈북자들이 나와야 하는데 그렇지 않다는 것이다.[29] 어떤 이들은 탈북자들을 '경제적 이민자'로 본다. 경제적 이민이란 저임금 지대에서 고임금 지대로 이동을 의미한다. 탈북자들은 돈을 벌어 다시 북한으로 돌아가기 때문에 충분히 경제적 이민자로 볼 수 있다는 주장이다.

탈북자들을 중국의 입장에서 본다면 그들을 무엇이라 부를까?

정치적 난민 혹은 경제적 이민자로 볼 것인가?

중국의 입장에서 본다면 그들은 정상적인 비자없이 월경한 '불법체류자'들이다. 중국은 불법체류자들을 붙잡으면 당연히 북한으로 돌려 보낸다. 이것을 북송이라 한다. 여기서 '인권' 문제가 생기는 데, 남한의 인권단체에서는 탈북자 강제 북송반대운동을 할 수 밖에 없다. 이것은 인도주의적 관점에서 충분히 그러할 수 있다. 하지만 이것이 정치와 연결될 경우 만만치 않은 외교문제가 생겨난다. 중국은 이러한 외교적 문제를 피하기 위해 이슈가 될 때마다 국경을 강화하거나 아니면 강제송환을 조용히 처리한다. 러시아의 경우는 1993년 강제송환 금지규정이 있는 '난민의 지위에 관한 협약'에 가입하였기에 중국과 달리 유엔난민고등판무관 등의 국제인권단체를 무시 할 수 없는 처지이며 1990년대 초부터 형성된 한·러 우호관계를 고려하여 처벌이 확실시되는 상황이 있더라고 탈북자 송환을 자제하고 있다.[30]

남한의 기독교 특히 북한탈북민 사역을 하는 단체들은 탈북민들을 '통일의 마중물'이나 '통일의 가교' 혹은 '하나님이 보내신 사람,' '예비선교사,' '한국전쟁 이전의 3천 교회를 회복할 자'라고 이해한다. 전자의 이해는 한반도의 통일로 해석하는 관점이라면 후자는 선교의 관점에서 바라

---

29 박한식, 강국진, 『선을 넘어 생각한다』 (서울: 부키, 2018), 93.
30 조기연, "북한이탈주민의 실태와 선교전략연구," 85.

본 관점이다. 어느 것으로 이해하든지 탈북민들은 우리에게 있어서 귀한 존재이지 귀찮은 존재가 아니라는 것이다. 여기서 탈북자 선교의 당위성을 끌어낸다.

2) 탈북민의 고민

첫째, 탈북민들의 가장 큰 고민은 두고 온 부모 형제 때문에 밤잠을 이루지 못하는 것이다. 그래서 북한에서 연락이 오면 하던 모든 일을 멈추고 돈을 벌어 그들이 원하는 액수만큼 보내야 한다. 남한에 와 있는 탈북민들은 한 해 평균 9백달러에서 1천 8백 달러를 보낸 이가 36%로 가장 많았고, 1천 8백에서 2천 7백 달러를 보낸 비율이 17%였다. 탈북민들 가운데 저소득층이 많지만 그래도 가족들에게 생계비를 꾸준히 보내는 이들이 있다.[31]

둘째, 먹고 사는 경제적 문제이다. 상당수 탈북자들은 탈북 브로커에게 정착금을 갈취 당하므로 탈북자들은 심각한 경제적인 어려움을 겪게 된다. 심지어는 브로커 비용을 내기 위해 사채까지 쓰는 경우가 있다. 남한에서 취업은 단순노무, 기계조작, 조립, 일반서비스 등의 단순노무직이나 일용직을 전전하고 있다. 그래서 결국 탈북자 월평균 근로소득은 121만 3천 원에 불과하다.[32]

셋째, 언어이다. 언어 때문에 일어나는 일들, 특히 영어를 모르는 그들로서는 모든 말들이 생소하게 들린다. 또 특별한 억양으로 인해 말문을 닫아 버리기도 한다. 아이들은 그 억양을 따라 하면서 놀리기도 한다. 채소(남새), 소꿉친구(송아지친구), 소형택시(발바리차), 숙소(초대소), 스킨로션(물

---

[31] "요즘 북한에서의 탈북자 가족 취급," http://cafe.daum.net/dotax/Elgq/ (2018.8.3).
[32] 이동훈, "탈북자 인권을 바라보는 또 다른 시각 1," http://namoon.tistory.com/607 (2018.8.3).

크림), 아이스크림(얼음보숭이), 오전(낮전), 아내(인차) 등 다른 언어의 소통은 시간이 지나면 해결되나, 언어가 가지는 문화적 배경은 쉽게 뛰어 넘지 못한다.

넷째, 남한사람들이 바라보는 시선이 고통스럽다. 남한사람들이 바라보는 시선은 북한에서 왔다는 특별한 인식이 있다. 특히 반공교육을 받은 어른 세대는 가끔 머리에 뿔이 달려있는지 만져보기도 한다. 전쟁을 겪은 세대 중에는 북한 군인에 의해 희생을 많이 당하신 분들은 그냥 화를 내시기도 한다. 또 하나는 잠재적인 범죄자로 보는 시각이다. 남한으로 들어오면 초기 6개월간 조사를 받는다. 3개월간은 폐쇄된 공간인 하나원에서 갇혀 생활한다. 남녀 분리해서 교육시킨다. 그리고 5년간은 거주이전 시 신고를 해야 하고, 경찰과 늘 연결이 되어 있어야 한다. 감시이다. 언제 어디서 무슨 일을 할는지 모르는 잠재적 범죄자 취급을 하고 있기 때문이다.

3) 탈북민과 인권

북한에 인권문제가 대두된 것은 유럽연합과의 사이에서 일어난 2001년 6월 브뤼셀에서 이루어진 것이다. 이것은 북한외교 역사상 처음 있는 인권관련 접촉이었다.[33] 그러나 북한은 인권문제에 대해서는 철저히 '무시전략'으로 나감으로 인권단체와 서방 국가의 대북 압박공세가 제풀에 꺾일 것으로 생각하였다. 이런 와중에 2014년 3월 유엔인권위원회는 북한인권조사보고서를 발표했다. 2013년 3월 유엔인권위원회에 의해 설립된 조사위원회는 "입에 담지 못할 잔혹행위"가 북한 주민들에게 지속적으로 가해지고 있다고 결론을 내렸다.

이와 더불어 위원회는 "북한의 이러한 인권침해의 본질, 그 심각성과

---

[33] 태영호, 『3층 서기실의 암호』, 181.

규모는 동시대에 유례를 찾아볼 수 없다."고 지적했다. 위원회는 북한 정권이 자행한 "멸절, 살해, 노예화, 고문, 감금, 강간, 강제낙태, 성폭력, 정치와 종교, 인종, 성별에 기반한 박해, 주민의 강제이주, 강제실종, 고의적으로 야기한 지속적 기아와 같은 반인도적 행위"로 반인도 범죄에 대한 북한 정권의 책임을 물을 충분한 근거를 확보했다고 보았다. 더욱이, 위원회는 "정치범 수용소인 관리소 수감자들에게 행해지고 있는 입에 담을 수 없는 잔혹행위들은 20세기 전체주의 국가들이 세웠던 참혹한 수용소와 유사하다"고 지적했다.[34]

탈북민들의 인권유린이 가장 심한 곳은 중국에 거주하고 있을 때이다. 중국 인신매매범들에 의해 동북 3성의 농촌 지역들에 살고 있는 가난한 남성들에게 현대판 성노예로 팔려갔으며 또 적지 않은 여성들이 중국의 중소도시에서부터 대도시에 이르기까지 술집, 노래방, 인터넷 채팅방을 비롯한 윤락업소들에 팔려간다. 10대 후반부터 50대까지 성노예로 팔려가는데 10대 후반부터 20대 후반까지는 중국 돈 4~5만 위안, 때로는 6만 위안에도 팔려간다. 30대는 3~4만 위안 혹은 5만 위안에, 40대는 2~3만 위안, 50대는 1만 위안 전후에 팔려간다. 그들 가운데는 자신의 의사와는 무관하게 수차례 혹은 수십 차례씩 팔려간 여성들도 있다. 그들 가운데는 반항하다가 목숨을 잃은 사례도 있고, 혀를 잘리거나 다리 힘줄이 잘린 사례들도 있다. 탈북여성들도 중국 경찰당국에 체포되면 예외 없이 북송되었다.[35]

나아가 중국 내지에 숨어사는 탈북자들에게 필요한 것은 자유와 인권이다. 탈북자들은 중국경찰당국에 의해 체포되면 강제북송을 당하게 된

---

[34] "ICNK, "유엔의 북한인권조사보고서를 환영하며, 행동을 촉구한다!" http://blog.daum.net/no1times/80 (2018.8.3).
[35] 이빌립, "C국 및 동남아에서의 구출과 양육사역," 북한사역목회자협의회 2017년 10월 19일 정기포럼자료집.

다. 강제북송당하기 전 탈북자들은 중국 공안 감옥에 갇혀 고문(구타와 전기고문)과 학대를 당하게 되며 조사받을 시 일반 탈북자와 정치적 이유 탈북자, 종교생활을 한 탈북자, 한국행을 하다 체포된 탈북자로 분류하여 조서를 만들어 북한으로 넘긴다. 중국에서 북송되기 전 조사받는 기간은 대략 1주일에서 길게는 한 달가량 걸린다.

특히 한국 입국 과정에서 인권침해를 당하는 경우가 있다. 탈북자들은 주로 탈북 브로커와 탈북인권단체를 통해 한국에 들어온다. 그런데 이 과정에서 브로커와 탈북인권단체가 탈북자를 돈으로 인식하고 함부로 대하기 때문에 범죄가 벌어지는 경우가 허다하다. 탈북자를 대상으로 하는 범죄에는 정착지원금에 대한 착취, 폭행 등의 강력범죄, 인신매매, 납치 등이 있다. 정착지원금에 대한 착취가 있고, 탈북자들의 신분이 불안하다는 것을 이용하여 탈북여성들을 대상으로 한 성폭력이 매우 빈번하게 벌어지기도 한다. 그리고 탈북자들이 탈북할 의사가 없는데도 브로커에 의해 납치되어 한국으로 들어오게 되었다는 주장도 있다. 이것뿐 아니라 체제 대결의 입장에서 북한을 대하는 정부는 탈북자들의 인권을 중시하고 한국 국민으로 대우하기보다는, 탈북자를 통제하고 감시해야할 '잠재적인 간첩'으로 인식하고 있다. 이런 적대적 관점은 정부의 탈북자 지원정책에 고스란히 녹아 들어있다.[36]

우리는 북한이 인권에 대한 변화를 가져오기를 기대하기는 매우 어렵다. 북한은 북한식 인권개념을 가지고 있다. 북한은 국제 사회의 인권 문제 제기에 맞서서 '주체적 인권,' '참다운 인권' 등 '우리식 인권'을 주장한다. 북한은 계급적 시각과 집단주의적 자유를 강조하고 있으나 개인주의적 자유에 대해서는 적대적인 태도를 보이고 있다. 2004년 개정된 형법

---

[36] 이동훈, "탈북자 인권을 바라보는 또 다른 시각1" http://namoon.tistory.com/607 (2018.8.3).

제2조는 "국가는 범죄자의 처리에서 로동계급적 원칙을 확고히 견지해야 한다"고 규정하고 있다. 북한은 이와 같이 계급적 시각에서 인권을 인식하고 있기 때문에 천부적 인권론이나 모든 개인에게 인권을 보장한다는 인권의 보편성은 부정될 수 밖에 없다. 북한의 인권 이해는 집단주의 시각에서 이해하고 있다. 1993년 6월 빈에서 열렸던 세계 인권회의에서 기조연설을 행한 백인준 북한 최고인민회의 부의장은 "북한에서는 인민대중의 정치적 자유와 권리, 그리고 경제적, 사회문화적 권리에 대한 책임을 국가가 진다"고 했다. '책임을 국가가 진다'는 것은 인권을 국가도 마음대로 침해 못하는 신성 불가침의 영역으로 보는 것이 아니라 '국가의 시혜'로 보았다. 북한은 개인을 부정하고 집단주의적 생활 속에서 '삶의 보람과 행복'을 찾아야 한다는 북한식 집단주의적 인권사상을 지향하고 있다.

4) 탈북민에 대한 이해 (탈북민 그들은 누구인가?)

탈북민에 대해 다음과 같은 이해를 가져야 한다.

첫째, 가난한 우리 이웃이다. 우리는 선한 사마리아 사람이 되어야한다. 선한 사마리아 사람의 가장 큰 특징은 주고 받으려고 하지 않았다는 것이다. 어떤 댓가나 감사의 인사조차도 받으려 하지 않는 것이다. 대다수의 탈북민들은 100만 원 이하를 벌고 있고, 200만 원 이상은 겨우 7% 정도이다. 이들은 북한이탈주민보호법에 의해 정착금 2,000만 원을 받으나 그 가운데에 영구임대주택보증금으로 주고 남은 돈은 탈북 과정에서 브로커들에게 지불해야 하는 금액을 후불로 지불한다. 그리고 탈북자 실업률이 50% 정도이다.

둘째, 화성에서 온 사람이다. 즉 다른 문화권에서 온 사람이다. 북한 주민과 남한 주민과의 다른 문화를 이해해야 한다.

셋째, 돈에 민감한 자들이다. 이들에게 있어서 돈은 죽음과 삶을 구분짓는 생명줄과 같은 것이다. 돈이 없으면 남한에서는 빌릴 때도 없다. 돈을 벌기 위해 남한에 정착한 자들이다.

넷째, 게으르다고 비난받는 자들이다. 이들은 당에 의해 혜택받고 자란 사람들이다. 의료, 학교, 옷, 음식, 일자리 모두 다 당이 해결해 주었다. 자신들이 해야 할 것이 없었다. 그래서 남한의 생존경쟁을 이해하지 못한다. 이러한 경쟁에 익숙하지 않기에 직장생활에 잘 적응하지 못한다.

다섯째, 우리와 다른 교육을 받은 자들이다. 지금은 학교에서 영어를 가르치지만 남한에 정착한 많은 탈북민들은 영어를 배우지 않고 러시아어를 외국어로 배웠다. 그리고 학교를 다닐 나이에 남한으로 온 경우 대다수가 학교생활에 적응하지 못한다. 그래서 탈북학교를 다닐 수 밖에 없다.

여섯째, 기독교를 이해 못한다. 기독교는 미국인들의 종교라고 생각하고, 공산주의의 적이라고 생각한다.

일곱째, 말을 아주 잘한다. 이들은 총화시간이 인민학교(초등학교) 시절부터 있기 때문이다.

여덟째, 아주 사소한 것도 모르고 있다. 보일러 켜는 법을 몰라 며칠을 추운 방에서 자는 경우가 허다하고, 시장에서 장보기가 어려워 간단한 것을 사먹는 것이 다반사이다.

아홉째, 탈북민은 남한의 섬에 살고 있다. 한국에서 10년을 살아도 개인적으로 남한 친구를 가진 탈북민은 거의 없다. 왜냐하면 남한 사람은 탈북민을 2등 국민으로 취급하기 때문이다. 그리고 탈북민들은 개인적으로 사회성이 남한 사람들을 따라 가지 못한다. 뿐만 아니라 그들은 자기가 잘못해도 사과할 줄 모른다. 그들은 북한에 살 때, 감시와 통제 속에서 살았다. 자기 비판 즉 자아 비판은 수용소로 가거나, 처형을 당할 수 있기 때문에 쉽게 자기를 드러내거나 자기가 잘못한 것은 시인하지 못하는 것이다. 이러한 배경 속에서 살다 온 이들은 남한에서 점점 자기 만의 세계 속에 살게 되어지고, 외로운 섬에 갇혀 살게 된다.

열째, 아픈 자들이다. 탈북민들은 북한 국경을 넘기 전에 배고픔과 기근으로 아파했고, 탈북 후에는 중국에서 인권유린과 잡히면 다시 북송당해 정치범수용소로 또는 사형을 당해야 하는 불안 속에서 살다가 남한으로 오기 위해 숨막히는 고통 속에서 참고 몽골, 라오스, 태국 등지로 가서 남한에 온 자들이다. 이렇게 아픈 자들을 위로 해 줄 수 있는 것은 '국가'가 아니다. '돈'도 아니다. 이들의 마음과 심령을 어루만져 회복시킬 곳은 '교회'이다.

열한째, 북한의 정보를 정확히 알려주는 자들이다. 이들은 성경 느헤미야서에 나오는 '하나니'(느 1:2)와 같은 자들이다.[37] 하나니는 느헤미야에게 유다와 예루살렘의 상황을 정확히 알려주었다. 그는 그곳에서 살다왔기 때문에 느헤미야에게 정확히 알릴 수 있었던 것이다. 이것으로 인해 느헤미야는 울고 슬퍼하며 고민한 후 예루살렘으로 와서 성벽을 재건하게 된 것이다. 이와 같이 탈북민들은 북한의 내부 사정을 가장 잘 알고 있는 이들이다. 이들이 북한의 정확한 정보를 남한에 전달하여 느헤미야와 같은 북한선교의 헌신자를 일으킬 수 있는 것이다.

열두째는 탈북민들은 내통하는 자들이다.[38] 내통한다는 의미는 부정적인 의미가 아니라 긍정적인 의미로 북한에 있는 가족들과 연락을 취하는 자들이라는 의미이다. 그들은 계속적으로 가족들과 연락을 취함으로 자신의 가족들에게 복음을 전할 수 있게 된다.

---

[37] 2018년 12월 12일에 자카르코리아대회에서 이빌립 선교사가 선교보고에서 한 말이다.
[38] 2018년 12월 12일에 자카르코리아대회에서 강철호 목사가 선교보고에서 한 말이다.

4. 탈북민 선교

1) 선교와 탈북민(랄프윈터 관점)

랄프 윈터는 선교를 네 가지 메카니즘으로 구분하였다. 그의 선교의 네 가지 메카니즘은 팽창적인 원심력과 구심력으로 나뉜다. 원심력에는 자발적으로 가는 것이 있고 비자발적으로 가는 것이다. 다음은 구심력인데 흡인적 요인이 있다. 자발적으로 오는 것이 있고, 비자발적으로 오는 경우가 있다.[39]

랄프 윈터의 설명대로 북한 탈북민들은 비자발적으로 찾아 온 선교대상자이다. 물론 오늘날 자유를 찾아 자발적으로 찾아오는 자들도 있기는 하나, 대다수는 비자발적으로 오는 자들이다. 이들은 난민과 같고, 아프리카에서 팔려 온 노예들과 같다. 탈북민들은 국경을 넘어 중국이나 한국에 들어왔을 때, 복음을 접하게 되고, 복음으로 예수를 그리스도로 고백하는 이들이 생겨나기 시작했다. 이런 관점으로 보았을 때, 탈북민들은 하나님의 선교의 한 장면이다. 즉 하나님이 구원을 위해 불러내신 자들이 탈북민이다.

2) 탈북민 선교의 당위성

탈북민 선교는 하나님이 우리에게 명령하신 대위임령의 한 부분이다. 너희는 가서 모든 족속으로 제자를 삼으라는 주의 명령이기 때문이다. 하나님은 이들에게 복음을 전하기 위해 한 가지 방법을 가지고 계셨다. 그것

---

[39] 랄프 윈터, "하나님 나라가 반격를 가하다: 구속사에 나타난 열 시대" 랄프 윈터, 스티브 호돈, 『미션 퍼스펙티브』, 정옥배 역 (서울: 예수전도단, 2002), 187.

이 바로 북한의 고난의 행군이다. 정보가 차단된 철통 같은 북한의 문을 깨신 것이다. 깨신 방법이 바로 기근이다. 1995년부터 시작 된 북한의 흉년은 10여 년간 지속 되었다. 참으로 신기한 것은 1995년부터 약 10년간 남한과 북한 그리고 중국의 동북삼성을 보게 되면 북한을 제외한 남한과 동북삼성은 풍년이었다. 그런데 크지 않은 한반도 땅에 어찌 북한만 흉년이 들었는지 설명하기 어렵다. 그래서 성도들은 하나님이 하신 일이라고 한다.

일월성신을 주관하시는 하나님은 북한의 문을 기근으로 열게 하신 것이다. 거주 이전의 자유가 없던 북한이 기근으로 인해 이동제한을 할 수 없게 된다. 먹을 것을 찾아 헤메던 자들 중 약 3백만 명이 굶어죽게 된다. 굶어죽지 않은 이들은 먹을 것을 찾아 두만강과 압록강을 넘어 중국의 마을과 도시로 가게 된다. 이들을 우리는 탈북자라고 부른다. 이런 탈북자가 가장 많았을 때가 약 이십에서 오십만 명에 이른다. 그중에 작년 말까지 우리나라로 들어 온 자들이 약 3만 1천 명에 이른다.

하나님은 왜 탈북민들을 만들었나?

그들에게 복음을 전하기 위해서이다. 택하신 자들을 이끄시는 방법이 바로 북한을 탈출하여 중국으로 가게 한 것이다. 그곳에 전 세계에서 파송된 북한선교사들을 통해 먹고 마시게 하였고, 보호 받게 하였다. 이들을 먹고 마시고 보호만 한 것이 아니라 그곳에서 복음을 받게 되었다. 이것이 하나님의 선교였다.

탈북자 선교를 해야 하는 이유를 몇 가지 살펴보자.

첫째는 통일 이후 탈북민들이 북한 지역에 교회를 세우는 데 가장 용이하기 때문이다. 통일 이후 우후죽순으로 전 세계선교사들이 들어가 복음을 전하고 교회를 세우게 될 때, 그들이 "우리가 가장 아플 때 당신을 무엇했습니까?"라고 묻는 다면 답을 할 것이 없는 선교사들의 복음을 거절하게 될 것이다. 그리고 북한에 문이 열린다면 북한에 남한의 목사들이 쉽게 들어 갈 수 없을 것이다. 정부가 관여해서 선별해서 북한으로 보내게 될 것이다. 그러나 남한에 나와 있는 탈북민들의 고향으로 가는 것은 아무도 막지 못한다. 남한에 나와 있는 탈북민은 통일을 향한 마중물이며, 그들을 통해 북한에 복음이 전해지길 원하시는 하나님의 마음을 읽을 수 있다. 그래서 우리는 지금 통일 이후에 북한에 교회당을 세우는 것보다 통일 이후의 북한복음화를 위해 준비해야 한다. 그것이 바로 남한에 나와 있는 탈북민을 돕는 것이다. 이들이 남한에서 복음으로 바로 살게 하고, 복음의 동역자가 되며, 그들이 바로 북한복음의 기수임을 가르치는 것이다.

둘째, 탈북민 선교는 주체사상에 물든 북한 주민들에게 복음전하는 연습을 미리하는 것이다. 북한은 정치사상의 나라이다. 알게 모르게 모두 주체사상에 젖어있다. 그런 이들에게 복음을 전하기 전에 먼저 남한에 들어온 탈북민들에게 복음을 전함으로 연습을 해 볼 수 있는 기회를 갖게 되는 것이다.

셋째, 탈북민 선교는 통일연습이다. 북한에 새로운 민주정권이 들어설 경우, 북한을 재건하거나 남북한을 통합해야 하는 다양한 과제를 수행할 적임자는 다름 아닌 민주주의와 선진기술을 습득하고 리더십을 키운 탈북민들이다.

넷째, 탈북민 선교는 통일일꾼 양성이다. 한국에 와 있는 탈북청년들을 통일지도자로 키워야 한다. 독일의 통일은 동독의 민주화와 통일을 열망한 청년들이 그 기폭제가 되었다. 현재 한국에 와 있는 탈북민중에 대학과 대학원에서 공부하는 탈북청년들이 1,500명에 달하고, 탈북 청소년 학생들도 2,500명을 넘어서고 있다. 북한을 경험했을 뿐만 아니라 한국에 와서 유연한 사고로 선진교육을 습득하고 시장경제체제에 빠르게 적응하고 있는 탈북청년들은 통일국가의 차세대 리더들이다.

3) 교회와 탈북민

(1) 탈북민들의 신앙

현재 한국에 살고 있는 탈북민들은 북한생활, 탈북 그리고 남한 입국까지 일련의 과정에서 긴장과 불안, 좌절과 위협을 겪어 내고 마침내 안착한 이들이다. 이들은 북한에서 자유는 물론 기본적인 의식주 생활을 누리기는 어려웠고, 탈북 과정에서 목숨을 걸었다.[40] 종교가 바로 이들에게 도움과 힘이 되었고, 그들의 안식처와 피난처가 되었으며, 생명줄이 되었다. 그 가운데 기독교의 역할은 구원의 줄이며, 생명줄이 되었다. 그들의 위기를 극복할 수 있었던 힘의 원천이었던 것이다.

남한에 정착한 탈북민들이 기독교신앙을 접하고 믿게 되는 과정들이 있다. 탈북민들은 주로 탈북하는 과정에서 종교적 체험을 한다.[41]

첫째, 탈북하는 과정이 너무 힘들어 '하늘이시여' 하는 마음에서 비롯되었다.

둘째, 하늘에 누군가 있는데 그분이 하나님이라는 신인식이 생기게 되었다.

셋째, 생존을 위한 거래로서 신앙을 시작하게 된다.

넷째, 자신의 안녕과 안전 그리고 미래의 불안을 해소하기 위해 기도로 의지하는 마음에서다.

다섯째, 기적이 일어나기를 바라는 마음에서 였다.

탈북민들이 복음을 처음 들었던 장소는 북한 중국 한국으로 중국이 가장 많았고, 복음을 전해 준 사람은 북한사람, 조선족(중국사람), 한국사람으로 조선족이 가장 많았다.[42]

---

[40] 이순형, 최연실, 진미정, 『북한이탈주민의 종교경험』, 148.
[41] 이순형, 최연실, 진미정, 『북한이탈주민의 종교경험』, 88.
[42] 박예영, "탈북민 그리스도인들의 신앙체험에 관한 연구," 58.

남한에 정착하기 위해서는 국정원의 심문센터에서 신원조회 후에 하나원에서 적응 훈련을 한다. 이때 국정원의 심문 과정에서 종교생활을 하던 이들은 계속할 수 있도록 하며, 하나원에서는 기독교, 불교, 천주교 중 하나를 선택하여 종교체험하는 과목을 이수하도록 하였다. 이때 이들은 종교를 접할 기회를 가진다. 어느 종교에 참여할지는 개인의 선택에 맡긴다. 그러나 중국을 거치면서 기독교를 접한 이들은 대다수 기독교를 선택한다. 중국에 체류하는 동안 탈북자들은 여러 경로를 통해 중국에서 교회를 찾아가면 보호를 받는다는 사실을 알고 있다. 하나원에서 종교를 선택하는 기준은 세 종교의 비교우위보다는 의리로 그리고 자기 집이 편한 것과 다수가 선택한 종교로 한다.[43] 하나원에서 개신교의 선택비율이 가장 높다. 그 이유는 개신교의 적극적 선교 때문이다. 탈북민들이 신앙을 갖게 된 동기는 새로운 삶에 대한 기대감, 남한 생활의 어려움, 안식처 제공, 나눔과 감사경험 등이 있다.

특히 탈북민들의 종교수용과정이 있었다. 탈북민들은 주체사상에 대한 좋지 않은 기억을 지우는 것에서 출발하여 무속신앙과 보이지 않는 존재를 인정하고, 생활의 어려움과 타문화에 대한 소식을 접함으로 북한 정부에 대한 배신감을 갖는 단계를 가지며, 그 다음으로 절대자를 찾는 경험을 가지고 이어서 종교와의 만남을 가지고 결국 종교를 수용하거나 아니면 거부하는 단계에 이르게 된다.[44]

탈북민들의 신앙에 갈등이 있다. 우선, 선교를 위해 사용하는 미끼들 때문이다. 탈북자들의 이목을 끄는 돈, 물품으로 구매하는 식의 선교를 하는 것이 이들의 신앙을 돈으로 사는 경우가 되었다. 세속으로부터 자유로워야 할 종교가 자본으로 교인을 유치하고 경쟁으로 치달을 때 비판의 대

---

43 이순형, 최연실, 진미정, 『북한이탈주민의 종교경험』, 112.
44 이순형, 최연실, 진미정, 『북한이탈주민의 종교경험』, 162.

상이 된다.[45] 이러한 이유 때문인지 탈북민들이 남한 정착 후 3-4년만 지나면 교회를 떠나거나 신앙생활을 접는 이들이 많아진다. 그 외에 다른 이유는 교회모임 참여를 강요하거나, 바쁜 직장생활 때문이고, 교회의 목사나 성도들에 대한 불신과 실망감 때문이다. 그리고 하나님에 대한 갈등도 있다. 중국미션홈에서 훈련을 받고, 리더교육을 받았지만 하나님에 대한 질문은 끊이지 않았다. 그 다음은 북한체제와 같은 시스템으로 보이는 기독교의 모습에 대해 갈등한다.

그렇다고 해서 탈북민 대다수가 신앙을 극복하지 못하고 좌절하는 것은 아니다. 그들 중 신앙을 극복하는 자들이 있는 데, 한국에 오기 전에 신비한 체험을 한 이들과 하나님의 존재 인식을 한 이들이다.[46] 또한 성령 체험한 이들과 말씀교육과 전도, 기도를 통해서 신앙을 극복한 이들도 있다. 박예영은 그의 논문에서 특이하게도 '자신의 노력'으로 신앙을 극복한 사례를 논증하였는데, 본인의 의지와 결단이 작용했다고 하였지만 '자신의 노력'이 정확히 무엇인지는 밝혀놓지 않았다.[47]

(2) 교회의 역할

탈북민[48]들과 함께하는 교회가 5가지 유형이다.[49]

---

[45] 이순형, 최연실, 진미정, 『북한이탈주민의 종교경험』, 122.
[46] 박예영, "탈북민 그리스도인들의 신앙체험에 관한 연구" 77.
[47] 박예영, "탈북민 그리스도인들의 신앙체험에 관한 연구," 83.
[48] 탈북민들의 거주지 현황이 빠르게 바뀌어 가고 있는데 탈북민 사역을 하는 교회들은 탈북민들의 밀집 지역과 거리가 먼 경우가 많다. 서울 : 양천구 신월동 양천아파트에서 신정동 뉴타운으로, 부천 : 원미구 중동 한라마을, 덕유마을에서 범박동으로, 화성 : 병점에서 향남(남양읍) LH단지로, 일산 : 일산동구 중산동에서 덕양구 삼송, 원흥으로, 의정부 : 녹양동, 금오동에서 민락동으로, 인천 : 계양구 동안동, 부평구 삼산동, 부계동, 연수구 연수동에서 남동구 논현동 소래지구로 그 외로 평택, 용인, 김포 지역 등으로 이전하고 있다.
[49] 열방샘교회(이빌립 목사) 서울 구로 2004 새평양순복음교회(박상식 목사) 서울 양천 2004 새터교회(강철호 목사) 서울 양천 2004 창조교회(심주일 목사) 경기 부천 2006 바

① 남한 교회 안에 탈북민부서가 있는 경우
② 탈북민들과 남한 성도들이 함께 예배드리는 경우
③ 탈북민교회에 남한 성도들이 돕는 경우
④ 탈북민들로만 구성된 경우[50]
⑤ 남한교회 안에 또 다른 탈북민교회를 두는 경우

네 번째의 경우는 문제가 있다. 즉 기독교는 연합의 종교가 되어야 한다. 남한에 온 탈북민들이 남한의 교회에 적응하지 못하고 따로 교회를 세운다는 것은 또 다른 분열이 되는 것이다. 그래서 이 경우는 다른 방법을 찾을 수 있도록 해야 하는데, 가장 먼저 탈북민으로서 목회자가 된 사람들의 인식변화가 일어나야 한다. 탈북민들이 남한교회에 정착하지 못하는 이유를 조요셉은 네 가지로 지적하고 있다.

울선교교회(박설화 전도사) 경기 수원 2008 하나로교회(조은성 목사) 경기 부천 2009 한민족사랑교회(최금호 목사) 경기 군포 2009 성비전교회(송신복 목사) 경기 평택 2009 꿈의교회(석경애 목사) 경기포천 2009 기쁨나눔교회(이에스더목사) 서울 양천 2010 하나로교회(유대열 목사) 서울 금천 2011 새희망샛별교회(마요한 목사) 서울 양천 2011 하나목양교회(송혜연 전도사) 서울 양천 2012 길동무교회(정순희 목사) 서울 강남 2012 성지에서온교회(손정열 목사) 서울 동대문 2013 새생명교회(주영순 전도사) 경남 창원 2013 평양산정현교회(김명숙 전도사) 서울 강서 2013 거룩한길교회(김영남 전도사) 서울 금천 2014 한사랑교회(허남일 목사) 서울 2015 복음문화교회(김광석 전도사) 서울 송파 2015 한나라은혜교회(김권능 전도사) 인천 2015, 영신교회 서울 2017.

50 탈북민들만 구성된 교회는 탈북민 출신 목회자가 있고, 남한 출신목회자가 있다. 탈북민 출신 목회자들이 개척한 교회는 열방샘교회, 새터교회, 창조교회, 서평교회, 하나로교회, 평양산정현교회, 새생명교회, 그날교회, 거룩한길교회, 복음문화교회, 하나비전교회, 순복음꿈의교회, 한민족사랑교회, 기쁨나눔순복음교회, 새희망나루교회, 하나로교회, 인천 한나라은혜교회, 노원 한나라은혜교회, 다민족공동체교회, 은혜세대교회, 하나은혜교회 한소망교회, 한백선교회 하나목양교회 길동무교회, 성지에서온교회, 북부중앙교회, 생명나무공동체, 생명창대교회, 주의평화교회로 30개 교회가 있다. 남한 출신 목회자가 개척한 교회는 주찬양교회, 여의도순복음새평양교회, 상인제일교회, 한꿈교회, 한반도사랑교회, 첨단포도원교회, 두리하나교회, 새사람교회, 평화교회, 장대현교회, 물댄동산교회, 황금종교회, 뉴코리아교회, 은암선교교회, 서평한우리교회, 예수마음교회, 은혜교회, 행복이넘치는 교회, 생명나래교회로 19개 교회가 있다.

① 준비 안 된 사역으로 사역자들의 문제
② 잘못된 물량공세로서 자본주의 폐단
③ 겸손이 없는 선생의 자세로 그리스도인들의 잘못된 신앙관
④ 담임목회자의 인식부족[51]

또한 탈북민들에게도 다음과 같은 문제들을 볼 수 있다.

① 교회에 대한 올바른 이해부족
② 올바른 인간관계 미흡
③ 긍정적인 사고와 사고의 유연성 부족
④ 정직성 부족[52]

일반적으로 하나원 수료 후 탈북민이 지역교회에 정착할 수 있는 유일한 방법은 스스로 지역교회를 찾아가거나 지인에 의한 전도 혹은 정착도우미 성도의 도움에 의해서이다. 스스로 교회를 찾아가는 경우는 극히 드물고 대부분 정착도우미의 인도로 교회를 가게 된다. 교회로 인도된 탈북민들은 대부분 그 교회에 정착하기보다 자신에게 도움이 되는 여러 교회를 전전하든지, 피곤하고 직장에 나가야 한다는 이유로 교회에 나오지 않게 된다. 하나원교회 황문규 목사는 하나원 수료생의 약 40%가 교회에 정착한다고 하지만 각 교회에서 피부로 느끼는 정착률은 10%에도 미치지 못하는 수준이다.[53]

그래서 한국교회가 해야 할 일을 다음과 같이 제시한다.

---

[51] 조요셉, 『북한선교의 마중물, 탈북자』 (경기: 두날개, 2014), 59-63.
[52] 조요셉, 『북한선교의 마중물, 탈북자』, 65-67.
[53] 허원희, "탈북민의 교회정착을 위한 한국교회의 역할," 북한사역목회자협의회 2017년 10월 19일 정기포럼자료집.

첫째, 무조건 이들을 교회로 이끌려고 하지말라는 것이다. 가장 우선 교인들에게 탈북민에 대한 교육을 해야 하고, 나아가 한국어를 하지 못하는 중국에서 태어난 탈북자들의 자녀들을 위한 중국어 예배가 지원되어야 한다. 이러한 것을 모든 교회가 하기 어렵기에 거점 교회를 만드는 것도 좋다.

둘째, 탈북민 자녀들을 위해 교육시키고 정착시키는 데 가장 어려운 것은 가정문제이다. 교회가 이들을 위한 가정사역 프로그램을 가지고 운영해야 한다.

셋째, 교회는 탈북자들을 국내에만 데려오려고 하지 말고 중국 내에서 도움을 주도록 해야 한다. 중국 내에서 도움을 줄 수 있는 것은 두 가지인데 하나는 한국어 학습지도이고 다른 하나는 호구해결이다. 교육적인 관점에서 보면 중국에서 한국학교를 운영하는 것이 좋다. 학습지체가 일어나지 않기 때문이다. 중국에서 한국학교 다니면(조선족은 우리민족이기보다는 중국인으로 보면 된다, 조선족학교가 아니다) 방과 후 학교나 국제학교 개념으로 세워야 한다. NGO단체를 통해 중국에서 학교를 운영하는 것이다. 이들은 중국에 있으나 호구가 없어 불안해하고 있는 아이들이 많다. 잡히면 조중협정에 의해 북한으로 가야 한다. 그러나 이들을 난민으로 인정하도록 노력해야 할 뿐만 아니라 호구를 해결해 주어야 한다.

넷째, 중국 호구가 없는 아이들을 위해서 한국으로 들어 올 수 있는 경비를 지원해야 한다.

이들이 여권을 만드는 경로는 두 가지이다. 최근 시진핑 정권이 동북삼성에 동북공정의 일환으로 호구를 제한적으로 지급하였다. 조선족보다 한족아버지인 경우 호구를 주었다. 마을 대표자인 이장이나 권위자들의 의견을 존중해서 그들의 보증으로 호구를 주었다. 그런 경우는 여권을 가지고 한국으로 들어 올 수 있다. 호구가 없으면 라오스나 태국으로 천만 원에서 천오백만 원 비용을 가지고 들어온다. 두 가지의 경로로 한국을 들어오게 되면 그때서야 어머니를 보증인으로 한 한국호적을 받게 된다.

다섯째, '북한이탈 재중여성'들과 그 자녀들에 대한 연구조사를 할 수 있도록 연구자들과 연구소에 연구자금을 부탁드린다. 이것은 교회가 준비해야 할 선교전략이기 때문이다.

여섯째, 정착도우미 사역이다. 나들이 사역이니 정착결연 사역이니 프로그램도 중요하지만 탈북민들이 필요로 하는 것은 인격적이고 실질적인 도움이 될 수 있는 정착도우미 사역이다. 지역교회는 이것을 적극적으로 활용해야 한다. 탈북민들이 좋아하는 교회는 대형교회가 아니라 가족과 같은 공동체성이 강한 1~200명의 중소형교회라고 한다. 예산이 부족하고 헌신자가 부족해도 정착도우미 사역을 확대하여 가족같이 사역을 꾸려간다면 충분히 이들을 담아낼 수 있다고 본다.

일곱째, 탈북민 신학생들을 돕는 사역이다. 지금 약 100여 명의 신학생들이 있다. 이들이 개교회에서 목회수업과 훈련을 받아야 하나, 불러주는 교회가 없다. 북한말을 사용한다든지, 북한 억양 때문에 꺼리거나, 그들이 북한에 있을 때, 종교교육을 전혀 받지 않은 상태에서 학생부서를 맡기기 어려운 상황이다. 그리고 그들에 대한 신뢰가 형성되지 않아서 교회가 부교역자로 받아들이길 어려워한다. 탈북민 신학생들은 한국의 기성교회로 들어가기 어려워서 탈북민 대상의 교회를 개척할 수 밖에 없다. 이것은 또 다른 분열을 낳기에 바람직하지 않다. 한국교회는 먼 미래인 통일을 내다보고, 북한 땅에 복음을 전할 일꾼을 미리 준비하고 이 땅에 온 탈북민들에게 복음 전하기 위한 복음사명자를 훈련시킨다는 의미로 이들을 신학교육시키는 데에 투자하고 부교역자로 섬길 수 있는 자리를 마련해야 한다. 만약 이들이 설자리가 점점 없어진다면 탈북자 중심의 개척교회는 더 늘어나게 됨으로 한국교회와 분리현상이 더 커지게 될 것이다.

여덟째, 탈북자들이 북한에 있는 가족들에게 보내는 돈을 보태는 일에 동참해야 한다. 모 탈북대학생은 어머니가 간암에 걸려 병원에 입원했는

데 한국 돈으로 약 3백만 원이 필요하니 송금해 달라는 연락을 받았다. 이 대학생은 다니던 교회도 학교도 그만두고 3백만 원을 마련하기 위해 동분서주하고 있다. 이럴 때 교회가 일부라도 도움을 준다면 그 학생은 어머니에게 교회가 우리를 도왔다고 한마디라도 한다면 수 천만 원의 물품을 보내고 전도 한 번 하지 못하는 것보다 나을 것이다.

한국교회에 부탁드린다. 탈북민들을 구제차원에서 그들을 교회로 끌어들이지 말라. 이들은 많이 아픈 자들이다. 그들의 교인의 숫자로 보지말고 아파하는 영혼으로 이해해 주길 바란다. 교회는 세상이 욕한다고 민감해지지 말고, 소외되고, 아픈 자들을 돌아보았으면 한다. 우물가로 찾아가신 예수님처럼 교회는 한국사회에서 가장 버림받은 자들을 찾아가야 한다. 한국사회에서 가장 버림받은 자들이 바로 '북한이탈여성 재중자녀'들이 아닌가 한다. 이런 의미에서 교회는 하나님이 우리에게 보내신 탈북민들을 잘 받아들이기 위해 준비되어야 하고 또 잘 준비된 선교사를 파송하여야 한다.

5. 결론

1990년대 중반 이후 우리 곁으로 찾아오기 시작한 탈북민은 통일의 가능성을 가늠해볼 수 있는 중요한 '바로미터'인 동시에 '주변인'이다. 이에 발맞춰 한국교회도 탈북민의 한국사회 적응을 돕는 사역을 꾸준히 진행해 왔다. 하지만 탈북민 그리스도인들의 비율은 2001년 61.9%에서 2014년 34.8%로 해마다 줄어들고 있는 상황이다. 복음을 전하기 앞서 탈북민에 대한 이해부터 제대로 해야 한다는 지적이 제기된다.

나아가 탈북자 선교에 있어서 사역자들이 조심해야 할 것이 있다.

첫째는 공명심과 소영웅주의이다.

둘째는 부풀림과 거짓이다.[54]

그래서 우리는 기도로 준비하지 않으면 안 된다. 이때 한국교회가 탈북자 선교하는 데 있어서 두 가지를 생각해 보아야 한다.

첫째는 싱가폴 북미회담 이후 일어날 한반도 변화에 따른 탈북민 사역의 변화이다.

북미정상회담 이후 한반도의 변화는 종전선언과 평화체제의 기대이다. 물론 비핵화와 맞물려 두 가지 다 어려운 상황이지만 결국 종전선언은 될 것이고, 이어서 한반도는 평화체제로 가게 될 것이다.

이렇게 될 때, 탈북자들은 어떻게 될 것인가?

북한에서 탈북하는 이들은 줄게 될 것이고, 남한에 들어오려는 이들은 지금 중국이나 제3국에 거주하는 이들이 들어오게 될 것이다. 자연스럽게 탈북자들의 남한 입국은 줄게 될 것이고, 중국과 제3국에 나와 있는 탈북자들에 대한 인식의 변화로 난민 지위를 받기는 어려울 것이다. 중국은 탈북자들을 북송하는 데 더 일조하게 될 것이고, 탈북자들은 그런 일이 일어날 것에 대해 지금 두려워하고 있다. 왜냐하면 중국 내 탈북자들은 강제송환을 가장 두려워하기 때문이다. 강제송환된다면 가혹한 인권유린 행위가 일어난다는 것은 누구나 아는 일이기 때문이다. 그래서 한국교회의 탈북자 사역도 변화가 일어나야 하고, 특히 탈북자교회를 하는 곳에는 많은 변화가 일어날 것이다. 종전선언과 평화체제가 일어난다면 이 일이 일어나기 전에 한국교회는 이미 나와있는 탈북자들을 한국으로 데려오는데, 힘을 기우려야 한다.

물론 이런 일에 문제가 없는 것은 아니다. 중국에서는 탈북자를 데리고 나가는 행위를 인신매매로 보기 때문에 잡힐 경우 중형을 내린다. 나아가 탈북루트가 거의 공개되어 있어 새로운 탈북루트도 개발해야 하고, 직접

---

[54] 마요한, 기독교통일포럼 2015년 5월 정기모임.

남한으로 데려오지 못한다면 제3국을 경유해야 하는데, 제3국에 가옥을 미리확보하고 그곳에 선교사를 파송하며, 나아가 안전을 미리 확보해야 한다. 한국에서 탈북자교회는 더 이상 한국교회의 도움을 받으려하지 말고 자립, 자치, 자전의 3자 운동을 벌여야 한다.

　둘째는 한국교회의 탈북민교회세우기 운동이다. 교회 안에 탈북민교회를 세워야 한다. 지금까지는 한국교회가 탈북민 부서를 통해서 탈북자를 선교하거나, 탈북민교회를 지원함으로 탈북자 선교를 해왔다. 이제는 패러다임을 바꾸어서 교회 안에 새로운 교회를 세우는 것이다. 서울 도봉구에 있는 영신교회는 40여 명의 작은교회이나 북한선교를 전공한 목회자를 지원하여 영신교회와 협력하여 함께하는 교회라는 탈북민교회를 세웠다. 교회당을 같이 사용하고, 예배도 영신교회와 함께 한다. 청년들 프로그램도 같이 공유하나, 행정과 재정은 영신교회가 관여하지 않는다. 심방과 교육도 달리한다. 즉 영신교회는 탈북자교회와 모든 것을 공유하되, 고유한 영역은 절대 간섭하지 않는다. 이렇게 함으로 탈북자교회 목회자는 물질과 부족한 부분을 영신교회로부터 공급받되, 자신의 목회를 할 수 있는 구조로 만들어간다. 한국교회는 북한선교를 전공한 목회자를 선발하여 부교역자가 아닌 탈북자교회사역자로 인정하여 사례를 지급하고, 그 교회를 통해 목회를 할 수 있도록 공간을 만들어주는 일을 해야 한다.

　탈북민은 하나님이 한국교회에 보내신 하나님의 사람들이다. 이들을 향한 눈을 다른 곳으로 돌린다면 선교의 직무유기이다. 이제 한국교회는 더 깊이 있는 탈북민 사역을 해야 한다. 특수 사역으로 몰지 말고, 목회의 한 부분으로 생각하고 탈북민 사역에 동참하기를 요청한다.

참고문헌

랄프 윈터, 스티브 호돈. 『미션 퍼스펙티브』. 정옥배 역. 서울: 예수전도단, 2002.
박한식, 강국진. 『선을 넘어 생각한다』. 서울: 부키, 2018.
이순형, 최연실, 진미정. 『북한이탈주민의 종교경험』. 서울: 서울대학교출판문화원, 2015.
조요셉. 『북한선교의 마중물, 탈북자』. 경기: 두날개, 2014.
태영호. 『3층 서기실의 암호.』 서울: 기파랑, 2018.
선한승. "북한 탈북 노동자의 적응력 실패와 정책과제." 한국노동연구원.
소의호. " 귀순자들의 내면세계, 그리고 남한 사회 수업." 「월간 중앙」 1월호.
허원희. "탈북민의 교회정착을 위한 한국교회의 역할." 북한사역목회자협의회.
박예영. "탈북민 그리스도인들의 신앙체험에 관한 연구." 감리교신학대학교 석사학위논문. 2015년.
오혜정. "귀순북한 동포의 남한 사회 적응실태." 서강대공공정책대학원석사논문.
전득안. "북한이탈여성 재중 자녀의 정체성 연구." 전남대학교 국제학 박사학위논문 2016년.
조기연. "북한이탈주민의 실태와 선교전략연구." 아세아연합신학대학교 석사논문. 2001년

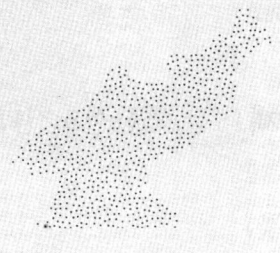

제4부

전략적 이해

북한선교는 소명과 열심만 가지고는 한계가 있다. 전략없이는 한계에 부닥친다. 현재 북한선교하는 단체가 몇 개인지 아무도 모른다. 대략적으로 1,000개 정도라고 하지만 이명박과 박근혜 정부가 들어선 후 엄청난 숫자가 줄었을 것이라고 예측한다. 문재인 정부가 들어설 때, 다시 북한선교하는 단체와 NGO가 늘어날 것이라고 기대하였지만 현재 남북상황으로서는 아직 예단하기는 이르다. 그렇지만 곧 있을 제2차 북미정상회담으로 인해 막히고 있는 남북교류가 더 활발히 움직일 수 있는 물꼬가 트이기를 기대해 본다. 이런 정치적 움직임은 북한선교에 큰 영향을 미치기 때문이다.

제4부에서는 북한선교에 있어서 전략이 주는 의미와 역할에 대해서 연구하고, 나아가 북한선교는 동원없이는 되지 않기 때문에 북한선교동원에 대한 전략을 제시하며, 북한인권 그리고 통일 이후 한반도에 대한 전망을 내놓는다.

제15장 북한선교전략

1. 들어가면서

　북한선교에 몸 담고 있는 이들의 열정은 남다르다. 실패를 경험하고도 계속 이 일을 하고 있고, 대우나 존경은 고사하고 무시당하고 멸시당해도 이 일을 그만두지 않는다. 심지어 생명의 위험을 안고서도 순교를 각오하고 일선에서 일하고 있다. 이렇게 일하는 북한선교 현장에 종종 잡음이 생기고, 선교단체들과 선교사들의 중복 사역과 중복 투자가 일어나서 다툼과 물질적 손실을 많이 보기도 한다. 일은 열심히 하지만, 일의 효과에 대해 그리 생각하지 않는 것 같다. 이런 의미로 북한선교에 대한 전략연구는 매우 중요하고 필요한 것이다. 만약 전략적으로 북한 사역을 접근하지 못한다면 과거의 답습이나 현재의 문제들을 극복하지 못하고 열에 하나 정도의 효과만 기대할 뿐이다.

　이것은 북한선교에만 국한 된 것은 아니다. 세계선교 현장에서도 이 문제로 인해 참으로 많은 선교전략을 내어 놓았다. 지역학으로 보면 북한선교는 세계선교의 한 국가연구에 해당한다. 그렇기에 북한선교를 하는 자들은 세계선교의 선교전략을 연구하고 배워 그것을 현장에 적용할 필요가 있다.

　『변화하는 선교전략』(CLC, 2015)에서 10가지의 선교전략을 내어 놓았다. 도시목회와 선교전략, 교육목회와 선교전략, 어린이 목회와 선교전략,

직장과 선교전략, 전문인과 선교전략, 태권도와 선교전략, 신유 사역과 선교전략, 한인디아스포라와 선교전략, 이슬람과 선교전략, 영적전쟁과 선교전략이다.[1] 이 책의 특징은 모든 영역을 선교대상지로 보고, 그것에 맞춘 맞춤형 선교전략을 다룬다. 이 책의 서문에서 열 가지 맞춤형 전략을 내어 놓은 이유를 세 가지로 설명했다.

첫째는 새로운 패러다임으로,

둘째는 시대의 변화에 맞춘 것이고,

셋째는 목회에 필요한 것으로 전략을 세웠다.

북한선교전략도 새로운 패러다임이 필요하고, 시대와 환경에 맞추어야 하며, 한국의 6만 교회에 필요한 전략이 필요하다.

2. 우리에게 익숙한 전략

우리에게 익숙한 전략을 살펴보는 것은 전략을 이해하는 데 도움이 된다.

첫째, 중국에서 사업하는 화장품 회사와 베이커리 회사를 통해서 이해하면 이춘우 사장은 중국에서 화장품 회사를 운영하면서 "남이 선점하지 않은 곳을 먼저 선점하라. 친절하라 그리하면 오늘 물건을 사지 않아도 내일 올 것이다"라는 전략을 가졌다. 이춘우 사장의 첫 번째 전략은 프랑스 혁명 시대와 도요토미 히데요시가 사용한 방법이다. 이들은 항상 전장에서 유리한 지점을 찾아 싸웠다. 북한선교에 있어서 각 선교단체는 평양이나 손쉽게 다가갈 수 있는 지역보다는 선교단체가 지향하는 목적과 부합한 장소를 선정해서 가야 한다. 전용희 베이커리 사장은 중국시장에서 살

---

[1] 송영만, 이수환, 이희훈, 윤승범, 『변화하는 선교전략』 (서울:CLC, 2015), 15.

아남기 위해 "그들 속으로 들어가라, 변화를 남보다 빠르게 읽어라"는 전략을 세웠다. 여기서 북한선교전략을 한 가지 배운다면 우선 탈북민 속으로 들어가서 그들을 배워야 한다. 남한에 들어 온 탈북민들을 선교하지 못하고 북한 내지선교를 할 수 있다고 생각하지 않는다.

둘째, 우리에게 익숙한 전략으로 손자병법을 살펴보자. 손자병법은 "경쟁을 할 때에는 적이 힘들어지는 곳을 공격한다"[2]는 전략을 제시한다. 유인작전이라는 것을 모르는 채 초나라 군대는 계속 출격하여 피로가 점점 쌓이게 된다. 경쟁을 하면 할수록 상대방이 힘들어지게 되는 곳을 공격하는 것이 손무전략의 핵심이었다. 북한이 기독교를 상대하기 힘들어 한다면 계속해서 기독교 이름으로, 교회 이름으로 무엇인가를 해야 한다. 지금 문이 닫혔다고 그냥 같이 문을 닫고 있는 것은 안 된다. 북한은 여전히 먹고사는 문제로 인해 버거워한다. 장마당이 움직이지 않으면 북한 서민경제는 무너진다. 그렇다면 장마당으로 들어가는 문은 열려있다는 의미가 된다.

우리는 선교를 문으로 비유하여 설명한다. 정문, 후문, 윗문, 옆문, 뒷문이다. 앞문이 막혔다면 뒷문으로 가야 한다. 어느 한 문은 열려 있기 때문이다. 북한의 4차 핵실험과 광명성 미사일 발사로 인해 개성공단이 폐쇄된 지금 선교의 문은 다 닫혔다고 본다. 이제 남아 있는 문은 우리가 생각하지 않은 '비밀의 문'이다. 비밀의 문은 장마당으로 들어가는 '밀수의 문'이다. 이 문을 이용하면 된다. 그리고 또 다른 손자병법의 전술전략은 "적을 알고 나를 알면 백 번 싸워도 위험하지 않다"[3]는 것이다. 지피지기면 백전백승이다. 나를 알고 적을 모르면 이길 확률이 절반 밖에 안 된다. 적도 모르고 나도 모른다면 싸울 때마다 위기를 당하게 될 것이다. 북한선

---

2   스즈키 히로키, 『전략의 교실』, 김대일 역 (경기: 다산북스, 2015) 20.
3   스즈키 히로키, 『전략의 교실』, 25.

교는 나를 알고, 적도 잘 알아야 한다. 즉 북한을 잘 알고 선교하는 것이 전략이다. 김모 선교사는 지금 북한에서 무기징역형을 받았다. 그가 북한을 방문하게 된 배경에는 한 탈북성도가 중국에 있는 그에게 접근하여 "자기와 함께 북한에 들어가 지하교회를 둘러보고 격려하고 오자"고 제안하였다. 그 말을 신뢰한 김모 선교사는 북한에 들어가게 되었고 곧 북한당국에 의해 억류되었다. 이렇게 된 배경에는 김모 선교사는 북한의 체제를 잘 이해하지 못했다고 생각한다. 만약 북한체제를 제대로 이해하였다면 그런 무모한 행동을 하지 않았을 것이다. 북한선교의 첫 걸음은 북한을 이해하고 공부하는 것이다.

셋째, 알렉산더 대왕의 전략을 보면 "정석과는 다른 별도의 접근법으로 공략"[4] 하는 것이었다. 알렉산더 대왕은 동방으로 진군할 때 거대한 페르시아 해군이 원정에 걸림돌이 된다고 판단했다. 알렉산더에게는 해군이 없었기 때문이다. 그런데 알렉산더는 해군을 지상전을 통해 격파한다고 생각을 비틀었다. 해군이 식수를 얻는데 필요한 해안선의 수원지를 모두 공격하여 식수보급을 어렵게 만들어 페르시아 해군을 뭍으로 끌어내어 격파하였다. 북한선교전략도 지금까지 해 오던 방법을 비틀어 보는 것이다. 한 예로 전통적으로 공급하던 종이성경을 풍선으로 바꾸어 쪽 복음을 보낸 모퉁이돌의 전략 같은 것이다. 지금 북한으로 가는 길이 막힌 상황에서는 우리의 상식이나 고정관념에서 벗어난 접근법이 필요하다.

넷째, 나폴레옹과 란체스터 법칙에서 배우는 전략인데 "비슷한 성격의 대북선교단체는 큰 단체가 되도록 연합하여 승부하라"는 것이다. 나폴레옹은 여러 개 사단을 묶어서 하나의 군단을 만들었다. 군단을 만들기 전에는 한 사단이 다른 사단 규모의 적을 맞이했다면 군단은 군단 중의 한 사단이 적을 대할 때, 나머지 군단 내 사단은 후면이나 측면을 쳐서 승리

---

[4] 스즈키 히로키, 『전략의 교실』, 30.

했다는 것이다. 즉 작은 것으로 승부 걸지 말고 큰 것으로 승부 걸라는 것이다.

란체스터[5]는 두 가지 법칙을 발표했는데, 제1법칙은 일대일의 법칙이고 제2법칙은 집중효과의 법칙이다. 일대일의 법칙은 고대의 전투방법으로 한 사람이 한 사람을 겨냥해서 싸우는 전투이다. 30대 20이면 30쪽에서 결국 10이 남아 승리하는 전투이다. 제2법칙은 집중효과의 법칙인데 이것은 일대일이 아닌 집단 대 집단의 전투형태이다. 10명이 하나의 집단이고 5명이 하나의 집단이면 둘 다 같은 성능의 무기를 가졌다면 동시에 서로를 향해 쏜다면 두 가지 형태의 모습이 나타나는 데, 10명에게 5발의 탄환이 날아온다면 맞을 확률은 2분의 1이다. 그런데 5명에게 10발의 탄환이 날아온다면 맞을 확률은 2배가 된다. 2배의 병력차이가 난다면 결국 4배의 공격력의 차이가 나고, 3배의 병력차이가 난다면 결국 무려 9배의 공격력 차이가 발생한다.[6] 북한선교에 있어서 선교단체들의 북한선교전략은 비슷하다. 선교단체는 이제 연합하거나 네트워크를 구성해야 한다. 그래서 비슷한 전략은 하나로 뭉쳐서 공략해야 한다.

다섯째, 패러다임을 바꾸는 전략이 필요하다. 미국의 미래 경제학자 조엘 바크는 그의 책 『패러다임을 전환하면 미래가 보인다』에서 '패러다임을 바꾸는 아웃사이더'가 있다고 제안한다.

첫째, 연수를 받고 들어온 지 얼마되지 않은 신입

둘째, 다른 분야에서 온 경험이 풍부한 사람

셋째, 단독 행동을 하는 사람

---

5 프레더릭 란체스터는 자동차 제조 판매회사를 매각한 후 항공공학을 연구한다. 그 과정에서 1914년에 란체스터 법칙이라고 하는 수리모델을 발표한다. 이 법칙으로 2차 세계대전 당시 연합군 측에서 군사작전이나 공격 효과의 분석 및 결정에 사용되어 커다란 성과를 거두었다.

6 스즈키 히로키, 『전략의 교실』, 193.

넷째, 모든 것에 관심이 있는 사람

이들은 불가능한 문제들을 새로운 방법으로 만들 재주가 있다고 보았다. 북한선교도 지금까지의 전략과 연구에서 새로운 패러다임의 전환이 필요할 때이다. 그러기 위해서 새로운 신인들의 영입이 필요하다. 각 세미나, 포럼, 발표 등에서 이름난 강사들이나 연구자들 대신에 위의 네 가지에 속한 부류의 사람들을 선택하여 발표하도록 하는 것이다. 그들이 새로운 전략을 내 올 것이기 때문이다.

3. 북한선교전략

지금까지 해 온 북한선교전략을 다음과 같이 10가지로 요약해 볼 수 있다.

① 기도전략
② 구제전략(빵공장, 염소농장 등)
③ 성경책 전달전략,
④ 선전전략(대북 풍선이나 삐라 등)
⑤ 비즈니스전략
⑥ 의료전략(의료키드전달, 의료약품 및 장비전달)
⑦ 학교사역(평양과기대)
⑧ 임업이나 농업전략(나무심기나 농지개량, 농산물수확확대지도, 옥수수개량종 보급 등)
⑨ 탈북민전략
⑩ 북한선교학교 개설로 북한선교인재 양성전략

이런 전략들은 전략이기보다는 전술에 가깝다고 본다. 전략은 각자의 목적에 따라 정해진다.

전략은 '상황에 따라 변할 수 없는 전략'과 '상황에 따라 바뀔 수 있는 전략'으로 구분해서 생각해야 한다. 누가 선교사가 되든, 어느 선교단체가 되든 성경적 배경과 하나님의 뜻은 변하지 않아야 한다. 그리고 환경의 변화에 민감하고, 정부의 정책 변화에 따라 변해야 하는 전략이 있다. 이것은 각 선교단체와 선교사에 따라 그리고 각자의 이익에 따라 달라 질 수 있다. 자기의 목적을 이루기 위한 방법이기 때문이다.

그렇다고 해서 지금까지의 전략과 전술이 잘못되었다는 것인가?

그렇지 않다. 지금까지 각 선교단체나 학자들이 내어놓은 전략은 어느 하나 버릴 것은 없다. 지속적으로 이어갔으면 한다. 단지 좀 더 세밀한 전략과 전술이 나오길 기대한다. 그러나 대북선교를 시작한 이래로 가장 어려운 시기가 왔다. 협상과 타협이 사라졌다. 소통은 전혀 보이지 않는다. 어찌보면 지금까지 했던 전략은 수정해야 할 시기가 지금이다. 그래서 여기에 새로이 몇 가지 전략을 제안한다.

기독교의 북한선교전략은 정부와 상관없이 통일이 된 이후까지 가야 하는 것이다. 임현수 목사 사건을 보게 되면 북한은 남한 정부와 싸우는 것이 아니라 기독교와 싸우는 느낌이다.

1) 상황에 따라 변하지 말아야 하는 전략

모든 전략과 계획은 상황에 따라 변할 수 밖에 없다. 그러나 선교전략 중 변하지 않아야 하는 것이 있는데, 두 가지로 살펴본다. 하나는 본질이고, 다른 하나는 방법이다.

(1) 본질

본질이라 하면, 북한선교의 원리나 방법을 말하는 것이 아니다. 본질은 변하지 않아야 하는 북한선교의 뼈대이다. 이것은 '복음'이다. 복음이 변하면 '다른 복음'이 된다. 이런 변질된 복음도 문제지만, 여기서 말하는 본질은 '복음'을 빼고 복음 외의 것으로만 선교 하는 것을 말한다.

북한은 우리가 원하지 않는 방향으로 간다. 먹을 것이 없다고 해서 먹을 것을 주었더니 군량미로 사용한다. 필요한 물자나 원료를 주었더니 핵을 개발했다. 굶주리는 주민을 위해 도움을 주었더니 당과 평양시민만 배불렸다. 도와 달라고 해서 도와주었더니 잡아 가두고, 노동교화형을 내렸다. 북한은 기독교와 싸우자고 한다. 이러한 때, 기독교의 북한선교전략은 그것과 상관없이 끝까지 원수를 포용하고, 적과 화해하는 그리스도의 십자가 복음의 전략으로 가야 한다.

(2) 방법

방법은 본질을 전하는 그릇이다. 그 그릇이 상황에 따라 바뀌지 않아야 하는 것을 말한다.

① 남한교회를 바로 세우는 전략(남한교회를 향해)

북한선교는 부르심을 받은 북한선교사만 하는 것이 아니다. 북한선교는 구제 만 하는 것이 아니다. 북한선교는 복음을 전하는 것이고, 하나님의 나라를 완성하는 것이다. 이 일의 책임이 바로 교회에 있다. 교회를 깨우지 않으면 북한선교는 더 이상 앞으로 나갈 수 없다. 그래서 남한교회를 깨우는 교육과 훈련, 세미나와 강습회, 집회와 설교 등이 있어야 한다. 이런 의미에서 '한선통일목회연구소'[7]는 큰 역할을 하게 될 것이다.

---

7 한선통일목회연구소는 2016년 1월 30일에 개소. 정종기 박사가 소장으로 있고 신민범박

② 동역선교(TRINE-MISSION)전략(선교단체를 향해)

한국교회와 한국의 대북선교단체의 가장 고질병은 '동역'하지 못하는 것이다. 다음과 같은 이유로 동역하지 못한다.

첫째, 후원문제이다. 정보를 독점하지 않으면 후원을 제대로 받지 못한다는 생각이다.

둘째, 유교문화 때문이다. 유교문화는 장(長) 문화이다. 무엇이든 단독으로 마음껏 일을 해야 하는데, 동역이라는 협력 구조는 '내 마음대로' 하지 못한다고 생각하기 때문에 동역하기 어렵다.

셋째, 정보 때문이다. 북한선교의 특수성은 '정보의 폐쇄성'이다. 그러다보니 내가 가진 정보를 다른 이에게 주기 어렵다. 북한선교는 정보를 공유하고 나누고, 협력해야 한다. 동역이라는 전략없이 단독이나 독불장군식의 전략은 북한을 복음화하기 어렵게 만든다.

동역선교전략은 예수님이 우리를 위해 기도하신 기도문에서 나타난다. "우리가 하나된 것같이 저희도 하나가 되게 하옵소서"(요 17:22)이다. 동역선교전략의 구체적인 원칙을 제안한다.

첫째는 정보를 공유해야 한다.

둘째는 서로 지배하지 말고, 플랫폼이 되야 한다.

셋째는 서로 나눔이 있어야 한다.[8] 일방적인 제공이나 일방적인 받음만 있어서는 안 된다. 주고 받음(give and take)이 있어야 한다.

넷째는 동역하기 전에 책임소재를 확실히 하기 위해 확실한 규약을 만들어야 한다.

다섯째는 동역은 들어가고 나옴이 실선이 되지 않고, 점선이 되야 한다. 즉 언제든지 자유롭게 대화함으로 뭉치고 나눠지고 해야 한다. 한번 해병

사와 정규재 박사와 함께 한다.

[8] 김영석, 「북한선교를 위한 북방네트워크」 아세아연합신학대학교 강의집, 78.

은 영원한 해병일지 몰라도, 한번 동역한 단체가 영원한 동역으로 남지 않는다는 것을 기억해야 한다. 목표와 비전 그리고 타켓이 달라졌다면 언제든지 동역의 관계에서 네트워크의 관계로 전환해도 된다.

동역은 선교가 끝나는 그날까지 이루어져야 한다. 동역선교는 선교단체끼리와의 동역만을 의미하지 않는다. 여기서 동역은 하나님과 교회와 선교사와의 삼각구도의 동역이다. 교회와 함께 가지 않는 선교는 위험하다. 북한선교와 세계선교는 교회를 통해 하나님이 일하라고 하신 것이기 때문이다.[9]

③ 북한의 지하교회 양성전략

세계선교전략사에서 토착교회를 세우고 토착지도자를 양성하여 그들에게 교회권과 지도력을 이양한 것은 사도 바울의 때부터이다. 이 전략은 변하지 않은 것임을 역사를 통해서 알 수 있다. 북한의 토착교회는 통일 이후에 있을 것 같으나, 이미 북한에 토착교회가 서 있다. 우리는 이것을 지하교회라고 부른다. 이런 지하교회를 음으로 양으로 도울 수 있는 길을 마련하고, 각 선교단체는 그것에 집중해야 한다. 물론 지금 지하교회를 향한 문은 닫혀있다. 그러나 비밀리 어떤 루터를 통하여 그곳과 연결되는 것이 있을 것이고, 또 자생적으로 그 상황을 이용해서 전도와 예배가 이루어지고 있는 것을 탈북민들을 통해 알게 된다.

그리고, 지하교회를 도울 수 있는 길과 함께 통일 이후도 생각해야 한다. 북한에 토착교회를 세우는 것은 아주 쉽게 할 수 있는 길을 하나님이 열어 놓으셨다. 그것은 남한뿐만 아니라 전 세계에 흩어 놓으신 탈북민들이다. 이들 중 지금 신학교에서 공부하는 학생이 약100여 명이 된다. 이들의 학업과 훈련, 그리고 안수 이후의 목회를 준비하고 할 수 있도록 길

---

9   강승삼, 『21세기 선교길라잡이』 (서울: 생명의 말씀사, 2000), 17.

을 열어주는 것이 급선무이다. 탈북민 목회자들이 북한에 문이 열리면 고향으로 돌아가 교회를 세우게 된다. 이것이 바로 토착교회이다. 토착교회를 세운 그들에게 교회권과 지도력을 이양하기 위해 지금부터 준비해야 한다. 물론 여기서 현재 북한에 있는 지하교회가 수면 위로 부상했을 때, 그들에게 어떤 교회권과 지도력을 부여해야 하는 지에 대해서는 더 연구해야 하나, 항간에 들리는 소문에 의하면 이미 북한은 지하교회 내에서 조직을 하고 있을 정도의 지도력을 가진 것으로 알고 있다.

2) 상황에 따라 적용해야 하는 전략

(1) 홍해전략

홍해전략이란 모세가 이스라엘 백성을 이끌고 가나안으로 갈 때 홍해에서 일어난 사건을 배경으로 한다. 물론 모세가 만든 전략은 아니다. 하나님이 주신 전략이다. 모세와 백성들은 홍해 바다 밑에 길이 있었다는 것을 몰랐다. 즉 홍해전략은 '숨겨진 길을 찾는 것'이다.

남한에서 북한으로 들어갈 수 있는 선교의 문은 다 닫혔다. 그렇기에 숨겨진 길을 찾아 갈 수 밖에 없다. 북한은 장마당을 무시하지 못한다. 막으려해도 이제 막기 어려울 것이다. 물론 어떤 학자는 장마당이 북한체제를 흔든다면 언제든지 폐쇄할 수 있다고 하나, 나는 그렇게 생각하지 않는다. 장마당이 북한에 400여 개가 넘었다. 그리고 여기에 종사하는 숫자와 연결된 당원과 군이 엄청나게 많다. 이미 북한에는 장마당을 통하고 밀수를 통해 부를 축적한 새로운 신흥세력들이 나타났다. 문제가 생겼을 때, 이들을 한꺼번에 잡아 들일 수 없다. 그래서 어떤 상황이 와도 장마당은 열릴 것이고, 장마당이 건재하는 한 장마당의 문은 열려 있을 것이다. 이것을 이용해 성경과 선교의 물건들이 들어갈 수 있다.

그리고 모 선교회는 뒷문선교에 대해 자주 언급[10] 한다. 그것은 또 하나 숨겨져 있는 홍해의 길이다. 그것은 중국에 나와 있는 탈북자들에게 대한 사역이다. 탈북자들이 남한에 들어와서 복음을 전해 받은 자들의 정착률은 30% 정도이다. 그러나 중국이나 외국에서 복음을 듣고 훈련을 받고 남한에 들어오면 약 70% 이상이 교회에 정착한다. 그래서 북한에 문이 닫혔을 때, 북한을 나와 있는 탈북자들을 대상으로 복음을 전하고, 그들을 위한 선교사를 보내는 일을 해야 한다.

(2) 북한선교학교전략

북한선교학교는 생각 외로 이곳 저곳에 많이 있다. 2016년에 와서는 '통일과 꿈학교'가 탄생했다. 매주 화요일 저녁 7시 15분에 생명나래교회(하광민 목사)에서 열린다. 가장 크고 확대된 것은 '통일선교아카데미'이다. 이것은 조기연 교수가 한국기독교총연합에서 북한담당 국장으로 있을 때 하던 북한선교학교를 한국의 대형교회 12교회를 중심으로 하여 세운 학교이다.

전국 네트워크 망을 가지고 북한선교학교를 하는 곳은 '통일소망선교회(이빌립 선교사)의 북한선교학교'이다. 올해 들어와 부산과 광주, 대전에 지부를 두고 학교를 개강했다. 평화나눔재단은 간헐적으로 강원도를 중심으로 선교학교를 하고 있고, 조요셉 목사의 '북한선교전략학교,' 한국오픈도어선교회의 '북한선교학교,' 모퉁이돌선교회의 '북한선교학교,' 에스더기도운동의 '북한선교학교,' 영락교회의 '북한선교학교,' 우리교회의 '북한선교학교,' 예수전도단의 '북한선교전략학교,' 숭실대의 '기독교통일지도자훈련센터'를 개소하여 통일선교전문가 양성을 목표로 하고 있다. 통일선교, 북한선교학교의 시작은 아세아연합신학대학교이다. 선교대학원에서 M.A와 Th.M 과정에 북한선교학과를 개설했다.

---

10 2016년 북한사역목회자협의회 3월 정기모임.

(3) 네트워크

북한선교 네트워크에는 네 가지의 형태가 있다. 컨트롤타워, 센터, 허브 그리고 플랫폼이다. 이것들은 방식의 차이일 뿐 목적은 같다. 북한선교하는 단체들의 연합은 기도회에서 쥬빌리통일구국기도회가 있다면, 단체와 학자들의 연합인 기독교통일포럼이 있다. 그리고 북한선교하는 교회의 목회자들의 연합을 이루는 숭실대통일지도자협의회가 있다면 이러한 여러 단체들의 연합할 수 있는 장으로 선교통일한국협의회가 있다. 이런 것들이 필요한 이유는 국가와의 관계도 그렇고 통일을 이루는 과정에서 북한의 조선그리스도연맹과 직접적으로 대면할 수 있는 기구가 필요하기 때문이다. 이런 의미에서 어떤 형태가 되었던 현시점에서 가장 필요한 것이 바로 컨트럴타워, 센터, 허브 그리고 플랫폼이다.

"한국교회는 모든 교단과 북한 사역을 감당하는 교회들과 선교단체를 총망라하여 통일선교의 컨트롤타워와 플랫폼 역할을 감당할 수 있는 조직을 반드시 구축해야만 한다. 현재의 상황에서 올바른 선교방법을 제시하고, 제대로 자격을 갖춘 사역자를 길러내며, 연합과 협력의 사역이 가능하도록 하기 위해서 꼭 필요한 것"[11]이기 때문이다. 하지만 컨트롤타워를 만들어야 하는 당위성은 분명히 있으나, 전문가들 중에는 되지 않는다고 생각하는 이들이 많다. 이유는 "인간성 때문이고, 가는 길이 다르기 때문이다"고 한다. 그래서 숭실대에서 주관하여 여러 선교단체들이 모여 새로운 대안책을 내어 놓으려고 모임을 가지고 있는 중이다. 그런 와중에 이 단체는 '통일선교언약'이라는 것을 내어 놓게 된다. 또한 플랫폼의 구상으로 '선교통일한국협의회'가 2018년 9월 7일에 백주년기념관에서 창립총회를 하게 되었다.

---

11 오성훈, 평통기연 평화칼럼 "한국교회를 대표하는 통일선교 컨트롤다워를 세우소서."

(4) 해외로 통하는 문이 되는 전략

북한은 남한과 함께 미국과 대화를 하려고 하지만 현재로서는 만만치 않다. 그렇다고 북한이 문을 닫고만 있지는 않을 것이다. 그들의 기본 전략인 대외관계 개선은 바뀌지 않는다.[12] 그렇다면 어떤 채널이든 밖으로 나갈 수 있는 끈이 있다면 잡으려 할 것이다.

대북선교 초창기 NCCK가 해외와 북한과의 대화채널을 만들었다면 한국교회가 이제 진보와 보수가 함께 이 일을 해야 한다. 그래서 북한을 고립시키지 말고, 그들이 개방할 수 있도록 하여 가까운 미래에 평화를 실제로 이루어야 하고 통일된 국가를 만들어야 한다.

4. 결론

북한선교전략의 최종의 목표는 '복음통일'이다. 이것은 북한에 하나님 나라를 세우는 것을 목표로 하는 전략이다. 그렇다면 북한선교전략의 방법에 북한의 실력자나 권력자를 만나야 되는 것이 아니고 내가 가지고 있는 물건을 꼭 전해 주어야 하는 것도 아니다. 또한 누군가 꼭 북한 내지로 들어가야 하는 것도 아니다. 그리고 통일이 목표가 되어서도 안 된다. 이런 것은 복음이 전해지기 위한 수단일 뿐이다. 하나님 나라의 완성을 위해 복음이 전파되야 하는 이유는 하나님의 마음이기 때문이다. 이러한 일을 위해 우리는 하나님이 우리에게 주신 지혜로 전략을 구상해야 한다.

불투명하고 어두운 미래 앞에 우리는 복음을 북한에 전하기 위해 미리 예측된 전략을 구상해야 한다. 여기서 우리는 맥킨지의 지혜가 필요하다. 맥킨지의 7S는 기업의 실적 개선을 이루기 위해 만들어진 톰 피터스와 로

---

[12] 2016.3.5 서훈 교수의 기독교통일포럼의 발제문 1.

버트 워터맨의 이론이다. 초우량 기업이 되기 위해서 다음과 같은 7S가 필요하다고 한다.

① 조직(Structure)
② 전략(Strategy)
③ 스킬(Skill)
④ 스태프(Staff)
⑤ 스타일(Style)
⑥ 시스템(System)
⑦ 공통된 가치관(Shared Values)

전략은 이러한 여러 가지와 함께 어우러져야 성공할 수 있다.

유석렬 박사는 북한복음화는 치밀한 전략이 필요하다고 한다.[13] 북한선교의 문이 닫혔다고 생각하는 이때, 우리는 주저하지 말아야 한다. 시간이 없다. 혹 작금의 때에 오판하지 말기를 바란다. 북한선교를 멈추어야 한다는 오판이다. 다시 말하면 '지금은 북한선교를 할 때가 아니다'라고 한다면 당신은 하나님의 마음을 가장 잘못 알고 있는 자가 될 것이다. 성경은 말씀한다.

> 너희는 말씀을 전파하라 때를 얻든지 못 얻든지 항상 힘쓰라(딤후 4:2).

---

13 유석렬, 『김정일정권 와해와 북한선교』(서울:문광서원, 2011), 276.

참고문헌

강승삼. 『21세기 선교길라잡이』. 서울: 생명의 말씀사, 2000.
송영만, 이수환, 이희훈, 윤승범. 『변화하는 선교전략』. 서울: CLC, 2015.
스즈키 히로키. 『전략의 교실』. 김대일 역. 경기: 다산북스, 2015
유석렬. 『김정일정권 와해와 북한선교』. 서울:문광서원, 2011.
김영석. "북한선교를 위한 북방네트워크." 아세아연합신학대학교 강의집.

제16장 북한선교를 위한 지역교회와 선교동원

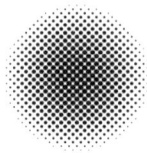

1. 들어가면서

북한의 복음화와 통일을 위해서 참으로 많은 단체들이 활동하고 있다. 기독교 계통의 NGO와 북한선교의 연구단체들, 그리고 북한선교단체들과 기도단체들과 각 교단마다 북한 돕기에 앞장서고 있다. 뿐만 아니라 북한선교를 위한 대형집회들도 생겨났다.

북한선교를 위한 모든 연구와 돌봄과 운동의 배후에는 동원되는 사람들이 있다. 이들은 모두 북한선교를 위해서 헌신하는 자들이다. 현재 북한선교에 헌신하고 열심있는 이들은 지역교회에서 훈련받은 이들이 아니다. 이들은 대개 청년들로서 선교단체나 학생신앙운동을 통해서 선교훈련을 받았다.

지역교회와 연결없는 훈련은 앞으로 북한선교를 위해서 매우 위험한 것이다. 왜냐하면 북한선교는 지역교회가 움직이지 않으면 한계성을 가지게 된다. 다시 말하면 지역교회가 움직여야 북한선교는 성공한다. 왜 지역교회가 북한선교에 동원되지 않는지를 밝혀 본 것이다.

지역교회가 북한선교에 동원되지 않는 이유를 밝히기 위해 지역교회의 구성원들을 통해 설문작성을 하였다. 설문에 참여한 자는 544명이었고, 필자는 그것을 분석하였다. 그리고 2차적으로 최근에 게재된 신문의 기사를 참고하고 북한선교동원에 관한 논문¹을 참고로 한다. 또 북한에 관한 연구소들의 발행물들을 참고하고 특히 교단의 북한선교부와 총회 자료실, 그리고 교단 내의 북한선교의 지도자와 북한이탈주민들과의 인터뷰를 통한 조사를 근거로 하여 연구해 나가기로 한다.

2. 용어 정의

지역교회가 북한선교에 동원되는 데는 한계가 있다는 것을 밝히기 전

---

1   북한선교동원에 관한 논문과 자료는 거의 없다. 오직 서울신학대학교의 오성훈의 석사논문이 유일하다. 이것은 국회도서관 자료실과 각 신학대학교 자료실을 찾은 결과이다. 단지 북한선교동원에 관한 연구서는 적지만 선교동원에 관한 연구서를 쉽게 찾을 수 있다. 윤광희, "N세대 청년의 선교동원의 실천적 대안 연구" (수원: 합동신학대학원, 2006), 김한주, "한국교회 선교동원운동의 평가와 제안" (대전: 침례신학대학원, 2006), 이주형, "지역교회의 선교 동원 사례 연구"(수원: 합동신학대학원, 2005), 권지만, "전문인 선교의 구체적 연구와 한국교회의 전문인 선교 동원전략 : 전문인 선교사역의 이론과 실제를 중심으로"(경산: 영남신학대학원, 2005), 최영진, "지역교회의 선교동원전략 연구"(용인: 칼빈신학대학원, 2005), 허준 "한국 지역교회의 선교동원에 관한 연구"(부산: 고신대신학대학원, 2005), 윤병오, "선교현장에서 선교를 위한 자전적이며 자체배가적인 교회형성의 방법론 연구"(군포: 한세대영산신학대학원, 2004), 박석준, "한국교회의 선교동원 활성화 방안연구 : 대구 지역교회를 중심으로"(서울: 총신대선교대학원, 2004), 김기호, "성도들의 선교의식 조사와 선교동원 방안 : 지동교회를 중심으로"(서울: 총신대선교대학원, 2003), 임은실, "한센정착마을 교회에서의 자녀세대를 통한 선교동원방안 연구 : 익산 지역을 중심으로"(서울: 총신대선교대학원, 2002), 김영석, "한국교회 선교동원 전략에 관한 연구 : 미국 선교자원자운동의 역사를 통해"(부천: 서울신대선교대학원, 2002), 오성훈, "북한선교 활성화를 위한 선교동원(Mission Mobilization) 연구"(부천: 서울신대신학대학원, 2001), 김기운, "선교동원운동과 지역교회 선교동원에 관한 연구"(군포: 한신대신학대학원, 2001), 박현숙, "한국교회 전문인선교 인식과 동원전략에 관한 연구 : 지역교회를 중심으로"(서울: 총신대선교대학원, 2000), 정동원, "미전도종족 선교를 위한 효과적인 21세기 선교사 동원 연구" (2004), 홍문수, "개교회 선교동원운동의 전망과 그 방안"「세계선교」제32호 (1997. 가을), pp.18-21 총신대학교 부설 선교연구소, 한철호 "한국교회 선교동원의 현재와 미래적 과제"「세계선교」제32호 (1997. 가을), 총신대학교 부설 선교연구소 pp.4-13, 안승병 "해외 선교 자원의 동원을 위한 기독교 대학의 역할 모색" 한국대학선교학회,「대학과 선교」제11집, 2006. 12, 119~156.

에 먼저 선교동원의 뜻과 지역교회라는 용어의 뜻을 정의해 본다.

1) 선교동원

북한선교동원을 하기 위해서 우선 선교동원이라는 용어가 정리되어져야 한다. 랄프 윈터는 다음과 같이 정의한다.

> 동원은 다른 많은 사람들로 하여금 세계복음화를 완수하는 일에 비전을 갖게 하고 그 일에 참여하도록 하는 전문적인 보냄이다. 동원에는 선교교육 미전도종족을 위해 조직적으로 꾸준히 기도하는 것, 선교사 지망생과 동원가들이 가장 효율적으로 일할 수 있도록 지도하는 일 등이 포함된다.[2]

다시 말하면 하나님의 통치권을 이 세상 가운데 회복하는 최전방에 서서 인류의 모든 족속에게 복음을 선포하기 위해서 몸 된 그리스도의 각 지체들을 보내는 일을 하거나 보냄 받을 자들을 세우는 일이다.

선교동원에서 동원이라는 말은 군사용어이다. 이 단어의 군사적 의미는 '전시 또는 국가 비상시에 군대를 활동적인 복무체제로 조직하는 것'이다.[3] 국가의 모든 자원을 군사 활동에 지원할 목적으로 조직하는 것도 넓은 의미의 동원에 포함된다. 20세기 들어, 특히 핵무기가 도입된 뒤에 이루어진 과학 기술의 진보는 동원을 계획하고 실행하는 일을 상당히 복잡하게 만들었다. 동원령이 내려졌을 때 국토방위를 위한 상비군이 국가 전체의 전쟁 수행능력에서 차지하는 비율은 끊임없이 달라진다. 그리고 그 비율은 외교정책, 세계의 긴장상태, 동맹국의 상황과 국력, 동원을 실

---

[2] 랄프 윈터, 스티브 호돈, 『미션 퍼스펙티브』, 정옥배 역 (서울: 예수전도단, 2002), 495.
[3] http://enc.daum.net/dic100/contents.do?query1=b05d1577a

행하는 데 필요한 시간 등 여러 가지 요인에 따라 달라질 수밖에 없다. 핵무기는 엄청난 위력을 갖고 있으며 순식간에 목표물까지 도달할 수 있다. 그러므로 미처 동원을 시작하기도 전에 그 나라의 전쟁 수행능력이 파괴될 수도 있다.

이 같은 상황 때문에 육군·해군·공군과 같은 상비군을 적절히 유지해야 할 필요성이 점차 커져왔다. 또한 상비군은 국토방위를 유지하면서 적의 공격에 대해 반격할 때 이용할 수 있는 유일한 수단이었다. 전쟁을 수행하기 위한 군사 동원에는 군사적 목적을 위해 인력을 조달하고 훈련하는 것, 작전 지역을 선정하고 군사 시설을 건설하는 것, 무기·탄약·제복·장비·차량·보급품 등 군수품을 조달하고 배급하는 것도 포함된다. 인력 조달은 그 자체만으로도 매우 복잡한 일이다. 왜냐하면 예비군을 소집하고 많은 신병을 모집하여 육군·해군·공군에 배치하고 각자에게 무기를 나누어주거나 임무를 맡기고 부서를 할당하는 등의 일이 포함되기 때문이다. 동원하는 동안 인력 조달은 훈련과 전투에 필요한 무기와 장비의 조달 상황에 따라 이루어져야 하며, 훈련 및 전략적 배치의 시간표에 따라 정확하게 진행되어야 한다.

동원의 효과를 거두려면 체계 있게 조직되어야 할 뿐만 아니라 모든 일이 서로 보조를 맞추어야 한다. 동원의 모든 단계는 여러 갈래로 세분되어 있고 모든 일이 동시에 조직적으로 신속하게 이루어져야 하기 때문에, 국가는 세밀하고도 포괄적인 동원 계획을 미리 준비하고 그것을 끊임없이 검토·수정해야 할 필요가 있다. 동원 계획에는 필요할 경우 즉시 제정할 수 있도록 법률안을 미리 마련해두는 일도 포함된다.

이러한 용어가 선교와 연결되어 사용되어질 때, 하나님의 부르심을 받은 자들은 군사가 되어 하나님 나라를 확장해 나가는 것이다. 선교는 어둠의 세력과의 전투이다. 사탄의 왕국과의 다툼이다. 빌리 그레함 목사는 "오늘날과 같이 범세계적으로 수많은 헌신된 젊은이들이 있었던 적은 없었다고 확신한다. 청년 학생들은 세계복음화라는 역사상 최대의 혁명에 인도되고 도전받기를 기다리고 있다"고 말했다. 탄오늘날 많은 청소년과 청년들이 선교의 비전을 가지고 준비하고 있다. 이들을 잘 훈련시키고 동원한다면 선교동원에는 별문제가 없다고 본다. 문제는 목회자들과 교회의 행정에 관여하는 당회원들의 선교에 대한 이해가 가장 먼저 해결되어야할 과제다. 이 문제가 해결되어야 일반 성도들의 이해가 따르게 되고 선교동원은 용이하게 해결될 수 있다.

2) 지역교회

지역교회를 이해하는 것은 매우 복잡한 작업이다. 지역교회는 사람들이 가장 쉽게 교회를 접하는 방식이다. 지역교회는 다양한 역사적 성장 단계를 거쳐왔다. 민족적 마을교회, 의도적 마을교회, 제도적 교회, 조직적 교회, 생활양식교회이다.[4] 물론 이것은 미국에서 정의한 것이다.

우리는 쉽게 지역교회를 개교회라고 부른다. 개교회를 장로교교단헌법에서는 개체교회라고 한다. 헌법에서 말하는 개체교회는 "예수를 믿는다고 고백하는 자들과 그 언약의 자녀들이 일정한 장소에서 그 원대로 합심하여 하나님을 경배하며, 성실하게 생활하고, 예수의 나라를 확장하기 위하여 성경에 교훈한 대로 연합하고 제정된 교회 정치에 복종하며, 공동예배로 회집하는 것"[5]이라고 정의한다. 따라서 본 논문은 개체교회가 지리적으로 정착된 형태의 독립된 교회를 지역교회라고 부른다.

---

4   크레이그 벤 겔더, 『선교하는 교회만들기』, 최동규 역 (서울: 베다니, 2003), 36.
5   대한예수교장로회(고신)헌법 (서울: 총회출판국, 1994), 187.

3. 지역교회 동원 사역에 관한 근간

지역교회와 성도들을 북한선교에 동원시키려면 먼저 동원이 무엇인지 정의를 해 보아야 한다. 동원에 관한 정의는 이미 용어 정의에서 다루었다. 그리고 동원을 왜 해야 하는 지에 관한 당위성이 거론되어야 하며 더 나아가 동원에 관한 성경적 배경이 나타나야 한다. 본 장에서는 이러한 동원에 관한 정의, 당위성, 성경적 배경, 동원의 목표와 한계 그리고 그에 대한 효과와 지금까지 동원해 온 역사적 배경에 대해 다루게 된다.

1) 동원의 당위성

(1) 동원의 기본적인 원칙

동원에는 기본적인 원칙이 있다.

첫째는 하나님은 동원자들을 동원할 때 하나님이 선택한 자들을 위해서 동원한다. 그래서 천사들을 동원하시기도 하고, 사람을 동원하시도 한다.

둘째는 동원의 대상은 상황과 때에 따라서 다르다. 어떤 때는 신자를 동원하고, 어떤 때는 불신자를 동원한다.

셋째는 동원의 시기이다. 성경은 시기에 대해서 정해진 때가 없다. 단지 하나님의 때에 맞추어져 있다. 동원은 생명의 흐름이다. 목적이 아닌 기본을 세우고 그 위에서 성령이 지시하는 데로 사역의 목표를 세우는 것이다. 동원은 사심없이 동원해야 한다. 꿍꿍이가 있으면 성도들은 안다.

동원은 하나님이 직접 사용하시는 방법이다. 하나님이 그리스도를 동원하셨다. 그리스도는 성령을 동원하였다. 또 성령은 우리를 동원하여 선교의 완성을 이룬다.

(2) 동원의 목적

동원의 목적은 하나님 자신이 영광을 받으시기 위함이다. 하나님이 인간을 만드실 때 가지셨던 마음이 있다. 인류의 조상은 이 창조주의 마음을 져버렸다. 하지만 창조주 하나님은 인류의 조상들이 버린 자신의 뜻을 회복시키길 원하셨다. 그래서 주님의 재림 때까지 인류의 역사를 통해서 자신의 뜻 즉 창조 때 사람을 만드신 그 마음을 회복시키기 위해서 계속 일하고 계신 것이다. 이것이 성경이 말하는 선교이다.

하나님의 마음이 무엇인가?

요한복음 17:18을 보면 알 수 있다. 요한복음 17장은 예수님이 잡히시기 전날 밤에 하나님과 기도하셨던 말씀이다. 이 장에서 예수님은 하나님을 아버지라 표현했다. 아버지가 아들을 세상으로 보내셨다.

그리고는 그 아들이 우리를 세상으로 보내셨다. 하나님이 왜 그의 아들을 이 세상으로 보내셨고 또 그 아들은 우리를 세상으로 보내셨다는 것인가?

요한복음 17:4을 보면 우리는 잘 알 수 있다. 이 땅으로 보냄을 받은 아들은 아버지가 주신 사명을 다함으로 아버지를 영화롭게 했다. 즉 아버지가 아들을 이 땅에 보내신 이유는 양들이 어떠한 일을 함으로 자신을 영화롭게 하기 위함이다. 이것은 창세 전부터 삼위하나님이 하셨던 것이다 (요 17:5). 여기서 영화는 GNB(Good News Bible)에 영광이라고 되어있다. 삼위 하나님이 가지신 영광을 아들에게 주었다. 아버지가 아들에게 주신 영광을 그 아들이 우리에게 나눠 주었다(요 17:22). 이것은 우리로 아들과 하나 되게 하여서 아버지에게 영광을 돌려드리게 한다는 것이다.

그렇다면 우리는 이제 하나님이 왜 우리를 창조하셨는지를 이해할 수 있다. 창세 전부터 서로를 영화롭게 하신 분들이 사람들로 하여금 이 영화롭게 하는 일들을 계속 일어나도록 하시기 위함이다. 성경은 하나님의 창조된 자는 하나님께 영광을 돌리기 위함이라고 말한다(사 43:7).

시편 67편을 보면 더 자세히 알 수 있다. 시편 67편은 하나님이 무엇을 하시려는 지에 대해서 말씀하고 있다. 이 시편은 전 세계인들이 드리는 예배를 통해 영광을 받으시기 위해 하나님은 모든 민족으로부터 온 당신의 백성을 구속하시고자 하며, 모든 나라 위에 뛰어난 한 나라를 다스리려 한다.

시편 67편은 모든 민족을 복 주시려는 하나님의 계획을 입증하도록 우리 모두를 부르셨는지를 말하고 있다. 본문 2절을 보면 하나님이 아론과 제사장들을 통해 주신 것(민 6:24-26)을 모든 민족들에게 적용시키고 있는 것을 발견한다.

"주의 도를 땅위에 주의 구원을 만방 중에 알리소서"

이 때문에 하나님은 이스라엘과 모든 믿는 사람들에게 은혜를 베푸시고 복을 주셨던 것이다. 그래서 이 본문은 창세기 12장의 내용과 같은 것이다.

이 시편은 세 번에 걸쳐 하나님으로부터 오는 복을 말하는데, 그것은 1절, 6절, 7절이다. 그 구조는 창세기 12:2-3을 거의 똑같이 복사해 놓은 것이다. 우리에게 복을 주소서, 복을 주소서, 복을 주소서… 그리하여 모든 민족이 여호와를 알게 하소서.

결론적인 것은 7절이다. 우리로 하여금 복을 누리어 이방인들도 복을 받아(구속의 복) 누려서 땅의 모든 끝까지 하나님을 경외하도록 하는 것이다. 경외는 두려워 떨리는 마음으로 하나님을 바라보는 것도 있지만 또 다른 뜻은 '영광 돌린다'는 것도 있다.[6] 결국 시편 67편은 하나님께 영광돌리기 위해 온 만방에 복음을 증거해야 한다는 것이다.

동원의 최종의 목적은 하나님의 목적에 의해 불려진 자들을 통해 만방 즉 열방이 삼위 하나님께 영광을 돌리게 하는 것이다.

---

6   "영광," 『기독교대백과사전』(서울: 기독교문사, 1984).

(3) 선교동원에 관한 성경적 배경

성경에는 선교동원이라는 말은 없다. 그러나 하나님 나라의 확장을 위하여 부르심을 입은 자들은 모두 동원가들이다. 이들은 하나님의 영광을 위하여 부르심에 응답하였고, 또 열방을 하나님의 영광을 돌려드리기 위해 이끌어 내는 자들이다. 창조 때부터 지금까지 계속 일어나는 자들이다. 구약에서부터 신약에 이르기까지 그 배경을 살펴본다.

첫째,.약속의 하나님이 선택한 사람 아브라함이다. 하나님은 세계를 향한 자신의 목적을 이루기 위하여 한 개인으로부터 하나님의 사역을 시작하셨다(창 12:1-4). 하나님께서 아브라함을 부르신 것을 이해하면 온 세상을 향한 하나님의 선교동원 계획을 이해할 수 있고 아브라함을 부르신 하나님의 계획을 이해하고나면 하나님께서 우리를 향하여 우리 자신과 가족과 민족동원의 역할을 감당하도록 요구하고 있다는 사실을 발견하게 된다. 하나님의 관심은 전 세계 모든 족속이다.

둘째, 광야의 지도자 모세와 아론(출 3:4, 10)이다. 이스라엘 민족을 동원하기 위한 하나님의 계획이 위의 성경에 잘 나타나 있다. 하나님께서 모세에게 사명을 주시면서 동역자 아론을 붙여 주셨다(출 4:14). 모세는 동역자 아론과 더불어 하나님이 부탁한 가나안 정복을 향해 가면서 나타나는 장애물들을 제거하기 위하여 하나님께 부탁하고 그 백성들을 독려하여 선교 전선의 선교사로 훈련시킨다(출 17:9-14). 아말렉과의 싸움을 위해 중보기도하는 모세는 선교사들의 효과적인 정복을 위한 기도후원의 역할을 잘 설명하고 보여준다(출 17:9).

선교사는 현장으로 동원되어야 하지만 후원자들은 기도에로 동원되어야 효과적인 선교를 감당할 수 있다. 어떤 사역이든지 그 목적을 달성하기 위한 팀사역이 필수불가결한 조건이다. 모세 역시 혼자 사역하는 것이 아니라 동역자 아론과 훌과 함께 팀을 이루고 팀사역을 잘 감당한 것이다(출 17:12). 이 사건은 팀사역의 중요성을 강조하는 구체적인 예가 된다. 선교에 있어서 보내는 자와 보냄 받은 자는 팀을 이루고 효과적인 사역을 할 수 있도록 지속적인 노력을 기울여야 하다.

셋째, 조직 행정가 느헤미야와 율법학사 에스라이다. 느헤미야의 사명은 율법에 대한 충성과 예루살렘 성벽의 재건에 있었다. 느헤미야는 탁월한 행정력과 조직력으로 52일 만에 예루살렘 성전 재건공사를 완료했다. 한편 에스라는 영적 동원의 사명을 부여받은 것이다(느 8:1-5, 8-9). 두 사람의 행정적, 영적 리더십의 발휘로 이스라엘의 회복은 빠른 속도로 진행되었다. 하나님께서 하나님 나라 건설을 위하여 능력 있는 리더들을 세워 팀을 이루고 협력하게 함으로써 매우 효과적인 성과를 얻게 된 것이다.

넷째, 고레스(사 45:1-4)이다. 이사야 45장은 이사야가 세상 모든 사람들에게 하나님의 권능과 주권을 깨닫고 속히 하나님께로 돌아와 영광을 돌리라는 메시지이다. 선민인 이스라엘이 이 일을 하지 않자 하나님은 이방인인 고레스를 동원하시어서 수많은 나라를 정복케하고, 이를 통해서 하나님의 권능과 주권을 선포한다(사 45:3).

다섯째, 자원하는 선교동원자인 이사야이다. 하나님께서는 이사야를 부르실 때 성전에서 영광을 보여 주시며 악하고 무지한 백성들에게 말씀을 깨닫도록 전해줄 자를 찾으셨다. 이사야는 자원하여 자신을 보내달라고 한다. 하나님은 이사야를 부를실 때 동원의 도구는 영광과 함께 백성들의 현실을 보여 주신 것이다. 이들을 이제 회복시키시려는 하나님의 마음을 본 것이다. 하나님은 이러한 이사야에게 "내가 또 너로 이방의 빛을 삼아 나의 구원을 베풀어서 땅끝까지 이르게 하리라" (사 49:6) 고 말씀하셨다.

여섯째, 자신의 뜻과 상관없이 동원된 요나이다. 하나님은 니느웨의 백성들이 죄를 회개하고 하나님에게로 돌아오기를 바라신다. 니느웨 백성들에게 하나님의 뜻을 전할 자를 찾으신다. 하나님이 니느웨 백성들을 위해 동원시킨 하나님의 사람은 요나이다. 여기서 동원은 하나님의 영광을 위해서 이방인 니느웨성을 회개시키고 돌이키게 하는 데 역할을 하는 것을 말한다. 요나는 하나님의 동원령에 거부하고 만다. 단지 자신의 동원 사역과 뜻이 달랐기 때문이다. 그러나 하나님은 자신의 일을 이루시기 위해서 요나의 뜻과는 상관없이 동원하신 것이다.

일곱째, 선교동원의 본을 보이신 예수 그리스도이다. 선교에 있어서 가장 구체적이고 모범적인 모델은 역시 예수님의 선교 사역이다. 예수님은 선교에 앞서서 하나님과의 교제를 우선과제로 삼았다. 예수님은 열 두 제자를 동원 전에 기도로 하나님과 교제한 후에 동원하셨다(눅 9:18). 그분은 선교를 위해 하늘에서 오신 선교사요 최초 동원가이시다. 그분의 본을 따라 우리는 선교를 위해 보내고 가야할 일군들이다. 우리는 예수님의 선교동원을 모델로 하여 동원하고 훈련시켜서 선교 현장으로 가게 한다면 가장 효과적인 선교를 할 수 있을 것이다. 12제자의 훈련과 파송은 최대의 선교 동원과 파송 사례임에 틀림없다(요 20:21).

여덟째, 바나바와 바울이다. 바나바의 선교동원 안목과 능력은 탁월하다 할 수 있다. 그는 은둔자 바울을 찾아 동원(행 11:24-26)했고 함께 선교 현장의 동역자로 역할 하게 했다. 이것은 세계선교의 커다란 축을 이루게 하는 큰 계기를 마련한 것이다. 바울의 선교가 위대한 만큼 바나바의 동원 역시 위대한 것이다. 바울은 또 다른 선교사들을 동원했는데 그중에 하나가 조카 마가 요한의 동원이다. 한때 마가 요한의 일로 바나바와 갈등을 일으키고 나눠서기도 했지만 사역의 마지막에는 역시 마가 요한의 회심과 합력으로 바울 사역에 큰 위로가 되었다. 바울의 선교동원에 있어서 뺄 수 없는 것은 데살로니가 교회를 향한 선교동원(살전 1:7-8)과 누가(행 16:10)와 디모데(행 16:3)와 디도(고후 8:16)의 동원을 들 수 있다. 특히 누가와 디모데는 바울 선교의 마지막 순간까지 동역한 소중한 일군으로서의 동원이었으며 디모데는 바울을 이을 후계자로서 선교동원의 계승에 필수적인 인재이기도 하다. 바울은 "전파하는 이가 없이 어찌 들으리요"(롬 10:23)라고 이사야(사 52:7)의 말씀을 인용하며 동원자의 아름다움을 말한다.

2) 동원의 목표와 한계

선교동원을 정의하기를 "하나님의 통치권을 이 세상 가운데 회복하는 최전방에 서서 인류의 모든 족속에게 복음을 선포하기 위해서 몸 된 그리스도의 각 지체들을 보내는 일을 하거나 보냄 받을 자들을 세우는 일이다"라고 하였다. 이렇듯 보내는 일과 보냄을 받을 자를 세우는 일을 하는 데는 목표와 한계가 있다.

(1) 동원의 목표

첫째, 예수님의 마음을 이루는 것이다. 예수님은 모든 성과 촌을 두루 다니면서 항상 회당에서 가르치셨다. 그리고 그곳에서 병든 자와 약한 자들을 고치시면서 늘 긍휼히 여기셨고, 불쌍히 여기셨다. 예수님은 그 약하고 불쌍한 자들을 보시면서 목자 없는 양같이 고생한다고 하시면서 제자들에게 말씀하셨다. "추수할 것은 많되 일군이 적으니 그러므로 추수하는 주인에게 청하여 추수할 일군들을 보내어 주소서 하라"(마 9:35-38)는 말씀이다. 이것이 바로 동원을 원하시는 예수님의 마음이다. 동원의 목표는 예수님의 마음을 이루는 것을 말한다.

둘째, 세계를 품은 그리스도인들의 협력이 목표이다. 데이비드 브라이언트는 세계를 품은 그리스도인이라는 용어를 세계복음화의 과업을 완수하는 것을 우선 순위로 놓은 사람이라고 정의한다.[7] 세계를 품은 그리스도인들은 날마다 제자로 살아가는 사람들로서 그들에게는 그리스도가 어느 무엇보다 소중하기에 그리스도의 전 세계적 대의가 그들의 삶을 통합시키는 최우선적인 일이다.[8]

---

7 데이비드 브라이언트, "세계를 품은 그리스도인이 된다는 것이 의미하는 것," 『미션퍼스펙티브스』, 랄프윈 터, 스티브 호돈 편 (서울: 예수전도단, 2002), 488.
8 랄프 윈터, 『미션 퍼스펙티브』, 489.

셋째, 열방의 복음화이다. 그리스도의 재림은 온 천하에 복음이 전파되어야 한다. 세계는 아직 8천 여개의 미전도 종족이 있다. 세계 2위의 선교사 파송국가이지만 아직 남아있는 미전도 지역에 가야 할 자들이 필요하다. 특히 북한은 해방 당시에 약 3,040개의 교회[9]가 있었다. 이제 그곳에 오직 봉수교회와 칠골교회 두 곳만 남아있다.[10] 현재 남한에 약 6만 개의 교회가 세워져있다면 인구수의 비율로 보아 최소한 북한에 3만 개의 교회가 세워져야 한다. 이렇게 본다면 북한으로 가서 교회를 세우고 복음을 전할 자들을 준비해야 한다. 미전도 지역에 복음을 완성시키기 위해서 이들을 준비시키는 것이 바로 동원의 목표이다.

(2) 동원의 한계

현재 선교동원이 대다수 학생신앙운동이나 선교한국 등 대형 선교대회를 통해서 동원된다. 그러나 이러한 운동들은 지역교회와 연계가 되지 않는다. 물론 다행스럽게도 선교사의 경험을 가진 목사들이 국내로 들어와 지역교회를 담임하므로 선교현장 체험을 그대로 지역교회로 옮기는 역사들이 나타나기도 한다. 뿐만 아니라 선교사로서의 실전 체험이 없다 하더라도 단기선교와 선교지 탐방 등으로 간접 체험을 한 목사들이 지역교회의 성도들을 이러한 일에 동참시키려 노력한다.

그래서 나타난 현상이 국내 비전트립이고, 또 해외 비전트립이다. 국내

---

[9] 북한교회재건위원회,『무너진 제단을 세운다』(서울: 도서출판진리와 자유, 1997), 취지문. 옛 북한교회의 숫자는 북한교회재건위원회는 3,040개의 교회를 제시하고 박완신은 2,000여 개로(박완신,『북한종교와 선 교통일로』, 130.) 김중석은 약 3,000개로 말한다 (김중석,『북한교회재건론』, 56.)

[10] 박헌옥, "김일성 사후 북한종교정책의 변화 과정,"『김정일시대 북한선교』(서울: 모퉁이돌, 2004), 214. 일본 조선인총연합회 계열잡지「조선」8월호에 따르면 북한에는 기독교와 천도교 신자가 각각 1만 3천여 명, 불교신자가 1만여 명, 천주교 신자가 3천여 명이 신앙생활하고 있다고 한다. 기독교는 30여 명의 목사를 포함 해서 전도사 장로가 300여 명이고, 북한전역에 500여 개의 가정교회가 있다.

비전트립으로는 대표적인 것이 양화진 선교사 묘지를 방문하는 것이다. 이용남 선교사로 시작된 양화진 선교사 묘지 선교 강의는 유년주일학생으로부터 어른에 이르기까지 미션마인드를 갖게 하기에 충분하다. 많은 참관자들은 해외 비전트립으로 연결되었고, 해외 비전트립으로 경험을 쌓은 성도들은 더 이상 선교의 방관자로서 살지 않게 되었다.

그러나 지속적인 관리가 되지 않으므로 비전트립으로 선교 훈련 받은 자들은 쉽게 선교에 대해 잊어버리고, 다시 교회 안에서 선교 외의 본래의 사명에 충실하게 된다. 계속해서 선교에 헌신하고 나가기를 원하는 사람들은 선교단체나 대형선교집회에 참여하고 그곳에서 훈련받고, 그곳에서 파송받게 된다. 이들은 지역교회로부터 지원을 받지 못하고 개별적으로 선교지로 떠나거나 또 선교에 헌신한 자로 세워지게 된다.

지역교회와 지속적인 연계가 되지 못하고 있는 선교동원의 한계가 여기에 있다.

첫째, 목회자들이 지속적으로 선교라는 관점으로 지역교회를 이끌어 나가지 못하고 있는 현실이다. 목회자들은 교회의 성장이 맞물려 있다. 이것이 되지 않으면 교회로서의 기능을 상실한다고 보고 있다. 그래서 선교동원 외의 것에 치중할 수밖에 없다. 단 선교동원이 지역교회의 성장에 지대한 영향을 미친다면 사정은 달라진다.

둘째, 지역교회의 선교동원의 한계는 선교에 강한 열정을 가지고 헌신하고 세워지는 이들은 주로 청년들이다. 이들이 지역교회로 들어가서 헌신을 하려해도 청년들의 지도력으로 교회를 움직이기 어려운 현실이다. 그러다 보니 청년 대학부 중심으로 선교동원이 이루어지고, 다른 부서로 옮겨지지 않는 현상이 선교동원의 한계가 된다.

셋째, 인력의 한계이다. 선교동원은 전문가들이나 아니면 온전히 헌신하는 자들이 필요로 한다. 그러나 지역교회의 대다수의 현실은 선교를 담당할 전문 교역자나 헌신자들을 배치하기가 어렵다. 그래서 단타형식의 선교에 매달리다보니 더 이상 지속적이지 못하고 끊어지는 현상이 나타나게 된다. 실로 지역교회의 대다수는 부교역자 한 명없이 담임목사 혼자서 사역하는 교회로 설문조사한 결과 5개 교회를 제외한 나머지 교회는 담임교역자 혼자서 사역한다. 이러한 구조로서는 지역교회의 봉사자도 모자라는 현상이라 선교동원은 생각하지도 못하는 것이다.

넷째, 선교단체와 지역교회와의 연계성이 없다. 선교동원의 최대 선교대회는 선교한국일 것이다. 선교한국의 입장은 지역교회를 대상으로 하는 것이 아니고, 청년 대학생을 동원하는 일이다.[11] 죠이선교회, IVF, 예수전도단, SFC, CCC, 선교한국, 인터서브, 인터콥 등에서 선교대회를 준비할 때 지역교회에서 참여하지 않고 오직 자기의 선교단체 인력으로 사역한다. 이러하기에 선교단체와 지역교회의 연계성이 없는 것이 선교동원의 한계이다.

다섯째, 국가의 정치적 변화없이 동원이 이루어지기 어렵다. 정권의 변화에 따라 북한선교의 동원이 요동친다. 아직까지 국가보안법이 살아있는 한 자유로이 북한을 왕래한다든지, 자유로이 북한서적을 볼 수 있는 것은 아니다. 즉 보수 우익의 사고를 가진 틀에서 북한선교를 해야 하는 한계가 있다. 즉 공산주의자는 우리의 적이며, 민주주의로 틀을 바꿔야 한다는 생각이 지배적 이라면 선교보다는 구제에 초점을 맞추어 북한선교를 하거나, 공개적으로 연합적인 일에 한계를 가질 수밖에 없는 것이다.

여섯째, 북한선교단체들의 사분오열이다. 북한선교는 선교비가 어디로 새는지 잘 모른다. 특수한 곳을 대상으로 하다보니 비밀을 많이 요한다. 비밀은 투명성이 없다. 결국 북한선교에 투명성이 없다보니 연합하기보다는 개별적으로 선교하기를 즐겨한다. 개별적 선교에 있어서는 동원이 어렵다. 즉 제한이 된다. 확장성이 없다는 것이다. 나름대로 오래토록 지속

---

[11] 김한주, "한국교회 선교동원운동의 평가와 제안," 38.

한 북한선교단체는 동원이 수월하다. 지명도가 있기 때문이다. 그러나 신생 단체들은 소수의 동원자에 의존하고 있다. 이러다 보니 정보도 공유하지 못하고, 후원금도 공유하지 못하고, 동원전략도 공유하지 못한다. 연합과 동역없이는 이 한계를 뛰어 넘지를 못한다.

4. 동원효과와 북한선교의 동원역사

북한선교를 하는 데 있어서 가장 많이 듣는 질문이 과연 효과가 있느냐는 것이다. 퍼주어도 밑빠진 독에 물붓는 것과 같은 현실이며, 북한의 체제만 공고히 하여 일당독재의 벽을 더 높게 만드는 것과 같은 현실이기 때문이다. 또한 핵문제와 맞물려서 결국은 평화와 통일은 멀리 있는 것이 아닌가 하는 의문을 갖게 된다. 그러나 지역교회에서 동원만 이루어진다면 북한선교는 한결 더 빠르게 진행될 것이다. 또한 한국교회가 연합의 효과가 나타날 것이고, 북한의 평화통일에 큰 밑거름이 될 것이다.

1) 동원효과

동원 없는 역사는 이루어지지 않는다. 북한의 경우 해방 이후 기독교인들을 건국사업에 동참시키기 위해서 기독교인 동원령을 내렸다. 신의주 제1교회의 윤하영 목사와 제2교회 한경직 목사를 중심으로 기독교 사회민주당과 김화식 목사를 중심으로 한 기독교자유당이 결성되고, 조만식 장로를 중심으로 기독교인들이 기반이 된 건국준비위원회가 세워진다. 이러한 상황에 김일성은 기독교인들을 자신이 기대했던 건국사업에 기대를

갖고 끌어들이기 원했다.[12]

1946년 2월 8일 김일성은 북조선인민위원회를 구성하고 위원장에 김일성이, 서기장에 강량욱 목사를 선임한다. 당시 북한의 실권자들의 관심은 종교의 완벽한 제거가 아니라 종교의 정치적 이용이었다. 따라서 가능한 한 그들의 정치적 입장에 동조하는 종교인들이 필요했고 1946년 11월에 북조선기독교도연맹을 직간접적으로 결성하는 데에 도움을 주게 된다.

이때 강량욱 목사는 공산정권을 배경으로 한 기독교도연맹에 모든 목사가 가입하기를 강요했지만, 평양 지역의 교역자들은 이에 응하지 않았다.[13] 공산당은 이후 읍, 면, 군에 연맹을 완성하고 각 도의 대표로서 소위 기독교도연맹총회를 결성하여 강력한 조직체를 구성한다. 이 단체의 총회장을 평양신학교 졸업생인 김익두 목사를 세워 북한 기독교인을 동원하는 데 앞장 세운다.[14] 동원의 중요성을 잘 아는 북한 공산당은 기독교인들을 동원할 수 있는 역량 있는 자를 내 세운 것이다.

아프리카 감비아에서 선교사로 사역하다가 병으로 인해 선교지를 떠나 한국으로 귀국해야 했던 이용남 선교사로 말미암아 한국의 지역교회는 선교에 수도 없이 많이 헌신하게 된다. 그는 결국 병으로 인해 선교동원가로서의 삶을 잠시 중단한 상황이지만 한 사람의 선교동원의 비전이 얼마나 큰 영향을 끼치는지를 잘 보여 주는 대목이다.

그는 스스로 실격한 선교사라고 하면서 귀국한 이후 비전트립이라는 이름으로 국내 전국 방방곡곡에 흩어져 있는 우리나라의 선교역사를 찾아서 알리기 시작하였고, 필리핀과 베트남을 비롯 바울이 걸었던 선교행전의 발자취를 따라서 성경과 함께 돌아보는 선교행전투어와 양화진 선교사

---

12 양병희, 『북한교회 어제와 오늘』(서울: 국민일보, 2006), 48.
13 김광수, 『북한기독교탐구사』(서울: 기독교문사, 1994), 198.
14 김양선, 『한국기독교해방10년사』(서울: 예수교장로회총회종교교육부, 1956), 70.

묘지를 안내하며 선교동원을 시키는 선교동원가 된 것이다.[15] 그의 행적은 또 하나의 행전이 되어 바울이 선교동원가로서 했던 일을 한국에서 선교동원가로 어린아이로부터 어른에 이르기까지 선교에 동원하고 있다. 한 사람의 동원 영향력이 엄청난 힘을 내게 하는 것이다.

북한 기도 전문 잡지 「PN4N」을 예를 들면 이 기도잡지는 서울신학대학교 북한연구소의 연구원인 오성훈 목사의 동원 마음에서 시작된 것이다. 2001년 4월에 서대구성결교회 북한사랑팀과 연합하여 16쪽의 아주 작은 핸드북 기도잡지를 발간하기 시작한다.

처음에 발간 부수는 200부로 시작하였다. 북한을 위해 매일 큐티 형식으로 기도를 시작한 이들은 불과 10명이었다. 오성훈 목사의 지속된 동원 사역으로 현재 전문 북한선교 기도잡지로 성장하게 되었다.[16] 기도잡지는 국내의 대다수 지역과 미국으로 배부된다. 한 사람의 동원이 수많은 성도가 기도에 동원된 한 역사를 보여 주는 대목이다.

이와 같이 동원은 북한을 잘 알고 있는 몇 사람에 의한 선교가 아니라 수많은 성도를 일으켜서 동역으로 사역하여 북한을 복음화하는 데 크게 사용되는 선교전략이다.

2) 동원역사

1970년 2월에 한국기독교교회협의회 23차 총회 때 KNCC의 명칭이 한국기독교교회협의회로 바뀐다. 그해 12월 2-5일에 우리나라 기독교 사상 처음으로 북한복음화에 대한 인식을 갖기 시작하여 한미교회협의회 주최로 '동북아시아 미래와 딜레마'라는 회의가 열리게 된다. 이때로부터

15　이용남, 『복음에 미치다』 (서울: 두란노, 2007), 7.
16　오성훈 목사(PN4N 발행인)와의 대담내용(2007년 9월 18일)

KNCC의 북한에 대한 통일과 평화 그리고 선교에 대한 열정이 시작된다.

1978년에 와서 한일교회협의회는 '한반도 통일'에 대한 토론회를 개최하게 된다. KNCC가 본격적으로 국내외 동포들에게 북한에 대한 인식을 선언하게 된 것은 1981년 한독교회협의회가 '죄의 고백과 새로운 책임'이라는 주제로 서울서 회의를 개최하고 그해 11월에 조국 통일을 위한 북과 해외동포 기독교인들 간의 대화를 열어 공동성명을 채택하고 국내외 전체 동포에게 호소문을 보낸 것이다.[17]

사상의 기초가 달랐던 보수진영과 진보진영의 북한선교전략이 판이하게 나타나고, 그로 인한 분열이 가속되었다는 것이다. 1972년에 전반적인 사회 분위기가 '반공' 일색이었고, 강한 반공주의를 표방해왔던 박정희 정권에서 7·4 남북공동성명이 발표되었다.

7·4 남북공동성명 내용 중 제3항은 "사상과 이념을 초월하여 민족적 대단결을 도모한다"라는 것이었다. 이제껏 반공주의를 지켜오던 교회는 당혹감을 느꼈고 한국의 분단상황에서 화해의 복음을 선포하고 이데올로기 대립을 초월하여 선교적 사명을 감당해야 한다는 자각 운동이 일어나기 시작했다.[18] 진보진영의 북한선교를 위한 노력이 본격화 된 것은 1980년대에 들어오면서 부터다. 이때 진보진영은 통일문제에 있어서 중요한 인식의 변화를 가져오기 시작했다. 민주화 운동과 통일 운동은 별개의 것이 아니라 동전의 양면과 같다는 인식이 생겨난 것이다. 1980년 3월 한국기독교장로회는 '통일은 교회의 선교적 과제'라고 천명하고 이에 대한 교회적 관심을 표명하였다.

1981년 6월에 서울 아카데미 하우스에서 '분단국에서의 그리스도의 고백'이라는 주제로 한독교회협의회가 개최되었다. 그 회의를 통해 교회가

---

[17] 통일위원회, 『한국교회평화통일운동자료집』 (서울: 한국기독교교회협의회, 2000), 483.
[18] 최경일, "남북화해와 교류에 따른 북한선교의 실천방법론," 「교회와 신학」 2000년 여름호, 통권 제41호(서울: 장로회신학대학교, 2000), 50.

민족분단을 극복하고 평화적 통일을 이루기 위해 최선을 다할 것을 다짐하고, 북한을 선교적 과제로 인식하기 시작했다. 1983년에 KNCC에 통일문제협의회가 설치되었다.

1985년 3월에 모인 제34차 총회에서는 '한국교회 평화통일 선언'을 채택하였다. 1986년 대한예수교장로회(통합측)는 교회신조 가운데 민족통일 문제가 최초로 포함된 「대한예수교장로회 신앙고백서」를 선포하였다. 그리고 1988년 2월에 한국교회의 통일운동에 획기적인 진전을 가져왔던 '민족의 통일과 평화에 대한 한국기독교회의 선언'이 발표된다.[19]

KNCC는 1985년에 들어와 통일문제자료집을 출간함으로 일반 대중들에게 통일에 대해 알리고 1986년 9월 2-5일에는 WCC 국제문제위원회가 주최한 제1차 글리온 회의기 '평화에 대한 기독교적 관심의 성서적, 신학적 근거'라는 주제로 스위스 글리온에서 개최되었는데, 이때 조선기독교도연맹의 대표단 5명과 KNCC의 대표단 6명이 성만찬을 함께하는 첫 모임을 갖게 된다. 이것이 남북 기독교 대표들의 만남의 시작이라 보아야 한다.

1990년 7월에 와서 KNCC는 평화통일에 대한 북한의 인식에서 선교로의 인식전환이 생기게 된다. 이것은 일본 동경에서 열린 회의인데 '조국의 평화통일과 선교에 관한 기독교인 동경회의'가 그 제목이다.[20]

1991년 8월 11일에 '남북평화통일 공동 기도주일 예배'가 전국에 걸쳐서 시행되고, 서울에서는 광림교회에서 6천여 명이 모여 예배드리게 된다. 이것이 진보와 보수의 연합적인 예배가 된다. 이것이 발전하여 1992년에는 영락교회에서 2천 명이 참석한 가운데서 남북평화통일 공동 기도주일 연합예배가 있게 된다.

---

19 오성훈, 『북한선교론』 (경기: 서울신대북한선교연구소, 2004), 59.
20 오성훈, 『북한선교론』, 494.

이제 예장 평통연구위원회에서는 1994년에 '북한선교정책세미나'를 개최하게 된다. 이로 시작해서 북한선교에 대한 연구의 장이 시작되고, 북한을 마음에 품은 젊은이들과 연구자들이 북한선교에 대한 연구를 시작하게 된다.[21]

1995년 8월 22-28일까지 서울소망교회 곽선희 목사의 방북은 한국기독교인들의 북한에 대한 인식을 좀 더 새롭게 보게 되고, 이어서 그해 북한이 수해를 당하게 될 때, 보수 진보를 막론하고 한국교회 북한 수해복구 운동에 힘을 쏟게 된다. 1997년 5월에는 보수의 대표격인 한국기독교총연합회에서 옥수수 가루를 구입해서 북한 동포에 전달하는 행사를 하게 된다.[22] 드디어 2000년 7월에 EYCK(한국기독교청년협의회)에서 평화통일학교를 준비하게 된다. 동원에 적극적으로 대처하게 되는 계기가 된다.

보수의 대표인 한국기독교총연합에서는 북한선교의 동원을 위해서 통일선교대학을 설립하게 된다. 통일선교대학은 민족통일의 앞날을 내다보면서 통일과 북한선교의 방향을 제시하고 통일을 대비하여 통일선교의 일군이 요원하다는 한국교회 대표자들의 뜻을 모아 1998년 2월에 개교하였다. 한기총의 동원 사역은 한국교회의 보수진영의 메카라고 해야 할 것이다. 여기서 교육받은 대다수 자원은 끊임없이 북한선교를 위해 준비하고 기도하고 돕고, 사역한다.

대표적인 연구기관으로는 아신대북한연구소가 있다. 아세아연합신학대학교는 선교를 위한 학교라고 알려져 있다. 지역선교를 위해서 많은 학과가 세워진 것에 선교대학원에 김영욱 박사를 주축으로 북한선교학과가 세워지게 된다.

김병로 교수가 북한선교학 교수로 재임 시 북한연구소를 이끌고, 이곳

---

21 오성훈, 『북한선교론』, 512.
22 오성훈, 『북한선교론』, 527.

을 중심으로 하여 북한선교의 학문적 틀을 마련하게 된다. 그뿐만 아니라 북한선교의 학문적 틀을 지역교회에 알리게 되고, UN 인권위원회까지 그 영향력을 미친다.

아신대북한연구소는 「통일과 선교」 간행집을 발행하고, 북한선교포럼을 매년 개최하며, 남북교회협력아카데미와 통일목회지도자 집중 과정과 학술세미나 개최 및 남북교류협력사업과 함께 북한선교자료실을 열어서 북한선교 관련 자료를 제공한다.[23]

김병로 교수로 말미암은 연구소는 북한선교를 연구하는 학자들의 모임을 주관하게 되고, 한국기독교통일포럼이 생기게 된다. 연합뉴스의 최선영 기자는 다음과 같이 보도했다.

> 대북지원과 북한선교를 연구하는 기독교계 인사들이 21일 오전 7시 서울 중구 장충 2가 한민족복지재단 사무실에 모여 `한국기독교통일포럼'을 창립한다. 포럼의 총무를 맡은 김병로 아세아연합신학대 북한선교연구소장은 20일 한국교회가 민족교회로서 정체성을 갖고 평화적 통일을 위해 주도적 역할을 해야 함을 깊이 깨닫고 이를 실천할 수 있는 구체적인 방안을 찾고자 한다며 진보와 보수의 신학적 차이와 교단과 교파를 초월하겠다고 주장했다. 포럼은 강승삼 총신대 선교대학원장, 박종화 경동교회 담임목사, 이상숙 기독실업인회 분과위원장 등 3명의 공동대표, 종교계 교육기관 및 대북지원 민간단체 관계자 등 12명의 운영위원, 총무, 간사 등으로 구성되어 있다.[24]

북한선교의 동원은 KNCC와 북한을 고향으로 둔 목회자의 비전으로

---

[23] 아신대북한선교학회지 제2호. 2003년, 433.
[24] 2004년 한국기독교통일포럼 사역보고서. 6.

시작되어 기독교 전체로 이어지고, 학교와 연구소 그리고 학문을 연구하는 단체로 이어진다. 그러나 북한선교의 동원은 아무래도 북한선교를 하는 선교단체에 가장 큰 역사가 있다.

북한선교에 많은 족적을 남기고 있는 선교단체로는 모퉁이돌이 있다. 1985년 이삭 목사를 중심으로 세워진 이 선교단체는 현재까지 북한에 이 모양 저 모양으로 복음을 전하고 성경을 전달하는 사역을 감당하고 있다. 이들이 하는 사역은 성경배달 사역을 중심으로 하여 신학교 배달, 선교사 배달, 교회개척, 서진선교, 특수 사역과 함께 선교 훈련 사역을 한다.

선교 훈련 사역은 북한선교 동원에 가장 중심적인 역할을 하는 것이다. 이 동원 사역으로 여름과 겨울 연 2회에 걸쳐 실시되는 모퉁이돌 선교학교는 이미 25회에 걸쳐 3000여 명의 선교 헌신자들이 참여했다. 모퉁이돌 선교학교는 선교 현장에서 직접 사역을 감당하고 있는 선교사들을 중심으로 특별히 고난받는 지역에서 어떻게 선교 사역을 감당해야 하는지를 가르치고 있다. 이들 중 많은 사람이 중국과 그 밖의 지역에서 신실하게 선교 사역을 감당하고 있다. 선교에 관심 두고 하나님 나라의 확장을 위해 기도하는 사람은 나이와 직분에 제한 없이 누구나 참석할 수 있는 훈련이다.[25]

벤토레이 신부는 예수원에 북한을 향한 동원 사역을 계획하고 있다. 그 계획을 4대 강 프로젝트라 부른다. 예수원 삼수령 센터와 공동 사역하는 네 번째 강 계획이 있다. 네 번째 강 계획은 북한 땅이 언젠가는 불가피하게 문이 열리게 될 그날을 위해 준비하는 것이다. 창세기 2장에 나오는 네 개의 강을 따라서 이 이름이 붙여졌는데, 네 개의 강은 예수원 삼수령에서 나오는 세 강의 줄기와 함께 북한으로 들어가는 길이 연결된 백두대간을 대표하는 것이다. 이 백두대간은 네 번째 강이자 생명의 강으로서 예수

---

[25] http://www.cornerstone.or.kr/public/index.asp?CurrentCatID (2007. 10. 1).

그리스도의 복음이 북한으로 흘려 들어가는 것을 상징한다.

이곳에서 북한선교를 위한 지도자들을 양성하고 선교헌신자들을 찾아내는 역할을 한다. 교육에는 지도자 교육, 참가자 교육, 청년 교육이 있다.

지도자 교육은 북한의 재건과 복음 전도의 과제를 수행하면서 지도자적인 사명을 수행하기 위해 남녀를 준비시킨다. 교육을 마친 사람들은 다음의 방법 중의 한 사역을 담당하게 될 것이다. 앞에 기술한 대로 설립되는 각종 형태의 팀을 지도, 다른 사람의 교육, 다른 사람을 조언/훈련, 전략의 개발을 담당 및 장기 계획에 참여, 네 번째 강 사역에서 협조자로 봉사 또는 삼수령 교육센터의 강사, 본 비전을 위한 지원의 개발에 참여 및 다른 사람의 채용이다.

참가자 교육은 방문 강사나 센터 직원이나 지도자 과정 교육생이 가르치는 일반 청중을 위한 과정을 소개하는 1일 또는 주말 워크숍을 포함한다. 또한, 센터와 팀에 편리한 장소에서 팀 리더가 이끄는 추가적인 교육도 포함한다. 팀들은 그들 자신의 장소에서 회의할 수도 있고 이러한 수준의 교육을 위해 센터로 올 수도 있다.

단기간의 숙식 교육은 일반 참가자를 위해 제공될 수도 있다. 참가자를 위한 일반 교육에 추가하여 참가자의 구체적인 직업에 따라 전문적인 교육을 위한 전문화된 워크숍을 할 수 있다. 이 과정은 같은 직업을 가진 팀원이 교육할 것이며 기독교 세계관의 원칙을 북한에서 일하며 이바지하는 데 필요한 특정한 시각에 적용하는 데 초점을 맞출 것이다.

청년 교육 프로그램도 네 번째 강 사역의 주관으로 수행될 것이며 장소는 삼수령이 된다. 이 청년 과정의 주요한 목적은 남한 청년의 가슴과 마음을 잡아 그들에게 북한을 위한 비전을 가지게 하기 위함이다. 이 과정에서의 기대와 희망은 이 과정을 마친 청년들이 계속 관심을 키우고 함께 만나서 기도와 지원 활동을 하며 또한 북한에서의 복음 전도와 재건 사역에 하나님께 쓰임을 받도록 준비하여 자신의 교육 및 직업에 대한 계획을

선택하게 될 것이다.[26]

평화한국(상임대표 허문영 박사)은 허문영 박사를 중심으로 남남갈등, 북북갈등, 남북갈등, 대미갈등, 대중갈등, 대일갈등 등 복잡한 갈등으로 얼룩진 한반도에 동북아에 하나님의 평화를 심는 평화세대를 양성해야겠다는데 뜻을 같이한 사람들이 모임을 한 데서 시작되었다. 허문영 상임대표는 "우리 작은 자들을 통해서 하나님이 큰일을 행하실 줄 믿는다"고 밝히고, "하루 아침에 평화한국이 이뤄질 것이라고 기대하지는 않는다. 우리가 못하면 후손에게라도 바톤을 넘겨줘야 한다." 또한 "평화와 통일을 위해 평화한국이 다 할 수 있다거나 중심세력이 되야 한다는 것은 아니다"며 "사안 별로 역량을 갖춘 기존단체들과 연대하는 가운데 평화한국만의 독특한 사업을 전개해 나가겠다"고 밝혔다. 평화한국은 발기 취지문에서 "한반도의 복음통일과 세계평화의 구현을 하나님께서 우리에게 주시는 지상명령으로 알고, 이를 이루고 영원히 계승하면서 기도와 행함으로 혼신의 힘을 바칠 것을 다짐한다"고 밝히고, 이후 국내외 평화기도네트워크를 가동하는 가운데 연구, 정책, 교육, 운동 등 네 방향에서 평화사업을 펼칠 계획이다. 특히 평화세대 양성을 주력하는 평화아카데미를 특화하고, 중장기적으로는 북한 내 학교설립도 계획 중이다.[27]

평화한국은 세이레 평화기도회를 리드하게 되었다. 이러한 모임이 한국의 지역교회에 영향을 적지 않게 미치게 되었고, 작은 교회들이 속속히 평화한국으로 모여들기 시작했다.[28] 이렇게 함으로 새로운 동원 사역의 주체로 성장하게 된다.

동원에 관한 역사를 서술할 때 빠질 수 없는 단체는 학생신앙운동이다. 고신교단의 학생신앙운동도 오늘의 고신교단을 만들었다고 해도 과언이

---

26 벤토레이, "2004년 한국기독교통일포럼 사역보고서," 59.
27 http://cafe.daum.net/peacekorea121 2007년 10월 2일.
28 허문영 박사와의 대담 2007년 6월 29일.

아니다. 선교 역시도 이 운동단체를 통하여 선교사들이 동원되고 후원이 생겨났다. 북한선교동원도 마찬가지이다. SFC[29]는 북한을 향한 선교와 북한 사랑을 운동원에게 심고, 선교동원을 일으키기 위해서 1997년 통일비전트립을 시작한다. 보통 대학생들을 중심으로 하며, 여름방학을 이용하여 2주간 훈련을 받게 된다. 훈련비는 약 백만 원에서 백이십만 원에 이르지만 매 기수 30여 명씩 훈련에 참여한다. IMF와 중국에 사스가 있던 해는 빼고 2007년까지 9기를 배출하게 된다. 그리고 2000년 연변에 김동춘 목사를 북한선교사로 파송하게 되고, 2006년에는 김도균 간사를 선교사로 파송한다. 이어서 1999년에는 통일북한선교학교를 개설하게 되고, 2006년까지 8회의 교육을 하게 된다. 한 기수마다 2박 3일 동안 대학생을 대상으로 하며, 15-20명씩 교육에 참여한다.[30]

5. 지역교회가 북한선교에 동원되지 못하고 있는 이유

교회라는 단어는 많은 의미를 담고 있다. 사람들이 교회라고 하면 건물을 이야기할 때 있고, 행사나 관계집단을 말할 때도 있다. 그리고 조직화한 스타일을 말하기도 하고, 제도화된 교단을 말하기도 한다. 그러나 성경을 조금이나마 공부한 사람이라면 교회는 건물을 말하는 것이 아니라는 것을 안다. 교회는 그리스도를 영접한 성도들이다. 우리가 교회라고 할 때는 교회의 정체성을 이야기한다. 그것은 교회가 지향할 목표이고 비전이다.

크레이그 벤 겔더는 그의 책 『선교하는 교회만들기』에서 "교회의 본질

---

[29] Student For Christ 학생신앙운동의 약자이다.
[30] 김동춘 선교사 대담 2007년 9월 20일.

은 선교적 본질을 가지고 있다"고 말한다. 한마디로 '선교'라고 말 할 수 있다. 그런데 교회는 선교에 반응하는 데 문제가 있다. 가장 문제가 되었던 것은 교회가 선교를 비전으로 삼고 나가는 것이 아니라 교회성장을 위한 도구로 선교를 사용하는 것이었다. 이것에 대한 자성의 목소리가 있기는 하지만 여전히 개교회는 이렇게 나가고 있다.

북한선교에 한국교회가 동참하지 못하는 이유가 무엇인가?

첫째, 가장 큰 문제는 마인드의 문제이다. 앞에서 서술한 것과 같이 교회의 지도자들이 훈련을 받은 적이 없으니 북한선교 마인드가 생길 리 없다. 이런 의미에서 각 선교단체나 포럼 그리고 기관에서는 지역교회를 깨우는 프로그램을 가져야 한다. 한 번은 대구에 있는 목회자들과 대담을 하는 중에 북한선교에 동참하기를 요청했다. 중형교회를 담임하고 유학을 다녀온 어느 목사는 "나는 북한에 대해 아는 것이 없습니다. 북한에 관한 설교문을 만들어 주면 한번 해 보겠습니다"라고 하였다. 일 년에 한 번도 북한에 관한 강의나 세미나를 듣거나 참여해 본 적이 없다는 것이다.

둘째, 북한선교 현장에 지역교회가 보이지 않는 것은 대다수 북한선교의 장이 수도권에 편중되어 있기 때문이다. 쥬빌리는 고양, 춘천, 통영, 부산, 경인, 대구, 대전, 제주, 전주 등의 지역에 모임을 활성화하고, 지역을 깨우는 일에 전적으로 힘을 쏟는 것을 보게 된다. 통일소망선교회도 서울, 광주, 부산, 대전에 북한선교학교를 운영하고 있다. 마산에 원코리아가 있지만, 대다수 현장의 소리와 북한선교의 강의를 들으려면 서울로 와야 하는 어려움이 있다.

셋째, 지역교회가 성장에 갇혀있기 때문이다. 북한선교가 꼭 필요한 시대적 사명인 것을 알면서도 손을 댈 수 없는 구조이다. 먼저 교회를 안정시켜야 하고, 빚을 얻어 교회당을 짓다 보니 이자 감당하기도 어려운 형편에 허울 좋게 선교한다는 것은 엄두도 못 낸다. 물론 선교비를 거두어 선교현장에 보내기는 하지만 생색에 불과하다는 것을 누구나 다 알고 있는 현실이다.

넷째, 지역교회 내에 일할 일꾼이 없다. 구미동광교회에서 사역할 때, 송모 권사를 몇 년에 걸쳐 훈련시켜 일을 맡겼다. 교회 전체가 선교에 대한 열정이 넘치고, 그 사역에 몰입하게 되었다. 북한에 풍선 날리기 행사에 방학 때마다 중,고,청년을 데리고 참여하였고, 북한선교 바자회를 개최하고, 나아가 구미에 머무는 탈북민들을 위해 여러모로 돕는 일을 진행하며, 탈북민들을 위한 구미 쉼터를 돕는 일을 하기도 하였다.

그러나 송모 권사가 열심히 특심이 되어 자기가 선교사로 헌신하고 선교지로 나가는 바람에 그 뒤를 이어 일할 일꾼이 없게 되었다. 그러자 얼마 가지 않아서 선교의 열기가 빠지기 시작하였다. 뒤를 이어 훈련 시킬 사람이 없었다. 헌신 된 북한선교의 일꾼이 없다면 담임목사로서는 더 이상 나아갈 수 없다. 담임목사가 아무리 발버둥쳐도 마인드가 없는 당회원과 부딪치면 물러설 수밖에 없다.

다섯째, 집단주의를 벗지 않으면 동원은 어렵다. 집단주의라는 것은 개교회 중심주의를 말한다. 내 집단이 아니면 안 된다는 것이다. 선교지를 가 보면 이것이 심각하다는 것을 안다. 교단파송선교사들은 선교지에 교회를 개척하면 현지인 교단보다는 자기가 소속한 교단을 배경으로 교회를 세운다. 선교단체들은 스스로 오픈하지 않는다. 그 단체에 대해 거의 외부에서는 알지 못한다. 그리고 단체와 단체, 교단과 교단이 협력하기가 어렵다.

여섯째, 돈의 문제이다. 북한선교에는 물질이 있어야 한다. 대다수 지역교회는 재정이 뒷받침되지 않는 약한 교회들이다. 조금 규모가 있어도 건물에 투자한 것 때문에 이자 내기 바쁜 현실이다. 재정의 열악한 구조를 깨지 못한다면 지역교회가 북한선교에 동참하기 어려울 것이다. 물론 혹자는 성령의 역사로 은혜로, 믿음으로 북한선교 해야 한다고 하지만 교회를 책임 맡은 담임목사는 머리로는 이해하나, 현실로는 어려운 문제이다.

6. 결론

한국은 정치의 변화에 따라 북한선교가 끌려다닌다고 볼 수 있다. 현 정부의 북한에 대한 원칙적 대응에 대해 무엇이라 말하지는 못하겠지만, 북한의 문이 개방되지 않는 이상 북한선교는 쉽지 않을 것이다. 후문선교나 옆문선교를 유지하고 진행할 뿐이다. 물론 양지나 음지 어느 것이 더 낫다고는 할 수 없지만 적어도 선교동원에서 있어서는 음지의 두려움보다는 양지의 희망이 더 나을 것이다.

북한선교는 당연히 해야 하지만 지역교회가 움직이지 않으면 성공할 수 없다. 지역교회는 이러한 변화에 무관심하다. 북한이 어떻게 돌아가든, 북한선교가 어떻게 되든 상관없다. 그러나 본 연구의 설문을 통해서 확실히 알게 된 것은 지역교회 성도들은 71.5%가 북한선교를 해야 한다고 하지만 북한선교를 어떻게 해야 하는지 모르겠다고 한다.

본 연구를 통해서 우리는 몇 가지 사실에 주목하게 되었다.

첫째, 지역교회가 왜 선교에 동원되지 못하는 이유를 알게 되었다.

'잘 모르겠다'고 하는 설문의 응답자가 54.2%로 과반수 이상이 북한선교에 대해서 잘 모르기 때문이라고 한다. 그래서 북한선교에 대한 방법을 알게 해주면 지역교회가 북한선교에 동원이 된다는 결론이 된다.

둘째, 지역교회가 선교하고 싶다는 것에 주목하게 되었다.

지역교회 성도로부터 북한선교를 해야 하는가에 대한 질문의 응답자 중에 86.9%가 '해야한다'는 것이다. 이처럼 지역교회는 북한선교를 알지 못할 뿐 하고자 하는 열망은 있다는 것이다.

셋째, 선교하고 싶은데 선교에 정보가 없다.

선교집회에 참여한 경험이 있는지에 대한 설문에 응답자 90.1%가 '참여한 일이 없다'는 것이다. 지역교회나 인근의 선교집회가 있는지도 모르는 형편에서 선교집회의 참여는 생각도 하지 못한 것이다.

넷째, 지역교회 지도자들이 잠자고 있다.

비전은 지도자가 세운다. 지역교회를 이끌어 가는 자들은 당회나 평신도 중심의 지도자들이다. 이들이 북한선교에 관해서 관심이 없다.

다섯째, 지역교회는 얼마든지 동원될 수 있다.

본 설문과 연구를 통해서 지역교회가 북한선교에 얼마든지 동원될 수 있다는 가능성을 발견했다.

이러한 사실에 전략을 세워 적용해 나가면 지역교회가 북한선교에 동원은 얼마든지 할 수 있게 된다.

지역교회가 왜 북한선교에 동원되지 못하였는가?

첫째, 스스로 움직일 힘이 없었다.

둘째, 북한이 아직도 '적'이라는 인식이 남아 있다.

셋째, 교회 지도자들이 북한선교에 대한 개념이 없다.

넷째, 북한선교에 대해서 잘 모르고 있다.

다섯째, 정보가 없었다.

여섯째, 마인드가 없었다.

그러나 설문 III-7에서 북한이 선교지라고 대다수가 대답하였다. 이렇듯 이제 지역교회가 북한선교에 동원하려면 전략이 필요하다.

첫째, 지도자들에게 있다.

지도자들이 지역교회에서 해야 할 가장 중요한 것은 교육이다. 이것은 정보의 통로이며, 동원의 근원이 된다. 교육하기 위해서는 가장 중요한 것이 지역교회 지도자들의 변화이다. 지역교회 선교동원의 가장 중요한 일꾼은 바로 그 지역교회들의 사역자들이다. 즉 교회의 당회원들 그리고 중진들이 바로 선교동원의 핵심이 되는 것이다. 선교하는 많은 교회의 경우, 바로 교회의 지도자들이 선교에 대하여 깨어있고, 열심을 품고 기도하며 헌신을 하고 있음을 우리는 쉽게 발견할 수 있다. 평신도를 깨우는 사역은, 깨어있는 담임 목회자가 할 수 있듯이, 지역교회의 선교동원과 선교사역은, 선교를 배우고 깨우치고 도전받고 열심을 품고 한마음으로 헌신하는 지역교회의 담임 목회자 있어야 가능한 것이다.

둘째, 교회에 있다.

교회는 지역교회의 성도들이 성경적 선교의 의미와 함께, 성도의 사명으로서의 선교의 의미를 명확히 일깨우는 각종 선교교육과 선교세미나, 선교사 선교보고, 각종 선교대회 참석, 단기선교 참석 및 간증, 담임목사의 선교에 대한 설교 등 다양한 통로를 통한 기본 동원이 주기적으로 성도들을 대상으로 행해야 하고, 우리 주위에 있는 북한 이탈주민들을 도와 나가야 한다. 이렇게 될 때, 성도들은 지역교회의 선교동원 초석이 이루어질 것이다.

셋째, 지역교회 내의 선교부 또는 선교위원회에 있다.

선교부는 지속해서 정보를 제공하고, 중보기도 모임을 이끌어가고, 선교여행을 이끌어 나가야 한다. 선교부는 성도들이 모일 때마다 성경에서 말하는 선교의 사명을 선교동원 측면에서 잘 교육함과 동시에, 보내는 선교사로서의 사명을 아울러 잘 교육하는 것이다. 그리고 실제 행동할 수 있는 시스템을 만들어 주는 것이 선교부의 사명이며, 지역교회의 선교동원 전략에 중요한 한 부분을 차지하게 되는 것이다. 지역교회가 북한선교에 동원이 되었을 때 북한이 통일되든, 되지 않든 간에 북한의 복음화를 위해서 쓰임을 받게 될 것이다. 이것이 주님 오시는 날을 앞당기는 것이고, 주님이 주신 대사명을 이루는 것이다.

참고문헌

김병로. 『북한사회의 종교성 : 주체사상과 기독교의 종교양식』. 서울: 통일연구원, 2000.
김영욱. 『복음주의 입장에서 본 북한선교』. 서울: 아세아연합신학대학교출판부, 2012.
김성태. 『현대 선교학 총론』. 서울: 이레서원, 1999.
_____. 『북방선교의 실상』. 서울: 생명의 말씀사, 1994.
_____. 『선교와 문화』. 서울: 이레서원, 2000.
박헌욱. 『김정일시대북한선교』. 서울: 모퉁이돌, 2004.
오성훈. 『북한선교론』. 경기: 서울신대북한선교연구소, 2004.
전현준. 『북한은 어떻게 변화하고 있는가』. 서울: 통일연구원, 2000.
정흥호. 『글로벌시대의 기도선교 방정식』. 서울: 아세아연합신학대학교출판부, 2000.
윤광희. "N세대 청년의 선교동원의 실천적 대안 연구." 수원: 합동신학대학원, 2006.
김한주. "한국교회 선교동원운동의 평가와 제안." 대전: 침례신학대학원, 2006.
이주형. "지역교회의 선교 동원 사례 연구." 수원: 합동신학대학원, 2005.
권지만. "전문인 선교의 구체적 연구와 한국교회의 전문인 선교 동원전략 : 전문인 선교 사역 의 이론과 실제를 중심으로." 경산: 영남신학대학원, 2005.
최영진. "지역교회의 선교동원전략 연구." 용인: 칼빈신학대학원, 2005.
허준. "한국 지역교회의 선교동원에 관한 연구." 부산: 고신대신학대학원, 2005.
윤병오. "선교현장에서 선교를 위한 자전적이며 자체배가적인 교회형성의 방법론 연구." 군포: 한세대영산신학대학원, 2004.
박석준. "한국교회의 선교동원 활성화 방안연구 : 대구 지역교회를 중심으로." 서울: 총신대선 교대학원, 2004.
김기호. "성도들의 선교의식 조사와 선교 동원 방안 : 지동교회를 중심으로." 서울: 총신대선 교대학원, 2003.
임은실. "한센정착마을 교회에서의 자녀세대를 통한 선교동원방안 연구 : 익산 지역을 중심으로." 서울: 총신대선교대학원, 2002.
김영석. "한국교회 선교동원 전략에 관한 연구 : 미국 선교자원자운동의 역사를 통해." 부천: 서울신대선교대학원, 2002.
오성훈. "북한선교 활성화를 위한 선교동원(Mission Mobilization) 연구." 부천: 서울신대신학 대학원, 2001.
김기운. "선교동원 운동과 지역교회 선교동원에 관한 연구." 군포: 한신대신학대학원, 2001.
박현숙. "한국교회 전문인선교 인식과 동원전략에 관한 연구 : 지역교회를 중심으로." 서울: 총신대선교대학원, 2000.
정동원. "미전도종족 선교를 위한 효과적인 21세기 선교사 동원 연구." 2004.
홍문수. "개교회 선교동원운동의 전망과 그 방안"「세계선교」. 제32호 (1997. 가을) 총신대학교 부설 선교연구소;
한철호. "한국교회 선교동원의 현재와 미래적 과제"「세계선교」. 제32호 (1997. 가을), 총 신대학교 부설 선교연구소;
안승병. "해외 선교 자원의 동원을 위한 기독교 대학의 역할 모색",「대학과 선교」제11집. 한국대학선교학회, 2006.

제17장 북한인권과 북한선교

1. 인권이란?

　북한의 인권은 뜨거운 감자이다. 북한이 아무리 거부한다 하더라도 인간의 고유한 권한인 인권을 저버릴 수는 없다. 2018년에 한반도에 큰 변화가 있는 가운데 11월 25일부터 12월 15일까지 서울 곳곳에서 '자카르 코리아대회'가 열렸다. '자카르'란 히브리어로 '기억하다'인데 북한 주민들이 희망과 용기를 갖도록 격려하고 북한인권 개선을 촉구하기 위한 행사이다. 이것은 세계인권선언 70주년을 맞이하여 GNN과 북한정의연대 등에서 대회를 주관하였다.

　인권은 저절로 얻어지는 것이 아니다. 인간의 죄와 사망에서의 해방을 위해서는 예수 그리스도의 십자가의 죽음이 그 대가로 지급된 것처럼 자유와 권리인 인권을 얻기 위해서는 분명한 대가가 지급되어야 한다. 영국, 미국, 프랑스, 지금의 한국 역시 그러하듯이 북한도 그 대가를 지급해야 인권 국가가 될 수 있다. 호주는 1901년부터 73년까지 모든 유색인의 이민을 제한하는 백호주의를 유지했다. 골드러시 이후 값싼 중국인 노동자들이 대거 유입되어 백인들의 임금이 저하하자 이런 인종차별 정책을 채택한 것이다. 그러나 심각한 노동력 부족 문제가 주목받으면서 정치가들은 애버리지니, 즉 원주민과 백인의 혼혈아들을 노동력으로 전환하기로 한다. 그러나 유색인인 원주민의 피가 흐르는 혼혈아들을 일단은 백인화시킬 필요가 생기자, 아이들을 부모로부터 강제로 떼어다가 백인가정이나 국가보육시설에 입양시켜 백인으로 '사육'한 것이다. 사육된 이 아이들을 '도둑맞은 세대'라고 부른다. 1997년 호주 인권위원회가 발표한 "그들을 가정으로 돌려보내라"라는 보고서는 전 호주국민들에게 충격을 주었고 사고와 보상의 문제가 논의되기 시작했다. 호주는 1998년부터 매년 5월 26일을 '국가 유감의 날'이라는 비공식 기념일로 정하고 도둑맞은 세대에 대해 범국민적으로 국가가 저지른 잘못에 대해 유감을 표시했다. 그리고 2008년 2월 13일 러드 총리는 취임 다음 날에 생중계로 에버리지니와 도둑맞은 세대들에게 공식으로 사과했다.

1) 인권정의

(1) 인권에 관한 서로 다른 해석

인권에 대한 해석이 다양하다.

첫째, 인권은 사람이 사람답게 살아갈 권리이다. 즉 인권은 사람의 존엄과 가치를 존중하고 사람이 사람답게 살아갈 권리를 일컫는다.[1]

둘째, 인권은 하나님의 형상으로 지음을 받은 모든 인간에게 예외 없이 부여되는 권리로서 인간다운 삶을 살 권리를 의미한다. 인권은 인격을 가진 모든 개인에게 귀속된 것으로서 인간이란 사실만으로도 완전하고 충분히 보증되어야 하며, 이 인권을 위해 인간 편에서 어떤 노력이나 업적을 달성해야 할 것이 있어서는 안 된다.[2]

셋째, 인권은 인간이라는 사실 하나만으로 적용되어야 하는 최소한의

---

1 정상덕, 김기남, 『원불교, 인권을 말하다』 (서울: 비움과 소통, 2012), iii.
2 W. Huber, H. E. Todt, 『인권의 사상적 배경』, 주재용, 김현구 역 (서울: 대한기독교서회, 1992), 13.

권리이다.³

넷째, 인권은 인간이라는 사실만으로 가질 수 있는 천부의 가치이다.⁴

다섯째. 인권은 개인으로서의 모든 인간에게 당연히 부여된 권리로서 (자신의 노력이건, 품성이건, 제도적 승인과 같이 어떤 후천적 기준을 충족함으로써) 획득되는 권리가 아니다. 그리고 인권은 그 상대방이 모든 개인뿐 아니라 집단, 사회, 국가 등을 포함하고 있다.⁵

이렇듯 다양한 인권에 관한 정의이지만, 공통된 것 하나는 "인간이 인간다워지려면 하나님이 주신 것임을 인정하는 것"이다.

(2) 불교의 인권사상

불교의 인권이념에 대해 불교는 인권사상에 대해 직접으로 그 사상에서 찾을 수 없다. 자아의식의 포기 혹은 자기의 포기를 가르치는 불교가 어떻게 자기의 권리를 주장할 수 있겠느냐고 한다. 자기 만들기, 혹은 자기 것 만들기를 하지 말라는 불교의 핵심이 현대의 인권이 지향하는 바와 상충한다고 한다.⁶

그러나 불교에서도 인간의 자유와 평등, 그리고 자비를 추구한다. 불교는 여기에서 한 걸음 더 나아가 이들 이념의 달성에 있어서 더욱 높은 단계의 비전을 제시한다. 예컨대 불교는 '방해받지 않고 자신이 원하는 것을 적극적으로 실현할 자유'에서 만족하지 않고 '욕망이라는 속박에서 벗어나는 자유'에 대해서 말하고 있다. 외적 자유에 국한 시키지 않는 내적 자유까지 말한 것이다. 이러한 자유, 평등, 자비의 이념은 불교 역사 속에서

---

3 정종훈, 『기독교 사회윤리와 인권』(서울: 기독교서회, 2011), 151.
4 조효재, 『인권을 찾아서』(경기: 한울, 2014), 263.
5 인권법교재발간위원회, 『인권법』(서울: 아카넷, 2011), 86.
6 안옥선, 『불교와 인권』(서울: 불교시대사, 2008), 40.

는 원효에 의해서 무애, 일심, 자비로 제시되고 추구되었다.[7]

(3) 원불교의 인권사상

원불교의 핵심적 교리는 '일원상의 진리'이다. 소태산 대종사는 대각을 이루고 '만유가 한 체성이며 만법이 한 근원'이고 '이 가운데 생명 없는 도와 인과 보응 되는 이치가 서로 바탕을 두어 한 뚜렷한 기틀을 이루었다'고 하였다. 일원은 '우주 만유의 본원'이다. 우주 만유는 우주 안의 모든 존재를 가리키며, 동물과 식물, 그리고 광물 등을 포함한 우주 만물 또는 삼라만상을 포함한다. 본원이란 본래의 자리를 뜻한다. 곧 일원상의 진리는 우주의 모든 존재의 본래의 자리라는 뜻이다. 이것은 사람과 사람, 사람과 자연, 자연과 자연 사이의 차별 없는 평등을 의미한다.[8] 이것이 원불교가 말하는 인권이다.

(4) 이슬람의 인권개념

이슬람 문화권에서는 이슬람교가 국교이며, 코란의 법, 즉 신법으로 정치, 사회적 영향력이 크다. 그 때문에 현대 인권개념에 대한 보편성 논쟁에서 이슬람 전통은 문화적 상대주의의 입장을 고수해왔다.

이슬람의 인권은 신의 선물임을 인정하지 않은 세계인권선언을 정당한 국제인권 규범으로 인정할 수 없다는 주장도 존재하고, 코란은 개인의 믿을 자유를 부여하고 있다고 주장하면서 정당성을 지지하는 부류도 존재한다. 이슬람 학자에 따르면 기본적으로 보장되는 인권의 구체적 내용은 생명권, 종교의 자유, 주거 존중, 망명권 그리고 다른 사람을 보호할 의무를 포함한다. 그러나 이슬람 인간의 가치는 절대적이지만, 이성적이거나 사

---

7 안옥선, 『불교와 인권』, 44.
8 정상덕, 김기남, 『원불교, 인권을 말하다』, 113.

회적인 개념은 아니다. 이런 이해는 인간의 가치를 신의 선물로 이해했기 때문이다. 이슬람 국가는 종교의 자유를 부인한다. 이슬람교도만이 완전한 시민으로 인정되기 때문이다. 그래서 이슬람교도가 아닌 사람에 대한 대우는 나라와 시기에 따라 달랐다. 특히 이슬람을 버린 배교도는 사형에 처한다.

이슬람은 모든 것을 허락하는 것 같으나 오직 이슬람교의 가르침과 일치하는 선에서 인정된다. 이런 이해 아래서 이슬람의 인권개념은 모든 인간이 가져야 할 권리라고 하지만 단지 종교적 차원으로서 인간을 존중한다.[9] 왜냐하면, 이것을 부정하는 것은 인간을 인간에게 한 신을 부정하는 것과 같기 때문이다.

(5) 스텐리 코헨[10]

인권은 사물이 아니라 개념이다. 즉 특정한 사건에 대해 생각하는 방법이자, 권리를 요구하는 하나의 방법이다. 이러한 요구는 도덕률에 근거를 두고 있으며 법률용어나 유엔 전문 용어로 표현된다.

2) 세계인권선언

인권이 무엇인가를 알기 위해 세계인권선언을 우리의 교과서로 삼았다. 세계인권선언은 제2차 세계대전의 참화를 딛고 마련된 국제문헌이다. 세계인권선언은 종전 직후부터 냉전 개시 직전까지 정치적 기회의 시간에 1948년에 채택된 역사적 합의이다. 세계 각국이 참여하여 '보편적'으로 선포한 역사상 최초의 인권선언이었다.

---

[9] 정상덕, 김기남, 『원불교, 인권을 말하다』, 46.
[10] 영국런던 정경대학교 사회학 교수

1948년 당시만 하더라도 유엔 회원국 수는 58개국으로서 지금의 3분의 1도 안 되지만 서구와 비서구가 함께 참여해 만든 공동의 문서이다. 선언을 채택하기 위해 총회 석상에 2개 나라[11]가 불참하고 반대한 나라는 하나도 없으나 8개국이 기권했다. 소련과 벨라루스, 체코슬로바키아, 우크라이나, 폴란드와 유고슬라비아는 세계인권선언이 자유주의 이념이 너무 강하게 반영하고 경제적, 사회적 권리가 너무 적게 들어갔다는 이유로 기권했고, 남아프리카는 백인우월정책을 편 이유로 인종과 피부색을 초월해 차별 없는 인간 권리를 옹호하는 것에 찬성할 수 없었고, 사우디아라비아는 남녀평등 서구적 가치를 너무 강조하고 이슬람에 적대적이라고 기권했다.[12] 세계인권선언을 조효재의 『인권을 찾아서』에서 주로 인용하고 요약하여 설명하고자 한다.

(1) 구조

세계인권선언은 크게 4부분으로 나눌 수 있다.

첫째, 인권의 토대로 존엄성, 평등(반차별), 자유, 형제애를 말하고 있다.
둘째, 인권의 계단으로 전문 1-8까지이다.
셋째, 인권의 기둥으로 네 기둥이 있다.

① 첫째 기둥은 3조에서 11조까지 기본적 권리로 생명, 자유, 개인 신상의 안전 등으로 법적인 권리를 다루고 있다.
② 둘째 기둥은 12조에서 17조까지로 사회공동체 내에서 인간이 살아갈 때 꼭 필요한 권리를 다루고 있고,
③ 셋째 기둥은 18조에서 21조까지 정치적 권리를 말한다.

---

[11] 온두라스와 예멘이다.
[12] 조효제, 『인권을 찾아서』 (경기: 한울, 2014), 23.

④ 넷째 기둥은 22조에서 27조까지 경제 사회적 권리를 말한다.

넷째, 인권의 지붕으로 28조에서 30조까지 의무, 제한, 체제의 세 가지 요소를 말한다.

(2) 인권의 계단(전문 1-8)

전문 1에서는 인간의 존엄성을 말한다. 자유와 정의 평화가 흐르는 세상이 오려면 인간의 존엄성과 인권을 인정해야 한다는 것이다. 전문 2에서 모든 사람이 말할 자유, 신앙의 자유, 공포로부터의 자유, 결핍으로부터의 자유를 가진다. 전문 3에서는 인권에는 자연스럽게 '저항권'이 포함되어 있다. 전문 4에서는 전쟁위협을 폐지하지 않는 한 인권은 보장되지 않는다고 하며, 전문 5에서는 남녀평등과 더 나은 생활 수준을 촉진하며, 전문 6에서는 유엔 산하 나라는 기본적 자유를 존중한다는 것이고, 전문 7에서는 인권이 무엇인가 같은 것으로 정의하고 이해해야 한다고 주장한다. 그리고 전문 8에서는 세계인권선언을 선포하는 목표를 분명히 밝히고 있다.

(3) 인권의 토대(제1조에서 제2조)

제1조는 흔히 세계인권선언의 초석이라고 하며, 1조와 2조를 합쳐 토대라고 부른다. 제1조에서는 인간의 평등을 적극적으로 선언하며, 제2조에서는 인간의 평등을 차별금지라는 식으로 소극적으로 선언한다. 차별의 근거로 인종, 피부색, 성, 언어, 종교, 정치적 견해, 출신 민족, 사회적 신분, 재산의 유무, 출생 등이다. 이 외에 성적 지향, 장애인, 학력과 학벌, 자녀 양육, 결혼 여부, 나이, 군 복무 등을 예로 들 수 있다. 인권의 토대는 '평등과 차별금지'이다.

(4) 인권의 첫째 기둥(제3조에서 제11조)

인권의 첫째 기둥은 인간의 기본적 권리로, 생명과 자유, 개인 안전 등을 다룬다. 제3조에는 생명권, 자유권, 인신의 안전. 제4조는 노예 상태에 놓이지 않을 권리. 제5조는 고문을 받지 않을 권리. 제6조는 법 앞에서 인간으로 인정받을 권리. 제7조는 법 앞에서 평등할 권리. 제8조는 법적 구제를 받을 권리. 제9조는 자의적으로 체포, 구금되지 않을 권리. 제10조는 공정한 재판을 받을 권리. 제11조는 판결 전까지 무죄로 추정 받을 권리, 소급입법의 적용을 받지 않을 권리이다.

(5) 인권의 둘째 기둥(제12조에서 제17조)

인권의 둘째 기둥은 시민적 권리인데 시민적 권리란 인간이 사회공동체 내에서 평등하고 개명된 생활을 함께 누리기 위해 서로 인정해 주어야 할 권리인 것이다. 시민적 권리는 제12조에 사생활을 보호받을 권리. 제13조에 이동과 거주의 자유. 제14조에 망명의 권리. 제15조에 국적을 가질 권리. 제16조에 결혼과 가정의 권리. 제17조에 재산을 소유할 권리이다.

(6) 인권의 셋째 기둥(18조에서 21조)

인권의 셋째 기둥은 정치적 권리이다. 공산권 대표들은 인간의 자유가 집단적으로 실현될 수 있다는 철학을 견지했으므로 개인주의적 색채가 뚜렷한 셋째 기둥의 권리들을 '부르주아적 권리'라고 비판하곤 했다. 냉전 당시는 시민적, 정치적 권리는 주로 민주자본주의 진영에서 선호하고, 경제적, 사회적 권리는 주로 사회주의 진영에서 옹호하는 권리라는 식으로 이해하는 경향이 있었다. 셋째 기둥의 정치적 권리는 제18조에 사상, 양심, 종교의 자유이다. 사상의 자유는 '생각의 자유'를 뜻하고, 양심의 자유는 '내면의 자유'를 말하고 종교의 자유는 '신앙과 믿음의 자유'를 뜻한다. 제19조에 의사표현의 자유. 제20조에 집회와 결사의 자유. 제21조에 국정에 참여할 권리. 인민 주권, 민주주의 원칙이다.

(7) 인권의 넷째 기둥(제22조에서 제27조)

넷째 기둥의 경제적 사회적 권리들은 제2차 세계대전으로 잠시 중단되었던 19세기 말 이래의 사회적 입법의 전통을 다시 이은 것이다. 그러한 흐름에는 사회민주주의, 사회교리에 따른 기독교사상들이 함께 포함되어 있다. 오늘날 한국사회에서 복지라는 말이 여기에 속한다. 넷째 기둥에서 나오는 권리는 제22조에 사회보장권, 경제적, 사회적, 문화적 권리. 제23조에 노동할 권리. 제24조에 휴식과 여가의 권리. 제25조에 적절한 생활수준을 누릴 권리. 제26조에 교육을 받을 권리. 제27조에 문화생활에 참여할 권리이다.

(8) 인권의 지붕(제28조에서 제30조)

인권의 지붕에 해당하는 이 권리들은 다른 조항에 비해 상대적으로 푸대접받았다. 제28조에 인권을 위한 사회제제 및 국제제제. 제29조에 의무와 제한. 모든 권리는 그에 상응하는 의무를 발생시켜야 권리의 역할을 할 수 있으므로 권리는 그 본질상 무제한적일 수 없다. 권리를 마음대로 주장한다면 그런 무제한적 권리를 충족시켜 줄 수 있는 의무가 발생할 수 없기 때문이다. 제29조에서 권리와 자유가 온전하게 실현될 수 있는 체제의 특징으로 세 가지를 든다. 즉, 의무를 지키고, 권리 행사에 일정한 제한을 받으며, 민주사회여야 한다는 것이다. 제30조는 해석상의 악용금지이다.

3) 인권충돌

인권은 문화, 종교, 정치, 또 다른 인권과 충돌하기도 한다. 이런 충돌에 대해 알아보자.

첫째, 인권은 문화와 충돌한다.

인권의 보편성은 지역과 문화를 초월한다. 그러나 인권개념의 확산 과정에서 특정 지역의 고유한 문화와 충돌이 없지는 않다. 아랍 국가에서는 현대 인권 개념의 보편성에는 동의하면서도 그 구체적 해석과 실천에 있어서는 문화 사회적 특수성을 강력하게 주장해 왔다.

혼인에서의 남녀평등 조항은 특히 사우디아라비아의 반발을 불러일으켰다. 사우디아라비아는 이슬람 전통과 자신의 사회적 관습을 이유로 이런 식의 평등, 자유 조항이 서구의 문명적 간섭이라고 주장하면서 세계인권선언 채택을 위한 표결 과정에서 기권을 선택한 것이다. 파키스탄에서는 명예살인으로 매년 수 백만 명의 여성과 어린이들이 희생된다.

둘째, 인권은 종교와 충돌한다.

양심에 따른 병역거부자나 중국에서는 정부로부터 공인받지 않은 종교 단체의 종교 활동은 원칙적으로 금지되어 있다. 제18조의 무시이다. 타 종교인이 이슬람권 내에서 공격적이고 무차별한 방식으로 선교활동을 하는 것이 세계인권선언 제29조 2항의 정신에 어긋난다는 주장도 있다. 열린사회와 폐쇄적 사회에서의 공개적인 선교활동은 다르게 보아야 한다. 심지어 일부에서는 이것에 대해 종교 제국주의라고 비난한다. 세계인권선언 제5조에서는 어느 누구도 고문 또는 잔혹하거나 비인도적인거나 굴욕적인 형벌을 받지 아니한다고 하였다. 그러나 이슬람법률(샤리아)은 도둑질한 자는 오른손을 절단하는 형법을 받을 수 있다고 규정하고 있다. 많은 사람들이 이 규정을 세계인권선언 제5조 위반으로 보고 있다. 그러나 샤리아는 이슬람교도들의 신의 언어이기 때문에 인간이 문제 삼을 수 없다고 믿는 코란에 기반을 두고 있다.

셋째, 인권은 정치와 충돌한다.

특히 국가보안법과 충돌한다.

제18조에 사상의 자유를 옹호하면서 국가보안법 폐지를 주장하면 빨갱

이인가?

사상의 자유가 특정 이념의 옹호인가 아니면 인간의 기본적 존엄성인가?

그리고 고문에 대해 고민한다. 인권의 근간을 이루는 인간 존엄성은 테러범의 고문에 반대한다. 그러나 반대로 테러범은 이미 인간이기를 포기했으므로 그들에게 인권을 존중해 줄 필요가 없다고 한다. 그래서 테러를 방지하고 무고한 사람들을 보호하기 위해서라면 테러범 같은 자들에게 고문하는 것은 아무런 문제가 되지 않는다고 주장한다.

또한, 세계의 인권상황은 미국에 대한 테러공격과 그에 뒤따르는 사건이다. 테러의 대상이 종교나 정치적 목적이어서 다양한 국적과 종교를 가진 수천의 무고한 사람들이 희생을 당한 심각한 인권침해라는 사실이다. 미국과 동맹국의 대응에서 또 다른 인권문제가 발생한다. 미국 내에서는 인권이 제한되지만, 관타나모 기지에서는 인권은 사라진다. 테러주의의 심각한 위협에 대응하여 인권을 어떻게 보호할 것인가하는 것은 오늘날 인권문제에 있어서 중요한 과제이다.

넷째, 인권은 또 다른 인권과 충돌한다.

인권의 개념을 쉽게 정리하기 어렵다. 인권 내에서 서로 부닥치는 것이 있기 때문이다. 예를 들어 세계인권선언 제1조에서는 모든 인간이 권리에 있어 동등하고, 제18조에서는 모든 사람이 종교의 자유에 대한 권리를 가진다고 명시하고 있다.

그런데 모든 인간이 권리에 있어 동등하다는 사실을 부정하는 종교가 있다면 이를 믿는 사람의 종교적 자유에 대한 권리는 어떻게 인정하여야 하는가?

하나의 인권을 이행하기 위해 다른 인권을 침해해야만 한다면 인권의 의미를 어떻게 해석할 수 있을 것인가?

여기서 발생하는 문제는 정치적 의지가 부족하거나 정치적 이해가 충돌해서라기보다는 여러 인권이 서로 '공존 가능' 하지 않기 때문에 발생하는 것이다. 다시 말해 한 종류의 인권을 이행하기 위해 다른 종류의 인권을 침해하거나, 한 사람의 인권을 보호하기 위해 다른 사람의 동일한 인권을 침해하는 상황이 생길 수도 있다는 것이다.[13]

사실 인권에 대해 비판적인 일부 사람들은 인권의 보편성을 주장하는 것이 인간 각각의 차이를 무시하는 것이라고 주장한다. 비엔나 선언에서 인권의 보편성을 확인하면서도 국가별, 지역별 특수성과 다양한 역사적, 문화적, 종교적 배경들의 중요성에 유념해야 한다는 제한을 가한다.[14]

구체적인 예를 들면 임신중절(임신중절 반대하는 생명수호파는 세계인권선언의 제3조와 제18조[종교자유], 제25조[건강권]을 들어 생명을 옹호한다. 그러나 임신중절에 찬성하는 사람은 개인의 프리이버시[제12조]와 자기 결정권을 인용한다), 불법체류자(제12조는 '합법적으로 어느 국가의 영토 내에 있는 모든 사람'이 거주 이전의 자유를 누린다고 되어있다. 그렇다면 불법체류자에게는 이 권리가 적용되지 않는다. 이러한 것은 제4조의 '어느 누구도 타인에게 예속된 상태에 놓여서는 안 된다'고 규정하는 것에 반대하는 것이다)와 같은 경우이다.

2. 성경과 인권(인권의 성경적 배경)

성경을 통해 인권에 대해 답을 얻으려면 먼저 '인간이 무엇인가'에 답을 해야 한다. 만약 인간이 하나님과 관련되지 않고 오로지 인간만의 존재라면 인권에 대해 쉽게 정의할 수 있을 것이다. 그러나 기독교는 다른 종교와 달리 인간은 하나님과 관계 있기에 하나님과의 관계에서 인권을 정

13　마이클 프리먼, 『인권 이론과 실천』, 김철효 역 (서울: 아르케, 2006), 19.
14　마이클 프리먼, 『인권 이론과 실천』, 142.

의하고 해석해야 한다. 성경에서 인간의 권리가 무엇인가를 찾는다면 '하나님을 영화롭게 그를 영원토록 즐겁게 하는 것'(사 43:7, 21)이다. 성경은 하나님이 부여하신 인간의 권리 안에서 인권을 이해 할 수밖에 없다.

1) 인권에 관한 성경의 부정적 관점

성경은 인간에 관한 말씀이 아니라 하나님이 인간에게 주신 말씀이다. 중심이 하나님이지 인간이 아니다. 인간은 오직 하나님의 피조물이며, 죄를 지어 하나님의 구원 손길 없이는 어느 누구도 인간의 권리를 주장할 수 없다.

김찬국은 하나님과 인간과의 공동체 관계로 설정하고 이것을 구약의 계약사상이라 설명한다. "공동체 의식 속에는 인격적 하나님이 인격적으로 인간을 상대하고 관계를 맺는다는 의식이 있는 데, 이것이 바로 집단 인격관념이다"라고 설명한다.[15] 그러나 여기에서 우리는 하나님이 우리를 인격적으로 만나셨기 때문에 인간이 가져야 할 권리인 인권을 하나님 앞에서 요구할 수 있는가에 질문해 보아야 한다.

하나님은 버리시는 자들도 있다. 이것을 우리는 유기라고 한다. 하나님은 인간이 잘못했을 때 인간에게 행하신 징계는 사형에까지 이른다. 이것을 하나님의 공의라고 한다. 우리가 하나님의 공의와 하나님의 권리를 인권을 앞세워 바꿀 수 있는 것이 아니다.

우리는 "사람은 하나님의 형상으로 지음을 받은 존귀한 자들"이라는 것을 믿고 있다. 인간의 내재적 본성이나 인간의 특성 또는 정부의 행위 자체에 주목하기보다는 오로지 하나님의 창조와 구원에서 인권을 찾을 수밖에 없다. 다시 말하면 인권의 정당성은 자연권적인 것에서 오는 것이 아

---

[15] 김찬국, "인권의 성서적 근거," 「기독교사상」 2월호 (1974), 29.

니라 하나님의 권위 속에서 오는 것이다. 따라서 기독교는 하나님의 존재와 권위를 부정하는 인권 개념과 인권 활동을 용납하지 않는다.

로마서 9장을 읽어보면 하나님의 자녀는 하나님의 주권적 선택을 통해 확정된다고 한다. 또 인간의 구원이 인간의 소원(=기도하는 것)이나 인간의 노력으로 말미암지 않고 오직 긍휼히 여기시는 하나님으로 말미암는다. 이에 대해 성경은 다음과 같이 기록하고 있다.

> 혹 네가 내게 말하기를 그러면 하나님이 어찌하여 허물하시느뇨 누가 그 뜻을 대적하느뇨 하리니 이 사람아 네가 뉘기에 감히 하나님을 힐문하느뇨 지음을 받은 물건이 지은 자에게 어찌 나를 이같이 만들었느냐 말하겠느뇨 토기장이가 진흙 한 덩이로 하나는 귀히 쓸 그릇을, 하나는 천히 쓸 그릇을 만드는 권이 없느냐(롬 9:19-21).

하나님의 선택이 이처럼 전적으로 하나님의 주권적 의지에 근거하기 때문에 악인에 대한 하나님의 심판이 정당한가라는 반문이 예상되는 데, "악인의 악도 하나님의 뜻에 의한 것이라면 하나님께서 어떻게 악인을 심판하실 수 있겠는가?"라는 반론이다. 이러한 반론에 대한 바울 사도의 대답은, 하나님의 주권적 선택에 대해 인간이 불평하거나 반론할 수 없다는 것이다. 왜냐하면, 사람은 하나님께 말대답할 수 있는 존재가 아니기 때문이다. 이와같이 인간이 태어나서 살아가는 모든 상황이 하나님의 주권적 선택에 달려 있다.

2) 인권에 관한 성경의 긍정적 관점

기독교인의 인권은 하나님과의 관계가 우선되어 신앙과 믿음에 부닥치는 인권은 용납하지 못한다. 그러나 성경은 이웃에 대한 위대한 대강령이 인권을 사수하게 만든다. 예를 들면 '이단은 집에 들일 수 없지만'(딛 3:10) 그 사람 역시 하나님이 지으신 창조물이기에 그의 권리를 존중해야 한다. 김찬국은 "예수의 인간화 운동은 일면 인권 옹호 운동이다"까지 말한다. 또한 "예수는 십자가에서 돌아가심으로써 만민의 인권을 회복하는 정의와 자유와 평등에로의 길을 열어주셨다"[16]고 하였다.

(1) 구약

첫째, 말씀을 통해 보여주고 있다.

구약에서 가장 먼저 인간에 대해 '하나님의 형상으로 지음 받은 존재'라고 말씀하고 있다. 하나님의 형상에 대한 기독교적인 인식만큼 인간 권리로서의 인권을 보증해 주는 것은 없다.[17] 하나님의 형상으로 지음을 받은 인간에게는 동물과 다른 특권이 있다. 이것은 하나님이 인간에게 주신 하나님의 거룩한 특권이다. "하나님의 형상으로 지음을 받았다"는 것은 인간론의 기본이다. 즉 하나님이 우리에게 '하나님의 형상으로' 그리고 '하나님의 모양으로' 창조하신 것은 인간을 존귀(시 16:3)하게 하신 것이다.

둘째, 선지자를 통해 알 수 있다.

이스라엘 왕국 역사에 보면 왕들이 국민 개인의 인권과 민권을 유린함으로서 왕권의 횡포에 항거하는 예언자들의 저항 정신을 찾아볼 수 있다. 다윗 왕이 우리야의 아내를 후궁으로 데려오기 위해 우리야 장군을 죽이는 장면이 나온다(삼하 12:9-12). 왕이 권력으로 인권을 유린하는 장면이다. 선지자 나단은 이것에 대해 왕에게 항거하였다.

그는 민권과 인권을 옹호하면서 왕권의 횡포와 부자들의 횡포가 백성을 함부로 죽이거나 남의 아내를 뺏거나 가난한 자의 것을 약탈하는 부정 불

---

16 김찬국, "인권의 성서적 근거," 35.
17 정종훈, 『기독교 사회윤리와 인권』(서울: 기독교서회, 2011), vii.

의에 대해 정면에서 고발하고 항거하여 왕이 회개하도록 책임 추궁을 한 인권 옹호 사건의 한 예를 보여 준다. 그리고 엘리야 선지자시대 때, 유다 왕국의 아합 왕의 아내인 이세벨이 나봇의 소유인 포도원을 탐하여 나봇을 돌로 쳐 죽이고 포도원을 강탈한 사건이 있었다(왕상 21:1-16). 이방 여인이 유다 왕실에 들어와 왕권을 이용해서 백성의 재산을 강제로 몰수하고 땅주인에게 누명을 뒤집어 씌워 암살해 버린 인권유린의 사건이었다. 이 인권유린에 대해 엘리야 선지자는 왕의 비행을 고발하고 하나님의 심판을 천명하여 인권의 대변자로 나서게 된다. 그리고 아모스는 북왕국 이스라엘에서 750년경 활동한 선지자였다. 여로보암 2세 통치 기간에 이스라엘은 정치적으로 경제적으로 안정을 취했으나 사회의 부정부패가 극심하였었다. 여기에서 당시의 인권유린을 볼 수 있다. 은을 받고 의인을 팔며 신 한 켤레를 받고 가난한 자를 팔고(암 2:6), 저들에게서 부당한 세를 취하는 일(암 8:47) 등이 아모스에 의해 고발당했다.

특권층 부자와 재벌들이 궁핍한 자를 삼키며 가난한 자를 망하게 하는 일(암 8:47)이 많았던 당시의 사회적 부패가 결국은 권력층과 재벌들인 부자들이 무산자들의 권리와 재물까지 뺏어 버리는 극심한 상태에까지 이르자, 아모스는 '공법을 인진으로 변하여 정의를 땅에 던지는 자들'이 심판을 받아 멸망할 것이라고 선언한다. 아모스는 살기 위하여 선을 구하고 하나님을 찾으라(암 5:4, 14-15)고 정의를 실천하라는 인권선언을 하게 된다.

셋째 도피성을 통해 인권을 설명할 수 있다.

하나님은 여호수아에게 "너희를 위하여 성읍을 도피성으로 정하여 부지 중에 살인한 자가 그리로 피하게 하라"(민 35:11)고 하였다. 여호수아는 도피성을 이스라엘의 요단강을 기점으로 하여 48개의 성읍 중 6곳을 택하였다. 요단강 동편에 3곳(베셀, 길르앗라못, 골란) 요단강 서편에 3곳(게데스, 세겜, 헤브론)이었다(수 20:7-8). 이 도피성은 이스라엘 지도를 참조하여 보면 이스라엘 전역 어디에서든지 32km 이내에 위치하여 있어서 부득이 도피성으로 피해 가야할 경우 하룻길 이내에 도착할 수 있는 거리에 위치해 있다. 그뿐 아니라 그 성을 향한 도로는 폭을 14m 이상이 되도록 넓게 잘 닦아 놓았으며 또 길을 잃지 않도록 미클라트(도피성)라는 안내판도 곳곳에 설치해 놓았다.

도피성은 무슨 이유로 세워놓은 것일까?

사람이 저지를 수 있는 가장 큰 죄는 살인죄이다. 따라서 이 죄에 대한 형벌은 무거울 수밖에 없다. 만일 이에 대한 형벌이 없다면 사회 정의는 무너지고 말 것이다. 그러나 살인죄가 중할수록 그리고 그 형벌이 엄할수록 의도적인 살인과 과실로 발생하는 사고와는 구분할 필요가 있었다. 혹은 누명을 쓴 사람이 피살자의 가족들로부터 즉각적인 보복을 당하기 전까지 자기 결백을 증명할 수 있도록 안전하게 피신할 장소도 필요하였다. 하지만 아무나 다 그 도피성에 들어갈 수 있는 것은 아니었다. 하나님은 사람이 고의로 이웃을 모살하였으면 살인자가 거룩한 단에 있을지라도 끌어내어 죽이라고 명령하신 바 있다(출 21:12-14) 따라서 이 도피성은 중한 과실죄를 지었으나 구원을 기다리는 자들의 피난처인 것이다.

(2) 신약

신약은 인권에 관한 말씀이 많다.

첫째, "사람이 만일 온 천하를 얻고도 제 목숨을 잃으면 무엇이 유익하리요 사람이 무엇을 주고 제 목숨을 바꾸겠느냐"(마16:26). 실로 사람의 생명은 천하보다 귀하다. 그리고 사람에게는 기본적 권리가 있다. 그것은 자유와 평등의 권리이다. 1941년 제2차 세계대전 중 미국 대통령 루즈벨트는 의회 교서를 통하여 4개의 자유를 제창하였다.

① 언론의 자유
② 신앙의 자유

③ 궁핍에서의 자유
④ 공포에서의 자유

인간이 다른 동물과 다른 것 중의 하나는 인간은 이러한 자유와 평등의 권리를 존중할 줄 아는 이성을 가지고 있기 때문이다.

둘째, 1920년 김우현은 「진리」라는 잡지에서 "성경과 인권"[18]을 통해 성경이 말하는 인권은 하나님이 사람의 아버지가 되셨다는 것으로 설명했다.

구약에서의 하나님은 위엄하신 왕이시고 만민의 주이시다. 그러나 신약에서는 하나님이 우리 아버지가 되신다. 이것은 예수님이 우리에게 가르쳐 주신 것이다(마 9:6). 사람은 동일한 아버지 아래에 동일한 인권을 가졌기에 귀천의 차이나 계급의 차이가 있을 수 없다.

셋째, "남에게 대접을 받고자 하는 대로 너희도 남을 대접하라"(마7:12)라는 말씀과 "이웃을 네 몸과 같이 사랑하는 일이 더 큰 계명이라"(막 12:31)고 하신 말씀은 예수님의 인권선언이라 할 수 있다.

넷째, 예수님의 병자치료와 죄인과의 대화, 그리고 과부의 원한을 들어주는 일(눅 18:1-8) 등은 약자들의 인격 회복과 인정에 관심을 두신 말씀이다.

성경은 가장 먼저 하나님께로 돌아가는 일이 인간을 인격으로 회복시키고 인권을 존중하는 바른 길임을 가르쳐 주고 있다.

---

18 김우현, "성경과 인권문제," 「진리」 제5권 제9호 (1929), 13-17.

3. 북한과 인권

북한의 인권문제가 국제사회에서 정식으로 거론되기 시작한 것은 1979년 영국 런던에 국제 사무국을 둔 앰네스티 인터내셔널(국제사면위원회)이 『조선 민주주의 인민 공화국에서 양심수인 것으로 겪은 일들』이라는 소책자를 간행하면서부터였다.[19] 이 소책자에서 국제사면위원회는 베네주엘라 공산당원이고 시인인 알리 라메다가 북한에서 정치범으로서 겪은 온갖 고초를 상세히 기술한 것이다. 그는 평양의 한 아파트 침실에서 북한의 개인숭배에 관해 애인과 나눈 대화 내용이 문제가 되어 체포당했다. 처음에는 재판도 없이 1년간 구금당했고, 다음에는 비공개 재판에서 간첩죄로 20년 형이 선고되어 감옥에서 갖은 고생을 하다가 국제사면위원회의 구명운동으로 1974년 출소했다.

1) 북한의 '우리식' 인권

북한은 국제사회의 인권 문제 제기에 맞서서 '주체적 인권' '참다운 인권' 등 '우리식 인권'을 주장하고 있다.[20] 북한은 계급적 시각과 집단주의적 자유를 강조하고 있으나 개인주의적 자유에 대해서는 적대적인 태도를 보인다. 2004년 개정된 형법 제2조는 "국가는 범죄자의 처리에서 노동 계급적 원칙을 확고히 견지해야 한다"고 규정하고 있다. 이와같이 북한에서는 계급적 시각에서 인권을 인식하고 있으므로 천부적 인권론이나 모든 '개인'에게 인권을 보장한다는 인권의 보편성은 부정될 수밖에 없다. 이러한 계급적 본질에서 벗어난 인민은 가혹하게 처벌하게 된다. 정치범수

---

[19] 유석렬, 『북한의 핵 위협, 이김은 여호와께』 (서울: 문광서원, 2014, 215.
[20] 유석렬, 『북한의 핵 위협, 이김은 여호와께』, 218.

용소가 그 예가 될 것이다.

1993년 6월 빈에서 열렸던 세계인권회의에서 기조연설을 행한 백인준 북한 최고 인민부의장은 "북한에서는 인민 대중의 정치적 자유와 권리, 그리고 경제적, 사회문화적 권리에 대한 책임을 국가가 진다"고 했다. 책임을 국가가 진다는 것은 인권도 국가 책임지므로 마음대로 간섭하지 말 것을 당부한 것으로 본다.

2) 북한의 인권개념

북한의 사회주의 체제는 주민들의 자발적인 참여에 의한 시민적, 정치적 권리보다는 비자발적인 규제를 통한 경제적, 사회적, 문화적 권리를 강조하였고, 특히 국가 우위의 사회복지제도(완전고용, 무상교육, 무상치료 등)를 통해 인권이 보장되고 있다는 점을 강조하여왔다. 북한의 헌법 72조는 "공민은 무상으로 치료받을 권리, 병약자 노약자 어린이 등은 물질적 방조를 받을 권리를 가지고 있으며 이 권리는 무상치료제, 의료시설, 국가 사회보험과 사회보장제에 의해 보장된다고 규정하고 있다.

그러나 북한이 그렇게 잘하고 있는 국민의 기본적 권리나 사회보장제도는 체제우상화와 주체사상 우위의 통치 이데올로기로 인해 그 의미가 퇴색되었다. 결국, 사회주의 체제는 개인의 인권이나 자유 보장보다는 국가나 집단에 우선순위를 두고 있어, 주민들의 무상에 의한 복지제도 또한 국가나 체제에 충성할 때만 보상받는 데서 한계를 보인다. 그래서 북한은 유일사상체제 속에서는 정치적 자유와 사상, 언론, 표현, 집회, 결사 등의 자유가 미약하며, 신체의 자유와 공정한 법절차를 위한 형사적 권리와 제도도 미흡하다.[21]

---

[21] 정주신, 『유엔 인권메카니즘과 북한인권』(서울: 통일연구원, 2003), 81.

3) 북한의 인권유린 실태

사실 북한의 폐쇄적인 체제 특성상 국가에 의한 불법행위를 비롯하여 주민에 대한 인권침해 등의 문제점을 파악하기에는 한계가 있다. 그러나 최근 증가하는 탈북자, 북한 방문 외국인 등을 통해 북한 내부의 인권실태를 파악한다.

우리는 북한의 개방이나 통일에 앞서 서독과 동독이 행했던 것처럼 인권개선을 위해 국제법이나 국제기구의 회의를 통해 간접적으로 인권상황 개선을 요구했고, 비밀협상 등을 통해 개선을 위한 노력을 해 왔다.[22] 북한의 인권유린의 시작은 "경제나 다른 무엇을 정치보다 우선하는 것은 이기심의 표시고 범죄다"라는 사고에서 출발한다.[23]

2012년 엠네스티연례보고서에서 북한은 언론, 출판, 집회, 결사, 종교의 자유를 허용하지 않고 생사를 위협받는 여섯 개의 정치범 수용소에 20만 명이 수용돼 있으며, 북한 내에선 사법 절차를 밟지 않는 처형, 실종, 무단 구금, 정치범 체포, 고문이 횡행한다고 보고한다. 「2012 북한인권백서」는 체제 저항 행위, 마약 밀수 밀매 행위, 소 염소 등의 가축 밀수 및 밀매 행위 등으로 공개 처형하는 것과 강제노동 및 고문과 구타 행위와 배급체계에서 소외된 가정이 있는 것으로 보고한다.

중국과 라오스 등지에서의 탈북자 북송문제는 인간의 생명권과 생존권에 위반되는 심각한 문제이다. 이 나라들은 불법 월경자라는 탈북자에 대한 중국 정부의 확고한 태도로 인하여 신분불안정(강제결혼, 유흥업소 종사, 성매매 등)과 아동의 인권(교육과 건강) 유린 등 심각한 인권유린이 자행된다.[24]

---

22 손현진, "북한의 체제전환에 따른 북한 주민의 인권개선 방안연구," 「유엔 인권메커니즘과 북한인권」, 271.
23 권헌익, 정병호 『극장국가 북한』(경기: 창비, 2014), 23.
24 유병선, 『북한인권의 실태와 해결 방안』(대전: 프리마북스, 2012), 41.

윤여상은 그의 글에서 정치범수용소의 인권문제와 공개처형과 생명권 침해와 일상적인 생존권, 강제송환된 탈북자의 인권 그리고 납치 및 억류에 대한 것으로 인권실태를 고발한다.[25] 유석렬은 북한인권의 실태를 다섯 부류로 나눈다.[26]

① 주민 성분 구분에 따른 인권유린
② 강제사상교육 반복실시로 인권침해
③ 사찰기관과 감시만을 통한 인권탄압
④ 기본권 인권마저 박탈당한 집단수용
⑤ 식량 배급 조절에 따른 인권 박탈

북한의 정치범수용소 내에서 행해지는 극단적인 형태의 인권유린 행위는 전체적으로 반인도 범죄를 구성한다. 구체적으로 강제실종 행위, 추방과 강제이송 행위, 자의적인 구금, 공개처형, 중노동, 영아살해, 임산부와 여성들에 대한 성적 가혹 행위, 혼인의 자유와 개인적인 생활의 통제 등이다.[27]

「2011 북한인권백서」에 의하면 북한에서 신념 및 권리 침해 중 가장 높은 비율을 차지하는 종교박해로 인한 피해는 915건에 달한다. 종교박해를 받는 구체적인 사유는 종교 활동, 성경 등 종교 물품 소지, 종교전파, 종교인 접촉의 순으로 나타났다. 종교박해 직접 경험이 3%이고, 목격한 경우가 68.7%이다. 박해로 인하여 발생한 사건의 발생 연도를 살펴보면 2000-2005년이 가장 높았고, 1990년대, 2006-2010년으로 나타나 종교로 인한 처벌이 현재에도 꾸준히 진행되고 있음을 알 수 있다.

---

25 윤여상, 「2014 북한종교자유백서」, 63-67.
26 유석렬, 『북한의 핵 위협, 이김은 여호와께』, 222-228.
27 손현지, "북한의 체제전환에 따른 북한 주민의 인권개선 방안연구," 289.

전체 박해 비율 중 여성이 36.4%로, 여성이 남성보다 종교로 인한 인권 침해 즉 종교박해를 많이 받고 있으며, 보위부와 안전부 조사 및 구류시설에서 가장 많이 발생하였다. 신념 및 표현의 권리 침해 사건에 대한 연령 분포는 10대와 노인층을 제외하고는 대부분 고른 분포를 보이고 있다. 이 중 종교박해의 경우 30대가 가장 높았다.[28]

2014년 유엔인권이사회의 북한인권조사위원회 보고서를 보면 사상, 표현 및 종교의 자유침해, 차별, 이동 및 거주의 자유침해, 식량권 및 관련 생명권 침해, 자의적 구금, 고문, 처형 및 정치범수용소와 외국인 납치 및 강제실종 등을 보고하였다. 조사위원회는 "조선민주주의인민공화국 정부 및 기관, 그리고 당국자들에 의해 조직적이며 광범위하고 심각한 인권침해가 자행되어 왔으며 여전히 일어나고 있다는 사실을 발견하였다"[29]라고 결론짓고 있다.

4) 북한이 인권을 인정하려면

북한이 인권문제에 대해 국제사회의 규범에 맞게 인정하려면 그들의 체제의 변화가 일어나야 만한다. 한국법제연구원의 손현진과 이수석은 북한인권문제의 원인을 체제문제로 보았다.[30] 손현진은 체제문제는 곧 정권문제로 직결되기 때문에 북한 정권이 인권문제를 해결하는 데는 체제문제에 대해 인정하고 반성하는 과정과 정권의 정책 실패를 자인하는 과정이 반드시 동반되어야 한다는 것이다.

북한은 체제불법[31]의 나라이다. 국가체제 그 자체가 불법성을 가졌기에

---

28 유석렬, 『그루터기 기독교 신앙과 흔들리는 북한』(서울: 문광서원, 2012), 76.
29 2014 유엔인권이사회 북한인권조사위원회보고서 (서울: 북한정의연대. 2018), 56.
30 손현진, "북한의 체제전환에 따른 북한 주민의 인권개선 방안연구," 274.
31 체제불법이란 비법치국가가 체제유지를 목적으로 국가기관 또는 그 하수인을 통하여 자

불량국가가 된 것이고, 이러한 국가는 통일을 향해 나아갈 때, 새롭게 형성될 규범이 필요하게 된다. 북한은 체제를 유지하기 위해 불법적인 법률을 제정하게 된다. 황장엽의 증언에 의하면 북한에서는 1956년 발생한 '8월 종파사건' 이후부터[32] 정치범들을 수용하기 위해 '관리소'라는 강제수용소를 운영하고 그곳에서 혹독한 노동을 통하여 체제에 순응하도록 훈련한다고 증언했다. 이수석은 북한의 인권문제는 수령유일체제와 연결되었기 때문에 수령유일체제가 이완되면 이 문제는 전향적인 입장으로 바뀔 것이라고 진단한다.[33]

5) 북한인권 해결 방안

북한인권문제 해결 방법을 둘러싸고 두 가지 논쟁이 있다. 북한인권 해결을 위해선 압박해야 한다는 견해와 압박은 도리어 인권을 더 악화시키므로 개혁개방을 유도해 북한 주민의 전반적인 생활 수준과 권익을 향상시켜야 한다는 견해이다. 이런 논쟁에 절충안이 나왔는데 그것은 논쟁 되는 두 가지 안을 절충하자는 것이다. 하지만 어느 것도 온전한 해결 방법이라 볼 수 없다.

이수석은 3가지로 북한인권문제를 해결해야 한다고 하였다.[34]

첫째, 국군포로와 납북자의 생사확인 및 귀환, 이산가족 상봉의 확대

행한 불법행위를 의미한다.
[32] 북한은 1956년 8월 반종파투쟁을 계기로 사회주의 체제유지를 위해 1967년부터 1970년까지 주민들의 정치적 성향을 가족의 계급적 배경과 사회적 활동 등에 기초하여 핵심계층, 동요계층, 적대계층으로 분류하고 적대계층 가운데 6,000명에 대해선 내각결정149호에 의거 처형하고, 처형을 모면한 15,000명 세대의 종파 연계자와 그 가족 7만여명을 149호 대상 지역에 수용시켰으며 그 중 반당, 반김일성 분자에 대해서는 특별독자 대상 구역에 수감하였다고 한다.
[33] 이수석 외 6명, 『북한인권의 실태와 해결 방안』 (대전: 프리마북스, 2012), 19.
[34] 이수석, 『북한인권의 실태와 해결 방안』, 30.

등 인도주의 현안 중심으로 접근하여 해결한다.

둘째, 민간차원에서는 북한에 대한 다양한 유인과 압박을 통해 지속으로 인권개선을 요구해야 한다.

셋째, 국제기구를 통해 대북인권 활동에 민간단체를 동참시키는 방법이다.

윤여상은 네 가지의 해결방법을 제시하고 있다.[35]

첫째, 보편적 가치로서 지속적 해결 의지를 공표하여야 하고,

둘째, 국제사회의 인권 레짐과 공조체제를 확립해야 하며,

셋째, 긴급성과 희생자 규모를 고려한 접근을 해야 하고,

넷째, 북한에 대한 유인 요인을 강화해야 한다는 것이다.

정주신 역시 네 가지로 북한인권을 해결해야 한다고 주장한다.[36]

첫째, 한국 정부가 최악의 인권상황에 놓여있는 북한 주민이 인간 최소한의 기본권을 누리도록 하는 데 일정 정도 역할을 하도록 정책을 제도화해야 한다.

둘째, 한국 정부의 북한인권법이 제정되어야 한다. 이것이 북한 주민들에게 희망의 상징이 될 수 있기 때문이다.

셋째, 북한인권법으로 하여금 북한의 인권침해 행위자들에게 '인권침해 행위가 기록되고 있음'을 각인 시킬 수 있다.

넷째, 북한과의 화해 및 유화정책을 추진하면서 다른 한편으로 인권문제를 제기하는 것은 대북 정책의 효율적인 수행이 될 것이다. 당근과 채찍을 적절히 구사하여 인권문제로 연계전략을 세워나가야 한다고 하였다.

김주삼은[37] 북한인권문제에 대해 북한에서의 인권은 북한의 개방과 직

35　윤여상, 「2014 북한종교자유백서」, 67.

36　정주신, 『유엔 인권메키니즘과 북한인권』, 103.

37　정주신, "북한의 개방화와 인권개선 방안," 『북한인권의 실태와 해결 방안』 (대전: 프리마북스, 2012), 139.

접으로 상관관계가 있는 것으로서 북한이 가장 꺼려하는 문제이다. 북한이 대외개방을 하면 할수록 북한인권은 개선되고, 반대로 북한사회통제는 보다 어렵게 진행될 가능성이 큰 민감한 문제이다. 특히 외자 유치, 국제교류, 통신기기의 발달, 인터넷 등이 보편화 될수록 북한은 중국이 걸어온 방식대로 제한적 인권개선의 방향으로 나갈 가능성이 크다. 현재 북한인권에 대한 가장 민감한 문제는 반체제인사와 탈북자에 대한 인권탄압이라고 볼 수 있다. 중국에 있는 탈북 불법체류자에 대한 강제송환과 이에 대한 북한 당국의 조치는 북한의 개혁, 개방과 맞물려서 전개될 수밖에 없다고 하였다.

모퉁이 돌의 유석렬 박사는 "북한체제는 바뀌어야 한다. 그러나 북한의 진정한 변화는 '위로부터'가 아닌 '아래로부터' 즉 'top to bottom'이 아닌 'bottom up' 접근이 되어야 할 것이다. 남북한은 인민만이 아닌 온 민족이 동등하고 인권이 존중되는 행복한 사회로의 관계로 발전되어야 한다"[38]고 하였다.

정태욱은 "북한의 인권문제에 대해 국제적 관심과 개입이 두드러지고 있는데, 그것이 진정 북한의 인권문제 해결에 도움이 될지는 의문이다. 북한의 역사와 전통에 무지하고 그 인권적 능력을 부정하면서 북한에 인권적으로 개입하려는 것은 인권의 정신과 거리가 먼 오만과 경멸을 뜻할 뿐이며, 이는 현재 미국을 중심으로 인권을 정치적으로 활용하려는 대북 강경파의 전략에 일조할 수 있음에 주의해야 한다. 그래서 우리가 해야 할 것은 인도적 지원이다. 인도적 지원이란 북한의 경제재건을 위한 원조를 말한다. 이것은 북한도 마다할 이유가 없다"[39] 하면서 인도적 지원에 초점을 두고 인권문제를 해결해야 한다고 하였다.

---

[38] 유석렬, 『그루터기 기독교 신앙과 흔들리는 북한』, 211.
[39] 정태욱, 『인권법』 (서울: 아가넷, 2011), 395.

마이클 프리먼은 외부에서의 강압적인 개입의 방법이 아닌 내부에서의 해결 방안을 가져야 한다고 보았다.[40] 인권침해 피해자는 겉으로는 자신의 상황에 만족하고 있는 것처럼 보이지만, 그것이 상황을 결코 정당화할 수 없다. 그것 자체가 옳지 않은 자신의 상황의 일부일 뿐이다. 반대의견을 낼 여지가 부족한 상황에서 겉으로만 동의하는 것은 거짓된 동의다. 정의는 약자들이 진정한 선택을 할 수 있는 능력을 가질 수 있게 해 주어야 한다. 그러나 부당한 문화에 의한 피해자가 그 대화에 참여하지 못한다면 이 역시 해결책으로서 적절하지 못하다. 그렇다고 외부에서 강제적으로 개입한다면 그 역시 바람직하지 못한 결과를 낳는다. 이 문제를 풀 수 있는 일반적인 해결책은 존재하지 않는다. 왜냐하면 어떤 사람들은 자기 문화가 단지 자기의 문화라는 이유만으로 거기에 부합하는 존엄성만을 추구하기도 하는데, 그렇기 때문에 자유를 보장하는 국가일지라도 자신들에게 권리를 강제하면 자신들의 삶의 방식에 개입하는 것으로 여겨 달갑지 않게 받아들일 수 있기 때문이다.

4. 남한과 인권

1) 북한인권에 대한 상이한 두 관점

북한인권문제에 한국사회는 내부적 논쟁으로 몸살을 앓는다. 진보진영은 그동안 인권문제에 대해서 말을 아끼고 소극적인 대응을 해왔다. 즉 북한인권법 제정이 북한의 인권개선에 실제 효과가 없을 뿐만 아니라 남북관계를 악화시킬 것이란 주장이다. 반면 보수진영은 북한인권문제에 대해

---

[40] 마이클 프리먼, 『인권 이론과 실천』, 147.

적극적으로 발언하고 행동해왔다. 즉 북한의 인권상황은 세계적으로 유례가 없는 참상이며 같은 민족으로서 도리가 아니라는 것이다.

보수진영은 북한인권에 대해 인권의 보편성과 심각성이 맞물리고 있다는 인식에 근거하면서 사회주의 구조의 모순과 극심한 경제난 때문으로 본다. 따라서 한국 정부가 인권문제에 적극적으로 대응 하지 못할 때, 미국 등이 주도하는 것으로 북한체제와 정권의 교체는 북한인권운동으로 해야 한다는 생각이다.[41]

보수적 시각은 북한체제에 대한 부정적 시각과 비관적 전망이 배경이 된다.

진보진영은 국내에서는 보편적 인권을 강조하고 북의 인권문제에 관해서는 특수한 상황을 부각시킨다. 진보는 미국이 제정한 북한인권법을 반대한다. 이유는 그 법이 미국의 대북 압박용이 되고, 북한을 붕괴하려는 수단으로 생각한다. 진보진영의 인식을 정리하자.

첫째, 북한인권의 알려진 정보의 신빙성에 대해 의문을 갖는다.
둘째, 체제비판 일변도에 반대한다.
셋째, 한국의 입방에 유리한 것은 지원과 교류라고 본다.
넷째, 북한인권의 악영향은 미국의 봉쇄정책과 경제난으로 본다.
다섯째, 인권개선은 남북한 평화공존과 북한과 국제사회의 협력을 통해 된다고 본다.[42]

2) 북한인권법 제정

대한민국의 북한인권법은 황우여 의원 등 23명의 국회의원이 발의한

---

[41] 정주신, "북한의 개방화와 인권개선 방안," 91.
[42] 정주신, "북한의 개방화와 인권개선 방안," 96.

법안으로 북한에 인도적 지원, 통일부에 북한인권자문위원회 설치, 조선민주주의인민공화국 인권개선을 위한 기금 마련 등을 내용으로 삼고 있다. 미 의회가 27일(현지시각) 북한인권법(H. R.2061)을 2022년까지 연장하는 법안을 최종 통과시켰다. 캐나다는 2013년부터 북한인권의 날을 제정해 기념행사를 하고 있고 유엔은 14년째 북한인권결의안을 채택했다. 대한민국은 17대 국회에서 발의되었으나 임기 만료로 폐기되고 18대 국회에서 다시 발의되어 상임위를 통과하고 법사위에 계류 중이었다가 2016년 11년 만에 국회에서 북한인권법이 통과한다. 그동안 북한인권법안이 쉽게 통과되지 못한 이유는 서로 다른 관점 때문이었다. 국회에는 모두 6개의 북한인권법안이 제기된 상태로 여당의 법안과 야당의 법안 사이에는 현격한 차이가 존재한다. 북한의 인권상황은 시민권, 정치적 권리가 심각하게 침해되고 있고, 경제적, 사회적, 문화적 권리도 제대로 보장받지 못해 생존권마저 위태로운 것이다. 여당 혹은 보수진영은 북한의 인권상황을 주로 정치적, 시민적 인권에 초점을 맞추고, '공개적인 압박'을 통해 문제를 해결해야 한다는 의견이다(시민적, 정치적 인권실태 : 생명권, 신체의 자유와 안전에 대한 권리, 정당한 법과 절차에 의해 보호받을 권리, 평등권, 자유권, 종교의 자유, 참정권). 야당 혹은 진보진영은 반대로 생존권과 경제적, 사회적, 문화적 권리의 개선에 초점을 맞추어야 하며 '조용한 접근'을 보다 중시하고 있다.

북한 식량 지원에 관해서는 '조건 없는 지원'이 아닌 '투명성과 모니터링' 등을 조건으로 걸어 식량이 군량미 등의 용도로 전용되는 것을 막고자 했다. 북한 주민의 인권개선과 아울러 외교부 산하에 북한인권대사 임명, 통일부 지도를 받는 북한인권재단 설립과 북한인권기록보존소 설치 및 북한인권단체 지원 등을 그 내용으로 삼고 있다. 이에 실질적인 북한인권개선보다는 일부 단체를 위한 예산지원에 불과하다는 비판도 있다. 이러한 상이한 관점에도 불구하고 국회는 2016년 3월 2일 북한인권법을 통과시켜 3월 3일 공포하였다. 발의된 지 11년 만의 일이다. 그러나 인권법이 통과된 지 2년이 된 현재 북한인권법의 취지를 살릴 핵심 기관인 북한인권재단이 아직 출범하지도 못하고 있다.

5. 인권과 북한선교

1) 남한의 인도적 지원과 북한인권

북한인권개선을 위해 한국교회와 선교단체는 많은 힘을 기울이지 못한다. 북한인권에 대해 북한정의연대(대표 정베드로 목사)와 같은 단체에서 힘을 쓰지만, 대다수 교회는 외면하고 있다. 북한선교단체나 한국교회는 북한선교를 위해 인도적 지원에 많은 힘을 쏟고 있지만, 과연 '인도적 지원이 북한인권에 어떤 영향을 미치는 가'에 대해서는 그리 아는 바가 없다. 이것에 대해 통일연구원 "북한인권사회 연구센터"에서 연구 조사한 분석 결과에 따르면 남한에서 제공하는 인도적 지원[43]의 증가는 북한인권의 악화, 즉 탈북자의 증가로 나타난다는 것이고 그 효과는 4년의 시차를 가지고 있는 것으로 나타났다.[44] 이런 결과가 나왔다면 북한선교를 하는 교회와 선교단체들은 인도적 지원체계보다는 인권에 영향을 주는 더 적극적인 선교의 방향으로 선회해야 한다.

---

[43] 통일부의 규정에 따르면 인도적 지원이란 이재민의 구호와 피해복구지원, 식량난 해소를 위한 농업개발 지원, 보건위생 및 영양결핍의 개선 지원, 자연재해 예방, 기타 대북지원 사업을 포함하는 것으로 규정하고 있다.
[44] 북한인권사회연구센터, 『유엔 인권메커니즘과 북한인권』 (서울: 통일연구원, 2003), 356.

2) 평강공주

　1996년부터 북한은 심각한 식량난을 겪게 된다. 먹고 살기 위해 중국으로 넘어온 북한 여성들은 원치 않은 결혼을 한족이나 조선족과 하게 된다. 이들을 '평강공주'라 한다. 지금 중국에 사는 평강공주는 정확히 어느 곳에 사는지, 몇 명이 사는지에 대해 우리는 잘 알지 못하나, 인권 사각지대에 놓여있는 이들을 향한 기독교의 관심은 커 가야 할 것이다.

　중국은 호주와 같지 않지만, 탈북한 여성이나 납치한 북한 여성을 중국 한족이나 조선족의 처가 되도록 하여 강제결혼과 노동력 착취를 통하여 심각한 인권의 훼손을 가져왔다. 이들 여성에 대한 인권도 문제지만 이런 여성을 통해 낳은 아이들은 중국에서도 사회문제로 남겨지고 있다.

　중앙일보 정종문 기자는 '북한민주화네트워크'를 중심으로 한 연구팀이 중국 현지 4개 성 14개 지역에서 100명의 아동을 직접 방문한 실태조사 결과를 발표했다. 조사에 응한 100명의 아동 중 어머니와 동거하는 아동은 21명에 그쳤다. 또 67명은 탈북한 어머니가 강제 북송되거나 가출하면서 어머니와 생이별한 상태다. 아이를 두고 가출한 탈북 여성 31명 중 12명은 한국으로 들어온 것이 확인됐다. 부모나 친척과 함께 살지 않아 보호가 필요한 아동이 4000여 명에 이르는 것으로 추정됐다. 국가인권위원회는 이 용역보고서를 바탕으로 탈북 여성과 중국 현지 남성 사이에 태어난 아이들의 인권을 보호하기 위해 탈북 여성의 강제북송을 막을 수 있는 외교적 노력을 해야 한다는 의견을 외교부에 제시했다고 19일 밝혔다.

　또 중국에서 태어난 탈북 여성의 아동이 국내에 정착할 때 북한 탈북 아동에 따르는 정착지원 방안을 마련할 것을 통일부에 촉구했다. 허선행 북한민주화네트워크 기획실장은 "국적법은 부모 중 한 명이 한국인일 경우 자동으로 한국 국적을 가지도록 하고 있다"며 "중국에서 태어난 탈북 여성의 아이들도 한국 국민이라는 관점으로 정부와 시민 사회가 나서야 할 때"라고 말했다.[45] 이빌립 선교사는 동북 삼성뿐만 아니라 내몽고에서도 흩어진 평강공주가 적게는 100여 명에서 많게는 천명까지 있다며 그 자녀들은 전체를 어림잡아 약 3-5만은 될 것으로 보고 있다.

평강공주들은 기본적으로 인권유린을 당하고 있다. 이들은 인신매매, 폭력, 강제송환과 공포와 두려움에 시달린다. 탈북 여성의 80%는 인신매매 당하였고, 대개 나이 미모, 결혼 여부에 따라 2,000-5,000위안 정도에 팔려나간다. 2006년 12월 7일 미국의 북한인권위원회의 '신보고서'에 탈북 여성의 인신매매 거래가격이 보고되었다.[46] 인신매매는 범죄 집단에 의해 조직적으로 팔려나가기도 한다. 이들에게 인권이 있을 리 없다. 감금, 성폭행, 강제결혼, 원치 않은 임신, 각종 부인과 질병에 노출된 것이다.

평강공주에 대한 국가와 종교단체들은 대개 중국을 자극하지 말자는 쪽이다. 그래서 대북지원을 하는데, 평화적 지원과 생계형 지원 그리고 개성공단과 같은 거국적 대안을 마련한다. 다행히 남한이 이제 조금씩 여기에 관심은 두고 있지만, 아직 연구 초기 단계라 보면 된다. 즉 이들의 숫자마저 제대로 파악하지 못하는 실정이다.

이들의 인권적 삶을 살기 위해서라도 어떤 조치를 해야 하나?

통일에 대해 담론만 해야 하나?

그럼 북한인권을 위해 우리는 무엇을 해야 하는가?

인권단체에만 맡길 것이 아니다. 가장 우선 교회가 북한인권에 대해 바로 알아야 한다. 북한인권과 우리의 신앙과 어떤 연관이 있는지?

그리고 성경과 북한인권에 대해 무엇이라 말하고 있는지?

예수님의 하나님 나라의 새로운 법이 인권에 어떤 영향을 주는지?

그리고 이것이 북한선교에 얼마나 영향을 미치는지에 대해 연구하고

---

45 '탈북자가 중국서 낳은 4000명 나홀로,' 「중앙일보」(2013. 8. 20.).
46 김성욱, 『북한을 선점하라』(서울: 세이지, 2011), 32.

알려야 한다. 그리고 난 뒤, 한국의 젊은 세대를 깨우쳐야 한다. 한국의 기성 세대는 이미 반공 세대를 거쳐 왔기 때문에 쉽게 이것에 대해 이해하기 어려운 점이 많다. 그래서 전쟁과 그 트라우마를 겪지 아니하고, 반공교육에 물들지 않은 젊은 세대들에게 바른 북한인권에 대한 것을 가르치고 알려야 한다. 그리고 난 뒤, 한국교회와 북한선교단체들은 인권이라 말하지 않아도 북한 주민들과 탈북민들을 도울 수 있는 구조로 변화시켜 나가야 할 것이다.

교회는 통일목회의 개념을 가지고 목회의 방향을 정해야 하며, 단체는 하나님의 마음으로 북한과 주민들을 대해야 한다. 그리고 교회와 북한선교하는 기독교 선교단체는 중국에서 짐승처럼 팔려 다니는 탈북 여성들과 그의 자녀들을 향해 눈을 돌려야 한다. 혹자는 '빼오기 식의 방법'을 낮은 수준이요 하책 중의 하책이라 하였다[47] 만 우리가 힘써야 할 것은 이들에 지원과 난민인정과 더불어 가고 싶은 나라로 이주시키는 것을 지금 해야 한다. 세계 제2차 대전 시 쉰들러가 있었다면 지금 한국판 쉰들러는 우리가 되어야 할 것이다.

평강공주 사역에는 한계도 있지만, 문제점도 있다.

첫째, 평강공주와 결혼한 한족이나 조선족 남편의 인권이다.

둘째, 결혼과 자녀들을 향한 기쁨과 적응이 어느 정도 된 이들은 어떻게 할 것인가?

셋째, 먹고살기 위해 결혼한 사람들은 먹는 것이 해결되었다면 그다음은 무엇을 할 것인가?

넷째, 원치 않은 임신을 하여 자녀를 낳았다면 그 아이들에 대한 대책은 무엇인가?

---

[47] 김성욱, 『북한을 선점하라』, 35.

다섯째, 성폭행 당해 아이를 낳게 되었다면 그 자녀는 어떻게 할 것인가?

그곳에 고아원을 세워야 하나 아니면 그들을 한국으로 데려와야 하나, 한국으로 데려왔을 때, 이들에게 국가가 한국 국적을 줄 수 있는가?

아이들은 탈북자인가, 중국인인가?

이들의 국적은 어디인가?

여섯째, 만약 이들을 데리고 한국으로 온다면 중국과의 외교문제는 어떻게 해결할 것인가?

이런 문제점들에 대한 연구가 되어야 하고, 또 그것을 해결해 나가면서 이 문제를 풀어가야 할 것이다.

6. 결론

북한의 변화를 원한다면, 우리는 북한체제가 바뀌길 기대해야 할 것이다. 북한체제의 변화는 내부적 변화도 있겠지만 외부적 영향이 더 크게 작용한다. 연구자들은 외부적 영향을 주기 위해, 강하게 압박해야 한다고 주장하는 강경론도 있지만, 여전히 생계형 지원과 경제의 공존 성장을 위한 도움을 주어야 한다는 주장도 만만치 않다.

이러한 상황에서 북한선교를 하는 이들은 다각적인 방법으로 북한을 위해, 다시 말하면 통일이든, 개혁개방이든, 연방제이든, 연합제든 어떤 것이든지 북한이 독재를 벗어나 민주사회로 거듭나길 바라는 것이다. 더 나아가 선교는 하나님 나라의 회복이다. 북한과의 통일은 우리의 당연한 사명이라 생각하겠지만 먼저 생각할 것은 선교의 목표가 바뀌어서는 안 된다. 하나님 나라의 회복은 북한이 어떤 모습으로 있든지 그곳에서 자유로이 주를 예배하는 곳이 되도록 하는 것이다. 급한 것은 분단 이전의 북한교회의 회복이 되었으면 한다.

인간의 하나님 나라 회복은 '하나님 형상의 회복'이다. 이것은 인권과 맞물린다. 인간다움은 곧 하나님의 형상을 가진 자들이 하나님을 예배하는 것이다. 그러기 위해서 북한선교의 방향은 인권이 회복될 수 있는 방향으로 선회해야 할 것이다.

김성욱은 "우리가 북한에 전해야 할 것은 식량 이전에 자유이다"라고 한다. 북한 주민들의 굶주림은 가뭄과 홍수 같은 자연재해로 보고 있지 않다. 이것은 부수적인 문제로 보고 있고, 가장 큰 이유는 북한의 수령독재 그 자체로 보고 있다.[48]

지난 고난의 행군 시기 300만 아사자는 굶어 죽은 것이 아니라 굶겨 죽인 것이다. 김정은은 달러도 있고 비료도 있었다. 단지 이것을 주민을 위해 쓰지 않은 것이다. 예로 1999년, 북한은 아사자가 가장 많이 속출할 때, 식량 수입을 20만 톤 이하로 줄이는 대신 남은 외화로 미그 21기 40대와 헬리콥터 8대를 카자흐스탄으로부터 구입했다.[49] 북한인권은 북한이 나서지 못한다. 그렇다면 이제 교회가 나서야 한다. 교회는 북한 주민들과 이탈한 탈북주민들에 대한 인권회복에 앞장서야 한다.

---

[48] 김성욱, 『북한을 선점하라』, 19.
[49] 김성욱, 『북한을 선점하라』, 23.

참고문헌

권헌익, 정병호. 『극장국가 북한』. 경기: 창비, 2013.
김성욱. 『북한을 선점하라』. 서울: 세이지, 2011.
마이클 프리먼. 『인권 이론과 실천』. 김철효 역. 서울: 아르케, 2006.
북한인권사회연구센터. 『유엔 인권메커니즘과 북한인권』. 서울: 통일연구원, 2003.
안옥선. 『불교와 인권』. 서울: 불교시대사, 2008.
유병선. 『북한인권의 실태와 해결 방안』. 대전: 프리마북스, 2012.
유석렬. 『그루터기 기독교 신앙과 흔들리는 북한』. 서울: 문광서원, 2012.
유석렬. 『북한의 핵위협, 이김은 여호와께』. 서울: 문광서원, 2013.
인권법교재발간위원회. 『인권법』. 서울: 아카넷, 2011.
정상덕, 김기남. 『원불교, 인권을 말하다』. 서울: 비움과 소통, 2012.
정종훈. 『기독교 사회윤리와 인권』. 서울: 기독교서회, 2011.
정주신. 『유엔 인권메커니즘과 북한인권』. 서울: 통일연구원, 2003.
정태욱. 『인권법』. 서울: 아가넷, 2011.
조효재. 『인권을 찾아서』. 경기: 한울, 2013.
W. Huber, R. H. Todt. 『인권의 사상적 배경』. 주재용, 김현구 역. 서울: 대한기독교서회, 1992.
김우현. "성경과 인권문제." 「진리」 제5권 제9호 1929년 9월호.
김찬국, "인권의 성서적 근거." 28. 「기독교사상」 1974. 2월호.

제18장 탈북민 통일교육 방안(하나님 나라 가치의 사회통합교육)

1. 들어가면서

'탈북민 통일교육'은 "남한에 정착하고 있는 탈북민들에게 하나님 나라 가치를 실현하는 사회통합을 이룰 수 있도록 교육 하는 것"을 말한다. 탈북민들의 사회통합교육이 하나님 나라의 가치로 해야 하는 이유는 탈북민들이 겪은 두 개의 체제와 사회가 온전하다고 볼 수 없기 때문이다. 북한의 주체사상 사회나 남한의 맘몬주의 사회가 옳다고 볼 수 없다.

다시 말하면 북한이 만들어 온 주체사상 사회나 한국이 만들어 온 자본주의 가치관이 탈북민들에게 가르쳐야 할 사회통합의 가치체계라고 말하기 어렵다는 것이다. 사회통합교육의 대상 즉 탈북민 통일교육은 비기독교인이라고 해도 상관없다. 그들이 이런 성경적 정신을 배운다면 남북한이 하나가 되는 진정한 통일을 이룰 수 있다.

성경적 정신은 하나 됨의 통일이기 때문이다. 탈북민들은 하나님 나라의 가치를 이해하고 습득함으로 두 체제를 온전히 이해하고, 수용하며 나아가 새로운 삶으로 창조적 도전을 할 수 있다.

남한 사회에서 탈북민에 대한 용어가 다양하다. 그만큼 다양한 시각을 가지고 있다는 의미이다. 귀순 용사, 북한 이탈주민, 탈북자, 탈북민, 탈북인, 새터민, 북향민, 통일민, 윗동네 사람 등으로 부르면서 우리는 이들을 통일을 위한 도구로 착각하는 때도 있다. 대개 통일의 도구로 착각하는 경우가 세 가지이다.

첫째, '모든 탈북민은 통일민이다'라는 착각이다.

즉 모든 탈북민은 통일을 준비하고 이끄는 자들이고 마중물이라는 착각이다. 대부분 먹고 살기 어려운 이들이다. 그들은 앞으로 어떻게 살 것인가에 중심이 있지, 통일에 염두를 두고 있는 이들이 아니다. 교육론자들은 그래서 통일교육을 시켜야 한다고 하나, 억지로 이들을 통일의 사명자로 만들 수 있는 것은 아니다.

둘째, '탈북민 대다수가 고향으로 돌아갈 것이다'라는 착각이다.

통일이 된다 하더라도 오랜 세월이 지나야 지금 맛보는 남한세상이 북한에 이루어 질 것인데 그때까지 고향으로 돌아가 기다릴 사람들이 몇 명이나 되겠나?

셋째, '탈북민들은 통일의 가교'라는 착각이다.

가교는 양쪽을 지탱할 수 있는 힘이 있을 때 쓰는 말이다.

과연 탈북민들이 남과 북의 힘을 가지고 가교의 역할을 얼마 만큼 할 수 있는가?

2. 왜 탈북민들에게 통일교육을 해야 하는가?

우리는 탈북민들에게 통일교육을 해야 한다. 그 이유는 다음과 같다.

첫째, 통일되면 북한으로 돌아가겠다는 탈북민들이 40%나 되기 때문이다.

한 설문조사에서 '통일이 된다면 어디서 살 거냐'는 질문에 '고향으로 돌아가 살겠다'는 응답자가 40%였고, '계속 남한에 살겠다'는 응답자는

32%, 그리고 '통일이 되면, 그때 가서 결정하겠다'는 응답자가 26%였다.[1] 북한을 거주 지역으로 선택한 이유는 여러 가지가 있겠지만, 가족에 대한 그리움과 통일이 될 때 고향으로 돌아가 남한에서 번 돈으로 투자하려고 하는 이들이 있다. 남한에 정착한 탈북민들이 고향으로 돌아가기 전에 먼저 통일교육을 받으면 어느 곳에 살든지 사회통합을 이룰 수 있을 것이다.

둘째, 사회통합교육 없이 자생적으로 적응하며 살아가는 통일 국민이 새로운 사회의 사회악으로 등장할 가능성이 크기 때문이다.

실제로 많은 탈북자가 사회적 편견과 소외감 등을 호소하며 유럽이나 북미주와 남미, 호주 등 세계 여러 지역으로 탈남한 하는 현상이 일어나고 있고 캐나다에 체류하는 탈북민에 따르면 캐나다의 밴쿠버시에만도 3천여 명이 입국해 있다고 한다. 탈북민들이 북한에서 생활할 때에는 물론 옥수수 밥만 마음 놓고 배불리 먹어도 부자라고 생각하고 세상에 부러울 것이 없을 것 같았지만, 실제로 대한민국에서 살아가면서는 쌀밥에 고깃국을 먹어도 가난하다고 느끼게 된다. 탈북민 사회의 평균 연령은 35세 정도이고 70% 이상은 여성이며 이들은 한국사회에서 배고픔이 아닌 심리적인 아픔을 호소하고 있다.[2]

셋째, 갈등문제이다. 탈북민들에게 있어서 갈등은 세계관의 갈등, 종교의 갈등, 삶의 갈등 그리고 의식주 갈등이 있으나 본질에서 사회에서 하나 됨에 대한 갈등문제를 가지고 있다.

이미 70년간 달라진 사회에 살면서 새로운 사회에 적응하며 살 때 일어나는 사회적 갈등은 스스로 해결하지 못한다. 그러기에 통일교육은 서로 부딪쳐 분열될 만한 것들을 미리 교육해서 이런 갈등들을 줄일 필요가 있다.

---

[1] "탈북자 40% 통일 후 북한에서 살고 싶다," https://www.rfa.org/korean/in_focus/defector-11162011103929.html (2018.7.2).

[2] "탈북자 3만 명 시대…사회통합과 통일준비," http://kr.christianitydaily.com/articles/85995/20151226/ (2018. 7. 2).

넷째, 탈북자의 입국 수가 점점 늘어가기 때문이다.

즉 남한에 정착하는 인구비율이 높을수록 그들에게 요구되는 사회적 권리와 의무가 늘어난다. 현재 약 3만 5천 명의 탈북민들 가운데서 남한 사회에 적응하는 이들이 약 80%에 이른다고 하나, 자세히 들여다보면 사회적응의 단계마저 넘기지 못한 이들이 많이 있다.

다섯째, 혼합성 탈북민들의 증가로 인해 새로운 사회문제가 야기되고 있다.

남한에 입국한 탈북민 중에 중국에서 가정을 꾸렸던 이들이 있다. 이들은 중국인이나 조선족의 자녀를 낳았고, 태어난 아이들은 북한국적이 아닌 중국국적 또는 무국적으로 있다. 그리고 중국에서 태어나고 자라다 보니 우리 말을 전혀 알아듣지 못한다.

이들이 엄마를 따라 남한에 들어와 적응하지 못하고 사회에 부적응 아이들이 되었고, 일반 학교에 입학하지 못함으로 탈북민 대안학교에 입학하여 공부하고 있다. 사회에 적응하기 어려운 이들에게 가장 시급한 것은 남한 사회에 적응할 수 있는 사회통합교육이 가장 우선시 되어야 할 것이다.

3. 하나님 나라 가치의 사회통합교육 정의

통일이란 남과 북에 세워진 두 정부가 하나 되는 이른바 '체제통합'에서 그치는 것이 아니라 두 체제 안에서 제각기 살아온 구성원들이 새로 들어설 통합된 체제 아래에서 함께 어우러져 살아가는 '사회통합'으로 이어져야 한다.[3] 사회통합은 대개 두 가지로 이해한다.

---

3   박영신 외, 『통일 사회통합 하나님 나라』 (서울: 대한기독교서회, 2010), 14.

첫째, 사회제도의 통합으로 서로 다른 두 사회가 하나로 합쳐지는 것을 의미한다.

둘째, 정치, 경제적 제도 상의 통합 곧 체제통합과 구분되는 개념으로 '의식통합' 또는 '인간통합'이라는 측면이다.[4]

결국, 사회통합은 인간의 소통문제가 기본이 된다. 그래서 사회통합을 준비하는 데 가장 중요한 것은 서로에 대해 아는 것과 함께 관심을 가지는 것이며 서로를 인정하고 서로에게 신뢰를 보내며 함께 가려는 노력일 것이다.

사회통합은 단순히 인간의 동질성 회복을 의미하지 않는다. 즉 탈북민들이 남한 사람처럼 사는 것을 두고 말하는 것이 아니다. 서로 다른 남과 북의 문화와 사회를 인정하는 것이고, 어느 것이 더 낫다는 우열의 개념이 아닌, '다름'을 인정하는 것을 말한다. 그래서 사회통합에는 관용과 개방이 필요하다. 이런 의미에서 성경에 나오는 가인은 사회통합에 실패했다고 볼 수 있다.

왜냐하면, 가인은 하나님을 떠나 사회 획일적 통합 즉 독재형태의 폐쇄적 에녹성을 만들었기(창 4:17) 때문이다. 성경은 구약과 신약을 통해 사회통합을 이루려는 하나님의 모습을 발견하게 된다. 구약에서는 율법을 통해 이스라엘 사회를 통합하시려 하였다. 그래서 아이로부터 어른에 이르기까지 율법을 배우고 익혀야 했고, 그 율법에 따라 사회생활 규범이 정해졌다(출 20:1-21). 이러한 모습이 성전사회를 통해서 잘 보여 주는 것은 남북이스라엘이 멸망하고 70년이 지난 후 예루살렘에서 새로운 유대공동체 사회를 건설할 때, 성전 중심의 율법교육이 가장 중요하게 등장했기 때문이다(스 6:14).

---

4 전성우, "사회통합의 관점에서 본 독일통일 3년," 「통일문제연구」 (1993년 12월), 63. 박영신 외.『통일 사회통합 하나님 나라』, 169. 재인용

신약에는 예수님의 경우가 나타난다. 예수님은 하나님 나라의 가치를 통해서 사회통합을 이루려 하셨다(마 4:23-25). 이러한 예수님이 이루시려 했던 그리스도인들의 사회통합은 그리스도 승천 이후 교회공동체를 통하여 나타난다(엡 4:1-16).

사회통합을 이루는 것에는 편협한 국가주의는 버려야 하는 조건이 있다. 가나안을 통해 보면 하나님은 이스라엘 백성들에게 가나안에서 왜 사회통합을 이루라고 하지 않았나 하는 질문이 생긴다. 그 이유는 가나안을 선교적 관점으로 본 것이 아니라 구원론 관점으로 보았기 때문이다. 가나안을 선교적 관점으로 보았다면 당연히 가나안에 거주하는 사람들에게 복음을 전해야 했을 것이다.

그러나 하나님은 가나안을 멸망시키라고 하셨다. 그 이유는 '그들의 죄가 가득했기' 때문이다. 이스라엘에게 가나안을 주시겠다고 하신 것은 가나안의 죄가 가득해서 하나님의 징계 대상으로 삼으시고 징계의 도구로 이스라엘 민족을 삼으신 것이다.

그렇다면 북한을 구원의 관점으로 보아 가나안처럼 멸망의 대상으로 보아야 하는가?

아니다. 우리는 북한을 니느웨처럼 보아야 한다. 니느웨는 하나님의 징계 직전에 있었다. 하나님은 요나를 보내어 회개케 하여 그들이 하나님의 징계를 벗어나게 하신 것이다. 만약 구원론 관점이었다면 그들 역시 멸망받았을 것이다. 요나를 통한 니느웨 선교에 한 가지 안타까운 것이 있었다. 요나가 니느웨와 복음으로 통합을 이루겠다는 의지가 있었다면 복음으로 이스라엘과 앗수르 간의 사회통합이 이루어 질 수 있었을 것이다. 그러나 요나의 편협한 국가주의로 말미암아 그 기회를 놓쳤다.

통합에 중요한 사고는 '편협한 국가주의'를 버리고 '확장된 포용주의'(선교적 관점)가 필요하다. 다시 말하면 한반도에서 복음통일을 이루려면 '구원의 관점'에서 벗어나 '선교'로 가야 한다. 만약 선교에서 벗어난다면 한반도는 여전히 진보와 보수의 이념적 갈등을 이겨내지 못할 것이다. 이런 의미로 볼 때, "사회통합이란 서로 다른 세계관과 가치 속에서 살던 이들이 하나의 사회로 연합될 때, 포용으로 사람과 사람 사이의 의식 조화를 이루는 것"이라고 정의할 수 있다. 이러한 사회통합은 세상의 기준과목으로 되는 것이 아니라 하나님 나라 가치가 적용되어야 한다. 하나님 나라의 가치는 두 세상을 뛰어 넘는 것이기 때문이다.

4. 하나님 나라 가치의 사회통합교육의 내용

외국의 경우 통일교육은 민주시민교육, 평화교육, 그리고 정치교육을 통하여 사회에서 기능적으로 활동할 수 있는 국민을 양성하고 있다.[5] 그동안 정부에서 한 통일교육은 다음과 같다.

첫째 근대화의 정상화를 지향하였다.
둘째, 시민 사회교육으로서의 통일교육이었다.
셋째, 사회통합지향형 통일교육이었다.
넷째, 냉전문화 해체를 지향하는 통일교육이었다.[6]

탈북민들에 향한 사회통합교육이 없었던 것은 아니다.

탈북민의 사회경험 사례 공유프로그램, 탈북민의 시민 사회 적응 성공 사례 개발과 확산, 탈북민의 포털 사이트 운영과 정보공유, 탈북민의 지원 기관 시민 사회교육 지원 프로그램, 탈북민의 관리 및 지원 단체의 시민교육 참여프로그램 확대, 탈북민의 청소년 학교의 사회통합교육확대, 통일교육원, 종교단체, 지자체 등의 탈북민 사회통합 메커니즘의 네트워크화

---

5   고정식 외, 『통일지향 교육패러다임 정립과 추진 방향』 (서울: 통일연구원, 2004), iii.
6   고정식 외, 『통일지향 교육패러다임 정립과 추진 방향』, 217-225.

등이다. 그런데 탈북민들을 향한 사회통합교육은 대다수 사회적응 교육으로 그쳤다. 사회적응훈련은 남한 사회를 이해시키는 것에 그치는 것으로 지적 수준을 벗어나지 못하므로 남한 사회에 적응하며 살기에는 부족하였다. 적응 교육을 마친 후 사회통합교육이 없으면 안 된다.

그래서 정부는 중장기계획을 가지고 6가지의 카테고리로 기본 과정과 심화 과정의 사회통합교육 교과목을 계획하기도 하였다.

첫째, 일반 과목으로 기본 과정은 남북한 통합에의 기여, 끝나지 않은 통일, 완전한 통일을 향하여, 남북한 갈등구조, 상이한 문화 간의 대화, 정부 재정과 세제, 언어의 이질성 극복, 심화 과정으로 한반도 역사와 왜곡, 사회통합에 있어서 종교의 역할, DMZ과 생태환경의 관리, 경제개발과 환경문제, 한반도 관광자원의 개발, 북한 군사시설의 상용화 방법과 문제, 구(舊) 북한 지역 실업자 해소와 직업훈련, 옛날 북한 행정, 법제 개편 성과와 문제점, 북한 지역 기업활동에 있어서 정부의 역할이다.

둘째, 민주주의와 시민 과목으로 기본 과정은 민주주의 학습, 자유민주주의 이념과 정치 과정, 민주주의와 선거, 토론, 인권, 시민 사회의 발전과 역할, 심화 과정으로 공산주의 체제와 인권, 국가와 법치주의이다.

셋째, 남북통일 과목으로 기본 과정은 남북한의 분단과 통일, 통일 한반도의 미래, 동북아 시대와 한반도, 21세기 한반도 발전과 번영을 위한 프로그램, 심화 과정으로 남한과 북한의 일체성과 상이성, 남북한 통일 과정: 정치, 경제, 사회, 동북아경제통합과 남북통일이다.

넷째, 남북한사회와 통합 과목으로 기본 과정은 통일 독일에서의 사회 갈등과 통합, 남북한 심리적 통합, 어떻게 가능한가, 남북한의 적대 감정, 관용, 사회통합, 남북한의 여성 정치 참여 비교, 남북한 언론과 방송의 문제, 심화 과정으로 구(舊) 북한 지역의 사회생활, 구 북한에서의 문화와 정치, 북한의 변혁 과정이다.

다섯째, 정치 분야 과목으로 기본 과정은 한반도 통일의 성과와 당면과

제, UN에서의 한반도 통일의 책임, 신연방주의와 지방정부, 통일 한반도에서의 좌우의 극복문제, 동북아에서의 한반도 문제, 북한의 공산당 실체와 평가, 중국, 러시아, 북한 등 공산당 비교, 탈북자의 탈출과 생존 과정. 심화 과정으로 정치교육의 현재, 미래, 한반도에서의 정치적 극단주의, 북한의 중국, 러시아와의 관계, 이념적 대립에 대항한 프로그램, 한반도에서의 외국인, 구(舊) 북한 공산주의 독재의 희생, 인권, 군사독재 시절의 인권, 남한 민주화 과정의 이해, 구 북한 반체제의 역사, 구 북한 공산주의 역사와 결과, 한반도에서의 독재와 민주주의, 동북아 질서 재편과 한반도 문제이다.

여섯째, 경제분야 과목으로 기본 과정은 동북아경제통합, 새로운 질서의 시작, 동북아공동체 구축과 한반도의 기여, 한반도 통일비용, 통일이익, 사회주의 체제변혁의 과거와 현실, 남북한 고용구조의 변화, 한반도 통일과 경제이익, 비용, 시장경제의 장점과 경제적 불평등, 한반도를 둘러싼 주변 4강의 이해관계, 21세기 한반도 번영의 조건, 자본주의 기업의 생산 과정과 노동생산성, 생산, 효율, 경쟁체제, 심화 과정으로 구 북한의 노동사회, 구 북한 소유제도 개편 방안, 중국의 새로운 패권주의, 중국과 일본의 이해관계와 한반도, 동북아에서의 영토문제 등이다.[7]

그리고 시민단체들의 통일교육은 진보와 보수가 다른 형태로 교육한다. 보수성향의 시민단체들은 국가 중심적 통일교육의 패러다임을 가지고 있고, 진보성향의 시민단체는 민족 중심적 통일교육 패러다임을 가지고 있다.

국가 중심적 통일교육은 주로 자유민주주의에 대한 신념과 국가안보의식의 고취 강조, 1체제 1국가 방식의 통일강조, 교류, 협력에서의 상호주의 강조라면 민족 중심적 통일교육은 평화교육, 민족공동체 의식 함양,

---

7   고정식 외, 『통일지향 교육패러다임 정립과 추진 방향』, 278-279.

남북한 교류, 협력방안, 북한에 대한 내재적 이해 강조, 교류, 협력에서의 비대칭적 상호주의와 선 제공, 후 보답방식 강조이다.[8] 물론 중도성향의 시민단체들의 통일교육이 있으나 이것은 진보와 보수의 절충 선에서 과목을 선정하고 있다.

이러한 과목들을 탈북민 대상으로 가르친다는 것은 매우 어렵다.

대학원 과정의 과목을 배우기 위해 누가 올 것인가?

학문으로 탈북민들의 사회통합교육을 접근하는 자체가 문제가 있다.

그렇다면 이런 사회통합교육을 해야 한다면 무엇을 시켜야 하는가?

그것은 남한이나 북한의 체제 안에서 나온 결과물이 아니라 새로운 체계의 교육이 필요하다. 왜냐하면 '어느 가치에 집중하느냐'가 아니라 '어느 가치에 따라 변하느냐'에 있기 때문이다. 즉 남한 사회에 적응하기 위해서는 두 나라 중의 어느 하나의 가치가 아니라 더 궁극적인 가치를 가르침으로 어느 나라에서든지 적응하며 살아갈 수 있도록 만들어야 한다. 그러기 위해서는 하나님 나라 가치의 사회통합교육이 가장 적합하다.

하나님 나라 가치의 사회통합교육은 정치나 군사적인 의미의 일회적 사건이나 분단 이전의 단일민족 상태로 원상 복귀하는 차원을 넘어서서, 상대 체제를 인정하고 존중하는 바탕 위에서 두 독립 사회가 하나의 민족 사회로 결합해가는 데 있어서 가장 원론적이며 궁극적 인간과 인간 소통의 장을 마련할 수 있는 인격적 통합이 되기 때문이다. 하나님 나라 가치의 사회통합교육은 다섯 가지로 설명한다.

---

[8] 배기찬. "분단 70년, 평화 통일의길," 서울포럼에서 발제. 2018년 7월 12일.

1) 세계관

세계관이란 무엇인가?

세계관이란 이 세계의 근본적 구성에 대해 우리가(의식적으로든 무의식으로든, 일관적이든 비일관적인 든) 견지하고 있는 일련의 전제(전체적으로 혹은 부분적으로 옳거나, 아니면 전적으로 틀릴 수도 있는 가정)들이다.[9] 주체사상은 오늘 북한을 있게 한 배경이 되는 통치수단이자, 사상이며, 철학이고, 또 세계관이다.

나아가 전 세계에도 없는 특이한 형태인 종교체제를 형성할 수 있었던 근간이 주체사상이다. 그래서 주체사상은 그들의 경전이라고 할 수 있다. 북한이 가지고 있는 주체사상은 종교로서 출발한 것은 아니다. 생존을 위한 정치적 방법으로 선택한 것이 네 번에 걸쳐 수정되어 종교적 특성을 갖추게 되었다. 이런 의미에서 주체사상은 수령교의 경전(Bible)이다.

오늘날 공산당이 정치를 하는 대표적인 곳이 중국, 베트남, 북한이다. 중국과 베트남은 비록 통제적이긴 하나 대다수 종교가 들어가 활동하고 있다. 북한도 예외는 아니다. 천도교, 불교, 천주교, 기독교, 동방정교, 통일교가 활동하고 있으나 사실 중국과 베트남과는 달리 당의 통제로 거의 활동하지 못하는 어용이라 하는 관제적인 종교의 형태이다. 이런 관제적인 종교 아래 북한에게 있어서 특이한 점은 국가 자체가 종교성을 띠었다는 것이다. 이것을 우리는 '수령교'라고 부른다.

수령교의 배경은 주체사상이다. 주체사상은 사람 중심의 새로운 철학 사상이다. 주체사상은 사람이 모든 것의 주인이며 모든 것을 결정한다는 철학적 원리에 기초하고 있다. 사람이 모든 것의 주인이라는 것은 사람

---

[9] 제임스 사이어, 『기독교세계관과 현대사상』, 김헌수 역 (서울: 한국기독학생출판부, 2002), 20.

이 세계와 자기 운명의 주인[10]이라는 것이며 사람이 모든 것을 결정한다는 것은 사람이 세계를 개조하고 자기 운명을 개척하는 데서 결정적 역할을 한다.

주체사상에서 사람은 본질적으로 세 가지 특성이 있다.

첫째, 자주성으로 사람은 세계와 자기 운명의 주인으로 자주적으로 살며 발전하려는 사회적 인간의 속성이다. 그래서 사람은 두 가지 생명이 있는데, 하나는 육체적 생명이고 다른 하나는 사회정치적 생명이다.

둘째, 창조성으로 사람은 자기 운명을 개척해 나가는 사회적 인간의 속성을 말한다.

셋째, 의식성으로 사람은 세계와 자기 자신을 파악하고 개변하기 위한 모든 활동을 규제하는 사회적 인간의 속성이다.[11]

김정일은 주체사상을 인간 중심에서 수령 중심으로 바꾼다. 이런 이유는 오직 하나, 자신의 권력 세습을 정당화하기 위한 것이었다. 1980년대 들어 북한은 주체사상으로 마르크스-레닌주의를 대체한 후 당과 국가의 지도사상으로 규정했다. 1982년 김정일이 발표한 "주체사상에 대하여"라는 논문을 통해 주체사상의 철학적 원리, 사회역사적 원리, 지도적 원칙의 핵심적 내용을 제시했다. 이 시기에 김정일이 수령론을 제시하면서 주체사상의 논리 구조는 수령론을 중심으로 재구조화되었고 핵심가치는 수령론으로 대체되었다.

---

[10] 사람이 세계와 자기 운명의 주인이라는 것은 주체철학의 기본 맥이다. 사람은 자주적으로, 창조적으로, 의식적으로 세계를 개조하고 자신의 운명을 개척해 나갈 수 있게 하는 참다운 혁명적인 관점이라고 북한은 설명하고, 사람이 모든 것의 주인이며 모든 것을 결정한다는 철학적 원리에 기초하고 있는 주체사상은 공산주의의 새로운 세계관이라 할 수 있다.

[11] 황장엽은 그의 책 『세계관』에서 인간의 본질적 속성으로 주체사상의 철학적 원리를 네 가지로 말한다. 자주성, 창조성, 의식성과 더불어 사회적 협조성을 말한다. 사회적 협조성이란 인간이 개인적 존재인 동시에 집단적인 존재라는 인간의 사회적 존재의 기본 특성에 기초하고 있는 인간의 본성이라는 것이다.

이 시기는 김정일이 후계자로 공식 결정되고 그의 주도로 유일사상 10대 원칙이 강조되면서 김일성 중심의 수령제가 더욱 강화되는 시기였다. 안찬일은 북한에서 수령은 태조 김일성이며 수령론은 그의 지배를 합리화 내지는 정당화시키는 새로운 통치 이데올로기로 보았다. 그리고 이념과 제도 모두로부터 자유스러움은 물론 절대적 권위와 무오류의 초헌법적 존재 그것이 수령론이라고 정의하였다.[12]

이러한 사상체계 안에서 성장한 탈북민들은 주체사상의 세계관을 가지고 있다. 이러한 세계관을 제대로 이해시키고, 나아가 자본주의 세계관과 기독교의 세계관을 가르치므로 무엇이 자신에게 가장 필요한 세계관인지를 알게 하는 것이다.

즉 인간과 수령 중심의 세계관에서 자란 탈북민들에게 한반도의 새로운 사회통합을 이루기 위해서는 하나님 나라 가치의 세계관으로 새롭게 가르쳐야 한다. 하나님 나라 가치의 세계관은 인간이 세상을 만났을 때, 인간은 하나님의 형상으로 창조주의 피조물이며 세상을 다스릴 자임을 알게 하는 것이다.[13]

이 세계관은 수령 중심과 인간 중심의 세계관에서 벗어나 세상을 바로 바라볼 수 있도록 만든다. 북한 주민들이 가지고 있는 내재적 세계관을 외현화 시킨 것이 주체사상이다. 그러나 엄밀히 말하면 외현화 된 주체사상이 북한 주민들의 내재적 세계관을 만들었다고 볼 수 있다. 그래서 이러한 외현적 세계관이 이들의 종교가 되고 지금까지 그 세계관 속에서 살아온 것이다.

그러나 탈북민들의 삶의 중심에 수령이 있었지만, 그것이 진실로 받아들일 수 없고, 나아가 상실됨으로 생긴 마음의 공간은 아버지를 잃은 어린

12　안찬일, 『주체사상의 종언』 (서울: 을유문화사, 1997), 6.
13　아더 홈즈, 『기독교세계관』 (서울: 엠마오, 1987), 293.

아이의 마음에 남겨진 깊은 공허가 될 것이다. 이것은 소외감, 고독감, 그리고 절망감을 맛보게 된다. 이러한 비어버린 세계관에 채워 줄 것은 기독교 세계관이다.

기독교 세계관은 "하나님은 창조주이시고, 우리는 피조물이다"에서 출발한다. 그리고 여기에 "그리스도인으로서 세계를 어떻게 바라보고, 어떻게 이해하는지에 관한 관점"이라고 설명할 수 있다. 기독교 세계관은 삼위 하나님에게서 출발한 세계의 이해를 하는 것이므로 사람으로 출발한 것과는 다르다. 그래서 기독교 세계관은 초자연주의의 입장을 가진다.[14]

2) 직업관

어느 나라도 부패에 대해 자유로운 국가는 없다. 북한이 2016년, 전 세계에서 가장 부패한 국가 3위를 차지했다. 25일(현지시각) AP통신 등은 국제투명성기구(TI)가 발표한 '2016년도 국가별 부패인식지수(CPI)에서 북한이 12점을 받아 176개국 중 174위를 차지했다고 보도했다. 북한 뒤에는 11점을 받은 남수단(175위)과 10점을 받은 소말리아(176위) 등 오직 두 국가만이 자리했다.[15]

북한 경제가 오랫동안 마비되다 보니 핵심 계층의 충성을 사던 김정일의 돈주머니도 점점 고갈될 수밖에 없었다. 이런 상황에서 김정일이 꺼낸 카드가 바로 '부패 허가'였다. 김정일은 직접적인 보상을 줄이는 대신 부패를 눈감아 줌으로써 특권층에 우월감과 보상을 동시에 안겨주었다. 이때부터 북한의 통치 계층은 큰 간부는 크게, 작은 간부는 작게 각자 인민을 수탈하며 살기 시작했다.

---

14 이승구, 『기독교 세계관이란 무엇인가』 (서울: SFC, 2003), 22.
15 "북한, 부패국가 세계 3위…한국도 15계단↓ 52위," http://news.kbs.co.kr/news/view.do?ncd=3417904 (2017. 10. 14).

이런 상황은 김정은 시대에서도 전혀 달라지지 않고 있다. 그 결과 북한에서 부유함은 곧 권력과 비례하게 됐다. 부패는 한편으로는 김씨 집안이 쥔 칼자루이기도 하다. 마음에 안 드는 인물은 부패로 몰아 죽이면 그만이다. 가난한 나라일수록 뇌물 행위가 성행한다고 하지만 북한만큼 뇌물이 성행하는 나라가 드물 것이다.[16]

'무엇이 북한을 부패하게 했는가?'

이에 관한 것은 우리가 연구할 숙제이다. 부패는 분명 제도를 무너뜨리고 하나님 나라에 있어서 제거해야 할 대상이다. 하지만 북한의 특수성 안에서 부패는 도리어 북한제도에 변화의 동력을 주었고, 국가 재정 부족으로 인한 국가의 역할을 북한 주민 스스로 해결할 기회를 제공함으로써 북한사회와 주민들의 의식변화를 선도하였다.[17] 이것은 북한의 경우에 부패가 부정적인 것만이 아니라는 것을 알 수 있다. 즉 국가의 부패가 독특한 환경에서는 국가 성장에 도움이 된다는 것이다.

중앙대에서 강의하는 이근영 교수는 그의 박사 논문에서 체제를 유지하기 위한 상납과 경제 구조가 연동되는 한 북한에서 부패로 인한 붕괴의 가능성은 적을 것으로 보았다.[18] 이 교수가 말하는 경제 구조의 연동은 국가 경제에서 장마당 경제로의 변화를 말한다. 장마당은 고질적인 경제난을 극복하는 수단인 동시에 체제유지를 위한 자금의 통로 역할을 동시에 하고 있다. 결국, 북한의 부패는 체제에 순기능 효과를 가지고 있다.

란코프 역시 북한의 부패를 순기능 효과가 있다고 보았다.

> 북한의 경우 사회에서 부정부패가 긍정적인 역할을 할 수도 있습니다. 왜 그럴까요? 기본적인 이유는 북한 정부의 정책 때문입니다. 북한 정부

---

16 박승학, "북한군의 뇌물사회"「월간북한」2017년 7월(통권547호) 113.
17 이근영, 『무엇이 북한을 부패하게 했는가』(서울: 도서출판선인, 2015), 6.
18 이근영, 『무엇이 북한을 부패하게 했는가』, 280.

는 간부들의 권력과 특권을 유지하기 위해서 지금과 같은 시대착오적인 경제, 사회체제를 개혁하지 않기를 결정하였습니다. 오늘날 북한 사람들이 생계를 꾸리는 방법은 압도적으로 장마당, 장사를 비롯한 개인 경제활동입니다. 그러나 북한 정부의 태도에서 보면 이와 같은 활동은 다 불법입니다.

예를 들어 북한의 법을 보면 장사를 하는 것은 압도적으로 불법이 아닐까요?

북한의 법을 보면 쌀을 비롯한 곡식 매매는 불법 행위가 아닐까요?

그러나 북한 사람들은 이처럼 '불법' 행위를 하지 않았더라면 살아남지 못했을 겁니다. 북한 사람들이 이와 같은 활동을 할 수 있는 이유는 역설적으로 관리들의 부정부패가 성행했기 때문입니다.[19]

북한에서 부패와 가장 연관된 경제제도는 세 가지로 나타난다.

① 화폐개혁
② 식량 배급제 붕괴
③ 7.1조치[20]

---

[19] 자유 아시아 방송, "북한부패는 북한 경제의 커다란 장애물", www.rfa.org/korean/weekly_program/ (2017.9.18).

[20] 7.1 조치의 주요 내용은 크게 세 가지로 요약할 수 있다. 첫째, 물가 인상이다. 북한은 계획가격제에 따라 중앙에서 인위적으로 낮은 수준에서 물가를 책정한다. 그러나 경제위기 상황에서 원·부자재의 수입가격, 제품 생산가격이 높아짐에도 불구하고 낮은 가격을 고정해 놓았기 때문에 갈수록 국가의 재정 부담이 커질 수밖에 없다. 반면 공장·기업소는 국정 가격으로 판매되는 제품판매방식을 거부하고, 시장에서 높은 가격으로 판매하길 희망함에 따라 시장은 활성화되고, 국정 가격과 암시장 가격의 높은 격차, 즉 인플레가 발생하게 된다. 북한당국은 이 같은 문제를 해결하고자 식량, 공산품, 집세, 전력 등 전반적 물가를 수십 배에서 수백 배 올렸다. 그리고 이에 맞추어 임금도 평균 18~25배 올림과 동시에 임금지급 방식도 노동생산성과 공장기업소의 수익 등에 따라 차등지급하는 방식으로 바꾸었다. 둘째, 독립채산제 강화와 공장·기업소의 자율성 확대이다. 북한은 물

북한에서 2009년 11월 30일 오전 11시부터 기습적으로 시행한 '화폐개혁,' 구체적인 내용은 11월 30일부터 12월 6일까지 구권 100원을 신권 1원으로 교환하는 것이다. '교환 자체'는 인플레이션을 막기 위한 수단으로써 전혀 문제가 없지만, '교환 가능한 금액을 세대당 10만 원으로 한정'하고, 나머지 금액은 '은행에 맡겨야 하는' 이상한 규칙이 북한사회에 상당한 충격과 공황을 발생시켰다.

그리고 이 사건 덕에 북한 주민은 자기 나랏돈을 더욱 신뢰하지 못하게 되었다. 북한에서 은행에 돈을 맡긴다는 것은 국가가 돈을 뺏어가는 거라고 보면 된다. 북한의 은행은 예금의 인출을 영구적으로 제한하기 때문이다.[21]

북한의 식량 배급제의 붕괴는 1990년대 이전부터 나타났다. 북한은 식량 배급제의 붕괴 자체를 공식 제도로 받아들여 개별적인 경제 활동을 확산시키는 데 기여했다. 7.1 경제관리개선조치(이하 7.1 조치)란 북한이 2002년 7월 1일 발표한 가격 및 임금 현실화, 공장·기업소의 경영자율성 확대, 근로자에 대한 물질적 인센티브 강화 등의 조치를 의미한다. 이 조치는

가와 임금을 인상한 만큼 공급(생산) 증대를 위해 공장·기업소의 평가체계를 변화하고, 자율성을 확대하였다. 공장·기업소는 이전의 계획목표량 달성방식이 아니라 수익성이 기준인 번수입지표(공장기업소 총수입-원가[생활비 제외]= 국가기업이득금+기업소 자체 충당금+생활비[임금])에 따라 평가하는 체계를 도입하였다. 또한 독립채산제 강화방침에 따라 이전에는 공장·기업소에서 초과달성한 이윤을 국가에 납부 하는 방식에서 기업 자체로 재투자 재원이나 종업원 복지기금으로 활용할 수 있도록 재량권을 주고, 자재 공급을 원활하게 하기 위한 기업 간 원자재 거래를 허용하였다. 또한, 공장·기업소 내 당 위원회의 역할을 축소하고 지배인 책임제를 강화하였다. 더불어 공장·기업소는 시장경제체제와 같이 이윤을 많이 남기는 경영을 위주로 하고, 생산성 향상에 따라 각종 물질적 보상을 제공하는 체제를 도입하였다. 셋째, 사회보장체계 및 배급제의 개편이다. 북한은 과거 식량, 소비재, 주택 등을 거의 무상이나 다를 바 없을 정도로 낮은 국정 가격으로 공급해왔으나, 전반적 물가 인상과 함께 식량, 소비재, 주택 등도 제값을 지급하도록 조치하였다. 물론 북한은 무상교육, 무상치료, 사회보험 등 이른바 '사회주의의 우월성'을 보여 주는 사회보장제도는 공식적으로 유지하였다.

21 https://namu.wiki/w/ (2017.9.18).

기존의 계획경제 틀 내에서 시장경제 기능을 일부 도입한 것이라고 할 수 있다.[22]

북한에서 김일성, 김정일의 지시와 명령[23]은 헌법보다 상위의 개념이다. 교시나 말씀 등에 반부패에 관한 지시와 명령이 없는 것이 아니다. 그런데도 이들의 지시와 명령이 부패에 대한 통제력이 약하다.[24] 이러한 현상은 북한의 제도가 정치적 의도에 의해 세워져 정책이 수립되기 때문에 북한 정부가 의도하지 않은 경우가 나타나는 경우가 있는 데, 북한은 이런 돌발적인 경우가 북한체제의 공고함에 도움을 주었다. 즉 북한의 부패가 북한 체제와의 공고한 연결고리가 재하고 있다는 것이다.[25]

부패는 정권을 창출할 때마다 빠지지 않는 어젠다이다. 중국 역시 마찬가지이다. 중국 주석인 시진핑은 집권 2기(2017-2022)를 맞이하게 된다. 시진핑은 국가를 이끌어가는 자신의 통치 철학을 '치국이정'(治國理政)으로 삼았다. 치국이정을 다섯 개의 키워드로 정리한다.

① 중국의 꿈
② 두 개의 100년
③ 삼엄삼실(三嚴三實)
④ 네 개 전면
⑤ 오위일애

---

22 http://ko.nkinfo.wikidok.net/wp-d/58cb53e964f2e91435b80dba/View (2017.9.18).
23 김일성과 김정일은 그의 연설 가운데 부패에 관한 것을 언급한 문건이 1967년부터 나타난다. 그 가운데 한 자기만 예를 들면 1994년 1월 1일 "당 사업을 잘하여 사회주의 혁명 진지를 더욱 튼튼히 다지자"라는 제목으로 조선로동당 중앙위원회 책임일꾼들 앞에서 한 연설 가운데 "간부들 속에서 세도와 관료주의, 특권 행세, 부정부패 행위를 없애자면 간부들이 인민에 대한 헌신적 복무 정신으로 튼튼히 무장하도록 하여야 합니다"라고 하였다.
24 이근영, 『무엇이 북한을 부패하게 했는가』, 283.
25 이근영, 『무엇이 북한을 부패하게 했는가』, 283.

이 중 셋째의 삼엄삼실은 중요한 공직자들의 업무 사회 혁신을 염두에 둔 지침이다. 내용을 보면 자신의 수양, 권한 행사, 기율 준수로 반부패전쟁의 이론적 근거로 내세우고 있다. 중국뿐 아니라 우리나라도 마찬가지이다. 항상 정권이 바뀔 때마다 부패 척결을 내세웠다. 부패는 정권 또는 권력과 떼려야 뗄 수 없는 관계이다.

북한의 부패 고리 속에서 살던 사회에서 탈북민들은 삐뚤어진 직업관과 경제관을 가지고 있다. 먼저 하나님 나라 가치의 직업관부터 살펴본다. 인간에게 주어진 직업은 두 가지 의미에서 중요하다.

첫째, 인간에게 주어진 직업은 하나님의 대 위임명령이었던 충만하고 정복하고 다스리는 것(창 1:28)에 충실해야 하기 때문이다.

둘째, 하나님은 인간들에게 또 다른 명령을 주셨다.

예수님이 가르치신 것에 대한 반응으로 가르치고 지키게 하는 것이다(마 28:19-20). 이것은 전도와 선교를 넘어 인간에게 주어진 영역에서 주의 말씀대로 지키며 사는 것을 의미한다. 하나님 나라 가치의 직업이란 '하나님이 인간에게 주어진 영역에서 주의 말씀대로 지키며 사는 것'이다. 직업에 대해 구체적인 한 예가 에베소서 6:5-8에 나온다.

> 종들아 두려워하고 떨며 성실한 마음으로 육체의 상전에게 순종하기를 그리스도께 하듯 하라 눈가림만 하여 사람을 기쁘게 하는 자처럼 하지 말고 그리스도의 종들처럼 마음으로 하나님의 뜻을 행하고 기쁜 마음으로 섬기기를 주께 하듯 하고 사람들에게 하듯 하지 말라 이는 각 사람이 무슨 선을 행하든지 종이나 자유인이나 주께로부터 그대로 받을 줄을 앎이라(엡 6:5-8).

이 말씀에 의하면 종들이 하는 일은 사실상 사람을 섬기는 것이 아니라 주님과 하나님을 섬기는 것이다. 그래서 하나님 나라의 가치를 좇는 이들은 자신의 영역에서 눈가림하지 않고 성실한 마음으로 그리고 기쁘게 일하는 것이다. 성경 당시의 노예라는 신분을 넘어 그리스도인의 자유로움으로 성실하게 일함으로 주를 기쁘시게 하는 것이 성경의 직업관이다.

3) 이웃관

탈북민들은 집단사회에서 살았다. 인간은 집단사회에 익숙해 있다. 우리는 태어나면서부터 가족이라는 집단에 속하기 때문이다. 물론 대가족과 핵가족의 차이는 있지만, 가족에 속하는 것은 어느 사회나 같다. 가족이라는 집단에 속한 나는 곧 '우리 집단'과 '그들 집단'을 배우기 시작한다. 이것은 자연스럽게 이원론적 사고를 해오게 하고, 나아가 '동지'와 '적'을 구분하게 한다.

가족이라는 집단을 넘어 인간이 성장하면서 속하는 집단은 민주주의와 사회주의가 확연히 구분된다. 민주주의는 선택 때문에 집단의 형성이 달라지지만, 사회주의 조직의 규율에 따라 정해지기 때문이다.

집단사회는 개인주의와 달리 더 큰 수치감을 가지고 있다. 한 집단의 성원이 사회의 규칙을 어기면 같은 집단에 속해 있는 사람들은 집단적인 의무감에서 오는 수치감을 느끼는 것이다. 수치감은 개인에게 영향을 미쳐서 '죄책감'으로 발전한다. 그래서 탈북민들은 '조국을 배신한 자'라는 죄책감을 느끼고 있다. 그리고 집단사회에는 '체면'이라는 인자가 있다.[26]

에밀 브루너는 공산주의 집단주의는 노동계급에 속한 자로서 개인 자본주의의 경제적 착취를 체험한 프롤레타리아는 구원자로 인식한다고 하였다.[27] 이러한 전체주의적 집단주의에 대해 비판하기를 국가는 본질에서

---

26 Geert Hofstede, 『세계의 사회와 조직』, 차재호, 나은영 역 (서울: 학지사, 2000), 97.
27 에밀 브루너, 『정의와 사회질서』, 전택부 역 (서울: 대한기독교서회, 2008), 111.

사회적 계약의 산물이며, 국가의 존재 이유는 개인 자체만으로는 실현할 수 없는 것을 대신하여 달성하게 하는 데 있으므로, 국가는 개인에게 봉사하며, 개인에게 봉사하는 한에서만 정당할 수 있다고 하였다.[28]

북한은 고난의 행군을 겪으므로 집단사회가 일부 붕괴하기 시작한다. 왜냐하면, 공장들이 가동을 중단하고, 배급이 끊겼기 때문이다. 결국, 북한 주민들은 생활을 장마당에 의존하게 됨으로 사회주의 집단체계보다는 자율적 시장 구조를 의지하고 있다. 물론 이런 장마당도 거의 당에 노출되어, 통제되고 있는 것은 사실이다.

북한은 집단에 변화가 일어나고 있다.

첫째, 집단규율이 약화되고 있고,

둘째, 하부집단에 대한 중앙의 통제력이 약화되고고,

셋째, 정치조직에 비해 행정조직의 위상이 강화되고,

넷째, 집단 내에서 사적 자본주의적 관계가 강화되고 있으며,

다섯째, 사적 자본주의적 집단이 형성되었기 때문이다.

그러나 김정은 정권이 들어와서는 집단적인 것이 깨어짐으로 주민들의 통제가 잘 안 되자 새롭게 직장 중심의 조직을 복구하기 시작했다. 당, 청년동맹, 소년단 등 정치조직을 강화하고 직장을 가동하려고 노력하며, 특히 주민들의 자율적 통제제도를 복구하는 데 힘을 쓰고 있다. 최근 북한은 농촌에 자원진출, 건설장 자원지원, 공장 자원봉사 등에 대한 소개를 강화하여 주민들의 자발적 충성을 유도하는 데 힘을 넣고 있다.[29] 그리고 직장을 통한 집단사회가 약화한 상황에서 북한은 법적 통제와 강압적 통제를 하고 있다.

또한, 북한은 사적 소유를 어느 정도 인정함으로 무역과 서비스 분야에

---

[28] 에밀 브루너. 『정의와 사회질서』, 113.
[29] 현인애. "북한의 집단 변화와 사회통제," 김흥광 외 6인, 『김정은의 북한은 어디로』, 284.

서 집단적 통제가 어렵게 되자, 다른 형태로 묶어 조직 생활을 유도하고 있다. 하지만 현 정권의 상황으로서는 점점 희미해지는 집단사회로 중앙집권적 통제는 약해질 것이다. 하지만 여기서 북한은 중국식 개방형태로 간다고 가정한다면 중국은 단위가 해체되고 사적 소유가 도입되었지만 많은 국영기업이 병존했고 당이 국가에 대한 통제권을 포기 않았다.

이것처럼 북한도 국가 주도 외국투자기업에 힘을 쏟을 것이고 국가가 경영하는 곳에는 여전히 체제유지를 위한 주민통제가 가능할 것이다. 그리고 지금까지와 다른 형태의 조직과 제도를 정비함으로 집단사회를 이어가게 될 가능성이 크다고 할 수 있다.

기독교의 집단주의 사상은 북한의 집단사회를 깨게 된다. 기독교의 사상은 개인을 비의존적인 창조물로 보며, 개인의 차이 위에 기초한 공동체를 하나님의 창조로써 이해한다. 개인은 하나님의 형상대로 창조된 까닭에 본원적인 존엄성을 가지는데, 이는 공동체에서 받은 것이 아니다. 말하자면 개인은 이것을 가지고 공동체 속으로 들어가는 것이다. 이 존엄성은 개인을 만들고, 책임 있는 인격으로 만드는 하나님으로부터 직접 주어진다.[30] 기독교의 집단주의 공동체 사상은 이웃을 돌아보게 만든다. "내 이웃을 네 몸과 같이 사랑하라"는 말씀에 초대교회는 그대로 응답했다. 이웃 사람은 집단, 민족, 인종, 종교 등 모든 경계선을 타파한다. 내가 필요한 사람이면 누구나 내 이웃이다.[31] 예수님은 이웃에 대한 개념을 선한 사마리아 사람의 비유에서 새롭게 정의하였다(눅 10:25-37). 더욱이 원수까지 사랑하라고 하셨다(마 5:44). 자기의 것을 내어놓아 베풂과 나눔으로 동등한 공동체를 만들었다. 이와같이 대부분 탈북민에게 빈곤사회의 증후군에서 벗어나 새로운 베풂의 사회로의 전환을 할 교육이 필요하다.

---

30 에밀 브루너, 『정의와 사회질서』, 119.
31 G. 로핑크, 『예수는 어떤 공동체를 원했나』 (경북: 분도출판사, 1996), 186.

하나님 나라의 새 세상은 소유가 아니라 베푸는 것이다(고후 8:15). 출애 굽 한 이스라엘 백성이 처음 만나를 거둔 것은 많거나 적거나 모두 한 사 람 당 오멜씩 거두어들였다. 모두를 평균케 만든 것이다. 만약 더 거두어 저장해 두었을 경우 벌레가 생기고 냄새가 났었다(출 16:20). 즉 필요 이상 의 물질을 소유했을 때 그것은 쓸모없게 되었다. 새로운 세상을 사는 자에 게는 "삼가 모든 탐심을 물리치라 사람의 생명이 그 소유의 넉넉한 데 있 지 아니하니라"(눅 12:15)를 배워야 한다. 차고 넘치는 재물도 하룻밤에 하 나님이 생명을 거둔다면 아무런 소용이 없기 때문이다(눅 12:20-21).

4) 정의관

탈북민들은 '하나가 전체를 전체가 하나를' 위한 구호 아래 성장한 군 중형 인간이다. 전체주의 국가인 북한은 아주 당연하다. 북한의 하나가 전 체를 위한 것으로 군중을 이끄는 조직은 불평등할 수밖에 없다. 어찌 보 면 이런 불평등 구조 속에서 태어난 신분 구조는 북한의 핵심 계층, 동요 계층, 적대계층과 51개의 신분의 구분을 아주 자연스럽게 받아들이게 되 었을 것이다. 이것은 하나의 거짓 사회 기구가 형성되어 봉건적 신분 구조 의 유산을 상속한 것이라 볼 수 있다.[32]

사회통합의 과정에서 가장 순수한 사회질서는 가정이라 볼 수 있다. 주 체사상은 '가정'에 대해 다음과 같이 설명한다.

> 사회주의 우월성은 사회의 모든 성원이 서로 믿고 사랑하고 도우면서 화 목한 대가정을 이루고 다 같이 삶의 보람과 행복을 누리는 것이다. 우리 나라에서는 전체 인민이 수령을 친어버이로 모시고 받들며 당의 품을 어

---

[32] 에밀브루너, 『정의와 사회질서』, 전택부 역 (서울: 대한기독교서회, 2008), 246.

머니 품으로 믿고 따르며 수령, 당, 대중이 생사운명을 같이하는 하나의 사회정치적 생명체를 이루고 있다. 혁명의 전도와 나라와 민족의 흥망성쇠는 새 세대들을 어떻게 키우는가 하는 데 달려 있다. 그러므로 새 세대들을 키우는 문제가 부도들의 책으로만 될 수 없다. 우리의 사회주의 사회에서는 모든 새 세대들을 나라에서 맡아 키우고 있다. 경애로운 수령 김일성 동지는 인민에 대한 사랑을 가장 숭고한 높이에서 체현하신 우리 인민의 자애로운 어버이이시다.[33]

이러한 배경에서 살다 온 탈북민들에게 새로운 하나님 나라 가치의 사회 정의를 가르침으로 바른 사회통합을 이루어 나가야 한다. 가정은 구성원 모두에게 평등한 가치를 가지고 있으나 각각의 다른 위치를 지키고 있다. 단지 상호관계로서 부권의 권위와 함께 자식에 대한 의무를 지니고 있다. 북한은 이러한 순수한 가정이 대 가정의 변형으로 배우고 익힌 사회이다.

정의에 대한 또 다른 개념 하나는 '폭력'에 대한 것이다. 탈북민들은 폭력에 많이 노출되어 있다. 그 속에 분을 참지 못함도 있지만, 북한의 사회가 폭력에 노출된 사회였기 때문이다. 많은 탈북민이 북송되는 가운데 폭력에 시달렸고, 폭력으로 점철된 삶을 살았다. 이러한 가운데 알게 모르게 자신의 삶 속에 자리 잡은 폭력 문화에 대한 새로운 인식의 전환도 필요하다. 성경은 폭력에 대해 단념하라고 가르친다(마 5:39-42).

> 나는 너희에게 이르노니 악한 자를 대적하지 말라 누구든지 네 오른편 뺨을 치거든 왼편도 돌려대며 또 너를 고발하여 속옷을 가지고자 하는 자에게 겉옷까지도 가지게 하며 또 누구든지 너로 억지로 오 리를 가게

---

[33] 에밀브루너, 『정의와 사회질서』, 15.

하거든 그 사람과 십 리를 동행하고 네게 구하는 자에게 주며 네게 꾸고자 하는 자에게 거절하지 말라.

세상은 폭력으로 나가기까지 과정을 거친다. 염치없는 간청에서 억지스러운 강요를 거쳐, 송사를 걸겠다는 공갈에 이르렀다가 결국에는 노골적인 폭력에 이르게 된다. 이러한 과정에서 예수님의 의도는 분명하다. 불의를 당하거든 참되, 그렇다고 우두커니 당하고만 있지 말고 적에게 대응하되, 상대방의 폭력보다 더 큰 선행으로 응수하여 그 사람을 얻으라는 것이다. 이것이 탈북민들에게 가르칠 하나님 나라 가치의 사회통합 방법이다.

5) 용서와 화해

탈북민들이 살아온 사회는 비난사회였다. 비난은 도덕적인 것과 비도덕적인 것, 적절한 것과 적절치 않은 것을 구분하는 개인의 잣대와 관련이 있다. 모든 개인은 어떤 이유로도 고통받지 않을 권리가 있다는 도덕의 기초를 가진 사람들일수록 비난의 고통을 타인에게 안기지 않는다. 직접 타인에게 해를 끼쳤는지를 도덕의 기준으로 삼는 사람들은 꼭 필요한 경우가 아니라면 남을 비난하지 않는다. 사회가 공정하지 못할수록 공정성에 대한 심리적 욕구가 강해진다. 그런 사회일수록 실수한 사람과 실패한 사람을 위로하기보다는 비난한다. 공정하지 못한 사회일수록 모두가 실패할 가능성이 크기 때문에 더욱더 서로를 위로하고 서로의 실수를 용납해야 함에도, 오히려 서로를 더 비난하는 악순환에 빠진다.[34]

탈북자들이 체험하고 살아온 사회는 공정하지 못한 사회이다. 그래서 심리적으로 더욱 남을 비난하고자 하는 마음이 있다. 심지어 이런 비난을

---

34 최인철 '비난사회,' http://news.joins.com/article/22770713 (2018.7.4).

체계적으로 익혀왔다. 자아비판, 상호비판을 통해 남을 비판하는 것에 익숙해 있었다. 이런 비난을 긍정적인 것으로 바꾸어야 할 필요가 있다. 사회는 비난을 감수하며 살아야 한다. 비난하지 않는 사회는 없다. 단지 비난을 긍정적으로 사용할 것인지, 아니면 부정적으로 사용할 것인지에 대한 것이다. 비난을 긍정적으로 바꿀 수 있는 것은 "남을 비판하지 말고 자신을 돌이켜 보라"는 그리스도의 말씀에 있다.

비난을 긍정적으로 바꾼다는 것은 무엇인가?

자기를 돌아볼 줄 아는 것이다. 이것은 자신의 죄를 깨닫고 자신을 스스로 돌아보아 내가 아닌 남을 위해 사는 것을 말한다. 이것은 회개를 동반한다. 회개는 새로운 사회로의 진입 문이 된다. 예수님은 "회개하라 천국이 가까이 왔다"고 선언하셨다. 예수님은 회개가 새로운 세계인 하나님 나라의 관문으로 보신 것이다. 자신의 회개는 '죄의 자각'에서 출발한다.

즉 탈북민은 스스로 피해자가 아닌 죄를 지은 인간 즉 가해자인 것도 이해해야 한다. 비난의 긍정적 발전은 단계를 가지고 있다. 죄의 자각으로부터 시작된 회개는 다음으로 용서가 뒤따르고 용서가 되면 화해가 되고 나아가 화목에 이르게 된다. 최종의 단계인 화목은 탈북민들이 살아갈 새로운 세상이다.

화목은 예수님이 우리 인간의 죄를 위한 화목제물로 십자가에서 돌아가셔서 우리와 하나님 사이에 화목을 이루시고, 그 이후에 인간과 인간 사이에 화목하게 하는 일을 하게 하시는 것이다. 예수님의 십자가의 죽음은 죄인 된 인간이 하나님과 수직적으로 화목을 먼저 이루는 것에 초점을 맞춘다. 그 후에 수평적으로 인간 사이의 화목을 말한다. 이런 후 하나님은 그리스도인들에게 화목의 직분을 주셨다(고후 5:16-18).

예수님이 추구하신 화목사회는 서로의 인정에서 출발한다. "만일 형제가 서로 물고 먹으면 피차 멸망할까 조심하라"(갈 5:1) 는 말씀을 인정해야 한다. 남한 주민이나 탈북민은 모두 한배를 탄 한 형제이다. 화목의 공동체는 "형제가 연합하여 동거함이 어찌 아름다운가"(시 133:1)라는 시편의 노래가 될 것이다.

5. 하나님 나라 가치의 사회통합교육의 방법

아무리 훌륭하고 완벽한 내용을 가졌어도 전달하지 아니하면 소용이 없다. 복음마저도 "전하는 이 없이 어찌들으리요"라고 하였으며, "믿음은 들음에서 난다"고 하였다. 이런 의미에서 교육의 방법은 아주 중요한 장이라 생각한다. 통일교육원에서 낸 자료의 통일교육 내용이다.

첫째, 수요자 중심 즉 국민 중심의 눈높이 교육이 이루어져야 하며,
둘째, 수요자의 참여교육으로 수요자의 이해도를 높이며,
셋째, 집합교육과 온라인 교육을 동시에 시행해야 한다.[35]

하나님 나라 가치의 사회통합교육의 방법은 적당한 과목을 만들어 가르치는 학교의 학습이 아니다. 이것은 교회뿐 아니라 누구나 할 수 있는 것으로 '코이노니아(친교, 교제)'와 '디아코니아(봉사)'이다. 친교와 봉사는 탈북민들을 사회통합으로 이끌 수 있는 문이다.

친교는 많은 만남을 전제로 한다. 만남에서 서로를 이해하게 되고, 이해함으로 마음의 벽을 허물게 된다. 많은 탈북민이 시장경제에 적응하지 못하고 뒤따르지 못하여 현실 속에서 실업자나 노숙자, 방랑자가 되어있을 때, 교회와 단체는 이들의 봉사자가 되어야 한다. 이러한 디아코니아를 행하는 교회는 예언자적 사명감도 느끼게 된다. 남한 사회를 향해 "이런 식의 비사회적 시스템으로 안 된다"고 비판과 각성의 목소리를 높여야

---

[35] 고정식 외, 『통일지향 교육패러다임 정립과 추진 방향』(서울: 통일연구원, 2004), 48-49.

한다.³⁶ 물론 교회가 일자리를 창출하는 곳은 아니다. 그러나 베드로와 요한이 성전 미문에 있던 앉은뱅이에게 한 말은 해야 한다.

"내가 주는 것은 은과 금이 아니라 나사렛 예수의 이름"이다.

6. 결론

통일의 문제는 결국 사회통합의 문제이다. "국가적으로는 통일되었지만, 사회적으로는 여전히 분단되어 있다"는 것이 베를린신문 통일결산서의 제목이었다.³⁷ 독일만 그런 것이 아니다. 현재 남한에 와 있는 탈북민 역시 여전히 분단된 마음으로 살고 있다. 어쩌면 이것을 '헤어나오지 못할 자신감의 상실'일 수 있다. 서울대 김병연 교수는 탈북민의 남한 사회 적응이 어려운 이유를 다섯 가지로 진단했다.

① 남한의 노동시장 구조
② 복지제도
③ 남북한의 생산성 차이
④ 남한의 사회규범
⑤ 남한의 시장경제 몰이해

"탈북민은 신이 우리 사회에 보내 주신 선물이다"고 말하면서 그는 탈북민의 생산성을 획기적으로 높일 방안이 제대로 연구된 것이 없다고 한다.³⁸ 단순히 탈북민들이 남한 사회에 대해 적응만 할 것이 아니라, 그 너

---

36 박영신 외. 『통일 사회통합 하나님 나라』, 88.
37 박영신 외. 『통일 사회통합 하나님 나라』, 69.
38 "청와대 통일준비위원회원". 「중앙일보」(2014. 11. 6), 35.

머 사회통합에까지 이르기 위해서는 넘어야 할 산들이 많이 있다. 국가 차원에서부터 시민단체와 종교계가 어우러져서 해야 할 일이다. 그 가운데서 교회가 탈북민들의 통일교육 즉 탈북민들의 사회통합교육을 이루는 데 중추적인 역할을 해야 한다.

이 말은 단지 교회가 탈북민들을 전도하고 기독교인으로 만들어야 한다는 차원에서 돕는 것을 의미하지 않는다. 삶의 단절과 불평등 그리고 소외 등으로 인한 갈등과 부조화를 새로운 사회에 적응하고 소통할 수 있는 기독교적인 접근을 하는 것이 교회여야 한다. 이런 의미에서 교회는 한국 사회통합을 위한 교육프로그램을 개발하여 탈북민 사회에 내어놓아야 한다. 교회는 기독교라는 울타리를 넘어 보편적이고 개방적이며 폭넓은 하나님 나라의 가치를 통해 남과 북 모두가 어울릴 수 있는 사회통합의 장을 마련하는 것이다.

우리나라 역사에서 기독교가 민족을 일깨워 참여의식을 북돋고 외세에 맞서 싸운 역사가 있다. 물론 기독교가 국가나 민족의 절대화를 위한 것은 아니지만 국가와 민족을 초월한 하나님의 권위 아래에 가장 바른 사회를 이루고자 한 노력일 것이다. 이와 같은 맥락으로 한국교회는 시대에 주어진 탈북민들의 사회통합을 이루는 데에 민족적 사명을 가지고 접근해야 한다. 교회는 사회를 답습하는 곳이 아니다. 교회는 사회의 가치와 행동을 초월적 하나님 나라의 가치로 전환해 두 개의 다른 가치관과 사회를 통합하는 것이어야 한다. 그래서 교회는 언제나 우리가 사는 사회에 본질을 던져주어 올바른 사회통합의 길로 갈 수 있는 통일교육을 준비하고 가르쳐야 한다. 이렇게 될 때 교회는 교회로서의 바른 역할을 세상에 할 수 있게 되며, 교회를 통하여 땅끝까지 복음이 전해지게 될 것이다.

참고문헌

김흥광 외 6인. 『김정은의 북한은 어디로』. 서울: 늘품플러스, 2012.
고정식 외. 『통일지향 교육패러다임 정립과 추진방향』. 서울: 통일연구원, 2004.
박영신 외. 『통일 사회통합 하나님나라』. 서울: 대한기독교서회, 2010.
아더 홈즈. 『기독교세계관』. 서울: 엠마오, 1987.
안찬일. 『주체사상의 종언』. 서울: 을유문화사, 1997.
에밀 브루너. 『정의와 사회질서』. 전택부 역. 서울: 대한기독교서회, 2008.
오일환, 유호열, 이종국, 정성장, 최대석. 『현대북한체제론』. 서울: 을유사회사, 2000.
이근영. 『무엇이 북한을 부패하게 했는가』. 서울: 도서출판선인, 2015.
이승구. 『기독교세계관이란 무엇인가』. 서울: SFC, 2003.
제임스 사이어. 『기독교세계관과 현대사상』. 김헌수 역. 서울: 한국기독학생출판부, 2002.
Geert Hofstede. 『세계의 사회와 조직』. 차재호, 나은영 역. 서울: 학지사, 2000.
G. 로핑크. 『예수는 어떤 공동체를 원했나』. 경북: 분도출판사, 1996.
박승학. "북한군의 뇌물사회." 「월간북한」. 2017년 7월(통권547호).
전성우, "사회통합의 관전에서 본 독일통일 3년." 「통일문제연구」(1993. 12).
배기찬. "분단 70년, 평화 통일의길." 서울포럼에서 발제. 2018. 7. 12.
하광민. "한국교회의 화목사역을 위해서." 제13차 쥬빌리통일워크숍. 2018.3.16.

제19장 통일코리아와 기독교

1. 들어가면서

통일코리아가 되면 하나님 나라의 가치가 적용된 정치 경제적 국가시스템을 가져야 한다. 북미정상회담 이후 통일환경이 변하고 있고, 나아가 통일코리아[1]에 대한 기대가 높아지고 있다. 한반도의 통일은 크게 세 가지의 형태로 갈 가능성이 있다.

첫째, 급변사태의 통일이다.

북한의 쿠테타나 전쟁 그리고 하나님의 특별한 개입으로 말미암아 애굽의 바로의 선언처럼 북한의 최고지도자 발언이 나오는 경우를 말한다.

둘째, 점진적 통일 방안이다.

경제의 관점이나 정치, 외교의 관점에서 북한을 남한과 비슷한 수준으로 경제부흥을 일으킨 후에 통합하는 과정을 뜻하는 것으로 다수가 선호하고 준비하고 있다.

---

[1] 통일코리아라는 용어는 아직 남북한이 하나를 이룬 상태의 국호로서 정해진 것은 없다. KAIST미래전략대학원에서 설문조사를 통해 통일된 한반도의 국호를 지어보라는 질문에 고려, 고려연합국, 고려공화국, 고려민국, 고구려, 대한연합국, 한조, 조한 등이 나왔다. 또한 일반적으로 통일한국이라는 용어와 통일한반도라는 용어도 나왔으나 어느 것도 정해진 것은 없으나 통일선교 언약서를 작성하는 그룹에서 '통일코리아'라는 용어를 사용하기로 하여 이 용어로써 통일한반도의 국호로 대체하여 사용한다.

셋째, 장기분단으로 독립공존으로 가는 평화통일 방안이다.[2]

　이것은 통일을 넘어 비핵평화로 가고 결국 장기분단의 길을 들어서는 것으로 인식하고 독립적으로 남과 북이 국가를 이루는 같은 민족 다른 국가로 가는 길을 추구하는 것이다. 1민족 2국가의 형태로 평화를 이 땅에 그리는 것을 목적으로 한 평화통일 방안이라고 볼 수 있다.

　이러한 통일 방안 가운데 통일이 된 후에 두 나라가 어떤 형태의 나라를 만들어야 하는지에 대한 준비가 거의 없다고 해도 과언이 아니다. 이런 상태에서 통일이 갑작스럽게 올 때 대 혼란 속에서 겨우 찾은 기회를 잃어버릴 수 있다. 통일되면 한글과 영어 국호는 어떻게 할 것이며, 수도는 어디로 정해야 하며, 화폐는 어떤 것으로 통일해야 하며, 국가와 국기 그리고 정치체제는 어떻게 해야 할 것인지에 대한 논의가 지금부터 되어야 할 것이다.

　이런 의미에서 지금까지 나온 통일코리아의 단계별 과정들을 소개하고 각각의 장단점을 헤아려 새로운 대안을 내어놓으려 한다. 앞으로 한반도의 통일코리아는 자본주의와 사회주의 중 하나를 채택해야 하나, 이 둘은 흡수통일이 아닌 이상 양자에서 받아들이기 어려울 것이다. 그래서 이 둘의 장점은 수용하고 단점을 보완하는 방향의 새로운 대안을 찾아야 한다. 새로운 대안은 기독교 가치로 만들 수 있다. 이런 이론은 이미 공산당선언을 하던 그해 '기독교 사회주의'의 등장으로 새로운 정치체제를 제안하였다. 그러나 한반도의 상황에서 '기독교 사회주의'는 '사회주의'라는 이름만으로 이미 남한의 보수는 반대할 것이므로 새로운 이름을 찾아서 기독교 관점으로 자본주의와 사회주의 장점을 수용하고 단점을 보완하는 대안을 마련해야 할 것이다.

2　박명림, "패러다임 대전환: 통일에서 평화로," 「중앙일보」 2018년 7월 18일 31.

2. 통일코리아의 과정

통일코리아가 되기 전에 통일코리아가 되는 과정들이 있다. 이것을 우리는 한반도 통일로드맵이라고 한다. 1989년부터 한국 정부의 공식적인 통일 방안은 민족공동체 통일 방안으로 자주, 평화, 민주의 3원칙을 근간으로 한 통일 과정으로서 화해-협력 단계, 남북연합 단계, 통일국가 단계의 3단계를 제시하고 있다.[3]

이 통일 과정은 점진적, 단계적 통일 방안으로 화해-협력단계는 남북한이 적대와 불신, 대립의 관계를 청산하고 신뢰하는 남북화해, 평화공존의 단계이다. 이 단계에서는 평화 정착, 분단 고통 해소, 민족 동질성 회복을 중점으로 삼는다. 남북연합 단계는 법적 제도적 장치를 체계화하는 것을 말하는 것으로 남북정상회담, 남북각료회의, 남북평의회, 공동사무처를 상설화하는 것이다. 통일국가의 단계는 남북연합의 단계로 1민족 1국가로의 통일을 완성하는 단계이다. 통일국가의 형태로는 단일국가로서의 민주공화국이며, 통일국회는 양원제를 채택하게 되어 있다.

KAIST 미래전략대학원 60여 명의 연구진이 2048년 후부터 남북소득 1:1 목표로 통일준비를 해야 한다고 하면서 통일코리아가 이루어지기까지 4단계의 통일준비를 주장하였다.[4] 4단계에 걸친 단계별 통일은 1단계 (2018-2027)는 경제협력과 자유 왕래로 현재 남북 1인당 소득 비율 20:1에서 10:1로 바꾸는 작업이고, 2단계(2028-2037)는 단일경제권과 자유 소득으로 남북소득 비율 5:1로 끌어올리는 것이며, 3단계(2038-2048)는 1국가 2체제와 단일화폐를 사용하는 것으로 하며 남북소득 2:1로 끌어 올리는 것이며, 마지막 4단계(2048-)는 통일과 1국가 1체제로 남북소득 비율 1:1

---

3 남궁 영, 『분단한반도의 정치경제』 (서울: 오름, 2010), 154.
4 "기득권 저항 적은 북한 4차 산업 혁명 전진기지로 만들자," 「중앙일보」 (2018. 7. 16), 26.

을 목표로 하는 것을 말한다.

허문영 박사는 한반도 평화통일 5단계를 언급한다.[5]

<u>첫</u>째 단계는 갈등적 공존으로 힘의 균형에 의해 유지되는 과도기적 상황을 의미한다. 이는 남북한이 상대방의 존재 자체를 부정하려는 의도로 이념, 정치·군사, 경제, 사회·문화 등 전 차원에서 벌이는 상호 전면적 대결로 나타난다. 한국전쟁 이후 1990년대 초반까지 남북한은 갈등적 공존을 지속해 온 것으로 특징 지울 수 있다.

<u>둘</u>째 단계는 경쟁적 공존으로 상호불가침 조약 또는 이에 따르는 의사표시를 하고 이를 신뢰할 수 있는 실질적 보장 장치를 마련함으로써 제도적 보장 때문에 공존관계는 이뤄지나, 적극적 협조가 이뤄지지 않는 상태를 의미한다. 이 상황에서는 경제와 사회·문화적으로는 제한적 교류·협력이 이뤄지나 정치·군사·이념적으로는 대립상태가 완전히 해소되지 않는다.

<u>셋</u>째 단계는 협력적 공존으로 독립적 정치체제를 갖춘 두 개의 국가가 서로의 번영을 위해 공동목표를 설정하고, 이를 성취하기 위해 상호의존적 관계에서 적극적으로 협조하는 공존관계를 의미한다. 즉 체제의 이념적 차이에도 불구하고 경제·사회·문화 분야에서의 전면적 교류·협력과 더불어 정치·군사 측면에서도 협력할 수 있는 상황을 뜻한다.

<u>넷</u>째 단계는 남북연합이며 마지막으로는 통일한국을 가져온다.

3. 정치체제와 통일코리아

북한은 연방제를 주장하고 남한은 연합제를 주장한다. 연합제와 연방

---

[5] 허문영, 『한반도 냉전 구조 해체방안에 대한 북한의 의견과 우리의 정책방향』 (서울: 통일연구원, 1999), 5-11.

제를 간단하게 정의 내려 본다면 연합제는 둘 이상의 국가가 대외적으로 공동보조를 취하기 위하여 한시적이나 혹은 기능적으로 결합하는 형태를 말한다. 국가연합은 하나의 새로운 법적 실체이기는 하지만 국제법상 주권을 갖는 독자적인 국제법적 주체는 아니다.

연방제(聯邦制, 영어: federation, federal state)는 국가의 권력이 중앙 정부와 주에 동등하게 분배된 정치 형태로, 2개 이상의 주권이 결합하여 국제법상 단일적인 인격을 가지는 복합 형태의 국가이다. 즉 자치와 공동통치의 결합을 위해 중앙 정부와 구성단위인 지방정부 간의 권력분점을 이룬 정치제도를 말한다. 국가연합과 연방국가는 국가 결합이라는 점에서는 같지만, 양자는 현격한 차이를 이룬다. 다음 도표가 잘 말해주고 있다.

번호	기준	국가연합	연방국가
1	주권보유	국가연합: X 구성국: O	연방국가: O (상위의 단일주권창설) 구성국: X (주권소멸)
2	국제법인격	국가연합: X 구성국: O	국가연합: O 구성국: X
3	결합근거	조약(국제법)	연방헌법(국내법)
4	존속의 안정성	한시적, 잠정적, 과도적 결합	영구적 또는 반영구적 결합
5	주민의 국적	구성국의 개별국적 보유	연방국가의 단일국적보유
6	내내적 통치권(1): 주민통치권 및 과세권	국가연합: X 구성국: O	국가연합: O 구성국: X *양자 간 배분 문제 발생
6	대내적 통치권(2): 군사권 및 통화발행권	국가연합: X 구성국: O	연방국가: O 구성국: X
7	대외적 통치권	연방국가: △ 구성국: O * 국가연합도 제한적인 외교권 행사 및 군사적인 통일행동가능	연방국가: O 구성국: X * 조약체결의 경우 예외 존재 (미국, 독일 등)
8	국제 책임	국가연합: X 구성국: O	연방국가: O 구성국: X
9	구성국 간 무력충동	전쟁	내란

표1) 국가연합과 연방국가의 비교[6]

---

6 조은식 외, 『남북한 평화공존과 남북한 연합 추진을 위한 법제 정비 방안연구』 (서울: 통

1) 연합제

연합제란 용어는 사용하지 않고 국가연합 용어가 사용된다. 국가 연합(國家聯合, 영어: confederation)은 각각 주권을 유지한 복수의 주권 국가들의 연합이다. 이는 조약의 체결 등을 통해서 약한 정도의 결집력으로 국가 간의 통합을 이룬다. 국제법상 연방과 달리 국가연합 자체가 하나의 주권 국가로 인정되지 않는 경우가 많다. 그러나 세르비아 몬테네그로의 사례와 같이 항상 그러한 것은 아니다.

국가연합이라는 용어의 정의는 다소 애매한 측면이 있다.[7] 국가연합은 일정한 범위에서 제 국가를 대표하여 외교를 행한다. 즉 일면으로는 국가연합은 하나의 국가로 간주하고, 한편으로는 구성국인 각 국가 자체가 독립성을 보유하고 있다. 현재 국가연합을 이룬 것으로는 국제연합(UN), 유럽연합(EU), 동남아시아국가연합(ASEAN), 남아메리카국가연합(UNASUR), 독립국가연합(CIS), 아프리카연합(AU), 아랍연맹(AL), 태평양제도포럼(PIF), 남아시아지역협력연합(SAARC), 유라시아 경제연합(EEU), 카리브공동체(CARICOM), 안데스공동체, 메르코수르, 미주기구 등이 있다.

남한은 남북연합제를 주장한다. 남북연합제란 완성된 통일을 이르는 하나의 단계이다. 남북연합제는 두 개의 주권 국가의 존재를 실질적으로 인정하고 전제하면서 잠정적이고 특수한 기능적 결합체를 구상하는 것이다. 그리고 남과 북의 현존 정치제도는 모든 내외적 주권과 권한을 가지면서 다만 연합체로 얽혀져서 서로 협력할 뿐이다. 실질적으로 2개 국가 2개 정부, 2개 체제를 말하는 것이다. 그러나 최종적으로는 1민족, 1 국가, 1 체제, 1 정부의 단일적 민주공화국을 수립하는 것이다. 남북연합의 최고

일연구원, 2001), 104, 남궁 영, 『분단한반도의 정치경제』(서울: 오름, 2010), 166. 재인용

[7] "국가연합," https://ko.wikipedia.org/wiki/ (2018.7.18).

기관은 최고결정 기구로 '남북정상회담'을 설정하고 집행 기구로서 '남북 각료회의'를 두고 남북총리가 공동의장을 맡고 각각 10명 내외의 장관급 정 부대표로 구성하며 산하에 정치, 외교, 경제, 사회, 문화, 인도 등 5개 상임위원회를 두어 위원회가 연방국가의 통일 정부로서 정치, 방위, 대외 관계 등 여러 문제를 토의 결정하며 추진하고 남북 간의 단결과 합작을 실현하자고 제안하고 공동의장은 윤번제로 하는 것이다.[8]

2) 연방제

연방제는 '자치권을 가지는 둘 이상의 지방이 공통의 정치이념 아래에 결합하여 하나의 국가를 구성하는 제도'를 말한다.[9] 연방제를 채택하고 있는 나라 중 독일과 스위스를 살펴보고 북한의 낮은 단계 연방제를 살펴본다.

독일의 통일은 연방제가 역할을 하였다. 물론 통일의 기초는 동독 시민들의 자유시민혁명이다. 동독 시민들의 민족자결권 행사에 기초해서 1989년 법적으로 연방제통일절차를 거쳤는데, 11개 주의 서독 즉 독일연방공화국에 동독의 5개 주가 가입해 오는 절차를 밟음으로 통일을 이루게 되었다.[10] 독일연방공화국(獨逸聯邦共和國, 독일어: Bundesrepublik Deutschland)은 미국·스위스 등과 더불어 연방제를 채택하고 있는 국가 중 하나다. 독일에서는 중앙에 대한 지역의 평등한 협상 기회가 제도적으로 보장되어 있으므로, 중앙 정부와 지역 정부의 관계가 어느 한쪽으로 치우쳐 있지 않다. 따라서 독일 연방제는 중앙과 지역 간 기능과 권한 면에서 세분화와 상호의존을 조화롭게 실현한 형태이다. 독일의 연방체제는 결정 과정이

---

8   민병천 외.『북한학 입문』, 204-207.
9   "연방제," http://dic.daum.net/word/view.do? (2018.7.18).
10 신인철,『북한정치의 시네마폴리티카』(서울: 이지북, 2002), 125.

독특하게 나뉘어 있으며, 각 기구에서의 의사결정 방법도 서로 다르게 상정함으로써 연방체제의 장점을 최대한 구현하려고 모색한다.[11]

스위스의 연방제는 '연방제를 기본으로 하는 연방내각체제'이다. 전 세계엔 미국을 비롯한 많은 연방제 국가가 존재하지만, 스위스처럼 각 주의 대표가 모여 연방정부를 다스리는 집단지도체제를 가진 국가는 없다. 1848년 스위스 연방이 창설되면서 연방의 권력은 몇 개의 기본적 영역들에 국한되었다. 당시 연방의 가장 중요한 권한은 대외관계를 유지하고, 군대를 두어 스위스의 독립을 지키며, 캔톤들 간의 평화를 보장하는 것이었다. 이 밖에 연방은 우편 서비스를 제공하고, 공동의 통화와 화폐주조를 관리하며, 캔톤의 관세를 폐지할 수 있었다. 이는 미국의 연방정부의 권한과 의무가 주로 국방과 치안에 치중한 평화유지라는 점에서 크게 다를 바가 없다고 할 수 있다. 현대에 가장 중요한 국가의 임무가 국방과 치안과 같은 기본적인 평화와 안정인 것처럼 연방국가 또한 마찬가지인 것이다.

북한은 통일코리아가 되었을 때, 낮은 단계 연방제를 주장한다. 북한의 낮은 단계 연방제는 2000년 6월 15일 남북 정상 간의 공동선언문을 통해 공식 제기되었으나 북한은 1991년 김일성 신년사를 통해 느슨한 연방제를 제안한 적이 있었다. 북한은 낮은 단계 연방제를 1 민족 1 국가 2 제도 2 정부의 원칙에 기초하되 남북의 현 정부가 정치, 군사, 외교권을 비롯한 현재의 기능과 권한은 그대로 보유한 채 민족통일기구를 구성하는 것이라고 하였다.[12] 이것은 외교권과 국방권까지도 지역 정부에 맡기는 것으로 연합제의 성격을 띠고 있는 것으로 보인다.

북한의 연방제를 구체적으로 정리해 보면 국호는 고려민주연방공화국으로 하며, 연방 통일 정부의 명칭은 최고민족연방 회의이다. 구성은 남북

---

11 "독일의 연방제," https://ko.wikipedia.org/wiki/ (2018.7.18).
12 남궁 영, 『분단한반도의 정치경제』(서울: 오름, 2010) 161.

동수 대표와 적당 수의 해외동포로 하고, 그 기능은 정치, 방위, 외교 및 공동문제, 남북단결과 합작 실현이다. 지위는 지역정부를 지도하고 연방의 전반사업 관할하는 통일정부를 가져오며 연방형성의 전제적 원칙으로는 자주와 민족대단결 원칙, 사상과 제도를 현 상태대로 존치, 남북의 동등권리 및 의무 이해이고 대외노선으로는 정치와 군사적 동맹이나 비동맹 중립국으로 한다는 것이다.[13]

3) 의원내각제

한국외국어대학교의 남궁 영 교수는 "연방국가나 단일국가는 그 자체로서 완성된 통일국가이며, 연방국가에서 단일국가로의 전환은 통일 과정이 아닌 통일국가 이후 국가형태의 변화이다"라고 한다. 여기서 통일코리아 정부체제로서의 연방제에 대해서 남북한 그 자체를 기본 단위로 연방을 구성하는 '거시 연방'은 불안정하다고 하면서 남북한을 10여 개의 지방정부로 구성하는 캐나다나 독일과 같은 형태의 연방제가 바람직하다고 한다.[14]

박한식 교수는 어느 정도 의원내각제 모델을 따르는 것이 좋다고 제안한다.[15] 그는 미국연방제나 유럽연합, 독일연방제 등 외국의 경험을 다양하게 참고하되, 남한의 국회, 북한의 최고인민회의와 별개로 통일 정부 의회가 필요하면 의회의 대표성을 높이기 위해 비례대표를 늘리고, 통일연방정부의 대표는 의회에서 뽑는 것이 합리적이라고 한다.

서강대 이규영 교수 역시 통일한반도는 대통령제보다는 의원내각제가 되어야 한다고 주장한다.[16] 대통령제는 임기보장과 강력한 리더십의 발휘

---

13 민병천 외, 『북한학 입문』(경기: 들녘, 2009), 198.
14 남궁 영, 『분단한반도의 정치경제』(서울: 오름, 2010), 177.
15 박한식, 강국진, 『선을 넘어 생각한다』(서울: 부키, 2018), 291.
16 박호성 편, 『한국의 권력구조 논쟁 III』(경기: 인간사랑, 2002), 123.

로 통일 이후 발생하는 여러 가지 상황에 효과적으로 대처할 수 있는 장점은 있으나 대통령제를 채택한 예멘의 예를 들면서 동족 간의 내전으로 발전할 가능성이 있다고 보았고, 나아가 남한의 권력의 독점현상, 북한의 소외감 등을 들 수 있어 대통령제보다는 의원내각제가 되어야 한다고 보았다. 의원내각제는 의회 내의 다수당에 의해서 행정부가 구성되므로 다수당은 국민의 신임을 얻기 위해 계속 노력할 것이고, 그 결과로 책임정치와 민주정치가 체질화되며, 북한 주민에 대한 민주교육에도 훨씬 유리할 것으로 내다보았다.[17] 그리고 의회제도는 단원제보다는 양원제로 할 것을 주문한다. 단원제는 남북한 지역 불균형을 해소하지 못함으로 남한 편식이 될 가능성이 크다고 보았고, 양원제는 지역 특성을 고려한 것으로 보았다.

의원내각제를 하는 국가는 많다. 영국, 일본, 독일, 프랑스, 말레이시아, 스위스 등 이지만, 이 중에 이규영 교수는 앞으로 올 통일코리아는 독일식 의원내각제를 할 것을 조언한다.[18] 독일은 의원내각제와 아울러 독일연방주의는 1990년 동서독의 통일 과정에서 커다란 기여를 한 것으로 평가받았기 때문이다.

독일식 의원내각제는 대륙형 의원내각제이다. 이것은 입법부가 대통령과 내각 수반을 선출하는 것이고, 정당들이 타협하여 연립정부가 구성되는 경우 대통령은 내각 수반과 소속이 다른 정당에 속할 수 있다. 따라서 상이한 정책 입장과 정견으로 정국의 불안이 유발될 수 있지만 이런 단점을 보완하기 위하여 건설적 불신임제도를 가진다. 의회는 국가의 최고 대의기구이므로 국민의 직접선거로 선출되고, 의회는 내각을 견제하고 감시하기 위해 불신임결의권, 국정감사권, 국정조사권, 대정부 질의권을 가지고 대통령은 대외적으로 국가원수의 기능만 수행하며, 수상을 중심으로

---

17 박호성 편, 『한국의 권력구조 논쟁 Ⅲ』.
18 박호성, 이종찬 외, 『한국의 권력구조 논쟁 Ⅱ』 (서울: 풀빛, 2000), 277.

행정부는 의회에 대해 책임을 갖는 구조이다.

또한, 독일은 16개 주로 구성된 연방국가로서, 주는 주헌법, 의회, 정부와 법원을 가지고 있으며 국가에 따르는 지위와 권한을 갖는다.

4. 경제체제와 통일코리아

정치의 핵심은 부의 분배문제이다.[19] 즉 정치는 어떻게 해야 정의로운 분배가 될 것이며, 어떻게 해야 균등하고 평등한 분배가 될 것인가 하는 것이다. 통일코리아는 자본주의가 실패한 빈부격차를 어떻게 해소할 것인가 하는 것에 성공과 실패의 갈림길이 될 것이다. 정의로운 사회는 평등한 사회를 추구한다.

왜냐하면, 평등하지 않으면 착취와 박해가 생기기 때문이다. 그렇다고 평등하고 균등한 배분만 하려하니 인간의 창조적인 능력을 제한하게 되는 사회주의도 문제가 된다. 통일코리아는 이러한 문제들을 어떻게 해결하느냐에 성공과 실패의 여부가 달렸다고 해도 틀린 말이 아니다. 통일코리아는 자본주의와 사회주의 모두 필요하다.[20] 통일코리아는 자본주의를 버리거나 사회주의를 버리는 것이 아니라 이 둘의 장점을 취하고 단점을 보완할 방법을 찾아야 한다.

1) 자본주의

자본주의에 대한 정의와 함께 장단점을 살펴보면 자본주의 경제에서는

---

19 박한식, 강국진, 『선을 넘어 생각한다』, 292.
20 박한식, 강국진, 『선을 넘어 생각한다』, 293.

사유재산이 인정되고 영리 추구와 경제 활동의 자유가 보장되므로, 모든 사람은 자기의 능력과 창의력을 최대한 발휘한다. 따라서 기술 향상으로 생산력이 증대되어 모든 사람이 풍부한 물질생활을 하는 장점이 있다. 그러나 자본주의 경제에서는 빈부의 격차가 생길 우려가 있으며, 소수의 독점 기업이 한 사회의 경제를 지배할 우려도 있다. 그리고 지나친 자유 경쟁으로 생산량이 너무 많아 자원의 소비가 크고, 실업과 불경기를 가져오게 하는 단점도 있다.[21]

2) 사회주의

사회주의에 대한 정의와 장단점을 살펴보면 사회주의 경제제도 아래서는 재산의 개인 소유와 이윤을 얻기 위한 개인 기업 활동이 인정되지 않는다. 모든 생산과 분배는 철저하게 국가 계획에 따라 이루어진다. 따라서 사회주의 경제제도는 다음과 같은 불합리한 결과를 가져온다.

첫째, 권력 계급과 일반 국민 사이의 생활격차가 심해진다.

둘째, 재산의 개인 소유나 개인의 영리 추구가 금지되어 있어 국민은 자발적으로 일할 의욕을 잃는다. 따라서 감시와 처벌에 따른 강제노동을 시켜도 생산성은 절대 향상되지 않는다.

사회주의 경제체제의 또 다른 결점은 시장경제제도와 비교하면 자원의 필요 없는 낭비로 효과가 크게 떨어진다는 점이다. 사회주의 국가에서는 소비자의 수요를 무시한 채 국가 계획에 따라 재화가 생산되고 배급된다. 또 불필요한 재화가 생산되어 필요로 하지 않는 소비자에게 배급되는 경우가 많다. 이에 소비자는 만족할 수 없게 되어 그만큼 자원이 낭비되는

---

[21] "자본주의 경제와 사회주의 경제," http://100.daum.net/encyclopedia/view/24XXXXX71297 (2018.7.18).

결과를 가져온다.[22]

사회주의는 사람들의 '진정한 요구'를 채울 수 있는 상품과 서비스를 생산할 수 있다. 또한, 사회주의는 자본주의 고유의 경향, 이를테면 경제 파동이나 실업 등의 문제를 극복할 수 있다. 그러나 이러한 사회주의는 사회민주주의에 가깝고 마르크스주의의 사회주의와는 다르다고 볼 수 있다.[23]

사회주의는 빈부격차의 문제를 해결할 수 있는 경제적 평등사회 구현을 목적으로 함으로 균등분배의 원칙을 가지고 있다. 그러나 인간은 착하지만 않다. 이러한 사회주의를 계급적 타파의 도구로 사용함으로 전체주의가 되고, 나아가 독재가 되어 도리어 사회주의를 채택한 나라는 경제적 몰락을 가져왔다.

3) 기독교 사회주의[24]

우리는 통일코리아를 구상할 때, 북한 주민들이 두려워하지 않고 남한 국민들과 함께 어울릴 수 있는 것을 찾아야 한다. 북한은 사회주의에 익숙하고, 남한은 자본주의에 익숙하다. 북한 주민들에게는 그들이 두려워하지 않는 자본주의를 제안해야 하고, 남한 국민들에게는 거부감 없는 사

---

22 "자본주의 경제와 사회주의 경제," http://100.daum.net/encyclopedia/view/24XXXXX71297 (2018.7.18).
23 "자본주의와 사회주의" https://ko.wikipedia.org/wiki/ (2018.7.18)
24 기독교 사회주의 연구의 고전이라 할 수 있는 레이븐(C. H. Raven)의 *Christian Socialism, 1848-1854*(1920)과 우드워스(A. V. Woothworth)의 *Christian Socialism in England*(1903)를 비롯하여 돔브로스키(J. Dombroski)의 *The early Days of Christian Socialism in America*(1936), 코트(J. C. Cort)의 *Christian Socialism: An Informal History*(1988), 노먼(E. R. Norman)의 *The Victorian Christian Socialists*(1987), 노박(Novak)과 프레스턴(R. Preston)의 *Christian Capitalism and Christian Socialism?*(1994), 이덕주, 『기독교 사회주의 산책』(서울: 홍성사, 2011)이 있다.

회주의를 제안해야 한다. 이 둘을 다 충족시킬 수 있는 것은 '기독교 사회주의'뿐이다. 자본주의는 사회적 불균형으로 빈부격차를 가져 왔고, 사회주의는 조화와 포용은 있으나 개인의 자유와 신념을 제한함으로 창조적 활동을 할 수 없게 만들었다. 결국, 사회주의를 채택하면 실패할 가능성이 커 자본주의를 채택하나 빈부격차를 해결하지 못해 사회주의의 책임과 역할 균등 배분을 채택할 수밖에 없다. 이러한 것은 기독교 가치가 해결할 수 있다. 그래서 두 가지의 장점이 있는 것이 바로 '기독교 사회주의'이다.

기독교 사회주의에 대해 이덕주 교수의 『기독교 사회주의 산책』이라는 책을 통해 알게 되었다. 자본주의와 사회주의 어느 것 하나 완벽한 것 없는 사회에서 대안으로 제시하고 있는 기독교 사회주의는 성경적 가치로의 전환을 이야기하고 있다. 그러나 이 책 역시 당위성에 대해서는 제시하고 있으나 정확히 어떤 사회로 나가야 하는지에 대한 구체적인 방안은 제시하고 있지 않다.

그래서 기독교 사회주의가 무엇인지 그리고 왜 그것을 지향해야 하는지와 나아가 구체적으로 기독교 사회주의 배경에서 통일코리아를 만든다면 어떤 밑그림이 나와야 하는지에 대해서 연구한다. 나아가 유대 국가를 세우기 위해 밑그림을 그렸던 테오도르 헤르츨[25]의 사고도 빌려본다.

통일코리아는 성경적 가치를 지닌 자본주의와 사회주의의 장점을 가지며, 나아가 자본주의와 사회주의가 가진 단점을 성경으로 보완한 기독교 사회주의로서 그림을 그려본다. 이 그림은 구체적인 밑그림을 통해 통일코리아의 모습을 상상하며 통일의 그날이 오기 전에 그리스도인들의 준비를 재촉해 본다.

사회주의라는 단어는 한국인들에게는 매우 반감이 심한 단어이다. 반

---

25 테오도르 헤르츨, 『유대 국가』 (서울: 도서출판b. 2012).

공 세대를 지난 우리에게는 사회주의는 곧 붉은 사상으로 빨갱이를 만드는 것으로 인식하고 있기 때문에 아무리 그 앞에 '기독교'의 가치를 넣더라도 받아들이기 어렵다. 사실 기독교의 가치와 사회주의의 가치는 많은 점이 닮았다. 약자를 배려하고, 소외된 자들에 대한 사랑과 평등의 가치는 기독교나 사회주의가 공유하는 가치이다.

그런데도 사회주의는 악이라 칭하고 있는 이유는 반공 세대를 살아온 우리로서는 북한이 주장하고 있는 가치인 사회주의를 인정하기 어렵기 때문이다. 그래서 기독교 사회주의 대신에 '기독교 자본주의'(Christian Capitalism)는 어떠하냐고 되물어보기도 한다.

그러나 기독교 사회주의는 이미 나온 이론이므로 이것을 바탕으로 새로운 이론을 도출하거나 그렇지 않으면 이 이론을 수정하여 사용해야 하므로 기독교 사회주의라는 용어를 그대로 사용하면서 통일코리아를 구상한다.

기독교 사회주의가 나오게 된 배경을 살펴보면 18-19세기 영국의 상황으로 돌아가야 이해할 수 있다. 19세기 영국 사회는 근대 산업혁명에 따른 급격한 사회변동이 일어난 때이다. 이익을 추구하는 개인의 자유와 경쟁을 최대한 보장하려는 경제원리는 자유 방임주의를 불러왔고, 그 결과 빈부격차와 빈곤층 증가로 심각한 사회문제가 야기되었다.

이때 영국의 주류교회는 노동자, 농민, 빈민보다 귀족과 자본가, 부자의 편을 들어 소외계층의 좌절과 실망을 안겨주었다. 이러한 상황에서 영국의 일부 성직자와 신학자들이 가난한 이웃 소외계층을 향한 교회의 사회적 책임을 말하기 시작했다. 경제론 빈부격차 문제를 해결할 수 없음을 확인한 그들은 부의 균형적 분배를 위한 새로운 제도와 장치가 필요했고, 이것을 뒷받침할 신학이 필요한 때에 기독교 사회주의가 나오게 되었다. 1948년 2월 프랑스에서 도시 빈민과 노동자들이 주도한 민중혁명이 일어나 봉건 통치가 종지부를 찍게 된다. 그해 3월 오스트리아 빈과 독일 베를린에서도 시민혁명이 일어나 왕들은 권력을 시민들에게 넘겨주어야 했다. 이때 일어난 사회적 담론은 만민의 자유와 평등, 부의 균형적 분배, 가난한 이들에 대한 사회적 안전장치이다. 이것을 우선에 둔 가치는 평등으로 이것을 사회주의라 부르기 시작했다. 그런데 사회주의는 소득 재분배와 자본의 공동소유를 통한 경제적 평등사회를 이루기 위해서 강제적 물리력을 동원함으로 이것으로 인한 불만과 사회적 불안이 생기게 되었다. 이러한 양극단을 막을 완충장치가 바로 '자발적 나눔과 희생'을 추구하는 기독교적 가치였다. 즉 자본주의와 사회주의 사이에서 기독교적 가교가 필요한 것이다. 이러한 것을 '기독교 사회주의'라고 한다.

공교롭게도 기독교 사회주의와 유사 가치를 가진 '공산당 선언'이 1848년 2월 나오게 된다. 마르크스와 엥겔스가 공동으로 집필하여 인쇄한 선언서는 현대 공산주의 역사를 알리게 된다. 이것 역시 노동자들과 소외계층에 있어서 새로운 복음으로 받아들이게 된다.

기독교 사회주의는 자본주의 장점인 개인의 자유와 창조적 기능은 수용하고, 단점인 빈부격차를 해결하지 못하므로 사회주의의 경제적 평등사회 구현과 소득의 재분배와 자본의 공동소유 등을 기독교 가치로 승화시켜 새로운 사회질서로 만드는 것이다.

이덕주 교수는 성경에서 여러 가지 공동체를 통해 빈부격차에 대한 해석을 내어놓았다. 출애굽 당시 광야 생활하면서 만나를 먹었던 때를 만나공동체라 하였고, 가나안에 거주하면서 생활하던 때를 가나안공동체라 하였으며, 각 시대를 거쳐 성령의 임재 이후 초대교회 상황을 성령공동체라 칭하였다. 이러한 공동체들은 만나공동체를 제외하고는 어느 곳에서도 빈부격차를 해소한 적이 없었다고 한다.

그런데도 그는 하나님 나라의 질서를 따라야 한다고 하면서 "남에게 대접을 받고자 하는 대로 너희도 남을 대접하라"(마 7:12)의 말씀을 제시한다. 이것이 바로 기독교가 추구해야 할 민주공동체인 기독교 사회주의라는 것이다.²⁶ 그리고 토지에 대해서 기독교 사회주의는 토지공개념을 지지하고 있다. 토지공개념은 희년사상과 비슷한 것이지만 이스라엘은 희년을 제대로 실행해보지 못했고, 현재도 이스라엘은 토지 개인 소유를 허락하고 있지 희년제도를 실행하지 않고 있다. 결국, 성경적인 이상주의라고 할 수 있다. 북한은 지금 토지의 국가 소유에서 개인 소유로 전환하고 있는 시기이다.

평양에 수십만 달러 아파트가 등장하고 웃돈 거래에 중개수수료가 오고 가고 있으며, 입사증은 거래함으로 개인 재산으로 인식되고 있다. 즉 북한의 아파트는 분양 과정에서 프리미엄 같은 개념이 생겨나기도 하였다.²⁷

5. 하나님 나라의 가치와 통일코리아

예수님의 하나님 나라는 이 땅과 새 하늘과 새 땅에서 세우실 것이었다. 재림 시에 나타날 하나님의 나라(not yet)가 아닌 이미 도래한 하나님의 나라(already)는 지금 이 세대가 살아가야 할 나라이다. 사도 바울이 로마서 14:17에서 말하는 하나님 나라는 종말론적인 미래의 왕국이 아니다.²⁸ 하나님의 나라 보이는 것이 아니기 때문에 가치로서 살아갈 나라이다. 그 가치는 세상의 모든 것에 스며들게 되고 그 가치로서의 삶의 방향을 갖게 된다. 사도 바울은 이 가치를 잘 표현하였다.

> 하나님의 나라는 먹는 것과 마시는 것이 아니라 성령 안에서 의와 평강과 희락이니라(롬14:17).

---

26 이덕주, 『기독교 사회주의 산책』, 48.
27 이영종, "자본주의 맛 본 북한 부동산시장"「중앙일보」.
28 『옥스퍼드 원어성경대전 로마서 9-16장』(서울: 제자원 2004), 447.

그리스도인들이 만들 통일코리아는 어떠한 정치 경제형태가 되든 그것에 이 가치를 덧 입히는 것이다.

이러한 가치로서 적합한 정치시스템은 공산주의보다는 민주주의이고 민주주의에서 의원내각제가 가장 적합하다고 본다. 나아가 경제 시스템은 사회주의나 자본주의보다는 기독교 사회주의가 적합하다고 본다. 의원내각제와 기독교 사회주의는 하나님 나라의 가치를 중심으로 이루어져야 한다. 그렇다고 해서 중세시대의 유럽처럼 기독교 신앙으로 기독교 국가인 크리스턴돔(christendom)을 이루려는 것이 아니다.

단지 종교개혁 이후 유럽에서 모든 사람이 하나님에 의해 창조되었으며 구원을 필요로 하는 죄인이라는 성경적 교리는 새로운 평등주의적 사회관의 기초가 되었고, 사회 신분과 계서적(階序的) 귀족 계급과 특권을 잠식해 갔던 것처럼[29] 기독교의 하나님 나라의 가치가 세상의 모든 제도를 바로 세워나가도록 해야 한다.

1) 의

하나님 나라의 가치를 구현해 나가는 첫 번째가 '의'이다. 로마서 14:17에 나타난 '의'는 디카이오쉬네(dikaioshine)로 흔히 성숙한 시민의 덕목으로 제시된다. 즉 바울은 의로운 자가 하나님에 대한 신의를 다하는 것처럼 동료 형제들에 대한 신의도 다하여야 한다는 사실을 보여 준다. 이것은 자신의 자유를 제한하고 절제할 필요가 있다는 의미가 내포되었다.[30]

왜 통일코리아가 세워질 때, 하나님 나라의 가치인 '의'가 세워져야 하는가?

---

29 알란 스토키, 『기독교인의 사회관』, 김헌수 역 (서울: 생명의 말씀사, 1996) 22.
30 『옥스퍼드 원어성경대전 로마서 9-16장』(서울: 제자원 2004), 448.

평등사상 때문이다. 의를 실행하는 곳은 인간사회이다. 인간이 사는 사회는 힘이나 권력, 물질이 지배해서는 안 된다. 그 이유는 인간이 만들어질 때, 하나님의 형상으로 만들어졌기 때문이다. 적어도 인간이 하나님의 형상으로 지음을 받았다면 누구에게나 평등하다.[31] 이러한 평등실현은 사회 정의가 실현되는 곳이다. 물론 여기서 한 가지 질문이 생긴다.

로마서에서 말하고 있는 '의'가 이 세상의 질서와 정의와 같은 것인가?

로마서에서 말하고 있는 의는 시민적 정의가 아닌 복음적인 것이기에 다르다고 할 수 있다. 정의는 본질상 새로운 세계에 속해 있다.

그러나 예수님이 하나님 나라에 대한 의만 가르치시고 현세의 정의에 대해서는 가르치지 않으신 것인가?

하나님 나라는 그리스도인의 공동체뿐만 아니라 사는 세상에 영향을 끼친 것이다. 그래서 주의 제자들인 사도들은 지상의 제도에 대해 어떻게 행동할 것인가에 대해 결혼과 가정, 주인과 종과의 관계, 국가 등에 관하여 가르친 것이다.[32] 성도는 천국의 시민권을 소유한 것과(빌 3:20) 함께 지상의 국가에 소속되어 있기 때문이다. 그래서 통일코리아에서는 정의가 정치, 가정, 경제, 사회, 국가, 국제질서에 녹아 있어야 한다.

한 가지 예를 들면 경제이다. 의는 이익과 부담을 올바르게 분배하는 분배의 원칙에도 적용된다. 여기서 말하는 분배의 균등원칙은 각자가 받아야 할 합당한 기대치의 기초가 되어 공공규칙의 관계 속에서 자기가 마땅히 받아야 할 그러한 총소득을 받게 되는 것을 말한다.[33] 그리고 이러한 정의가 실현되려면 공정한 기회균등의 조건 아래 모든 사람들이 개방된 직책과 직위가 결부되도록 편성되어야 한다.[34]

---

[31] 에밀 브루너, 『정의와 사회질서』, 전택부 역 (서울: 대한기독교서회, 2008), 64.
[32] 에밀 브루너, 『정의와 사회질서』, 155.
[33] 존 롤즈, 『사회정의론』 황경식 역 (서울: 서광사, 1971), 138.
[34] 존 롤즈, http://blog.naver.com/PostView.nhn?blogId=xyzkxx&logNo=10123164005.

그리고 사회와의 관계에서도 의는 두드러지게 하나님의 마음이 나타난다. 하나님은 이사야를 통해서 그 시대의 상황을 설명하실 때 '의'의 문제를 끄집어 내셨다. 즉 하나님은 예루살렘과 유다의 멸망의 원인을 설명하실 때, '의롭지 못한' 그들의 사회모습이 하나의 원인이 되었다.

> 여호와께서 변론하러 일어나시며 백성들을 심판하려고 서시도다 여호와께서 자기 백성의 장로들과 고관들을 심문하러 오시리니 포도원을 삼킨 자는 너희이며 가난한 자에게서 탈취한 물건이 너희의 집에 있도다 어찌하여 너희가 내 백성을 짓밟으며 가난한 자의 얼굴에 맷돌질하느냐 주 만군의 여호와 내가 말하였느니라 하시도다(사 3:13-15).

의의 문제는 사회와 정치, 문화 등 인간세상의 전반에 걸쳐 가져야 할 하나님 나라의 가치이다.

2) 평강

로마서 14:17에 나타난 '평강'은 '에이레네'로 전쟁을 반대하는 것, 또는 전쟁이 종식된 상태를 의미한다. 이것은 또한 법과 질서가 잘 유지되는 상태를 말한다. 주로 샬롬(평화)을 의미하는 것으로 집단적 안녕을 위태롭게 만드는 불안한 요인이 없는 상태를 말한다.[35] 즉 이웃 간에 상호갈등이 없으며 조화롭게 사는 것을 의미한다. 이사야는 이런 의미로 유다와 예루살렘을 향해 외쳤다. 모든 열방이 여호와의 산에 올라가서 야곱의 하나님의 전에 이르게 될 때, 하나님의 말씀이 그 곳에서 나와 열방을 변화시킬

(2018.7.20).
[35] 『옥스퍼드 원어성경대전 로마서 9-16장』 (서울: 제자원 2004), 448.

것이다. 그 변화를 이사야는 이렇게 말한다.

> 무리가 그들의 칼을 쳐서 보습을 만들고 그들의 창을 쳐서 낫을 만들 것이며 이 나라와 저 나라가 다시는 칼을 들고 서로 치지 아니하며 다시는 전쟁을 연습하지 아니하리라(사 2:4).

통일코리아의 모습은 더 이상 전쟁을 향한 준비가 아니라 전쟁을 폐하고 전쟁을 연습하지 않는 평화의 가치를 갖는 나라가 되어야 한다.

> 성경이 말하는 샬롬이란 포괄적인 평화요 하나님이 우리에게 가져다주는 평화를 말한다. 샬롬이란 하나님이 창조하신 모든 삶이 그와의 관계에 있어서 갖는 거룩이다. 샬롬은 삶을 부여하는 하나님과의 사귐과 다른 인간과 다른 창조물과의 사귐에 있어서 축복된 삶이다. 샬롬이란 하나님과 이웃 인간과 다른 창조물과의 평화를 말한다. 샬롬은 보편적이고 지속적이다. 그러나 샬롬은 이 세상에서 온전히 이루어지지 못한다.[36]

예수님의 수난을 앞둔 상황에서 누가가 전하는 평화에 주목한다.

> 찬송하리로다 주의 이름으로 오시는 왕이여 하늘에는 평화요 가장 높은 곳에서는 영광이로다(눅 19:38).

예수님은 힘으로써 평화를 만들어 내는 것이 아니라, 죽음으로서 화해의 평화를 가져오신 분이다. 즉 예수님의 평화는 대속의 죽음으로부터 온

---

[36] 김영한, 『개혁주의평화통일신학』(서울: 숭실대출판부, 2012), 261-262.

것이다. 이것은 인간과 인간을 화해케 하라는 역동적인 평화의 명령이다.[37]

3) 희락

로마서 14:17의 희락은 '카라'(kara)로 문자 그대로는 '기쁨, 즐거움'을 뜻한다. 바클레이는 기독교적 즐거움에 대해 "우리 자신을 행복하게 만드는 것이 아니라 남을 행복하게 만드는 것이며 개인주의적인 것이 아니라 상호의존적인 것이라"고 하였다.[38] 남을 행복하게 만드는 것은 "네 이웃을 네 몸과 같이 사랑하라"(약 2:8)는 말씀과 함께 '선한 사마리아인의 비유'(눅 10:30-37)가 으뜸일 것이다.

여리고로 가다 강도 만난 한 유대인을 제사장과 레인인은 도움을 주지 않았지만, 유대인과의 적대적 관계를 맺은 사마리아 사람은 도움을 주었다는 내용이다. 선한 사마리아 사람은 비록 적과 같은 사람일지라도 자신이 가진 경제적 능력과 이웃을 돌아보는 마음이 합해져서 강도 만난 이웃을 도울 수 있었다. 이러한 선한 사마리아인은 하나님 나라의 가치인 희락을 소유한 사람이다.

통일코리아는 이웃을 돌아보지 않으면 북한의 열악한 사정을 황금 시장으로 보고 돈벌이하려는 황금 사냥꾼들의 놀이터가 될 가능성이 크다. 현재 통일의 과정에서 나타난 전략과 정책은 거의 '경제적 논리'의 접근이다. 남과 북의 동반성장을 목표로 하여 잘사는 것이 지상과제이지만 어찌보면 이것이 맘몬을 신으로 섬기게 될 가능성이 커져서 결국 균등분배나 빈부격차를 해소하지 못하는 결과를 낳게 될 것이다. 하나님 나라의 가치는 물질이나 세상의 성공이 우상이 되는 맘몬주의가 아닌 이웃을 위해 희

---

[37] 박정수, 『성서로 본 통일신학』 (서울: 도서출판 한국성서학, 2010), 122-123.
[38] 『옥스퍼드 원어성경대전 로마서 9-16장』 (서울: 제자원 2004), 449.

생하고 봉사하는 아가페 사랑이기 때문이다. 물론 아가페 사랑까지 하지 못한다 하더라도 필레오의 사랑은 해야 한다. 예수님이 부활하시고 승천하시기 전 갈릴리 바다에서 베드로를 만나신 적이 있었다(요 21:15-17). 그때 예수님은 베드로에게 "나를 사랑하느냐"고 세 번을 물으신다. 베드로는 "당신을 사랑하는 하는 줄 당신이 아신다"고 답을 하였으나 헬라어 원문을 자세히 들여다 보면 예수님의 "사랑하느냐"의 질문 첫 번째, 두 번째는 아가페로 물었으나 세 번째는 필레오로 물으셨다.

왜 그렇게 하신 것일까?

베드로의 결단때문이었다. 예수님의 첫 번째나 두 번째의 질문에 그는 아가페로 물으시는 예수님에게 아가페 사랑의 결단을 할 필요가 없어 필레오로 당신을 사랑한다고 답을 한 것이다. 이렇게 되자 세 번째 물으시는 예수님은 필레오로 물으시면서 "이것이라도 할 수 있느냐"고 하신 것이다. 베드로는 그것이면 할 수 있다고 필레오의 사랑을 말하였다. 그렇다면 우리가 하나님나라 가치인 아가페의 사랑은 못한다 하더라도 형제사랑이나 부모가 자녀를 사랑하는 필레오의 사랑은 통일코리아에서 할 수 있다고 본다. 이러한 가치가 이루어지는 통일코리아 정책을 준비해야 한다. 즉 가난한 자들과 어려운 자들은 있는 자들의 먹잇감이 아니라 형제요 가족임을 기억하고 정책을 수립하고 수행해야 한다는 의미이다.

6. 결론

통일코리아에 대한 구체적인 방법이 나오지 않았지만 통일 이후에 장밋빛 환상은 누구나 가지고 있다. 이것은 기대감이라 할 수 있는데, 이런 기대감이 잘못된 것은 아니다. 우리는 이런 기대에 부응하기 위해 준비해야 한다. 통일코리아는 준비하지 않고 갑작스럽게 온다면 한반도에 재앙이 될 수 있다. 약육강식의 세계질서에 살아남기 어려울 수도 있기 때문이다. 데오도르 헤르츨은 『유대 국가』에서 "새로운 국가가 성립하는 데 있어서 정부와 시민들 사이의 법적 관계가 어느 경우이든 명확히 확정된 원칙과 실천이 중요하다"고 하였다.[39]

이것은 통일코리아가 세워지기 전에 남북한 주민들의 합의가 중요하다는 것을 시사한다. 일방적인 어느 한쪽의 이론과 결과를 가지고 다른 한쪽에 주입하려고 하거나 강요해서는 안 된다. 그래서 통일코리아가 형성되기 전에 미리 준비해야 하는 것이 통일코리아의 정치와 경제의 질서구조이며 나아가 통일코리아 전반에 관한 연구이다. 성경은 하나님이 통치하시는 나라와 하나님의 나라가 이 땅에 이루어지길 기대하시면서 여러 가지 정책을 내어놓으셨다. 하지만 경제적으로 제대로 균등한 세상을 이룬 것은 만나공동체일 뿐이었다. 다윗 역시 빈곤문제를 해결하지 못하였다(삼하 12:1-4). 시편 10편에는 노골적으로 가난의 문제를 언급하기도 하였다.

> 여호와께서는 영원무궁하도록 왕이시니 이방 나라들이 주의 땅에서 멸망하였나이다 여호와여 주는 겸손한 자의 소원을 들으셨사오니 그들의 마음을 준비하시며 귀를 기울여 들으시고 고아와 압제 당하는 자를 위하여 심판하사 세상에 속한 자가 다시는 위협하지 못하게 하시리이다 (시 10:17-18).

이 말씀은 다윗이 하나님에게 자신이 해결하지 못하는 사회적 약자를 보호해 달라는 요청서이다. 솔로몬 역시 사회적 빈부격차를 해결하지 못하였다. 이 문제로 인해 그의 아들 르호보암이 등극했을 때, 나라가 두 조각이 났을 정도였다.

---

[39] 데오도르 헤르츨, 『유대 국가』, 이신철 역 (서울: 도서출판b, 2012), 108..

아모스 시대에는 이런 문제가 극에 달한다. 아모스는 다음과 같이 고발한다.

> 가난한 자를 삼키며 땅의 힘없는 자를 망하게 하려는 자들아 이 말을 들으라 너희가 이르기를 월삭이 언제 지나서 우리가 곡식을 팔며 안식일이 언제 지나서 우리가 밀을 내게 할꼬 에바를 작게 하고 세겔을 크게 하여 거짓 저울로 속이며 은으로 힘없는 자를 사며 신 한 켤레로 가난한 자를 사며 찌꺼기 밀을 팔자 하는도다(암 8:4-6).

이사야 시대도 마찬가지여서 메시아가 오셔야 이 문제가 해결되리라 기대했다. 예수님의 시대에도 하나님 나라의 가치가 온전히 실현되지 못했다. 통일코리아 역시 쉽게 이 문제를 해결하지 못할 것이나 기독교인들은 이런 하나님 나라의 가치로 준비하여 나가야 한다.

통일코리아는 데오도르 헤르츨의 유대 국가 구상과 다르게 이미 영토는 확정되어 있다. 단지 하나의 주권에 의해 결합한 사람들에 의한 합의가 안 되어있을 뿐이다. "민족은 국가의 인격적인 기초이며, 땅은 사물적인 기초이다 그리고 이 두 가지 기초 가운데 인격적인 것이 더 중요하다"[40]라는 헤르츨의 주장처럼 통일코리아는 인격적인 결합이 되어야 하고, 인격적인 바탕 위에 세워져야 한다. 이런 인격적 기초에서 정치 형태가 어떠하든지, 경제 형태가 어떠하든지 간에 기독교인으로 가장 주의 깊에 살펴볼 것은 기독교적 가치가 실현될 수 있도록 만드는 것이다. 기독교적 가치는 하나님 나라의 가치를 말하는 것으로 세 가지가 포함되어야 한다. 의와 평강과 희락이다. 의는 정의 사회를 뜻하며 평강은 전쟁 없는 평화 사회이고 희락은 균등한 복지 사회를 뜻한다.

---

40 데오도르 헤르츨, 『유대 국가』, 108.

참고문헌

김영한. 『개혁주의평화통일신학』. 서울: 숭실대출판부, 2012.
남궁 영. 『분단한반도의 정치경제』. 서울: 오름, 2010.
민병천 외. 『북한학 입문』. 경기: 들녘, 2009.
박정수. 『성서로 본 통일신학』. 서울: 도서출판 한국성서학, 2010.
박한식, 강국진. 『선을 넘어 생각한다』. 서울: 부키, 2018.
박호성 편. 『한국의 권력구조 논쟁 Ⅲ』. 경기: 인간사랑, 2002.
신인철. 『북한정치의 시네마폴리티카』. 서울: 이지북, 2002.
알란 스토키. 『기독교인의 사회관』. 김헌수 역. 서울: 생명의 말씀사, 1996.
에밀 브루너. 『정의와 사회질서』 전택부 역. 서울: 대한기독교서회, 2008.
이덕주. 『기독교 사회주의 산책』. 서울: 홍성사, 2011.
조은식 외. 『남북한 평화공존과 남북한 연합 추진을 위한 법제 정비 방안 연구』. 서울: 통일연 구원, 2001.
존 롤즈. 『사회정의론』. 황경식 역. 서울: 서광사, 1971.
테오도르 헤르츨. 『유대국가』. 이신철 역. 서울: 도서출판b. 2012.
허문영, 『한반도 냉전구조 해체방안에 대한 북한의 입장과 우리의 정책방향』. 서울: 통일연구 원, 1999.
박명림. 패러다임 대전환: 통일에서 평화로. "「중앙일보」 2018. 7. 18.
이영종. "자본주의 맛 본 북한 부동산시장."「중앙일보」 2018. 7. 18.

부록

아세아연합신학대학교(ACTS)의 북한선교신학

아세아연합신학대학교(이하 ACTS라 한다)의 북한선교는 설립과 동시에 시작되었다. 초대 총장인 한철하 박사가 기초를 놓았고, 김영욱 박사가 체계를 확립했다. 필자는 ACTS의 설립과 한철하 박사와 김영욱 박사의 북한선교신학을 정리한 후, 대한민국 최초로 생긴 ACTS의 북한선교학과를 소개하고, 그동안 강의했던 제목과 내용을 소개한다.

"ACTS는 아세아복음화를 설립목적으로 하고 신본주의와 복음주의를 교육 이념으로 삼는 국제적 복음주의적 신학교육 기관이다."[1] 이런 ACTS의 신학 배경은 '신본주의'와 '복음주의'이다.

ACTS가 '신본주의'와 '복음주의'를 정체성과 교육의 이념으로 삼고 있는 이유이다.

첫째, 이 두 사상이 성경을 가장 잘 설명해 주는 기독교 신학사상이고,

둘째, 보수적 교회들이 따르는 사상이며,

셋째, 학교설립 목적인 '아세아복음화'와 부합한 것이기 때문이다.[2]

ACTS의 북한선교신학을 논하기 전에 먼저 ACTS의 설립을 살펴본다.

1. 설립과 신학

ACTS의 설립

ACTS의 태생은 '아시아를 위한 선교연구기관'이었다. '아시아를 위한'이란, 서구인이 아닌 아시아인에 의한 아시아선교를 말한다.[3] 즉 ACTS는 '북한'을 품고 태어났다. ACTS는 1968년 11월, 싱가폴에서 개최된 아세아-태평양 전도대회에서 신학교육에 관심을 가진 한 위원회가 아세아 지역에 복음주의적 고등 신학연구기관 설립의 필요성을 제안했고, 1970년 5월과 6월에 '세계복음주의협의회' 총무인 데니스 클락(Dennis H. Clack) 박사와 신학위원회 총무인 사피르 아셜(Saphir Athyal) 박사가 내한하여 '한국복음주의신학회'를 조직하도록 하였고, 동년 7월 24일 한국복음주의신학위원회가 김의환, 최의원, 조종남, 오병세, 한철하로 조직되었다. 한국복

---

1 강창희, "ACTS의 정체성과 신학교육," (2008. 8.30), 1.
2 강창희, "ACTS의 정체성과 신학교," 2.
3 아세아연합신학대학교, 『ACTS 40년사』 (경기: 아세아연합신학대학교출판부, 2015) 36.

음주의신학위원회는 1970년 7월 싱가포르 아시아복음주의신학회가 건립하기로 결정한 '아시아신학연구센터'(CATS)를 한국 내에 설립할 것을 건의하기로 한다.

1972년 CATS 국제이사회가 '한국연합신학대학원'의 설립을 추진하기로 결정한다. 국제이사회의 결정에 따라 1973년 10월 19일 초대이사장으로 한경직 목사, 원장에 칼 헨리 박사, 부원장에 한철하 박사를 선임하고, 학교명칭을 '학교법인 아세아연합신학대학원'으로 확정한다. 초대원장은 칼 헨리 박사이나, 그가 장기 권석하는 관계로 칼 헨리박사를 대신하여 마삼락(Samuel H. Moffett, 마포삼열) 박사를 대신하여 선임하였다. 그러나 실질적으로 학교설립에 역할을 한 분은 한철하 박사였다.[4]

1974년 5월 1일 ACTS는 서대문캠퍼스를 개원하게 된다. 그러나 우리나라 고등교육법상 학부없이 대학원 설립이 되지 않으므로 1980년 8월 5일 제27회 이사회에서 대학원 인가를 얻기 위하여 신학대학을 설립하기로 결의한 후, 1981년 12월 26일 문교부로부터 학교법인 설립허락을 받게 된다.[5] ACTS는 1988년에 선교대학원의 설립으로 새로운 전기를 마련한다. 선교대학원은 교육기관일 뿐 아니라 선교기관으로, 각국 선교연구원을 가지고 있다. 선교대학원은 1989년에 설립되었고, 이것이 아세아복음화 기지가 되었다.[6] ACTS는 설립 계획부터 "아시아를 위한 선교는 아시아인의 손에 의해 한다"는 것이었기에, 북한을 위한 선교는 ACTS가 당연히 해야 하는 사명이었다.

ACTS의 신학

ACTS의 신학을 요약하면 '신본주의'와 '복음주의'이다. 김영욱 박사

---

4   아세아연합신학대학교, 『ACTS 40년사』, 49.
5   아세아연합신학대학교, 『ACTS 40년사』, 54.
6   아세아연합신학대학교, 『ACTS 40년사』, 95.

는 "ACTS의 신학은 성경의 신학입니다. 교회의 신학입니다. 무엇보다도 예수님의 가르침입니다. 죄사함 받고 회개하여 거룩함을 얻어 악에서 구원받아 영광으로 들어가는 단순한 이 신학이 ACTS의 신학입니다"라고 하였다.[7]

ACTS의 북한선교신학의 배경은 '심플한 복음주의'이며, 인본주의가 아닌 '신본주의'이다.[8] 이것은 북한을 바라보는 신학의 배경이 해방신학이나, 주체신학 그리고 민중신학이 배경이 되지 않음을 말하는 것이다.

2. ACTS의 북한선교신학

ACTS의 북한선교신학은 한철하 박사와 김영욱 박사의 신학을 이해함으로 정리한다.

1) 한철하 명예총장의 북한선교와 북한선교신학

1945년 이후 한반도는 냉전체제로 인해 분단된 남과 북은 적대적 관계였다. 1948년 남한에 정부가 들어선 후 북은 '적화통일'을 외치고, 남은 '북진통일'을 외치던 때에, 북한을 선교의 대상으로 여기거나, 통일에 대해 생각하는 이가 아무도 없었다. 이때 1972년 획기적인 사건하나가 생기는데, 박정희 정권 때에 선언한 '7.4 공동성명'[9]이다. 물론 '7.4공동성

---

[7] 아세아연합신학대학교, 『ACTS 40년사』.
[8] 김영욱, 『복음주의 입장에서 본 북한선교』(경기: 아세아연합신학대학교출판부, 2012), 151.
[9] 당시 이후락(李厚洛) 중앙정보부장과 김영주(金英柱) 노동당 조직지도부장이 서울과 평양에서 동시에 발표한 이 성명은 통일의 원칙으로, 첫째, 외세(外勢)에 의존하거나 외세의 간섭을 받음이 없이 자주적으로 해결하여야 한다. 둘째, 서로 상대방을 반대하는 무

명'은 국가가 주도한 남북한의 관계여서 민간에게는 큰 영향을 미치지 않았는지 모르지만 '7.4공동성명'은 진보의 모든 통일신학의 기초가 될 정도로 큰 반향을 일으켰다. 1972년 전까지 '북한' 혹은 '통일' 말만 하여도 '빨갱이'로 취급받던 그때, 한철하 박사는 북한선교와 통일에 대해 글을 쓰기 시작했다. 한철하 박사는 1965년에 "국토통일에 대한 나의 비전," 1970년에 "남북통일과 선교전략," 1971년에 "남북통일의 전망," 1972년에 "너와 나의 만남과 남북교류"와 "6.25의 역사적 의미"에 관한 글을 「기독교사상」에 내었다.

1970년에 쓴 "남북통일과 선교전략"과 1972년 쓴 "6.25의 역사적 의미" 두 자료를 통하여 한철하 박사의 북한선교와 북한선교신학을 정리한다.

6.25의 역사적 의미 4가지

한철하 박사는 6.25 전쟁을 네 가지로 정의한다.

① 동족상잔의 비극
② 적화통일과 그에 맞서는 자유를 위한 싸움
③ 미국의 극동 정책의 실패로 인한 결과
④ 외세도입

력행사에 의거하지 않고 평화적 방법으로 실현하여야 한다. 셋째, 사상과 이념 및 제도의 차이를 초월하여 우선 하나의 민족으로서 민족적 대단결을 도모하여야 한다고 밝힘으로써 자주·평화·민족대단결의 3대 원칙을 공식 천명하였다. 공동성명은 이 밖에도 상호 중상비방(中傷誹謗)과 무력도발의 금지, 다방면에 걸친 교류 실시 등에 합의하고 이러한 합의사항의 추진과 남북 사이의 문제해결, 그리고 통일문제의 해결을 목적으로 이후락 중앙정보부장과 김영주 조직지도부장을 공동위원장으로 하는 남북조절위원회(南北調節委員會)를 구성, 운영하기로 하였다.

"6.25는 외세를 도입하여 상호 충돌이나 긴장 속에 들어가게 했다는 것은 민족적 입장에서 용납될 수 없는 하나의 비극이었다"[10]고 하면서 이제는 더 이상 외세에 의지하거나 외세를 도입해서 민족의 문제를 해결하려 하지 말고, 우리끼리 해결해야 한다고 하였다. '우리끼리'는 북에서도 주장하는 것이지만 북에서 주장하는 것과는 다른 외세에 의존하지 말라는 것은 민족의 문제를 민족이 우선적으로 책임을 가지고 감당해야 할 사명으로 인식한 것이다.

한 박사는 힘과 힘의 강경정책을 남과 북이 계속이어서 간다면 결국 "하나의 파멸이 아닌 둘 다의 파멸을 가져온다"[11]고 보았기 때문에 남과 북은 '대화의 장'을 열어야 한다고 주장한다. 이것은 '냉전의 시대'에서 '대화의 시대'로의 전환을 요구한 것이며, 북한을 대하는 우리의 자세가 '강경'에서 '대화' 즉 전쟁이 아닌 평화로 가야 함을 주장한 것이다. 그는 계속해서 이 글에서 공산 진영에 대한 승리를 이끄는 방법을 제시하는데, "교류가 극대화되면 결국 공산 진영은 긴장이 완화되고 공산주의에 대한 승리를 가져온다"[12]고 함으로 북한과의 교류를 제안하는 북한선교전략을 제시하였다.

복음선교

이승만 정권부터 박정희 정권까지의 대북 기조는 '북진통일'과 '선 경제개발, 후 통일'이다. 즉 반공과 더불어 경제개발이 우선시 된 시기이다. 특히 한철하 박사가 "남북통일과 선교전략"를 발표한 시기는 1970년 12월이므로, 경제개발보다, 북진통일과 반공이 국시가 된 때였다. 이 시기에 그는 "때를 얻든지 못 얻든지 너는 말씀을 전파하라"는 사도 바울의 말씀

---

10 김영욱, 『복음주의 입장에서 본 북한선교』, 78.
11 한철하, "6.25의 역사적 의미," 「기독교사상」(1972년 6월호), 75.
12 한철하, "6.25의 역사적 의미," 76.

을 들어서, 복음선교를 발표했다.[13] 한 박사는 복음으로 북한을 선교해야 함을 주장하는 것은 '미련한 방법'이라 할 수 있으나, 하나님의 미련한 것이 사람보다 지혜 있고 강하기 때문에 분명히 해야 함을 강조하였다.

북한선교신학

한철하 박사(이하 한 박사)의 북한선교신학은 '영광의 신학'이다. 그는 '십자가의 신학'보다 '영광의 신학'이 필요하다고 하였다.[14] 영광의 신학을 설명하기를 "그들은 그류네발트의 십자가의 그림만 너무 보아 왔다. 그러나 그류네발트의 성육신의 그림이 보충되어야 한다. 하나님은 이미 하늘에서 축복의 양팔을 펴시고, 성령께서는 비둘기같이 빛을 온 우주에 발하고 계시며, 천사들이 우주적인 오케스트라를 연주하는 데 아기 예수는 이미 왕관을 쓴 성모의 손 아래 구유에 누워 계신다. 북한에 필요한 것은 무엇보다도 이 명령이다. 십자가의 신학보다 영광의 신학이 필요하다. 그들은 십자가를 강요당하여 왔고 십자가의 신학으로 세뇌당하여 왔다"[15]고 하였다.

한 박사의 영광의 신학은 용어 수정이 필요하다. 영광의 신학이란 용어에 오해 소지가 있기 때문이다. 영광의 신학은 인본주의 신학으로 루터가 비판한 신학이다. 루터가 비판하는 영광의 신학은 '중세 스콜라주의가 인간의 행위를 강조한 신학'이다. 즉 인본주의로 '자기공로를 통하여 하나님께 나아가고자 한다.' 그러나 한 박사의 영광 신학은 인본주의 신학을 말하는 것이 아니다. 그의 영광의 신학은 하나님의 은총을 강조한 십자가 승리의 신학이다. 실패한 십자가를 북한에 전하는 것이 아니라 십자가 승리를 전해야 함을 강조한 것이 한 박사의 '영광의 신학'이다.

---

13 한철하, "남북통일과 선교전략," 45.
14 한철하, "남북통일과 선교전략," 46.
15 한철하, "남북통일과 선교전략."

통일관: 기독교 일치주의와 대화 통일론

한철하 박사의 통일관은 '북한의 전체주의와 남한의 자유민주주의 일치'이다. 즉 다른 두 체제가 하나로 일치하는 것이 통일인데, 통일은 어느 방법으로도 안 되고, 오직 '기독교 선교'로만 된다고 하였다.[16] 기독교 선교의 입장에서 교회가 먼저 가져야 할 전제가 있다.

첫째는 남은 북을 인정하고, 북은 남을 인정해야 한다는 것이다. 이것은 진보의 8.8 선언에 담은 중요한 내용 중의 하나인데, 한철하 박사는 이것을 8.8 선언이 나오기 18년 전에 주장하였다.

둘째는 북한과의 교류이다.[17] 이것은 앞서 말한 '남과 북은 서로 인정해야 한다'는 것에 대한 방법론이다. 서로 인정한다는 의미는 '남북교류'를 말한다. 통일은 막힌 담을 넘어뜨리는 것이다. 막힌 담을 무너뜨리는 가장 좋은 방법은 '서로 교류'하는 것이다. 상호교류는 상호경쟁에서 한 단계 발전한 것으로 평화로운 남북통일을 이룰 방법임을 제시한 것이다. 남북교류를 북한선교로 제안한 전략은 북한선교를 생각지도 않았던 시기에 던진 예언자적 주장이었다.

한철하 박사는 북한의 공산주의자와 기독교인과의 대화가 가능한가? 라는 질문을 하였다. 한 박사는 북한의 공산주의와 기독교 간에 대화할 수 있다고 보았다. 동유럽의 경우는 공산주의가 기독교적 배경을 가지고 있어서 대화할 수 있었지만, 북한은 대화할 수 있는지는 의문이다. 그러나 한 박사는 공산주의 뿌리가 기독교의 뿌리에서 출발했기 때문에 공산주의와 기독교의 대화가 가능하다고 본 것이다. 그리고 공산주의와 기독교의 공통분모가 두 가지 있다고 보았다.

첫째, '비인간화'이다.[18]

---

16 한철하, "남북통일과 선교전략," 47.
17 한철하, "남북통일과 선교전략," 47.
18 한철하, "남북통일과 선교전략," 50.

공산주의나 기독교나 모두 자기들의 사회가 완전하지 못하다는 것을 인정해야 한다. 그렇다면 자본주의 사회가 가지고 있는 '비인간화'의 현상은 기독교인들이 해결해야 하는 주제이므로 이 주제를 가지고 공산주의와 대화를 시도할 수 있다.

둘째, '민족주의'이다.

남북은 동일한 민족, 동일한 언어, 동일한 역사를 지니고 있고, 세계에서 공동운명을 가지고 있다. 그는 기독교나 공산주의의 차이를 막론하고 민족의 공동이익과 공동의 생의 발전의 필요성이란 단순한 주제로 대화가 가능하다고 보았다.[19]

북한선교전략: 교류전략

한철하 박사의 북한선교전략을 요약해 보면 전체적인 기조는 '복음전파'와 '교류'이다. 즉 복음선교가 되지 않으면 인본주의가 된다는 의미이고, 그 복음선교를 기초로 하여 '교류'를 어떻게 해야 하는 지에 관한 것을 제시하고 있다. 1단계는 체육 교류, 2단계는 물품 교환, 3단계는 예술 교류, 4단계는 자유로운 왕래(인적 교류)이다.[20]

1단계 체육 교류는 '남북 스포츠 교류'인데, 이것은 이미 1963년 올림픽 단일팀 구성을 위한 회담이 있었으나, 북측의 일방적 불참 선언으로 이루지 못하였다. 그런 후 한 박사의 제안은 70년이었고, 이후 남북 스포츠 교류는 1988년 서울올림픽을 위한 회담이었다. 이것은 1985년부터 2년간 이어지다가 무산되고 만다. 1991년 분단 이후 처음으로 국제대회에서 남북단일팀을 만들게 되는데, 이것이 '세계탁구선수권대회'이다. 이때 국호는 '코리아'로 하고, 국기는 '한반도기'를 하였으며, 국가 대신 '아리랑'

---

19 한철하, "남북통일과 선교전략," 52.
20 한철하, "남북통일과 선교전략," 48.

을 부르게 되었다. 그리고 2000년에 들어와 5번에 걸쳐 함께 했고, 2002년에는 부산아시안게임과 2003년에 대구유니버시아드대회 등으로 스포츠 교류는 이어진다.

2단계 물품 교환은 김정일체제 아래서 '모기장식 개방'을 하기 시작할 때, 물품 교환이 이루어진다. 이것은 '남북교류협력'으로 남한의 대다수 성명서에 등장하는 용어이다. 통일을 이루는 데 있어서 가장 중요한 통행, 통관, 통상은 막힌 담을 허무는 지름길이라 할 수 있다.

3단계로 제시한 예술 교류이다. 북한의 문화정책 부분은 이미 70년대부터 김정일 시대가 시작되었고, 80년대에 들어 김정일 일인의 주도적 문화정책 시대가 본격화되었다.

따라서 90년대의 북한문화예술, 특히 민속예술 분야는 80년대 김정일의 지도하에 태어난 김정일파 문화예술 지도층에 의해 주도되고 있다. 80년대 김정일이 주도한 북한문화예술의 주요 목표는 김일성 개인을 우상화하고 혁명과업을 완성하기 위한 인민 의식화의 전위대 역할에 맞추어져 있었다.

그러나 김정일이 실질적인 권력의 1인자로 자리 잡은 90년대에 들어와서 북한의 문화예술 전반은 그동안 다져 놓은 기초하에서 '조선민족제일주의'라는 민족주의 성향을 강하게 띄기 시작했다.[21] 남북한의 문화예술 교류가 본격적으로 이루어진 때는 1985년 9월 20일부터 23일까지 이루어졌던 제1차 이산가족 고향방문단과 예술공연단 교환 방문이었다. 그렇다면 한 박사의 북한선교전략에서 이미 제시한 것은 그 당시 기독교계가 북한선교의 이해만 되어있었어도, 국가보다 앞서서 민간교류의 역사를 이루었을 것이다.

---

21 "1990년대 북한 민속예술의 현황과 남북교류 전망." http://blog.naver.com/PostView.nhn?blogId=kgb6461&logNo=120010212712

4단계의 자유로운 왕래(인적교류)이다. 1953년 휴전협정 이후 남과 북은 군사적 대치로 서로 간의 교류나 왕래는 상상조차 할 수 없었다. 대한적십자사가 1971년 분단으로 헤어진 이산가족의 실태를 확인하고자 이산가족찾기운동을 시작하였다. 1973년 6.23 선언을 하였으나 북한과 교류 단절 상태는 해결되지 못하였다.

1984년의 남한 수해에 대해 북한에서 구호물자 제공 제의 이후 급물살을 타면서, 1985년에 서울과 평양 간 고향방문단과 예술공연 행사가 이루어졌다. 이 고향방문단은 남북 합쳐 100명의 이산가족을 만나게 한 행사로 이중에서 65명이 상봉에 성공했다. 엄밀히 말하자면 남북 이산가족 상봉의 역사적 시초라고 할 수 있다.

마지막으로 그의 북한선교전략은 '교회의 자세 정비'이다. 교회의 자세는 선교에 있어서 매우 중요하다. 교회는 사회윤리를 가져야 하고, 적어도 교회는 통일한국의 예언자적 사회건설에 앞장서야 한다[22]고 하였다.

2) 김영욱 박사의 북한선교와 북한선교신학

김영욱 박사는 2012년 그의 북한선교의 결정체인 『복음주의 입장에서 본 북한선교』를 책으로 출판한다. 이 책에 나온 내용을 분석하여 정리해 본다.

복음주의 선교

김영욱 박사의 신학은 ACTS의 신학을 벗어나지 않는다. 그는 신본주의와 복음주의 틀 안에서 북한선교를 이어나가고 확장하며, 발전시켜 나갔다. 그의 책 제목에서 보듯이 '복음주의'가 그의 모든 신학과 학문과 선

---

[22] 한철하, "남북통일과 선교전략," 53.

교의 근간이 된다.

그는 복음주의 선교를 이렇게 정의한다. "선교는 교회에서 삼위일체 하나님의 이름으로 파송받은 하나님의 복음전도자가 타문화권(언어, 민족, 문화가 다른 지역)에 가서 복음을 전파하여 교회를 세워 그들이 다시 복음을 전하게 하기 위한 모든 사역, 즉 교육사업, 의료사업, 구제사업, 개발사업 등의 교회의 모든 봉사활동을 말한다"[23]

신본주의 신학

김영욱 박사의 또 하나의 북한선교신학은 '신본주의 신학'이다. 신본주의는 인본주의와 상대적인 개념이다. 여기서 말하는 인본주의는 박애주의와 다른 '인간중심주의'를 말한다. 그는 구티에레즈의 말[24]을 인용하면서 해방신학이 인간 중심주의 신학이라고 하고, 특히 민중신학도 '민중을 역사의 주체'로 만든 것을 '인간중심주의'라고 보았다.

통일신학자들이 북한의 사상과 대화를 시도하는 주체사상 역시 인간중심주의 사상이므로 인본주의로 보았다. 복음주의 학자인 김영욱 박사는 "통일신학은 인본주의와 타협, 절충하는 신학이 아니라 성경으로 돌아가서 성경 진리 속에서 북한에 대한 선교를 어떻게 가르쳐주고, 더 나아가서는 하나님 중심의 신본주의 선교신학을 소개하고 설득하는 신학이어야 한다"고 하였다.[25]

그의 신본주의 신학의 배경은 '나눔과 섬김'으로 창세기 45:3-14, 13-21을 중심구절로 갖는다.[26] 요셉과 요셉 형들과의 대화에서 북한선교

---

[23] 한철하, "남북통일과 선교전략," 20.
[24] "인간의 자아실현을 가로막는 모든 장애물로부터 인간을 해방시키는 것이 바로 해방신학의 목적이다."
[25] 김영욱, 『복음주의 입장에서 본 북한선교』 (경기: 아세아연합신학대학교출판부, 2012), 154.
[26] 김영욱, 『복음주의 입장에서 본 북한선교』, 99.

의 틀을 잡았다. 적이 된 형들을 다시 만난 요셉은 원수에게 베푼 요셉의 사랑과 원수 된 형들을 향한 용서와 화해이다. 그런데 김영욱 박사는 본문에서 '화해와 용서'를 주제로 삼는 것이 아니라, 본문을 통해서 '나눔과 섬김'을 주제로 삼았다.[27] 즉 북한선교는 민족공동체인 한반도에 그리스도인들이 '나눔과 섬김'으로 나가야 한다는 것이다. 한반도는 민족공동체이다. 공동체에 속한 사람들은 각자 가진 것을 서로 나눈다. 그리고 섬긴다.

이것은 초대교회의 모형이다. 섬김은 성령을 모신 그리스도인의 자연스런 응답이다. 남한의 교회가 북한을 위해 해야 하는 것은 성령이 오신 뒤 아주 자연스런 응답으로 행동하는 '나눔과 섬김'이다. 분단 70년을 지난 오늘도 여전히 하나로 묶을 수 있는 것은 '민족공동체'이다. 요셉은 이스라엘이란 이름 아래 원수 된 형들과 공동체로 묶였다. 배다른 형제이지만 그들은 모두 하나님의 특별한 부르심에 한 공동체가 된 것이다. 이것이 바로 북한을 우리가 품을 수 있는 이유가 된다.

여기서 남한교회가 짊어져야 할 짐이 있다.[28]

첫째, 신앙공동체로 나눔과 섬김으로 나아가는 길은 형제를 살리려는 하나님의 뜻을 이해하는 것이다. 이것이 첫 번째로 남한교회가 해야 할 일이다. 하나님은 북한을 사랑하신다. 그들을 살리시길 원하신다. 이것을 우리가 이해해야 하는 것이다.

둘째, 요셉이 아버지가 죽고 난 뒤, 형들이 마음 놓고 살 수 있도록 그 터전을 마련해 준 것같이 북한을 향한 삶의 터전을 약속해야 한다.

통일신학: 십자가적 정치신학

김영욱 박사는 통일신학에 대해 매우 부정적이다. 그 이유는 두 가

---

27 김영욱, 『복음주의 입장에서 본 북한선교』, 118.
28 김영욱, 『복음주의 입장에서 본 북한선교』, 122-125.

지이다.

　첫째, 통일이 정치적 용어로 사용되어 복음선교와 다른 지향점을 가졌기 때문이다. 그래서 통일선교라는 용어 대신 북한선교라는 용어를 사용한다.

　둘째, 통일신학은 진보사상으로 자유주의 신학이기 때문이다. 그는 통일신학을 정의하기를 "통일신학은 인간 중심주의이다. 통일신학은 인본주의 철학에 기초하고 있다. 방법론과 이론이 칼 마르크스의 인본주의인 해방신학과 민중신학에 기초를 하고 있다. 이들의 인간의 해방은 오직 인간의 혁명적 행동을 통해서만이 성취될 수 있다고 주장한다"[29]고 한다.

　계속해서 그는 "통일신학은 한국적 정서에서 민족화해와 남북통일의 문제 해결을 모색해보려는 일종의 토착화 신학이다"라고 하였다.[30] 그래서 그는 통일신학은 정치로 나갈 수밖에 없으므로 선교와는 멀어진다고 생각한 것이다.

　그렇다고 해서 김영욱 박사가 통일신학이 없는 것은 아니다. 그는 복음주의적 통일신학을 가지고 있는데, 통일신학을 십자가적 정치신학으로 정리한다. 즉 김영욱 박사의 통일신학은 '십자가적 정치신학'이다. 그는 "분단과 통일에 대한 모든 신학적 접근은 예수 그리스도의 십자가 안에서 전제돼야 한다"고 하였다. 십자가적 정치신학은 십자가 신학이다. 십자가 신학은 곧 예수 그리스도의 십자가 빛 속에서 한반도의 분단과 통일 과정 가운데 나타나는 숨어 있는 하나님의 구속적 섭리와 경륜을 읽는 신학이다. 그리고 한민족의 분단과 남북 양 체제의 대립을 단순히 정치 현상학적 입장에서만 보는 것이 아니라 하나님의 구속적 섭리와 인류 세계를 향한 경륜의 각도에서 성경적으로 조명해 가는 신학이다.[31]

29　김영욱, 『복음주의 입장에서 본 북한선교』, 466.
30　김영욱, 『복음주의 입장에서 본 북한선교』, 150.
31　김영욱, 『복음주의 입장에서 본 북한선교』, 272.

그의 복음주의적 통일신학은 통일신학에서 말하는 잘못된 몇 가지를 수정해야 한다는 입장이다.

첫째, 인본주의에서 신본주의로 전환해야 한다.

둘째, 해방과 구원관의 바른 이해인데, 영적인 것과 현세적인 것을 바르게 구분해야 한다.

셋째, 하나님 나라의 바른 해석이다. 하나님 나라는 이 세상에 세워질 나라가 아님을 분명히 해야 한다고 보았다.[32]

북한선교 성경적 배경

김영욱 박사는 북한선교신학의 성경적 배경[33]은 구약에서 북한선교의 배경을 창세기 45:3-14, 창세기 50:15-21에 나오는 요셉의 신앙에서 찾았다.[34] 요셉의 신앙의 정점은 창세기 50:20에 "뭇 백성을 살리려고"에 있다. 요셉은 형들과 불화로 말미암아 죽음 직전까지 갔으며, 종으로 팔려갔다. 이집트에서 총리가 된 그는 형들을 만나게 되고, 형들에게 용서와 화해의 사랑을 베풀게 된다. 이런 요셉의 신앙은 '나눔과 섬김'이었다. 요셉을 통해 보는 북한선교는 '나눔과 섬김'이다. 요셉과 형들은 '형제공동체'였다. 남과 북도 형제공동체이다. 남한은 북을 향해 나누고 섬겨야 한다. 그 이유는 '그 백성들을 살리기 위함'이다.

신약에서 북한선교의 배경[35]을 예수님의 가르침과 사도 바울의 선교 정신에서 찾았다.

첫째, 예수님의 가르침으로 요한복음 4장의 사마리아 수가성을 배경으로 삼았다. 예수님은 유대인과 사마리아 사람들 사이에 있는 적대감에 대

---

32 김영욱, 『복음주의 입장에서 본 북한선교』, 468-472.
33 김영욱, 『복음주의 입장에서 본 북한선교』, 24-25.
34 김영욱, 『복음주의 입장에서 본 북한선교』, 99.
35 김영욱, 『복음주의 입장에서 본 북한선교』, 126-130.

해 신경 쓰지 않으셨다. 여기에 있었던 어떠한 차별도 무시하셨다. 수가성에서 예수님의 가르침은 북한도 차별하지 않으신다는 것이다. 김영욱 박사는 사마리아 사건을 통해 전도와 선교의 방법론을 모색하였고, 특히 예수님이 유대인의 이념적인 색을 사마리아 여인에게 내 세우지 않으므로 선교의 완성을 이룬 것처럼 남북은 서로 이념을 내세우지 말아야 할 북한선교전략을 제시한다.

둘째, 그리스도의 십자가 사건이다. 십자가 사건은 하나님 자신이 자신의 자녀인 온 세상의 모든 사람과 만물을 받아들이고 용서하며 사랑한 사건이다.

셋째, 하나님 나라의 개념정리이다. 하나님 나라는 형제의 마음을 상하게 하거나 비방하는 것이 아니라 성령 안에서 누리는 의와 평화와 기쁨이기에 서로 평화를 도모하는 일과 덕을 세우는 일에 힘쓰는 곳이다.

사도 바울의 선교 정신에서 찾은 북한선교의 배경[36]이다.

첫째, 사도 바울의 자신의 형제 사랑의 고백이다.

둘째, 사도 바울의 빚진 자 개념이다.

기쁜 마음으로 하나님의 것을 되돌려 주는 그리스도인을 강조한다. 이것은 이방인은 하나님의 은혜로 용서와 사랑받을 자이며, 보복하지 말고 구할 것을 주어야 하며, 원수를 미워하지 말고 용납하고, 자랑함 없이 맺어야 할 열매이기 때문이다.

김영욱 박사의 성경 배경은 북한을 무시하지 말고, 어떠한 차별도 하지 말고, 특히 적으로 삼지 말고 그리스도가 주신 사랑과 평화를 나누라는 것으로 해석된다.

---

[36] 김영욱, 『복음주의 입장에서 본 북한선교』, 130-147.

화해신학

김영욱 박사는 성경에서 북한선교의 원리를 '화해'의 관점에서 보았다.[37] 화해는 북한선교와 통일을 준비하는 모든 기독교인이 가져야 할 자세라고 하였다. 한반도의 문제해결은 물리적인 힘으로 되지 않음을 너무나 잘 알고 있는 그는 성경적 방법인 '화해'가 아니고서는 해결하지 못한다고 본 것이다.

화해는 하나님과 이웃과 자연과 더불어 평화롭게 산다는 의미의 샬롬과 같은 의미로 해석할 수 있으나 화해의 개념이 샬롬보다는 더 폭넓고, 포괄적이다. 그는 성경에서 나타난 화해의 개념은 우정, 이해, 선의의 마음과 행동이 그리스도의 정신으로 이루어지는 것을 뜻한다고 정리했다.[38]

그는 구약에서 화해의 개념을 찾았는데, 구약에는 화해라는 단어가 직접 나타나지 않은 대신, 화목, 화목제, 화친, 화평 등의 유사한 단어들로 '카파르'라는 히브리어 단어에서 유추한다. 구약에서 크게 두 가지로 화해의 개념을 정리했다.

첫째, 하나님과 인류와의 화해이다.

하나님은 인간의 죄 문제를 다루시고, 죄인 된 인간이 하나님과 화목할 수 있는 길을 열어놓으셨다. 성전, 속죄제, 여호와 샬롬, 통회와 자복, 메시아를 통한 화해의 예언이다

둘째, 인류와 인류와의 화해이다.

하나님과 수직적 화해 이후 인간과의 수평적 화해를 구약은 강조한다. 예를 들면, 에서와 야곱의 화해, 다윗의 사울 왕에 대한 태도에서 용서와 화해, 십계명, 도피성, 언약의 규례, 특히 레위기 19:17-18; 잠언 15:1; 17:14; 22:10, 그리고 이사야는 백성과 백성의 화해(사 2:4)를, 미가 선지

---

[37] 김영욱, 『복음주의 입장에서 본 북한선교』, 169-193.
[38] 김영욱, 『복음주의 입장에서 본 북한선교』, 171.

자는 화해와 평화의 비전을 제시했다.

그는 신약에 나타난 화해의 개념을 말한다.

첫째, 예수님의 화해의 역할과

둘째, 사도 바울의 화해에 관한 관념에서 찾고,

셋째, 화해의 근거를 성육신[39]으로 그 근거를 빌립보서 2:6-8[40]에서 가져왔다.

예수 그리스도를 통한 구속의 역사는 죄인 된 인간이 하나님과 화해하는 사건이다. 사도 바울은 골로새서 1:20-22을 통해 십자가를 통해서만 죄인이 하나님과 화목 될 수 있으며 만물이 그 안에서 화목을 이룰 수가 있다고 하였다. 그가 화해를 강조한 이유는 화해가 북한선교에 있어서 겸손한 마음으로 할 수 있으며, 화해가 그리스도 안에서 하나가 될 수 있기 때문이다.

북한선교전략

김영욱 박사는 한국교회가 북한을 선교하는 전략에 있어서 국내교회가 할 선교방안과 디아스포라 성도들이 할 수 있는 것을 구분하여 선교전략을 제시하고 있다. 그의 북한선교전략의 목표는 "무너졌던 북한 교회의 회복"[41]이다. 구체적인 방법론으로는 다음과 같다.

첫째, 인쇄 매체를 통한 문서선교

둘째, 전파 매체를 통한 방송선교

셋째, 남북교류를 통한 접촉선교

---

[39] 김영욱, 『복음주의 입장에서 본 북한선교』, 226.
[40] 빌 2:6-8 "그는 근본 하나님의 본체시나 하나님과 동등됨을 취할 것으로 여기지 아니하시고 오히려 자기를 비워 종의 형체를 가지사 사람들과 같이 되셨고 사람의 모양으로 나타나사 자기를 낮추시고 죽기까지 복종하셨으니 곧 십자가에 죽으심이라"
[41] 김영욱, 『복음주의 입장에서 본 북한선교』, 399.

남북교류를 통한 접촉은 6가지로

① 남북 기독교인들 간의 만남과 교류를 통한 접촉
② 각 부문의 남북교류에 대응하는 평신도선교사를 통한 접촉
③ 체육인 교류를 통한 접촉
④ 예술인 교류를 통한 접촉
⑤ 기술인 교류를 통한 접촉
⑥ 학자, 학생들을 통한 접촉

넷째, 통일 후를 대비한 선교사 양성 및 훈련이며, 특히 각 신학대학교는 북한선교학과를 설치하여 북한선교를 위한 전문인 양성을 해야 함을 강조한다.[42]

다섯째, 제3국에 거주하는 교포들을 통한 선교[43]에서는 중국 내 한인교포들을 통해 탈북자 선교를 해야 함을 강조하고, 이어서 서구권 교포들의 북한방문선교를 강조하였다.

그리고 김영욱 박사는 북한선교전략적 여섯 가지 문을 제안한다.

① 앞문: 북한교회, 가정교회와의 접촉과 교류
② 뒷문: 중국 조선족교회와 탈북동포들의 복음화
③ 옆문: 유진벨, 선명회, 기아대책 등 국제기구의 대북지원 사업동참
④ 윗문: 극동방송, 기독교방송과 각종 언론 매체 이용
⑤ 영문: 새벽기도, 심야기도, 금식기도, 작정기도, 구국기도 등
⑥ 전문인문: 북한선교사 양성을 통한 전문인 선교[44]

---

[42] 김영욱, 『복음주의 입장에서 본 북한선교』, 44-49.
[43] 김영욱, 『복음주의 입장에서 본 북한선교』, 380.
[44] 김영욱, 『복음주의 입장에서 본 북한선교』, 68.

북한선교목적

김영욱 박사의 북한선교 목적은 선교신학의 정의에서 찾아 볼 수 있다. 그는 "선교는 교회에서 삼위일체 하나님의 이름으로 파송 받은 하나님의 복음 전도자가 타문화권(언어, 민족, 문화가 다른 지역)에 가서 복음을 전파하여 교회를 세워 그들이 다시 복음을 전하게 하기 위한 모든 사역, 즉 교육사업, 의료사업, 구제사업, 개발사업 등의 교회의 모든 봉사활동을 말한다"[45] 라고 정의하면서 북한선교의 목적은 북한 동포들이 창조주 하나님께로 돌아올 수 있도록 예수 그리스도를 전하는 것이고 그곳에 하나님 나라를 건설하는 것이라고 하였다.[46]

3. 교육

ACTS는 열방 즉 아세아복음화를 위하여 선교대학원을 중시한다. 특히 민족복음화를 위해 선교대학원 내에 북한선교학과를 세웠다.

1) 선교대학원

1997년 10월 교육부로부터 선교대학원 설립인가를 받아 1998년 1학기에 개원하였다.

선교대학원의 교육목적

ACTS 선교대학원은 전 세계에 있는 293개의 한인교회들이 뜻을 모아

---

[45] 김영욱, 『복음주의 입장에서 본 북한선교』, 20.
[46] 김영욱, 『복음주의 입장에서 본 북한선교』, 441.

세운 교회 연합적 대학원이다. 본 대학원은 ACTS 선교사역의 핵심 기관으로서 세계복음화를 위하여 매진하고 있으며, 세계 24개 국가와 지역에 대한 34개 선교연구원으로 구성되어 있다. 또한, 본 대학교 교수진이 24개 국가에 대한 선교연구교수로서 함께 사역을 하고 있다. 본 대학원의 기능은 세 가지로서 연구, 교육, 협의이다. 궁극적으로 오늘날 세계교회가 가장 필요로 하고있는 국경을 넘는 성도 간의 "기도선교"와 "코이노니아 선교"를 촉진하여 세계복음화에 기여하려는 것이다.[47]

선교대학원의 교육목표
1. 선교대학원 석사 과정은 전공 국가에 대한 종교와 문화, 역사, 언어 등을 연구
2. 재학 중 전공 국가에 대한 선교훈련 실습
3. 각국 선교연구원과 연계하여 각 나라에 대한 연구 및 선교에 관한 협의

전공안내

세부 전공	소 개
북한선교학	북한에 관련한 제반 문제를 다루며 선교전략적 차원에서 통일을 염두에 둔 정치, 사회, 문화에 관한 부분을 연구한다.
중국선교학	중국의 정치, 사회, 문화, 역사에 관한 연구를 기초로 하여 효율적인 선교전략을 강구한다.
아랍선교학	중동 지역 뿐만 아니라 이슬람권을 이해하기 위한 제반 문제를 연구하며, 향후 효율적인 선교전략을 모색한다.
아프리카선교학	아프리카 대륙의 일반적인 상황과 문화이해를 통한 선교전략을 연구한다.
동남아시아선교학	동남아시아 국가들에 대한 문화, 사회 및 제반 관련 문제를 다루고 효율적인 선교전략을 연구한다.

---

[47] http://www.acts.ac.kr/grad/design/contents10.asp?code=2212&left=8 (2016.4.14).

중앙아시아선교학	중앙아시아 국가들에 대한 문화, 사회 및 제반 관련 문제를 다루고 효율적인 선교전략을 연구한다.
중남미선교학	중남미 아메리카 국가들에 대한 전반적인 상황과 문화연구를 토대로 하여 효율적인 선교전략을 연구한다.
일반선교학	특정 지역에 국한하지 않고 일반적인 선교학을 연구하여 실제 사역에 적용할 수 있는 접촉점을 찾는다.

표1 선교대학원 전공 안내

전공별 교과 과정

세부전공	교 과 과 정
북한선교학	북한선교전략, 북한사회문화 연구, 북한정치사회학, 북한선교의 실제 북한교회 재건과 교회성장원리, 북한종교의 실태와 정책, 주체사상의 이해, 북한선교와 평신도, 민족통일론, 북한선교의 이해, 북한선교를 위한 세계관과 문화비교
중국선교학	중국종교와 사상, 중국의 현대화와 기독교, 중국역사와 문화의 제문제 중국교회사 연구, 중국선교전략 연구
아랍선교학	이슬람과 기독교, 이슬람 선교동향, 성경과 꾸란 비교 연구, 이슬람과 여성, 이슬람 선교전략, 수피즘 연구, 이슬람법 샤리아 연구, 이슬람 사회와 문화, 유대교와 이슬람교, 이슬람 역사, 이슬람 "다와(Dawah)"
일반선교학	성경적 선교신학, 세계관과 선교전략, 상황화 신학 세미나, 타문화전달, 문화해석학, 이슬람세미나, 선교와 리더십, 비교종교학, 민족지학, 선교문화인류학, 현대선교신학, 도시선교, 선교와 기독교영성, 선교역사, 선교변증학, 선교와 상담, 선교학개론

표2 전공별 교과 내용

2) 북한선교학과

아세아연합신학대학교는 북한선교에 일찍부터 심혈을 기울여 북한선교 전문가를 양성하려 했었다. 동안교회와 왕성교회를 통해 평신도 북한선교 지도자를 세우기로 약속하고, 두 교회에 M.A 과정을 세우게 된다. 이 과정에서 이수봉 목사를 교수를 세우고, 두 교회의 재정을 약속받았으나 학생모집이 되지 않자, 김영욱 박사는 북한선교학과를 선교대학원에 두어 직접 학생을 모집하게 된다. 첫 입학생으로는 조기연 목사와 김원식 집사였다. 북한선교학과는 선교대학원의 한 전공학과이다. M. A 과정과 Th. M 과정이 있다.

학생

1998년 1학기에 개강하여 지금까지 17년 동안 M. A 과정에 56명, Th. M 과정에 38명이 입학하였고, M. A 과정에 29명, Th. M 과정 21명이 졸업했다. 현재 재학 중인 학생은 M. A 과정에 14명, Th. M 과정 8명이다. 북한선교학과의 제1회(2001년) 졸업생은 김원식(M. A), 조기연(Th. M). 제2회(2002년) 졸업생은 김재학(M. A), 윤현기(Th. M). 제3회(2004년) 졸업생은 권치나, 홍영순(M. A) 홍석훈, 김경윤, 윤춘식, 정종기(Th. M)이다.

연도	M. A 과정	Th. M 과정	연도	M. A 과정	Th. M 과정
1998	1	1	1999	1	2
2000	2	6	2001	5(1)	6(1)
2002	4(1)	2(1)	2003	2(1)	1
2004	1(3)	4(4)	2005	2(2)	0(2)
2006	8	1(1)	2007	0(2)	0(3)
2008	2(2)	0(2)	2009	2(3)	0
2010	0(1)	0	2011	0(1)	0
2012	8	6	2013	4(2)	1
2014	5(5)	3(6)	2015	7(4)	4(1)
2016	2(1)	1	2017	2(2)	2(2)
합계	58(31)	40(23)			
전체인원	98(54)				

표3 연도별 입학 및 졸업생 수 (괄호는 졸업생 숫자이다)

교수

1998년 1학기부터 강의한 교수를 소개하면, 김영욱 박사, 김병로 박사, 김영석 교수, 윤현기 교수이고 외부초청 강사로 양영식 박사, 허문영 박사, 전현준 박사로 나타난다. 여기서 2014년부터 윤현기 교수의 과목은 북한선교연구 교수인 조기연 교수, 송원근 교수, 정종기 교수, 윤현기 교수가 함께 강의하였다. 김영욱 박사는 2004년 2학기로 은퇴하게 됨으로 김병로 교수가 모든 강의를 전담하였으며, 2006년 1학기를 끝으로 김병로 박사는 서울대로 이동함으로 김영석 교수가 강의를 전담하게 된다. 2012년부터는 김영석 교수가 사임하고, 2014년부터 북한연구원 중심으로 강의하며, 현재 북한선교학과 교수로는 정종기, 조기연 연구전담 조교수와 윤현기 초빙교수가 있다.

강의과목

개설과목을 살펴보면 '북한종교' '북한선교' '북한선교전략' '북한선교학' '북한정치' '북한사회' '북한문화' '통일' '탈북자' '주체사상' '사회개발' '리더십' '세계관' '선교실습'으로 14개의 주제로 강의되었다. 선교대학원은 5학기제로 졸업하기 전까지 '선교실습'은 필수로 되어있다.

1학기	과목명	교수	2학기	과목명	교수
1998 ~ 2000	현대북한선교개관1. 현대북한선교개관2. 선교실습. 선교협의회운동. 한국교회통일정책. 북한생활의 이해. 북한사회계발. 영성훈련. 북한인전도법. 팀사역 및 가정사역. 북한어린이 및 청소년사역.				김영욱
2001	북한종교의 실태와 정책	김영욱	2001	북한선교와 평신도선교전략	김영욱
				민족통일론	김병로

연도	과목	강사	연도	과목	강사
2002	북한교회의 재건과 교회성장원리	김영욱	2002	북한선교학	김영욱
	북한선교와 통일신학	김병로		북한의 정치와 사회	김병로
2003	북한종교의 실태와 정책	김영욱	2003		
	주체사상의 이해	김병로			
2004	북한문화 연구	김병로	2004	북한선교를 위한 세계관과 문화비교	김영욱
	북한교회재건과 교회성장원리	김영욱			
2005	북한선교의 이해	김병로	2005	통일과 선교	김병로
2006	북한사회연구	김병로	2006	북한선교전략	김영석
				북한종교실태와 전망	김영석
2007	북한선교를 위한 북방 네트워크	김영석	2007	북한선교를 위한 교육훈련과 선교튜닝	김영석
	탈북동포지원 및 통일교육	김영석		새로운 북한연구와 선교리더십	김영석
2008	북한사회개발전략 및 NGO	김영석	2008	북한종교의 새로운 이해와 리더십연구	김영석
2009	새로운 북한이해와 통일 방안연구	김영석	2009	북한선교방법론	김영석
2010	북한사회연구	김영석	2010	북한사회개발전략 및 NGO	김영석
2011	북한선교전략	김영석	2011		
2012	북한의 정치와 사회	양영식	2012	북한선교의 이론	팀티칭
	북한선교의 이해	팀티칭			
2013	북한의 종교와 기독교	팀티칭	2013	통일과 북한선교	허문영
	북한선교의 실제	팀티칭			
2014	북한선교학총론	팀티칭	2014	북한의 문화와 선교론	팀티칭
				북한의 주체사상과 선교	전현준
2015	북한사회와 선교	팀티칭	2015	북한의 종교와 기독교	팀티칭

2016	북한의 정치와 선교	송원근 양영식	2016	북한의 교육과 선교	팀티칭
	북한선교전략	팀티칭		통일준비와 선교	윤현기
2017	북한선교신학	정종기	2017	북한예술과 문화	팀티칭
	북한의 경제, 군사, 외교와 선교	팀티칭		주체사상과 선교	송원근
2018	북한선교학총론	팀티칭	2018	북한사회와 북한선교	팀티칭
	북한의 종교와 선교	팀티칭		북한정치와 북한선교	오일환

표4 연도별 강의 제목

강의 개설은 한 학기에 두 과목이 기본이나, 선교학을 기반으로 하기에 일반 선교학 교수들의 과목을 함께 듣도록 하였다. 그래서 한 학기에 한 과목이 개설될 때도 있었다. 2014년부터 북한연구원 교수들이 팀티칭을 시작했다.

4. 결론

ACTS는 한반도의 북한선교 교육의 시작점이 되었으며, 북한선교학과를 개설한 뒤, 19년 동안 수많은 학자와 선교사들과 활동가들을 배출하였다. ACTS의 북한선교신학은 "복음주의와 신본주의를 배경으로 성경 말씀대로 북한에 복음을 전파하여 그곳에 교회를 세워 하나님의 나라를 세우는 것"이다. 이러한 북한선교신학을 배경으로 북한선교학과와 아카데미 그리고 연구소와 연구원 나아가 여러 학술단체를 세워서 북한선교학을 세워나가고, 나아가 일꾼을 양성하여왔다.

ACTS의 북한선교신학의 배경은 신본주의와 복음주의이다. 이것을 바탕으로 북한선교를 이끌어 나간다. 북한선교의 목표는 한반도의 통일이 아니라, 복음통일이다. 이것이 한반도에 세워진 ACTS의 사명이다. 한국의 6만 교회가 세계선교의 부르심을 받아 그 일에 헌신한다. 그러나 한국의 6만 교회가 한반도에 세워져 있다는 것을 잊어버리고 있다.

사도 바울의 헌신을 따라 이방인 선교에 전심전력을 다 하고 있으나, 우리는 잊지 말아야 할 것은 사도 바울이 이방인 선교로만 부름을 받지 않았다는 것이다. 예수님은 사울(사도 바울의 옛 이름)을 다메섹 도상에서 만나고 난 뒤, 다메섹에 있는 아나니아에게 환상 중에 말씀하셨다. 직가에 있는 다소 사람 사울을 찾아, 안수하여 보게 하라는 것이었다. 아나니아가 대답하여 말하기를 "주의 성도들에게 해를 끼친 자"라고 하며, 거부 의사를 보이자, 예수님은 "가라 이 사람은 내 이름을 이방인과 임금들과 이스라엘 자손들에게 전하기 위하여 택한 나의 그릇이다"(행 9:15)고 하셨다.

예수님은 사울을 이방인들뿐 아니라 유대인들을 위해서도 부르셨다. 이러한 부르심에 가슴을 품고 유대인 형제를 위해 수고하며 복음 전하기를 원했던 사도 바울(롬 9:1-3)을 기억한다면 한국교회는 세계를 품고 주의 선교명령을 이행할 때 우리 형제인 북한을 잊지 말아야 한다. 형제를 위한 세계선교의 장을 열어가는 것이 바로 ACTS의 북한선교신학이다.

참고문헌

『ACTS 40년사』. 경기: 아세아연합신학대학교출판부. 2015.
강창희. "ACTS의 정체성과 신학교육" 2008년 8월 30일
김영욱. 『복음주의 입장에서 본 북한선교』. 경기: 아세아연합신학대학교출판부, 2012.
한철하. "6.25의 역사적의미." 「기독교사상」. 1972년 6월호
한철하. "남북통일과 선교전략" 「기독교사상」. 1970년 12월호
ACTS북한연구원. 「북화해와 평화통일의 길」. 2015.10.26.
ACTS북한선교연구학회. 「북한선교연구학회」. 2001년 창간호
ACTS북한선교학회. 「북한선교」. 2003년 북한선교학회지.
북한선교연구소. 「그루터기」. 2004년 가을호